GUNFIGHTER

»Sozialgeschichte(n)«. Ungewöhnlich spannend.

Stefan Dietrich
Maos Atem – Rossinis Tränen
und 999 andere unwichtige Tatsachen und Ereignisse
der Welt- und Kulturgeschichte
ISBN 3-0350-2008-6

Michael Schulte
Krumm gelaufen!
Genies, Dilettanten, Versager – die schönsten mißlungenen Verbrechen
ISBN 3-0350-2004-3

Michael Schulte
Tief unten durch
Hobos, Tramps, Bums & Yeggs – eine amerikanische Sozialgeschichte
(Arbeitstitel)
ISBN 3-0350-2012-4

Ernst Schwenk
Maßmenschen
Von Ampère und Becquerel bis Watt und Weber
Wer den internationalen Maßeinheiten den Namen gab
2., vom Autor vollständig überarbeitete und wesentlich erweiterte Fassung
ISBN 3-0350-2005-1

Anne Seagraves
Töchter des Westens
Flintenweiber, Cowgirls, Farmersfrauen – die starken Frauen des Wilden Westens
Tatsächlich es gab auch Gunfighterinnen …! ISBN 3-0350-2010-8

Joe Simpson
Sturz ins Leere
Das vielleicht »beste, spannendste Bergbuch aller Zeiten«. 6. Auflage
ISBN 3-0350-2011-6

Marnie Walsh
Grasherz
Roman. Ungeschminktes Bild indianischer (Frauen-)Wirklichkeit: Entwurzelung,
Trunksucht, Verzweiflung, Krankheit, Tod und … Tapferkeit. ISBN 3-0350-2000-0

Owe Wikström
Vom Unsinn, mit der Harley durch den Louvre zu kurven
Lob der Langsamkeit. Aus dem Schwedischen von Dagmar Lendt
ISBN 3-0350-2003-5

kontra●punkt
Kein Programm wie jedes andere
In Ihrer Buchhandlung oder direkt beim Verlag
www.kontrapunkt-buch.ch

Bill O'Neal

GUNFIGHTER

Alle Revolvermänner des Wilden Westens

Eine Enzyklopädie

Aus dem Englischen von
Georg Schmidt

kontra●punkt
oesch verlag

Die amerikanische Originalausgabe erschien
unter dem Titel
Encyclopedia of Western Gunfighters
bei der University of Oklahoma Press,
Norman und London

7., gründlich revidierte
und neugestaltete Auflage 2004

Alle Rechte vorbehalten
Nachdruck in jeder Form sowie die Wiedergabe
durch Fernsehen, Rundfunk, Film, Bild- und Tonträger,
die Speicherung und Verbreitung in elektronischen Medien
oder Benutzung für Vorträge, auch auszugsweise,
nur mit Genehmigung des Verlags

Copyright © 1997/2004 der deutschsprachigen Ausgabe
by kontra●punkt/oesch verlag ag, Zürich
Published by agreement with
University of Oklahoma Press
Copyright © 1979/2004 der amerikanischen Ausgabe
by University of Oklahoma Press, Norman,
Publishing Division of the University

Satz: Oesch Verlag
Umschlag: Markus Ernst/Walter Voser
Druck und Bindung: Ebner & Spiegel, Ulm
Printed in Germany
ISBN 3-0350-2013-2

Gerne senden wir Ihnen unser Verlagsverzeichnis:
kontra●punkt/Oesch Verlag, Jungholstraße 28, 8050 Zürich
E-Mail: info@kontrapunkt-buch.ch
Telefax 0041/44 305 70 66 (CH: 044 305 70 66)

Unser Programm finden Sie im Internet unter:
www.kontrapunkt-buch.ch

Für Jessie Standard O'Neal
*Mutter des Autors und
Enkelin eines Revolvermannes*

Die Gunfighter im Originalton

Für dreihundert Dollar würde ich mit einer abgesägten Schrotflinte jeden in Stücke schießen.

Mannen Clements

Trotz aller Gewalt und Gesetzlosigkeit, die es in meinem Leben gab, glaube ich fest daran, daß eine weise Vorsehung über mich gewacht hat. So brenzlig die Lage auch gewesen sein mag, wenn ich Beistand bei einer höheren Macht gesucht habe, hat sie mich nie im Stich gelassen. Ich gehe sogar noch weiter und sage, daß manches Mal, wenn es so aussah, als käme ich nicht umhin, einen Mann zu töten, im entscheidenden Moment irgendeine unsichtbare Macht eingegriffen hat. … Zwar habe ich ein, zwei Männer verletzt und bin meinerseits zweimal verletzt worden, aber ich habe nicht einen Menschen ums Leben gebracht.

George Coe

Niemals gedachte ich, (mit Billy the Kid) irgendwelche Risiken einzugehen, wenn sich dies durch Vorsicht und Schläue vermeiden ließe. Nur unter bestimmten, vom Zufall abhängigen Umständen hätten wir einander zu gleichen Bedingungen messen können, und dazu wäre ich meinerseits nicht bereit gewesen.

Pat Garrett

Die wichtigste Lektion, die ich gelernt habe … lautete, daß der Sieger in einem Revolverduell für gewöhnlich derjenige war, der sich Zeit ließ. Außerdem mußte ich, wenn ich im Grenzgebiet zu überleben gedachte, jegliche aufsehenerregenden Schießkunststücke – alles großspurige Gehabe – meiden wie die Pest … In all den Jahren, die ich als Ordnungshüter im Grenzgebiet zubrachte, habe ich nicht einen wirklich tüchtigen Gunfighter ge-

kannt, der etwas anderes als Verachtung für den Mann empfand, der den Revolver um den Finger wirbeln ließ oder buchstäblich aus der Hüfte schoß.

Wyatt Earp

Versuche nie, mit einem Sechsschüsser zu bluffen. Schon mancher Mann wurde in seinen Stiefeln zu Grabe getragen, weil er so töricht war und zu seinem Schießeisen griff, um jemandem Angst einzujagen. Denk immer daran, daß ein Sechsschüsser einzig und allein dazu da ist, den anderen Kerl zu töten … Wenn du einen Mann mit der Waffe aufhalten mußt, dann umfasse den Griff deines Revolvers mit eiserner Hand, damit er nicht verreißt, und versuche ihn genau in Höhe der Gürtelschnalle zu treffen. Das ist die breiteste Stelle zwischen Scheitel und Sohle.

Bat Masterson

Was das Töten angeht – darüber mache ich mir keine großen Gedanken. Ich glaube nicht an Gespenster, und ich lasse auch nicht die ganze Nacht das Licht brennen, um sie fernzuhalten. Weil ich nämlich kein Mörder bin. In einem Kampf heißt es, ich oder der andere, und ich überlege ständig: Ist das hier eine Sünde? Und was nützt es, wenn man sich hinterher den Kopf zerbricht?

Wild Bill Hickok

Ich glaube nicht, daß die Kugel, die mich töten soll, jemals gegossen wird.

Dallas Stoudenmire (Er irrte sich.)

In meinem Fall war Ungehorsam der erste Schritt; danach kamen der Whiskey, die Revolver, das Glücksspiel und schließlich Mord, und der nächste, nehme ich an, wird mich zum Galgen führen.

Bill Longley (Er hatte recht.)

Inhalt

Die Gunfighter im Originalton . . .	7	Beard, Edward T.	
		(»Red«)	53
Einführung	15	Beckwith, John H.	54
Die Revolvermänner	16	Beckwith, Robert W.	54
»Bewertung«		Bideno, Juan	55
der Revolvermänner	18	Blake, William	
Statistik der Gunfighter	19	(»Tulsa Jack«)	56
Statistik der Lebensdaten	20	Blevins, Andy	
Berufe der Gunfighter	20	(»Andy Cooper«)	56
Verwandtschaftliche		Bowdre, Charlie	58
Beziehungen	22	Breakenridge, William Milton . .	60
Spitznamen	23	Brewer, Richard M.	61
Die Schießereien	24	Bridges, Jack L.	63
Statistik der Revolverkämpfe . . .	26	Brooks, William L.	
Chronologie der Ereignisse . . .	28	(»Buffalo Bill«, »Bully«)	63
		Brown, Henry Newton	65
Glossar	31	Bryant, Charles	
		(»Black Faced Charlie«)	69
		Burrows, Reuben Houston . . .	70
Die Gunfighter		Carson, Thomas	71
Allison, Robert A. Clay	35	Chambers, Lon	71
Alvord, Burt	38	Champion, Nathan D.	72
Anderson, D. L.		Christian, Will	
(»Billy Wilson«)	39	(»Black Jack«, »Two-O-Two«) . .	73
Anderson, Hugh	40	Christianson, Willard Erastus	
Anderson, William	41	(»Matt Warner«,	
Armstrong, John Barclay		»Mormon Kid«)	74
(»McNelly's Bulldog«)	42	Christie, Ned	76
Aten, Ira	43	Claiborne, William F.	
Baca, Elfego	45	(»Billy the Kid«)	78
Baker, Cullen Montgomery . . .	47	Clanton, Joseph Isaac	
Barkley, Clint		(»Ike«)	78
(»Bill Bowen«)	48	Clanton, William	80
Barnes, Seaborn		Clark, Jim Cummings	81
(»Seab«, »Nubbins Colt«)	49	Clements, Emmanuel	
Bass, Samuel	50	(»Mannen«)	81

Clements, Emmanuel jr.
(»Mannie«) 82
Clifton, Dan
(»Dynamite Dick«) 83
Coe, Frank 84
Coe, George Washington . . . 85
Coe, Philip Houston 87
Colbert, Chunk 88
Cole, James 89
Collins, Ben 89
Cook, Thalis T. 90
Cooley, Scott 90
Courtright, Timothy Isaiah
(»Longhaired Jim«) 91
Crane, Jim 93
Cravens, Ben 94
Crawford, Ed 95
Cruz, Florentino 96
Cummings, Samuel M.
(»Doc«) 96
Curry, George
(»Flat Nose«, »Big Nose«) . . . 97
Dalton, Bob Reddick 98
Dalton, Emmett 101
Dalton, Grattan
(»Grat«) 102
Dalton, William Marion 104
Daugherty, Roy
(»Arkansas Tom Jones«) 106
Delony, Lewis S. 108
Doolin, William M. 109
Dow, Les 111
Dunlap, Jack
(»Three-Fingered Jack«) 112
Dunn, William B. 113
Earhart, Bill 113
Earp, Morgan 114
Earp, Virgil 116
Earp, Warren 118
Earp, Wyatt Berry Stapp 118
Elliott, Joe 122

Estabo, Tranquellano 123
Evans, Chris 123
Evans, Jesse 124
Fisher, John King 125
Flatt, George W. 127
Ford, Robert 128
Fountain, Albert Jennings . . . 130
Frazer, G. A.
(»Bud«) 132
French, Jim 132
Garrett, Patrick Floyd 133
Gillett, James Buchanan 138
Goldsby, Crawford
(»Cherokee Bill«) 139
Good, John 140
Graham, Dayton 141
Graham, William
(»Curly Bill Brocius«) 141
Griego, Francisco
(»Pancho«) 142
Gristy, Bill
(»Bill White«) 143
Hall, Jesse Lee
(»Red«) 144
Hardin, John Wesley
(»Wes«, »Little Arkansas«) . . . 145
Harkey, Dee 150
Hays, Bob 151
Head, Harry . . . .
(»Harry the Kid«) 152
Helm, Jack 152
Hickok, James Butler
(»Wild Bill«) 153
Higgins, Fred R. 158
Higgins, John Calhoun Pinckney
(»Pink«) 158
Hill, Tom
(»Tom Chelson«) 160
Hindman, George W. 161
Hite, Robert Woodson
(»Wood«) 162

Hodges, Thomas
(»Tom Bell«) 163
Holliday, John Henry
(»Doc«) 164
Hollister, Cassius M.
(»Cash«) 165
Hoover, Tuck 167
Horn, Tom 168
Horner, Joe
(»Frank Canton«) 170
Horrell, Benjamin 173
Horrell, Martin 174
Horrell, Merritt 175
Horrell, Samuel W. 176
Horrell, Thomas W. 177
Hueston, Tom 179
Hughes, John Reynolds
(»Border Boss«) 180
Hunt, J. Frank 182
Jackson, Frank
(»Blockey«) 183
James, Franklin
(»B. J. Woodson«) 184
James, Jesse Woodson
(»Dingus«, »Thomas Howard«) . 186
Jennings, Napoleon Augustus . . 189
Johnson, Jack
(»Turkey Creek«) 190
Johnson, William H. 191
Jones, Frank 191
Jones, John 192
Kelly, Ed O.
(»Red«) 193
Kemp, David Lyle 194
Ketchum, Thomas
(»Black Jack«) 195
Larn, John M. 196
Lay, William Ellsworth
(»Elzy«,
»William McGinnis«) 197
Lee, Oliver Milton 198

Leonard, Bill 199
Leslie, Nashville Franklin
(»Buckskin Frank«) 200
Lindsey, Seldon T. 202
Logan, Harvey
(»Kid Curry«) 203
Logan, Lonie 207
Long, John
(»Long John«) 208
Long, Steve
(»Big Steve«) 209
Longabaugh, Harry
(»Sundance Kid«) 210
Longley, William Preston
(»Wild Bill«) 212
Loving, Frank
(»Cockeyed Frank«) 215
Lowe, Joseph
(»Rowdy Joe«) 216
McCall, John
(»Broken Nose Jack«) 217
McCarty, Henry
(»Billy the Kid«, »William Bonney«,
»Henry Antrim«, »Kid Antrim«,
»William Antrim«) 218
McCarty, Tom 223
McCluskie, Arthur 224
McCluskie, Mike
(»Arthur Delaney«) 225
McConnell, Andrew 226
McKinney, Thomas L.
(»Tip«) 227
McLaury, Frank 228
McLaury, Thomas 229
McMasters, Sherman 230
McNab, Frank 231
Madsen, Christian 232
Manning, James 233
Marlow, Boone 234
Masterson, Edward J. 235
Masterson, James P. 237

Masterson, William B.
(»Bat«) 239
Mather, Dave H.
(»Mysterious Dave«) 242
Matthews, Jacob B. 244
Meagher, Michael 246
Meldrum, Bob 247
Middleton, John 248
Miller, Clelland 249
Miller, James B.
(»Killin' Jim«, »Killer Miller«,
»Deacon«) 250
Milton, Jeff Davis 254
Miner, William
(»Old Bill«) 257
Morco, John
(»Happy Jack«) 258
Morse, Harry N. 259
Mossman, Burton
(»Cap«) 260
Newcomb, George
(»Bitter Creek«,
»Slaughter's Kid«) 262
Oden, Lon 264
O'Folliard, Tom 265
Olinger, John Wallace 266
Olinger, Robert A.
(»The Big Indian«) 267
O'Rourke, John
(»Johnny-Behind-the-Deuce«) . . 268
Outlaw, Baz
(»Bass«) 269
Owens, Commodore Perry 270
Parker, Robert LeRoy
(»Butch Cassidy«, »George Cassidy«,
»William T. Phillips«) 271
Peacock, Lewis 274
Pickett, Tom 274
Pierce, Charley 276
Plummer, Henry 276
Ponce, Norrato 278

Powell, Sylvester 279
Raidler, William F.
(»Little Bill«) 279
Reed, Charlie 281
Reed, Jim 281
Riggs, Barney 282
Riley, Jim 283
Riley, Thomas 284
Ringo, John 285
Robert, Andrew L.
(»Buckshot«) 285
Roberts, Jim 287
Roberts, Judd 287
Robertson, Ben F.
(»Ben Wheeler«) 288
Rudabaugh, David 290
Rynning, Thomas H. 292
St. Leon, Ernest
(»Diamond Dick«) 293
Salazar, Yginio 294
Scarborough, George W. 295
Scurlock, Josiah G.
(»Doc«) 296
Selman, John 297
Shadley, Lafayette 301
Shepherd, Oliver 302
Sherman, James D.
(»Jim Talbot«) 302
Shonsey, Mike 303
Shores, Cyrus Wells
(»Doc«) 304
Short, Luke L. 305
Slade, Joseph Alfred
(»Jack«) 307
Slaughter, John Horton
(»Texas John,« »Don Juan«) . . . 308
Smith, Bill 311
Smith, Jack 312
Smith, Thomas J.
(»Bear River Tom«) 312
Smith, Tom 313

Inhalt 13

Sontag, John 315
Soto, Juan
(»The Human Wildcat«) 315
Spradley, A. John 316
Standard, Jess 318
Starr, Henry
(»The Bearcat«) 318
Stiles, William Larkin 320
Stilwell, Frank 321
Stinson, Joe 322
Stockton, Port 323
Stoudenmire, Dallas 324
Strawhim, Samuel 326
Sutton, William E. 327
Taylor, Bill 328
Taylor, Hays 329
Taylor, Jim 330
Taylor, Phillip
(»Doboy«) 331
Tewksbury, Edwin 332
Tewksbury, Jim 333
Thomas, Henry Andrew
(»Heck«) 334
Thompson, Ben 337
Thompson, William
(»Texas Billy«) 343
Tilghman, William
Matthew jr. 345
Tovey, Mike 348

Towerly, William 348
Tracy, Harry 349
Tucker, Tom 351
Turner, Ben 352
Tyler, Jesse 352
Vásquez, Tiburcio 353
Wait, Frederick T.
(»Dash Wait(e)«) 354
Walker, Joe 355
Watson, Jack 356
Webb, John Joshua
(»Samuel King«) 357
Weightman, George
(»Red Buck«) 358
Wells, Samuel
(»Charlie Pitts«) 359
Wheeler, Harry Cornwall . . . 360
Whitney, Chauncey Belden
(»Cap«) 361
Wren, William R. 362
Wyatt, Nathaniel Ellsworth
(»Zip«, »Wild Charlie«,
»Dick Yeager«) 362
Younger, James 364
Younger, John 366
Younger, Robert 367
Younger, Thomas Coleman . . . 368

Bibliographie 373

Einführung

Was für Männer waren die Gunfighter des amerikanischen Westens? Wie sah ihr Alltag aus, und wie verliefen die Schießereien, an denen sie beteiligt waren? Dieses Nachschlagewerk, in dem sowohl eher durchschnittliche Revolvermänner wie Scott Cooley, Chris Evans und Sylvester Powell als auch berühmte Männer wie John Wesley Hardin, Wild Bill Hickok und Billy the Kid enthalten sind, versucht diese Fragen zu beantworten. Es enthält insgesamt 255 Revolverhelden des amerikanischen Westens, nimmt aber nicht für sich in Anspruch, alle Männer aufzuführen, die sich, teilweise zu Recht, als Gunfighter verstanden haben mögen. Eine vollständige Auflistung war wegen der raren Quellen über bestimmte Zeiträume und Örtlichkeiten so gut wie unmöglich. Dennoch habe ich nach besten Kräften versucht, eine ebenso umfassende wie repräsentative Zusammenstellung vorzulegen, und ich hoffe, daß der Leser auf den folgenden Seiten jede gewünschte Auskunft über bestimmte Revolvermänner des amerikanischen Westens findet.

Der Ordnung halber habe ich dabei eine einheitliche Vorgehensweise gewählt. Jeder Eintrag beginnt mit dem Familiennamen, dem Vornamen und dem zweiten Vornamen, gefolgt von den gebräuchlichen Spitz- oder Decknamen. Danach kommen Geburtsdatum, Geburtsort, Todesdatum und Todesort sowie die Berufe, die der Mann ausübte, soweit diese Angaben zur Verfügung standen. Im biographischen Teil wird zunächst auf den Lebenslauf eines jeden Revolvermannes eingegangen. Anschließend folgt eine chronologisch geordnete Auflistung der Schießereien, an denen der Betreffende nachweislich teilgenommen hat, einschließlich Datum und Ort des Geschehens sowie einer Darstellung des jeweiligen Gefechts. Wenn auf bestimmte Gefechte mehrfach eingegangen werden mußte, habe ich versucht, die Schießerei aus dem Blickwinkel der jeweils Beteiligten darzustellen und, soweit dies möglich war, durch die Wahrnehmungen aus der Sicht des Betroffenen zu ergänzen. Abschließend werden die wichtigsten Quellen über jeden Mann aufgeführt. Die vollständigen Angaben dazu befinden sich in der Bibliographie.

Die nachfolgend aufgeführten Männer werden weitaus häufiger unter ihren Spitz- oder Decknamen erwähnt als unter ihren weniger bekannten richtigen Namen. Um eventuellen Unklarheiten vorzubeugen, werden hier beide Namen aufgelistet (siehe auch unter »Spitznamen«). Alle Personen sind unter ihren richtigen Namen nachzuschlagen.

16   Einführung

Bekannt als	Richtiger Name
Tom Bell	Thomas Hodges
William Bonney	Henry McCarty
Bill Bowen	Clint Barkley
Curley Bill Brocius	William Graham
Frank Canton	Joe Horner
Butch Cassidy	Robert LeRoy Parker
Tom Chelson	Tom Hill
Arthur Delaney	Mike McCluskie
Arkansas Tom Jones	Roy Daugherty
Charlie Pitts	Samuel Wells
Matt Warner	Willard Erastus Christianson
Ben Wheeler	Ben F. Robertson
Billy Wilson	D. L. Anderson

Die Revolvermänner

Durch Kino, Fernsehen und Romane wurde der *gunfighter*, der Revolvermann, zur berühmtesten und schillerndsten Gestalt des sogenannten Wilden Westens. Zugleich aber entstanden viele falsche Vorstellungen über ihn, so daß es gar nicht so klar ist, wen man eigentlich als Revolvermann bezeichnen soll. Welche Berufe waren bezeichnend für den Revolvermann? Wie viele Schießereien wiesen einen solchen Mann als Gunfighter aus? Wie viele Opfer mußte er auf dem Gewissen haben?

Im Laufe meiner Nachforschungen wurde zunehmend deutlicher, daß sich derartige Kriterien nur mühsam festlegen ließen. Nur schon die genauere Bestimmung eines Revolverkampfes war schwierig. Ist ein harmloser Schußwechsel bereits ein Revolverkampf? Gehört ein Mord aus dem Hinterhalt dazu? Oder kommt dafür nur das klassische Duell in Betracht, der dramatische Zweikampf mit möglichst schnell gezogener Waffe? Ich kam zu dem Schluß, daß dies ein sehr dünnes Buch werden würde, wenn ich nur die Duelle Mann gegen Mann als echte Revolverkämpfe gelten ließe. Lediglich eine Handvoll der auf den folgenden Seiten beschriebenen 587 Revolverkämpfe entspricht der Choreographie der zahllosen in Kinofilmen, Fernsehserien und Romanen dargestellten Schießereien.

Die Bedeutung des schnellen Ziehens wird, und das ist die Haupterkenntnis dieses Projekts, völlig falsch eingeschätzt. Kein Bild aus dem amerikanischen Westen ist so tief verwurzelt wie die Darstellung des Revolverduells: Zwei Männer, die Hände lose über dem Revolvergriff, gehen aufeinander zu, um festzustellen, wer schneller ziehen und schießen kann. Dann eine jähe, kaum wahrnehmbare Bewegung, zwei nahezu gleichzeitig fallende Schüsse, und ein Mann geht, von der ersten Kugel getroffen, zu Boden. Eine gängige Variation dieses Mythos ist auch der Revolvermann, der seinem Gegenüber in die Hand schießt oder als echter Sportsmann den Widersacher sogar zuerst ziehen läßt.

Bei einem echten Gunfight hingegen kam es vor allem auf die Treffsicherheit, nicht jedoch auf die Schnelligkeit an. Häufig trugen die Revolvermänner ihre Waffe nicht einmal im Holster. Man steckte den Revolver in die Gesäßtasche, in den Hosenbund oder die Jackentasche, und fast immer zog man ein Gewehr oder eine Schrotflinte der Faustfeuerwaffe vor. Vornehmliches Ziel einer Schießerei war es nicht, den anderen Mann zuerst oder an der richtigen Stelle zu treffen, sondern ihn überhaupt zu treffen. Wie der Leser feststellen wird, kam es bei Revolverkämpfen ein ums andere Mal vor, daß Männer ihre Waffen auf den Gegner leerschossen, ohne ihn überhaupt oder allenfalls leicht zu verletzen. Die Schnelligkeit beim Ziehen spielte keine Rolle. Wie jeder weiß, der schon einmal versucht hat, mit einer Pistole oder einem um den Finger gewirbelten Revolver ein bewegliches Ziel zu treffen, geht ein überhasteter Schuß zumeist in den Boden oder in die Wolken.

Irrig sind auch die Vorstellungen über die Anzahl der von den Revolvermännern erzielten tödlichen Treffer. Dem Gunfighter des amerikanischen Westens wurden so viele Todesschüsse zugeschrieben – von den einundzwanzig Opfern eines Billy the Kid (»Mexikaner nicht eingerechnet«) bis hin zu John Wesley Hardin, der mehr als vierzig Menschen getötet haben soll –, daß ein Revolvermann mindestens sechs- bis achtmal hätte tödlich treffen müssen, um überhaupt in dieses Buch aufgenommen zu werden. Die meisten Gunfighter aber töteten im Laufe ihrer »Karriere« nicht viele Männer. Bat Masterson zum Beispiel brachte einen Mann um und war nur gerade an drei Schießereien beteiligt. Es gibt keinerlei gesicherte Hinweise darauf, daß Billy the Kid mehr als vier Männer auf dem Gewissen hatte, und Hardin tötete aller Wahrscheinlichkeit nach höchstens ein knappes Dutzend Menschen. Der typische Gunfighter feuerte seine Waffe nur gelegentlich auf andere Männer ab, und zu Todesfällen kam es dabei selten.

Weiter wurde mir während meiner Nachforschungen klar, daß der typische Gunfighter sich mit Hilfe der Waffe seinen Lebensunterhalt verdiente. Von Beruf war er Ordnungshüter oder Detektiv, Büffeljäger oder Kundschafter beim Militär, Viehdieb, Räuber oder bezahlter Killer. Häufig kam es auch vor, daß Revolvermänner beiden Seiten zu Diensten waren, im einen Jahr vor dem Gesetz flohen und im nächsten einen Stern trugen. Gelegentlich allerdings wurden Männer auch durch Zufall zum Gunfighter. Cowboys wurden in Weidekriege und damit auch in Schießereien verwickelt, und professionelle Spieler oder passionierte Saloon- und Bordellbesucher mußten sich gelegentlich um des Überlebens willen den Weg freischießen.

18   Einführung

Schließlich entschied ich mich für ein zugegebenermaßen etwas willkürliches Auswahlkriterium, wonach ein Mann als Gunfighter gilt, wenn er zur Zeit der Eroberung des Westens nachweislich an mindestens zwei Schießereien beteiligt war – für gewöhnlich, aber nicht notwendigerweise, mit tödlichen Folgen. Weiter nahm ich nur Männer auf, die von Berufs wegen zum Tragen einer Waffe angehalten waren. Die Schießereien an sich unterlagen keinerlei Auswahlprinzip. Von ein paar Ausnahmefällen abgesehen, waren die meisten der hier behandelten Gunfighter Männer, die sich durch eine eindeutige Neigung zur Gewalttätigkeit auszeichneten. Sie schossen auf Menschen und wurden ihrerseits unter Beschuß genommen. Sie setzten sich der Gefahr aus, indem sie den Sheriffstern trugen, Menschen ausraubten oder sich mit gefährlichen Männern an nicht minder gefährlichen Orten einließen.

»Bewertung« der Revolvermänner

Wer waren die »größten« Revolvermänner? In der untenstehenden Auflistung sind sowohl die aktivsten und »erfolgreichsten« Revolvermänner enthalten als auch andere, die ebenfalls als »erfolgreich« galten, deren Ruf aber eindeutig überzeichnet wurde.

Diese Liste läßt zweierlei erkennen: 1. Die Gunfighter des amerikanischen Westens töteten vergleichsweise wenige Männer, und sie waren 2. an relativ wenigen Schießereien beteiligt. Dennoch kann anhand der Anzahl von Menschen, die ein Revolvermann mit Sicherheit getötet hat, sowie der Anzahl der Opfer, die sehr wahrscheinlich, aber nicht ganz sicher auf sein Konto gehen, seine Geschicklichkeit im Umgang mit der Waffe bestimmt werden. Bei der Bewertung eines Revolvermannes ist zudem die Anzahl der Schießereien von Bedeutung, an denen er nachweislich beteiligt war, da sie sowohl einen Hinweis auf seine Bereitschaft, die Waffe zu gebrauchen, als auch auf seine Treffsicherheit liefert. Zwar mögen Idealisten die Ansicht vertreten, ein Gunfighter, der im Laufe seiner Karriere nur wenige Männer tötete, sei ein Könner und edelmütiger Schütze gewesen, doch ein brauchbarer Maßstab für seine Geschicklichkeit ist nur die Anzahl der von ihm verursachten Todesfälle. Je mehr Schießereien ein Mann ausgetragen hat, desto mehr Personen sollte er getötet haben, da ihm der Selbsterhaltungstrieb gebot, seinen oder seine Gegner möglichst rasch auszuschalten.

Legt man diesen Maßstab an, so zählen, wie erwartet, John Wesley Hardin und Wild Bill Hickok zu den tödlicheren Revolvermännern. Erstaunlich hoch aber rangieren auch Männer wie Jim Miller, Harvey Logan und John Selman. Unter den Revolvermännern, deren Ruf ihre tatsächlichen Leistungen bei weitem übertrifft, finden sich Wyatt Earp, Bat Masterson, Doc Holliday und John Ringo.

Statistik der Gunfighter

Revolvermann	Anzahl der Opfer	Anzahl der Schießereien	Wahrscheinliche, aber nicht sichere Opfer
Jim Miller	12	14	1
John Wesley Hardin	11	19	1
Bill Longley	11	12	2
Harvey Logan	9	11	0
Wild Bill Hickok	7	8	1
John Selman	6	8	0
Dallas Stoudenmire	5	8	2
Cullen Baker	5	7	3
King Fisher	5	4	0
Billy the Kid	4	16	5
Ben Thompson	4	14	2
Henry Brown	4	10	5
John Slaughter	4	8	2
Clay Allison	4	4	0
Jim Courtright	4	3	0
John Hughes	3	12	8
Cole Younger	3	7	2
John Younger	3	4	1
Doc Holliday	2	8	2
Pat Garrett	2	6	2
Burt Alvord	2	6	1
Oliver Lee	2	5	2
Dave Mather	2	5	1
Luke Short	2	5	0
Heck Thomas	1	10	3
Jesse James	1	9	3
Bill Tilghman	1	7	0
Bat Masterson	1	3	0
Jack Slade	1	3	0
John Ringo	1	2	0
Jeff Milton	0	8	6
Wyatt Earp	0	5	5
Sundance Kid	0	4	0

Statistik der Lebensdaten

In diesem Buche werden 255 Revolvermänner vorgestellt. 145 von ihnen starben bei Schießereien, 5 bei anderen Gewalttaten, 14 wurden hingerichtet, und 61 starben eines natürlichen Todes. Von 30 ist die Todesursache nicht bekannt. Die meisten professionellen Revolvermänner starben in Texas, Kansas, New Mexico, Oklahoma, Kalifornien, Missouri und Colorado.

Von etwa der Hälfte der in diesem Buche behandelten Gunfighter (genauer: 125) sind Geburts- und Todesdatum bekannt, so daß man ihre mittlere Lebenserwartung errechnen kann. Man kommt dabei auf erstaunliche 47 Jahre. 46 von ihnen starben keines gewaltsamen Todes, ihre durchschnittliche Lebenserwartung betrug nicht weniger als 70 Jahre. Diejenigen, die erschossen oder hingerichtet wurden (insgesamt 79) lebten indessen nur halb so lange und wurden mit durchschnittlich 35 Jahren von ihrem Schicksal ereilt.

Berufe der Gunfighter

Womit verdienten die Revolvermänner des amerikanischen Westens ihren Lebensunterhalt? Die Mehrzahl von ihnen war, wie vorherzusehen, von Beruf Ordnungshüter, Eisenbahn-, Bank- und Postkutschenräuber, Rustler (eine Bezeichnung für Viehdiebe aller Art; doch der Begriff ist dehnbar, da man oft auch Kleinbauern oder Cowboys, die sich herrenloses oder nicht eindeutig gekennzeichnetes Vieh aneigneten, als Rustler bezeichnete und entsprechend verfolgte), Glücksspieler, Cowboy, Rancher oder Range-Detektiv (ein zumeist von Großgrundbesitzern angeheuerter Privatpolizist, der für die Einhaltung der Weiderechte sorgte). Darüber hinaus waren sie Salooninhaber, Soldaten, Kundschafter beim Militär und Büffeljäger, die es wegen ihres Tagesgeschäfts gewohnt waren, mit Waffen umzugehen, und infolgedessen dazu neigten, Streitereien gewaltsam auszutragen. Gelegentlich ließen sich auch Prospektoren (Männer, die nach Gold, Silber, Öl und anderen wertvollen Rohstoffen suchten), Hochstapler, Postkutschenfahrer und Kopfgeldjäger auf Schießereien ein, und viele Revolvermänner des Westens verdingten sich zeitweise in aller Offenheit an Einzelpersonen oder Interessengruppen, die ihre Macht zur Schau stellen oder mögliche Gegner ausschalten wollten. Überraschend hoch ist die Anzahl der Farmer und ehemaligen Farmer, die sich an Revolverkämpfen beteiligten; das gilt auch für Kaufleute, Lehrer, Schauspieler und andere, die weniger gewalttätige Berufe ausübten. In der untenstehenden Liste werden die Tätigkeiten aufgeführt, die von den in diesem Buch behandelten Männern zu diversen Zeiten ausgeübt wurden. Sie vermittelt einen gewissen Einblick in die Berufswahl der Revolvermänner des amerikanischen Westens.

Berufe der Revolvermänner

Ordnungshüter	110	Sportler	3
Cowboy	75	Whiskeyhändler	3
Rancher	54	Zimmermann	3
Farmer	46	Drucker	2
Rustler	45	Fälscher	2
Gedungener Revolvermann	35	Feldmesser	2
Soldat	34	Hochstapler	2
Bandit	26	Jäger	2
Spieler	24	Lehrer	2
Arbeiter	22	Meldereiter	2
Saloonbesitzer	19	Pferdezüchter	2
Kaufmännischer Angestellter	17	Spekulant	2
Eisenbahnräuber	14	Tanzsalonbesitzer	2
Bergmann	10	Zolleintreiber	2
Prospektor	10	Arzt	1
Fuhrmann	9	Bäcker	1
Militärkundschafter	9	Bauunternehmer	1
Postkutschenräuber	9	Begleitschutzmann	1
Bankräuber	8	Bewässerungsleiter	1
Büffeljäger	8	Blechschmied	1
Postkutschenfahrer	7	Brandstifter	1
Range-Detektiv	7	Drehbuchautor	1
Eisenbahner	6	Eisenbahnaufseher	1
Ranch-Vormann	6	Eisenbahnbremser	1
Schauspieler	6	Erfinder	1
Barkeeper	5	Expreßgutaufseher	1
Zureiter	5	Fährmann	1
Fuhrunternehmer	4	Filmproduzent	1
Krimineller	4	Gefängnisdirektor	1
Mietstallbesitzer	4	Gefängniswärter	1
Schlachter	4	Geschäftsmann	1
Anwalt	3	Grundstücksmakler	1
Cafébesitzer	3	Handelsvertreter	1
Hotelier	3	Holzfäller	1
Kopfgeldjäger	3	Indianeragent	1
Organisierter Gangster	3	Indianerkämpfer	1
Politiker	3	Ingenieur	1
Privatdetektiv	3	Inspektor	1

Juwelier	1	Seemann	1
Kutschstationsbediensteter	1	Sklavenhändler	1
Maler	1	Spion	1
Mietstallbediensteter	1	Stellmacher	1
Ölsucher	1	Telegrammbote	1
Packmeister	1	Tingeltangel-Darsteller	1
Page	1	Trapper	1
Postkutschenunternehmer	1	Versicherungsagent	1
Postmeister	1	Viehtreckleiter	1
Rennbahnangestellter	1	Vortragsreisender	1
Rindermakler	1	Waffenschmied	1
Sattler	1	Whiskeyschmuggler	1
Schäfer	1	Wild-West-Show-Darsteller	1
Schmied	1	Zahnarzt	1
Schriftsteller	1	Zeitungsjunge	1
Schulrektor	1		

Verwandtschaftliche Beziehungen der Revolvermänner

Die Gunfighter des amerikanischen Westens gaben ihren Hang zum Töten wie auch ihr Geschick im Umgang mit der Waffe bereitwillig an ihre Söhne, Brüder, Cousins, Neffen und angeheirateten Verwandten weiter. Frank und George Coe waren Cousins. Desgleichen John Wesley Hardin und die Clements-Brüder, Bill und Jim Taylor sowie Doboy und Hays Taylor. Clint Barkley und Merritt Horrell waren ebenso wie Dallas Stoudenmire und Doc Cummings Schwager. Mannen Clements war der Vater des Revolvermannes Mannie Clements. Hugh Beckwith, der Vater der am Lincoln County War beteiligten Revolverhelden Bob und John Beckwith, tötete seinen Schwiegersohn William Johnson. Die Mehrzahl der miteinander verwandten Revolvermänner aber waren Brüder, die sich entweder gemeinsam außerhalb des Gesetzes stellten oder mit vereinten Kräften als Ordnungshüter tätig waren. Zu ihnen zählen Revolvermänner wie Bob und John Beckwith, Billy und Ike Clanton, Bill, Bob, Emmett und Grat Dalton, Morgan, Virgil, Warren und Wyatt Earp, Ben, Martin, Merritt, Sam und Tom Horrell, Frank und Jesse James, Harvey und Lonie Logan, Arthur und Mike McCluskie, Frank und Tom McLaury, Ed, Jim und Bat Masterson, Bob und Wallace Olinger, Ed und Jim Tewksbury, Ben und Billy Thompson sowie Bob, Cole, Jim und John Younger.

Einige der hier aufgeführten Männer hatten einen oder mehrere Brüder, die manchmal zwar die für einen Gunfighter typische Verhaltensweise zeigten, aufgrund ihrer Taten jedoch nicht den Status eines solchen erreichten. Dazu zählen zum Beispiel Will Christians Bruder Bob, Mannen Clements' Brüder Gyp, Jim und Joe, Tom Ketchums Bruder Sam, Jim Mannings Brüder Doc, Frank, John und William, John Sontags Bruder George und Port Stocktons Bruder Ike.

Spitznamen

Die Menschen des amerikanischen Westens hatten eine Vorliebe für Spitznamen. Oft und gerne belegten die Bewohner dieser letzten Grenze sich und ihre Zeitgenossen mit schmückenden Beifügungen, von Buffalo Bill Cody bis zu Snakehead Thompson.

Die Gunfighter, die zu den schillerndsten und bekanntesten Männern des Westens zählten, wurden so häufig mit Beinamen versehen, daß man bei vielen nicht weiß, wie sie wirklich hießen. Billy the Kid zum Beispiel wurde nur selten Henry McCarty genannt, und noch heute ist man allgemein der Ansicht, sein Geburtsname habe William Bonney gelautet.

Jesse James wurde häufig als Dingus bezeichnet, John Calhoun Pinckney Higgins wurde Pink genannt, George Weightman taufte man Red Buck, John Long hieß selbstverständlich Long John, und Henry Andrew Thomas kannte man nur als Heck.

George Newcomb hatte einst für John Slaughter gearbeitet und wurde daher Slaughter's Kid genannt, und weil er so oft »Ich bin ein wilder Wolf aus Bitter Creek/Und heut' nacht muß ich heulen« sang, gab man ihm den Spitznamen »Bitter Creek«. William Bartholomew Masterson wurde unter dem Namen Bat bekannt, wobei unklar ist, ob dies von seiner Angewohnheit herrührte, Gesetzesbrechern den Rohrstock über den Kopf zu ziehen [bat = Keule, Schläger], ob es sich um eine Kurzform seines zweiten Vornamens handelt, den er später in Barcley änderte, oder ob damit seine Kämpfernatur [battle = das Gefecht, die Schlacht] umschrieben werden sollte.

Dazu gab es diverse Variationen von »Bill«: Buffalo Bill Brooks, Cherokee Bill (Crawford Goldsby), Curly Bill Brocius (William Graham), Wild Bill Hickok und Wild Bill Longley, Old Bill Miner, Billy the Kid Claiborne, Texas Billy Thompson und Little Bill Raidler.

Zahlreiche Beinamen bezogen sich auf äußerliche Merkmale. So gab es zum Beispiel einen Broken Nose Jack McCall oder Big Nose Curry, einen Longhaired Jim Courtright, einen Black Faced Charlie Bryant, einen Buckskin Frank Leslie, einen Red Hall und Red Beard, einen Big Steve Long, den Big Indian (Bob Olinger), einen Three-Fingered Jack Dunlap und einen Cockeyed Frank Loving. Will Christian war aufgrund seines dunklen Teints als Black Jack

24   Einführung

bekannt, und wegen seiner Körpergewichts wurde er häufig Two-O-Two genannt.

Bestimmte Charakterzüge schlugen sich in Spitznamen wie Rowdy Joe Lowe, Happy Jack Morco, Bully Brooks, Mysterious Dave Mather, Human Wildcat (Juan Soto), Bearcat (Henry Starr) und Wild Charlie (Zip Wyatt) nieder.

Es gab eine Vielzahl von »Kids«: Billy the Kid McCarty und Billy the Kid Claiborne, Harry the Kid (Harry Head), Slaughter's Kid (George Newcomb), Mormon Kid (Matt Warner), Kid Curry (Harvey Logan) und Sundance Kid (Harry Longabaugh).

Viele Spitznamen der Revolvermänner bezogen sich auf bestimmte Örtlichkeiten. So wurde Thomas Smith, der in der Eisenbahnstadt Bear River, Wyoming, für Ruhe und Ordnung gesorgt hatte, Bear River Tom genannt. Roy Daugherty lief mit vierzehn Jahren aus dem heimischen Missouri weg, behauptete, er stamme aus Arkansas, und legte sich, um seine Spur zu verwischen, einen Decknamen zu, worauf er als Arkansas Tom Jones bekannt wurde. John Slaughter und William Thompson waren zwar in Louisiana beziehungsweise in England geboren, wuchsen aber in Texas auf und wurden später als Texas John und Texas Billy bezeichnet. Auch Namen wie Turkey Creek Johnson, Tulsa Jack Blake und Little Arkansas (John Wesley Hardin) lieferten Hinweise auf Herkunft und Aufenthaltsort ihrer Träger.

Häufig bezogen sich die Spitznamen auf berufliche Vorlieben. Der Berufsspieler John O'Rourke wurde Johnny-Behind-the-Deuce genannt, und der Bank- und Eisenbahnräuber Dan Clifton wurde als Dynamite Dick bekannt. Der Zahnarzt John Holliday wurde gemeinhin Doc genannt, desgleichen Samuel Cummings, J. G. Scurlock und C. W. Shores, obwohl letztere niemals als Mediziner praktizierten. Ihrem militärischen Rang verdankten Cap (von Captain) Mossman und Cap Whitney, der die Arizona Rangers und eine Milizkompanie befehligt hatte, ihre Beinamen. Commodore Perry Owen allerdings war niemals Marineoffizier gewesen. Jim Miller, ein berüchtigter Mörder, wurde allgemein als Killer Miller und Killin' Jim bezeichnet – wenn auch vermutlich nicht in seinem Beisein.

Die Schießereien

Die 587 in diesem Buch dargestellten Gunfights waren natürlich nicht die einzigen Schießereien, die sich im amerikanischen Westen zutrugen. So wurden in diesem Band bewußt alle Schießereien weggelassen, die sich aus zufälligen Händeln ergaben. An den hier aufgeführten Gefechten waren nur Männer beteiligt, die von Berufs wegen ausgewiesene Gunfighter waren, und diese Ereignisse lassen einige interessante Gesetzmäßigkeiten erkennen.

Die meisten Schießereien, so wird zum Beispiel deutlich, ereigneten sich zwischen den siebziger und den frühen achtziger Jahren des 19. Jahrhunderts; in den neunziger Jahren kam es dann zu einem kurzen Wiederaufflackern. Im Grunde genommen begann die Epoche der Gunfighter erst nach dem amerikanischen Bürgerkrieg, der zu erheblichen technischen Verbesserungen der Schußwaffen führte und in dessen Verlauf Tausende junger Männer an der Front dienten. Zwar endete diese Epoche offiziell um die Jahrhundertwende, doch letzte Beispiele dieser Gunfighter-Tradition lassen sich noch bis in die zwanziger Jahre dieses Jahrhunderts verfolgen, etwa als 1924 der Ordnungshüter Bill Tilghman niedergeschossen wurde und Polizisten den Outlaw Roy Daugherty töteten.

Texas war der gefährlichste Staat im ganzen Westen; allein dort fanden während der Epoche der Gunfighter insgesamt 160 Schießereien statt. Der Bundesstaat Kansas, dessen Rinderstädte allerlei Revolvermänner anlockten, und New Mexico, wo es aufgrund des Lincoln County War allein im Jahr 1878 zu mehr als 20 Schießereien kam, waren Schauplatz von jeweils über 70 Revolverkämpfen. Das weite, dünn besiedelte Arizona erlebte nahezu 60 Schießereien zwischen Revolverhelden, während es in Oklahoma zu mehr als 50 Gunfights kam, zumeist zwischen den achtziger und neunziger Jahren des vorigen Jahrhunderts. In Kalifornien, wo es eine relativ gut organisierte Polizei gab, kam es dennoch zu mehr als 20 Schußwechseln. Colorado war der Schauplatz von rund 20 Revolvergefechten, und in Missouri und Wyoming fanden jeweils ein Dutzend Schießereien statt. Aber die klassischen Revolvermänner setzten ihre Waffen auch fernab des amerikanischen Westens ein, in Florida etwa oder in Bolivien.

26   Einführung

Statistik der Revolverkämpfe

Jahr	Anzahl der Kämpfe	Ort
1854	1	Texas
1856	5	Kalifornien
1857	1	Kalifornien
1858	2	Colorado, Texas
1859	4	Texas (2), Colorado, Kalifornien
1860	2	Idaho, Louisiana
1861	3	Missouri (2), Nebraska
1862	4	Missouri, Tennessee, Texas, Wyoming
1863	4	Arizona, Montana (je 2)
1864	2	Arkansas, Texas
1865	6	Kalifornien (3), Missouri, Oklahoma, Texas
1866	4	Missouri (2), Mexiko, Texas
1867	10	Texas (6), Oklahoma, Wyoming (je 2)
1868	16	Texas (10), Nevada, Wyoming (je 2), Kansas, Missouri
1869	12	Texas (5), Kansas (3), Arkansas, Colorado, Missouri, Oklahoma
1870	6	Kansas (4), Texas (2)
1871	22	Kansas (8), Texas (5), Kalifornien, New Mexico, Oklahoma (je 2), Iowa, Mississippi, Wyoming
1872	13	Kansas (6), Texas (2), Kalifornien, Kentucky, Oklahoma, Utah, Wyoming
1873	27	Kansas (12), Texas (10), New Mexico (3), Colorado, Oklahoma
1874	14	Texas (6), Missouri, New Mexico, Oklahoma (je 2), Kalifornien, Kansas
1875	13	Texas (9), New Mexico (3), Missouri
1876	22	Texas (11), New Mexico (5), Dakota, Minnesota (je 2), Arizona, Colorado
1877	21	Texas (12), Kansas (4), New Mexico (2), Arizona, Florida, Kansas
1878	36	New Mexico (23), Texas (10), Kansas (3)
1879	14	New Mexico (6), Kansas (4), Colorado, Texas (je 2)
1880	25	New Mexico (11), Arizona, Kansas, Texas (je 3), Colorado, Kalifornien, Mexiko, Nebraska, Nevada
1881	27	New Mexico (8), Arizona (7), Kansas (5), Texas (4), Colorado, Kalifornien
1882	15	Arizona, Texas (je 5), Missouri, New Mexico (je 2), Colorado

1883	9	Kansas (6), Nebraska, New Mexico, Texas
1884	17	Kansas, Texas (je 5), New Mexico (3), Colorado, Kalifornien, Montana, Mexiko
1885	7	Oklahoma (3), Texas (2), Colorado, Kansas
1886	7	Texas (3), Oklahoma (2), Arizona, New Mexico
1887	20	Arizona, Texas (je 9), Oklahoma (2)
1888	10	Arizona, Kansas, Texas (je 2), Alabama, Illinois, Oklahoma, Tennessee
1889	9	Arizona (3), Texas (2), Kansas, New Mexico, Oklahoma, Tennessee
1890	9	Oklahoma (4), Colorado, Kansas, Louisiana, Texas, Utah
1891	10	Kansas, Oklahoma, Texas (je 2), Arkansas, Colorado, Kalifornien, Wyoming
1892	13	Oklahoma (7), Kalifornien (2), Colorado, Kansas, Washington, Wyoming
1893	11	Oklahoma (3), Kalifornien (2), Arkansas, Kansas, Louisiana, Mexiko, Texas, Wyoming
1894	14	Oklahoma, Texas (je 5), Arizona, Missouri, Montana, Utah
1895	19	Oklahoma (10), Texas (4), Colorado, Missouri, Montana, New Mexico, Utah
1896	19	Oklahoma (5), Texas (4), Arizona (3), Arkansas, Kalifornien, Kansas, Mexiko, Montana, New Mexico, Utah
1897	7	Kansas, Montana (je 2), Arizona, Texas, Utah
1898	8	Arizona (5), New Mexico (2), Colorado
1899	8	Arizona (3), Wyoming (2), Colorado, Texas, Utah
1900	12	Arizona (5), Utah (3), Colorado (2), Missouri, Wyoming
1901	9	Arizona (5), Oklahoma, Tennessee, Texas, Wyoming
1902	8	Arizona, Washington (je 3), Oregon, Texas
1903	2	Texas (2)
1904	6	Texas (2), Arizona, Colorado, New Mexico, Oklahoma
1905	5	Oklahoma (2), Bolivien, New Mexico, Texas
1906	2	Mexiko, Oklahoma
1907	3	Arizona (2), Colorado
1908	4	New Mexico (2), Bolivien, Texas
1909	1	Oklahoma
1911	3	Texas (2), Georgia
1912	1	Wyoming
1915	2	Oklahoma, Texas
1917	1	Arizona
1924	2	Missouri, Oklahoma

Chronologie der Ereignisse im amerikanischen Westen zur Zeit der Revolvermänner

Welche Ereignisse schürten die Gerüchteküche und regten zu allerlei Fachsimpeleien in den Saloons und Gefängnissen, den Absteigen und Schlupfwinkeln an, in denen Gunfighter verkehrten? In der nachfolgenden Auflistung werden die herausragenden Begebenheiten aus der Epoche der Gunfighter des amerikanischen Westens aufgeführt; hier wird das Ableben bekannter Revolvermänner vermerkt, auf die bedeutenderen Fehden und Weidekriege hingewiesen und, in aller Kürze, auf die spektakulärsten Schießereien eingegangen.

1861	Schießerei zwischen der »McCanles-Gang« und Wild Bill Hickok (12. Juli, Rock Creek Station, Nebraska).
1864	Henry Plummer und viele seiner Montana-Outlaws werden gehängt. Jack Slade wird gehängt (10. März, Virginia City, Montana).
1865	Duell zwischen Dave Tutt und Wild Bill Hickok (21. Juli, Springfield, Missouri).
1870	Auseinandersetzung zwischen Wild Bill Hickok und in Fort Hays stationierten Kavalleristen (17. Juli, Fort Hays, Kansas). Bear River Tom Smith wird getötet (2. November, bei Abilene, Kansas).
1871	Große Schießerei in einem Saloon (20. August, Newton, Kansas). Schießerei zwischen Wild Bill Hickok und Phil Coe (5. Oktober, Abilene, Kansas).
1873	Blutiger Zweikampf zwischen Arthur McCluskie und Hugh Anderson (Juni, Medicine Lodge, Kansas). Sheriff C. B. Whitney wird von Billy Thompson getötet (15. August, Ellsworth, Kansas). Horrell War (Lincoln County, New Mexico).
1874	Schußwechsel zwischen John Younger und Detektiven (16. März, Monegaw Springs, Missouri). Höhepunkt der Sutton-Taylor-Fehde in Texas.
1876	Auseinandersetzung zwischen Bat Masterson und Sergeant Ed King (24. Januar, Mobeetie, Texas). Wild Bill Hickok wird ermordet (2. August, Deadwood, Dakota Territory). Überfall der James-Younger-Gang auf die Bank von Northfield, Minnesota (7. September).

1877	Höhepunkt der Horrell-Higgins-Fehde im Umland von Lampasas, Texas.
1878	Schußwechsel zwischen Ed Masterson und Texanern (9. April, Dodge City, Kansas). Gefecht zwischen Texas Rangers und der Sam-Bass-Gang (19. Juli, Round Rock, Texas). Wild Bill Longley wird gehängt (11. Oktober, Giddins, Texas). Lincoln County War (Lincon County, New Mexico).
1880	Pat Garrett jagt Billy the Kid und seine Gang.
1881	Vier Tote bei Schußwechsel mit Dallas Stoudenmire (14. April, El Paso, Texas). Billy the Kid schießt sich den Fluchtweg aus dem Gefängnis frei (28. April, Lincoln, New Mexico). Billy the Kid wird getötet (14. Juli, Fort Sumner, New Mexiko). Gunfight am OK-Corral (26. Oktober, Tombstone, Arizona).
1882	Jesse James wird ermordet (3. April, St. Joseph, Missouri). John Ringo wird getötet (14. Juli, Turkey Creek Canyon, Arizona). Dallas Stoudenmire wird von den Manning-Brüdern getötet (18. September, El Paso, Texas). Auseinandersetzung zwischen Buckskin Frank Leslie und Billy Claiborne (14. November, Tombstone, Arizona).
1884	Ben Thompson und King Fisher werden getötet (11. März, San Antonio, Texas). Angriff auf Elfego Baca (Oktober, Francisco, New Mexico). Bankraub in Medicine Lodge, Kansas (15. Dezember).
1887	Auseinandersetzung zwischen Luke Short und Longhaired Jim Courtright (8. Februar, Fort Worth, Texas). Doc Holliday stirbt eines friedlichen Todes (8. November, Glenwood Springs, Colorado). Pleasant Valley War in Arizona.
1892	Überfall der Dalton-Gang auf Coffeyville, Kansas (5. Oktober). Johnson County War (Wyoming).
1893	Schießerei zwischen Ordnungshütern und der Doolin-Gang (1. September, Ingalls, Oklahoma).
1895	John Wesley Hardin wird von John Selman getötet (19. August, El Paso, Texas).
1896	Bill Doolin wird von einer Posse getötet (25. August, Lawson, Oklahoma).

30   Einführung

1898	Blütezeit des Wild Bunch um Butch Cassidy.
1900	Auseinandersetzung zwischen Jeff Milton und Burt Alvords Gang (15. Februar, Fairbanks, Arizona).
1904	Harvey Logan wird getötet (8. Mai, bei Glenwood Springs, Colorado).
1908	Pat Garrett wird ermordet (29. Februar, bei Las Cruces, New Mexico). Feuergefecht bolivianischer Soldaten mit Butch Cassidy und Sundance Kid.
1909	Jim (»Killer«) Miller wird gelyncht (19. April, Ada, Oklahoma).
1924	Bill Tilghman wird getötet (1. November, Cromwell, Oklahoma).

Glossar

Spanische Wörter

bandidos yanquís: Yanqui-Banditen
cantina: Schenke
calabozo: Arrestzelle, Gefängnis
capitán: Hauptmann
jacal: Hütte, Schuppen
vaquero: Rinderhirte, Cowboy

Unbekannte deutsche oder aus dem Amerikanischen übernommene Wörter

Adobe: luftgetrocknete Lehmziegel.

anhobbeln: mit dem Zügel die Vorderbeine eines Pferdes fesseln, so daß es keine großen Schritte machen kann. Vermutlich hat Karl May das englische Wort ins Deutsche eingeführt.

Brander: mit brennbaren Materialien beladenes Fahrzeug (Schiff oder Wagen) zum Ausräuchern eines verschanzten Gegners oder zum Aufbrechen der gegnerischen Kampflinie.

County: kleinster Verwaltungsbezirk, vergleichbar mit dem deutschen Landkreis. Verfügt üblicherweise über eigene staatliche Institutionen (Gericht, Sheriff usw.).

Heimstätten-Farm: (engl. Homestead) 1862 verabschiedete die Union (also die Nordstaatenregierung) das Homestead Act, wonach jeder Bürger und einbürgerungswillige Einwanderer gegen eine geringe Gebühr das Eigentumsrecht an 65 Hektar Land erhielt, wenn er dieses Land fünf Jahre lang kultivierte. Die Größe der Parzellen war im Laufe der Zeit und je nach Region Veränderungen unterworfen.

Marshal: von der Legislative ernannter Ordnungshüter.
Der *Town* oder *City Marshal* z. B. war der von der Stadtverwaltung ernannte und jederzeit kündbare oberste Polizist einer Stadt. Sein Wirkungsbereich endete an der Stadtgrenze.
Der *United States-* oder *US-Marshal* wurde von der Bundesregierung in Washington ernannt und blieb bis zu seiner Abberufung (meist aufgrund eines Regierungswechsels) im Amt. Er war für die Durchsetzung der Bundesgesetze und den Schutz von bundesstaatlichen Einrichtungen verantwortlich. Sein Wirkungsbereich war/ist ein Staat oder Territorium. Als Bundesbeamter konnte er in Ausübung seiner Pflicht die Grenzen seines Wirkungsbereichs überschreiten, mußte allerdings darauf achten, daß er nicht in die Kompetenzen von Sheriffs oder Town Marshals eingriff.

Posse: vom jeweils zuständigen Sheriff oder Marshal aufgestellte Gruppe aus Freiwilligen oder Dienstverpflichteten (Deputies), die unter dessen Führung flüchtige oder gesuchte Straftäter verfolgten.

Posten, Rehposten: die stärkste Sorte Schrot (d. h. kleine Kugeln aus Blei von 6–8 mm Durchmesser).

Prospektor: ursprünglich eine Art Glücksritter, der auf der Suche nach Gold-, Silber- und Kupfervorkommen (später auch Öl) durch den Westen zog. In späteren Jahren arbeiteten Prospektoren teils als freie Mitarbeiter, teils als feste Angestellte für große Konzerne, die die reichen Rohstoffvorkommen des Westens erschließen und ausbeuten wollten.

Ranger: Angehöriger einer Polizeieinheit.

Range-Detektiv: Privatpolizist im Solde eines Großgrundbesitzers.

Regulator: Angehöriger einer zumeist von Großgrundbesitzern oder großen Rinderzüchtern aufgestellten und unterhaltenen Privatarmee, die gegen Konkurrenten, verfeindete Rancher oder auch unliebsame Kleinbauern (Squatter) eingesetzt wurde. Eine Ausnahme bildeten die Regulatoren des Lincoln County War um Billy the Kid, ehemalige Cowboys des Ranchers John Tunstall, die sich zu einer Selbsthilfegruppe zusammenschlossen, um dessen Tod zu vergelten.

Der Begriff Regulator taucht erstmals im Jahre 1840 im Verlauf des Shelby County War auf, als Charles W. Jackson die Shelby Guards gründete, die zur Verfolgung angeblich legaler Zwecke ein Terrorregime errichteten und unter dem Namen »Die Regulatoren« berühmt wurden.

Rustler: wörtlich übersetzt ein Viehdieb. Aber für die Großgrundbesitzer und die großen Viehzüchter war jeder kleine Siedler, der sich in ihrer Nähe niederließ, ein Rustler, dem man gelegentlich auch fremdes oder nicht durch Brandzeichen markiertes Vieh unterschob, um legal, zumeist aber mittels Selbstjustiz (durch Regulatoren oder Range-Detektive) gegen ihn vorgehen zu können. Im Grunde genommen ist Rustler ein diffamierend gebrauchter Begriff, etwa in der Bedeutung von »Habenichts«.

Sheriff: Im Gegensatz zum Marshal ist der Sheriff Inhaber eines politischen Amtes und wird von der Bevölkerung eines County oder einer Stadt für eine bestimmte Zeit (zwischen einem und vier Jahren) gewählt. Als Exekutivorgan von Justiz und Administration vollstreckt der Sheriff Haftbefehle und Gerichtsurteile, treibt aber keine Steuern ein. Sein Wirkungsbereich endet an den Grenzen seines Wahlkreises.

Deputy Sheriff: vom Sheriff oder Marshal ad hoc ernannte Hilfskräfte, die ihn bei aktuellen Aufgaben unterstützen. z. B. als Mitglieder einer Posse bei der Verbrecherjagd.

Vigilanten: Bürgerkomitees und freiwillige Bürgerwehren, die durch Selbst- und Lynchjustiz für Recht und Ordnung sorgten. Entstanden ist das Vigilantentum als Folge des Goldrausches in Kalifornien (ab 1849), als es in vielen Goldgräberlagern weder Sheriffs noch Gefängnisse gab. Die Vigilanten verhängten und exekutierten vor allem drei Strafen: Davonjagen, Auspeitschen und Aufhängen. In San Francisco entstand 1851 das erste Committee of Vigilance zum Schutz von Leben und Eigentum der Bewohner der Stadt.

Vogeldunst: die feinste Sorte Schrot

GUNFIGHTER

Allison, Robert A. Clay

Geb. 1840 in Waynesboro, Tennessee; gest. 1. Juli 1887, Pecos, Texas. Farmer, Soldat, Cowboy, Rancher, Rindermakler.

Bis zu seinem einundzwanzigsten Lebensjahr wohnte und arbeitete Clay Allison auf der Farm seiner Familie in Tennessee. Bei Ausbruch des Bürgerkrieges meldete er sich trotz einer Körperbehinderung – er hatte einen Klumpfuß – freiwillig zur Verteidigung seines Heimatstaates und diente während des ganzen Konfliktes bei diversen Einheiten der konföderierten Armee. Ein paar Monate nach Kriegsende verließen drei der Allison-Brüder – Clay, John und Monroe – mit ihrer Schwester Mary und deren Mann Lewis Coleman Tennessee und zogen nach Texas. Als sie unterwegs den Red River überquerten, schlug der streitsüchtige Allison den Fährmann Zachary Colbert bei einem Boxkampf zusammen.

Kurz darauf verdingte er sich als Cowboy bei Oliver Loving und Charles Goodnight, und vermutlich war er einer der achtzehn Treiber, welche die beiden Rinderzüchter 1866 bei ihrem Viehtreck durch Texas, New Mexico und Colorado begleiteten. (Dieser Treck sollte später unter dem Namen *Goodnight-Loving Trail* berühmt werden.) Ende der sechziger Jahre des 19. Jahrhunderts ritt Allison außerdem für M. L. Dalton und arbeitete als Treckboß für die Rinderzucht, die sein Schwager mit Isaac W. Lacy betrieb. 1870 siedelten Coleman und Lacy nach New Mexico um und ließen sich auf einem Stück Land im Colfax County nieder. Allison trieb ihre Herde zu der neuen Ranch und wurde dafür mit dreihundert Stück Vieh belohnt. Mit dieser kleinen Herde gründete er in der Nähe von Cimarron, New Mexico, eine eigene Ranch, die er schließlich zu einem einträglichen Unternehmen ausbaute.

Am 7. Oktober 1870 führte Allison einen Mob an, der in das Gefängnis von Elizabethtown in der Nähe von Cimarron einbrach und einen des Mordes beschuldigten

Clay Allison im Alter von 26 Jahren. Er tötete vier Männer bei ebenso vielen Schießereien. (*Western History Collections, University of Oklahoma Library*)

Mann namens Charles Kennedy lynchte. Kennedy wurde im örtlichen Schlachthof gehängt, woraufhin ihn der sich wie entfesselt gebärdende Allison enthauptete und den Kopf auf einem Holzpfosten in Henri Lamberts Saloon in Cimarron zur Schau stellte. Im Januar 1874 erschoß Allison den Revolvermann Chunk Colbert, und kurz darauf wurde er des Mordes an Charles Cooper verdächtigt.

Etwa zu dieser Zeit hatte Allison, seit jeher ein harter Trinker, in alkoholisiertem Zustand eine Auseinandersetzung mit einem wackeren Bürger namens Mason T. Bowman. Allison und Bowman, die sich in einem Saloon trafen, wollten feststellen, wer von ihnen schneller ziehen könne. Nachdem Bowman wiederholt gewonnen hatte, zogen sich beide Männer bis auf die Unterwäsche aus und vollführten halb nackt und stockbetrunken einen wilden Tanz vor dem begeisterten Publikum. Schließlich schossen sie sich gegenseitig auf die Füße, um zu sehen, wer der bessere

Tänzer sei, beendeten aber ihr tolles Treiben, ehe etwas Schlimmeres geschah.

Am 30. Oktober 1875 war Allison an einem weiteren Lynchmord im Colfax County beteiligt. Diesmal führte er einen Mob an, der den mutmaßlichen Mörder Cruz Vega ergriff. Der verängstigte Vega gestand, daß Manuel Cárdenas der eigentliche Täter sei, wurde aber trotzdem an einem Telegraphenmast aufgehängt und bekam zur Sicherheit noch einen Schuß in den Rücken verpaßt. Wieder mißhandelte der blutrünstige Allison das Opfer; er schlang den Strick, an dem der Leichnam hing, um seinen Sattelknauf und schleifte ihn über Felsen und quer durchs Gestrüpp. Zwei Tage später tötete Allison den Revolvermann Pancho Griego, einen Freund von Cruz.

Anschließend bekam Allison Schwierigkeiten mit seinen Nachbarn im Colfax County, unter ihnen auch sein Schwager, und als Antwort auf einen bissigen Zeitungskommentar verwüstete er die Redaktionsräume der *Cimarron News and Press*. Nach dem mißglückten Versuch, der Army eine Herde Maultiere zu stehlen, schoß er sich auf der Flucht versehentlich in den rechten Fuß, wodurch seine Körperbehinderung noch verschlimmert wurde, so daß er fortan am Stock gehen mußte. Im Dezember 1876 tötete er bei einer wilden Schießerei in einem Tanzlokal einen Deputy Sheriff, wurde später aber wieder aus der Haft entlassen. Zwei Jahre darauf trieb er eine Rinderherde nach Osten und nahm an dem berühmten *East St. Louis Scrimmage* teil, einer wilden Prügelei, bei der er einen Mann namens Alexander Kessinger zusammenschlug. Kurz darauf verkaufte er seine Ranch und ließ sich als Rindermakler in Hays City, Kansas, nieder.

1880 war Allison auf eine Ranch im Hemphill County, Texas, umgesiedelt, und im Jahr darauf nahm er sich eine Frau. Er zeugte zwei Töchter – Patsy, die verkrüppelt zur Welt kam, und Clay, die erst nach seinem Tod geboren wurde. 1886 gründete er eine weitere Ranch im Lincoln County, New Mexico, und noch im gleichen Jahr

trieb er eine Herde nach Rock Creek im Wyoming Territory. Dort soll er, so will es die Legende, von heftigen Zahnschmerzen heimgesucht worden sein und sich auf der Suche nach einem Zahnarzt zu den in der Nähe wohnenden Cheyenne begeben haben. Der Zahnarzt nahm sich den falschen Zahn vor, worauf Clay zu einem anderen Zahnarzt ging und den Schaden beheben ließ. Danach kehrte der aufgebrachte Allison zum ersten Heilkundigen zurück, zog dem Unglücklichen gewaltsam – und, so darf vermutet werden, unsachgemäß – einen Schneidezahn und wollte sich gerade einen weiteren vornehmen, als auf die Schreie des Zahnarztes hin zahlreiche Schaulustige angelockt wurden, die ihm Einhalt geboten.

Ein Jahr später geriet Allison etwa vierzig Meilen außerhalb von Pecos, Texas, wo er Vorräte hatte einkaufen wollen, unter einen Wagen. Er zog sich an einem Vorderrad einen Schädelbruch zu und starb knapp eine Stunde später.

Schießereien: *März 1862, Waynesboro, Tennessee.* Allison befand sich wegen gesundheitlicher Probleme »verschiedener Art, teils epileptisch, teils wahnsinnig« auf Heimaturlaub. Ein Corporal der *Third Illinois Cavalry* wollte die Farm der Allisons plündern. Als er einen von Mrs. Allisons Lieblingskrügen zerbrach, zog Clay einen Revolver, erschoß den Soldaten und bewahrte seine Mutter vor weiterem Ungemach.

7. Januar 1874, Colfax County, New Mexico. Chunk Colbert war ein Neffe von Zachary (Zack) Colbert, den Allison neun Jahre zuvor bei einer Schlägerei verprügelt hatte, und zudem ein Revolvermann, der bereits bei mehreren Kämpfen bewiesen hatte, daß er nicht davor zurückscheute, auf Menschen zu schießen. Bei Tom Stocktons *Clifton House*, einer Gaststätte mit angeschlossenem Kaufladen, veranstalteten Clay und Colbert ein Pferderennen, das unentschieden ausging. Nach dem Wettkampf speisten Allison und Colbert, die ihre schlechte Laune nur mühsam verhehlten, gemeinsam mit Charles Cooper, einem Freund von Colbert, im *Clifton House.*

Als Colbert aufgegessen hatte, griff er mit der einen Hand nach einer weiteren Tasse Kaffee und hob langsam die andere, in der er einen sechsschüssigen Revolver hatte. Als Allison Colberts Schießeisen sah, griff er ebenfalls zur Waffe, worauf Chunk überhastet abdrückte und eine Kugel in die Tischplatte jagte. Allison feuerte ebenfalls und traf Colbert genau über dem rechten Auge.

Colbert war auf der Stelle tot und wurde hinter dem *Clifton House* begraben. Als man Allison fragte, weshalb er mit jemandem gespeist habe, den er habe erschießen wollen, gröhlte er: »Weil ich den Mann nicht mit leerem Magen in die Hölle schicken wollte.«

Etwa zwölf Tage später verschwand Cooper unter rätselhaften Umständen, und man nahm allgemein an, daß Allison ihn ermordet hatte. Cooper war am 19. Januar zum letztenmal gesehen worden, als er in Richtung Cimarron ritt. Allison, der durchaus die Gelegenheit gehabt hätte, Cooper zu töten und die Leiche zu beseitigen, wurde zwei Jahre später offiziell des Mordes an Cooper angeklagt, mußte aber aus Mangel an Beweisen wieder freigelassen werden.

1. November 1875, Cimarron, New Mexico. Zwei Tage zuvor war Allison am Lynchmord an Cruz Vega beteiligt gewesen, einem Freund und Bediensteten des Pistoleros Pancho Griego aus dem Colfax County. Am Abend des 1. November traf Allison vor dem *St. James Hotel* in Cimarron auf Griego, Vegas achtzehnjährigen Sohn Luís und Florencio Donahue, Griegos Geschäftspartner. Nach einem kurzen Wortwechsel gingen die Männer in das Hotel, um sich bei einem Drink weiter zu unterhalten. Ein paar Minuten später zogen sich Griego und Allison in eine Ecke des Saloons zurück, um ein Gespräch unter vier Augen zu führen. Binnen kürzester Zeit hatte Allison einen Revolver in der Hand und feuerte drei Schüsse auf Griego ab.

Plötzlich erlosch das Licht, und während Griego starb, konnte Allison im Schutz der Dunkelheit entkommen.

21. Dezember 1876, Las Ánimas, Colorado. Clay Allison und sein Bruder John feierten in der *Olympic Dance Hall* ein wildes Zechgelage. Charles Faber, ein Deputy Sheriff und Ortspolizist, bat die Allisons, ihre Waffen abzugeben, aber wie vorauszusehen war, ließen sie sich nicht darauf ein. Wenig später beschwerten sich die Gäste über das beleidigende, streitlüsterne Verhalten der Brüder, die anderen Paaren absichtlich auf die Füße träten. Faber borgte sich eine Schrotflinte, mobilisierte zwei Deputies und begab sich zu dem Tanzlokal.

Zu diesem Zeitpunkt stand Clay mit dem Rücken zur Tür an der Bar, während John noch immer auf dem Tanzboden herumtobte. Faber betrat den Tanzsaal, und jemand schrie: »Aufgepaßt!« John fuhr herum, als Faber einen der beiden Läufe der Schrotflinte abfeuerte, und wurde von den Rehposten an Brust und Schulter erwischt.

Clay zog seinen Revolver und gab vier Schüsse auf Faber ab. Drei davon gingen fehl, doch die erste Kugel traf den Polizisten in die Brust. Faber ging zu Boden und starb in kürzester Zeit. Im Fallen ging der zweite Lauf von Fabers Schrotflinte los; die Ladung traf Johns Beine und riß ihn um.

Die beiden Deputies ergriffen die Flucht, wurden aber von Clay verfolgt, der vor der Eingangstreppe der *Olympic* seinen Revolver auf die beiden leer schoß. Danach schleifte Clay den tödlich verletzten Faber zu seinem am Boden liegenden Bruder und versicherte John wiederholt, daß der Ordnungshüter tot und er somit gerächt sei. John wurde weggetragen, und Clay stellte sich dem County Sheriff. John genas schließlich von seinen Verletzungen, und Clay wurde aus der Haft entlassen.

Quellen: Stanley, *Clay Allison;* Clark, *Clay Allison of the Washita;* Schoenberger, *Gunfighters*, 1–19, 171–173; Stanley, *Desperados of New Mexico*, 185–202; Coolidge, *Fighting Men of the West*, 71–84.

Alvord, Burt

Geb. 1866; gest. um 1910 in Lateinamerika. Mietstallbediensteter, Ordnungshüter, Rinderdieb, Eisenbahnräuber, Sträfling.

Alvord kam in jungen Jahren mit seinem Vater, einem Friedensrichter, in den Westen. Noch als Teenager arbeitete er als Stallknecht beim *O.K. Corral* in Tombstone, wo er die berühmte Schießerei und drei Jahre später den Lynchmord an John Heath miterlebte. Als John Slaughter 1886 zum Sheriff des Cochise County gewählt wurde, wurde der zwanzigjährige Alvord sein Deputy und seine rechte Hand.

Die nächsten vier Jahre half Alvord Slaughter beim Aufspüren zahlreicher Diebe und Rustler. Als stets liebenswürdiger Stammgast vieler Bars entwickelte er ein besonderes Geschick dafür, Auskünfte über den Verbleib diverser flüchtiger Straftäter zu beschaffen. Mitte der neunziger Jahre zog Alvord nach Mexiko und betätigte sich eine Zeitlang als Viehdieb, schlug sich aber bald wieder auf die Seite des Gesetzes und wurde Constable (Ortspolizist) in Fairbank und danach in Willcox, Arizona.

Obwohl er ein geachteter Ordnungshüter war, nutzte Alvord seine Stellung aus und wurde Anführer einer Bande von Eisenbahnräubern. Mit seinem Komplizen und Deputy Billy Stiles wurde er in den Jahren 1900 und 1903 festgenommen, konnte aber beide Male wieder entkommen. Anschließend ließ Alvord das Gerücht verbreiten, er und Stiles seien getötet worden, und schickte zwei Särge nach Tombstone. Das Täuschungsmanöver mißlang, und die Ordnungshüter des Staates Arizona setzten ihre Suche nach den beiden Bandenführern fort.

1904 wurde Alvord erneut gefaßt und erst nach zweijährigem Gefängnisaufenthalt in Yuma entlassen, worauf er nach Lateinamerika zog. Meldungen zufolge wurde er danach in Venezuela, in Honduras und in Panama gesehen, wo er beim Bau des Kanals mitwirkte. Er starb um das Jahr 1910.

Schießereien: *1885, Tombstone, Arizona.* Der junge Alvord hatte Streit mit einem in Tombstone unter dem Namen »Six-Shooter Jim« bekannten Mann. Die Auseinandersetzung gipfelte in einem Schußwechsel, bei dem Alvord Jim tötete.

Mai 1888, Cochise County, Arizona. Sheriff Slaughter und die Deputies Alvord und Cesario Lucero hatten drei mexikanische Eisenbahnräuber in die Whetstone Mountains verfolgt. Die Flüchtigen waren noch in ihre Decken gehüllt, als sie im Morgengrauen von Slaughter aufgefordert wurden, sich zu ergeben. Als die Outlaws Widerstand leisten wollten, eröffneten die Ordnungshüter das Feuer und trafen einen der Räuber, worauf sich die beiden anderen ergaben.

7. Juni 1888, Cochise County, Arizona. Kurz darauf kehrten Slaughter, Alvord und zwei Mexikaner auf der Suche nach einem weiteren Banditentrupp in die Whetstones zurück. Wieder wurden die Outlaws im Schlaf überrascht, und wieder kam es zu einer Schießerei. Einer der Flüchtigen wurde getötet, zwei weitere wurden verletzt. Dennoch konnte einer der Verletzten zu Fuß entkommen.

Februar 1889, Tombstone, Arizona. Alvord trank mit zwei Männern namens Fuller und Fortino in einer Privatwohnung unweit des Stadthauses von John Slaughter. Fuller und Fortino fingen an zu raufen, worauf Fuller Alvords Schußwaffe ergriff, seinen Widersacher tödlich verletzte und mit dem Revolver des Deputy floh. Slaughter, der umgehend am Tatort auftauchte, war empört über Alvords Verhalten bei dieser Auseinandersetzung.

1898, Willcox, Arizona. Alvord, mittlerweile Konstabler, hatte Ärger mit einem Cowboy namens Billy King gehabt. King versuchte die Sache beizulegen und wollte ein paar Drinks spendieren, doch Alvord bat ihn zu einem Gespräch nach draußen. Kaum hatten die Männer die rückwärtige Tür des

Saloons hinter sich geschlossen, als Alvord seine Waffe zog, sämtliche sechs Kugeln auf Kings Gesicht abfeuerte und ihn auf der Stelle tötete.

17. Februar 1904, Nigger Head Gap, Mexiko. Zwei Angehörige der Arizona Rangers überschritten die Grenze nach Mexiko und stellten Alvord bei Nigger Head Gap. Alvord versuchte sich den Fluchtweg freizuschießen, wurde aber an Bein und Fuß verletzt und in Gewahrsam genommen.

Quellen: Erwin, *John H. Slaughter*, 215–217, 227–228, 231–236, 239, 242–248, 262; Haley, *Jeff Milton*, 270, 302–312, 316; Sherman, *Ghost Towns of Arizona*, 53–54; Hunt, *Cap Mossman*, 198–204, 226–228.

Anderson, D. L.

(»Billy Wilson«)

Geb. 1862, Trumbull County, Ohio; gest. 14. Juni 1918, Sanderson, Texas. Cowboy, Mietstallbesitzer, Fälscher, Rustler, Rancher, Ordnungshüter, Zollinspektor.

Als Halbwüchsiger zog Anderson, gemeinhin als »Billy Wilson« bekannt, mit seiner Familie von Ohio nach Südtexas. Nachdem er kurze Zeit als Cowboy gearbeitet hatte, ging er nach White Oaks, New Mexico, wo er 1880 einen Mietstall erwarb. Nach knapp einem Jahr verkaufte er das Unternehmen, wurde angeblich mit Falschgeld bezahlt und fing an, die Blüten in Lincoln auszugeben. Als er deshalb angeklagt werden sollte, schloß er sich Billy the Kids Outlaw- und Rustler-Bande an.

Bei Stinking Springs wurden er und mehrere seiner Gefährten von Pat Garrett festgenommen. 1881 verurteilt, gelang ihm kurz darauf die Flucht aus dem Gefängnis in Santa Fe. Er nahm wieder seinen richtigen Namen D. L. Anderson an, kehrte nach Texas zurück, gründete im Uvalde County eine Ranch, heiratete und zog zwei Kinder auf. Dank der Fürsprache von Pat Garrett und anderen wurde er 1896 vom Präsidenten begnadigt. Er arbeitete eine Zeitlang als

Zollinspektor und wurde dann Sheriff im Terrell County, wo er 1918 in Ausübung seines Dienstes getötet wurde.

Schießereien: *29. November bis 1. Dezember 1880, bei White Oaks, New Mexico.* Ein acht Mann starker Suchtrupp überraschte Billy the Kid und Wilson in der Nähe von White Oaks im freien Gelände. Sobald die Outlaws die Verfolger sahen, eröffneten sie das Feuer, und eine wilde Jagd begann. Die Pferde der beiden Flüchtigen wurden getötet, doch Kid und Wilson konnten zu Fuß entkommen.

Tags darauf ritt das verwegene Paar, diesmal von Dave Rudabaugh begleitet, nach White Oaks. Einer von ihnen schoß auf Deputy Sheriff James Redman, der schleunigst in Deckung ging. Dann aber strömte ein Aufgebot von dreißig bis vierzig bewaffneten Bürgern auf die Straße, und die Outlaws galoppierten aus der Stadt.

Am frühen Morgen des nächsten Tages entdeckte eine zwölf Mann starke Posse die Flüchtigen in einem vierzig Meilen entfernten Ranchhaus. Nach einer kurzen Debatte einigte man sich auf einen Geiselaustausch sowie auf weitere Verhandlungen. Der Ranchbesitzer Jim Greathouse und der Anführer der Posse, Deputy Sheriff James Carlyle, tauschten die Plätze. Gegen Mitternacht brach eine Schießerei aus, worauf Carlyle durch ein Fenster sprang und von drei Kugeln tödlich getroffen wurde. Die Mitglieder der Posse starrten noch auf Carlyle, als die Outlaws einen Ausbruch wagten, auf ihre Pferde sprangen und in der Dunkelheit davonpreschten, worauf die zurückgebliebenen Ordnungshüter aus lauter Wut das Ranchhaus niederbrannten.

19. Dezember 1880, Fort Sumner, New Mexico. An einem kalten Sonntagabend ritten Billy the Kid, Wilson, Rudabaugh, Charlie Bowdre, Tom O'Folliard und Tom Pickett in Fort Sumner ein, wo sie von einer Posse unter Führung von Pat Garrett erwartet wurden. Als die Reiter sich dem alten Hospital näherten, traten Garrett und seine Männer ins Freie, und Garrett rief: »Halt!« Garrett und der Deputy Lon Chambers eröffneten augenblicklich das Feuer. O'Folliard und Pickett, die vorneweg ritten, wurden getroffen, und Rudabaugh wurde das Pferd unter dem Leib weggeschossen. O'Folliard, der tödlich verletzt war, starb innerhalb der nächsten Stunde in Fort Sumner. Doch Rudabaugh sprang hinter Wilson aufs Pferd und konnte ebenso wie die übrigen Mitglieder der Gang noch einmal entkommen.

14. Juni, Sanderson, Texas. Wilson wurde gebeten, zum Bahnhof zu kommen und einem betrunkenen Cowboy namens Ed Valentine Einhalt zu gebieten, der dort Unruhe stiftete. Wilson kannte den randalierenden Mann und war davon überzeugt, daß er ihn mühelos zur Räson werde bringen können. Als er sich jedoch dem Bahnhof näherte, verzog sich Valentine in einen nahe gelegenen Gepäckschuppen. Wilson trat vor die Tür und forderte den jungen Mann auf, sich zu ergeben. Statt dessen fiel ein Schuß, und Wilson ging tödlich getroffen zu Boden. Er war noch keine Stunde tot, als Valentine von einem wütenden Mob gelyncht wurde.

Quellen: Hutchinson und Mullin, *Whiskey Jim and a Kid Named Billie;* Fulton, *Lincoln County War,* 380, 384–385, 387–388; Keleher, *Violence in Lincoln County,* 281–299, 305, 308, 323–324; Metz, *Pat Garrett,* 58–62, 68, 72, 74, 76, 78, 84, 98, 159.

Anderson, Hugh

Geb. in Texas; gest. im Juni 1873, Medicine Lodge, Kansas. Cowboy, Barkeeper.

Als Cowboy half Anderson 1871 mit, eine Rinderherde von Salado, Texas, nach Newton zu treiben, einer unwirtlichen Eisenbahnendstation in Kansas. Unterwegs verfolgte er gemeinsam mit drei anderen Männern den Mörder Juan Bideno nach Bluff City, Kansas, doch an der Schießerei,

die zum Tod des Mexikaners führte, war nur John Wesley Hardin beteiligt.

Während Anderson in Newton weilte, wurde einer seiner Freunde, der texanische Glücksspieler William Bailey, von einem ruppigen Eisenbahnvorarbeiter namens Mike McCluskie getötet. McCluskie kehrte der Stadt den Rücken, worauf Anderson die Texaner blutige Rache schwören ließ, falls McCluskie jemals zurückkehren sollte. Wenige Tage später tauchte McCluskie wieder auf, und Anderson hielt Wort. Er schoß auf McCluskie und entfesselte so eines der blutigsten Feuergefechte in der Geschichte des amerikanischen Westens. Gegen Anderson wurde Haftbefehl erlassen, doch Freunde schafften den verletzten Texaner heimlich weg – zunächst nach Kansas City und dann ins heimische Texas. Zwei Jahre später zog es ihn jedoch wieder nach Kansas. Mike McCluskies rachsüchtiger Bruder spürte ihn schließlich in Medicine Lodge auf, und die beiden Männer töteten sich gegenseitig in einem blutigen Duell.

Schießereien: *20. August 1871, Newton, Kansas.* Mike McCluskie kehrte am Sonnabend, dem 19. August, nach Newton zurück und verbrachte den ganzen Abend am Pharaotisch in Perry Tuttles Tanzsalon. (Pharo oder Pharao war ein im amerikanischen Westen überaus beliebtes Kartenspiel, bei dem auf jeweils zwei vom Croupier gezogene Karten gesetzt wurde.) Gegen ein Uhr morgens beschloß Anderson, daß es an der Zeit sei, William Baileys Tod zu rächen. Er ging zu McCluskie und rief: »Du bist ein feiger Hundesohn! Ich blase dir das Schädeldach weg.« Mit diesen Worten legte er die Waffe auf den sitzenden McCluskie an und gab einen Schuß ab, der den schwergewichtigen Mann am Hals traf.

McCluskie wollte aufstehen und Andersons Feuer erwidern, doch der Hammer seines Revolvers traf auf eine schadhafte Patrone. Sein Widersacher jagte ihm eine weitere Kugel ins Bein. Der Treffer warf McCluskie zu Boden, und im Fallen entlud sich seine Waffe. Doch Anderson schoß erneut, traf McCluskie im Rücken und setzte ihn außer Gefecht.

Inzwischen hatten etliche andere Cowboys das Feuer eröffnet. Der Texaner Jim Martin, ein ehemaliger Ordnungshüter, griff sich an den Hals und torkelte tödlich getroffen nach draußen. Plötzlich nahm sich Jim Riley, ein Freund von McCluskie, die Männer vor, die seinen Kameraden attackiert hatten. Als der Schußwechsel zu Ende war, wurde McCluskie weggetragen und starb wenige Stunden später. Drei weitere Männer lagen tödlich verwundet am Boden: Patrick Lee, ein Freund von McCluskie, der am Bauch getroffen worden war, sowie die Cowboys Henry Kearnes und Billy Garrett, die beide ihren Brustverletzungen erlagen. Einen weiteren Cowboy hatte eine Kugel am Bein erwischt; der Cowboy Jim Wilkerson hatte einen Streifschuß an der Nase erlitten, und Anderson war zweimal am Bein getroffen worden.

Juni 1873, Medicine Lodge, Kansas. Anderson war nach Kansas zurückgekehrt und arbeitete als Barkeeper in Hardings Handelsposten in einer unbedeutenden, aus primitiven Hütten und Bretterbuden bestehenden Ortschaft namens Medicine Lodge. An einem Sommertag kam Mike McCluskies Bruder Arthur in Begleitung eines Führers namens Richards in die Stadt geritten. Richards betrat den Handelsposten, entdeckte Anderson, teilte ihm mit, daß McCluskie den Tod seines Bruders rächen wolle, und überbrachte ihm dessen Forderung zu einem Duell mit Messern oder Revolvern. Anderson schloß die Bar und verkündete grimmig, daß er »einer Pflicht nachkommen« müsse. Daraufhin bestimmte er seinen Chef Harding zu seinem Sekundanten und entschied sich gegen den größeren McCluskie zu einem Kampf mit der Schußwaffe.

Bei Anbruch der Dämmerung versammelte sich eine große Menschenmenge, die hohe Wetten auf den Ausgang des Duells abschloß. Anderson und McCluskie standen zwanzig Schritte voneinander entfernt und hatten einander den Rücken zugekehrt. Auf das verabredete Signal, einen Schuß, fuhren sie herum und eröffneten das Feuer. Die ersten, überhastet abgefeuerten Kugeln gingen fehl, doch McCluskies zweiter Schuß zerschmetterte Andersons Arm. Anderson sank in die Knie, raffte sich aber wieder auf und jagte McCluskie eine Kugel in den Mund.

McCluskie brüllte vor Schmerz und Wut auf, spie Blut und Zähne aus und rückte auf Anderson vor. Der zu Boden gegangene Mann feuerte weiter und traf McCluskie am Bein und in den Unterleib. Schließlich ging auch McCluskie zu Boden, worauf die Zuschauer meinten, der Kampf sei vorüber. Doch McCluskie blickte auf, legte den Revolver an und schoß Anderson in den Bauch. Anderson fiel auf den Rücken, atmete aber immer noch, worauf McCluskie zum Messer griff und mühsam auf seinen Gegner zukroch. Einige Zuschauer wollten einschreiten, doch Harding bestand darauf, daß der Kampf zu Ende gebracht werden müsse. Als McCluskie langsam näher kam, setzte sich Anderson auf und zog ebenfalls das Messer. Anderson schlitzte McCluskies Hals auf, und McCluskie rammte Anderson das Messer in die Seite. Erst im Tod ließen die beiden blutüberströmten Männer voneinander ab.

Quellen: Miller und Snell, *Great Gunfighters of the Kansas Cowtowns*, 65–72, 74; Yost, *Medicine Lodge*, 75–77.

Anderson, William

Bill Anderson war ein häufig gesehener Gast in Delano, einem sündigen, gottlosen Bezirk am Stadtrand von Wichita, Kansas. Dort war er 1873 an zwei Schießereien beteiligt, verlor bei der zweiten das Augenlicht. Weitere Informationen über sein Leben liegen nicht vor.

Schießereien: *Frühjahr 1873, Wichita, Kansas.* In einem Mietstall in Wichita brach ein Streit aus, an dem mehrere Männer, unter ihnen auch Anderson, beteiligt waren. Man zog die Revolver, und Anderson gab einen Schuß ab, der einen Zuschauer tötete. Er wurde später freigesprochen, da es sich nach Ansicht des Gerichts um einen versehentlichen Treffer gehandelt habe.

27. Oktober 1873, Wichita, Kansas. Anderson stand eines Montagabends an Rowdy Joe Lowes Bar in Delano, trank und unterhielt sich mit Barkeeper Walter Beebe. Plötzlich stürmte der betrunkene Red Beard in den Saloon und schoß Annie Franklin, einem Mädchen aus der Tanzhalle, in den Bauch. Der ebenfalls betrunkene Joe Lowe feuerte mit der Schrotflinte auf Beard. In kürzester Zeit entspann sich eine hektische Schießerei, ehe es Lowe gelang, Beard nach draußen zu jagen. Eine der Kugeln traf Anderson am Kopf, drang hinter den Augen ein und ließ ihn für immer erblinden.

Quellen: Miller und Snell, *Great Gunfighters of the Kansas Cowtowns*, 158, 160–161, 163–164, 167.

Armstrong, John Barcley

(»McNelly's Bulldog«)

Geb. im Januar 1850, McMinnville, Tennessee; gest. 1. Mai 1913, Armstrong, Texas. Ordnungshüter, Rancher.

Armstrong, ein Arztsohn aus Tennessee, verließ in jungen Jahren seine Heimat und zog nach Missouri, Arkansas, und später, im Jahr 1871, nach Austin, Texas. Er heiratete und zeugte insgesamt sieben Kinder. 1875 meldete er sich zu den Texas Rangers, die unter dem Kommando des berühmten L. H. McNelly standen, und wurde als »McNelly's Bulldog« bekannt. Er begleitete McNelly bei dessen Vorstößen nach Mexiko, die zu den berühmt-berüchtigten und vergleichsweise schweren Zusammenstößen mit mexikanischen Truppen bei Palo Alto und Las Cuevas führten.

1876 war Armstrong, mittlerweile Sergeant, an einem nächtlichen Schußwechsel beteiligt, bei dem vier Männer niedergestreckt wurden. Im Jahr darauf litt sein Ruf etwas, als er sich beim allzu sorglosen Umgang mit seiner Waffe selbst verletzte. Doch noch im gleichen Jahr wurde er zum Lieutenant befördert und erwies sich auch in führender Position als ebenso tüchtiger wie gefährlicher Ordnungshüter. Armstrong brachte gestohlenes Vieh zurück, gebot dem Treiben so gefürchteter Übeltäter wie King Fisher Einhalt und faßte schließlich den flüchtigen Mörder John Wesley Hardin – seine wohl berühmteste Tat.

Für Hardins Festnahme erhielt Armstrong eine Belohnung von viertausend Dollar, eine Summe, von der er sich im Willacy County, Texas, eine zwanzigtausend Hektar große Ranch aufbaute. Er diente eine Zeitlang als U. S. Marshal, mußte sich aber zunehmend seinen geschäftlichen Verpflichtungen widmen. Er starb 1913 auf seiner Ranch.

Captain John Armstrong von den Texas Rangers, der Mann, der John Wesley Hardin festnahm. (*Western History Collections, University of Oklahoma Library*)

Schießereien: *1. Oktober 1876, bei Carrizo, Texas.* Eine von Sergeant Armstrong geführte Rangers-Patrouille drang in King Fishers Territorium vor und stieß am Espinoza Lake auf ein Outlaw-Camp. Sechs der Desperados, die erfahren hatten, daß sich Ordnungshüter in der Nähe befanden, waren mittlerweile geflohen, doch die vier Mann, die noch im Lager waren, als Armstrong gegen Mitternacht eintraf, versuchten sich der Festnahme zu widersetzen. Es kam zu einer wilden Schießerei, bei der Armstrong und seine Männer die vier Gegner niederstreckten. Drei Outlaws starben, und der vierte wurde insgesamt viermal getroffen. In der gleichen Nacht tötete eine kleine Abteilung von Armstrongs Trupp bei zwei weiteren Schießereien zwei andere Outlaws.

7. Dezember 1876, Wilson County, Texas. Die Texas Rangers Armstrong und Leroy Deggs ritten zu einer Ranch im Wilson County, die einem gewissen John Mayfield gehörte, einem mutmaßlichen Mörder, auf den eine hohe Belohnung ausgesetzt war. Mayfield war im Viehpferch, als die Rangers eintrafen, und als sie ihn festnehmen wollten, griff er zur Schußwaffe. Armstrong und Deggs eröffneten das Feuer und töteten Mayfield auf der Stelle. Innerhalb weniger Minuten hatten sich zahlreiche Freunde und Verwandten des Toten zusammengerottet, und die Situation wurde so bedrohlich, daß die Rangers abzogen. Mayfield wurde danach heimlich begraben, so daß seine Jäger um die Belohnung gebracht wurden.

23. August 1877, Pensacola, Florida. Auf der Suche nach John Wesley Hardin, dem gefährlichsten Killer des amerikanischen Westens, kämmte Armstrong, den einmal mehr die hohe Belohnung lockte, sämtliche am Golf von Mexiko gelegenen Staaten ab. Nach aufwendigen Ermittlungen hatte er Hardin endlich aufgespürt, und als der Zug, in dem der Flüchtige saß, in Pensacola einfuhr, erwartete ihn der Texas Ranger (der in Florida keinerlei rechtliche Befugnisse besaß) mit einer in aller Eile aufgebotenen Posse.

Armstrong, der damals hinkte und am Stock gehen mußte, weil er sich kurz zuvor ins Bein geschossen hatte, stieg in Hardins Waggon, zog seinen langläufigen 45er und forderte den Outlaw und seine Gefährten auf, sich zu ergeben. »Texas, bei Gott!« stieß Hardin aus und griff nach seiner Waffe, doch der Hammer verfing sich an seinen Hosenträgern. Der neunzehnjährige Jim Mann jedoch, der neben Hardin saß, zog seinen Revolver und schoß ein Loch in Armstrongs Hut. Der Ranger bewahrte kühlen Kopf und jagte dem jungen Mann eine Kugel in die Brust. Dieser sprang aus dem Fenster, torkelte noch ein paar Schritte weiter und brach dann tot zusammen.

Hardin trat mit den Füßen nach Armstrong und stieß ihn zurück, doch der Ordnungshüter schlug den Flüchtigen mit seinem Revolver bewußtlos. Danach nahm Armstrong die drei weiteren Begleiter Hardins fest, und binnen kürzester Zeit saßen alle in einem Zug nach Texas.

Quellen: Raymond, *Captain Lee Hall,* 49, 53, 86–88, 90, 107, 115, 129–131, 160, 170, 172; Webb, *Texas Rangers,* 291–292, 294–301.

Aten, Ira

Geb. 3. September 1863, Cairo, Illinois; gest. 5. August 1953, Burlingame, Kalifornien. Ordnungshüter, Ranch-Vormann.

Ira Aten, der Sohn eines Methodistenpfarrers, zog nach dem Bürgerkrieg mit seiner Familie auf eine Farm in der Nähe von Round Rock, Texas. Als Teenager erlebte Aten dort, wie der tödlich verwundete Sam Bass in die Stadt zurückgebracht wurde und von seinem Vater letzten Zuspruch erhielt. Mit zwanzig meldete sich Ira, der als ausgezeichneter Schütze galt, zu den Texas Rangers und wurde zum Dienst an der mexikanischen Grenze abkommandiert. Nach einer Auseinandersetzung mit Viehdieben wurde er zum Corporal befördert und ins westliche Zentraltexas geschickt, wo er entscheidenden Anteil an der Bekämpfung des dort weitverbreiteten Rustler-Unwesens hatte. Nach der Festnahme von Jim Epps und Rube Boyce wurde er wegen seiner Nachsicht gerühmt und zum Sergeant befördert.

Atens lange Jagd auf Judd Roberts endete 1887 nach drei Schießereien mit dem Tod des Viehdiebs und Mörders. 1889, während der blutigen Fehde zwischen den »Jaybirds« und den »Woodpeckers«, wurde Aten zum Sheriff des Fort Bend County ernannt. Kurz darauf wurde er Sheriff im Castro County, wo er energisch gegen die Viehdiebe im texanischen Panhandle vorging. Von 1895 bis 1904 war er Verwalter für die rund zweihundertfünfzigtausend Hektar großen Ländereien der *XIT Ranch*. Nach dem Ausscheiden bei der *XIT* zog er mit seiner Frau und den fünf Kindern nach Kalifornien, wo er bis zu seinem Tod im Jahre 1953 lebte. Er wurde fast neunzig Jahre alt.

Schießereien: *Mai 1884, Rio Grande, Texas.* Sieben Texas Rangers, darunter auch Aten, jagten achtzig Meilen südlich von Laredo eine Bande Rustler. Als man zwei Viehdiebe entdeckte, ritten Aten und zwei weitere Ordnungshüter los, um ihnen den Weg nach Mexiko abzuschneiden. Der Ranger Ben Reilly schloß zu den Desperados auf, geriet aber unter Beschuß und stürzte mit zerschmettertem Oberschenkel vom Pferd. Aten, der seine *Winchester* in vollem Ritt abfeuerte, verletzte beide Outlaws – einer wurde an der Schulter getroffen, der andere an der Hand. Stunden später überwältigten Aten und die anderen Rangers die verletzten Banditen, wurden aber ihrerseits aufgrund frei erfundener Vorwürfe von Dario Gonzales, einem korrupten County-Sheriff, festgenommen. Siebundzwanzig Tage saß Aten im Gefängnis des Webb County.

April 1887, Williamson County, Texas. Aten suchte im Williamson und im Burnet County nach Judd Roberts, einem Mörder,

der aus dem Gefängnis von San Antonio ausgebrochen war. Aten versteckte sich auf einer Ranch in der Nähe der Grenze zwischen den beiden Counties und überraschte Roberts, als dieser dort vorritt. Roberts zog seine Waffe und feuerte wild um sich, worauf Aten ihm eine Kugel in die Hand jagte. Roberts ließ seinen Sechsschüsser fallen, gab seinem Pferd die Sporen und konnte entkommen.

Juni 1887, Liberty Hill, Texas. Zwei Monate später war Aten, der Roberts noch immer verfolgte, erneut im Burnet County unterwegs. Er übernachtete auf der bei Liberty Hill gelegenen Ranch von John Hughes, der ebenfalls mit Roberts aneinandergeraten war. Im Morgengrauen wollte sich der rachsüchtige Roberts an das Ranchhaus heranschleichen, doch Aten war wachsam und erklärte diesem, daß er festgenommen sei. Verdutzt gab Roberts einen Schuß ab, wurde dann aber erneut von einer Kugel an der Schußhand getroffen. Dennoch konnte er sich dank seines Pferdes einmal mehr in Sicherheit bringen.

Juni 1887, Texas Panhandle. Nachdem Aten und Hughes über einen Monat lang nach Roberts gesucht hatten, entdeckten sie den Outlaw auf einem abgelegenen Stück Land im texanischen Panhandle, wo er der Tochter eines Ranchers den Hof machte. Die beiden Verfolger legten ihm in der Nähe des Ranchhauses einen Hinterhalt. Wieder wollte sich Roberts den Fluchtweg freischießen, doch Aten und Hughes durchlöcherten ihn mit sechs Kugeln, und der Outlaw starb in den Armen seiner verzweifelten Liebsten.

Nach diesem Kampf überredete Aten Hughes, sich den Texas Rangers anzuschließen, und im August trat der auf diese Weise Angeworbene seinen Dienst an, der insgesamt achtundzwanzig Jahre dauern und in dessen Verlauf er sich wiederholt auszeichnen sollte.

November 1891, Dimmitt, Texas. Ein paar Monate zuvor war Aten in diese Gegend gezogen und hatte sich eine Heimstätten-Farm aufgebaut. Bei einem lokalen Wahlkampf stellte sich Aten gegen eine von den aus Tennessee stammenden Brüdern Hugh und Andrew McClelland angeführte Interessengruppe. Die Brüder, die möglichst viel Land an sich bringen wollten, beriefen eine öffentliche Versammlung ein, in der sie den früheren Texas Ranger anschwärzen wollten. Aten, der ebenfalls daran teilnahm, wurde von Andrew McClelland, einem Anwalt, der für das Richteramt des County kandidierte, als Lügner bezeichnet. Nach einem hitzig geführten Wahlkampf unterlag der McClelland-»Ring«, und Aten begab sich umgehend nach Dimmitt, dem Verwaltungssitz des County, um McClelland zur Rechenschaft zu ziehen. Der Anwalt war unbewaffnet, als Aten ihn zur Rede stellte.

»Andrew, du hast mich unlängst als Lügner bezeichnet«, sagte Aten. »Stehst du immer noch dazu?«

»Ich stehe dazu, Aten!« erwiderte McClelland. »Aber ich muß unbewaffnet dazu stehen.«

»Dann bewaffne dich«, forderte Aten ihn auf. »Ich warte.«

McClelland verschwand in einem Laden, kam kurz darauf wieder heraus und fuchtelte mit zwei nagelneuen 45ern herum. Er gab zwei überhastete Schüsse auf den einstigen Ranger ab, worauf Aten ihm in aller Ruhe in den Arm schoß. McClelland ging zu Boden, feuerte aber weiter wild auf seinen Gegner. Doch Aten zeigte Großmut und ließ ihn von seinen Freunden wegtragen.

Als Aten sich daraufhin abwandte, zischte eine weitere Kugel knapp an seinem Gesicht vorbei. Er fuhr herum und entdeckte Hugh McClelland, der hinter einem benachbarten Schuppen in Deckung gegangen war und im Laufen auf ihn feuerte. Aten schoß, und die Kugel durchschlug die dünne Bretterwand und verletzte McClelland. Dieser schoß erneut zurück, worauf Aten wieder durch die Schuppenwand feuerte und Hugh ein zweites Mal traf. McClelland floh, und Aten stellte sich den örtlichen Behörden.

Quellen: Preece, *Lone Star Man – Ira Aten;* Martin, *Border Boss,* 33–38, 40–42, 55–66, 68–75, 82–84, 207, 215–216.

Baca, Elfego

Geb. 1865 in Socorro, New Mexico; gest. 1945 in Albuquerque, New Mexico. Arbeiter, Schriftführer, Ordnungshüter, Politiker, Schulrektor, Staatsanwalt.

Der in Socorro, New Mexico, geborene Baca zog mit seinen Eltern nach Kansas, wo er seine Jugend verbrachte. Er war noch ein Teenager, als seine Eltern nach New Mexico zurückkehrten. 1882 tötete Bacas Vater Francisco bei einer Schießerei zwei Cowboys und wurde zu einer langen Zuchthausstrafe verurteilt. Elfego fand schließlich eine feste Anstellung als Arbeiter in einem Geschäft in Socorro, hoffte aber, in die Fußstapfen seines rauhbeinigen Vaters treten zu können. Per Postversand kaufte er sich einen Sheriffstern, und kurz darauf trug er ein Paar Sechsschüsser, die er rücksichtslos einsetzte. Bei einer der berühmtesten Schießereien in der Geschichte von New Mexico hielt er sich 1884 dreiunddreißig Stunden lang insgesamt achtzig Cowboys vom Leibe.

Hinterher nutzte Baca den Ruf, den er sich bei diesem sogenannten »Wunder des Jacal« erworben hatte. Er übernahm diverse öffentliche Ämter, unter anderem als County-Schreiber, Deputy Sheriff, County-Sheriff, Bürgermeister von Socorro, Schulrektor und Bezirksstaatsanwalt. Zwar scheiterte er mit seiner Kandidatur für das Amt des Bezirksrichters und Gouverneurs von New Mexico, wurde aber einer der prominentesten Anwälte des Staates. Als er 1919 zum Sheriff des Socorro County gewählt wurde, verschickte er an diverse in der Gegend lebende Outlaws Briefe, in denen er sie aufforderte, sich zu stellen, ehe sie seinen Unwillen erregten. Tatsächlich folgten mehrere Gesuchte dem Aufruf. Im Alter von achtzig Jahren starb Baca in Albuquerque eines natürlichen Todes.

Schießereien: *30. November bis 2. Dezember, Francisco, New Mexico.* Ein betrunkener Cowboy namens McCarty rührte die Stadt auf und schoß wiederholt auf die Füße der vorwiegend mexikanischen Bewohner, um sie zum »Tanzen« zu bringen. Der neunzehnjährige Baca heftete großspurig seinen per Postversand erworbenen Stern an die Brust, zog seine Revolver und »verhaftete« McCarty. Dann brachte er den Festgenommenen zur Middle Plaza, von wo aus er bei Tageslicht mit ihm nach Socorro aufbrechen wollte, dem Verwaltungssitz des County. Doch mehrere harte Burschen, die von McCartys Vormann, einem gewissen Perham, angeführt wurden, stellten sich ihm in den Weg und forderten die Freilassung ihres Freundes. Baca fuchtelte mit seinen Revolvern herum und forderte seine Widersacher auf, die Stadt zu verlassen, ehe er bis drei gezählt habe. Dann zählte er rasch ab und eröffnete das Feuer. Einer der Cowboys bekam eine Kugel ins Knie, und Perhams Pferd scheute, stürzte und tötete den Vormann.

Am Morgen begab sich eine Gruppe von Bürgern unter Führung von J. H. Cook zu Baca und überredete ihn, seinen »Gefangenen« dem örtlichen Friedensrichter zu überstellen. Der Richter belegte McCarty mit einer Geldstrafe von fünf Dollar, worauf Baca, zufriedengestellt, abziehen wollte. Doch vor dem Haus erwarteten ihn achtzig Cowboys unter Führung von Tom Slaughter, dem Ranchbesitzer, für den Perham und McCarty arbeiteten. Jemand gab einen Schuß ab, und Baca verzog sich in eine Gasse. Er rannte in ein benachbartes Jacal, eine kleine mexikanische Hütte, und jagte die Bewohner, eine Frau und zwei Kinder, hinaus, als Rancher Jim Herne mit einer Flinte in der Hand auf die Behausung zugestürmt kam. Baca gab zwei Schüsse auf Herne ab, und der Rancher brach tödlich getroffen zusammen.

Nachdem Hernes Leiche weggeschafft war, nahmen die Cowboys das Jacal systematisch unter Beschuß. Die Hütte bestand lediglich aus Holzpfählen und Lehm, aber der Boden war knapp einen halben Meter tief ausgehoben, so daß Baca sich einfach duckte und die Kugeln über seinen Kopf hinwegfliegen ließ. Von Zeit zu Zeit schoß er zurück und bewies dabei soviel Treffsicherheit, daß seine Gegner Schnüre zwischen den benachbarten Gebäuden spannten und Bettücher daran aufhängten, hinter denen sie sich halbwegs sicher bewegen konnten. Baca wiederum stellte zur Ablenkung eine Heiligenfigur aus Gips ins Fenster und setzte ihr seinen Hut auf.

Bei Einbruch der Dämmerung brachte eine Salve einen Teil des Daches zum Einsturz, doch Baca, der unter den Trümmern begraben wurde, konnte sich nach zwei Stunden befreien. Um Mitternacht zerstörte eine Stange Dynamit die halbe Hütte, doch wieder überlebte Baca, der sich in die hinterste Ecke zurückgezogen hatte. Im Morgengrauen bereitete er sich zur Begeisterung der zahlreichen Mexikaner, die sich inzwischen eingefunden hatten und ihm zujubelten, in aller Ruhe ein Frühstück zu. Einem der Cowboys gelang es, im Schutze eines provisorischen, aus einem schmiedeeisernen Küchenherd angefertigten Schildes vorzurücken, doch Baca verpaßte ihm einen Streifschuß am Kopf und jagte ihn in die Flucht.

Später wurde behauptet, daß insgesamt viertausend Kugeln auf die kleine Hütte abgefeuert worden seien, daß allein die Tür 367 Einschußlöcher aufgewiesen habe und ein Besenstiel achtmal getroffen worden sei. Doch Baca setzte sich verbissen zur Wehr, tötete alles in allem vier Männer und verletzte etliche weitere. Schließlich näherte sich Cook in Begleitung von Francisquito Naranjo und eines Deputy Sheriff namens Ross dem zerstörten Jacal und überredete Baca herauszukommen. Um sechs Uhr abends, nach dreiunddreißigstündiger Belagerung, stellte er sich und willigte ein, sich im Gewahrsam der Cowboys nach Socorro bringen zu lassen, bestand allerdings darauf, seine Revolver zu behalten. Schließlich brach der Zug auf, vorneweg die berittenen Cowboys, gefolgt von einem vierrädrigen Wagen mit Ross auf dem Kutschbock, während Baca auf der

Ladefläche saß und die Revolver auf seine Bewacher gerichtet hatte. Baca wurde wegen zweifachen Mordes angeklagt, aber in beiden Fällen freigesprochen.

1915, El Paso, Texas. An einem Sonntagnachmittag wurden Baca und sein Begleiter, ein gewisser Dr. Romero, vor dem *Paso del Norte Hotel* in El Paso von einem Widersacher namens Celestino Otero angesprochen. Als die Situation bedrohlich wurde, wollten Baca und sein Begleiter mit Dr. Romeros Automobil wegfahren. Doch Otero und etliche Begleiter umringten das Fahrzeug, worauf Baca aus dem Wagen sprang. Otero gab einen Schuß ab, der niemanden traf, und Baca jagte seinem Gegenüber zwei Kugeln in die Brust. Otero war auf der Stelle tot, und Baca wurde später von einem Schwurgericht freigesprochen.

Quellen: Crichton, *Law and Order, Ltd.*; Looney, *Haunted Highways*, 28, 126–132.

Baker, Cullen Montgomery

Geb. 22. Juni 1835, Weakly County, Tennessee; gest. 6. Januar 1869 im südwestlichen Arkansas. Farmer, Soldat, Fährmann, Bandit.
Im Alter von vier Jahren zog Cullen Baker mit seiner Familie, die sich schließlich auf einer Farm im Cass County niederließ, nach Texas. Bereits in jungen Jahren fiel Baker als Meisterschütze, Aufschneider und schwerer Trinker auf. Im Februar 1854 heiratete er, aber wenige Monate später tötete er einen Mann und flüchtete ins Perry County nach Arkansas. 1856 erstach er einen Mann namens Wartham, kehrte zu seiner Frau nach Texas zurück und zog dann erneut nach Arkansas.
1860 starb Bakers Frau, worauf er nach Hause zurückkehrte und seine Tochter in der Obhut des Großvaters zurückließ. Zwei Jahre später heiratete er wieder, meldete sich aber kurz darauf zur Armee der Südstaaten und wurde in Little Rock stationiert. Er desertierte, diente eine Zeitlang

bei der Unionsarmee, desertierte erneut und schloß sich einer Partisanenbande an. Nach dem Bürgerkrieg betätigte er sich als Fährmann am Sulphur River im südwestlichen Arkansas, bis 1866 auch seine zweite Frau starb. Er stellte ihr zu Ehren eine Plastik auf, der er ihre Kleidung anzog, was ihn jedoch nicht daran hinderte, schon zwei Monate später um die Hand ihrer sechzehnjährigen Schwester anzuhalten. Die Eltern aber wiesen ihn in aller Schärfe ab.
Baker, der an zahlreichen Schießereien beteiligt war und wegen mehrerer Morde gesucht wurde, gründete schließlich eine Diebesbande, worauf weitere Belohnungen auf seinen Kopf ausgesetzt wurden. Nach etlichen Raubzügen wurde er 1869 gestellt und getötet.

Schießereien: *August 1854, Cass County, Texas.* Ein einheimischer Farmer namens Baily beschuldigte Baker, er habe ein Waisenkind drangsaliert, worauf dieser ihn zur Rede stellen wollte. Baily, der sich auf der vorderen Veranda seines Hauses befand, feuerte eine Revolverkugel auf Baker ab, worauf dieser ebenfalls den Revolver abdrückte. Nach dem ersten Treffer torkelte Baily zurück, bekam dann eine zweite Kugel in den Kopf und starb vor den Augen seiner entsetzten Familie.

Frühjahr 1864, Spanish Bluffs, Arkansas. Baker war kurz zuvor aus der konföderierten Armee desertiert, trug aber noch deren Uniform, als vier Soldaten der Union in eine Bar kamen, in der er gerade am Trinken war. Baker griff sofort zur Waffe, schoß drei Soldaten nieder und entkam. Er floh ins weiter nördlich gelegene Little Rock und schloß sich den dort stationierten Besatzungstruppen der Bundesarmee an.

1. Juni 1867, Cass County, Texas. Baker stand bei einem Kaufmann namens Rowden, dessen Geschäft an einer Landstraße im Cass County, Texas, lag, in der Schuld. Als Rowden mit allem Nachdruck sein Geld verlangte, tauchte Baker eines Nachts vor dem Laden auf und forderte den Besitzer auf, er solle herauskommen. Mit einer Schrotflinte bewaffnet, trat Rowden Baker entgegen, worauf dieser mit seinem Revolver auf ihn feuerte und Rowden vier Kugeln in den Leib jagte. Der Kaufmann brach tödlich getroffen zusammen.

Juni 1867, Pett's Ferry, Texas. Bei Pett's Ferry, einer Fährstation am Sulphur River, wurde Baker von zwei Soldaten angesprochen, die ihm auf Anhieb mißtrauten. Nach kurzer Zeit war der Sergeant davon überzeugt, daß Baker ein gesuchter Straftäter sein müsse, und wollte zur Waffe greifen. Doch Baker zog kurzerhand einen Revolver und erschoß ihn. Der zweite Soldat, ein Gefreiter, ergriff die Flucht, und Baker konnte unbehelligt vom Tatort entkommen.

10. Oktober 1867, Cass County, Texas. Baker überfiel auf der Landstraße zwischen Linden und Boston einen Versorgungswagen der Regierung, der von einer vierköpfigen Eskorte begleitet wurde. Der Kutscher wollte nach seinem Revolver greifen, doch Baker tötete ihn. Die vier Bewacher lieferten Baker einen kurzen, aber eher halbherzigen Schußwechsel und ließen den Wagen dann im Stich.

Oktober 1868, Boston, Texas. Herausfordernd stolzierte Baker auf einen Army-Captain namens Kirkham zu und erklärte: »Ich bin Cullen Baker. Suchen Sie mich?« Als Kirkham zur Waffe griff, tötete Baker ihn mit einem Kopfschuß und ergriff die Flucht.

6. Januar 1869, südöstliches Arkansas. Einst hatte Baker einen Schullehrer namens Thomas Orr, dessen rechte Hand verkrüppelt war, drangsaliert und bedroht. Jetzt verfolgte Orr als Führer eines dreiköpfigen Suchtrupps, dem auch der Vater von Bakers zweiter Frau angehörte, seinen früheren Widersacher ins südöstliche Arkansas. Die Posse entdeckte Baker und einen Begleiter, als sie am Straßenrand zu Mittag aßen, eröffnete sofort das Feuer und tötete die

beiden. Bei Baker fand man eine Schrotflinte, vier Revolver, drei *Derringers* und sechs Taschenmesser.

Quellen: Webb, *Handbook of Texas*, I, 93; Breihan, *Great Gunfighters of the West*, 66–87.

Barkley, Clint

(»Bill Bowen«)

Cowboy, Revolvermann.

Nachdem er 1873 in Texas des Mordes beschuldigt worden war, nahm Barkley den Namen Bill Bowen an und floh nach Lampasas, wo er sich hilfesuchend an seinen Schwager Merritt Horrell wandte. Die fünf mörderischen Horrell-Brüder, allesamt Viehzüchter, boten Barkley Schutz und Arbeit, und als Staatspolizisten ihn festnehmen wollten, halfen sie ihm, die Ordnungshüter zusammenzuschießen. Anschließend half Barkley den Horrells bei einem Gefängnisausbruch und begleitete sie nach New Mexico, wo es zu weiteren Gewalttaten kam. Er kehrte mit ihnen nach Texas zurück und kämpfte im Verlauf der Horrell-Higgins-Fehde auf ihrer Seite, ehe er von der Bildfläche verschwand.

Schießereien: *19. März 1873, Lampasas, Texas.* Barkley wurde von Captain Tom Williams und drei Staatspolizisten gesucht, worauf ihm die Horrells Waffenhilfe gewährten. Barkley und die Brüder Tom, Mart und Sam Horrell sowie etliche Cowboys gingen in Jerry Scotts *Matador Saloon* in der Stadt. Als Williams und seine Männer das Gasthaus betraten, empfing sie ein Kugelhagel. Mart und Tom wurden verletzt, Williams und zwei Polizisten erschossen. Mart wurde ins nahe gelegene Haus seiner Mutter gebracht, und die anderen Beteiligten versteckten sich.

März 1873, Georgetown, Texas. Kurz darauf wurden Mart Horrell und Jerry Scott festgenommen und in Georgetown inhaftiert, doch der Befreiungsversuch ließ nicht lange auf sich warten. Die Gefolgschaft der Horrells ritt in die Stadt, und während die anderen mit ihren Gewehren in Stellung gingen, nahm Barkley mit einem Vorschlaghammer die Tür in Angriff. Die Stadtbewohner eröffneten das Feuer, und Barkley wurde leicht verletzt, schlug aber weiter zu, bis die Tür zersplitterte. Als A. S. Fisher, ein ortsansässiger Anwalt, schwer verletzt wurde, zogen sich die Bürger zurück, und die Horrells konnten entkommen.

Juni 1877, Lampasas County, Texas. Im Morgengrauen unternahmen mehrere Mitglieder der Horrell-Bande einen Überfall auf ein Feldlager des benachbarten Ranchers Pink Higgins. Sie waren gerade im Viehpferch, als zwei Cowboys aus der Feldhütte kamen, worauf die Diebe sofort das Feuer eröffneten. Higgins' Männer wurden niedergeschossen, und die Gefolgsleute der Horrells saßen auf und ergriffen die Flucht.

14. Juni 1877, Lampasas County, Texas. Barkley, sein Bruder Tom sowie Mart, Sam und Tom Horrell und zwei weitere Männer begegneten auf offener Straße Pink Higgins, dessen Stellvertreter Bill Wren und mehreren anderen Gefolgsleuten. Augenblicklich brach eine Schießerei aus, bei der Wren schwer verletzt und Frank Mitchell, Higgins Schwager, getötet wurden. Nur durch das beherzte Eingreifen der Bürgerschaft, welche die Streithähne dazu bewegen konnte, das Feuer einzustellen, wurde weiteres Blutvergießen verhindert.

Juli 1877, Lampasas County, Texas. Die Horrells und ihre Gefolgschaft wurden auf ihrer Ranch von Higgins und vierzehn Revolvermännern überfallen. Auf seiten der Horrells wurden zwei Mann verletzt, doch das Feuer, das den Angreifern aus dem Ranchgebäude entgegenschlug, war so heftig, daß Higgins nach zweitägiger Belagerung den Rückzug befahl.

Quellen: Gillett, *Six Years with the Texas Rangers,* 74–80; Rasch, »The Horrell War«, *NMHR;* Webb, *Texas Rangers,* 334–339.

Barnes, Seaborn

(»Seab«, »Nubbins Colt«)

Geb. im Cass County, Texas; gest. 19. Juli 1878, Round Rock, Texas. Eisenbahn- und Bankräuber.

Seaborn Barnes war ein abgebrühter Revolvermann, der als erster Stellvertreter von Sam Bass ebenso berühmt wie berüchtigt wurde. Sein Vater war Sheriff im Cass County, starb aber, als Seab noch ein Kind war. Seab wuchs in der Ortschaft Handley (neun Meilen östlich von Fort Worth gelegen) auf, wohin seine verwitwete Mutter gezogen war, weil sie unter Verwandten leben wollte. Mit siebzehn Jahren kam Barnes wegen einer Schießerei mit dem Gesetz in Konflikt und saß ein Jahr lang in Fort Worth im Gefängnis.

Anfang 1878 gründete Bass, der kurz zuvor in Nebraska mehreren Suchtrupps entronnen war, im Raum Dallas eine Räuberbande. Barnes schloß sich der Gang an und wurde Bass' zuverlässigster Komplize. Noch im gleichen Frühjahr verübte die Bande vier Eisenbahnüberfälle, bei denen sich Barnes fast ebensoviel Blei wie Gold einhandelte. Die Eisenbahnräubereien brachten eine vergleichsweise geringe Beute ein, die Täter gerieten häufig unter Beschuß, und bei Mesquite bekam Barnes vier Kugeln in die Beine. Ein paar Monate später wurde er in Round Rock auf offener Straße niedergeschossen und auf dem Friedhof unweit der letzten Lagerstätte der Gang beerdigt. Bass, der drei Tage später den Verletzungen erlag, die er bei der gleichen Schießerei erlitten hatte, wurde an Barnes' Seite bestattet. Auf Barnes' Grabstein stand: »He was right bower to Sam Bass« – er war Sam Bass' Steuerbordanker.

Schießereien: *10. April 1878, Mesquite, Texas.* Bass, Barnes und mehrere weitere Mitglieder der Gang ritten in Mesquite ein, um einen weiteren Eisenbahnüberfall zu verüben. Doch als sie den Zug anhielten, stießen sie sofort auf heftigen Widerstand. Fahrgäste, Eisenbahner sowie das Wach-

personal eines mitfahrenden Sträflings-
transports empfingen die Bande mit einem
mörderischen Kugelhagel und verletzten
mehrere Räuber. Am schlimmsten erwischte es Barnes. Er erlitt einen Steckschuß
im linken und drei Treffer im rechten Bein
und folgte sofort seinen Komplizen, als
diese im gestreckten Galopp vom Bahn-
gelände flohen.

13. Juni 1878, Salt Creek, Wise County, Texas.
Mehrere Suchtrupps sowie die Texas Rangers waren Barnes und den übrigen Mitgliedern der Bass-Gang dicht auf den Fersen. Am 13. Juni stieß eine von Sheriff W.
F. Eagan und Ranger Captain June Peak geführte Posse am Salt Creek im Wise County
auf das Lager der Outlaws. Es kam zu
einem heftigen Feuergefecht, bei dem der
Eisenbahnräuber Arkansas Johnson erschossen wurde. Obwohl die Posse sämtliche Pferde der Gang einfing oder erschoß,
konnten Barnes und die anderen Überlebenden zu Fuß flüchten. Kurz darauf
stahlen sie sich neue Pferde und entrannen
ihren Verfolgern.

19. September 1878, Round Rock, Texas. Ein
paar Tage zuvor hatte Barnes gemeinsam
mit Bass, Frank Jackson und Jim Murphy
neben dem Friedhof von Round Rock gelagert. Die vier Outlaws wollten die Bank
von Round Rock ausrauben. Murphy aber
hatte das Vorhaben der Bass-Gang an die
Texas Rangers verraten.
Am Sonnabend, dem 20. Juli, sollte der
Überfall stattfinden, daher ritten die Räuber am Freitag zu einer letzten Erkundung
in die Stadt. Murphy ließ sich unauffällig
zurückfallen, da er wußte, daß die Stadt
von Ordnungshütern wimmelte. Die anderen drei ritten arglos in die Stadt ein, banden ihre Pferde in einer Seitengasse fest und
schlenderten in einen neben der Bank gelegenen Laden. Kurz darauf betraten die Deputy Sheriffs Morris Moore und Ellis Grimes das Geschäft, legten Barnes die Hand
auf die Schulter und fragten ihn, ob er bewaffnet sei. Die Deputies verwiesen auf
eine städtische Verordnung, die das Tragen

von Feuerwaffen untersagte, und wollten
wissen, weshalb die Mäntel der Fremden
so verdächtig ausgebeult seien. Barnes zog
sofort den Revolver, drehte sich blitzschnell um und eröffnete mit seinen beiden
Komplizen das Feuer. Grimes wurde getötet, und Barnes erlitt eine Brustverletzung.
Bass, Barnes und Jackson rannten zu
ihren Pferden, doch die von den Schüssen
alarmierten Texas Rangers sowie mehrere
Bürger der Stadt stürmten auf die Straße
und nahmen die Bande unter Feuer. Barnes hatte sein Pferd fast erreicht, als der
Ranger Dick Ware, der noch das Rasiertuch
um den Hals gebunden und Seifenschaum
im Gesicht hatte, aus einem Barbiersalon
kam und einen Schuß auf ihn abgab. Tödlich am Kopf getroffen, brach Barnes zusammen. Da Jackson und der tödlich verletzte Sam Bass aus der Stadt galoppiert
waren, wußte man zunächst nicht, wer
der tote Outlaw war. Doch nachdem der
wenig später eingetroffene Murphy die von
den früheren Schießereien stammenden
Narben an Barnes' Beinen beschrieben
hatte, konnte die allgemeine Wißbegier
befriedigt werden.

Quellen: Gard, *Sam Bass,* 108–218, 225, 233, 238–
239; Webb, *Texas Rangers,* 374, 379–380, 382–383,
386–389.

Bass, Samuel

Geb. 21. Juli 1851, Mitchell, Indiana; gest. 21.
Juli 1878, Round Rock, Texas. Farmer, Fuhrmann, Spieler, Cowboy, Saloonbesitzer,
Bergmann, Bank- und Eisenbahnräuber,
Arbeiter.
Sam Bass wuchs als Waisenkind bei einem Onkel auf. 1869 verließ er Indiana und
begab sich nach St. Louis, zog aber bereits
nach kurzem Aufenthalt weiter flußab-
wärts. In Rosedale, Mississippi, arbeitete er
ein Jahr lang in einem Sägewerk. 1870 siedelte er nach Denton, Texas, um, wo er von
Sheriff W. F. Eagan, der später an der Jagd
auf die Bass-Gang teilnahm, als Farmarbeiter und Fuhrmann angestellt wurde.

Die Sam-Bass-Gang mit Sam Bass, J. E. Gardner (stehend, von links), Joe und Joel Collins, der einen gespannten Revolver in der Hand hält. *(Western History Collections, University of Oklahoma Library)*

Bass galt als genügsam und zuverlässig, doch 1874 erstand er ein Rennpferd und war bald so erfolgreich, daß er Eagan verließ. Im Jahr darauf gewann er in Fort Sill eine Schar Ponys, und als der Besitzer, ein Indianer, sie nicht herausgeben wollte, brachte Bass sie bei Nacht in seinen Besitz und zog nach San Antonio.

Im August 1876 begleiteten Bass und Joel Collins eine Rinderherde nach Kansas, verfrachteten die Tiere von dort aus nach Sidney, Nebraska, und trieben sie dann ins boomende Deadwood im Dakota Territory. In Deadwood betrieben Bass und Collins eine Zeitlang ein Fuhrunternehmen, das sie aber wenig später wieder verkauften, um einen Saloon mit angeschlossenem Spielkasino zu eröffnen. Danach kauften sie sich eine Mine, gingen aber bankrott und verlegten sich fortan auf Raubzüge. Sie rekrutierten eine Horde gleichgesinnter Desperados und überfielen insgesamt sieben Postkutschen, ehe sie die Black Hills verließen, um ehrgeizigere Pläne zu verfolgen.

Mit Unterstützung von James Berry, Jack Davis, Bill Heffridge und Tom Nixon überfielen die Outlaws am 18. September 1877 bei Big Spring, Nebraska, einen Zug. Sie erbeuteten über 60 000 Dollar, zum Großteil in frisch geprägten goldenen 20-Dollar-Münzen. Die Räuber teilten das Geld auf, doch schon eine Woche später konnten 25 000 Dollar sichergestellt werden, als Collins und Heffridge niedergeschossen wurden. Bald darauf wurde auch Berry erschossen, der kurz vor seinem Tod die Namen seiner Gefährten preisgab. Bass entkam unbehelligt nach Texas, wo er eine neue Räuberbande gründete.

Im Frühjahr 1878 unternahm Bass im Raum Dallas vier Eisenbahnüberfälle, doch die Räuber machten nur geringe Beute. Um so energischer wurden sie jetzt gejagt. Im September scheiterte Bass' geplanter Überfall auf die Bank von Round Rock, nachdem Jim Murphy, ein Mitglied der Outlaw-Gang, seinen Bandenführer an die Texas Rangers verraten hatte, weil er sich dadurch Straferlaß erhoffte. Bass wurde in Round Rock auf offener Straße angeschossen und starb zwei Tage später an seinem siebenundzwanzigsten Geburtstag.

Schießereien: *10. April 1878, Mesquite, Texas.* Knapp sechs Tage nach einem anderen Überfall in der gleichen Gegend wollten Bass und seine Gang in Mesquite einen Zug ausrauben. Doch sie stießen auf unerwarteten Widerstand. Eisenbahner, Fahrgäste und das einem Sträflingstransport zugeteilte Wachpersonal empfingen sie mit einem Kugelhagel, und nachdem mehrere Outlaws leicht verletzt worden waren, ritt die Gang in vollem Galopp vom Bahnhof weg.

13. Juni 1878, Salt Creek, Wise County, Texas. Ranger Captain June Peak und Sheriff W.

F. Eagan leiteten eine Posse, die Bass und seiner Gang auf der Spur war und sich in den vergangenen Wochen mehrere Scharmützel mit den Outlaws geliefert hatte. Als die Ordnungshüter im Wise County auf das Lager der Banditen stießen, kam es zum berühmten *Salt Creek Fight,* dem Gefecht am Salt Creek. Die Verfolger töteten Arkansas Johnson und erschossen beziehungsweise erbeuteten sämtliche Pferde der Gang. Bass und die überlebenden Bandenmitglieder schossen sich den Fluchtweg frei und konnten zu Fuß entkommen. Später stahlen sie mehrere Pferde und flohen ins Denton County.

19. Juni 1878, Round Rock, Texas. Bass, Seaborn Barnes, Frank Johnson und Jim Murphy hatten in der Nähe von Round Rock ihr Lager aufgeschlagen, weil sie die örtliche Bank überfallen wollten. Murphy hatte jedoch Bass verraten, und in der Stadt wimmelte es von Ordnungshütern.

Die Outlaws hatten die Bank bereits zweimal ausgespäht und gedachten sie am Sonnabend, dem 20. Juli, zu überfallen. Am Tag zuvor unternahmen sie einen letzten Erkundungsritt in die Stadt. Unterwegs ließ sich Murphy mit der Begründung, er wolle Futter für sein Pferd kaufen, ein Stück zurückfallen. Bass, Barnes und Jackson banden ihre Pferde in einer Gasse an und begaben sich in den neben der Bank gelegenen Koppelschen Laden. Dort wurden sie von den Deputy Sheriffs Ellis Grimes und Morris Moore angesprochen, die Barnes die Hand auf den Rücken legten und ihn fragten, ob er bewaffnet sei. Die drei Banditen fuhren herum, eröffneten das Feuer, töteten Grimes auf der Stelle und streckten Morris mit einem Schuß in die Brust nieder.

Bass, der an der Hand verletzt war, rannte vor den anderen her zu Pferden, doch die Banditen wurden von mehreren Texas Rangers und Stadtbewohnern unter Beschuß genommen. Der Ranger Dick Ware tötete Barnes, und der Ranger George Harrell schoß auf Bass und Jackson, als diese an ihm vorbeigaloppierten. Eine Kugel bohrte sich rechts der Wirbelsäule in Bass' Leib und trat links des Nabels wieder aus. Bass hielt sich am Sattelknauf fest, doch nach rund zweihundert Metern fiel er vom Pferd. Frank Jackson hielt mitten im Kugelhagel an und half Bass auf, und in der hereinbrechenden Dunkelheit konnten beide entkommen. Doch Bass konnte nicht weiterreiten, und so setzte Jackson ihn außerhalb der Stadt unter einem Baum ab. Am nächsten Morgen wurde Bass, der die Wunden mit seinem in Streifen gerissenen Hemd verbunden hatte und aufrecht unter dem Baum saß, von einer Posse gefunden und nach Round Rock gebracht. Er lebte noch bis Sonntag, verweigerte aber hartnäckig jede Auskunft. Er wurde neben Barnes begraben.

Quellen: Gard, *Sam Bass;* Webb, *Texas Rangers,* 371–391.

Beard, Edward T.

(»Red«)

Geb. um 1828 in Beardstown, Illinois; gest. 11. November 1873, Wichita, Kansas. Tanzsalonbesitzer.

Beard, Sohn des Stadtgründers von Beardstown, Illinois, war gebildet und mit einer vornehmen Dame aus Virginia verheiratet. Trotz der noblen Herkunft verließ der Vater von drei Kindern im Jahr 1861 Hals über Kopf seine Heimatstadt und zog gen Westen. Als Herumtreiber und zwielichtige Gestalt schlug er sich in Kalifornien, Oregon und Arizona durch, ehe es ihn im Zuge des Rinderbooms nach Kansas verschlug. In Wichita eröffnete er einen verrufenen Tanzsalon. 1873 geriet er in eine Reihe wilder Schießereien und wurde schließlich von Rowdy Joe Lowe getötet.

Schießereien: *3. Juni 1873, Wichita, Kansas.* In Beards Tanzsalon am Stadtrand von Wichita stritten sich mehrere Kavalleristen mit einer Prostituierten namens Emma Stanley. Nach einer kurzen Auseinandersetzung wegen einer kleinen Summe Geldes zog einer der Soldaten seinen Revolver und fügte Emma eine Fleischwunde am Oberschenkel zu. Daraufhin zog Beard seinen Revolver, ging zum Angriff über und feuerte wahllos auf die Soldaten. Der Mann, der Emma angeschossen hatte, konnte entkommen und desertierte noch in der gleichen Nacht, doch die beiden unbeteiligten Soldaten krümmten sich schwerverletzt am Boden: Doley mit einem Halsschuß, der ihn in Höhe der Zungenwurzel getroffen hatte, und Boyle mit einem zerschmetterten Knöchel. Beide überlebten, doch ihre Kameraden waren wütend auf Beard.

5. Juni 1873, Wichita, Kansas. In der folgenden Nacht wollten sich die Soldaten an Beard rächen. Sie gingen umsichtig zu Werk, stellten einen Posten vor dem Haus des Sheriffs auf, einen weiteren an der Brücke über den Fluß und ließen einen dritten bei den Pferden zurück. Gegen zwei Uhr morgens marschierten die übrigen dreißig Soldaten in Viererreihe zu Beards Tanzsalon. Es kam zu einem hektischen Schußwechsel, bei dem eines der Mädchen aus dem Tanzsalon und ein Mann namens Charles Leshhart verletzt wurden. Auch Emma Stanley wurde ein weiteres Mal angeschossen. Danach brannten die Soldaten Beards Tanzsalon nieder und zogen in Reih und Glied wieder ab.

27. Oktober 1873, Wichita, Kansas. Beard baute seinen Tanzsalon in aller Eile wieder auf, bekam aber kurz darauf Streit mit Rowdy Joe Lowe, der in unmittelbarer Nachbarschaft ein ähnliches Etablissement betrieb. An einem Montagabend betrank sich Beard sinnlos, legte sich dann mit einer Prostituierten namens Jo DeMerritt an (die später verurteilt wurde, weil sie die Übertragungsurkunde für ein in Beards Besitz befindliches Grundstück gefälscht hatte), bedrohte sie und feuerte dann durch ein Fenster auf Joe Lowe. Anschließend verwechselte er im Rausch Annie Franklin mit Jo DeMerritt und schoß ihr in den Bauch.

Als Annie vornübersank, kam der nicht minder betrunkene Joe Lowe hereingestürmt, schoß mit seiner Schrotflinte auf Beard, der das Feuer erwiderte und dann hinausrannte. Der an der Bar stehende Bill Anderson wurde von einer verirrten Kugel am Kopf getroffen, und Lowe trug eine leichte Halsverletzung davon. Lowe verfolgte Beard, nahm ihn an der Brücke über den Fluß erneut unter Beschuß und stellte sich dann der Obrigkeit. Beard, dessen Hüfte und rechter Arm von Schrotkugeln zerfetzt waren, lebte noch zwei Wochen. Am 11. November um drei Uhr morgens erlag er seinen Verletzungen.

Quellen: Miller und Snell, *Great Gunfighters of the Kansas Cowtowns*, 42, 156–163; Drago, *Wild, Woolly & Wicked*, 151, 161–162.

Beckwith, John H.

Geb. in New Mexico; gest. 1879 in Seven Rivers, New Mexico. Rancher, Ordnungshüter.
Der aus New Mexico stammende Beckwith baute gemeinsam mit seinem Bruder Bob in dem zum Lincoln County gehörenden Seven Rivers Country östlich des Pecos River eine Ranch auf. Als der *Lincoln County War* ausbrach, wurden die Beckwith-Brüder gegen Billy the Kid und die übrigen von dem Anwalt Alexander McSween angeheuerten »Regulatoren« aufgeboten. 1878 starb Bob bei einem wilden Feuergefecht in Lincoln, und ein Jahr darauf wurde John von John Jones erschossen.

Schießereien: *18. Februar 1878, bei Lincoln, New Mexico.* Bei seinem ersten Einsatz als »Deputy« im Lincoln County sollte Beckwith einer Posse helfen, die bei dem Rancher John Tunstall Vieh beschlagnahmen wollte. Auf der Landstraße in der Nähe von Lincoln stieß der Trupp auf Tunstall, tötete ihn und löste so den *Lincoln County War* aus.

16. August 1878, bei Seven Rivers, New Mexico. Auf der Ranch von Henry Beckwith, Johns bärbeißigem Vater, kam es im Beisein mehrerer Unbeteiligter zum offenen Ausbruch eines seit langem schwelenden Familienstreits. Henry tötete seinen Schwiegersohn William Johnson mit einer Schrotflinte und konnte nur mühsam davon abgehalten werden, auch auf John zu schießen, als dieser eingreifen wollte. In diesem Augenblick feuerte Wallace Olinger, der mit John eine nahe gelegene Ranch bewirtschaftete, auf Henry Beckwith und traf ihn an Wange und Nase. Olinger wurde festgenommen, aber wieder aus der Haft entlassen, als Beckwith von seinen Verletzungen genas.

26. August 1879, Lincoln County, New Mexico. Beckwith ließ sich mit dem Viehdieb John Jones auf einen Streit ein, bei dem es um den Besitz einer Rinderherde ging. Binnen kürzester Zeit kam es zu einem Schußwechsel, bei dem Beckwith tödlich verwundet wurde.

Quellen: Keleher, *Violence*, 140–141, 159, 223, 233; Klasner, *My Girlhood Among Outlaws*, 64, 67, 172, 174; Fulton, *Lincoln County War*, 213, 216, 251, 333, 370.

Beckwith, Robert W.

Geb. 1858 in New Mexico; gest. 19. Juli 1877, Lincoln, New Mexico. Rancher, Ordnungshüter.
Beckwith war der Sohn eines Südstaatlers, der sich in New Mexico niedergelassen hatte und schließlich eine Ranch im Lincoln County gründete. 1876 bewirtschafteten Bob und sein Bruder John ein eigenes Stück Land, doch als zwei Jahre später der Lincoln County War ausbrach, wurden die Beckwith-Brüder in die Machenschaften der Dolan-Murphy-Gruppe verwickelt. Bob wurde zum Deputy Sheriff ernannt, kam aber noch vor seinem zwanzigsten Geburtstag ums Leben.

Schießereien: *18. Februar 1878, bei Lincoln, New Mexico.* Beckwith gehörte der Posse an, die große Viehbestände aus dem Besitz des Ranchers John Tunstall beschlagnahmt hatte. Als der Trupp unweit von Lincoln

Tunstall begegnete, kam es zu einer Schießerei, bei der der Rancher ermordet wurde.

30. April 1878, bei Lincoln, New Mexico. Beckwith war eines der Mitglieder der »Seven
Rivers Crowd«, die etwa acht Meilen
außerhalb von Lincoln den Regulatoren-
führer Frank McNab abfangen wollte. Als
McNab und seine beiden Begleiter Frank
Coe und Ab Sanders an einem Fluß haltmachten, um ihre Pferde zu tränken, eröffneten Beckwith und seine Gefolgsleute das
Feuer. McNab und Sanders, die bereits abgesessen hatten, wurden von der ersten
Salve getroffen, doch Coe, der noch im Sattel saß, gab seinem Pferd die Sporen. Aber
nachdem sein Pferd getötet worden war
und er seine Munition verbraucht hatte,
wurde er festgenommen. Danach kehrte
die Posse zurück und erledigte McNab, der
unterdessen versucht hatte wegzukriechen.
Sanders hingegen genas später von seinen
Verletzungen.

15. bis 19. Juli 1878, Lincoln, New Mexico. Beckwith gehörte dem Aufgebot an, das vier
Tage lang das Haus des Anwalts Alexander
McSween belagerte. Nachdem das Haus
am Abend des letzten Tages in Brand gesteckt worden war, wollten Beckwith und
mehrere Begleiter eindringen. Beckwith
trat aus der Deckung und rief, er sei Deputy Sheriff und garantiere für die Sicherheit von McSweens Männern. Er näherte
sich der Tür, geriet aber prompt unter Beschuß, und als er das Feuer erwidern wollte,
versagte seine Waffe. Er wurde zunächst
am Handgelenk getroffen und erlag dann
einer tödlichen Kugel, die durch sein linkes
Auge in den Schädel drang. (Maurice Fulton schreibt, Beckwith habe John Jones
daran hindern wollen, auf McSween zu
schießen, und die von Jones abgefeuerte
Gewehrkugel habe sein Handgelenk durchschlagen und ihn dann am Auge getroffen.)
Anschließend unternahmen McSweens
Männer, wild um sich schießend, einen
Ausbruchsversuch, bei dem McSween umkam und unmittelbar neben Beckwith lie-
genblieb. Doch der war bereits tot und

nahm nichts mehr von dem rundum tobenden Kampf wahr.

Quellen: Keleher, *Violence in Lincoln County,* 140–
141, 144, 155, 159, 233–234, 251–252, 258–259, 261, 265,
276; Hunt, *Tragic Days of Billy the Kid,* 75–76,
101–103; Klasner, *My Girlhood Among Outlaws,* 67,
174, 179; Fulton, *Lincoln County War,* 23, 37–40, 119,
213, 216–217, 251, 271–274; Coe, *Frontier Fighter,*
82–84.

Bideno, Juan

Gest. 7. Juli 1871, Bluff Creek, Kansas. Cowboy.
    Bidenos »Karriere« als Gunfighter ist auf
ein paar Sommertage des Jahres 1871 be-
schränkt. Bideno tötete den Treckboß, unter dessen Leitung er eine Herde Rinder
nach Abilene trieb. Daraufhin wurde er von
einer Posse verfolgt und kam bei einer
Schießerei mit John Wesley Hardin um.

Schießereien: *5. Juli 1871, Cottonwood River,
Kansas.* Bideno hatte als Cowboy angeheuert und half eine Rinderherde aus Texas
zu einer Eisenbahnverladestation in Kansas zu treiben. Beim Überqueren des Cottonwood River kam es zu einer Auseinandersetzung zwischen Bideno und seinem
Treckboß Billy Cohron. Bei der anschließenden Schießerei wurde Cohron tödlich
getroffen. Bideno flüchtete sofort gen Süden, ins Indian Territory.

7. Juli 1871, Bluff Creek, Kansas. John Wesley Hardin, Jim Rodgers, Hugh Anderson
und Cohrons Bruder John folgten Bidenos
Spur und entdeckten ihn schließlich in der
kleinen Ortschaft Bluff Creek, wo er in
einem Café sein Mahl verzehrte. Hardin
ging hinein, während die anderen das Lokal umstellten. Als Hardin auf ihn zukam,
ließ der Gesuchte Messer und Gabel fallen
und griff zu seinem Revolver, aber Hardin
jagte ihm aus nächster Nähe eine Kugel in
den Kopf und tötete ihn.

Quellen: Streeter, *Prairie Trails & Cow Towns,* 86–
87; Schoenberger, *Gunfighters,* 82.

Blake, William

(»Tulsa Jack«)

Geb. um 1862; gest. im Frühjahr 1895 bei Dover, Oklahoma. Cowboy, Bank- und Eisenbahnräuber.

In den achtziger Jahren arbeitete Blake als Cowboy in Kansas, zog aber später gen Süden und schloß sich der Doolin-Gang an. Wegen Mordes an zwei Männern wurde er steckbrieflich gesucht. Nach einem Eisenbahnüberfall kam Blake bei einer wilden Schießerei zwischen Ordnungshütern und der Doolin-Gang in der Nähe von Dover, Oklahoma, um.

Schießereien: *1. September 1893, Ingalls, Oklahoma.* Bei der berühmten *Battle of Ingalls* schoß Blake der Doolin-Gang den Fluchtweg vom Hotel zu einem Mietstall frei und sprengte dann mit den »Oklahombres« aus der Stadt.

20. Mai 1895, Southwest City, Missouri. Bei einem Banküberfall der Doolin-Gang kam es zu einer Schießerei, bei der Doolin am Kopf verletzt wurde und Bill Dalton einen Einheimischen namens J. C. Seaborn tötete. Doch Doolin schlug sich zu seinem Pferd durch, worauf sich die Outlaws den Fluchtweg freischießen konnten.

Frühjahr 1895, bei Dover, Oklahoma. Eine Posse unter Führung von Chris Madsen spürte die am Cimarron River lagernde Doolin-Gang auf. Blake, der Wache hielt, während die übrige Bande schlief, gab einen Schuß ab, als er Deputy Sheriff William Banks entdeckte. Daraus entwickelte sich ein allgemeines Feuergefecht, bei dem Blake tödlich verwundet wurde, als eine Kugel seinen Munitionsgurt traf und eine Patrone zündete. Die übrigen Mitglieder der Gang konnten sich nach einem heftigen Schußwechsel absetzen.

Quellen: Croy, *Trigger Marshal*, 177, 181; Drago, *Road Agents and Train Robbers*, 201, 205–207; Shirley, *Six-gun and Silver Star*, 91–93, 104–105, 145, 151–152, 159, 172–174, 179.

Blevins, Andy

(»Andy Cooper«)

Gest. 4. September 1887, Holbrook, Arizona. Cowboy, Rustler.

Blevins stammte aus einer texanischen Rancherfamilie, die ins Pleasant Valley, Arizona, gezogen war und dort in die Weidekriege verwickelt wurde. Andy »Cooper« (ein häufig gebrauchter Deckname), der als texanischer Viehdieb und Killer galt, verdingte sich als Revolvermann bei den Rinderzüchtern. Er tötete zwei Männer, unter ihnen den Anführer der Schafzüchter-Partei. Doch zwei Tage später wurde er von Perry Owdens getötet, der auch zwei von Andys Brüdern und dessen Schwager niederschoß.

Schießereien: *2. September 1887, Pleasant Valley, Arizona.* Blevins und etliche andere Cowboys schlichen sich an ein abgelegenes Schafzüchterlager heran. Nach dem Frühstück standen Bill Jacobs und John Tewksbury, der Anführer der mit den Rinderzüchtern verfeindeten Schafzüchter-Partei, vom Lagerfeuer auf, um die Pferde zu holen. Blevins eröffnete das Feuer und traf beide Männer tödlich. Tewksburys Frau kam herbeigerannt, doch Blevins vertrieb sie mit einigen Schüssen. Die anderen Schafzüchter verschanzten sich bis zum Abend in einer Hütte und konnten schließlich im Schutz der Dunkelheit entkommen. Daraufhin warfen die wütenden Cowboys die Leichen von Tewksbury und Jacobs den Schweinen zum Fraß vor.

4. September 1887, Holbrook, Arizona. Nachdem Andys Vater und einer seiner Brüder im Verlauf des Pleasant Valley War getötet worden waren, hatte Mrs. Blevins die Ranch der Familie im Pleasant Valley verlassen und war nach Holbrook gezogen, wo sie mit drei ihrer vier verbliebenen Söhne wohnte. (Charlie, der vierte Sohn, wurde kurz darauf getötet.)

Sheriff Perry Owens spürte die Blevins' auf und ritt eines Sonntagnachmittags mit

Wer mit der Waffe lebte, starb oftmals auch durch sie – wie zum Beispiel Tulsa Jack Blake (zweite Reihe von oben, rechts außen). (*Western History Collections, University of Oklahoma Library*)

dem Gewehr in der Hand auf ihr Haus zu. Andy, der hinter der Haustür stand, nahm ihn unter Feuer, worauf Owens einen Schuß aus der Hüfte abgab und Blevins tödlich verwundete. Blevins wurde zurückgeschleudert, brach zusammen und wurde von seiner Mutter aus der Schußlinie gebracht. Andys älterer Bruder John nahm den Ordnungshüter von der anderen Haustür aus unter Feuer, aber Owens setzte ihn mit einem weiteren Schuß aus der Hüfte außer Gefecht. Mose Roberts, ein aus Texas stammender Schwiegersohn der Blevins, stürmte mit einem Revolver in der Hand aus dem Haus und wurde von Owens auf der Stelle getötet. Danach kam der jüngste der Blevins-Boys, der sechzehnjährige Sam Houston, mit einem Revolver heraus und wurde ebenfalls niedergeschossen. John Blevins, der eine Schulterverletzung erlitten hatte, war der einzige Überlebende dieses Feuergefechts.

Quellen: Raine, *Famous Sheriffs and Western Outlaws*, 226–235; Drago: *Great Range Wars*, 101–102, 106–127, 130–131, 139, 146, 292; Coolidge, *Fighting Men of the West*, 123–132.

Bowdre, Charlie

Geb. um 1859 in Mississippi oder Tennessee; gest. 23. Dezember 1880, Stinking Springs, New Mexico. Viehdieb, Revolvermann, Rancher.

Als Gefolgsmann von Billy the Kid stand Bowdre während des *Lincoln County War* auf seiten der Regulatoren und war an der Ermordung von Frank Baker, Billy Morton und William McCloskey beteiligt. Auch die Kugel, die ein paar Wochen später bei Blazer's Mill Buckshot Roberts tötete, wurde von ihm abgefeuert, und im Juli 1878 erlebte er, allerdings ohne dabei besonders aufzufallen, die gewaltige Schießerei von Lincoln mit. Danach ließ er sich kurz mit Billy the Kids Bande von Viehdieben ein und wurde zu Unrecht des Mordes an Morris Bernstein bezichtigt, einem Sekretär bei der Indianeragentur.

Doch inzwischen hatte Bowdre eine aus New Mexico stammende Frau geheiratet und war auf dem besten Weg, ein neues Leben anzufangen. Er wurde Vormann auf einer Ranch in der Nähe von Fort Sumner und kaufte sich dort kurz darauf als Mitinhaber ein. Wenige Wochen vor seinem Tod traf er sich mit Pat Garrett und sprach mit ihm über einen möglichen Straferlaß. Da er aber von der Bundesregierung nach wie vor per Haftbefehl gesucht wurde, ließ er seine Frau in Fort Sumner zurück und schloß sich erneut Billy the Kid und dessen verbliebener Schar an.

Am 19. Dezember ritten die sechs Outlaws in Fort Sumner ein, um sich eine kurze Erholung zu gönnen. Doch Pat Garrett lauerte ihnen mit einer Posse auf. Tom O'Folliard wurde getötet, desgleichen Rudabaughs Pferd, aber Rudabaugh sprang auf Billy Wilsons Reittier, und die fünf Männer konnten sich in Sicherheit bringen. Sie besorgten Rudabaugh ein neues Pferd und zogen sich in ein Steinhaus in der Nähe von Stinking Springs zurück, wo Bowdre am 23. Dezember von einer Posse getötet wurde. Er wurde neben O'Folliard in Fort Sumner begraben, und ein paar Monate später bestattete man an selbiger Stelle auch die sterblichen Überreste von Billy the Kid.

Schießereien: *12. Mai 1877, Lincoln, New Mexico.* An einem beschaulichen Sonntagnachmittag bildeten sich Bowdre und der aus Alabama stammende Frank Freeman nach einem heftigen Zechgelage ein, sie hätten mit dem Rinderbaron John Chisum noch ein Hühnchen zu rupfen. Als sie feststellten, daß er sich in Alexander McSweens Kanzlei aufhielt, forderten sie lauthals, er solle herauskommen, und gaben mehrere Schüsse auf Fenster und Türen ab. Kurz darauf zogen sie sich in ein benachbartes Café zurück, wo Freeman sich mit einem Sergeant der Army anlegte und ihn mit einem Kopfschuß niederstreckte.

Kurz darauf wurde Freeman von Sheriff William Brady und einer Bürgerwehr gestellt und von Brady mit dem Revolverknauf niedergeschlagen. Freeman sprang auf und schlug Brady mit einem Fausthieb zu Boden. Jetzt griffen Bradys Begleiter ein. Bowdre wollte seinem Freund beispringen, wurde aber von John Riley mit vorgehaltener Waffe in Schach gehalten und mußte zusehen, wie Freeman überwältigt und weggeschafft wurde. Bei der Überführung in das nahe gelegene Fort Stanton konnte Freeman jedoch entkommen.

4. April 1878, Blazer's Mill, New Mexico. Ein starker Trupp Regulatoren unter Führung von Dick Brewer war gerade in Blazer's Mill eingeritten und wartete dort auf das Essen. Buckshot Roberts, ein Mitglied der gegnerischen Partei, ritt, mit zwei Revolvern und einer *Winchester* bewaffnet, auf einem Maultier mitten unter sie. Während der Regulator Frank Coe ihn noch zum Aufgeben überreden wollte, nahten Bowdre, Henry Brown und George Coe, um die Angelegenheit gewaltsam zu lösen.

Bowdre forderte Roberts mit vorgehaltenem Revolver auf, er solle sich festnehmen lassen. Doch Roberts griff zu der quer über seinem Schoß liegenden *Winchester* und knurrte: »Nichts Großes, Mary Ann!« Die beiden Männer schossen gleichzeitig. Bowdres Kugel traf Roberts am Bauch, während Roberts Geschoß an Bowdres Patronengurt abprallte und George Coes Hand zerschmetterte. Roberts torkelte zurück, konnte aber, als die Regulatoren in Deckung gingen, einen weiteren Schuß abgeben, der John Middleton an der Brust traf.

Dann verschanzte sich Roberts in den Schlafquartieren des Sägewerks und tötete Brewer mit einem Kopfschuß. Da aber offensichtlich auch er dem Tode nahe war, überließ ihn der Trupp seinem Schicksal und ritt davon, um Middleton und Coe verarzten zu lassen.

14. Mai 1878, Lincoln County, New Mexico. Bowdre und ein großer Trupp Regulatoren griffen ein Weidelager der Gegenpartei an. Die Regulatoren töteten einen Mann, ver-

letzten zwei weitere und entwendeten eine Pferdeherde.

23. Dezember 1880, Stinking Springs, New Mexico. Die von Pat Garrett gejagten Männer krochen in einem kleinen, verlassenen Steinhaus unter, das am schneebedeckten Ufer eines schmalen Flußbetts stand. Billy the Kid brachte sein Pferd hinein; die Tiere von Bowdre, Dave Rudabaugh, Billy Wilson und Tom Picket wurden draußen angebunden. Die einzige Tür der Hauses war kaputt, so daß die fünf Outlaws die ganze Nacht hindurch bitterlich froren. Sie bemerkten nicht, daß sie von Pat Garretts Posse heimlich umstellt wurden.

Als Bowdre bei Tagesanbruch aus der Hütte kam, legten Garrett und Lee Hall, die nahe der Tür in Stellung gegangen waren, ihre Gewehre an und feuerten. Bowdre wurde von zwei Kugeln an der Brust getroffen und in die Hütte zurückgeschleudert. Wilson schrie, daß Bowdre tödlich verwundet sei und herauskommen wolle, worauf Garrett befahl, er solle die Hände heben. Doch Billy the Kid drückte Bowdre einen Revolver in die Hand und sagte: »Die haben dich ermordet, Charlie, aber du kannst dich rächen. Bring ein paar von den Hundsfötten um, ehe du stirbst.«

Bowdre kam heraus, hob aber die Hände und torkelte auf Garrett zu. Von seinem eigenen Blut halb erstickt, sank er in Garretts Arme und keuchte: »Ich möchte … ich möchte … ich möchte …« Ein paar Sekunden später flüsterte er mit letzter Kraft: »Ich sterbe« und hauchte sein Leben aus.

Quellen: Keleher, *Violence in Lincoln County,* 19–20, 69, 99, 114–119, 131, 159, 184, 233, 286–293, 308, 312, 325; Fulton, *Lincoln County War,* 66, 77–79, 84, 137, 140, 175, 186, 201, 225, 234, 260–261, 282, 333, 380, 384; Garrett, *Billy, the Kid,* 105–106, 114–125; Siringo, *Texas Cowboy,* 137–139; 170; Hunt, *Tragic Days of Billy the Kid,* 57–60, 90, 107–120, 123–126, 132, 148, 191, 217, 227–228, 232–247.

Breakenridge, William Milton

Geb. 25. Dezember 1846, Watertown, Wisconsin; gest. 31.Januar 1931, Tucson, Arizona. Zeitungsjunge, Fuhrmann, Page, Arbeiter, Telegrammbote, Soldat, Bremser bei der Eisenbahn, Lagerverwalter, Ordnungshüter, Prospektor, Rancher, County-Feldmesser, Schriftsteller.

Der in Wisconsin aufgewachsene Billy Breakenridge verließ mit vierzehn Jahren die Schule und verkaufte in Milwaukee Zeitungen. Zwei Jahre später lief er von zu Hause weg und meldete sich zur U.S. Army, bei der er während des Bürgerkrieges als Fuhrmann diente. Kurz darauf zog er nach Westen und schlug sich in Denver mit allerlei Gelegenheitsarbeiten durch, unter anderem als Page beim Parlament des Staates Colorado. 1864 schloß er sich Chivingtons Third Colorado Cavalry an und nahm an dem grausamen Massaker am Sand Creek teil. Nach dem Krieg arbeitete er als Bremser bei der Eisenbahn, nahm aber bereits 1867 in Sidney, Nebraska, eine Anstellung als Lagerverwalter an.

Bald darauf zog er weiter, 1878 war er Deputy Sheriff in Phoenix. Im folgenden Jahr lockte ihn die aufblühende Stadt Tombstone an, wo er eine Zeitlang Bauholz transportierte, bevor er sich erneut zum Deputy Sheriff ernennen ließ. 1883 beteiligte er sich an einer Ranch, verkaufte seinen Anteil aber wenig später und heftete sich das Abzeichen eines U. S. Marshal an die Brust.

Im Jahr 1888 wurde Breakenridge zum Feldmesser des Maricopa County gewählt, und später diente er als Beauftragter für spezielle Aufgaben bei der *Southern Pacific Railroad*. Er war in Tucson, Arizona, stationiert und übernahm bis zu seiner Pensionierung im Alter von zweiundsiebzig Jahren diverse Ermittlungs- und Wachschutzaufgaben im Auftrag der Eisenbahngesellschaft. 1928 veröffentlichte er mit *Helldorado* seine Lebenserinnerungen. Noch drei Jahre lang, bis zu seinem Tod im Jahre 1931 in Tucson, konnte er das Ansehen ge-

William M. Breakenridge, Indianerkämpfer und Ordnungshüter. Er schoß 1881 Curly Bill Brocius in den Mund, worauf Curly Bill den Revolvergurt für immer ablegte. *(Arizona Historical Society)*

nießen, das ihm dieses Buch in der Öffentlichkeit bescherte.

Schießereien: *25. Mai 1881, Galeyville, Arizona.* Deputy Sheriff Breakenridge ritt nach Galeyville und begab sich in einen Saloon, in dem Curly Bill Brocius und etliche andere Viehdiebe dem Alkohol frönten. Jim Wallace, ein Revolvermann, der am *Lincoln County War* teilgenommen hatte, zog seine Waffe und beleidigte den Ordnungshüter. Breakenridge lachte nur und spendierte allen Anwesenden Drinks, während Curly Bill Wallace dazu überredete, sich zu entschuldigen. Doch als Breakenridge gehen wollte, brach Curly Bill einen Streit vom Zaun und folgte ihm nach draußen zu seinem Pferd.

Breakenridge schwang sich in den Sattel, und als Curly Bill ihn weiterhin lautstark beleidigte, zog er seinen Revolver und gab einen Schuß ab. Die Kugel drang links in Bills Hals ein, schlug ihm einen Zahn aus und trat an der rechten Wange wieder aus. Curly Bill genas wieder, legte aber für immer den Revolver ab und verließ Arizona.

1882, bei Tombstone, Arizona. Eine aus Breakenridge, John C. Gillespie und zwei Ordnungshütern namens Allen und Young bestehende Posse verfolgte Zwing Hunt und Billy Grounds, zwei Übeltäter, die kurz zuvor bei einem versuchten Raubüberfall in Charleston, unweit von Tombstone, einen Mord begangen hatten. Die Ordnungshüter spürten die Outlaws auf einer Ranch etwa zehn Meilen außerhalb von Tombstone auf. Als sie auf der Ranch eintrafen, versteckten die Übeltäter ihre Pferde und schlossen sich in eine Hütte ein.

Plötzlich rannte Gillespie zur Vordertür und forderte die Outlaws auf herauszukommen. Die stießen prompt die Tür auf und eröffneten das Feuer. Gillespie ging tödlich verletzt zu Boden, und Young wurde am Bein getroffen. Ein Mann namens Lewis kam aus der Hütte gestürmt und schrie, er sei nur ein unschuldiger Arbeiter auf der Ranch, doch eine von der Tür aus abgegebene Kugel bohrte sich in seine Schulter. Auch Allen wurde verwundet. Breakenridge hingegen duckte sich hinter einen Baum und richtete seine Schrotflinte auf die Tür. Er feuerte einen Lauf auf den Zugang zur Hütte ab. Ground wurde von den Schrotkugeln ins Gesicht getroffen und zu Boden geschleudert.

Hunt stürzte aus der Hintertür, wurde aber von Allen und Breakenridge unter Beschuß genommen und bekam eine Kugel in den Rücken, die ihn zu Boden warf. Der Outlaw rappelte sich wieder auf und rannte weiter, doch Breakenridge und Allen verfolgten ihn und fanden ihn bald darauf, reglos am Boden liegend.

Quellen: Breakenridge, *Helldorado;* Waters, *Earp Brothers of Tombstone,* 106–107, 189–190; Faulk, *Tombstone,* 145, 148, 156, 200, 205; Kellner, »W. M. Breakenridge«, *Arizoniana.*

Brewer, Richard M.

Geb. 1852 in St. Albans, Vermont; gest. 4. April 1878, Blazer's Mill, New Mexico. Farmer, Zureiter, Ranch-Vormann, Ordnungshüter, Revolvermann.

Im Jahr 1860 zog Dick Brewer mit seiner Familie auf eine Farm in Wisconsin. Mit achtzehn Jahren verließ er das Elternhaus, ging nach Westen und kam 1870 ins Lincoln County, wo er sich eine Farm aufbaute. Sein Interesse an der Pferdezucht brachte ihn in engen Kontakt mit seinem Nachbarn, dem Engländer John Tunstall. Er wurde Vormann auf Tunstalls Ranch, und als sein Arbeitgeber ermordet wurde, führte er bis zu seinem Tod den Rachefeldzug der sogenannten Regulatoren an.

Schießereien: *September 1877, Lincoln County, New Mexico.* Während Tunstall in St. Louis weilte, stahlen die Viehdiebe Jesse Evans, Frank Baker, Tom Hill und ein Texaner namens Davis zwei von Brewers Pferden und »ein Paar prachtvolle Maultiere« von Tunstalls Ranch. Brewer und zwei Cowboys nahmen die Verfolgung auf und holten die Diebe schließlich ein, worauf diese die Rückgabe von Brewers Pferden anboten, die Maultiere jedoch behalten wollten.

Hilfesuchend wandte sich Brewer an die Behörden in Las Cruces. Doch dort wies man ihm die kalte Schulter, worauf er nach Lincoln zurückkehrte, wo er zum Deputy Sheriff ernannt wurde. Er stellte eine fünfzehnköpfige Posse auf, die sich auf die Fährte der Viehdiebe heftete und sie in einem abgelegenen Unterschlupf aufspürte. Im Morgengrauen kam es zur Schießerei. Evans hatte Brewer dreimal im Visier, verfehlte ihn aber jedesmal um wenige Zentimeter. Als man den Outlaws erklärte, daß die Posse sie zu töten gedenke, kam einer nach dem anderen mit erhobenen Händen heraus.

Auf der Landstraße nach Lincoln begegnete dem Trupp der Rancher John Tunstall, der die Gefangenen nach Lincoln begleitete, wo sie in einem Erdloch verwahrt wurden. Ein paar Wochen darauf ritten zweiunddreißig geheuerte Revolvermänner in die Stadt, befreiten ihre Gefährten und preschten wieder davon.

9. März 1878, Steel Springs, New Mexico. Nach John Tunstalls Ermordung begab sich Brewer als Anführer einer Posse aus sogenannten »Regulatoren«, darunter Billy the Kid, Henry Brown, Doc Scurlock, Charlie Bowdre, Frank McNab, Fred Wait, Sam Smith, Jim French, John Middleton und William McCloskey, auf die Suche nach den Tätern. Am 6. März entdeckten sie Frank Baker und Billy Morton, zwei der Hauptverdächtigen. Baker und Morton, die nur knapp hundert Meter entfernt waren, gaben ihren Pferden die Sporen, worauf es zu einer wilden Verfolgungsjagd kam, die sich über fünf Meilen hinzog.

Als ihre Pferde zusammenbrachen, verschanzten sich Baker und Morton, ergaben sich aber auf das Versprechen hin, daß ihnen nichts geschehen werde. Brewer jedoch grummelte, es tue ihm leid, daß sie aufgegeben hätten, ehe man sie hätte töten können, und andere Regulatoren pflichteten ihm bei. McCloskey, der mit Middleton am Ende des Trupps ritt, legte Fürbitte für die Gefangenen ein und starb schließlich mit ihnen.

Später hieß es, Morton habe McCloskeys Revolver ergriffen und ihn erschossen. Anderen Aussagen zufolge soll McNab seinen Weggefährten aus Wut niedergestreckt haben. Jedenfalls wurden McCloskey und die beiden Gefangenen erschossen, noch ehe der Trupp in Lincoln eintraf.

4. April 1878, Blazer's Mill, New Mexico. Die noch immer von Brewer geführten Regulatoren, unter ihnen Billy the Kid, Brown, French, Wait, Middleton, Scurlock, Frank und George Coe, Bill Scroggins, Tom O'Folliard und Stephen Stevens, ritten auf einem ihrer Streifzüge in Blazer's Mill ein, um sich etwas zu essen zu besorgen. Buckshot Roberts, ein zwielichtiger Kerl, der einst mit Jesse Evans Vieh gestohlen hatte,

ritt, mit einer *Winchester* und zwei Revolvern bewaffnet, auf das Werksgelände. Frank Coe, der Roberts kannte, versuchte, ihn zum Aufgeben zu überreden.

Plötzlich ging Charlie Bowdre mit gezogenem Revolver und von mehreren Regulatoren begleitet auf Buckshot Roberts zu und forderte ihn auf, die Waffen zu strecken. »Nichts Großes, Mary Ann«, knurrte Roberts. Bowdre schoß, und Roberts wurde am Bauch getroffen und zurückgeschleudert. Doch Roberts setzte die *Winchester* ein, traf John Middleton an der Brust und zerschmetterte George Coes Schußhand.

Dann torkelte Roberts in das Werksgebäude, entdeckte dort eine Büffelbüchse, eine 12-mm-*Sharp*, und bezog auf einer Matratze am einzigen Fenster des Raumes Stellung. Während die Posse in Deckung ging und sich um die Verletzten kümmerte, kroch Brewer langsam und vorsichtig zu einem Holzstapel, der – laut unterschiedlichen Schätzungen – etwa 50 bis 150 Meter von Roberts Standort entfernt war. Brewer gab mehrere Schüsse ab und duckte sich hinter das Holz. Doch als er den Kopf wieder hob, war Roberts bereit. Die Büffelbüchse donnerte los, und das großkalibrige Geschoß riß Brewer das Schädeldach weg.

Roberts schrie triumphierend: »Ich habe den Hundesohn erledigt! Ich hab' ihn erledigt!« Doch da auch Roberts offensichtlich dem Tode nahe war, beschloß die Posse aufzubrechen, um Middleton und Coe verarzten zu lassen. Nachdem Roberts gestorben war, zimmerte Dr. J. H. Blazer, der Besitzer des Sägewerks, ein Paar Särge zusammen und begrub Roberts und Brewer Seite an Seite.

Quellen: Keleher, *Violence in Lincoln County,* 83–84, 88–90, 96–100, 113–118, 128, 133–134, 227, 251–253, 260–276, 312, 325; Coe, *Frontier Fighter,* 64–69; Hunt, *Tragic Days of Billy the Kid,* 42–46, 56–60; Fulton, *Lincoln County War,* 64, 82–84, 87, 89–90, 112–113, 115–116, 125, 137–142, 147, 162, 172–179, 185, 191–192; Rickards, *Blazer's Mill.*

Bridges, Jack L.

Geb. 1838 oder 1839 in Maine. Ordnungshüter.

Der in Maine oder – laut einer Angabe bei einer Volkszählung im Jahr 1870 – »auf See« geborene Bridges war fünfzehn Jahre lang als Ordnungshüter in Kansas tätig. 1869 als Deputy U. S. Marshal in Diensten der Bundesregierung, lebte Bridges eine Zeitlang in Hays City und zog dann nach Wichita. Nachdem er dort bei einer Schießerei schwer verletzt worden war, kehrte er zur Genesung nach Maine zurück. Bald darauf trat er wieder seinen Dienst in Kansas an, wo er etwa um die gleiche Zeit heiratete.

Bridges hielt sich eine Weile in Colorado auf, wurde aber 1882 zum City Marshal von Dodge ernannt und trat im »Dodge City War« als Widersacher von Luke Short auf. Als langjähriger Ordnungshüter war er, zumeist in Zusammenhang mit Festnahmen, an mehreren unbedeutenderen Waffengängen beteiligt. Im Jahr 1884 löste ihn Bill Tilghman als Marshal von Dodge ab, und danach verliert sich seine Spur.

Schießereien: *28. Februar 1871, Wichita, Kansas.* J. E. Ledford, der des Pferdediebstahls verdächtigt wurde und Bridges bei einer früheren Auseinandersetzung einen Fausthieb versetzt hatte, hatte unlängst geheiratet und das *Harris House Hotel* in Wichita erworben. Bridges besorgte sich einen Haftbefehl und begab sich, unterstützt von fünfundzwanzig Soldaten, um vier Uhr morgens zum *Harris House*. Als er an der Haustür nach dem Gesuchten fragte, sah er einen Mann in einem Nebengebäude verschwinden. Argwöhnisch geworden, näherten sich der Kundschafter Lee Stewart und ein Offizier unter Führung von Bridges dem kleinen Gebäude. Plötzlich flog dessen Tür auf, und heraus stürmte Ledford, der sofort mit dem Revolver auf Bridges schoß. Bridges und die beiden anderen Männer zogen ebenfalls ihre Revolver und eröffneten das Feuer. Alle drei schossen ihre Waffen auf den flüchtenden Ledford leer und trafen ihn zweimal am rechten Arm und zweimal am Körper.

Bridges, der ebenfalls schwer verletzt war, verlor das Bewußtsein und sank zu Boden. Ledford schleppte sich in ein Geschäft auf der anderen Straßenseite, brach dann zusammen und wurde in das Hotel getragen, wo er kurz darauf starb. Bridges wurde in die Krankenstation von Fort Harker gebracht und begab sich drei Monate später nach Maine, um seine Verletzung auszukurieren.

Quellen: Miller und Snell, *Great Gunfighters of the Kansas Cowtowns*, 33–41, 122–123, 325, 330, 377, 379, 394; Drago, *Wild, Woolly & Wicked*, 150.

Brooks, William L.

(»Buffalo Bill«, »Bully«)

Gest. 29. Juli 1874, Wellington, Kansas. Postkutschenfahrer, Büffeljäger, Ordnungshüter, Maultierdieb.

Brooks Herkunft ist ungewiß, doch soll er bereits in dunkler Vergangenheit an tödlichen Schießereien beteiligt gewesen sein. Er trug vorzugsweise schulterlange Haare und hatte fast immer eine *Winchester* bei sich. Er wurde Postkutschenfahrer auf der Strecke zwischen Newton und Wichita, und als Newton 1872 das Stadtrecht erhielt, wählte man ihn zum ersten City Marshal.

Nachdem er einige Monate später bei einem Feuergefecht in Newton zusammengeschossen worden war, zog er nach Ellsworth und diente dort kurz als Polizist. Wenig später tauchte er in Dodge City auf, wo er Büffel jagte und an drei Schießereien beteiligt war, ehe er die Gegend wieder verließ. Er zog mit seiner Frau in die Nähe von Caldwell und verlegte sich dort offenbar auf das Stehlen von Pferden und Maultieren, denn im Juli 1874 wurde in Südkansas eine Diebesbande gefaßt und gelyncht, mit dabei auch W. L. Brooks, der im Beisein seiner Frau starb.

Brooks, William L.

Schießereien: *9. Juni 1872, Newton, Kansas.* Mehrere texanische Cowboys, die sich auf einer Zechtour befanden, hatten den Besitzer eines Tanzlokals in die Enge getrieben, schlugen ihn zusammen und schikanierten zudem mit wilden Revolverschüssen die Passanten. Marshal Brooks stürmte zum Ort des Geschehens und befahl den Unruhestiftern, sie sollten die Stadt verlassen. Sie begaben sich zu ihren Pferden und schickten sich an, aufzubrechen. Doch plötzlich drehten sich die Cowboys James Hunt und Joe Miller um und schossen auf Brooks. Eine Kugel streifte sein Schlüsselbein, und zwei weitere trafen ihn an den Gliedmaßen. Ohne sich um die Verletzungen zu kümmern, setzte er den Widersachern nach. Es kam zu einer wilden Verfolgungsjagd zu Pferd, bei der Brooks die Cowboys zehn Meilen weit hetzte, eher er nach Newton zurückkehrte und seine Wunden verarzten ließ. Kurz darauf wurden die Cowboys festgenommen und vor Gericht gestellt.

23. Dezember 1872, Dodge City, Kansas. An einem Montagabend bekam Brooks Streit mit einem gewissen Brown, einem in Dodge beschäftigten Rangiermeister der *Santa Fe Railroad*. Beide Männer zogen die Waffen und gaben jeweils drei Schüsse aufeinander ab. Brown verletzte seinen Widersacher beim ersten Schuß, wurde aber seinerseits von Brooks getötet, dessen dritte Kugel zunächst einen Zuschauer streifte, ehe sie Brown traf.

28. Dezember 1872, Dodge City, Kansas. Nach einer bereits seit längerer Zeit schwelenden Meinungsverschiedenheit mit Matthew Sullivan, einem Saloonbesitzer aus Dodge, beschloß Brooks, seinen Widersacher zu töten. Sullivan stand an seinem Arbeitsplatz, als Brooks ihn an einem Samstagabend, genau fünf Tage nach seinem letzten tödlichen Schuß, ausfindig machte. Brooks schob seine Waffe durch ein offenes Fenster und schoß auf Sullivan. Der Saloonbesitzer wurde umgeworfen und starb binnen kürzester Zeit. Brooks wurde zwar in aller Öffentlichkeit des Mordes bezichtigt, doch in jenen rauhen Gründerjahren der Stadt Dodge unternahm man keinerlei rechtliche Schritte gegen ihn.

4. März 1873, Dodge City, Kansas. Wenig später legte sich der stets reizbare Brooks mit einem anderen Bürger von Dodge City an, einem Büffeljäger namens Kirk Jordan. Der Streit artete zum offenen Konflikt aus, und nach einem Zusammenstoß auf offe-

Buffalo Bill Brooks, der erste gewählte Marshal von Newton, Kansas. Später wurde er im Beisein seiner Frau wegen Rinderdiebstahls gelyncht. *(Boot Hill Museum, Dodge City, Kansas)*

ner Straße legte Jordan mit der Büffelbüchse auf Brooks an. Dieser hechtete zwar beim ersten Schuß hinter zwei Wasserfässer, doch das großkalibrige Geschoß durchschlug beide Tonnen, ehe es von einem eisernen Faßreifen abprallte. Am nächsten Tag zeigte Brooks Einsicht und legte die Auseinandersetzung bei.

28. Juli 1874, bei Caldwell, Kansas. Brooks wurde verdächtigt, einer Bande von Pferde- und Maultierdieben anzugehören, die vermutlich im Auftrag einer Postkutschengesellschaft gegründet worden war, um eine Konkurrenzfirma zu vertreiben. Daraufhin wurde eine 150 Mann starke Posse aufgeboten, die in der Gegend um Caldwell eine große Treibjagd auf die Räuber veranstaltete. Brooks und zwei seiner Kumpane, die in einem Versteck in der Nähe von Caldwell gestellt wurden, leisteten mehrere Stunden lang heftigen Widerstand, ehe sie sich ergaben.

Zwei Gefährten von Brooks ließ man anschließend laufen. Er selbst und zwei weitere Verdächtige, Charley Smith und L. B. Hasbrouck, wurden im Bezirksgefängnis von Wellington inhaftiert. Am nächsten Tag reiste Brooks' Frau aus Caldwell an, doch gegen Mitternacht stürmte ein aufgebrachter Mob das Gefängnis, schleppte die drei Häftlinge zu einem kräftigen Baum und knüpfte sie auf. Smith und Hasbrouck starben auf der Stelle, doch Brooks wurde langsam und qualvoll stranguliert.

Quellen: Miller und Snell, *Great Gunfighters of the Kansas Cowtowns*, 41–47; Streeter, *Prairie Trails & Cow Towns*, 138–139.

Brown, Henry Newton

Geb. 1857, Cold Spring Township, Missouri; gest. 30. April 1884, Medicine Lodge, Kansas. Farmer, Cowboy, Büffeljäger, Rinderdieb, Revolvermann, Ordnungshüter, Bankräuber.

Henry Brown, der gefährliche Marshal von Caldwell. *(Kansas State Historical Society, Topeka)*

Nach dem frühen Tod ihrer Eltern wuchsen Brown und seine Schwester auf der Farm ihres Onkels in der Nähe von Rolla, Missouri, auf. 1875, im Alter von siebzehn Jahren, verließ Brown Missouri. Er arbeitete eine Weile auf einer Ranch im östlichen Colorado, dann ging er einen Sommer lang auf Büffeljagd. 1876 tötete er im texanischen Panhandle einen Mann und begab sich anschließend ins unruhige Lincoln County, New Mexico. Er heuerte bei L. G. Murphy an, für den er achtzehn Monate lang als Cowboy und Rustler arbeitete. Unterdessen bahnte sich zwischen Murphy und drei örtlichen Konkurrenten – dem Großrancher John Chisum, dem Anwalt Alexander McSween und dem Rancher John Tunstall – eine blutige Fehde an.

Anfang 1878 wechselte Brown nach Streitigkeiten wegen seines Gehalts die Seiten und heuerte bei John Chisum an.

66 Brown, Henry Newton

Etwa um die gleiche Zeit wurde John Tunstall ermordet, und bei der anschließend ausbrechenden Auseinandersetzung, dem berühmten *Lincoln County War,* spielte Brown eine wesentliche Rolle. Er war einer der drei Männer, die wegen des Mordes an Sheriff William Brady und Deputy George Hindman angeklagt wurden; er war zugegen, als Frank Baker, William Morton und William McCloskey getötet wurden, und er war auch an der Schießerei von Blazer's Mill beteiligt. Nach zahlreichen kleineren Zusammenstößen geriet er mitten in die hitzige Entscheidungsschlacht um Alexander McSweens Haus in Lincoln. Danach schloß Brown sich Billy the Kid und etlichen anderen Outlaws an und unternahm mit ihnen zahlreiche Viehdiebstähle.

Im Herbst 1878 trieben Brown, Billy the Kid, Tom O'Folliard, Fred Wait und John Middleton eine Herde gestohlener Pferde in die Gegend von Tascosa im texanischen Panhandle. Im Oktober wollten Billy the Kid und Tom O'Folliard jedoch nach New Mexico zurückkehren, obwohl sie dort per Haftbefehl gesucht wurden. Middleton und Wait kehrten wohlweislich in ihre Heimatstaaten Kansas beziehungsweise Oklahoma zurück. Brown wiederum beschloß, in Tascosa zu bleiben.

Eine Zeitlang arbeitete er als Cowboy bei George Littlefield, übernahm dann aber eine neue Aufgabe, die Jagd auf Pferdediebe. Durch Mauscheleien wurde er zum Deputy Sheriff des Oldham County ernannt, aber kurz darauf wieder gefeuert, »weil er ständig Streit suchte«. 1881 wurde er von Littlefield erneut eingestellt, doch wenig später auch dort wieder entlassen, »weil er sich ständig auf dem Kriegspfad befand«. Danach wurde Brown von Barney O'Connor engagiert, dem Vormann auf einer Ranch im Woods County, Oklahoma. Kurz darauf zog er aber nach Caldwell weiter, einer wilden, unmittelbar hinter der Grenze nach Kansas gelegenen Stadt, in der die großen Viehtracks haltmachten.

Im Juli 1882 wurde Brown zum Deputy Marshal von Caldwell ernannt und binnen weniger Monate zum City Marshal befördert. Er ließ einen rauhbeinigen Texaner namens Ben Wheeler (dessen richtiger Name Ben Robertson lautete) nachkommen, ernannte ihn zu seinem Deputy, und in kürzester Zeit hatten die beiden Revolvermänner in Caldwell für Ruhe gesorgt. An Neujahr 1883 bekam Brown eine neue *Winchester* mit einer silbernen Plakette überreicht, auf der seine »geschätzten Dienste für die Bürger von Caldwell« gewürdigt wurden. Auch in den Monaten danach leistete er seinen Beitrag zur »Befriedung« der Stadt. So tötete er zwei Unruhestifter und beteiligte sich an der Jagd auf allerlei Outlaws, die in der Gegend ihr Unwesen trieben.

Im März 1884 heiratete Brown, doch bereits sechs Wochen später entpuppte sich das gutbürgerliche Gehabe als schöner Schein, als er bei einem Banküberfall im nahe gelegenen Medicine Lodge ertappt wurde. Brown und Wheeler hatten sich in Begleitung zweier Desperados aus Oklahoma nach Medicine Lodge begeben und in der Bank zwei Männer getötet. Anschließend wurden sie gestellt und noch in der gleichen Nacht gelyncht. Da Brown und sein Deputy unter dem Vorwand, sie wollten Outlaws jagen, aus Caldwell aufgebrochen waren, gab es später allerhand Spekulationen. Möglicherweise, so hieß es, hätten sie sich auch früher schon auf Raubzug begeben, wenn sie wegen angeblicher »Rechtsangelegenheiten« losgezogen seien.

Schießereien: *1876, Texas Panhandle.* In einem Rinder-Camp im Panhandle geriet der normalerweise eher ruhige Brown mit einem Cowboy in Streit. Der wütende Wortwechsel führte binnen kürzester Zeit zu einer Schießerei, bei der Brown seinem Gegenüber drei Kugeln in den Leib jagte und ihn auf der Stelle tötete.

1. April 1878, Lincoln, New Mexico. Brown, Billy the Kid, John Middleton, Fred Wait und Jim French versteckten sich hinter einer Lehmziegelmauer an der Rückseite von John Tunstalls Geschäft und lauerten Sheriff William Brady auf. Gegen neun Uhr morgens kamen Brady und sein Deputy George Hindman gefolgt von Billy Matthews, Jack Long und George Peppin die Straße entlang. Ohne jede Vorwarnung sprangen Billy the Kid und seine Begleiter auf und eröffneten das Feuer. Kid, Brown und Middleton zielten am besten – ihre Schüsse streckten Brady, Hindman und Matthews nieder. Matthews konnte in Deckung kriechen, Brady starb auf der Stelle, und der tödlich verwundete Hindman wand sich im Staub der Straße und bettelte um Wasser.

Danach öffnete Billy the Kid eine in der Adobemauer eingelassene Brettertür und rannte zu Bradys Leichnam, um dessen neue *Winchester* zu stehlen. Doch Matthews nahm ihn unter Feuer und verpaßte ihm einen Streifschuß in Rippenhöhe, worauf sich Billy the Kid sofort zurückzog. Rasch sprangen er und seine Männer auf die Pferde und preschten davon.

4. April 1878, Blazer's Mill, New Mexico. Drei Tage später befand sich Brown bei einem Trupp Regulatoren, der auf der Suche nach Anhängern der Gegenpartei nach Blazer's Mill geritten war und dort über Mittag rasten wollte. Etwa eine halbe Stunde nach ihrer Ankunft lenkte ein gewisser Buckshot Roberts, ein Revolvermann der Gegenpartei, sein Reittier mitten in die lagernde Schar. Brown, Charlie Bowdre und George Coe zogen ihre Waffen und gingen zu Roberts, und Bowdre forderte ihn auf, sich zu ergeben.

»Nichts Großes, Mary Ann«, versetzte Roberts und riß seine *Winchester* hoch. Bowdre schoß ihm in den Bauch, aber Roberts legte die *Winchester* an, verletzte Coe und John Middleton und hielt die anderen in Schach. Er verschanzte sich in dem hinter ihm gelegenen Gebäude und tötete kurz darauf Dick Brewer, den Anführer der Regulatoren. Danach verzogen sich Brown und die anderen mit den beiden Verletzten und überließen den tödlich getroffenen Roberts seinem Schicksal.

14. Mai 1878, Lincoln County, New Mexico. Brown und mehrere andere Regulatoren überfielen ein Cowboylager am Pecos. Sie töteten einen Mann namens »Indian«, verletzten zwei weitere Cowboys und trieben eine Pferdeherde davon.

15. bis 19. Juli 1878, Lincoln, New Mexico. Während der großen Schießerei von Lincoln hielt Brown sich hauptsächlich in einem kleinen Lagerhaus auf, das auf der anderen Seite einer Gasse lag, etwa dreißig Meter von Alexander McSweens Geschäft entfernt, in dem sich Billy the Kid und die Mehrzahl der anderen Regulatoren verschanzt hatten. Brown sowie George Coe und Joseph J. Smith nahmen von ihrer erhöhten Stellung aus die Gegner von Zeit zu Zeit hinterrücks unter Beschuß.

Die Schlacht erreichte ihren Höhepunkt, als McSween, Billy the Kid und die anderen Verteidiger am letzten Tag kurz nach Einbruch der Dämmerung einen Ausbruchsversuch aus dem in Flammen stehenden Haus unternahmen. Bob Beckwith war der erste, der bei der darauf folgenden wilden Schießerei niedergestreckt wurde, und man nimmt allgemein an, daß er von Billy the Kid getötet wurde. Wahrscheinlich aber wurde Beckwith von dem Lagerhaus aus niedergeschossen, wo Brown in Stellung lag. Brown und seine beiden Begleiter nutzten das anschließende Durcheinander; während rundum geschossen wurde, stahlen sie sich aus dem Gebäude, kletterten mit Hilfe einiger Fässer über eine fast zwei Meter hohe Mauer und konnten entkommen.

5. August 1878, nahe der Mescalero-Indianeragentur, New Mexico. Billy the Kid, Brown, George Coe und sechs bis acht Mexikaner wollten feststellen, was nach dem Feuergefecht von Blazer's Mill aus Dick Brewers Leichnam geworden war. Etwa eine Meile von der Mescalero-Agentur entfernt hielten sie an, um ihre Pferde zu tränken, und ermordeten einen Sekretär namens Morris Bernstein. Die Mexikaner wurden verfolgt und galoppierten im Kugelhagel zu ihren drei verdutzten Gefährten zurück. Browns Pferd wurde tödlich getroffen, und der abgesessene Kid mußte hilflos zusehen, wie sein scheuendes Pferd durchging. Mit knapper Not konnte sich der Trupp in einem Wäldchen in Sicherheit bringen, entdeckte ein Paar Indianerpferde, fing sie ein und zog weiter zu Coes Ranch.

11. April 1883, bei Hunnewell, Kansas. An einem späten Dienstagmorgen wurden Brown und Ben Wheeler von U. S. Marshal Cash Hollister, der eine in der Nähe von Hunnewell lagernde Bande von Pferdedieben entdeckt hatte, um Beistand gebeten. Als die drei durch Hunnewell ritten, stießen zwei weitere Ordnungshüter, Deputy Sheriff Wes Thralls und der Marshal von Hunnewell, ein gewisser Jackson, zu ihnen. Im Morgengrauen des folgenden Tages hatte die Posse das Camp der Outlaws umstellt, doch die Diebe eröffneten das Feuer, als sie aufgefordert wurden, sich zu ergeben. Daraufhin entwickelte sich längeres Gewehrfeuerduell zwischen den fünf Ordnungshütern und der Bande, die aus einem Rustler namens Ross, dessen Frau und Tochter, seinen beiden Söhnen, einer Schwiegertochter und deren Kind bestand. Nach einer halben Stunde war der ältere Sohn tot und der jüngere zwei- bis dreimal schwer getroffen. Die Ross-Gang ergab sich daraufhin.

14. Mai 1883, Caldwell, Kansas. Eines Montagmorgens sorgte ein Pawnee namens Spotted Horse, der mit der Schußwaffe herumfuchtelte und für sich und seine Squaw eine Mahlzeit verlangte, für Unruhe in Caldwell. Auf eine Beschwerde hin begab sich Brown auf die Suche nach dem Indianer und entdeckte ihn schließlich in Morris' Lebensmittelgeschäft.

Brown befahl dem Pawnee, mit ihm zu kommen, doch Spotted Horse weigerte sich und wollte zu seinem Sechsschüsser greifen. Brown zückte den Revolver, forderte den Indianer auf, sich nicht zu bewegen, und eröffnete das Feuer, als dieser dennoch die Waffe zog. Obwohl Brown drei

Schüsse aus nächster Nähe abgab, brachte der Indianer seinen Revolver in Anschlag. Daraufhin drückte der Marshal ein viertes Mal ab und streckte Spotted Horse mit einem Kopfschuß nieder. Etwa zwei Stunden später starb der Indianer.

15. Dezember 1883, Caldwell, Kansas. Ein texanischer Spieler namens Newt Boyce hatte am Freitagabend in einem Saloon in Caldwell zwei Männer ausgenommen, worauf ihn Brown und Wheeler über Nacht ins Gefängnis warfen. Nach seiner Entlassung am nächsten Morgen betrank sich Boyce den ganzen Sonnabend lang und stieß wilde Drohungen gegen die beiden Ordnungshüter aus. Abends berichtete Wheeler dem Marshal, Boyce habe ihn gerade mit einem Revolver bedroht. Daraufhin griff Brown zu seiner *Winchester*, ging auf die Straße und begab sich auf die Suche nach dem Spieler. Boyce stand vor *Phillips' Saloon*. Als er etwa zehn Meter von ihm entfernt war, forderte Brown ihn auf, sich nicht zu bewegen. Boyce griff in seine Jacke, worauf Brown die Flinte an die Schulter riß und zwei Schüsse abgab. Eine der Kugeln traf Boyce, der um sein Leben bettelnd in den Saloon torkelte. In dem Lokal brach er zusammen, und man stellte fest, daß die Kugel seinen rechten Arm durchschlagen, den Knochen zerschmettert hatte und dann seitlich in seinen Körper gedrungen war. Man trug ihn in ein nahe gelegenes Lagerhaus und holte einen Arzt, doch um drei Uhr morgens starb er.

30. April 1884, Medicine Lodge, Kansas. An einem Sonntagnachmittag brachen Brown und Wheeler schwerbewaffnet aus Caldwell auf, nachdem sie vom Bürgermeister die Erlaubnis erhalten hatten, ein paar Tage lang in Oklahoma nach einem Mörder zu fahnden. Tags darauf schlossen sich ihnen zwei Cowboys namens William Smith und John Wesley an, und die vier Männer ritten in die etwa siebzig Meilen westlich von Caldwell gelegene Ortschaft Medicine Lodge. Am Mittwochmorgen hobbelten sie in einem Canyon in den Gypsum Hills, ein paar Meilen von Medicine Lodge entfernt, frische Pferde für die Flucht an und ritten dann in die Stadt. Als sie kurz nach neun Uhr dort eintrafen, ging gerade ein heftiger Regenschauer nieder.

Brown, Wheeler und Wesley betraten die *Medicine Valley Bank* und forderten die beiden Männer, die sie dort antrafen – Bankdirektor E. W. Payne und Kassierer George Gepper –, auf, ihnen das Bargeld herauszugeben. Als Payne zu seinem Revolver griff, wurde er von Brown tödlich verletzt, worauf Wheeler und Wesley auch Gepper, der bereits die Hände gehoben hatte, zwei Kugeln in den Leib jagten. Gepper torkelte in den Tresorraum, verriegelte die Tür und sank dann sterbend zu Boden. Die Räuber sprengten aus der Stadt, verfolgt von neun aufgebrachten Bürgern unter Führung von Barney O'Connor, bei dem Brown einst als Cowboy gearbeitet hatte.

In einer wilden Hetzjagd, bei der eines ihrer Reittiere ausfiel, versuchten die Outlaws, zu ihren Reservepferden zu gelangen. Doch sie ritten in den falschen Canyon und mußten feststellen, daß sie in einer ausweglosen, nur etwa zehn bis fünfzehn Meter tiefen Schlucht in der Falle saßen. Zwei Stunden lang hielten die vier Bankräuber aus, doch aus dem überschwemmten Canyon gab es kein Entrinnen. Schließlich warf Brown seine Waffen weg, bat um gesetzlichen Schutz und stellte sich. Seine drei Komplizen schlossen sich ihm an.

Die aufgebrachten Städter empfingen die Gefangenen mit Drohrufen und wollten sie auf der Stelle lynchen. Doch zunächst sperrte man sie unter Bewachung in einer Blockhütte ein. Im Laufe des Tages nahmen sie zwei Mahlzeiten zu sich, ließen sich fotografieren, und Brown schrieb zwei Briefe an seine Braut, in denen er sich zu der lahmen Entschuldigung herabließ, daß »all das nur für Dich war« und er »nie gedacht hätte, daß es dazu kommen könnte«.

Gegen 21 Uhr ertönten drei Schüsse, worauf eine aufgebrachte Menschenmenge die Wachen überwältigte und in das Gefängnis eindrang. Brown, der mit einem Lynchmob gerechnet hatte, hatte die Fesseln abgestreift und stürmte, sobald die Tür aufging, mitten durch das Gedränge in eine Gasse. Als er ins Freie kam, drückte ein Farmer beide Läufe seiner Schrotflinte auf ihn ab und schoß ihn buchstäblich in Fetzen. Er ging zu Boden, wurde im Fallen von weiteren Gewehrkugeln getroffen und war auf der Stelle tot. Der bei der Schießerei verletzte Wheeler wurde zu einem Baum gebracht und neben Smith und Wesley aufgehängt.

Quellen: Miller und Snell, *Great Gunfighters of the Kansas Cowtowns,* 47–64, 143; Keleher, *Violence in Lincoln County,* 99, 109, 112, 117, 122, 184, 231, 233, 253, 276, 315–316, 324–325; Coe, *Frontier Fighter,* 57–59, 64–69, 72–75, 77–79, 82, 86–88, 115–116, 119–123, 149; Hunt, *Tragic Days of Billy the Kid,* 51–53, 56–60, 80, 102, 113, 132–139; Rasch, »A Note on Henry Newton Brown«, *Los Angeles Westerners Brand Book,* V, 59–67; Fulton, *Lincoln County War,* 137, 140, 158, 201, 215, 225, 264, 268, 333, 346.

Bryant, Charles

(»Black Faced Charlie«)

Gest. 23. August 1891 bei Waukomis, Oklahoma. Revolvermann, Eisenbahnräuber.

Bryant hatte als Jugendlicher an einer Schießerei teilgenommen und war aus nächster Nähe im Gesicht getroffen worden. Zwar streifte die Kugel lediglich die Wange, doch die in die Haut eingedrungenen Schwarzpulverpartikel entstellten ihn zeitlebens – daher sein Spitzname »Black Faced Charlie«. 1891 schloß er sich der Dalton-Gang an, einer Bande von Eisenbahnräubern, und bei einer Schießerei mit einer Posse gröhlte er: »Ich möchte bei einem kurzen, höllischen Feuerzauber draufgehen.« Der Wunsch sollte ihm bald erfüllt werden. Der Deputy U. S. Marshal Ed Short nahm ihn in einem Hotel in Hennessey, Oklahoma, fest, wo Bryant wegen einer Krankheit das Bett hüten mußte, und verfrachtete ihn in einen Zug nach Wichita, Kansas, dem Sitz des nächstgelegenen Bundesgerichtes. Auf der Fahrt unternahm Bryant einen Ausbruchsversuch, in dessen Verlauf er und Short einander erschossen.

Schießerei: *23. August 1891, bei Waukomis, Oklahoma.* Nach seiner Festnahme sollte Bryant von Deputy U. S. Marshal Ed Short per Eisenbahn ins Gefängnis überführt werden. Im Laufe der Eisenbahnfahrt wollte Short sich in das Raucherabteil begeben und ließ seinen Gefangenen in der Obhut des Expreßboten im Postwagen zurück. Er überprüfte Bryants Handschellen, gab dem Boten den Revolver des Outlaws und verließ den Waggon. Der Expreßbote steckte die Waffe in ein Schreibtischfach und widmete sich wieder seiner Arbeit.

Bryant schlich zum Schreibtisch und hatte den Revolver eben in seinen Besitz gebracht, als Short in den Waggon zurückkehrte. Bryant schoß ihm in die Brust, worauf Short seine Flinte abdrückte und dem Outlaw eine Kugel in den Leib jagte, die an der Brust eindrang und seine Wirbelsäule zerschmetterte. Bryant schoß den Revolver leer und starb. Short half die Leiche aufheben, legte sich dann auf eine Pritsche und war wenige Minuten später ebenfalls tot. An der nächsten Station hielt der Zug, und man bettete die beiden Toten auf den Bahnsteig.

Quellen: Horan, *Pictorial History of the Wild West,* 157–158; Drago, *Road Agents and Train Robbers,* 180–183; Shirley, *Heck Thomas,* 135–136; Shirley, *Sixgun and Silver Star,* 32, 34–38, 73.

Burrows, Reuben Houston

Geb. 1853, Lamar County, Alabama; gest. 1889 in Tennessee. Eisenbahner, Eisenbahnräuber.

Der in Alabama geborene Rube Burrows zog kurz nach seiner Hochzeit in den siebziger Jahren mit seiner kleinen Familie nach Texas. Er wurde Mitglied der dortigen Freimaurerloge und war bekannt für seinen gesunden Menschenverstand. Vierzehn Jahre lang arbeitete er bei der Eisenbahn und führte ein eher geruhsames Leben, doch in den achtziger Jahren wurde er Anführer einer Outlaw-Bande. Seine Frau und die beiden Kinder kehrten nach Alabama zurück, während Rube, sein Bruder Jim und vier weitere Rauhbeine eine Reihe von Eisenbahnüberfällen begingen. 1888 wurde Jim gefaßt, Rube jedoch ging bis zu seinem Tod im folgenden Jahr weiter auf Raubzug.

Schießereien: *23. Januar 1888, Montgomery, Alabama.* Rube und Jim Burrows, auf deren Ergreifen eine hohe Belohnung ausgesetzt war, wurden, als sie in Alabama weilten, erkannt und in Montgomery auf offener Straße von einer Posse gestellt. Nachdem Jim einen Zeitungsreporter namens Neil Bray niedergeschossen hatte, der den Ordnungshütern bei der Festnahme zur Hand gehen wollte, konnten die Brüder Burrows entkommen.

1888, Nashville, Tennessee. Ein wachsamer Zugführer entdeckte Rube und Jim Burrows in einem in Richtung Nashville fahrenden Eisenbahnzug. Er verständigte die Obrigkeit, worauf der Zug von Ordnungshütern umstellt wurde. Rube konnte sich den Fluchtweg freischießen, Jim aber wurde gefaßt und starb ein Jahr später im Zuchthaus an Schwindsucht.

15. Dezember 1888, Illinois. Mehrere Monate später raubte Rube mit zwei Komplizen einen Zug der *Illinois Central* aus. Während des Überfalls kam es zu einer Schießerei, bei welcher ein Fahrgast namens Chester Hughes getötet wurde.

1889, Tennessee. Ende 1889 wurde Rube von einem Detektiv der *Southern Express Company* aufgespürt. Wieder versuchte er sich den Fluchtweg freizuschießen, doch der Detektiv feuerte mit einer Schrotflinte auf ihn und traf ihn am Kopf.

Quelle: Horan und Sann, *Pictorial History of the Wild West,* 153–155.

Carson, Thomas

Ordnungshüter, Arbeiter.

Tom, ein Neffe von Kit Carson, konnte bei weitem nicht an die großen Pioniertaten seines berühmten Onkels anschließen. Zwar erwarb er sich einen gewissen Ruf als Ordnungshüter, hatte aber häufig Reibereien mit seinen Vorgesetzten bei der Stadtverwaltung. So wurde er im Juni 1871 in den Polizeidienst der Stadt Abilene aufgenommen, erhielt aber bereits eine Woche darauf einen strengen Verweis. Im gleichen Sommer fand er eine Stelle bei der Polizei in der aufstrebenden Rinderstadt Newton, wo er etwa zum Zeitpunkt des berüchtigten *Newton General Massacre* eintraf.

Im selben Jahr wurde er nach Abilene zurückgeholt und binnen kurzer Zeit nach einer unnötigen Schießerei erneut gefeuert. Mehrere Wochen später schoß er einen ehemaligen Kollegen nieder, konnte aber noch vor der Gerichtsverhandlung aus dem Gefängnis ausbrechen.

Schießereien: *22. November 1871, Abilene, Kansas.* »Ohne jeden Anlaß«, so die Anschuldigung, schoß der Polizist Carson auf einen einheimischen Barkeeper namens John Man und verletzte ihn an der Hüfte. Einige Tage darauf wurde Carson, vermutlich aufgrund dieses Vorfalls, aus dem Polizeidienst entlassen.

Januar 1872, Abilene, Kansas. Brocky Jack Norton war zur gleichen Zeit wie Carson aus dem Dienst der Stadtpolizei in Abilene entlassen worden. Zwei Monate später kam es zu einem Zusammenstoß zwischen den beiden Männern, der in einer Schießerei endete. Carson verletzte Norton und wurde festgenommen. Brocky Jack genas wieder, aber Carson ging trotzdem auf Nummer Sicher und floh aus dem Gefängnis, bevor man ihn vor Gericht stellen konnte.

Quellen: Miller und Snell, *Great Gunfighters of the Kansas Cowtowns*, 64–75; Streeter, *Prairie Trails & Cow Towns*, 84–85, 87, 137.

Chambers, Lon

Ordnungshüter, Eisenbahnräuber.

Chambers, ein Texaner, der im heimischen Panhandle den Sheriffstern getragen hatte, zog im Verlauf der Jagd auf Billy the Kid nach New Mexico. Er ritt in Pat Garretts Posse mit, als diese Billy the Kid in Fort Sumner einen Hinterhalt legte, bei dem Tom O'Folliard getötet wurde. Ein paar Tage später spürte die Posse Kid und vier überlebende Gefährten in einem abgelegenen Steinhaus auf. Die Verfolger töteten Charlie Bowdre und zwangen die anderen, sich zu ergeben.

In den nächsten ein, zwei Jahren muß Chambers festgestellt haben, daß der Einsatz auf seiten des Gesetzes viele Risiken barg und einen vergleichsweise geringen Lohn einbrachte. Nach einem Eisenbahnüberfall in Kansas wurde er gefaßt, vor Gericht aber freigesprochen. Anschließend verliert sich seine Spur.

Schießereien: *19. Dezember 1880, Fort Sumner, New Mexico.* Die von Pat Garrett angeführte Posse hatte Billy the Kid und seiner Gang in Fort Sumner einen Hinterhalt gelegt. Der Suchtrupp zog sich in die Krankenstation des ehemaligen Militärlagers zurück, und nach Einbruch der Dunkelheit wurde Chambers als Wachposten nach draußen geschickt. Als die Outlaws nahten, schlug Chambers Alarm, und Garrett rief: »Halt!« Tom O'Folliard, der mit Tom Pickett vorneweg ritt, griff zu seiner Waffe. Chambers und Garrett feuerten gleichzeitig, und O'Folliard wurde an der Brust getroffen und herumgerissen, blieb aber im Sattel. Die anderen Outlaws brachten sich schleunigst in Sicherheit. O'Folliard wollte ihnen folgen, war aber so schwer verletzt, daß er nach etwa 150 Metern aufgeben mußte. Er starb innerhalb der nächsten Stunde, worauf die Posse die Verfolgung der geflüchteten Outlaws aufnahm.

29. September 1883, Coolidge, Kansas. Kurz nach ein Uhr morgens bestiegen in Coo-

72 Champion, Nathan D.

lidge drei maskierte Männer, unter ihnen vermutlich auch Chambers, einen Zug in Richtung Westen. Der Anführer der Bande fuchtelte mit zwei Revolvern herum und befahl Lokführer John Hilton, er solle »abfahren«. Als Hilton nicht gehorchte, jagte ihm der Bandit eine Kugel ins Herz, drehte sich dann um und drückte die andere Waffe auf Heizer George Fadel ab. Als ein Expreßbote namens Peterson das Feuer eröffnete, gaben die Räuber mehrere ungezielte Schüsse auf den Zugführer ab und ergriffen die Flucht. Kurz darauf nahm eine von Dave Mather angeführte Posse Chambers und die drei anderen Verdächtigen fest, doch vor Gericht mußten sie aus Mangel an Beweisen freigesprochen werden.

Quellen: Miller und Snell, *Great Gunfighters of the Kansas Cowtowns*, 327–328; Garrett, *Billy, the Kid*, 111–128.

Champion, Nathan D.

Geb. 29. September 1857, Williamson County, Texas; gest. 9. April 1892, KC Ranch, Wyoming. Cowboy, Rustler.

Der in Round Rock, Texas, geborene Nate Champion entstammte einer großen und geachteten Familie. Champion wurde Cowboy, und nachdem er und sein Zwillingsbruder Dudley 1881 eine Rinderherde auf dem *Goodnight-Loving Trail* begleitet hatten, beschlossen die beiden, in Wyoming zu bleiben. Sie arbeiteten auf mehreren Ranches in Wyoming und galten bald als Spitzenkräfte. Bei der sich anbahnenden Auseinandersetzung mit den Rinderbaronen der Gegend schlugen sie sich auf die Seite der Heimstätten-Siedler und Kleinrancher des Johnson County.

Weil Nate, wie fast alle Cowboys, gelegentlich verirrte oder herrenlose Rinder zusammentrieb, galt er bei den Großranchern bald als »König der Rustler«. Im Herbst 1891 konnte Nate einen Anschlag auf seine Person abwehren, doch ein paar Monate später wurde er bei einem heroischen Gefecht mit mehr als fünfzig soge-

nannten »Regulatoren« niedergeschossen. Zwei Wochen darauf wurden seine sterblichen Überreste geborgen und in Buffalo zur letzten Ruhe gebettet. Im Mai 1893 wurde Dudley von Mike Shonsey ermordet, einem Range-Detektiv, der mit Nate in Fehde gelegen hatte.

Schießereien: *1. November 1891, Powder River, Wyoming.* Nate Champion und Ross Gilbertson waren in einer Feldhütte des Ranchers W. H. Hall am Powder River untergekommen. Kurz vor Morgengrauen schlichen Joe Elliot, Tom Smith, Frank Canton und Frank Coates, die den allzu aufsässigen Champion im Auftrag ihrer einflußreichen Arbeitgeber töten wollten, an das kleine Blockhaus heran. Die vier Revolvermänner traten die Tür ein, die sich unmittelbar neben der einzigen Bettstatt befand. Einer der Angreifer schrie: »Gib auf. Diesmal haben wir dich.« Champion setzte sich neben Gilbertson auf, fragte: »Was ist los, Jungs?« und griff dann zu seinem Revolver, der in dem am Bettgestell hängenden Holster steckte.

Champion und einer der Eindringlinge drückten gleichzeitig ab. Nate erlitt Verbrennungen im Gesicht; die andere Kugel schlug in die Bettstatt. Champion verpaßte einem der Angreifer einen Streifschuß am Arm und jagte einem zweiten eine Kugel in die Seite, worauf die vier Revolvermänner schleunigst das Weite suchten. Vor lauter Eile ließen sie vier Mäntel, Pferde und eine *Winchester* zurück, die Canton von Smith geschenkt bekommen hatte. Champion wollte sie zunächst verfolgen, zog sich aber nach einem kurzen Schußwechsel mit John Elliott in die Hütte zurück.

Elliott wurde später festgenommen und wegen versuchten Mordes vor Gericht gestellt. Doch Gilbertson, der einzige Zeuge, verschwand, so daß man das Verfahren einstellen mußte.

9. April 1892, KC Ranch, Wyoming. Champion und Nick Ray, die beide ganz oben auf der Todesliste der Regulatoren standen, hatten kurz zuvor die in der Nähe des Hole-in-the-Wall-Country liegende *KC Ranch* gepachtet. Am Abend des 8. April trafen zwei Trapper, ein arbeitsloser Cowboy namens Bill Walker und Ben Jones, ein arbeitsloser Proviantwagenkoch, auf der Ranch ein und tranken, plauderten und sangen, von Walker auf der Fiedel begleitet, die ganze Nacht lang.

Im Morgengrauen ging Jones hinaus, um einen Eimer Wasser zu holen, und wurde dabei von den etwa fünfzig Regulatoren, die gerade die Ranch umstellten, lautlos überwältigt. Etwa eine halbe Stunde später kam Walker heraus, um Jones Beine zu machen, doch auch er wurde gefangengenommen. Zwei Minuten darauf trat Ray vor die Tür, und die Regulatoren eröffneten das Feuer.

Champion kam zur Tür, lieferte sich einen Schußwechsel mit den im Stall und in einem nahe gelegenen Bachbett in Stellung gegangenen Mitgliedern der Posse und zog sich wieder in die Hütte zurück. Als Ray auf das Haus zukroch, tauchte Champion unverhofft wieder auf, feuerte etliche Schüsse auf die Angreifer ab und zog seinen Gefährten mitten im Kugelhagel in das Gebäude. Während er sich um Ray kümmerte und die Angreifer durch gelegentliche Schüsse fernhielt, verfaßte Champion einen Bericht, in dem er die Belagerung schilderte.

Ray starb gegen neun Uhr morgens, und gegen 15 Uhr mußte Champion mitansehen, wie die Regulatoren einen vorbeikommenden Wagen überfielen. Die beiden Insassen konnten entkommen, mußten allerdings den Wagen im Stich lassen. Die Regulatoren beluden das Fuhrwerk mit Heu und Pechkieferholz, schoben es ans Haus und zündeten den Brander mit einer Fackel an. Sobald die Hütte Feuer fing, stürmte Champion ins Freie, schoß mit zwei Revolvern wild um sich und wollte auf eine knapp fünfzig Meter entfernte Bodensenke zurennen, wurde aber von den dort in Stellung gegangenen Regulatoren niedergeschossen. Er stürzte rücklings zu Boden, wurde von den Regulatoren weiter unter Beschuß genommen. Später zählte man achtundzwanzig Einschüsse an seiner Leiche.

Die Belagerer fanden Champions Aufzeichnungen und gaben sie Sam Cover, einem Korrespondenten des *Chicago Herald*, der sich an der Schießerei auf das Haus beteiligt hatte. Anschließend hefteten die Regulatoren einen Zettel mit der Aufschrift »Rinderdiebe, aufgepaßt!« an Champions Hemdbrust und zogen weiter, um ihr schmutziges Werk fortzusetzen.

Quellen: Mercer, *Banditti of the Plains*, 22–23, 53–63, 86–88, 140–141, 157–158, 172, 181–187; Canton, *Frontier Trails*, 88–92; Brown, *Trail Driving Days*, 229–231, 245–250; Smith, *War on the Powder River*, vvii, ix, xi, xii, 114, 145–146, 149, 152–155, 157–160, 182, 199–209, 214, 230–231, 246, 282.

Christian, Will

(*»Black Jack«*, *»Two-O-two«*)

Geb. 1871 bei Fort Griffin, Texas; gest. 28. April 1897, Black Jack Canyon, Arizona. Bandit, Zureiter, Cowboy.

Die Brüder Will und Bob Christian waren zwei Outlaws aus Oklahoma. 1895 brachen sie aus dem Gefängnis aus, wo sie wegen Totschlags einsaßen. Nach einer zweimonatigen Diebestour zogen sie gen Westen, kamen durch New Mexico und landeten schließlich im Sulphur Springs Valley in Arizona, wo Will unter dem Pseudonym Ed Williams Pferde und Maultiere zuritt und später als Viehtreiber arbeitete. Wegen seines Körpergewichts gaben ihm seine Freunde den Spitznamen »Two-O-two«, gelegentlich nannten sie den dunkelhäutigen Cowboy auch »Black Jack«.

Wenig später geriet Will erneut auf die schiefe Bahn. Zwei Jahre lang, 1896 und 1897, raubte er mit seiner Bande, den »High Fives«, Postkutschen, Züge und Banken aus. Er lieferte sich eine ganze Reihe von Gefechten mit Ordnungshütern, konnte aber immer wieder entkommen, bis er schließlich von Deputy U. S. Marshal Fred Higgins aufgespürt und getötet wurde.

Schießereien: *27. April 1895, Oklahoma.*
Deputy Sheriff Will Turner wollte die Christian-Brüder und zwei Komplizen festnehmen und wurde dabei getötet. Kurz darauf wurden Will und Bob zwar dingfest gemacht, doch am 30. Juni schossen sie sich den Fluchtweg aus dem Gefängnis von Oklahoma City frei.

6. August 1896, Nogales, Arizona. Um zwölf Uhr mittags zügelte eine von Christian geführte Bande vor der *International Bank* von Nogales die Pferde. Christian, Three-Fingered Jack Dunlap und George Muskgrave blieben im Sattel, während sich Bob Hays und Jess Williams in die Bank begaben.
Der Bankraub war in vollem Gange, als ein Zeitungreporter namens Frank King die Banditen entdeckte und sie mit seinem 41er Colt unter Beschuß nahm. Hays und Williams ließen das Geld fallen und rannten weg, verfolgt von dem Bankangestellten Frank Herrerra. King feuerte weiter auf die flüchtenden Outlaws, traf zwei ihrer Pferde, ehe sie aus der Stadt galoppieren konnten, und setzte ihnen schließlich auf einem Zugpferd nach. Erst nach einem weiteren Schußwechsel kehrte er nach Nogales zurück.

August 1896, Skeleton Canyon, Arizona. Ein paar Tage später wurden die Outlaws von einer Posse aus Tucson unter Führung von Sheriff Bob Leatherwood eingeholt. Christian und seine Gang stellten sich den Verfolgern, worauf es zu einem heftigen Schußwechsel kam, bei dem Deputy Sheriff Frank Robson getötet und die anderen Ordnungshüter in die Flucht geschlagen wurden. Die Banditen brachten sich jenseits der mexikanischen Grenze in Sicherheit.

1896, San Simon Valley, Arizona. Einige Monate danach wurden Christian und drei seiner Kumpane von acht Ordnungshütern in einem Pferdelager im San Simon Valley aufgespürt, in das sie sich zurückgezogen hatten. Als die Banditen nach einem mor-gendlichen Ausritt ins Lager zurückkehrten, wurden sie von der Posse erwartet. Christian war etwa fünfzig Meter entfernt, als er die Verfolger entdeckte und das Feuer eröffnete. Bei dem anschließenden Schußwechsel wurden Christians und Hays' Pferde getötet, doch die beiden Reiter konnten rechtzeitig abspringen und das Feuer erwidern. Hays wurde kurz darauf tödlich getroffen, doch Christian und die beiden anderen Outlaws konnten in dem zerklüfteten Gelände entkommen.

28. April 1897, Black Jack Canyon, Arizona. Christian und zwei Spießgesellen hatten in einer Höhle Unterschlupf gefunden, die in einer später als Black Jack Canyon bezeichneten Schlucht lag. Eine fünfköpfige Posse entdeckte das Versteck, legte sich in den Hinterhalt und eröffnete das Feuer, sobald sich die Outlaws blicken ließen. Christian wurde von einem der ersten Schüsse an der Seite getroffen und fiel vom Pferd. Die Ordnungshüter zogen sich ins nahe gelegene Clifton zurück, und Christians Gefährten galoppierten davon. Später barg man den sterbenden Bandenführer und beförderte ihn nach seinem Ableben auf einer Ladung Baumstämme in die nächste Stadt.

Quelle: Haley, *Jeff Milton*, 267–274, 279.

Christianson, Willard Erastus

(»Matt Warner«, »Mormon Kid«)

Geb. 1864, Ephraim, Utah; gest. 21. Dezember 1938, Price, Utah. Farmer, Cowboy, Rancher, Fährmann, Rustler, Bankräuber, Friedensrichter, Schmuggler, Ordnungshüter.
Matt Warner, wie Willard Erastus Christianson gemeinhin genannt wurde, war der Sohn eines Schweden und einer Deutschen, die mit dem großen Mormonentreck nach Utah gezogen waren. 1878 wurde er als Jugendlicher in eine Auseinandersetzung verwickelt. Weil er glaubte, er habe seinen Widersacher getötet, lief er von der

elterlichen Farm in der Nähe von Levan weg und verdingte sich als Cowboy. Kurz darauf ließ er sich mit Viehdieben ein und wurde unter dem Spitznamen »Mormon Kid« bekannt.

Christianson trieb sich eine Zeitlang in der Gegend um Robbers Roost in Utah herum, ging von dort aus auf Raubzug und schloß sich dann Butch Cassidy an. Auf der Flucht vor der Obrigkeit heiratete er eine gewisse Rose Morgan, und eine Zeitlang bewirtschaftete er gemeinsam mit Tom McCarty eine Rinderzucht im Big-Bend-Country im Bundesstaat Washington. Nach mehreren Überfällen kehrte Warner auf seine alte Ranch am Diamond Mountain in Utah zurück, wo er mit seiner Frau und seiner Tochter Hayda wohnte. Doch 1896 wurde er wegen einer Schießerei zur einer fünfjährigen Haftstrafe im Utah State Prison verurteilt, und kurz darauf starb seine Frau nach der Geburt eines Sohnes.

Im Jahr 1900 wurde Warner wegen guter Führung entlassen, verheiratete sich wieder und zeugte drei weitere Kinder. Er ließ sich im Carbon County, Utah, nieder, wo er zum Friedensrichter gewählt wurde und als Deputy Sheriff diente. Warner war außerdem Detektiv und Nachtpolizist in Price, betätigte sich nebenbei aber auch als Schnapsbrenner und -schmuggler. Im Alter von vierundsiebzig Jahren starb er eines friedlichen Todes.

Schießereien: *1892, Diamond Mountain, Utah.* Warner, der sich am Diamond Mountain in der Nähe des Green River eine kleine Pferdezucht aufgebaut hatte, bekam wegen einer braunen Stute Streit mit einem Mexikaner namens »Pollito«. Nach einem kurzen Wortwechsel zogen beide Männer ihre Revolver, und Pollito wurde im oberen Brustbereich getroffen. Daraufhin verriet der Mexikaner Warner, wo sich das betreffende Tier befand, wurde in ärztliche Behandlung gebracht und genas wieder.

Um 1892, Roslyn, Washington. Warner sowie die Brüder Bill und Tom McCarty – in gewissen Kreisen auch »die drei Unbezwing-

baren« genannt – überfielen eine Bank in Roslyn. Als Stadtbewohner sie aufhalten wollten, kam es zu einer Schießerei, bei der Tim McCarty zwei Männer verletzte. Nach einer wilden Jagd konnten die Outlaws schließlich entkommen.

Um 1892, Ellensburg, Washington. Warner wurde kurz darauf gefaßt und in Ellensburg inhaftiert, wo er wegen des Banküberfalls von Roslyn vor Gericht gestellt werden sollte. Warner und sein Zellengenosse George McCarty besorgten sich Werkzeuge und Schußwaffen, schlugen ein Loch in die Ziegelmauer des Gefängnisses und unternahmen an einem Sonntagmorgen, zwei Tage vor der Gerichtsverhandlung, einen Ausbruchsversuch. Sie hüllten sich in Decken, schwärzten ihre Gesichter und wollten sich gerade als Indianer verkleidet davonschleichen, als ihre Flucht entdeckt und Alarm geschlagen wurde.

Die beiden Ausbrecher suchten gerade in einem Mietstall nach Reittieren, als die Tür aufflog und McCarty durch einen Schuß aus einer Schrotflinte leicht verletzt wurde. Warner feuerte auf einen Bürger und fügte ihm einen Streifschuß zu, aber kurz darauf mußten er und McCarty die Waffen strecken. Zwei Tage später jedoch verließen sie, nachdem das Gericht ihnen keinerlei Schuld hatte nachweisen können, Ellensburg auf freiem Fuß.

1896, Uinta Mountains, Utah. Warner begleitete Bill Wall, Bob Swift und einen Goldsucher namens Henry C. Coleman zu einem Bergarbeiter-Camp in den Uinta Mountains. Unterwegs bekam Coleman Streit mit Dave Milton sowie den Brüdern Ike und Dick Staunton, worauf diese drei Männer den andern einen Hinterhalt legten. Warners Pferd ging nach der ersten Salve zu Boden, doch er sprang rechtzeitig ab, ergriff sein Repetiergewehr, ein 30-30er *Marlin*, und zog den Revolver.

Warner jagte Milton drei Kugeln in den Leib und verletzte ihn tödlich. Daraufhin nahm Wall die Staunton-Brüder mit sei-

76 Christie, Ned

nem Revolver unter Beschuß und lenkte sie ab, so daß Warner, dessen Kleidung bereits von Kugeln zerrissen war, hinter einem Baum in Deckung gehen konnte. Dieser steckte unterdessen den Sechsschüsser weg, nahm sein Gewehr und rückte aus der Hüfte schießend, bis das Magazin leer war, auf die Stauntons vor, tötete Dick Staunton und verletzte Ike an Nase und Knie.

Sobald die Schießerei vorüber war, verständigten Warner und Wall die Obrigkeit. Trotzdem wurden beide festgenommen und wegen Totschlags verurteilt.

Quellen: Warner, *Last of the Bandit Raiders;* Horan, *Desperate Men,* 194–196, 210–213; Baker, *Wild Bunch,* 54–64, 152–153, 156, 159, 163, 185, 188.

Christie, Ned

Geb. 14. Dezember 1852 bei Tahlequah, Oklahoma; gest. 3. November 1892, Ned's Fort Mountain, Oklahoma. Hufschmied, Waffenschmied, Whiskeyschmuggler, Pferdedieb.

Christie war Huf- und Waffenschmied bei den Cherokee und saß bereits in jungen Jahren im Stammesrat seines Volkes. 1885 jedoch tötete er einen Ordnungshüter, der ihn wegen Whiskeyschmuggels festnehmen wollte. In den folgenden sieben Jahren verjagte er jeden Gesetzeshüter, der zu seinem in der Wildnis gelegenen Refugium vordringen wollte. Nachdem 1889 sein Haus und sein Laden von einer Posse zerstört worden war, baute er sich etwa eine Meile weiter auf einer steilen Felsenklippe, die später Ned's Fort Mountain genannt wurde, ein neues Heim auf. Zunächst rodete er den Berghang und sorgte für freies Schußfeld. Dann errichtete er eine regelrechte Festung, ein einstöckiges Blockhaus aus doppelten Baumstämmen, die er mit dicken Eichenbrettern verkleidete. Dort hielt Christie aus, bis er 1892 bei einem Großangriff ums Leben kam.

Schießereien: *5. Mai 1885, bei Tahlequah, Oklahoma.* Der Deputy U. S. Marshal Dan Maples wollte in der Nähe von Tahlequa den Whiskeyschmugler John Parris festnehmen. Als Parris und sein Kumpan Ned Christie aus einer abgelegenen Hütte kamen und den Spring Branch, einen kleinen Fluß, auf einem Fußsteg überqueren wollten, erhob sich Maples aus seinem Versteck, forderte die beiden Männer auf stehenzubleiben und gab, als sie davonrannten, einen Schuß aus seinem Revolver ab. Christie erwiderte das Feuer, und Maples stürzte tödlich getroffen ins Wasser.

Mai 1885, bei Tahlequah, Oklahoma. Deputy Sheriff Joe Bowers begab sich, mit einem Haftbefehl ausgestattet, zu Christies Hütte, um ihn wegen des Mordes an Maples festzunehmen. Christie legte sich in einen Hinterhalt und verletzte den Ordnungshüter am Bein, worauf dieser in wildem Galopp davonsprengte.

Mai 1885, bei Tahlequah, Oklahoma. Der Deputy Sheriff John Field hatte sich vorgenommen, Christie zum Aufgeben zu überreden. Als er auf Christies Haus zuritt, kam der Indianer mit angelegter *Winchester* heraus, worauf Field kehrtmachte. Er wurde am Hals getroffen, kam aber mit dem Leben davon.

Um 1886, bei Tahlequah, Oklahoma. Diesmal rückte eine ganze Posse auf Christies Hütte vor. Christie hielt sie sich mit heftigem, gutgezieltem Feuer vom Leibe und verletzte drei Deputies, worauf sich die übrigen Ordnungshüter zurückzogen.

1889, bei Tahlequah, Oklahoma. Die Deputy U. S. Marshals Heck Thomas, L. P. Isbel und Dave Rusk sowie ein Ordnungshüter namens Salmon schlichen sich kurz vor dem Morgengrauen zu Christies Hütte. Christie wurde von den Wachhunden aufgeschreckt und nahm die Angreifer von seiner im Dach gelegenen Schlafkammer aus unter Beschuß. Thomas steckte Christies kleine Schmiede in Brand. Der Indianer entdeckte den hinter einem Baum kauernden Isbel und jagte ihm eine Kugel in die Schulter. Als das Feuer auf die Hütte übergriff, flüchteten Christies Frau und sein Sohn in die umliegenden Wälder. Rusk und Salmon feuerten auf die beiden und fügten dem Jungen einen Lungenschuß und eine Hüftverletzung zu. Während sich die Angreifer um den verletzten Isbel kümmerten, stürmte Christie aus der Hütte. Thomas schoß auf ihn und traf ihn ins Gesicht. Die Kugel prallte von der Nasenwurzel ab und zerstörte sein rechtes Auge, doch Christie konnte entkommen. Seine Hütte indessen brannte nieder.

1891, Ned's Fort Mountain, Oklahoma. Deputy Marshal Dave Rusk stellte eine aus Indianern bestehende Posse auf und griff Christie in seiner Bergfestung an. Christie und einige Gefährten, die sich mit ihm verschanzt hatten, stimmten ihre Kriegsgesänge an und antworteten mit einem mörderischen Feuer. Nachdem vier Mitglieder der Posse verletzt worden waren, blies Rusk zum Rückzug.

Danach ritt Rusk zweimal ohne Begleitung auf die Festung zu, wurde aber beide Male durch gezielte Gewehrschüsse vertrieben. Später stahl sich Christie in die nördlich von Tahlequah gelegene Ortschaft Oaks und steckte Rusks Gemischtwarenladen in Brand.

11. Oktober 1892, Ned's Fort Mountain, Oklahoma. Charley Copeland, Milo Creekmore, D. C. Dye und mehrere andere Ordnungshüter griffen Christies Festung an, hatten aber nach kürzester Zeit zwei Verletzte zu beklagen und zogen sich zurück. Daraufhin belud die Posse einen Holzwagen, den Christie zum Bau seines Forts benutzt hatte, mit trockenem Gestrüpp, steckte ihn in Brand und schob ihn auf die Festung zu. Doch das Fuhrwerk rammte ein Nebengebäude und blieb kurz vor seinem eigentlichen Ziel stehen. Anschließend warfen Mitglieder der Posse mehrere Dynamitstangen auf das Haus. Nachdem auch die Sprengladungen von den massiven Wän-

den abgeprallt waren, zog sich der Verfolgertrupp unverrichteter Dinge zurück.

2. und 3. November 1892, Ned's Fort Mountain, Oklahoma. Drei Wochen später rückte eine sechzehn Mann starke Posse unter Führung des U. S. Marshal Paden Tolbert mit einer Drei-Pfünder-Kanone und sechs Stangen Dynamit auf Ned's Fort Mountain vor. Im Morgengrauen des 2. November kam ein ebenfalls von der Obrigkeit gesuchter Indianer namens Arch Wolf nichtsahnend aus der Hütte und wurde von den Ordnungshütern aufgefordert, sich zu ergeben. Wolf brachte sich sofort in Sicherheit, worauf es zu einem Gewehrfeuerduell kam. Die Posse setzte schließlich die leichte Kanone ein, doch die Kugeln prallten wirkungslos von den massiven Wänden ab, und nach etwa dreißig Schuß riß das Verschlußstück der Waffe.

Bei Anbruch der Dunkelheit versuchte die Posse, den Verteidigern mit einem beweglichen Schutzschild zu Leibe zu rücken. Die Belagerer entdeckten die angekohlte Hinterachse und die Räder des verbrannten Holzwagens und bauten einen primitiven Karren, auf dem sie eine dicke Schutzwand aus Rindenstücken und Balken aufschichteten. Kurz nach Mitternacht schoben Tolbert, Charley Copeland, Bill Ellis, Bill Smith und G. S. White die mobile Barrikade trotz heftiger Gegenwehr der durch die Schießscharten im oberen Stockwerk feuernden Indianer dicht an die Hütte heran. Copeland zündete die sechs Dynamitstangen, stürmte aus der Deckung, legte sie an die Südwand des Hauses und zog sich mit den anderen in den Schutz der Bäume zurück.

Bei der anschließenden Explosion stürzte die Wand ein, und das Gebäude ging in Flammen auf. Christie und Wolf versuchten im Schutz der dichten Rauchwolken in die Wälder zu entkommen, doch plötzlich tauchte Wess Bowman vor Ned auf. Christie riß die *Winchester* hoch und schoß auf Bowman, versengte ihm aber lediglich das Gesicht. Bowman drehte sich um und drückte die Flinte auf den vorbeistürmen-

den Christie ab. Die Kugel traf den Indianer unmittelbar hinter dem Ohr und tötete
ihn auf der Stelle. Der junge Sam Maples,
dessen Vater 1885 von Christie erschossen
worden war, trat vor und schoß auf Neds
Leiche, bis sein Revolver leer war. Wolf
konnte entkommen, wurde aber später gefaßt und zu einer Gefängnisstrafe verurteilt.

Quellen: Good, »Ned Christie«, *Guns of the Gun-*
fighters, 39–44; Trachtman, *Gunfighters,* 153, 157, 159;
Elman, *Badmen of the West,* 151, 161.

Claiborne, William F.

(»Billy the Kid«)

Geb. 21.Oktober 1860, Yazoo County, Missis-
sippi; gest. 14. November 1882, Tombstone, Ari-
zona. Cowboy, Bergmann.

Billy the Kid Claiborne, nicht zu ver-
wechseln mit dem berühmten Billy the Kid
aus dem Lincoln County, zog als Halbwüchsiger nach Arizona und landete in
den Anfangszeiten des Bergbaubooms in
Tombstone. Er heuerte als Rancharbeiter
bei John Slaughter an, wo er von den anderen Cowboys wegen seiner Kleinwüch-
sigkeit den Spitznamen »the Kid« erhielt.
Später arbeitete er als Fuhrmann für diverse
Bergwerksgesellschaften und soll sich Gerüchten zufolge mit der Clanton-McLaury-
Gang eingelassen haben. Er war an zwei
Schießereien beteiligt und wurde 1882 von
Buckskin Frank Leslie getötet.

Schießereien: *Anfang Oktober 1881, Charle-*
ston, Arizona, In dieser kleinen Berg-
werkstatt in der Nähe von Tombstone erschoß Claiborne einen Mann namens
Hickey, der ihm einen Drink aufdrängen
wollte. Er wurde festgenommen (möglicherweise von einem der Earp-Brüder),
konnte aber bald darauf aus der Haft entkommen.

26. Oktober 1881, Tombstone, Arizona. Claiborne, der wegen Hickeys Tod noch immer

unter Anklage stand, tauchte in Tombstone
auf, um den Clantons und McLaurys beizustehen. Er war auch dabei, als es am *O. K.*
Corral zu dem blutigen Zusammenstoß
mit den Earp-Brüdern und Doc Holliday
kam. Sobald diese das Feuer eröffneten,
warf sich Claiborne zu Boden. Er erlebte
mit, wie Billy Clanton und die McLaury-
Brüder niedergeschossen wurden, rannte
hinter Ike Clanton her, als dieser in C. S.
Flys Fotoatelier flüchtete, und entging mit
knapper Not einer Kugel, die sein Hosen-
bein durchlöcherte.

14. November 1882, Tombstone, Arizona. Nach
einem Zechgelage im *Oriental Saloon* lieferte sich Claiborne einen hitzigen Wortwechsel mit Buckskin Frank Leslie, dem er
die Schuld an John Ringos Tod gab. Anschließend verließ Claiborne das Lokal und
versteckte sich hinter einem Obststand,
von dem aus man den Eingang des Saloons
sehen konnte. Doch Leslie, der mit einem
Hinterhalt rechnete, schlich aus einer Sei-
tentür. Claiborne wurde überrascht, gab
einen ungezielten Gewehrschuß ab und
krümmte sich dann zusammen, als ihn eine
Kugel an der linken Seite traf. Ein Passant
lief zu Claiborne und fing ihn auf, und als
Leslie näher kam, stöhnte Billy: »Schieß
nicht noch mal, ich bin erledigt.« Ein Arzt
verband die Ein- und Austrittswunde, und
Claiborne wurde in ein Privathaus gebracht, wo er unter wilden Flüchen auf
Leslie starb.

Quellen: Rickards, »*Buckskin Frank*« *Leslie,* 15–22;
Erwin, *John H. Slaughter,* 136, 189–195, 250.

Clanton, Joseph Isaac

(»Ike«)

Gest. 1887 in Bonita, Arizona. Rancher, Rinderdieb, Fuhrunternehmer.

Ikes Vater N. H. Clanton zog mit seiner
Familie auf eine Ranch in der Nähe von
Fort Thomas, Arizona, wo er sich der Rin-
derzucht widmete. 1877 verkaufte er das

Clanton, Joseph Isaac

Ike Clanton, der 1881 beim Gunfight am O. K. Corral die Flucht ergriff. Sechs Jahre später wurde er bei einer weiteren Auseinandersetzung erschossen. *(Arizona Historical Society)*

Anwesen und ließ sich hundert Meilen weiter südlich auf einem anderen Stück Land in der Nähe von Tombstone nieder. Eine Zeitlang betrieben Ike und sein Bruder Phineas ein Fuhrunternehmen, beteiligten sich aber hauptsächlich als Rancher, Viehdiebe oder Postkutschenräuber an »Old Man« Clantons diversen Aktivitäten.

Als der Alte starb, übernahm Ike am Höhepunkt der Auseinandersetzung mit den Earp-Brüdern den »Ring«. (Allerlei Gerüchte sowie Ikes Zeugenaussage nach dem Gunfight am *O. K. Corral* deuten darauf hin, daß die Earps in etliche zwielich-

tige Geschäfte verwickelt waren.) Am 25. Oktober fuhren Ike Clanton und Tom McLaury in die Stadt, um Vorräte einzukaufen. Als Ike an diesem Abend in einem Saloon speiste, wurde er von Doc Holliday, den Virgil, Warren und Wyatt Earp begleiteten, zur Rede gestellt. Holliday beschimpfte Clanton und forderte ihn zum Duell, doch Ike wies darauf hin, daß er unbewaffnet sei, und verließ das Lokal. Später wurde Ike nach einem Pokerspiel mit vier anderen Männern, darunter City Marshal Virgil Earp, erneut beschimpft und von Earp mit dem Revolver geschlagen.

Nach der Schießerei am *O. K. Coral* hatte Ike Clanton vermutlich maßgeblichen Anteil an den Überfällen auf Virgil und Morgan Earp. Er widmete sich weiterhin seinem unrechtmäßigen Treiben, bis er 1887 von einem Deputy Sheriff getötet wurde.

Schießereien: *26. Oktober 1881, Tombstone, Arizona.* Ike und Billy Clanton, Billy Claiborne und die McLaury-Brüder wurden außerhalb des *O. K. Corral* von drei der Earp-Brüder sowie Doc Holliday zur Rede gestellt. Nach einem kurzen Wortwechsel kam es zu einer Schießerei, worauf Ike, der nicht bewaffnet war, zu Wyatt Earp rannte, dessen linke Hand ergriff und ihn anflehte, das Feuer einzustellen. »Der Kampf ist jetzt eröffnet«, versetzte Wyatt. »Kämpfe mit oder verzieh dich.« Da sein Bruder Billy und die McLaurys bereits niedergeschossen waren, rannte Ike, gefolgt von Billy Claiborne, mitten im Kugelhagel zur nächstbesten Tür.

1887, Bonita, Arizona. Ike und Phineas Clanton, die man des Viehdiebstahls verdächtigte, wurden in der Nähe von Bonita von Deputy Sheriff J. V. Brighton gestellt. »Finn« ergab sich auf die entsprechende Aufforderung hin, doch Ike leistete Widerstand und wurde von dem wachsamen Ordnungshüter erschossen.

Quellen: Jahns, *Doc Holliday;* Miller, *Arizona;* Waters, *Earp Brothers,* 121–122.

Clanton, William

Geb. 1862; gest. 26. Oktober 1881, Tombstone, Arizona. Rancher, Viehdieb.

Billys Vater »Old Man« Clanton hatte es während des Goldrausches nach Kalifornien verschlagen, schließlich aber zog er mit seiner Familie nach Arizona. Unterstützt von seinen drei Söhnen – Billy war der jüngste –, baute er hundert Meilen nördlich von Tombstone eine Ranch auf, die er 1877 wieder verkaufte. Danach gründete er in der Gegend von Tombstone eine andere Ranch, die er gemeinsam mit Billy bewirtschaftete. Die älteren Söhne Ike und Phineas betrieben ein Fuhrunternehmen.

Gemeinsam mit zwei anderen Ranchern aus der Gegend, den McLaury-Brüdern, raubten die Clantons Rinderherden in Mexiko und verkauften die Tiere an Rancher in Arizona. Das einträgliche Geschäft lockte andere Outlaws an, unter anderem Curly Bill Brocius, Johnny Ringo, Buckskin Frank Leslie, Bill Leonard, Jim Crane, Harry the Kid, Billy Claiborne und Frank Stilwell, die nebenbei weitere Raubzüge unternahmen und gelegentlich in Schießereien verwickelt wurden.

Schließlich kam es zu einer Auseinandersetzung zwischen der Clanton-Partei und den Earp-Brüdern, die in und um Tombstone diverse Ämter als Ordnungshüter innehatten, von ihren Gegnern aber beschuldigt wurden, sie seien ebenso wie die Clantons an Viehdiebstählen und Postkutschenüberfällen beteiligt. Am *O. K. Corral* zu Tombstone kam es zu einer gewaltsamen Auseinandersetzung, bei der Billy Clanton starb, zugleich aber durch seinen Tod berühmt wurde.

Schießerei: *26. Oktober 1881, Tombstone, Arizona.* Old Man Clanton war kurz zuvor gestorben (manch einer behauptete, er sei von wütenden *vaqueros* [Rinderhirten] überfallen worden, als die Clantons von einem ihrer regelmäßigen Beutezüge aus Mexiko zurückkehrten), und Ike Clanton hatte die Führung des Clanton-McLaury-»Rings« übernommen. Am 25. Oktober fuhren Ike Clanton und Tom McLaury nach Tombstone, um eine Wagenladung Vorräte zu besorgen. An diesem Abend wurden sie von Wyatt und Virgil Earp sowie Doc Holliday beleidigt und tätlich angegriffen. Tags darauf ritten Billy Clanton und Frank McLaury in die Stadt, und beide Parteien bedrohten einander.

Die Clanton- und McLaury-Brüder sowie Billy Claiborne befanden sich an diesem Nachmittag in der Nähe des *O. K. Corral,* als Doc Holliday sowie Morgan, Virgil und Wyatt Earp nahten. Die Earps zogen ihre Waffen und forderten die Clanton-Partei auf, die Schießeisen fallen zu lassen. Billy Clanton riß die Arme hoch und rief: »Nicht schießen, ich will nicht kämpfen!« Tom McLaury schlug den Mantel zurück und erklärte, er sei nicht bewaffnet. Morgan Earp wiederum richtete seine Waffe auf den jungen Clanton und feuerte aus nächster Nähe. Die Kugel traf Billy knapp unterhalb der linken Brustwarze und streckte ihn nieder.

Etwa dreißig Sekunden schossen die Kontrahenten aufeinander, dann war alles vorbei. Ike Clanton und Billy Claiborne flohen vom Ort des Geschehens, und die McLaury-Brüder wurden niedergeschossen. Billy Clanton und Frank McLaury zogen mit letzter Kraft die Waffen und verletzten Virgil und Morgan Earp. Billy, dessen rechtes Handgelenk kurz zuvor von einer Kugel getroffen worden war, ergriff den *Smith & Wesson*-Revolver kurzerhand mit der Linken, stützte ihn auf sein Knie und drückte auf dem Rücken liegend ab. Dann traf ihn eine letzte Kugel rechts neben dem Nabel.

Als die Schießerei vorbei war, rannte C. S. Fly, ein Fotograf, dessen Atelier unmittelbar neben dem *O. K. Corral* lag, zu Billy und entrang ihm die Waffe, als er mit letzter Kraft weiterschießen wollte. Billy, der sich vor Schmerzen wand, wurde in ein benachbartes Haus getragen. Als man ihn hochhob, fragte er, wo er getroffen worden sei. Nachdem man ihm mitgeteilt hatte, daß er sterben werde, sagte er:

»Holt einen Arzt, und laßt mich einschla-fen.« Beim Wegtragen wimmerte er: »Zieht mir die Stiefel aus. Ich habe meiner Mut-ter immer gesagt, daß ich nicht in den Stie-feln sterben werde.« Nachdem er hinge-bettet worden war, rief er weinend: »Sie ha-ben mich ermordet! Schickt die Leute von der Tür weg, und laßt mir Luft. Ich bin er-mordet worden!« Kurz darauf traf ein Arzt ein und setzte Billy, der von einem Passan-ten festgehalten wurde, eine Spritze mit zwei aufgelösten Morphiumtabletten un-mittelbar neben die Bauchwunde. Zehn bis fünfzehn Minuten nach der Injektion stieß Billy ein letztes Mal keuchend aus: »Jagt die Leute weg«, dann starb er. Seine Leiche wurde untersucht, anschließend auf ei-nem Wagen weggekarrt und tags darauf bestattet.

Quellen: Waters, *Earp Brothers of Tombstone*, 121–122, 158; *Tombstone Epitaph*, 27. Oktober 1881.

Clark, Jim Cummings

Geb. 1841, Clay County, Missouri; gest. 7. Au-gust 1895, Telluride, Colorado. Dieb, Soldat, Arbeiter, Ordnungshüter.

Clark war als Jim Cummings in Missouri geboren, sein Name änderte sich aber, als seine verwitwete Mutter einen gewissen Clark heiratete. Mit siebzehn Jahren stahl er ein Maultier seines Stiefvaters und floh nach San Antonio, wo er und ein Freund das Tier verkauften, einem Rancher vier-zehnhundert Dollar stahlen und nach Mis-souri zurückkehrten.

Clark lernte William Quantrill kennen und wurde, als der Bürgerkrieg ausbrach, einer der engsten Vertrauten des Partisa-nenführers. Nach dem Krieg geriet er er-neut eine Zeitlang auf die schiefe Bahn, ehe er in den siebziger Jahren nach Leadville zog. Dort kämpfte er mit einem Boxcham-pion um eine Börse von einhundert Dollar, liebäugelte ein weiteres Mal mit einem Dasein als Outlaw und brach 1887 nach Telluride auf.

Clark arbeitete am Bau einer Wasser-leitung in die Stadt mit und wurde danach zum City Marshal ernannt. Er ging rigoros gegen Unruhestifter vor, die er mit bloßer Faust niederschlug; zugleich aber wollten die Gerüchte nicht verstummen, daß er von Zeit zu Zeit auch illegalen Tätigkeiten nachgehe. Er wurde schließlich aus dem Polizeidienst entlassen, worauf er prompt drohte, für fünfzehn Cent pro Mann, be-ziehungsweise einen Vierteldollar für zwei, werde er sämtliche Mitglieder des Stadt-rats umbringen. Clark blieb in Telluride und wurde dort 1895 erschossen.

Schießerei: *6. August 1895, Telluride, Colo-rado.* Clark befand sich gegen Mitternacht in Begleitung eines »Mexican Sam« ge-nannten Mannes auf dem Weg zu seiner Hütte. Als die beiden am *Colombo Saloon* vorbeikamen, fiel ein Schuß. Clark faßte sich an die Brust und schrie: »Ich bin ge-troffen. Hol einen Arzt.« Er torkelte ein paar Schritte weiter, brach zusammen und wurde zu seiner Hütte getragen, wo er nach knapp einer Stunde starb. Wie man später feststellte, hatte die Kugel die Lunge durch-schlagen und eine Arterie zerrissen.

Quelle: Rockwell, *Memoirs of a Lawman*, 186ff.

Clements, Emmanuel

(»Mannen«)

Gest. 29. März 1887, Ballinger, Texas. Ran-cher.

Mannen und seine Brüder Gyp, Jim und Joe wuchsen auf einer Rinderranch südlich von Smiley, Texas, auf. 1871 kam Mannens jüngerer Cousin, der Outlaw John Wesley Hardin, auf die Clements-Ranch. Hardin zog mit einer Herde der Clements auf den Chisholm-Trail und stand den Clements-Jungs später bei der berüchtigten Sutton-Taylor-Fehde bei. Mannen und seine Brü-der nahmen auf seiten der Taylors, mit de-nen sie verschwägert waren, an mehreren Überfällen und Belagerungen teil.

Emmanuel (»Mannen«) Clements sr. Die Aufnahme entstand 1879, acht Jahre vor seinem Tod bei einer Saloonschießerei. *(Western History Collections, University of Oklahoma Library)*

Im Oktober 1872 half Mannen Hardin bei der Flucht aus dem Gefängnis; er steckte ihm eine Feile zu und zog ihn mit dem Lasso zwischen den zersägten Gitterstäben heraus. Während der siebziger Jahre trieben Clements und seine Brüder große Rinderherden zu den Verladebahnhöfen in Kansas; zudem besaß Mannen im San Saba und im McCulloch County eigene Ländereien. 1877 landete er gemeinsam mit Hardin, Billy Taylor, John Ringo und Mitgliedern der Sam-Bass-Gang in Austin im Gefängnis.

Um 1880 herum wurde Clements, der auf seiner Ranch im McCulloch County riesige Rinder- und Pferdeherden zusammengetrieben hatte, des Viehdiebstahls bezichtigt. 1887 kandidierte er für das Amt des Sheriffs im neugegründeten Runnels County und führte einen hitzigen Wahlkampf, der in seinem Tod bei einer Saloonschießerei gipfelte.

Schießereien: *Juli 1871, südliches Indian Territory.* Mannen leitete eine Rinderherde nach Abilene und bekam kurz nach dem Überschreiten der Grenze ins Indian Territory Ärger mit zwei seiner Cowboys. Die beiden Viehtreiber, Adolph und Joseph Shadden, verweigerten Clements den Gehorsam, worauf Mannen wütend zu den Waffen griff. Es gab einen kurzen Schußwechsel, bei dem die Shadden-Brüder ums Leben kamen. Anschließend zog der Viehtreck in bester Ordnung nach Abilene weiter.

29. März 1887, Ballinger, Texas. Clements genehmigte sich einen Drink im *Senate Saloon* von Ballinger, als City Marshal Joe Townsend auf ihn zukam. Kurz darauf gab es eine Schießerei, und Clements ging tödlich getroffen zu Boden.

Quellen: Shirley, *Shotgun for Hire*, 11–13; Schoenberger, *Gunfighters*, 25–26, 81–82; Sutton, *Sutton-Taylor Feud*.

Clements, Emmanuel jr.

(»Mannie«)

Gest. 29. Dezember 1908, El Paso, Texas. Cowboy, Ordnungshüter.

Mannie Clements war der Sohn des allzeit gewaltbereiten südtexanischen Ranchers Mannen Clements und geriet, was die Aggressivität anging, ganz nach seinem Vater. Clements zog 1894 nach El Paso, wo er in den nächsten vierzehn Jahren als Deputy Constable, Constable und schließlich als Deputy Sheriff diente. In den neunziger Jahren schloß er sich in El Paso mit seinem Großcousin, dem eben aus dem Gefängnis entlassenen John Wesley Hardin, und dessen mordlüsternem Schwager Killin' Jim Miller zusammen. 1908 wurde Clements wegen bewaffneten Raubüberfalls ange-

Emmanuel (»Mannie«) Clements jr., der wie sein Vater in einem Saloon getötet wurde. *(Western History Collections, University of Oklahoma Library)*

klagt, anschließend zwar freigesprochen (nachdem er allen Geschworenen, die gegen ihn stimmen sollten, mit schrecklichen Folgen gedroht hatte), doch als Ordnungshüter war er danach nicht mehr tragbar. Er verfiel zusehends dem Alkohol und wurde – Ironie des Schicksals – bei einer Saloonschießerei in El Paso getötet.

Schießereien: *1894, Alpine, Texas.* Clements sollte in Alpine, das damals noch Murphysville hieß, auf einen Auftrag hin einen einheimischen Ganoven namens Pink Taylor töten. Clements stieg auf einen Baum, von dem aus er in einen von Taylor besuchten Saloon schauen konnte. Sobald sein Opfer erschien, schoß er durch ein Fenster. Doch er tötete den falschen Mann, mußte unverzüglich aus der Stadt fliehen und tauchte kurz darauf in El Paso auf.

29. Dezember 1908, El Paso, Texas. Clements kam gegen 18 Uhr in den *Coney Island Saloon* in El Paso und unterhielt sich mit Elmer Webb. Etwa zehn Minuten später fiel ein Schuß, und Clements ging, von einer Kugel am Kopf getroffen, zu Boden. Die näheren Umstände seines Todes wurden nie geklärt, aber wahrscheinlich wurde Clements von einem Auftragskiller getötet, vermutlich von Joe Brown, dem Barkeeper. Angeblich ging es um Verbindungen zu einem Schlepperring, der Chinesen in die Vereinigten Staaten schmuggelte.

Quellen: Nordyke, *John Wesley Hardin*, 82–88, 113–119, 139–140; Sonnichsen, *Pass of the North*, 336–344.

Clifton, Dan

(»Dynamite Dick«)

Gest. 7. November 1897, bei Checotah, Oklahoma. Viehdieb, Bankräuber.

In den neunziger Jahren schloß sich Clifton Bill Doolins »Oklahombres« an und verlegte sich von Viehdiebstählen auf Banküberfälle. Nach seiner Festnahme wurde er mit Doolin in Guthrie ins Gefängnis geworfen. Im Juli 1896 bestachen die beiden einen Wärter und konnten entkommen, nachdem sie etwa ein Dutzend andere Häftlinge freigelassen hatten. Ein paar Monate später wurde Clifton jedoch von einer Posse aufgespürt und getötet.

Schießereien: *1892, Oklahoma.* Clifton stieß im Osage-Land auf den Ordnungshüter Lafe Shadley, der ihn festnehmen wollte. Nach einem hitzigen Revolverduell

84 Coe, Frank

konnte Clifton enkommen. Doch Shadley hatte ihn am Hals getroffen, und als er sich die Kugel später herausschneiden lassen mußte, blieb eine auffällige Narbe zurück.

1. September 1893, Ingalls, Oklahoma. Clifton war mit der Doolin-Gang unterwegs, als diese in Ingalls von einer Posse gestellt wurden. Er schoß sich den Fluchtweg vom Hotel zu einem Mietstall frei, half die Pferde zäumen und sprengte an Doolins Seite aus der Stadt.

20. Mai 1895, Southwest City, Missouri. Bei einem Banküberfall der Doolin-Gang in Southwest City erschoß Billy Dalton J. C. Seaborn, einen ehemaligen Revisor des Staates Missouri. Anschließend kam es zu einem heftigen Schußwechsel, bis die Banditen, wild um sich feuernd, auf die Pferde sprangen und sich den Fluchtweg aus der Stadt freikämpften. Doolin wurde am Kopf getroffen, blieb aber im Sattel und konnte mit den anderen Outlaws entkommen.

November 1896, bei Sapulpa, Oklahoma. Clifton und zwei andere Gangster lagerten zwanzig Meilen westlich von Sapulpa in einer Bodensenke, als sie von einer kleinen Posse unter Führung von Heck Thomas aufgespürt wurden. Nach einem hektischen Schußwechsel konnten die Outlaws entkommen.

7. November 1897, bei Checotah, Oklahoma. Clifton, mittlerweile ein gejagter Outlaw, hatte sich auf die sechzehn Meilen von Newkirk entfernte Sid-Williams-Farm zurückgezogen. Dort wurde er von den Deputy Marshals George Lawson und W. H. Bussey aufgespürt. Doch als sie ihn hoch zu Roß stellten und zur Aufgabe aufforderten, eröffnete er mit einer *Winchester* das Feuer. Eine Kugel aus Lawsons Flinte zerschmetterte seinen Arm und riß ihn aus dem Sattel, aber er konnte zu Fuß ins Unterholz entkommen. Bei Einbruch der Dunkelheit hatten die Ordnungshüter seine Spur bis zu einer Waldhütte verfolgt. Als sie näher kamen, stürmte er, wild um

sich schießend, aus der Tür, wurde von den Ordnungshütern niedergeschossen und war wenige Minuten später tot.

Quellen: Croy, *Trigger Marshal*, 204–205; Canton, *Frontier Trails*, 132–135; Drago, *Road Agents and Train Robbers*, 201, 205–207, 209–210; Shirley, *Heck Thomas*, 205–206, 214–215; Shirley, *Six-gun and Silver Star*, 91–93; 145, 179, 181, 189–194, 198.

Coe, Frank

Gest. im September 1931, Lincoln County, New Mexico. Cowboy, Farmer, Rancher.

Coe kam als junger Mann ins Lincoln County, New Mexico, wo er von Verwandten als Farmer und Rancharbeiter angestellt wurde. Frank und sein Cousin George, die bei den örtlichen Tanzabenden regelmäßig mit der Fiedel aufspielten, kauften gemeinsam die erste Dreschmaschine des Bezirks. Sie waren finanziell gerade aus dem Gröbsten heraus, als der *Lincoln County War* ausbrach, und ehe sich's die Vettern versahen, kämpften sie auf seiten der McSween-Partei.

Als die Auseinandersetzung zu Ende ging, zogen die Coes ins San Juan County und verließen schließlich New Mexico. 1884 kehrten die beiden ins Lincoln County zurück, wo Frank, der seit drei Jahren verheiratet war, sich auf einer Ranch niederließ, die er 1873 von den mörderischen Horrell-Brüdern gepachtet hatte. Bis zu seinem Tod im Jahr 1931 lebte Coe auf dieser Ranch. Er hinterließ sechs Kinder und eine ihm über fünfzig Jahre lang treu ergebene Ehefrau.

Schießereien: *4. April 1878, Blazer's Mill, New Mexico.* Coe durchkämmte mit einem Trupp Regulatoren das Umland nach Anhängern der Gegenpartei. Dick Brewer, ihr Anführer, ließ zum Mittagessen in Blazer's Mill anhalten. Keine halbe Stunde später ritt Buckshot Roberts, einer der von den Regulatoren gesuchten Gegner, bis an die Zähne bewaffnet auf das Werksgelände.

Coe, der in der vergangenen Nacht mit Roberts zusammengewesen war, ging zu ihm hin und wollte ihn überreden, sich kampflos zu ergeben. Doch drei andere Regulatoren bauten sich mit gespannten Revolvern vor ihm auf, worauf es zu einer wilden Schießerei kam, bei der George Coe und John Middleton verletzt wurden und Dick Brewer sein Leben verlor.

30. April 1878, bei Lincoln, New Mexico. Coe und Ab Sanders wollten Frank McNab zu dessen Ranch in der Nähe von Lincoln begleiten, wurden aber, als sie etwa acht Meilen außerhalb der Stadt an einer Quelle haltmachten, um ihre Pferde zu tränken, von der *Seven Rivers Crowd* überfallen. Sanders und McNab, die gerade abgesessen hatten, als die Angreifer das Feuer eröffneten, gingen schwerverletzt zu Boden.

Coe gab seinem Pferd die Sporen und versuchte zu entkommen. Doch das Tier wurde am Kopf getroffen, worauf Coe schleunigst hinter einer Uferböschung in Deckung ging. Er hielt sich die Angreifer vom Leib und ergab sich erst, als ihm die Munition ausging. McNab, der noch versucht hatte wegzukriechen, war mittlerweile getötet worden. Die Posse nahm Coe in Gewahrsam und ließ den verletzten Sanders sowie McNabs von Kugeln durchsiebte Leiche am Ort des Geschehens liegen.

4. Juli 1878, bei Roswell, New Mexico. Frank und George Coe, Billy the Kid und zwei weitere Männer waren von der Chisum-Ranch zu Ash Upsons Laden geritten, um Tabak und Süßigkeiten zu kaufen. Gegen zehn Uhr morgens begaben sie sich auf den Rückweg, wurden aber von einem starken Reitertrupp gestellt. Nachdem die Reiter von weitem das Feuer eröffnet hatten, kam es zu einer wilden Verfolgungsjagd bis zur Ranch.

1881, bei Fort Lewis, Colorado. Seit einiger Zeit wurden die Farmer und Rancher der Gegend von in der Nähe lebenden Indianern heimgesucht, die ihnen das Vieh raubten. Nachdem auch Jack Buchanan, ein Nachbar der Coes, überfallen und verletzt worden war, wandte er sich hilfesuchend an die Coes, die ihn versorgten, zu Bett brachten und sich dann auf die Spur der Räuber hefteten. Es kam zu einer wilden Verfolgungsjagd, in deren Verlauf die Indianer das gestohlene Vieh im Stich ließen und die Flucht ergriffen. Nach einer letzten Salve auf die Flüchtenden trieben die Coes die Tiere zusammen und kehrten zu Buchanan zurück. Kurz vor der Ankunft zerschlitzte Frank seinen Mantel und berichtete anschließend mit ernster Miene, sie hätten sich ein heftiges Handgemenge mit den Wilden geliefert. Amüsiert genoß er die bewundernden Blicke seiner Familie, um dann zu gestehen, daß er nur aufgeschnitten hatte.

Quellen: Coe, *Frontier Fighter,* 43, 45–46, 60, 65–66, 82–86, 90, 103–106, 143, 163–165, 177, 179, 181–182, 188, 192, 203, 212; Keleher, *Violence in Lincoln County,* 83, 114, 117, 128, 233; Fulton, *Lincoln County War,* 66, 125, 131, 173–175, 177, 213–215, 220.

Coe, George Washington

Geb. 13. Dezember 1856, Brighton, Iowa; gest. 12. November 1941, Lincoln, New Mexico. Farmer, Cowboy, Revolvermann, Rancher, Kaufmann.

George Coe, der Sohn eines altgedienten Soldaten aus dem Bürgerkrieg, der sich auf einer Heimstätten-Farm in Missouri niedergelassen hatte, zog 1874 nach Fort Stanton, New Mexico, um auf der Ranch eines Cousins zu arbeiten. 1878 hatte Coe ein eigenes Stück Land gepachtet, zu einer Zeit, als sich in dieser Gegend der große Schlagabtausch zwischen zwei rivalisierenden Interessengruppen anbahnte. Kurz darauf wurde Coe von Sheriff William Brady grundlos festgenommen. Während seiner Haft wurde er schwer gefoltert. Kaum freigelassen, war er nur mehr auf Rache aus. Im anschließenden *Lincoln County War* kämpfte er auf seiten der Regulatoren

86 Coe, George Washington

und wurde in diverse Schießereien verwickelt. Seinen größten Auftritt hatte er bei dem Feuergefecht mit Buckshot Roberts.

Als die Feindseligkeiten beigelegt wurden, zog Coe mit seinen Verwandten ins San Juan County, wo er erneut Schwierigkeiten mit Outlaws bekam, aber auch eine Frau fand. Schließlich wurde Coe vom Gouverneur Lew Wallace amnestiert und kehrte nach einem kurzen Aufenthalt in Nebraska und Colorado ins Lincoln County zurück. Er baute die Heimstätten-Farm zu einem stattlichen, Golden-Glow-Ranch genannten Anwesen mit einem Kaufladen aus, wurde ein angesehener Mann und hängte nach seiner Bekehrung zum Christentum den Revolver für immer an den Nagel.

Schießereien: *4. April 1878, Blazer's Mill, New Mexico.* Dick Brewer hatte gerade mehrere Regulatoren von George Coes Anwesen aus zum Mittagessen nach Blazer's Mill geführt, als Buckshot Roberts auf einem Maultier vorritt. Roberts, der der Gegenpartei angehörte, war mit einem Gewehr und zwei Revolvern bewaffnet. Frank Coe wollte ihn zur Aufgabe überreden, doch andere Regulatoren verloren die Geduld, und Charlie Bowdre, George Coe und Henry Brown foderten ihn mit gespanntem Revolver auf, die Waffen zu strecken. Doch als Bowdre befahl, er solle die Hände heben, riß Roberts die *Winchester* hoch und knurrte: »Nichts Großes, Mary Ann!«

Beide Männer feuerten gleichzeitig, und Roberts torkelte, am Bauch getroffen, zurück. Eine Kugel aus Roberts Gewehr prallte an Bowdres Patronengurt ab, zerschmetterte George Coes Schußhand und riß ihm den Zeigefinger ab, so daß sein Revolver davonflog. Der verdutzte Coe griff daraufhin Roberts an, der wiederum John Middleton eine Kugel in die Brust jagte, ehe er die Waffe wieder auf Coe richtete.

Roberts schoß dreimal, durchlöcherte aber lediglich Coes Hemd und Weste. Dann verzog sich Roberts in ein hinter ihm stehendes Gebäude und verschanzte

sich. Nachdem Roberts Dick Brewer durch einem Kopfschuß getötet hatte, überließen die Regulatoren ihren tödlich verletzten Gegner seinem Schicksal und brachten Middleton und Coe zum nächsten Arzt.

30. April 1878, Lincoln, New Mexico. Eine Gruppe von McSweens Männern, die sich vor Isaac Ellis' Laden in Lincoln versammelt hatten, wurde von einem gegnerischen Trupp bedroht. Coe, der auf dem Dach Stellung bezogen hatte, sah Dutch Charlie Kruling auf einem ein gutes Stück entfernten Feld auf einem Rinderschädel hocken. »Siehst du den Kerl da drüben?« fragte er den neben ihm sitzenden Henry Brown. »Ich werd' mal auf ihn schießen.« Krulings, dessen Knöchel von der Gewehrkugel zerschmettert wurde, sprang auf und brach zusammen – die Verletzung erwies sich als so schwer, daß er anschließend vier Monate lang im Krankenhaus von Fort Stanton lag. Coes Schuß löste ein allgemeines Feuergefecht aus, und nur durch das Eintreffen von Lieutenant G. W. Smith und vierzehn Soldaten wurde ein großer Schlagabtausch verhindert.

14. Mai 1878, Lincoln County, New Mexico. Zwei Wochen später begleitete Coe einen Trupp Regulatoren bei einem Überfall auf ein Rinder-Camp. Nachdem einer der Cowboys getötet und zwei weitere verletzt worden waren, ergriffen die anderen die Flucht. Die Angreifer erbeuteten eine Pferdeherde.

4. Juli 1878, bei Roswell, New Mexico. Am Morgen des vierten Juli, des amerikanischen Nationalfeiertages, ritten George und Frank Coe, Billy the Kid und zwei weitere Männer zu Ash Upsons Laden, um sich Tabak und Süßigkeiten zu besorgen. Gegen zehn Uhr morgens begaben sie sich in Feiertagslaune auf den Rückweg, stellten aber kurz darauf fest, daß eine etwa fünfzehn- bis zwanzigköpfige Reiterschar auf sie zukam. Nach einer wilden Verfolgungsjagd schlugen sie sich ohne Verluste zur Chisum-Ranch durch.

15. bis 19. Juli 1878, Lincoln, New Mexico. Am
ersten Tag der großen Schlacht von Lincoln
griff Coe von Ike Stocktons Saloon aus in
das Gefecht ein. Nach Einbruch der Dunkelheit stahl er sich in McSweens Haus,
zog aber am letzten Tag in ein benachbartes Lagerhaus um, wo er Seite an Seite mit
Henry Brown und Joseph Smith kämpfte.
Als McSween, Billy the Kid und die anderen Verteidiger einen Ausbruchsversuch
aus dem brennenden Gebäude unternahmen, nutzten Coe und seine beiden Gefährten das allgemeine Durcheinander zur
Flucht. Sie schlichen aus dem Haus, stiegen auf einige herumstehende Tonnen
und brachten sich über eine knapp zwei
Meter hohe Mauer in Sicherheit.

1882, bei Fort Lewis, Colorado. Frank und
George Coes Nachbar, ein gewisser Jack
Buchanan, wurde von räuberischen Indianern überfallen und verletzt. Die Coes
verfolgten die Indianer, schlugen sie nach
einer wilden Schießerei in die Flucht und
trieben Buchanans gestohlenes Vieh zurück.

Quellen: Coe, *Frontier Fighter;* Keleher, *Violence in
Lincoln County,* 114, 128, 184, 233, 312, 325, 329; Fulton, *Lincoln County War,* 69, 131, 173, 215, 225, 264,
268.

Coe, Philip Houston

*Geb. 17. Juli 1839 in Texas; gest. 8. Oktober 1871,
Abilene, Kansas.* Spieler, Saloonbesitzer.
Coe, der als Glücksspieler die Städte entlang der mexikanischen Grenze abgraste,
freundete sich mit mehreren Mitgliedern
der *Second Texas Mounted Rifles* an, als das
berittene Schützenregiment 1862 im Rio
Grande Valley stationiert war. Der einen
Meter fünfundneunzig große Coe war so
beliebt, daß ihn die Kompanie (in der auch
Ben Thompson diente) zum Lieutenant
erkor. Als die Regimentsführung davon
hörte, befahl man Coe, er solle sich entweder ordnungsgemäß zum Militär melden
oder sich nicht mehr als Offizier aufspielen.

Coe kümmerte sich nicht um die Order,
worauf er kurzerhand eingezogen wurde.
Doch er floh lieber nach Mexiko, als unter
solchen Umständen zu dienen.

Nach dem Bürgerkrieg eröffneten Coe
und Tom Bowles in Austin einen Saloon
und stellten Ben Thompson als Spieler des
Hauses ein. 1871 zog Coe mit Ben Thompson nach Abilene, Kansas, wo die beiden
ihr Geld zusammenlegten und den *Bull's
Head Saloon* eröffneten. Der mit einem
obszönen Kneipenschild geschmückte und
aufwendig ausgestattete *Bull's Head* war
der erste Saloon, auf den die Cowboys bei
ihrem Einzug in die boomende Rinderstadt stießen, und dementsprechend florierte das Lokal auch. Noch im gleichen
Sommer jedoch wurde das gemeinsame
Unternehmen aufgelöst, als Thompson
und seine Familie bei einem Unfall mit
einem Kutschwagen schwer verletzt wurden und nach Texas zurückkehrten.

Coe verkaufte seinen Anteil am Saloon,
suchte ihn aber weiterhin zum Spielen auf.
Dabei kam es zu einer Auseinandersetzung
mit City Marshal Wild Bill Hickok, mit
dem Coe bereits früher zusammengestoßen war. Damals sollte Hickok im Auftrag
das Stadtrates dafür sorgen, daß das Schild
über dem Eingang des *Bull's Head* geändert
würde. Als Coe und Thompson sich weigerten, schickte Hickok kurzerhand Maler,
die den anstößigen Teil des Bullen über-
strichen. Als die Farbe trocknete, war das
ausgeprägte Gemächte des Tieres nach wie
vor deutlich zu erkennen, doch Hickok
hatte sich Coe zum erbitterten Feind gemacht. Diesmal hatte sich Coe eine Geliebte zugelegt – ein Mädchen, auf das auch
Hickok ein Auge geworfen hatte. Zeit-
genössischen Berichten zufolge soll der
Marshal so aufgebracht gewesen sein, daß
es zu einer Schlägerei zwischen den beiden
Männern kam, bei der Hickok zu Boden
ging und wüste Todesdrohungen gegen
Coe ausstieß.

Am 5. Oktober erreichte die Fehde ihren
Höhepunkt, als Coe von Hickok bei einem
ruchlosen Revolverduell tödlich verwundet wurde. Bud Cotton, ein Freund Coes,

brachte die Leiche nach Texas und überholte unterwegs Ben Thompson und dessen Familie. Thompson, der noch nichts von der Schießerei wußte, soll angeblich am Sarg geweint haben.

Schießerei: *5. Oktober 1871, Abilene, Kansas.* Coe unternahm in Begleitung von fünfzig Freunden aus Texas, zumeist Cowboys, eine Zechtour durch Abilene. Sie ergriffen Passanten, trugen sie auf der Schulter in die Saloons und ließen sich von ihnen Drinks spendieren. In einem Saloon stießen sie auf City Marshal Hickok, der ihnen eine Runde ausgab, sie aber zugleich davor warnte, allzu sehr über die Stränge zu schlagen.

Kurz darauf, gegen 21 Uhr, gab Coe einen Schuß ab, und Hickok rannte hinaus, um die Zechbrüder zur Rede zu stellen. Mehrere Texaner hatten ihre Revolver gezogen, worauf Hickock fragte, wer den Schuß abgegeben habe. Als Coe erklärte, er habe auf einen Hund geschossen, griff der Marshal zu seinen Revolvern. Coe durchlöcherte Hickocks Mantel, ehe er seinerseits von einer Kugel am Bauch getroffen wurde, die am Rücken wieder austrat. Im Fallen gab Coe einen weiteren Schuß ab, der zwischen Hickoks Beinen hindurchging. Wild Bill wiederum, der offenbar auf Coes Kopf gezielt hatte, grummelte, daß er zu tief geschossen habe.

In diesem Augenblick kam der Polizist Mike Williams um die Ecke gestürmt. Hickok, der von einer feindseligen Menschenmenge umringt war und außerdem schlecht sah, fuhr herum und schoß auf Williams. Dieser wurde von zwei Kugeln am Kopf getroffen und war auf der Stelle tot. Danach verhängte Hickok eine Ausgangssperre, und der verletzt Coe wurde zu seiner Hütte getragen. Nach der Schießerei am Donnerstag quälte er sich noch drei Tage lang unter grauenhaften Schmerzen, ehe er am darauffolgenden Sonntag starb.

Quellen: Streeter, *Ben Thompson,* 75, 87–90; Streeter, *Prairie Trails & Cow Towns,* 83, 84, 86, 89–91; Miller und Snell, *Great Gunfighters of the Kansas Cowtowns,* 131–133.

Colbert, Chunk

Gest. 7. Januar 1874, Colfax County, New Mexico.

Colbert erwarb sich Anfang der siebziger Jahre einen Ruf als Revolvermann, als er in Westtexas, New Mexico und Colorado angeblich sieben Männer tötete. Zwei dieser Kämpfe sowie seine letzte Schießerei sind belegt. 1874 wurde er in eine Auseinandersetzung mit Clay Allison verwikkelt und beim anschließenden Revolverduell erschossen.

Schießereien: *1871 oder 1872, Cimarron, New Mexico.* Colbert verdächtigte einen gewissen Charles Morris, er tändle mit seiner Frau herum. Wütend stellte er daraufhin seinen vermeintlichen Rivalen in Cimarron zur Rede. Binnen kürzester Zeit kam es zu einer Schießerei, bei der Colbert Morris erschoß.

Um 1873, Trinidad, Colorado. Colbert hatte eine Meinungsverschiedenheit mit einem gewissen Walter Waller in Trinidad, und beide Männer griffen zu den Waffen. Bei der anschließenden Schießerei verletzte Colbert seinen Widersacher tödlich.

7. Januar 1874, Colfax County, New Mexico. Colbert forderte Clay Allison zu einem Pferderennen auf. Es fand statt auf Tom Stocktons einer Viertelmeile langer Rennbahn neben Stocktons *Clifton House,* einer Schenke mit angeschlossenem Geschäft, die an einer Furt des Canadian River im Colfax County lag. Das Rennen endete unentschieden, worauf sich Colbert und Allison leicht verstimmt zum Essen ins *Clifton House* begaben.

Als die beiden Revolvermänner ihr Mahl beendet hatten, bestellten sie sich Kaffee. Colbert, der inzwischen beschlossen hatte, Allison zu erschießen, griff mit einer Hand nach der Kaffeekanne und brachte mit der anderen heimlich seinen Revolver in Anschlag. Doch Allison war wachsam, sah Colberts Waffe und griff seinerseits zum

Revolver. Colbert gab einen überhasteten Schuß ab, der lediglich die Tischplatte zerschrammte. Allison zielte genauer, und seine Kugel traf Colbert genau über dem rechten Auge an der Stirn. Colbert fiel tot um und wurde auf dem kleinen Friedhof hinter dem *Clinton House* beerdigt.

Quellen: Stanley, *Clay Allison*, 98–99; Schoenberger, *Gunfighters*, 5–6, 171–172; Clark, *Allison*, 19; Stanley, *Desperadoes of New Mexico*, 177; Stanley, *Grant That Maxwell Bought*, 68.

Cole, James

Ordnungshüter.
Cole war Ordnungshüter im Indian Territory und wurde in den achtziger Jahren als tödlicher Revolvermann bekannt.

Schießereien: *1886.* Auf einer Fähre wurde Cole von einem betrunkenen Raufbold beleidigt, worauf es zu einem Streit kam. Als das Gezänk ausartete, zog Cole den Revolver und erschoß seinen Widersacher.

November 1887, Indian Territory. Cole und eine kleine Posse wurden von einem Cherokee-Desperado namens Big Chewee aus dem Hinterhalt beschossen. Cole erwiderte sofort das Feuer und verletzte den Indianer tödlich.

29. November 1887, Cherokee Nation, Indian Territory. Cole und ein Kollege, der Deputy Marshal Frank Dalton, suchten per Haftbefehl einen Pferdedieb namens Dave Smith. An einem Sonntagmorgen entdeckten sie den Gesuchten in einem Zelt in der Nähe des Arkansas River. Bei ihm befanden sich sein Schwager Lee Dixon, Dixons Frau und ein junger Pferdedieb namens William Towerly.
Als die Ordnungshüter sich dem Zelt näherten, jagte Smith Dalton eine Kugel in die Brust, worauf Towerly zu dem am Boden liegenden Deputy Marshal ging und seine *Winchester* auf dessen Kopf abdrückte, bis das Magazin leer war. Mittler-

weile hatten Smith, Dixon und dessen Frau Cole unter Beschuß genommen. Cole, der von einer von Smith abgefeuerten Gewehrkugel an der Seite getroffen worden war, schoß aus der Hüfte zurück, tötete Smith und die Frau und verletzte Dixon an der linken Schulter und am Rücken.
Cole schaffte Dixon nach Fort Smith, wo der Outlaw seinen Verletzungen erlag. Towerly hatte entkommen können, wurde aber kurz darauf in der Nähe des Wohnsitzes seiner Familie bei einer Schießerei mit Ordnungshütern getötet.

Quelle: Shirley, *Heck Thomas*, 79.

Collins, Ben

Gest. 1. August 1906 bei Emet, Oklahoma. Ordnungshüter.
Ben Collins diente als Indianerpolizist im Indian Territory und wurde 1898 zum Deputy U. S. Marshal ernannt. Collins hatte zahlreiche aufsehenerregende Festnahmen zu verzeichnen. Bei einer dieser Verhaftungen mußte er auf Port Pruitt schießen, einen einflußreichen Einwohner der Stadt Emet, der dabei verletzt und teilweise gelähmt wurde. Pruitt und sein Bruder Clint, ein angesehener Bürger von Orr, schworen Collins Rache. 1905 erzählte ein mit Collins bekannter Revolvermann dem Ordnungshüter, daß man ihm zweihundert Dollar bezahlt habe, damit er ihn töte, und daß er nach Erledigung des Auftrags weitere dreihundert Dollar erhalten solle. Der geheuerte Killer verzog sich mit dem Vorschuß außer Landes, doch ein Jahr später wurde Collins von Jim Miller ermordet.

Schießereien: *1905, Emet, Oklahoma.* Collins sollte Port Pruitt festnehmen, der dem Ordnungshüter jedoch heftigen Widerstand leistete. Es kam zu einer Schießerei, bei der Pruitt verletzt zu Boden ging. Collins wurde wegen versuchten Totschlags angeklagt, doch das Verfahren wurde eingestellt.

1. August 1906, bei Emet, Oklahoma. Als Collins an einem Mittwochabend zu seinem Haus in der Nähe von Emet zurückkehren wollte, geriet er in einen von Killin' Jim Miller gelegten Hinterhalt, wurde von einer Ladung Schrot am Bauch getroffen und aus dem Sattel gerissen. Collins konnte mit seinem Revolver noch vier Kugeln auf Miller abfeuern, ehe ihn eine weitere Schrotladung am Gesicht erwischte. Als seine entsetzte Frau zu ihm rannte, war er bereits tot.

Quelle: Shirley, *Shotgun for Hire*, 64–71.

Cook, Thalis T.

Ordnungshüter.

In den neunziger Jahren diente Cook bei der D-Kompanie der Texas Rangers. Er war ein Meisterschütze, zugleich aber auch aktiv in seiner Kirchengemeinde tätig und ein eifriger Bibelleser, der das fünfte Gebot beherzigte. Obwohl durch eine Knieverletzung gehbehindert, ritt er wiederholt Einsätze an der Seite von Ranger Captain John Hughes.

Schießereien: *um 1895, bei Marathon, Texas.* Etwa fünfzehn Meilen nordöstlich von Marathon stießen Cook und sein Ranger-Kollege Jim Putnam auf Fin Gilliland, der wegen des Mordes an dem Rancher H. H. Poe gesucht wurde. Als die Männer aneinander vorbeiritten, zog der Outlaw einen 45er und feuerte auf Cook, der am Knie getroffen und aus dem Sattel gerissen wurde. Putnam tötete Gillilands Pferd mit einer Gewehrkugel, worauf sich der Outlaw hinter dem gefällten Tier verschanzte, während die beiden Rangers schleunigst in Deckung gingen. Nach einem kurzen Schußwechsel stellte Gilliland plötzlich das Feuer ein. Putnam gab Cook daraufhin Feuerschutz, während dieser zu dem niedergestreckten Tier humpelte und feststellte, daß der Gesuchte tot war. Eine ihrer Kugeln hatte ihn genau zwischen den Augen getroffen.

28. September 1896, Nogalitos Pass, Texas. Cook verfolgte mit einer Posse unter Führung von John Hughes drei Rustler. Auf der Höhe des Nogalitos-Passes wurden die Pferdediebe Art und Jubel Friar sowie Ease Bixler gestellt, worauf sie die herannahenden Ordnungshüter mit ihren Gewehren unter Beschuß nahmen. Als Jubel Friar aufstand, um auf Hughes zu schießen, jagte Cook ihm mit seiner *Winchester* eine tödliche Kugel in den Kopf.

Art Friar, der bereits von zwei Kugeln getroffen war, schrie: »Ich hab' genug.«

»Dann nimm die Hände hoch«, befahl Cook, »und komm raus.«

Cook und Hughes rückten zu Fuß vor, doch als sie nur mehr zehn Meter von dem Outlaw entfernt waren, schoß Friar mit einem Revolver auf die Ordnungshüter. Die beiden Rangers streckten ihn mit je einer Kugel nieder und töteten ihn auf der Stelle. Bixler war mittlerweile auf eines der gestohlenen Tiere gesprungen und galoppierte ohne Sattel und Zaumzeug davon.

Quellen: Martin, *Border Boss*, 131–134, 136–141; Webb, *Texas Rangers*, 447–449.

Cooley, Scott

Gest. um 1876, Blanco County, Texas. Cowboy, Farmer, Ordnungshüter, Revolvermann.

Cooley, ein Pionier aus dem texanischen Grenzland, ging einer Vielzahl von Tätigkeiten nach, ehe er 1875 eine wesentliche Rolle im *Mason County War* spielte. Einst Mitglied der berühmten D-Kompanie der Texas Rangers, quittierte Cooley den Dienst, um sich einer friedlicheren Beschäftigung zu widmen. Er trieb für einen im Mason County ansässigen Ranger namens Tim Williamson zwei Herden nach Kansas und wurde, als er an Typhus erkrankte, von Mrs. Williamson gesund gepflegt.

Später erstand Cooley eine eigene Farm in der Nähe von Menard im benachbarten County, doch als Williamson ermordet wurde, kehrte er rachsüchtig und verbittert ins Mason County zurück. Ursache des *Mason County War* war ein Zwist zwischen angelsächsischen und deutschen Siedlern, der durch die zunehmenden Viehdiebstähle in der Gegend verschärft wurde. Beide Seiten lieferten sich Schießereien, wobei Williamson von Parteigängern der Deutschen getötet wurde. Kaum war Cooley am Ort des Geschehens eingetroffen, als er auch schon zwei Männer erschoß und anschließend Anführer einer Horde von Revolvermännern wurde, mit denen er seinen Rachefeldzug fortsetzte.

Als die Obrigkeit dem Treiben nicht länger zusehen wollte, wurden die Texas Rangers eingesetzt, die binnen kürzester Zeit für Ruhe und Ordnung sorgten. Cooley allerdings, der mit etlichen Ordnungshütern gedient hatte, konnte sich der Festnahme entziehen. Er kehrte in einen früheren Unterschlupf im Blanco County zurück, wo er bald darauf erkrankte und starb.

Schießereien: *1875, Mason, Texas.* Nachdem Cooley herausgefunden hatte, wer Williamson ermordet hatte, ritt er zum Haus von Deputy Sheriff John Worley. Worley arbeitete an einem Ziehbrunnen und wollte gerade einen Helfer hochziehen, als Cooley absaß, sich vorstellte und ihn nach seinem Namen fragte. Kaum hatte sich Worley zu erkennen gegeben, als Cooley den Revolver zog und ihn erschoß. Der Helfer stürzte daraufhin in den Brunnen hinab. Anschließend skalpierte Cooley sein Opfer und flüchtete vom Tatort.

1875, Llano County, Texas. Cooley begab sich unverzüglich in den westlichen Teil des angrenzenden County, wo er Pete Border stellte, den zweiten Hauptverdächtigen auf seiner Todesliste. Cooley schoß Border nieder und verletzte ihn tödlich.

1875, Mason, Texas. Binnen kürzester Zeit schlossen sich mehrere Rauhbeine aus der Gegend Cooley an und nutzten die Gelegenheit, um über die Deutschen herzufallen. Eines Tages ritten Cooley und fünf dieser Männer in Mason ein und suchten Streit. Als sie wenig später auf einen der Anführer der Gegenpartei stießen, kam es zu einer wilden Schießerei. Cooley und seine Gang töteten einen Bürger und sprengten dann aus der Stadt.

1875, Mason County, Texas. Eine von aufgebrachten Stadtbewohnern aufgestellte Posse verfolgte Cooleys Bande und spürte sie schließlich am Llano River auf. Es kam zu einem hitzigen Feuergefecht, bei dem Mose Beard getötet wurde, ehe Cooley und die übrigen Männer entkommen konnten.

Quellen: Gillett, *Six Years with the Texas Rangers,* 46–52; Webb, *Texas Rangers,* 325–328; Polk, *Mason and Mason County,* 48–59.

Courtright, Timothy Isaiah

(»Longhaired Jim«)

Geb. 1848 in Iowa; gest. 8. Februar 1887, Fort Worth, Texas. Soldat, Armeekundschafter, Ordnungshüter, organisierter Schieber, Bergwerkswachmann, Ranch-Vormann, Privatdetektiv.

Der aus Iowa stammende Courtright kämpfte im Bürgerkrieg unter General John (»Black Jack«) Logan auf seiten der Unionsarmee. Nach dem Krieg zog Courtright nach Texas, wo er von Logan als Kundschafter für die Army angeheuert wurde. 1876 zum City Marshal von Fort Worth ernannt, blieb er drei Jahre in dieser Position und zog dann nach Lake Valley, einer boomenden Silberminensiedlung in New Mexico, wo er für die *American Mining Company* die Erzvorkommen bewachte. Danach wurde er erneut von General Logan angeheuert, diesmal als Vormann auf der Ranch des alten Soldaten in New Mexico.

Eine seiner Hauptaufgaben war es, sämtliche Rustler und Ackerbauern von Logans Weidegründen fernzuhalten, und nachdem er zwei sogenannte Squatter – illegale Siedler – getötet hatte, flüchtete Courtright aus New Mexico, um sich der drohenden Gerichtsverhandlung zu entziehen. Er kehrte nach Fort Worth zurück und gründete eine Privatdetektei namens *T.I.C. Commercial Agency*. Kurz darauf wurde aber einem Auslieferungsersuchen des Staates New Mexico gegen ihn stattgegeben. Freunde von ihm brachten ein Paar Sechsschüsser unter einem Cafétisch an, und mit Hilfe dieser Waffen sowie eines gesattelten Pferdes gelang Courtright die Flucht. Er versteckte sich in einem Zug nach Galveston und setzte sich von dort aus per Schiff nach New York ab. Dann zog er über Kanada in den US-Bundesstaat Washington, kehrte von dort aus nach New Mexico zurück und schaffte alle gegen ihn vorliegenden Anschuldigungen aus der Welt.

Anschließend begab sich Courtright wieder nach Fort Worth und gründete ein weiteres Mal eine Detektei. Diesmal allerdings verlegte sich die *T.I.C. Agency* hauptsächlich auf Schutzgelderpressungen von den örtlichen Spielhöllenbesitzern, denen man für einen gewissen Anteil am Gewinn »Ruhe und Ordnung« garantierte. Luke Short, einer der Mitinhaber des *White Elephant Saloon*, weigerte sich zu zahlen, und als Courtright ihn deshalb zur Rede stellte, wurde er von dem Glücksspieler Short erschossen.

Schießereien: *1882, bei Lake Valley, New Mexico*. Zwei mexikanische *bandidos* wollten einen von Courtright bewachten Erztransport überfallen. Es kam zu einer wilden Verfolgungsjagd, bei der Courtright die beiden Räuber mit gutgezielten Gewehrschüssen tötete.

1883, bei Silver City, New Mexico. Ranch-Vormann Courtright ritt zu einer Hütte von zwei Franzosen, die sich auf General Logans Land niedergelassen hatten. Als Courtright sie aufforderte, den Grund und Boden des Generals zu verlassen, kam es zu einem Schußwechsel, bei dem die beiden Kleinbauern von Longhaired Jim getötet wurden.

Jim Courtright, der mit der Waffe in der Hand für und wider das Gesetz eintrat, bis er von Luke Short getötet wurde. *(Western History Collections, University of Oklahoma Library)*

8. Februar 1887, Fort Worth, Texas. Courtrights Schutzgeldring kassierte unter anderem auch bei Jake Johnsons *White Elephant Saloon*. Luke Short, der zu dreißig Prozent an dem Saloon beteiligt war, erhob heftigen Einspruch gegen Johnsons Schutzgeldzahlungen an Courtright. Am 7. Februar ließ Longhaired Jim ihm über Johnson eine Warnung zukommen.

Tags darauf begegneten sich Short und Bat Masterson Courtright auf einem Schießstand in Fort Worth. Es kam zu einem heftigen Wortwechsel zwischen Courtright und Short, worauf Short in seine Jacke griff. Courtright warnte ihn davor, die Waffe zu ziehen, worauf Short erwiderte, daß er seine Schußwaffe niemals in der Jackentasche aufbewahre. Doch Courtright hatte bereits einen seiner Revolver gezogen und wollte gerade abdrücken, als sich der Hammer in seiner Uhrkette verfing, so daß Luke seinerseits die Waffe ziehen und einen Schuß abfeuern konnte, der die Trommel von Courtrights Sechsschüsser zerschmetterte.

Short gab fünf weitere Kugeln ab. Zwei davon gingen fehl, die anderen drei trafen Courtrights rechte Schulter, den rechten Daumen und sein Herz. Jim starb binnen weniger Minuten, und Short wurde später wegen erwiesener Notwehr freigesprochen.

Quellen: Schoenberger, *Gunfighters*, 143, 184; Looney, *Haunted Highways*, 173; Cheney, »Longhair Jim Courtright«, *Real West*, Herbst 1973, 14–17, 68.

Crane, Jim

Gest. im Juni 1881 in Mexiko. Viehdieb, Postkutschenräuber.

Crane hatte Verbindungen zum berüchtigten Clanton-McLaury-»Ring« in Südarizona. Er war in etliche Viehdiebstähle verwickelt und nahm 1881 an einem mißglückten Postkutschenüberfall teil, bei dem er angeblich den Schuß abfeuerte, der den Kutscher tötete. Crane ging zumeist mit seinen Komplizen Harry Head und Bill Leonard auf Raubzug, bis die beiden bei einem Überfall auf ein Geschäft getötet wurden. Aus Rache brachte Crane die Ladeninhaber um, wurde aber seinerseits kurz darauf aufgespürt und getötet.

Schießereien: *15. März 1881, Contention, Arizona.* Crane sowie Harry the Kid Head, Bill Leonard und Luther King wollten einen Goldtransport von *Wells, Fargo* überfallen. Gerüchteweise hieß es auch, bei dem Überfall sollte vor allem Bob Paul getötet werden, ein von *Wells, Fargo* gesandter Geheimagent, der künftige Raubüberfälle im Raum Tombstone verhindern helfen sollte. (Darüber hinaus munkelte man, hinter dem Anschlag auf Paul stünden die Clantons und die Earps; außerdem sei Doc Holliday zugegen gewesen. Der aber sei so betrunken gewesen, daß er den Überfall verpatzt habe, was schließlich eine der Ursachen für die Earp-Clanton-Fehde gewesen sei, die beim Gunfight am *O. K. Corral* ihren traurigen Höhepunkt fand. Dieser Version zufolge sollen die Earps die Postkutschenräuber nicht etwa gejagt haben, um sie der Gerechtigkeit zuzuführen, sondern um zu verhindern, daß ihre Komplizenschaft bekannt wurde. Doc Holliday wurde denn auch wegen Mordes und Raubüberfalls angeklagt, aber aus Mangel an Beweisen freigesprochen.)

Die von Tombstone kommende Nachtkutsche beförderte acht Fahrgäste sowie Goldbarren im Wert von 26 000 Dollar. Bei der Ankunft in der zwölf Meilen von Tombstone entfernten Ortschaft Contention wurde das Gespann ausgewechselt, und Bob Paul nahm auf dem Kutschbock Platz und löste den Kutscher Budd Philpot vorübergehend ab. Als die Kutsche etwa eine Meile später an einem steilen Wegstück langsamer wurde, traten Crane, Head und Leonard aus der Dunkelheit.

Einer der Outlaws rief: »Anhalten«, doch Crane eröffnete sofort das Feuer auf den, wie er meinte, bewaffneten Begleitschutzmann, der für gewöhnlich neben dem Kutscher saß. Der unglückliche Philpot, der mit Paul den Platz getauscht hatte, wurde von einer Kugel ins Herz getroffen und stürzte zwischen die Pferde, worauf diese in Panik durchgingen. Paul griff zu seiner Flinte und verletzte Leonard am Unterleib. Die Räuber feuerten hinter der schlingernden Kutsche her und töteten einen der Fahrgäste, einen Bergmann namens Peter Roerig, der auf dem Dach Platz genommen hatte. Daraufhin sprang Paul beherzt auf die Deichsel des Wagens und brachte das Gespann wieder unter Kontrolle.

Später führte Paul einen der Suchtrupps (die anderen wurden von Sheriff John Behan und Wyatt Earp geleitet), die Jagd auf die Räuber machten. Die Verfolger faßten aber lediglich Luther King, der auf die Pferde der Postkutschenräuber aufgepaßt hatte. King verriet zwar die Namen seiner Komplizen, doch diese konnten sich der Festnahme entziehen.

Juni 1881, Eureka, New Mexico. Als Leonard und Head ein Geschäft in Eureka überfallen wollten, wurden sie von Bill und Ike Haslett, den beiden Inhabern, getötet. Leonard erklärte kurz bevor er starb, daß Crane den tödlichen Schuß auf Budd Philpot abgegeben habe. Doch Crane, der nichts von Leonards Aussage auf dem Sterbelager wußte, sammelte mehrere hartgesottene Kerle um sich und wollte sich an den Gebrüdern Haslett rächen. Der Anschlag auf die Hasletts fand etwa sechsundzwanzig Meilen außerhalb von Eureka statt, doch die Brüder setzten sich ebenso furchtlos und gekonnt zur Wehr wie zuvor bei dem versuchten Raub in ihrem Geschäft. Sie erschossen zwei Männer aus Cranes Trupp und verletzten drei weitere, ehe sie schließlich überwältigt und getötet wurden.

Juni 1881, Mexiko. Aus lauter Verzweiflung flüchtete Crane über die Grenze nach Mexiko, wo er kurz darauf von mexikanischen Soldaten aufgespürt und nach einem kurzem Feuergefecht erschossen wurde.

Quellen: Faulk, *Tombstone*, 145–147; Waters, *Earp Brothers of Tombstone*, 127–140.

Cravens, Ben

Geb. 1868 in Lineville, Iowa und Missouri; gest. 19. September 1950. Pferdedieb, Whiskeyschmuggler, Eisenbahnräuber, Sträfling, Farmarbeiter.

Cravens, häufig als letzter Oklahoma-Outlaw bezeichnet, war der mißratene Sohn des Farmers B. B. Cravens. Ben hatte in der örtlichen Schule randaliert und war deswegen eingesperrt worden; später lief er von zu Hause weg und zog ins gesetzlose Indian Territory, wo er sich als Pferdedieb, Whiskeyschmuggler und Eisenbahnräuber durchschlug. Er wurde mehrmals festgenommen, brach aber ebenso häufig aus dem Gefängnis aus, so in Lineville und Corydon, Iowa, in Guthrie und Tecumseh, Oklahoma, und in Lansing, Kansas.

Cravens war mit einer Frau aus Missouri verheiratet und arbeitete eine Zeitlang unter einem Decknamen als Farmarbeiter, wurde aber wegen Schweinediebstahls festgenommen und vor Gericht gestellt. Als man herausfand, wer er wirklich war, wurde er zu einer lebenslangen Haftstrafe verurteilt und erst in hohem Alter auf Bewährung freigelassen.

Schießereien: *1896, Blackwell, Kansas.* Der wegen Eisenbahnraubes gesucht Cravens wurde vom City Marshal von Blackwell gestellt. Cravens zog seine Waffe, wurde aber niedergeschossen und so schwer verletzt, daß man ihn dem Tod nahe wähnte. Er genas jedoch wieder und wurde zu einer fünfzehnjährigen Zuchthausstrafe im *Kansas State Prison* in Lansing verurteilt.

1897, Lansing, Kansas. Der zur Arbeit in den Kohlegruben abgestellte Sträfling Cravens schnitzte sich einen hölzernen Revolver, verkleidete ihn mit Aluminiumfolie aus Zigarettenschachteln und bedrohte damit einen Aufseher. Der Wachmann übergab Craven seine Waffe und half ihm beim Ausstieg aus dem Zechenschacht. Craven erschoß den Wärter und konnte entkommen.

1897, Emporia, Kansas. Der gerade aus dem Gefängnis ausgebrochene Cravens begegnete zwei Mithäftlingen, die kurz zuvor ebenfalls geflohen waren. Als es zu einem Streit kam, erschoß Cravens beide Männer.

19. März 1901, Red Rock, Oklahoma. Cravens und ein ehemaliger Sträfling namens Bert Welty betraten einen Kaufladen mit angeschlossenem Postamt und plünderten, als sie niemanden antrafen, Kasse und Warenlager. Der Postmeister überraschte sie dabei und gab einen Schuß ab, verfehlte Cravens aber. Der drehte sich um, feuerte auf den Postmeister und tötete ihn auf der Stelle.

Anschließend flüchteten die beiden Outlaws im Schutze eines heftigen Gewitters aus der Stadt. Doch als ihr Wagen umkippte, richtete Cravens seine Schrotflinte

auf Welty und schoß ihn nieder. Welty über-
lebte wie durch ein Wunder und verriet
Cravens später, als dieser unter falschem
Namen eine Haftstrafe verbüßte.

Quelle: Croy, *Trigger Marshal*, 222–228.

Crawford, Ed

Gest. im November 1873 in Ellsworth, Kansas.
Ordnungshüter.
   Crawford wurde vor allem durch seine
Arbeit bei der Polizei in Ellsworth berühmt. Er war vorübergehend aus dem
Dienst ausgeschieden, als Sheriff C. B.
Whitney von Billy Thompson erschossen
wurde, doch Bürgermeister Jim Miller
holte ihn wieder zurück, nachdem er alle
anderen Ordnungshüter entlassen hatte.
Während Crawford den Blechstern trug,
tötete er den Texaner Cad Pierce (einen der
Teilnehmer an dem Montespiel, das zu
Whitneys Tod geführt hatte); eine Woche
darauf wurde er wieder vom Dienst suspendiert. Keine drei Monate später wurde
er, vermutlich aus Rache für den toten
Pierce, in einem Bordell in Ellsworth erschossen.

Schießereien: *20. August 1873, Ellsworth,
Kansas.* Nach dem Tod von Sheriff Whitney richtete sich der Volkszorn auf die in
der Stadt verbliebenen Texaner. Bürger-
wehrgruppen, so hieß es gerüchteweise,
hätten »Blankovollmachten« gegen etliche
Texaner ausgestellt, unter ihnen auch Cad
Pierce und Neil Cain, die maßgeblich an
den Ereignissen beteiligt waren, die zu
Whitneys Tod geführt hatten.
   Gegen 16 Uhr kamen Pierce, Cain und
ein weiterer Texaner namens John Good
auf City Marshal Ed Hogue, den Polizisten
Crawford und mehrere andere Männer zu,
die vor dem Geschäft standen, in das
Happy Jack Morco geflüchtet war, als die
tödlichen Schüsse auf Whitney fielen.
»Hallo, Hogue!« rief Pierce. »Ich habe
gehört, daß Sie eine Vollmacht auf meinen
Kopf haben. Stimmt das?«

Hogue erwiderte, Pierces Vorwurf sei
lachhaft, versuchte die Texaner zu beruhigen und erklärte, daß es bereits viel zu viel
Gerede gebe. »Jawohl, und zwar einen
ganzen Haufen Gerede«, mischte sich
Crawford ein. »Übles Gerede von eurer
Seite. Was hast du gestern gesagt, als du die
Schrotflinte in der Hand hattest? [Er bezog sich damit auf die Schrotflinte, die
Pierce Ben Thompson gegeben hatte – die
gleiche Waffe, mit der Billy Thompson fünf
Tage zuvor Whitney erschossen hatte.] Du
hast gesagt, mit der Knarre wäre schon mal
ein Hundsfott erschossen worden und daß
sie hundert Dollar gekostet hätte, du sie
aber für keine zweihundert Dollar mehr
hergeben würdest.«
   Pierce murmelte eine Antwort. »Was
sagst du da?« hakte Crawford wütend nach.
»Wenn du einen Kampf willst, dann ist das
hier genau der richtige Ort – so gut wie
jeder andere!« Daraufhin trat Crawford
zurück, legte die Hand an den Revolverknauf und zog, als Pierce nach hinten griff.
Crawfords erster Schuß traf Pierce an der
Seite, worauf der Texaner in das Geschäft
rannte. Crawford verfolgte ihn, schoß
Pierce in den Arm und zog ihm den Revolvergriff über den Schädel. Pierce starb
binnen weniger Minuten.

November 1873, Ellsworth, Kansas. Als Crawford nach Pierces Tod aus dem Polizeidienst entlassen wurde, forderten ihn er-
zürnte Texaner eindringlich auf, die Stadt
zu verlassen. Crawford ging, kehrte aber
Anfang November zurück. Vier Abende
nach seiner Rückkehr hielt er sich in Lizzie
Palmers Haus im Rotlichtbezirk der Stadt
auf, feuerte in trunkenem Zustand auf eine
Tür, hinter der sich eine Prostituierte und
ihr Freier, ein Texaner namens Putnam
(ein Schwager des getöteten Cad Pierce),
aufhielten, und trat sie schließlich ein.
Crawford verletzte Putnam an der Hand,
wurde aber seinerseits viermal getroffen,
als Putnam sämtliche sechs Kugeln aus seinem Revolver auf ihn abfeuerte. In diesem
Moment stürmten mehrere andere Texaner in das Bordell und eröffneten das

Feuer. Von dreizehn Kugeln getroffen, starb Crawford.

Quellen: Streeter, *Ben Thompson*, 103–106, 118; Bartholomew, *Wyatt Earp, the Untold Story*, 75–79; Drago, *Wild, Woolly & Wicked*, 114–118.

Cruz, Florentino

Geb. in Mexiko; gest. 22. März 1882, Tombstone, Arizona. Arbeiter, Dieb, Revolvermann.

Cruz war ein Halbblut, das sich mit Viehdieben und Postkutschenräubern im Raum Tombstone einließ. Er steckte mit Ike Clanton, Curly Bill Brocius, Pete Spence, Frank Stilwell und anderen Erzfeinden der Earp-Brüder unter einer Decke. Cruz war einer der fünf Männer, die Morgan Earp töteten, weswegen er anschließend von den Parteigängern der Earps verfolgt und erschossen wurde.

Schießereien: *18. März 1882, Tombstone, Arizona.* Cruz hielt sich nachmittags im Haus von Pete Spence, einem Postkutschenräuber und zeitweiligen Verbündeten gegen die Earps, in Tombstone auf. Als Morgan Earp auf der Straße vorbeiging, machte Spence Cruz auf ihn aufmerksam. Um 22 Uhr 50 spielte Earp im *Campbell and Hatch* eine Runde Billard. Er stand mit dem Rücken zu einer etwa drei Meter entfernten Glastür, die auf eine Gasse führte. Sein Bruder Wyatt saß daneben und verfolgte das Spiel. Spence, Frank Stilwell, ein Spieler namens Freis, Cruz und ein weiteres Halbblut namens »Indian Charley« schlichen zu der Glastür und gaben zwei Schüsse ab. Eine der Kugeln traf Morgan Earps Rücken, die andere schlug neben Wyatts Kopf in der Wand ein. Anschließend ergriffen die fünf Attentäter die Flucht. Etwa eine halbe Stunde später erlag Morgan Earp seiner Verletzung.

22. März 1882, Tombstone, Arizona. Zwei Tage zuvor hatten Wyatt und Warren Earp, Doc Holliday, Sherman McMasters und Turkey Creek Jack Johnson in Tucson Frank Stilwell niedergeschossen. Danach kehrte der Trupp, der Morgan Earps Mördern blutige Rache geschworen hatte, auf der Suche nach weiteren Tatverdächtigen nach Tombstone zurück. Die Earps und ihre Gefolgsleute begaben sich zu Pete Spences Holzlager außerhalb der Stadt, wo sie gegen elf Uhr morgens eintrafen. Mittlerweile hatte der County Sheriff Spence, Freis und Indian Charley in Gewahrsam genommen, doch Theodore Judah, der in Spences Lager arbeitete, verriet der Earpschen Posse, daß Cruz in der Nähe Holz fälle. Daraufhin fielen die Rächer über das Halbblut her. Judah hörte »zehn bis zwölf« Schüsse und fand später Cruz' von Kugeln durchsiebte Leiche.

Quelle: *Tombstone Epitaph*, 22., 23., 25. und 27. März 1882.

Cummings, Samuel M.

(»Doc«)

Gest. 14. Februar 1882, El Paso, Texas. Schafzüchter, Restaurantinhaber, Hotelier, Friedensrichter, Ordnungshüter.

Doc Cummings war ein guter Freund und Schwager des texanischen Revolvermannes Dallas Stoudenmire, dessen Schwester er 1870 in Columbus, Texas, geheiratet hatte. Vermutlich aufgrund dieser Bekanntschaft mit rauhen Männern, vielleicht aber auch wegen seiner aufbrausenden Art, war Cummings in zahlreiche Auseinandersetzungen verwickelt, die gelegentlich zu Schießereien ausarteten. Im Laufe seines Lebens war Cummings Hotelbesitzer in San Marcial, New Mexico, Friedensrichter im Oldham County, Texas, Schafzüchter in Westtexas und Inhaber diverser Restaurants in El Paso. Doch seine Streitlust führte 1882, zwei Wochen, nachdem er sich als Deputy Sheriff den Stern an die Brust geheftet hatte, zu seinem Tod bei einer Schießerei.

Schießereien: *17. April 1881, El Paso, Texas.*
Cummings begleitete Marshal Dallas Stoudenmire bei dessen abendlichen Rundgängen durch El Paso. Plötzlich sprang ein gewisser Bill Johnson, der in ein Mordkomplott gegen Stoudenmire verwickelt war und auf einem Haufen Ziegelsteine in Lauer gelegen hatte, auf und gab mit seiner Schrotflinte einen ungezielten Schuß auf den Marshal ab. Stoudenmire und Cummings zogen den Revolver und erwiderten das Feuer. Johnson wurde von acht Kugeln getroffen, die ihm Brust und Unterleib zerfetzten, und stürzte tot vom Steinhaufen. Als auch von der anderen Straßenseite aus mehrere Schüsse fielen, rückten Stoudenmire und Cummings auf die Angreifer vor und schlugen sie in die Flucht.

14. Februar 1882, El Paso, Texas. Cummings und Stoudenmire verband unter anderem der Haß auf die in El Paso lebenden Manning-Brüder, die sie für die Anstifter des Mordkomplotts hielten, bei dem Bill Johnson getötet worden war. Knapp zehn Monate später begegneten sich Cummings und Jim Manning im *Coliseum Variety Theater.* Es war gegen 18 Uhr, und Cummings, der ziemlich angetrunken war, beschimpfte Manning und versuchte, ihn zum Zweikampf zu provozieren. Manning verwahrte sich wiederholt gegen eine Schießerei, legte aber schließlich den Mantel ab, schnallte einen Revolvergurt um und versetzte grimmig: »Doc, das wird jetzt ausgetragen.«
Cummings griff zur Waffe, doch Manning und der Barkeeper David Kling, den Doc ebenfalls beleidigt hatte, schossen schneller. Beide Kugeln trafen Docs Leib. Cummings konnte noch einen ungezielten Schuß abfeuern, dann torkelte er durch die Flügeltür nach draußen, brach mitten auf der Straße zusammen und starb mit einem gräßlichen Stöhnen.

Quellen: Metz, *Dallas Stoudenmire,* 31, 42, 51–53, 59, 74, 82–92; Sonnichsen, *Pass of the North,* 220, 222–224, 230, 239.

Curry, George

(»*Flat Nose*«, »*Big Nose*«)

Geb. 20. März 1871, Prince Edward Island, Kanada; gest. 17. April 1900, Castle Gate, Utah. Viehdieb, Zureiter, Eisenbahn- und Bankräuber.

Curry wanderte mit seiner Familie aus Kanada aus und verbrachte seine Kindheit in Chadron, Nebraska. Mit fünfzehn Jahren zog er gen Westen und wurde dort zum Viehdieb. Dabei wurde er einmal von einem Pferd ins Gesicht getreten und erlitt die Verletzung, die ihm seinen Spitznamen eintrug.

Curry nahm an mehreren Bank- und Eisenbahnüberfällen des *Wild Bunch* teil, ehe er 1897 von einer Posse verletzt und gefangengenommen wurde. Er und zwei seiner Gefährten konnten jedoch entkommen, und im darauffolgenden Sommer arbeiteten er, Harvey Logan und Sundance Kid als Zureiter auf diversen Ranches.

1899 war Curry an einem Eisenbahnüberfall bei Wilcox Siding, Wyoming, beteiligt. Knapp zehn Monate später wurde er nach einer langen Verfolgungsjagd in Utah von einer Posse gestellt und getötet. Anschließend fielen Souvenirjäger über ihn her, schnitten ihm Hautfetzen von der Brust und ließen sich Brieftaschen und Mokassins daraus anfertigen, ehe man ihn in Thompson, Utah, verscharrte. Mehrere Monate darauf erschien sein Vater, ließ ihn exhumieren, nach Nebraska überführen und in Chabron zur letzten Ruhe betten.

Schießereien: *Oktober 1897, südliches Montana.* Curry, Sundance Kid und Harvey Logan waren nach Montana gezogen, um dort einen Zug zu überfallen. Sie lagerten unmittelbar hinter der Staatsgrenze von Montana, als sie von Six-shooter Bill Smith und einem Kopfgeldjäger aufgespürt wurden. Die beiden Ordnungshüter schlichen sich zwischen die Outlaws und ihre angehobbelten Pferde und forderten die Gesuchten auf, sich zu ergeben. Hastig griffen die Banditen zu den Waffen und lieferten sich mit den Verfolgern ein Feuergefecht, in dessen Verlauf Curry am Arm getroffen wurde.

Als den Outlaws klarwurde, daß sie nicht zu ihren Pferden gelangen konnten, stellten sie das Feuer ein und ergaben sich. Sie wurden ins Gefängnis von Deadwood gebracht und wegen eines Banküberfalls in Belle Fourche, South Dakota, angeklagt, konnten aber kurz darauf entkommen.

5. Juni 1899, am Red Fork des Powder River, Wyoming. Nachdem der *Wild Bunch* bei einem Eisenbahnüberfall bei Wilcox Siding achttausend Dollar erbeutet hatte, teilte sich die Bande auf. Curry, Harvey Logan und Sundance Kid ritten gemeinsam gen Norden und schlugen ihr Lager am Red Fork, einem Zufluß des Powder River, auf. Sie saßen gerade beim Essen, als eine Posse auftritt. Logan tötete Sheriff Joe Hazen, woraufsich die Outlaws, wild um sich schießend, in Sicherheit bringen konnten.

17. April 1900, Castle Gate, Utah. Curry, der sich mittlerweile wieder auf Viehdiebstähle verlegt hatte, wurde in der Nähe von Castle Gate, Utah, von einer Posse unter Führung der Sheriffs Jesse Tyler und William Preece gestellt. Es kam zu einer wilden Verfolgungsjagd über sechs Meilen, bei der keine Seite einen Treffer erzielte, bis entweder Tyler oder der Ranch-Vormann Doc King Curry mit ihren weittragenden Flinten am Kopf traf. Curry warf sich zwischen mehrere Felsbrocken und verschanzte sich. Als er nicht mehr zurückfeuerte, rückten die Ordnungshüter vorsichtig näher und stellten fest, daß der Gejagte mittlerweile tot war. Er lehnte an einem Felsen und hatte sein Gewehr im Schoß liegen.

Quellen: Horan und Sann, *Pictorial History of the Wild West*, 191, 198, 210–213; Baker, *Wild Bunch*, 86, 95–104, 109, 186, 216; Pointer, *Butch Cassidy*, 67–68, 70, 102–103, 127, 131, 153, 158–159, 161.

Dalton, Bob Reddick

Geb. 1868 im Cass County, Missouri; gest. 5. Oktober 1892, in Coffeyville, Kansas. Farmer, Ordnungshüter, Eisenbahn- und Bankräuber.

Daltons Vater Lewis besaß in Missouri einen Saloon, wurde aber Farmer, weil er wollte, daß seine Söhne in einer besseren Umgebung aufwuchsen. 1882 zog die Familie ins Indian Territory und lebte eine Zeitlang in der Nähe von Coffeyville, Kansas, wo 1892 die Dalton-Gang aufgerieben werden sollte. Als Frank, ein älterer Bruder, der als Deputy U.S. Marshal unter dem für seine Todesurteile berüchtigten »Hanging Judge« Isaac Parker diente, von drei Whiskeyschmugglern erschossen wurde, hefteten sich prompt der damals noch halbwüchsige Bob sowie seine Brüder Emmett und Grat den Deputy-Stern an die Brust. Bob wurde kurz darauf wegen Bestechlichkeit gefeuert, und nachdem Gerüchte laut geworden waren, die Dalton-Brüder würden nebenbei Vieh stehlen, quittierten auch Emmett und Grat den Dienst.

Grat folgte seinen beiden anderen Brüdern Bill und Littleton nach Kalifornien, während Bob und Emmett nach New Mexico zogen. Dort raubten sie, nachdem sie angeblich beim Pharao betrogen worden waren, eine Runde Spieler aus und wurden anschließend steckbrieflich gesucht. Emmett kehrte daraufhin nach Oklahoma zurück, während Bob nach Kalifornien flüchtete. Dort verübten Bob und Grat gemeinsam mit zwei anderen Rauhbeinen einen Zugüberfall, mußten ihr Vorhaben aber nach einem heftigen Schußwechsel aufgeben.

Bob beschloß daraufhin, sein Glück als Outlaw in Oklahoma zu suchen, wo er sich besser auskannte. Er kehrte nach Hause zurück und wurde aufgrund seines wilden Naturells Anführer einer Gangsterbande, die anderthalb Jahre lang die Gegend unsicher machte. Zu den Mitgliedern der Gang gehörten Bob, Grat und Emmett Dalton, Bill Doolin, Dick Broadwell, Black

Faced Charley Bryant, William McElhanie, Bitter Creek Newcomb, Charley Pierce und Bill Powers. Bobs Freundin Eugenia Moore war bis zu ihrem Tod – sie starb kurz vor dem Banküberfall von Coffeyville an Krebs – Spionin und Kundschafterin der Gang.

Die Daltons überfielen im heimischen Oklahoma insgesamt nur vier Züge – in Wharton, Lelietta, Red Rock und Adair –, doch man schrieb ihnen auch diverse andere Räubereien in der näheren und weiteren Umgebung zu. Dann planten sie ihr kühnstes Unternehmen, einen zweifachen Banküberfall in Coffeyville, wo ihr Vater und ihr Bruder Frank begraben waren. Doch die Einwohner setzten sich zur Wehr, und bei dem anschließenden Gemetzel wurde Bob getötet und seine Gang zusammengeschossen.

Schießereien: *Winter 1888, Coffeyville, Kansas.* Bob war in eine Cousine zweiten oder dritten Grades verliebt, eine gewisse Minnie Johnson. Kaum war er aus Coffeyville abgereist, um seinen Dienst als Ordnungshüter in Arkansas anzutreten, als ein gewisser Charles Montgomery, der auf einem Nachbarhof der Daltonschen Heimstätten-Farm arbeitete, Minnie den Hof machte. Bob war bei seiner Rückkehr außer sich vor Wut, worauf Minnie und Charles, verfolgt von Dalton, der wie ein Wilder mit dem Revolver auf sie schoß, mit dem Zug flüchteten. Bob schwor Rache. Als Montgomery im Winter zurückkam, um seine Habe abzuholen, fing Bob ihn auf der Landstraße vor Coffeyville ab. Es kam zu einem hitzigen Wortwechsel, worauf Bob mit seiner *Winchester* Montgomery eine Kugel in den Hals jagte. Nachdem Bob erklärt hatte, er habe einen Viehdieb erschossen, wurden die Ermittlungen eingestellt.

6. Februar 1891, Alila, Kalifornien. Bob, Grat und zwei Komplizen brachten den Bahnhof der kleinen Ortschaft Alila in ihre Gewalt und hielten den einfahrenden Frühzug an. Die Outlaws zogen sich Masken über, und sobald der Zug langsamer wurde, sprangen zwei von ihnen auf die Lok. Während einige Räuber die Fahrgäste mit Flintenschüssen in Schach hielten, zwang einer der Maskierten den Heizer George Radcliff, ihn zum Expreßgutwaggon zu begleiten. Der darin eingeschlossene Expreßbote weigerte sich, die Tür zu öffnen, worauf sich die Bande mit Pickeln Zugang verschaffte. Als die Outlaws in den Waggon stiegen, versuchte sich Radcliff davonzustehlen, doch einer der Räuber schoß auf ihn und fügte ihm eine tödliche Bauchwunde zu. Die Banditen konnten jedoch den Safe nicht öffnen, und nachdem sie vergebens mit Brecheisen zu Werke gegangen waren, flohen sie aus der Stadt.

15. Juli 1892, Adair, Oklahoma. Bob und seine Gang hatten vor diesem lange geplanten Überfall mehrere Tage in der Nähe von Adair gelagert. Gegen 21 Uhr 30 ritten Bob und sieben Männer, gefolgt von einem Kutschwagen, in die Stadt. Keck betraten sie den Bahnhof, hielten die Anwesenden mit ihren Waffen in Schach, raubten sie aus und warteten dann seelenruhig auf den für 21 Uhr 42 angekündigten Zug.

Sobald der Zug einfuhr, besetzten die Banditen die Lokomotive, begaben sich dann zum Expreßgutwaggon und schoben ihre Kutsche an dessen Tür. Nachdem sie mit dem Einsatz von Dynamit gedroht und mehrere Schüsse auf die Tür abgegeben hatten, ließ der Expreßbote sie ein. Drei der Banditen sprangen in den Waggon, zwangen den Expreßboten, den Safe zu öffnen, räumten ihn aus und warfen die Beute auf ihren Wagen.

In diesem Augenblick eröffneten mehrere Wachmänner das Feuer auf die Gang, worauf es zu einem hitzigen Schußwechsel kam, bei dem drei Bewacher – Eisenbahndetektiv L. L. Kinney, der eine Fleischwunde an der linken Schulter erlitt, der Chef der Territorial-Polizei, Charley La-Flore, der am Arm getroffen wurde, sowie Deputy Marshal Sid Johnson, der einen Streifschuß erlitt – verletzt wurden. Verirrte Kugeln verletzten Doktor T. S. Youngblood und töteten Doktor W. L. Goff, die in einem Drugstore gesessen hatten, als die Schießerei losging.

5. Oktober 1892, Coffeyville, Kansas. Sechs Mitglieder der Dalton-Gang – die drei Daltons, Dick Broadwell, Bill Powers und Bob Doolin – wollten zwei Banken in Coffeyville ausrauben. Auf dem Weg in die Stadt lahmte angeblich Doolins Pferd, so daß dieser nicht an dem Überfall teilnahm. Gegen 9 Uhr 30 ritten die übrigen Bandenmitglieder in die Stadt ein und banden ihre Pferde in einer Gasse an, da die normalerweise am Marktplatz stehenden Geländer zum Anbinden der Tiere von Arbeitern vorübergehend entfernt worden waren.

Die Daltons wurden von einem Bürger namens Aleck McKenna erkannt, der daraufhin heimlich Alarm schlug. Während Grat, Powers und Broadwell zu der auf der anderen Straßenseite liegenden *Condon Bank* gingen, betraten Bob und Emmett die *First National Bank* und richteten ihre Waffen auf den Schalterbeamten W. H. Shepherd, den Kassierer Thomas G. Ayres sowie die Kunden C. L. Hollingsworth, J. H. Brewster und A. W. Knott, einen Deputy Sheriff. Bob und Emmett wollten gerade ihre Beute, einundzwanzigtausend Dollar, in einem Jutesack verstauen, als draußen Warnschreie ertönten und die Bewohner der Stadt sich in einer benachbarten Eisenwarenhandlung bewaffneten.

Als sie aus der Bank kamen, schoben Bob und Emmett Shepherd, Ayres und Knot als Schutzschilde vor sich her, wurden aber durch heftiges Schußfeuer zum Rückzug gezwungen und versuchten daraufhin durch die Hintertür zu ihren Pferden zu gelangen. Ein junger Mann namens Lucius Baldwin fuchtelte mit dem Revolver herum und wollte ihnen den Weg abschneiden, doch Bob jagte ihm eine Kugel aus seiner *Winchester* in die linke Brust und verletzte ihn tödlich. Als die beiden Brüder an Rummels Drugstore vorbeirannten, entdeckte Bob die beiden Stiefelmacher George Cubine und Charles Brown, die die Daltons

von klein auf gekannt hatten. Cubine, der eine *Winchester* in der Hand hatte, wurde von Bob mit einem Schuß getötet. Wütend griff Brown zu der Flinte, worauf Bob den alten Mann ebenfalls erschoß. Ayres, der inzwischen aus der Bank zu Ishams Eisenwarenladen gerannt war, wurde beim Verlassen des Geschäfts von Bob mit einem Schuß in die linke Wange niedergestreckt.

In der Gasse stießen Bob und Emmett auf ihre drei Gefährten, die lediglich fünfzehnhundert Dollar hatten erbeuten können, ehe die Schießerei ausbrach. Sie wollten gerade auf ihre Tiere steigen, als sie in einen Kugelhagel gerieten, in dem Bob Dalton und Bill Powers die Pferde unter dem Leib weggeschossen wurden. In diesem Augenblick kam Marshal Charles Connelly, ein ehemaliger Lehrer, mit rauchenden Revolvern in die »Gasse des Todes« gestürmt, wurde aber von Grat erschossen.

Plötzlich tauchte John J. Kloehr, ein Mietstallbesitzer, etwa anderthalb Meter vor den Outlaws auf. Bob fuhr herum, doch Kloehr jagte dem Bandenführer eine Kugel in die Brust. Bob torkelte zurück, setzte sich auf den Boden, sank zur Seite und starb. Grat, der gerade auf Kloehr anlegen wollte, bekam von dem Mietstallbesitzer kurzerhand eine Kugel in den Hals.

Powers sprang auf Grats Pferd, wurde aber von einer Kugel ins Herz getroffen und stürzte zu Boden. Broadwell, der in der *Condon Bank* einen Armschuß erlitten hatte, schwang sich in den Sattel und gab seinem Pferd die Sporen, wurde jedoch mit einer mörderischen Salve eingedeckt und getötet. Jetzt saß auch Emmett auf, der, obwohl am Arm getroffen, noch immer den Sack mit dem Geld festhielt. Er versuchte Bob zu sich aufs Pferd zu ziehen, wurde aber von Kloehr und dem Barbier Carey Seaman aus nächster Nähe aus dem Sattel geschossen.

Damit war die Schießerei vorüber. Auf seiten der Stadtbewohner gab es mit Charley Gump und T. A. Reynolds zwei weitere Verletzte. Der von mehreren Kugeln getroffene Emmett war der einzige Outlaw, der mit dem Leben davonkam. Anschließend schnitten Souvenirjäger Locken aus Bobs Haar, und die triumphierenden Stadtbewohner stellten Bobs und Grats Leichen aufrecht hin und ließen sich mit ihnen fotografieren.

Quellen: Horan und Sann, *Pictorial History of the Wild West*, 156–165; Preece, *Dalton Gang;* Drago, *Road Agents and Train Robbers*, 177–193.

Dalton, Emmett

Geb. 1871 im Cass County, Missouri; gest. 13. Juli 1937, Los Angeles, Kalifornien. Farmer, Ordnungshüter, Eisenbahn- und Bankräuber, Sträfling, Grundstücksmakler, Bauunternehmer, Drehbuchautor, Schauspieler.

Emmett und seine vierzehn Brüder und Schwestern wurden auf einer Farm in Missouri geboren, zogen aber 1882 auf eine Heimstätten-Farm in der Nähe von Coffeyville, Kansas. Später ließ sich die Familie in Kingfisher, Oklahoma, nieder, doch zu diesem Zeitpunkt stand Emmett in Arkansas bereits in staatlichen Diensten. Auch seine Brüder Bob und Grat, die ebenso wie er ihrem Bruder Frank nacheifern wollten, einem Deputy U. S. Marshal, der bei einer Festnahme getötet worden war, trugen eine Zeitlang den Stern. Wenig später aber wurde Bob wegen Bestechlichkeit gefeuert, worauf auch Grat und Emmett den Dienst quittierten, ehe man sie wegen Viehdiebstahls anklagen konnte. Emmett zog mit Bob nach New Mexico, wo die beiden eine Pharao-Runde ausraubten, weil sie von den hauseigenen Spielern angeblich »betrogen« worden waren.

Bob zog daraufhin zu drei anderen Brüdern nach Kalifornien, und Emmett suchte in Oklahoma Zuflucht. Dort baute er eine geräumige Erdbehausung, in der die Dalton-Gang später Unterschlupf finden sollte. Bob und Grat, auf deren Konto mittlerweile ein versuchter Zugüberfall in Kalifornien ging, kehrten nach Oklahoma zurück, wo Bob nach dem Wiedersehen mit Emmett eine Eisenbahnräuberbande gründete.

Anderthalb Jahre lang raubte die Bande Züge aus, ehe es bei einem Überfall auf zwei Banken in Coffeyville zu der berühmten Schießerei kam, die nur Emmett überlebte. Er wurde schwer verletzt, weigerte sich aber, sich von einem Arzt seinen Arm amputieren zu lassen, und kam langsam wieder zu Kräften. Sobald er genesen war, wurde er vor Gericht gestellt und bekannte sich wegen Mordes zweiten Grades für schuldig – er übernahm damit die Verantwortung für die tödlichen Schüsse auf George Cubine in Coffeyville, obwohl diese vermutlich von Bob abgegeben worden waren.

Emmett wurde zu einer lebenslangen Zuchthausstrafe verurteilt und saß bis zu seiner Begnadigung im Jahr 1907 im *Kansas State Penitentiary* ein. Nach seiner Entlassung heiratete er seine Geliebte aus alten Outlaw-Zeiten und führte fortan ein ehrliches Leben. Er betätigte sich als Bauunternehmer und Grundstücksmakler und zog 1920 nach Los Angeles, wo er Drehbücher für Kinofilme schrieb und in einigen Nebenrollen mitwirkte. Bis zu seinem Tod im Jahre 1937 zog er energisch gegen jegliche Kriminalität zu Felde, setzte sich aber ebenso engagiert für eine Reform des Strafvollzugs ein.

Schießereien: *15. Juli 1892, Adair, Oklahoma.* Um 21 Uhr ritt die Dalton-Gang in Adair ein, besetzte den Bahnhof und wollte den für 21 Uhr 42 angekündigten Zug ausrauben. Als der Zug einrollte, brachten die Banditen die Lokomotive in ihre Gewalt, schoben einen Kutschwagen an den Expreßgutwaggon und bedrohten den Expreßboten so lange, bis dieser die Tür öffnete. Daraufhin stiegen drei Outlaws in den Waggon, räumten den Safe aus und warfen ihre Beute auf den mitgeführten Wagen.

Mittlerweile hatten Wachmänner vom Raucherwaggon aus das Feuer auf die Bande eröffnet. Die Outlaws antworteten mit einer heftigen Salve, verletzten drei der Bewacher leicht und zogen sich dann aus

102 Dalton, Grattan

der Stadt zurück. Ehe die Schießerei vorüber war, wurden die Ärzte T. S. Youngblood und W. L. Goff von verirrten Kugeln verletzt beziehungsweise getötet.

5. Oktober 1892, Coffeyville, Kansas. Um 9 Uhr 30 ritten Emmett, Bob und Grat Dalton sowie Bill Powers und Dick Broadwell in Coffeyville ein, banden ihre Pferde in einer Gasse fest und begaben sich zu zwei Banken, die sie auszurauben gedachten. Emmett und Bob betraten die *First National Bank*, während die anderen drei zu der auf der anderen Seite des Platzes gelegenen *Condon Bank* gingen. Bob und Emmett warfen in aller Eile einundzwanzigtausend Dollar in einen Getreidesack und wollten gerade die Bank verlassen, als sie von den mittlerweile alarmierten Bewohnern der Stadt unter Feuer genommen wurden und sich zurückziehen mußten.

Sie stürmten aus der Hintertür und rannten zu der Gasse, in der ihre Pferde standen. Unterwegs streckte Bob Lucius Baldwin, George Cubine, Charles Brown und Thomas Ayre, der als einziger überlebte, mit gezielten Schüssen nieder. (Später sollte man Emmett den Tod von Brown und Cubine zur Last legen und ihn wegen Mordes zweiten Grades anklagen.) Emmett wurde am rechten Arm getroffen, hielt aber nach wie vor den Sack mit dem Geld fest und konnte auf sein Pferd steigen.

Grat, Powers und Broadwell rannten, verfolgt von Marshal Charles Connelly, zu ihren Pferden. Grat erschoß Connelly und wollte gerade aufsitzen, als der Mietstallbesitzer John J. Kloehr auftauchte und Bob und Grat aus etwa anderthalb Metern Entfernung niederschoß. Powers und Broadwell schwangen sich auf ihre Tiere, wurden aber im gleichen Augenblick von einer mörderischen Salve aus dem Sattel gerissen.

Emmett versuchte, Bob zu sich aufs Pferd zu ziehen, doch Kloehr jagte ihm eine Kugel in die Hüfte, und der Barbier Carey Seaman traf ihn mit einer grobkörnigen Schrotladung an Schulter und Rücken. Emmett wurde zu Boden gerissen und anschließend ins *Farmers' Hotel* getragen, wo ihn seine Geliebte und seine Mutter gesund pflegten.

Quellen: Horan und Sann, *Pictorial History of the Wild West*, 156–166; Preece, *Dalton Gang;* Dalton und Jungmeyer, *When the Daltons Rode;* Drago, *Road Agents and Train Robbers*, 177–193, 226.

Dalton, Grattan

(»Grat«)

Geb. 1865 im Cass County, Missouri; gest. 5. Oktober 1892, Coffeyville, Kansas. Farmer, Ordnungshüter, Eisenbahn- und Bankräuber.

Grat Dalton wuchs mit seinen vierzehn Geschwistern auf Farmen in Missouri und Kansas auf. Als die Familie auf eine Heimstätten-Farm in der Nähe von Kingfisher, Oklahoma, zog, dienten Grat und drei seiner Brüder bereits als Deputy U. S. Marshals. Frank Dalton wurde 1887 in Ausübung seines Dienstes getötet, doch Grat, Bob und Emmett sollte ein weniger ehrenvoller Abgang beschieden sein. Grat und Emmett quittierten den Dienst, nachdem allerlei Gerüchte laut geworden waren, wonach sie sich nebenbei als Viehdiebe betätigen sollten, und Bob wurde gefeuert, weil er Schmiergelder angenommen hatte.

Grat zog anschließend nach Kalifornien, wo sich bereits seine Brüder Littleton und Bill niedergelassen hatten. Kurz darauf stieß Bob zu ihnen, und im Februar 1891 versuchten Grat und Bob einen Zug auszurauben. Auf der Flucht stürzte Grats Pferd, worauf Grat, der eine klaffende Wunde an der Seite erlitten hatte, sich zum Haus seines Bruders Bill in Tulare durchschlug. Eine Posse folgte der Blutspur und nahm Grat und Bill fest. Bill ließ man kurz darauf wieder frei, doch Grat wurde vor Gericht gestellt und zu einer zwanzigjährigen Haftstrafe verurteilt. Am 1. April 1891 wurde er in einen Zug gesetzt und sollte in die Strafanstalt überführt werden, aber unterwegs gelang ihm eine spektakuläre Flucht.

Die Dalton-Gang nach dem Überfall von Coffeyville. Die Leichen sind vor dem Mietstall von John J. Kloehr aufgebahrt, dessen Schüsse alle drei Dalton-Brüder trafen. *(Kansas State Historical Society)*

Nach diesem glücklichen Ausgang des kalifornischen Abenteuers kehrte Grat nach Oklahoma zurück und schloß sich Bobs Räuberbande an. Die Daltons führten eine ganze Reihe erfolgreicher Überfälle durch, doch als sie zwei Banken in Coffeyville, Kansas, ausrauben wollten, kam es zu einem Massaker, bei dem Grat und sieben weitere Männer getötet wurden.

Schießereien: *1888, Oklahoma.* Grat wollte einen indianischen Desperado festnehmen, der sich mit der Waffe zur Wehr setzte. Es kam zu einem Schußwechsel, bei dem Grat von einer Kugel am linken Unterarm getroffen wurde.

6. Februar 1891, Alila, Kalifornien. Kurz vor der Durchfahrt des Morgenzuges besetzten Grat, Bob und zwei Helfershelfer den Bahnhof der Ortschaft Alila. Als der Zug nahte, hielten ihn die Outlaws mit Flaggensignalen an, streiften dann ihre Masken über und zückten die Waffen. Während zwei der Banditen die Fahrgäste mit Schüssen in Schach hielten, sprangen die beiden anderen auf die Lokomotive.

Grat bedrohte den Lokführer mit vorgehaltener Waffe, und die anderen Räuber zwangen den Heizer George Radcliff, sie zum Expreßgutwaggon zu begleiten. Als der Expreßbote sich weigerte, die Tür zu öffnen, verschafften sich die Banditen mit Pickeln Zutritt. Radcliff versuchte zu flüchten, wurde aber niedergeschossen und erlitt eine tödliche Bauchverletzung. Dann drangen die Banditen in den Waggon ein, konnten aber den Safe nicht öffnen. Schließlich warfen sie wütend ihre Brecheisen weg, sprangen auf ihre Pferde und sprengten aus der Stadt.

15. Juli 1892, Adair, Oklahoma. Gegen 9 Uhr morgens ritten Grat und die anderen Mitglieder der Dalton-Gang von ihrem außerhalb der Stadt gelegenen Lager nach Adair. Mit Waffengewalt besetzten sie den Bahnhof, und als um 9 Uhr 42 der Zug einfuhr, gingen sie genau nach Plan vor. Zwei Männer stürmten die Lokomotive, andere Outlaws schoben einen Kutschwagen an den Expreßgutwaggon, und die übrige Bande lieferte sich einen Schußwechsel mit dem im Raucherwaggon sitzenden Wachpersonal.

Drei Wachmänner wurden dabei leicht verletzt; zudem wurden zwei in einem Drugstore sitzende Bürger, die Ärzte T. S. Youngblood und W. L. Goff, von verirrten Kugeln getroffen. Die Schießerei war noch in vollem Gang, als drei der Outlaws auf den Expreßgutwaggon sprangen, den Expreßboten dazu zwangen, den Safe zu öffnen, den Inhalt in Futtersäcke packten und diese auf den mitgeführten Wagen warfen. Anschließend zog die Bande ab und tauchte im wilden Umland unter.

5. Oktober 1892, Coffeyville, Kansas. Grat, Bob und Emmett Dalton ritten mit Dick Broadwell und Bill Powers in die unweit der alten Heimstätten-Farm der Daltons gelegene Stadt Coffeyville, wo sie zwei am Marktplatz gelegene Banken überfallen wollten. Ursprünglich hatten sie ihre Pferde unmittelbar vor den beiden Banken anbinden wollen, doch ein Bautrupp hatte die dafür vorgesehenen Holzgeländer entfernt, so daß die Gang die Tiere an einem Zaun in einer nahe gelegenen Gasse festmachen mußte. Bob und Emmett begaben sich daraufhin zur *First National Bank*, während Grat, Powers und Broadwell die Straße überquerten und die *Condon Bank* betraten.

Dort bedrohten sie den stellvertretenden Bankdirektor Charles Carpenter sowie den Buchhalter T. C. Babb und den Kassierer Charley Ball mit vorgehaltener Waffe und forderten sie auf, den Safe zu öffnen. Nach kurzem Nachdenken log Ball die Banditen an und erklärte, der Safe habe ein Zeitschloß, das sich erst um 9 Uhr 45 öffnen lasse, in drei Minuten also. Draußen ertönten bereits Warnrufe, doch Grat erklärte seelenruhig, daß er warten werde, bis das »Zeitschloß« aufgehe. Mittlerweile bewaffneten sich die Stadtbewohner jedoch, und ein Sattler namens Miller feuerte einen Schuß in die Bank ab und traf Broadwell am Arm. Als Bob und Emmett mit einem

prallvollen Getreidesack aus der gegenüberliegenden Bank kamen, raffte Grat fünfzehnhundert Dollar in losen Scheinen in seine Tasche und führte seine Männer um die Ecke in Richtung der Gasse, in der ihre Pferde standen.

Bob hatte bereits vier Bürger niedergeschossen, und als Grat angestürmt kam, lag die »Gasse des Todes« unter schwerem Feuer. City Marshal Charles T. Connelly, ein ehemaliger Lehrer, rannte, wild um sich feuernd, auf die Banditen zu, worauf Grat ihn mit einem Schuß tötete. In diesem Moment trat der Mietstallbesitzer John J. Kloehr hinter einem Zaun hervor und jagte Bob eine Kugel aus seiner Flinte in die Brust. Als sein Bruder fiel, wollte sich Grat Dalton den Mietstallbesitzer vornehmen, doch dieser drückte erneut ab und traf ihn am Hals.

Als Grat zusammenbrach, sprang Powers auf sein Pferd, wurde aber sofort aus dem Sattel geschossen. Broadwell schwang sich ebenfalls auf sein Reittier, und auch er wurde niedergestreckt. Als auch Emmett vom Pferd geschossen wurde, war der Kampf vorbei. Sieben Stadtbewohner waren getroffen worden – drei davon tödlich –, und auf seiten der Outlaws überlebte lediglich der von Schrotkugel durchsiebte Emmett. Anschließend bewegten neugierige Bürger Grats Arme auf und ab und ergötzten sich am ausströmenden Blut, und zu guter Letzt richteten die triumphierenden Sieger seine Leiche auf und ließen sich mit ihr fotografieren.

Quellen: Horan und Sann, *Pictorial History of the Wild West*, 156–165; Preece, *Dalton Gang;* Drago, *Road Agents and Train Robbers,* 177–192.

Dalton, William Marion

Geb. 1866 im Cass County, Missouri; gest. 8. Juni 1894, bei Ardmore, Oklahoma. Farmer, Politiker, Bankräuber.

Bill, einer der zehn Söhne (dazu kamen noch fünf Töchter) des aus Missouri stammenden Saloonbesitzers und Farmers Lewis Dalton, war ein berüchtigter Bandit, gehörte aber nicht der Dalton-Gang an. Bill heiratete, sobald er erwachsen war, und brachte es in der kalifornischen Stadt Tulare als Lokalpolitiker zu Amt und Würden. 1891 kamen seine Brüder Grat und Bob, die bereits mit dem Gesetz in Konflikt geraten waren, nach Kalifornien und versuchten, einen Zug zu überfallen. Nach dem gescheiterten Raub suchte Grat bei Bill Zuflucht, worauf beide von einer Posse festgenommen wurden. Bill kam umgehend wieder frei, doch Grat wurde zu einer langen Haftstrafe verurteilt, der er sich nur durch eine spektakuläre Flucht entziehen konnte.

Nach dem Banküberfall von Coffeyville, bei dem die Dalton-Gang in einer wilden Straßenschlacht aufgerieben worden war, eilte Bill zum Krankenlager seines Bruders Emmett. Bill war verbittert und aufgebracht. Der schlechte Ruf der Familie hatte ihm jegliche Hoffnung auf eine politische Laufbahn genommen; drei seiner Brüder waren gewaltsam ums Leben gekommen (Grat und Bob in Coffeyville; Frank, als er 1887 drei Whiskeyschmuggler festnehmen wollte), und Emmett, der in Coffeyville zusammengeschossen worden war, drohte eine lebenslange Haftstrafe. Bill wollte es der Gesellschaft, die ihm dies angetan hatte, heimzahlen, und als Bill Doolin ihm die Gelegenheit dazu bot, schlug er sich auf die Seite der Outlaws.

Doolin, ein wichtiges Mitglied der Dalton-Gang, war dem Massaker von Coffeyville entgangen, weil auf dem Ritt in die Stadt sein Pferd gelahmt hatte. Anschließend hatte Doolin eine »Oklahombres« genannte Räuberbande gegründet, und Bill wurde sein Stellvertreter. 1893 und 1894 unternahmen die »Oklahombres« eine Reihe von Banküberfällen. Dabei kam es 1893 in Ingalls, Oklahoma, zu einem blutigen Gefecht mit Ordnungshütern. 1895 löste sich die Gang auf, worauf Dalton bei seiner Frau und seinen zwei Kindern Unterschlupf suchte. Dort wurde er kurz darauf von einer Posse aufgespürt und getötet.

Schießereien: *1. September 1893, Ingalls, Oklahoma.* Doolin, Dalton, Bitter Creek Newcomb, Arkansas Tom Jones, Red Buck Weightman, Tulsa Jack Blake und Dan Clifton wollten sich eine Weile in Ingalls ausruhen. Ordnungshüter erfuhren davon und rückten auf die kleine Stadt vor.

Die Schießerei begann um zehn Uhr morgens, als Newcomb, der auf seinem Pferd saß, von Dick Speed, einem Mitglied der Posse, unter Beschuß genommen wurde. Newcomb wurde verletzt, konnte aber entkommen. Daraufhin kam es zu einem wilden Feuergefecht zwischen Ordnungshütern und Outlaws, bei dem ein einheimischer Junge getötet, ein unbeteiligter Zuschauer namens N. A. Walker verletzt und ein durchgegangenes Pferd erschossen wurde.

Arkansas Tom Jones, der in einem Zimmer im Obergeschoß des Hotels festsaß, tötete mit gutgezielten Gewehrschüssen die Ordnungshüter Speed und Tom Houston. Mittlerweile konzentrierte die Posse ihr Feuer auf den Saloon, in dem der Großteil der Bande in Deckung gegangen war, doch nachdem beide Gastwirte verletzt worden waren, unternahmen die Banditen einen Ausbruchsversuch. Doolin stürmte zu einem benachbarten Mietstall und gab den nachfolgenden Dalton und Red Buck Feuerschutz, worauf alle drei Cliftons und Blakes Rückzug deckten. Im Mietstall machten sich die fünf Outlaws für den endgültigen Durchbruch bereit.

Doolin und Clifton brachten sich durch die Hintertür in Sicherheit, während Dalton, Red Buck und Blake, aus allen Rohren feuernd, auf die Straße preschten. John Hixon jagte Daltons Pferd eine Kugel in den Kiefer, doch Dalton riß das Tier herum und gab ihm die Sporen. Aber nach knapp zwölf Metern zerschmetterte eine von Lafe Shadley abgefeuerte Kugel das Bein des armen Tieres und brachte es zu Fall. Dalton sprang ab, rannte weiter, mußte jedoch feststellen, daß ihm und seinen Gefährten der Fluchtweg durch einen Drahtzaun versperrt war.

Dalton rannte zurück zu seinem Pferd, holte eine Drahtschere und machte sich am

Zaun zu schaffen. In diesem Augenblick näherte sich Shadley, wurde aber, als er unter dem Zaun hindurchkriechen wollte, von Dalton entdeckt und unter Beschuß genommen. Der Outlaw jagte Shadley drei Kugeln in den Leib, die so dicht beieinander lagen, daß man die Einschußlöcher mit einer Hand abdecken konnte. Er wandte sich von dem tödlich getroffenen Ordnungshüter ab, durchschnitt den Zaun und sprang hinter Doolin aufs Pferd. Auf einem Hügel hielten die davongaloppierenden Outlaws noch einmal an und feuerten eine letzte Salve ab, fügten aber lediglich Dr. Briggs' vierzehnjährigem Sohn eine Schulterverletzung zu.

1. April 1894, Sacred Heart, Oklahoma. Um 20 Uhr betraten Dalton und Bitter Creek Newcomb ein Geschäft in Sacred Heart, das einem ehemaligen Ordnungshüter namens W. H. Carr gehörte. Carr, der gerade einen siebzehnjährigen Jungen namens Lee Hardwick bediente, erkannte Dalton sofort und griff zu seiner Waffe. Newcomb riß seinen Revolver heraus, schoß auf Carr und traf ihn am Handgelenk, wurde aber seinerseits von Carr an der Schulter verletzt. Carr verlor seine Waffe, und als er sich danach bücken wollte, jagte Dalton eine Kugel in den Boden. Hardwick wollte nach einer Schrotflinte greifen, worauf Dalton drei weitere ungezielte Schüsse abgab. Carr rappelte sich wieder auf, schoß auf die Outlaws und jagte sie, obwohl am Unterleib getroffen, auf die Straße, wo sie auf ihre Pferde sprangen und davonpreschten.

Frühjahr 1895, bei Dover, Oklahoma. Nachdem die Doolin-Gang am 3. April in der Nähe von Dover einen Zug überfallen hatte, wurde sie von einer Posse gestellt. Beim Ausbruchsversuch kam Arkansas Jack Blake um, und Red Buck wurde das Pferd unter dem Leib weggeschossen, doch er saß hinter Bitter Creek Newcomb auf und konnte mit den anderen Outlaws entkommen. Als die Gang auf die Farm eines alten Predigers stieß, stahl Red Buck ein Pferd

und schoß den aufbegehrenden Gottesmann kurzerhand nieder. Dalton und Doolin beschlossen daraufhin, Red Buck aus der Bande auszustoßen. Sie zählten seinen Anteil an der Beute ab, warfen ihm das Geld zu und jagten ihn fort.

8. Juni 1894, bei Ardmore, Oklahoma. Nach einem blutigen Banküberfall am 23. Mai in Longview, Texas, versteckte sich Dalton auf einer fünfundzwanzig Meilen außerhalb von Ardmore gelegenen Ranch. Im Morgengrauen des 8. Juni umstellte eine Posse das Haus und forderte ihn auf, sich zu ergeben. Als er flüchten wollte, gab Deputy Marshal Loss Hart einen Schuß auf ihn ab. Die Kugel traf ihn am Rücken und trat dicht über dem Herz wieder aus. Er brach zusammen und war nach wenigen Minuten tot.

Quellen: Horan und Sann, *Pictorial History of the Wild West*, 157–158, 165–169; Preece, *Dalton Gang*; Drago, *Road Agents and Train Robbers*, 177–178, 188, 192, 194, 198–200, 205–209; Shirley, *Six-gun and Silver Star*, 26–30, 60–64, 91–94, 108–117

Daugherty, Roy

(*»Arkansas Tom Jones«*)

Geb. 1870 in Missouri; gest. 16. August 1924, in Joplin, Missouri. Cowboy, Bankräuber, Sträfling, Restaurantbesitzer, Filmschauspieler.

Daugherty wuchs in einem streng religiösen Elternhaus – der Vater war tiefgläubig, zwei seiner Brüder wurden Prediger – in Missouri auf. Roy hingegen begehrte auf, lief mit vierzehn Jahren von zu Hause weg, nannte sich fortan »Tom Jones«, behauptete, er stamme aus Arkansas (daher sein Spitzname) und heuerte auf einer Ranch in Oklahoma an. Nach einiger Zeit beschloß er, sein Geld auf leichtere Art zu verdienen. 1890 schloß er sich Bill Doolins Bankräuberbande an, wurde nach der Schießerei von Ingalls gefaßt und wegen Totschlags zu einer fünfzigjährigen Zuchthausstrafe verurteilt.

Daugherty, Roy 107

Roy Daugherty (alias »Arkansas Tom Jones«), der bereits mit Bill Doolin Banken ausraubte und es bis zu seinem Tod im Jahr 1924 nicht lassen konnte. *(Western History Collections, University of Oklahoma Library)*

Nachdem seine Brüder alle Hebel in Bewegung gesetzt hatten, wurde er 1910 begnadigt. Anschließend ließ er sich zwei Jahre lang als Gastwirt in Drumright, Oklahoma, nieder, zog dann nach Los Angeles und spielte in den ersten Western mit. Später kehrte er nach Missouri zurück, wo er 1917 an einem Bankraub in Neosho beteiligt war. Er wurde erneut eingesperrt und wirkte, kaum aus der Haft entlassen, an einem Banküberfall in Asbury, Missouri, mit. Anschließend konnte er, obwohl steckbrieflich gesucht, drei Jahre lang untertauchen. 1924 wurde er jedoch in Joplin gestellt und erschossen, als er sich der Festnahme widersetzen wollte.

Schießereien: *1. September 1893, Ingalls, Oklahoma.* Doolin ritt mit sechs Mitgliedern seiner Gang in Ingalls ein, wo man sich nach den jüngsten Unternehmungen eine kurze Ruhepause gönnen wollte. Während sich seine Gefährten bei Spiel und Trank im Saloon amüsierten, begab sich der kranke Daugherty ins *City Hotel* und zog sich in ein Zimmer im Obergeschoß zurück.

Mittlerweile waren jedoch Ordnungshüter in die Stadt eingedrungen, und Daugherty wurde jäh aufgeschreckt, als sich Dick Speed und Butter Creek Newcomb auf offener Straße einen Schußwechsel lieferten. Daugherty griff zu seiner *Winchester,* trat ans Fenster und sah gerade noch, wie Speed den davongaloppierenden Newcomb traf. Der Ordnungshüter wollte ihm gerade den Fangschuß geben, als ihn eine von Daugherty abgefeuerte Kugel an der linken Schulter traf. Speed drehte sich um, worauf Daugherty einen weiteren Schuß abgab, der den Ordnungshüter auf der Stelle tötete. Newcomb galoppierte unterdessen unbehelligt aus der Stadt. Beim anschließenden wilden Schußwechsel zwischen der Posse und den Outlaws kam ein Stadtbewohner zu Tode, und vier weitere wurden verletzt.

Die anderen Bandenmitglieder sprengten gerade davon, als Daugherty auf der Suche nach einer besseren Schußposition (das Hotel war das einzige einstöckige Gebäude der Stadt) auf den Dachboden stieg und ein Loch in das Dach stieß. Er entdeckte den sich anschleichenden Ordnungshüter Tom Houston, gab zwei Schüsse auf ihn ab, die ihn an der linken Seite und am Unterleib trafen, und verletzte ihn tödlich.

Nachdem Doolin und die übrigen Bandenmitglieder aus der Stadt entkommen waren, umstellte die Posse das Hotel und ließ das Haus räumen. Daugherty schlug auf der anderen Seite ein weiteres Loch in das Dach und hielt eine Stunde lang aus, doch als Jim Masterson zwei Stangen Dynamit herbeischaffte, ergab sich der rundum belagerte Outlaw gegen 14 Uhr.

16. August 1924, Joplin, Missouri. Daugherty, nach dem wegen eines Bankraubes landauf,

108 Delony, Lewis S.

landab gefahndet wurde, suchte Zuflucht
im Haus seines Freundes Red Snow in
Joplin. Snow und seine Frau waren abwe-
send, und er paßte gerade auf die Kinder
auf, als er von Detektiven aufgespürt
wurde. Beim Anblick der Verfolger griff
Daugherty zu einer Pistole und eröffnete
das Feuer. Nach zwei Schüssen hatte die
Waffe eine Ladehemmung, und Daugherty
wurde von den Ordnungshütern getötet.

Quellen: Croy, *Trigger Marshal*, 207–209; Drago,
Road Agents and Train Robbers, 201, 205–207, 210,
217, 227; Shirley, *Heck Thomas*, 171–174; Shirley, *Six-
gun and Silver Star*, 62, 91–95, 97, 118, 190, 215–216.

Delony, Lewis S.

Geb. 21. Oktober 1857, Clinton, Texas. Arbeiter, kaufmännischer Angestellter, Ordnungshüter, Zimmermann, Bauunternehmer, Rinderzüchter, Versicherungsagent.
   Delonys Vater war ein Abenteurer, der
zu den frühen Mitgliedern der *Texas Rangers* gehörte und sowohl am Krieg mit Mexiko als auch am Bürgerkrieg teilnahm.
Nachdem er seßhaft geworden war, wurde
er Lehrer, Schafzüchter, Landmesser und
Steuereinschätzer im DeWitt County, dem
Schauplatz der blutigen Taylor-Sutton-
Fehde. Bereits mit zwölf Jahren nahm der
junge Delony immer einen *Derringer* mit
zur Schule, und keine zwei Jahre später
schlug sich der früh selbständig gewordene
Jugendliche mit allerlei Gelegenheitsarbeiten in Louisiana und Mississippi durch.
Kurz darauf kehrte er in seinen Geburtsort Clinton zurück, wo er kaufmännischer
Angestellter, stellvertretender Postmeister
und Deputy Sheriff wurde.
   1877 und gelegentlich auch noch später
wurde er vorübergehend zu den Texas
Rangers berufen, diente eine Zeitlang
als Grenzwächter in Laredo und war an
mehreren Scharmützeln mit Schmugglern
beteiligt. Delony heiratete 1887 und war
als Geschäftsmann und Unternehmer in
diversen texanischen Städten tätig, ließ sich

aber von Zeit zu Zeit weiterhin als Ordnungshüter einsetzen und wurde gelegentlich in Schießereien verwickelt.

Schießereien: *1879, Cuero, Texas.* Delony,
der zum Mittagessen in die Stadt ritt,
wurde Augenzeuge, als ein mutmaßlicher
Eisenbahnräuber, verfolgt von Deputy
Sheriff Add Killgore, aus einem Café gestürmt kam. Der Flüchtige gab einen
Schuß auf Killgore ab, schwang sich dann
auf sein Pferd und sprengte die Straße
entlang. Delony legte sofort seine *Winchester* an und tötete das Pferd des Outlaws,
doch der Desperado kam flugs wieder auf
die Beine, nahm ein anderes Reittier und
galoppierte davon.

Frühjahr 1882, Eagle Pass, Texas. Delony
und der Texas Ranger Spencer Adams, die
gemeinsam auf Streife ritten, schlugen in
einem Fuhrpark bei Eagle Pass ihr Nacht-
lager auf. Gegen vier Uhr morgens wurden
sie von einem mexikanischen Jungen geweckt, der ihnen mitteilte, daß in einem
Tanzlokal gerade ein Deputy Sheriff und
eine Mexikanerin getötet worden seien.
Die Rangers rannten zu dem Etablissement
und fanden dort den Mörder vor, der eiskalt neben den beiden Toten tanzte.
   Die beiden Ordnungshüter nahmen den
Mann fest. Doch plötzlich schrie der Barkeeper: »Aufgepaßt, *Rangers!*« Delony
fuhr herum und sah, daß ihn ein Mexikaner mit dem Messer angreifen wollte.
Delony jagte ihm eine Kugel in die Brust
und stürmte dann mit Adams nach draußen, um der aufgebrachten Menschenmenge zu entgehen. Später holten sie ihren Gefangenen und den verletzten Mexikaner (der wieder genas) ab, doch beide
Männer kamen schließlich wieder auf frei-
en Fuß.

Herbst 1888, Dallas, Texas. Delony war auf
Nachtwache in der Kunstabteilung der
Texas State Fair, der größten Messe des
Staates Texas, als er verdächtige Geräusche
hörte und sich in den dunklen Ausstel-
lungsraum schlich. Dort entdeckte er zwei

Diebe, die gerade die Schmuckschaukästen ausräumen wollten. Delony schoß auf sie und verletzte einen der Männer. Die beiden konnten zwar entkommen, wurden aber kurz darauf festgenommen und zu einer Zuchthausstrafe verurteilt.

Quellen: Delony, *40 Years a Peace Officer*; Sonnichsen, *I'll Die Before I'll Run*, 53–54, 65, 97.

Doolin, William M.

Geb. 1858 im Johnson County, Arkansas; gest. 25. August 1896, Lawson, Oklahoma. Cowboy, Bank- und Eisenbahnräuber.

Bill Doolin, Sohn eines Farmers aus Arkansas, zog 1881 ins Indian Territory und arbeitete als Cowboy auf der *H-X-Bar-Ranch*. Nach einer Schießerei schloß er sich der Dalton-Gang an und war an etlichen Bank- und Eisenbahnüberfällen beteiligt, bis die Bande in Coffeyville aufgerieben wurde. Doolin entging dem Massaker – vermutlich weil er sich mit Bob Dalton über die Aufteilung der Beute gestritten hatte, möglicherweise aber auch weil sein Pferd auf dem Weg nach Coffeyville lahmte.

Im Jahr 1893 heiratete Doolin eine Pfarrerstochter, war aber keineswegs bekehrt, denn kurz darauf gründete er eine eigene Gang. Zu Doolins »Oklahombres« gehörten Bill Dalton, Charley Pierce, Red Buck George Weightman, Little Bill Raidler, Bob Grounds, Tulsa Jack Blake, Little Dick West, Dynamite Dick (Dan Clifton), Arkansas Tom Jones (Roy Daugherty), Bitter Creek George Newcomb, Alf Sohn und Ol Yantis. Von 1893 bis 1895 raubten die »Oklahombres« diverse Banken aus. 1893 tötete die Gang drei Ordnungshüter, als sie sich in Ingalls, Oklahoma, den Fluchtweg freischoß.

Schließlich leiteten die »Three Guardsmen« des Staates Oklahoma, die Ordnungshüter Chris Madsen, Heck Thomas und Bill Tilghman, eine gezielte Fahndung nach Doolin und seiner Bande. Doch die

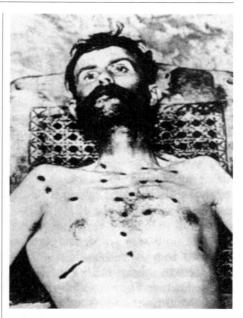

Bill Doolin, der Anführer der »Oklahombres«. Er wurde 1896 in Oklahoma von einer Posse mit Schrotflinten erschossen. *(Western History Collections, University of Oklahoma Library)*

Outlaws blieben noch über ein Jahr lang auf freiem Fuß. Erst im Januar 1896 wurde Doolin im Kurort Eureka Springs, Arkansas, gefaßt, wo er Linderung von seinen rheumatischen Beschwerden suchte. Doolin konnte jedoch aus dem Gefängnis entkommen und tauchte anschließend in New Mexico unter. Als er aber zu seiner Frau und seinem Sohn zurückkehrte, wurde er von einer Posse aufgespürt und getötet.

Schießereien: *1891, Coffeyville, Kansas.* Doolin und zahlreiche andere Cowboys hatten sich mehrere Fässer Bier besorgt und feierten am Stadtrand von Coffeyville ein Zechgelage, als zwei Konstabler auftauchten und wissen wollten, wem das Bier gehöre. »Das gehört keinem«, erwiderte Doolin, der das Fest veranstaltete. »Es ist Freibier. Bedient euch.« Daraufhin erklärte einer der Konstabler: »Biertrinken ist in diesem Staat gesetzlich verboten. Wir werden das Bier ausschütten.« Wütend erwi-

110 Doolin, William M.

derte Doolin: »Wenn ihr unser Bier aus-schüttet, passiert euch was.«

Doch die Polizisten stellten sich stur und wollten eins der Fässer umkippen, als mehrere Cowboys ihre Waffen zogen. Bei der anschließenden wilden Schießerei kamen beide Ordnungshüter ums Leben. Niemand wußte, wer die tödlichen Schüsse abgegeben hatte, doch Doolin fürchtete, man werde ihm die Schuld geben, ergriff die Flucht und schloß sich bald darauf der Dalton-Gang an.

15. Juli 1892, Adair, Oklahoma. Doolin und die übrigen Mitglieder der Dalton-Gang ritten nach Adair, wo sie den für 21 Uhr 42 angekündigten Abendzug überfallen wollten. Etwa eine Viertelstunde vor der Ankunft des Zuges stürmten die Outlaws den Bahnhof und rafften alle Wertsachen zusammen, deren sie habhaft werden konnten. Als der Zug einfuhr, sprangen sie auf die Lok, schoben einen Wagen an den Expreßgutwaggon und bedrohten den Expreßboten so lange, bis er die Tür öffnete. Drei Banditen stiegen hinein, zwangen den Boten, den Safe zu öffnen, und räumten ihn aus.

Mittlerweile hatten Wachmänner vom Raucherwaggon aus das Feuer eröffnet, worauf mehrere Bandenmitglieder den Wagen mit ihren Flinten unter Beschuß nahmen und drei Ordnungshüter verletzten. Darüber hinaus wurden zwei Unbeteiligte getroffen, einer davon tödlich. Sobald die Beute auf dem Wagen verstaut war, sprengte die Bande im Triumph aus der Stadt.

30. Mai 1893, Cimarron River, bei Ashland, Kansas. Am 26. Mai hatte Doolins Gang bei Cimarron, Kansas, einen Zug überfallen. Als Doolin und drei weitere Mitglieder der Bande auf dem Rückweg nach Oklahoma den Cimarron River überquerten, wurden sie von einer Posse unter Führung von Chris Madsen gestellt. Es kam zu einem Schußwechsel zwischen den Outlaws und den Verfolgern, bei dem Doolins rechter Fuß von einem Stahlmantelgeschoß aus

Madsens Gewehr zerschmettert wurde. Anschließend galoppierten Doolin und seine Männer davon und brachten sich in Sicherheit.

1. September 1893, Ingalls, Oklahoma. Doolin und seine Gang ritten in die Kleinstadt Ingalls ein, wo sie häufig Rast machten. Doolin, Bill Dalton, Bitter Creek Newcomb, Tulsa Jack Blake, Red Buck Weightman und Dan Clifton gesellten sich unverzüglich an die Bar des *Ransom & Murray Saloon*, während der kränkelnde Arkansas Tom Jones sich in ein Zimmer im Obergeschoß des *City Hotel* begab und zu Bett legte. Die Obrigkeit hatte indes einen Hinweis auf den Aufenthaltsort der Outlaws erhalten, so daß zahlreiche Ordnungshüter auf die Stadt vorrückten.

Kurz nachdem sich die Bande zu einer Pokerrunde im Saloon niedergelassen hatte, ging Newcomb hinaus, um auf der Straße nach dem Rechten zu sehen. Der Ordnungshüter Dick Speed schoß auf ihn und eröffnete damit das Gefecht. Newcomb konnte trotz einer Verletzung zu Pferd aus der Stadt entkommen, während sich Arkansas Tom Jones und die im Saloon verschanzten Outlaws einen heftigen Schußwechsel mit den Verfolgern lieferten. Speed wurde auf offener Straße erschossen, ein Junge namens Dell Simmons kam zu Tode, und ein weiterer Unbeteiligter erlitt eine Brustverletzung.

Während der anschließenden kurzen Feuerpause umstellten die Ordnungshüter den Saloon und forderten die Outlaws auf, sich zu ergeben. Doolin schrie trotzig: »Geht zum Teufel!«, worauf die Schießerei von neuem anfing. Die Posse feuerte eine Salve nach der anderen auf das Gebäude ab und verletzte die beiden Saloonbesitzer Ransom und Murray am Bein beziehungsweise an der Seite und am Arm. Daraufhin stürmte Doolin aus dem Lokal, schlug sich zu einem benachbarten Mietstall durch und gab seinen hinter ihm her rennenden Gefährten Feuerschutz.

Doolin und Dan Clifton sattelten in aller Eile ihre Pferde und ritten durch das hintere Tor auf einen engen Taleinschnitt zu, während Dalton, Blake und Weightman durch den Vordereingang hinausgaloppierten. Nach einer erbitterten Schießerei auf offener Straße rissen die drei Outlaws ihre Pferde herum und wollten Doolin und Clifton folgen, doch ein Drahtzaun versperrte ihnen den Weg. Als Dalton ihn mit einer Drahtschere durchtrennen wollte, schlich sich der Ordnungshüter Lafe Shadley an. Dalton tötete ihn und widmete sich dann wieder seiner Arbeit. Sobald der Zaun durchschnitten war, ritt Doolin zurück, zog Dalton hinter sich aufs Pferd und sprengte mit der übrigen Bande davon.

20. Mai 1895, Southwest City, Missouri. Doolin ritt mit seiner Gang nach Southwest City, um die örtliche Bank auszurauben. Der Bandenführer und mehrere Gefolgsleute begaben sich in das Gebäude und erklärten, daß es sich um einen Überfall handle. Während sie das Geld zusammenrafften, versuchte der ehemalige Staatsrevisor J. C. Seaborn die Waffe zu ziehen, worauf er von den Banditen erschossen wurde. Als die Gang aus der Stadt reiten wollte, kam es zu einem weiteren Schußwechsel, bei dem Doolin eine Kopfverletzung erlitt. Doch er konnte sich im Sattel halten und gemeinsam mit seinen Gefährten entkommen.

Frühjahr 1895, bei Dover, Oklahoma. Während die übrigen Bandenmitglieder schliefen, bewachte Tulsa Jack Blake das am Cimarron River in der Nähe von Dover gelegene Lager der Gang. Plötzlich rückte eine Posse an, und es kam zu einem wilden Feuergefecht, bei dem Blake getötet wurde. Doolin und die übrige Gang konnten sich nach einer wilden Verfolgungsjagd in Sicherheit bringen.

25. August 1896, Lawson, Oklahoma. Nach der Flucht aus dem Gefängnis hatte sich Doolin auf der Ranch des Schriftstellers Eugene Manlove Rhodes in New Mexico versteckt. Im August beschloß er, seine

Frau und seinen Sohn zu sich zu holen, und kehrte deshalb auf die etwas außerhalb von Lawson gelegene Farm seines Schwiegervaters, eines Pfarrers, zurück. Doolin hatte seine *Winchester* in der einen Hand, führte mit der anderen sein Pferd und ging bei hellem Mondschein eine schmale Straße unweit des Hauses entlang.

Heck Thomas jedoch hatte einen Hinweis erhalten und beiderseits der Landstraße Männer postiert. Thomas forderte Doolin auf, sich zu ergeben, doch der Outlaw riß die Flinte hoch und drückte ab. Eine von der Posse abgefeuerte Kugel schlug ihm die *Winchester* aus der Hand, worauf Doolin den Revolver herausriß und ein, zwei Schüsse abgab, ehe Thomas, der sein Gewehr einsetzte, und das mit einer Schrotflinte bewaffnete Possemitglied Bill Dunn ihn töteten. Doolins Leiche wies insgesamt einundzwanzig Einschüsse auf.

Quellen: Hanes, *Bill Doolin;* Croy, *Trigger Marshal,* 158–203; Drago, *Road Agents and Train Robbers,* 127, 180–182, 184, 194, 198–202, 205–215, 217; Shirley, *Six-gun and Silver Star,* 34, 44–45, 57–68, 82, 87–94, 104–111, 120, 142–148, 152, 159, 182–198.

Dow, Les

Geb. in Texas; gest. 19. Februar 1897, Carlsbad, New Mexico. Gastwirt und Hotelier, Ordnungshüter, Range-Detektiv, Viehinspektor.

Dow stammte ursprünglich aus Texas, zog dann nach New Mexico, wo er einen Saloon und ein Hotel bewirtschaftete, ehe er Deputy Sheriff im Chaves County wurde. Später arbeitete er als Range-Detektiv und Viehinspektor für die *Texas & New Mexico Sanitary Association* (eine Art Veterinär- und Gesundheitsbehörde), diente eine Zeitlang als Sheriff im Eddy County und wurde zum U. S. Marshal ernannt. 1897 legte er sich mit einem texanischen Halunken namens Dave Kemp an und wurde von diesem erschossen.

Schießereien: *1896, San Simon Valley, Arizona.* Dow und sieben weitere Ordnungshüter hatten Black Jack Christians Outlaw-Bande zu einem Pferde-Camp im San Simon Valley verfolgt. Als die Outlaws eines Morgens aufbrachen, um Pferde zusammenzutreiben, legten sich die Ordnungshüter in der Nähe des Lagers auf die Lauer und forderten die Banditen bei ihrer Rückkehr auf, sich zu ergeben. Die Outlaws griffen zu den Waffen und lieferten den Ordnungshütern ein heißes Gefecht. Dow gab fünf Schüsse auf Black Jack ab und brachte dessen Pferd zu Fall, doch Christian sprang auf und rannte davon. Danach tötete die Posse Bob Hays' Pferd, doch Hays, der rechtzeitig abspringen konnte, erwiderte das Feuer und traf Ordnungshüter Fred Higgins im Gesicht. Hays wurde kurz darauf erschossen, doch die beiden anderen Outlaws konnten sich den Fluchtweg freischießen.

19. Februar 1897, Carlsbad, New Mexico. Dow war auf dem Postamt gewesen und hatte einen Brief abgeholt. Als er lesend aus dem Gebäude kam, trat ihm ein Widersacher namens Dave Kemp in den Weg, feuerte seinen Sechsschüsser auf ihn ab und zerschmetterte ihm den Unterkiefer. Dow torkelte zurück und zog seine Waffe, brach jedoch zusammen, ehe er abdrücken konnte, worauf Kemp und ein Helfershelfer vom Tatort wegrannten. Dow starb am nächsten Morgen um 8 Uhr 15.

Quellen: Sonnichsen, *Tularosa*, 95–96, 113–114, 117, 141–142, 312; Harkey, *Mean as Hell*, 45–46, 64, 82–85; Gibson, *Colonel Albert Jennings Fountain*, 221, 225–227, 229, 254, 262.

Dunlap, Jack

(»Three-Fingered Jack«)

Bank- und Eisenbahnräuber.

Dunlap war ein berühmt-berüchtigter Outlaw, der um die Jahrhundertwende in Arizona sein Unwesen trieb. 1895 wurde er gefaßt, kam aber bald wieder auf freien Fuß und schloß sich Black Jack Christians Bande an. Später wurde er in die Eisenbahnräuber-Gang von Burt Alvord und Billy Stiles aufgenommen.

Schießereien: *6. August 1896, Nogales, Arizona.* Christian, Dunlap und George Musgrave standen auf der Straße Wache, während zwei Helfershelfer die *International Bank* in Nogales ausraubten. Plötzlich nahm sie ein Reporter namens Frank King mit einer Faustfeuerwaffe unter Beschuß, und bei dem anschließenden Kugelwechsel wurden zwei Pferde der Outlaws getroffen. Die Räuber konnten sich zwar den Fluchtweg aus der Stadt freischießen, mußten aber ihre Beute zurücklassen.

August 1896, Skeleton Canyon, Arizona. Etwa eine Woche später wurde die Gang von einer Posse aus Tucson unter Führung von Sheriff Bob Leatherwood gestellt. Die Outlaws leisteten heftige Gegenwehr, töteten Frank Robertson und jagten die anderen Ordnungshüter in die Flucht.

15. Februar 1900, Fairbank, Arizona. Bei Einbruch der Dunkelheit trafen sich Dunlap, George und Louis Owens, Bravo Juan Yoas und Bob Brown am Stadtrand von Fairbank, wo sie einen Zug zu überfallen gedachten. Als der Zug einfuhr, eröffneten die Banditen das Feuer auf den Expreßboten, einen gewissen Jeff Milton, und zerschmetterten ihm den rechten Arm. Doch Milton riß seine Schrotflinte hoch, drückte ab und jagte Dunlap elf Kugeln in die Seite. Dunlap brach zusammen, worauf Yoas, der von einer Schrotkugel am Hosenboden getroffen worden war, die Flucht ergriff. Die anderen drei Outlaws feuerten noch eine Zeitlang vergebens auf den Expreßgutwaggon, trugen dann Dunlap aus der Schußlinie, hoben ihn aufs Pferd und galoppierten aus der Stadt.

Quelle: Haley, *Jeff Milton*, 268–270.

Dunn, William B.

Gest. 6. November 1896, Pawnee, Oklahoma. Rancher, Kopfgeldjäger, Viehdieb, Ordnungshüter.

Dunn und seine Brüder Bee, Calvin, Dal und George besaßen in der Nähe von Ingalls, Oklahoma, eine Ranch mit angeschlossener Raststätte. Einsame und vor allem wohlhabende Reisende, so munkelte man, würden dort ermordet und ausgeraubt – tatsächlich kamen dort 1895 zwei Mitglieder der Doolin-Gang um. Von Zeit zu Zeit halfen die Dunn-Brüder auch den Ordnungskräften bei der Jagd auf Outlaws. So feuerte zum Beispiel Bill Dunn den Schrotflintenschuß ab, dem Bill Doolin zum Opfer fiel.

Dunn besaß außerdem einen Fleischmarkt in Pawnee, wo er und sein Kompagnon Chris Bolton gestohlene Rinder absetzten. Als man ihm die Viehdiebstähle zur Last legte, richtete sich Dunns ganzer Zorn auf den Ordnungshüter Frank Canton, der ihn als »todsicheren Schützen und … den schnellsten Revolvermann, dem ich je begegnet bin« bezeichnete. Doch Dunn war offenbar nicht schnell genug. Als er und Canton in Pawnee aufeinanderstießen, zog der Ordnungshüter blitzschnell den Revolver und erschoß Dunn.

Schießereien: *2. Mai 1895, Dunn-Ranch, am Cimarron River, Oklahoma.* Charley Pierce und Bitter Creek Newcomb trafen nach Einbruch der Dunkelheit auf der Dunn-Ranch ein und begaben sich zur Scheune, um ihre Pferde unterzustellen. Beide Männer wurden steckbrieflich gesucht, und auf Newcombs Kopf war eine Belohnung von fünftausend Dollar ausgesetzt. Bill Dunn und einer seiner Brüder ergriffen ihre Schrotflinten und schossen die aus der Scheune kommenden Outlaws vor dem Haus zusammen. Pierce stöhnte auf und bekam einen weiteren Schuß verpaßt. Am nächsten Tag karrten die Dunns die beiden Outlaws nach Guthrie und nahmen die Belohnung in Empfang.

28. August 1896, Lawson, Oklahoma. Der kranke und noch immer gejagte Bill Doolin hatte mit seiner Frau im Haus seines Schwiegervaters Zuflucht gefunden. Dunn gehörte zu der Posse, die nach Einbruch der Dunkelheit die Farm umstellte. Der schwerbewaffnete Doolin wurde auf freiem Feld gestellt und aufgefordert, sich zu ergeben. Doch als er verzweifelt zu entkommen versuchte, wurde er von Dunn und Posseführer Heck Thomas mit Schrotflinten- und Gewehrschüssen niedergestreckt und auf der Stelle getötet.

6. November 1896, Pawnee, Oklahoma. Die Art und Weise, wie Bitter Creek Newcomb und Charley Pierce ums Leben gekommen waren, hatte in der Öffentlichkeit Unmut ausgelöst. Bill Dunn warf Deputy Sheriff Frank Canton vor, er habe die Gerüchte in die Welt gesetzt, und schwor wiederholt, er werde Canton töten. Seine Verbitterung wuchs, als er des Viehdiebstahls bezichtigt wurde. Als er Canton in Pawnee auf offener Straße begegnete, beschimpfte er den Ordnungshüter und legte die Hand auf den Griff seiner Waffe. Doch Canton riß unverzüglich den Revolver aus dem Hosenbund und jagte Dunn eine 45er Kugel in die Stirn. Dieser fiel rücklings zu Boden, zuckte noch ein paarmal mit dem Abzugsfinger und war Sekunden später tot.

Quellen: Croy, *Trigger Marshal,* 185–187; Canton, *Frontier Trails,* 110–116, 119–121, 134–137; Shirley, *Six-gun and Silver Star,* 143–147, 157, 161–162.

Earhart, Bill

Gest. 3. März 1896, Pecos, Texas. Cowboy.

Der im Jack County, Texas, aufgewachsene Earhart kam 1883 mit seinen Freunden Jim und Clay Cooper nach New Mexico. Fünf Jahre später hatte er während eines von ihm geleiteten Viehtriebs auf der Cooper-Ranch im Tularosa Country eine Auseinandersetzung mit dem ruppigen Rinderzüchter John Good und wurde dadurch in den Weidekrieg gegen den herrischen Großrancher verwickelt. Später kehrte er nach Texas zurück, wo er 1896 getötet wurde.

Schießereien: *August 1888, bei Las Cruces, New Mexico.* John Good, der kurz zuvor in der White-Sands-Wüste die Leiche seines ermordeten Sohnes gefunden hatte, befand sich mit fünf Gefolgsmännern auf dem Rückweg zu seiner Ranch, als er in der Nähe von Las Cruces fünf Reiter der Gegenpartei entdeckte, darunter auch Earhart, die im Verdacht standen, den jungen Good getötet zu haben. Aus 150 Metern Entfernung eröffneten beide Seiten das Feuer und gaben über hundert Schüsse aufeinander ab. Zwei Pferde wurden getötet, ein weiteres wurde verletzt, aber keiner der Männer kam zu Schaden.

3. März 1896, Pecos, Texas. Earhart war mittlerweile in der Gegend von Pecos in eine weitere Fehde verwickelt. Als er in einem Saloon in Pecos auf einen Anhänger der gegnerischen Partei stieß, kam es zu einer Schießerei, bei der Earhart getötet wurde.

Quelle: Sonnichsen, *Tularosa*, 33–35, 44, 48, 52.

Earp, Morgan

Geb. 24 April 1851, Pella, Iowa; gest. 18. März 1882, Tombstone, Arizona. Spieler, Arbeiter, Begleitschutzmann, Ordnungshüter.

Morgan, der als das freundlichste und aufgeschlossenste Mitglied der Earp-Clans galt, zog 1864 mit seinen Eltern nach Kalifornien. Im Alter von neunzehn Jahren kehrte er mit seinen älteren Brüdern Jim, Virgil und Wyatt in den Osten zurück. Wyatt wurde 1870 Konstabler in Lamar, Missouri, und heiratete ein Mädchen, das wenig später starb. Danach kam es zu Reibereien zwischen Wyatt und der Familie seiner toten Frau, und die vier Earp-Brüder lieferten sich mit fünf anderen Männern eine zwanzig Minuten lange Schlägerei auf offener Straße.

Morgan zog anschließend nach Kansas, wurde 1875 in Wichita wegen eines nicht näher bezeichneten Vergehens festgenommen und mit einer Geldstrafe belegt. Sieben Monate später wurden Morgan und Wyatt (der gerade aus dem Polizeidienst entlassen worden war) wegen Landstreicherei aus Wichita verjagt. Etwa um diese Zeit nahm sich Morgan eine Frau, von der lediglich der Vorname, »Lou«, überliefert ist und mit der er vermutlich in einer Art eheähnlicher Gemeinschaft lebte.

Wyatt behauptete, er und Morgan hätten seinerzeit Deadwood besucht und Morgan sei Marshal von Butte, Montana, geworden. Demnach soll Morgan angeb-

Morgan Earp, ein Opfer der blutigen Auseinandersetzung in Tombstone, durch die er und drei seiner Brüder zu berühmten Revolvermännern wurden. *(Kansas State Historical Society, Topeka)*

lich bei einem Revolverduell Billy Brooks getötet haben, den früheren Marshal von Newton, Kansas. Brooks starb jedoch vermutlich durch einen Lynchmob in Caldwell, Kansas. Anschließend diente Morgan eine Zeitlang als Deputy Sheriff im Ford County, Kansas, ehe er sich Anfang 1880 zu seinen Brüdern nach Tombstone gesellte.

In Tombstone fand Morgan zunächst eine Anstellung als Begleitschutzmann für *Wells, Fargo* – der Posten war frei geworden, nachdem Wyatt zum Deputy Sheriff ernannt worden war. Bald darauf quittierte Morgan jedoch den Dienst und wurde Croupier am Pharaotisch des *Occidental Saloon*. Nach einem aufsehenerregenden Postkutschenüberfall, bei dem zwei Menschen ermordet worden waren, schloß Morgan sich einer Posse an und faßte einen Gauner namens Luther King, der Jim Crane, Harry Head und Bill Leonard als die eigentlichen Täter bezeichnete. Mittlerweile bahnte sich zwischen den Earps sowie den Clantons und McLaurys eine offene Fehde an, und am 25. Oktober 1881 stand Morgan Doc Holliday bei, als dieser die Clantons schikanierte. Morgan nahm am nächsten Tag an der Schießerei am *O. K. Corral* teil, fiel aber wenige Monate später einem Racheakt zum Opfer.

Schießereien: *26. Oktober 1881, Tombstone, Arizona.* Morgan und seine Brüder Virgil und Wyatt sowie Doc Holliday näherten sich Billy und Ike Clanton, Frank und Tom McLaury sowie Billy Claiborne, die sich außerhalb des *O. K. Corral* befanden. Nach einem kurzen Wortwechsel gab Morgan den ersten Schuß bei diesem berühmten Gunfight ab. Morgan griff zu seinem Revolver, als der neunzehnjährige Billy Clanton, der nur ein paar Schritte entfernt war, schrie: »Nicht schießen, ich will nicht kämpfen!« Doch Morgan drückte aus nächster Nähe auf den jungen Clanton ab. Die Kugel traf Billy dicht unterhalb der linken Brustwarze und warf ihn um.

Daraufhin erwiderten Frank McLaury, der von Wyatt am Bauch verletzt worden

war, und Billy Clanton das Feuer, und Morgan Earp wurde an der linken Schulter getroffen. Doch er riß sich zusammen und legte auf Frank McLaury an, der eine Hand an den Bauch preßte und in der anderen den Revolver hielt. Frank wurde von Morgans Kugel dicht unter dem rechten Ohr getroffen und stürzte leblos zu Boden. »Ich hab' ihn erwischt!« schrie Morgan triumphierend. In diesem Augenblick war die Schießerei zu Ende. Auf seiten der Earps war lediglich Wyatt unverletzt geblieben, während die Angehörigen des Clanton-Clans entweder geflohen oder tödlich getroffen waren.

18. März 1882, Tombstone, Arizona. Morgan spielte eines Sonnabends im Billardzimmer von *Campbell and Hatch* eine Runde Pool. Zahlreiche Männer, darunter auch Wyatt, sahen ihm zu. Morgan kreidete gerade sein Queue ein, als um 22 Uhr 50 mehrere Männer zur Hintertür schlichen und zwei Schüsse in den Billardsalon abfeuerten. Die erste Kugel traf Morgan an der rechten Seite, zerschmetterte seine Wirbelsäule und fügte nach dem Austritt einem der Zuschauer, einem gewissen George Berry, eine Fleischwunde zu. Morgan brach zusammen, worauf Wyatt, den die zweite Kugel knapp verfehlt hatte, zu seinem Bruder stürzte und ihn mit Hilfe von Dan Tipton und Sherman McMasters hinbettete.

Drei Ärzte trafen am Tatort ein, erklärten jedoch, daß für den Verletzten jede Hilfe zu spät komme. Morgan wurde daraufhin in das benachbarte Kartenzimmer gebracht und auf ein Sofa gebettet, um das sich Wyatt, Virgil, James und Warren sowie die Frauen der Earps scharten. Man versuchte ihn auf die Beine zu stellen, doch er keuchte: »Nicht, das halte ich nicht aus. Das war die letzte Runde Pool, die ich gespielt habe.« Er flüsterte Wyatt etwas ins Ohr und starb knapp eine Stunde nach der Schießerei. Man ging allgemein davon aus, daß Frank Stilwell, Pete Spence, ein Spieler namens Freis sowie zwei Indianermischlinge namens Florentino Cruz und

»Indian Charley«, allesamt Parteigänger der Clantons, diesen Mord aus Rache wegen die Schießerei am O.K. Corral verübt hatten.

Quellen: Waters, *Earp Brothers of Tombstone*; Jahns, *Doc Holliday*; Lake, *Wyatt Earp*; Bartholomew, *Wyatt Earp, the Untold Story*.

Earp, Virgil

Geb. 1843 in Hartford, Kentucky; gest. 1905 in Goldfield, Nevada. Soldat, Farmer, Postkutschenfahrer, Ranchhelfer, Arbeiter, Prospektor, Ordnungshüter, Detektiv.

Virgil zog mit seiner umtriebigen Familie von Kentucky nach Illinois und später nach Iowa. Im Alter von siebzehn Jahren lief er mit einem sechzehnjährigen Mädchen namens Ellen weg, das ihm, obwohl die Eltern die Ehe für ungültig erklären ließen, eine Tochter namens Jane schenkte. Bei Ausbruch des Bürgerkrieges meldete sich der gerade achtzehnjährige Virgil mit seinen älteren Brüdern Newton und James freiwillig zum Militär und diente während des gesamten Konfliktes bei der Armee der Nordstaaten.

Nach dem Krieg wurde Virgil Postkutschenfahrer in Council Bluff, Iowa, wo er seine zweite Frau Allie kennenlernte. 1870 wurde er mit Wyatt, James und Morgan in Lamar, Missouri, in eine aufsehenerregende Straßenschlägerei mit fünf anderen Männern verwickelt. Danach folgte er seinen Brüdern nach Kansas und bekam einen Posten bei der Polizei von Dodge City. Von dort aus zog Virgil nach Prescott, Arizona, bewirtschaftete dort eine Farm, fuhr eine Postkutsche, arbeitete in einem Bauholzlager und suchte nach Gold.

Ende 1879 zogen Virgil und andere Mitglieder der Familie Earp nach Tombstone, wo Virgil sich mit allerlei Gelegenheitsarbeiten durchschlug, ehe er ein Jahr darauf Deputy Marshal wurde. Im Juni 1881, als sich die Fehde zwischen den Earps und der Clanton-Gruppe zuspitzte, wurde er

Virgil Earp, der nach dem Gunfight am *O.K. Corral* durch mehrere Schrotflintenschüsse aus dem Hinterhalt niedergestreckt wurde. Er überlebte den Anschlag und starb 1905 eines natürlichen Todes. (*Arizona Historical Society*)

zum Marshal ernannt. Virgil nahm an der Schießerei am *O.K. Corral* teil und wurde infolgedessen aus dem Polizeidienst entlassen. Zwei Monate später wurde er, ebenfalls wegen der Ereignisse am *O.K. Corral*, aus dem Hinterhalt angeschossen. Nach Morgans Tod wurden Virgil und seine Frau sicherheitshalber nach Kalifornien geschickt. (Wenige Minuten nachdem er den Zug bestiegen hatte, wurde in der Nähe des Bahnhofs einer der Hauptverdächtigen für die Anschläge auf ihn und Morgan getötet.)

Zur Genesung hielt sich Virgil eine Zeitlang am Wohnsitz seiner Eltern in Colton, Kalifornien, auf. 1886 gründete er dort eine Detektei, kehrte dann auf der Suche nach

Gold nach Arizona zurück und begab sich schließlich wieder nach Colton, wo er zum City Marshal gewählt wurde. Kurze Zeit später ging er mit seiner Frau erneut auf die Goldsuche und hielt sich in einem guten Dutzend Bergarbeitersiedlungen auf, ehe er 1905 in Goldfield, Nevada, an Lungenentzündung starb.

Schießereien: *1876, Prescott, Arizona.* Zwei Rabauken schossen auf der Straße herum und bedrohten den örtlichen Sheriff, einen gewissen Dodson, der sie festnehmen wollte, mit vorgehaltener Waffe. Nachdem die beiden die Stadt verlassen hatten, sammelte Dodson ein paar Männer um sich und jagte in einem leichten Wagen hinter den Übeltätern her. Als der Trupp an Virgils Haus vorbeikam, wurde auch er dienstverpflichtet und half mit, die beiden Männer in einen nahe gelegenen Canyon zu verfolgen. Dort unternahmen die beiden Eingekesselten einen Ausbruchsversuch, worauf es zu einer Schießerei kam. Als einer der Flüchtigen seinen Revolver nachlud, tötete Virgil ihn mit zwei Schüssen in den Kopf. Der andere ergab sich, nachdem er am Bein getroffen worden war.

28. Oktober 1880, Tombstone, Arizona. Virgil wurde von Marshal Fred White zum Deputy ernannt und sollte ihm bei der Festnahme des betrunkenen Unruhestifters Curly Bill Brocius beistehen. Als die beiden Ordnungshüter den Gesuchten in einer Gasse stellten, kam es zu einem Handgemenge, bei dem Curly Bills Waffe losging und White tödlich verletzt wurde. Curly Bill wurde daraufhin in Gewahrsam genommen, mußte aber später wieder freigelassen werden, da der sterbende White erklärt hatte, daß es sich um einen Unfall gehandelt habe.

26. Oktober 1881, Tombstone, Arizona. Am Abend zuvor hatte Virgil mit Ike Clanton, Tom McLaury und zwei weiteren Männern eine Runde Poker gespielt. Nach dem Spiel war es zu einem Wortwechsel zwischen Virgil und den Clantons gekommen, worauf Virgil seinen Revolver gezogen, Ike mit dem Lauf geschlagen und ihn vor das Nachtgericht geschleppt hatte. Am frühen Nachmittag des folgenden Tages näherte Virgil sich in Begleitung seiner »Deputies« Wyatt und Morgan Earp sowie Doc Holliday den beim *O.K. Corral* stehenden Angehörigen des Clanton-Clans und gab vor, sie entwaffnen zu wollen. Virgil rief: »Nehmt die Hände hoch«, worauf die Schießerei begann. Virgil wurde am Bein getroffen, feuerte aber weiter. Auch Morgan Earp und Doc Holliday wurden verletzt; Billy Clanton sowie Frank und Tom McLaury kamen ums Leben. Als die Schießerei vorüber war, rannte ein Arzt zu Virgil und untersuchte dessen Bein, stellte aber fest, daß die Kugel die Wade glatt durchschlagen hatte.

28. Dezember 1881, Tombstone, Arizona. Virgil verließ um 23 Uhr 30 den *Oriental Saloon* und wollte gerade die Straße überqueren, als mehrere Schrotflintenschüsse auf ihn abgefeuert wurden. Er wurde in ein benachbartes Hotel gebracht und auf einen Tisch gelegt, wo ein Arzt sein Hemd aufschnitt und die von Schrotkugeln durchsiebte linke Seite, den linken Arm und den Rücken bloßlegte. Als seine Frau erschien, tröstete Virgil sie mit den Worten: »Macht dir keine Sorgen, mit dem linken Arm kann ich dich immer noch an mich drücken.«

»Wyatt«, sagte er dann zu seinem Bruder, »wenn sie mich betäuben, darfst du nicht zulassen, daß sie mir den Arm abnehmen. Wenn ich schon unter die Erde muß, dann aber bitte mit beiden Armen.« Der Arzt fügte sich schließlich, soweit dies möglich war, und entfernte beim Herausschneiden der Schrotkugeln lediglich ein zehn Zentimeter langes Knochenstück.

Quellen: Waters, *Earp Brothers of Tombstone;* Jahns, *Doc Holliday;* Bartholomew, *Wyatt Earp, the Untold Story.*

Earp, Warren

Geb. 9. März 1855, Pella, Iowa; gest. 1900, Willcox, Arizona. Postkutschenfahrer, Ordnungshüter.

Im Jahr 1864 war der neun Jahre alte Warren mit seiner Familie nach Kalifornien gezogen, wo er bis 1880 lebte, ehe er sich zu seinen Brüdern nach Tombstone begab. Im dortigen *Oriental Saloon* frönte er dem Glücksspiel und wurde gelegentlich von seinem Bruder Virgil, dem Marshal von Tombstone, als Deputy eingesetzt. Warren, so hieß es gerüchteweise, soll mit seinen Brüdern an Viehdiebstählen und Postkutschenüberfällen in der näheren Umgebung beteiligt gewesen sein. Er nahm nicht an der Schießerei zwischen seinen Brüdern und den Clantons und McLaurys (die allgemein als Viehdiebe galten) am *O.K. Corral* teil, wohl aber an den Vergeltungsaktionen nach der Ermordung seines Bruders Morgan, denen Frank Stilwell und Florentino Cruz zum Opfer fielen. Anschließend begab sich Warren eine Zeitlang mit Wyatt nach Colorado, kehrte aber nach Arizona zurück, wo er die zwischen Globe und Willcox verkehrende Postkutsche fuhr, eher er bei einer Saloonschießerei getötet wurde.

Schießereien: *20. März 1882, Tucson, Arizona.* Zwei Tage nach Morgans Tod wurde Virgil, der bei einem früheren Anschlag verletzt worden war, von Warren und Wyatt Earp, Doc Holliday, Sherman McMasters und Turkey Creek Jack Johnson nach Tucson gebracht, von wo aus er mit dem Zug nach Kalifornien fahren sollte. Man munkelte, daß sich auch Frank Stilwell, der des Mordes an Morgan verdächtigt wurde, in Tucson aufhalte. Kurz nachdem der Earp-Clan Virgil in den Zug gesetzt hatte, entdeckte man den Gesuchten. Wyatt, Warren und die anderen nahmen die Verfolgung auf, stellten Stilwell wenige Minuten später und ermordeten ihn mit einer Salve aus ihren Flinten und Revolvern.

22. März 1882, Tombstone, Arizona. Nach Stilwells Tod kehrten Warren und die anderen Mitglieder des Earp-Clans auf der Suche nach weiteren Opfern nach Tombstone zurück. Sie ritten zu einem außerhalb der Stadt gelegenen Holzfällerlager, das Pete Spence gehörte, einem weiteren mutmaßlichen Beteiligten an dem Anschlag auf Morgan. Spence, so erfuhr der Rächertrupp von dem dort beschäftigten Theodore Judah, sei nicht da, doch Florentino Cruz, ein weiterer Tatverdächtiger, halte sich ganz in der Nähe auf. Die fünf Rächer begaben sich auf die Suche nach Cruz, und kurz darauf hört Judah »zehn bis zwölf« Schüsse und fand Cruz' von Kugeln durchsiebte Leiche.

1900, Willcox County, Arizona. Warren, der schwer angetrunken war, begegnete in einem Saloon Johnny Boyet, einem Cowboy, mit dem er sich zuvor gestritten hatte. Warren forderte ihn zum Duell, vergaß aber in seinem Zustand, daß er seinen Revolver im Hotel gelassen hatte. Boyet zog, drückte ab und erschoß Warren, wurde indes später von jeglicher Schuld freigesprochen.

Quellen: Waters, *Earp Brothers of Tombstone;* Jahns, *Doc Holliday;* Bartholomew, *Wyatt Earp, the Untold Story.*

Earp, Wyatt Berry Stapp

Geb. 19. März 1848, Monmouth, Illinois; gest. 13. Januar 1929, Los Angeles, Kalifornien. Farmer, Streckenarbeiter, Büffeljäger, Pferdedieb, Saloonbesitzer, Spieler, Hochstapler, Sportler, Ordnungshüter, Prospektor.

Wyatt Earp, über dessen Leben die widersprüchlichsten Darstellungen kursieren, ist zweifellos eine der umstrittensten Gestalten des amerikanischen Westens. Als Sohn eines unsteten Pioniers (Wyatts Vater gab ihm den Namen seines Kompaniechefs im Krieg mit Mexiko, Captain Wyatt Berry Sharp) zog er mit seinem Familien-

Wyatt Earp, der seine Abenteuer maßlos übertrieb und sich als größten Gunfighter des Westens darstellte. *(Arizona Historical Society)*

clan von Missouri über Iowa nach Kalifornien. Er war Anfang Zwanzig, als er sich als Streckenarbeiter bei der Eisenbahn verdingte und so zurück nach Missouri gelangte.

Im Jahr 1870 heiratete Wyatt in Lamar, Missouri, wo er noch im gleichen Jahr seinen Halbbruder Newton Earp bei der Bewerbung um den Posten eines Stadtkonstablers ausstach. Dreieinhalb Monate nach der Hochzeit starb seine Frau. Danach kam es zwischen Wyatt und seinen Brüdern James, Morgan und Virgil auf der einen und Fred und Bert Sutherland, den beiden Brüdern der verstorbenen Frau, sowie den drei Brummet-Söhnen Granville, Lloyd und Garden auf der andern Seite zu einem 20 Minuten langen Straßenkampf. Wie die Auseinandersetzung ausging und ob dabei Schußwaffen zum Einsatz kamen, weiß man nicht. Kurz darauf jedenfalls zogen die Earps nach Kansas weiter.

Wyatt ging zwei Jahre lang auf die Büffeljagd, wurde im Indian Territory wegen Pferdediebstahls festgenommen und wandte sich dann immer mehr dem Glücksspiel zu, wozu er sich häufig nach Hays City begab. 1875 war er Stadtpolizist in Wichita, wo er für Routinefestnahmen zuständig war und sich beinahe mit der eigenen Waffe verletzte. Er weigerte sich, Bußgelder abzuliefern, die er Prostituierten abverlangt hatte, wurde wegen Händelei festgenommen, aus dem Polizeidienst entlassen und aus der Stadt verwiesen. Danach wurde Earp Polizist in Dodge City, streifte eine Weile durch Texas und wurde schließlich stellvertretender Marshal von Dodge, wo er zudem als Geistlicher der Unierten Kirche tätig war. 1876 wurde er in Dodge von einem riesigen Cowboy namens Red Sweeney bei einem Streit wegen eines Tanzsalonmädchens windelweich geschlagen.

Im September 1879 verließ Earp Dodge City, ging nach Las Vegas, New Mexico, und stieß dort zu seinen Familienangehörigen sowie Doc Holliday. Unterwegs machte er in Mobeetie, Texas, halt, wurde aber von Deputy Sheriff James McIntire aus der Stadt gejagt, nachdem er mit Mysterious Dave Mather einen »Goldziegel«-Schwindel versucht hatte.

Wenige Monate später zogen Wyatt, James und Virgil Earp mit ihren Familien nach Tombstone. (Wyatt hatte kurz zuvor seine zweite Frau Mattie geheiratet, die er 1882 verließ. Sie wurde Prostituierte und beging am 3. Juli 1888 im Alter von dreißig Jahren in der Bergarbeiterstadt Pinal in Arizona Selbstmord.) Wyatt wurde Begleitschutzmann bei *Wells, Fargo,* und kurz darauf tauchten auch Morgan und Warren Earp sowie Doc Holliday in Tombstone auf.

Zweimal bemühte sich Wyatt erfolglos um das Amt des Sheriffs im Cochise County, doch im Juli 1880 wurde er Deputy Marshal in Tombstone. Außerdem erwarb er einen Anteil an dem florierenden *Oriental Saloon.* Binnen eines Jahres kam es zu Spannungen zwischen den Earps und dem Familienclan der Clantons und McLaurys; vermutlich, so munkelte man, weil die Earps dem Clanton-»Ring« bei seinen einträchlichen Viehdiebstählen und Postkutschenüberfällen Konkurrenz machen wollten – wahrscheinlicher aber ist, daß die Earps, die in und um Tombstone diverse Aufgaben als Ordnungshüter wahrnahmen, den Ring zerschlagen wollten. Die Fehde fand ihren Höhepunkt in der Schießerei am O. K. *Corral*, war damit aber noch nicht zu Ende. Nach diesem berühmten Gunfight wurden Virgil und Morgan Earp hinterrücks niedergeschossen, worauf Wyatt, damals Deputy U. S. Marshal, und seine Gefährten zwei Gefolgsleute der Clantons töteten.

Danach zog Wyatt quer durch den Westen. 1882 war er in San Francisco, wo er Josie, seine dritte Frau, heiratete. 1883 hielt er sich in Colorado auf und besuchte zweimal Dodge City, um dort Luke Short, ein Mitglied der berühmten, wenn auch kurzlebigen *Dodge City Peace Commission*, zu unterstützen. 1884 wurde er vom Goldrausch in Coeur d'Alene nach Idaho gelockt und blieb dort fast ein Jahr lang, ehe er wieder nach Colorado zog. In Idaho besaß Wyatt zwei Saloons, spekulierte mit seinem Bruder auf mehrere vielversprechende Goldadern und stand in Verbindung mit einem Syndikat, das sich auf die Anfechtung von Schürfrechten spezialisiert hatte.

Nach kurzen Aufenthalten in Wyoming und Texas kehrte Wyatt nach Kalifornien zurück, wo er von 1886 bis 1890 einen Saloon besaß. Dann zog er nach San Diego und widmete sich der Vollblutzucht, gönnte sich 1896 aber eine kurze Pause und leitete als Ringrichter den Boxkampf zwischen Bob Fitzsimmons und Tom Sharkey (hinterher warf man Wyatt vor, er habe zugunsten von Sharkey Partei ergriffen). Zwischen 1897 und 1901 hielt er sich hauptsächlich in Alaska auf, wo zu der Zeit große Goldvorkommen entdeckt wurden, und betrieb in Nome einen Saloon. Eines Abends wurde er dort von U. S. Marshal Albert Lowe geohrfeigt und entwaffnet, weil er mit dem Revolver herumgefuchtelt hatte. In Kalifornien erging es ihm kaum besser. Bei einem Besuch in San Francisco

wurde er im Mai 1900 von dem über zwanzig Jahre jüngeren Boxer Mike Mulqueen bewußtlos geschlagen.

Ende 1901 kehrte Wyatt, von neuerlichen Edelmetallfunden angelockt, in den Südwesten der USA zurück. Fünf Jahre lang zog er mit seiner Frau auf der Suche nach günstigen Schürfgründen durch Nevada und eröffnete in Tonopah einen weiteren Saloon. 1905 besuchte er in der Bergarbeitersiedlung Goldfield in Nevada seinen Bruder Virgil und ließ sich anschließend in Los Angeles nieder. Er unternahm gelegentlich Erkundungsreisen in die Nähe von Parker, Arizona, wo er Schürfrechte besaß, widmete sich aber offenbar zunehmend diversen Hochstapeleien und Schwindelgeschäften. Außerdem suchte er jemanden, der sich für eine Veröffentlichung seiner Abenteuergeschichten interessierte, wandte sich in dieser Angelegenheit aber vergebens an den Filmstar William S. Hart und den Schriftsteller Walter Noble Burns. Erst kurz vor seinem Tod im Jahr 1929 – er war achtzig Jahre alt – lernte er seinen Biographen Stuart N. Lake kennen.

Schießereien: *26. Juli 1878, Dodge City, Kansas.* Um drei Uhr morgens fingen drei oder vier texanische Cowboys an, mit ihren Revolvern in die Luft zu schießen. Wyatt Earp und sein Polizeikollege Jim Masterson eilten sofort zum Ort des Geschehens, worauf es zu einem kurzen Schußwechsel kam. Die betrunkenen Cowboys wollten gerade davonreiten, als George Hoy, ein junger Texaner, am Arm getroffen wurde und aus dem Sattel fiel. Die Wunde entzündete sich, und Hoy, der in Texas wegen Viehdiebstahls angeklagt worden war und sich gegen eine Kaution von fünfzehnhundert Dollar auf freiem Fuß befand, starb vier Wochen später.

26. Oktober 1881, Tombstone, Arizona. Am Tag zuvor waren Ike Clanton und Tom McLaury nach Tombstone gekommen, um Vorräte einzukaufen. Wyatt, Morgan und Virgil Earp hatten Doc Holliday Rückendeckung gegeben, als dieser Clanton beschimpft hatte, und zu fortgeschrittener Stunde hatte Virgil den Viehdieb tätlich angegriffen. Am nächsten Morgen stellte Wyatt McLaury zur Rede, zog nach einem kurzen Wortwechsel seinen *Buntline Special* und forderte ihn zum Duell. Als McLaury sich weigerte, gab Wyatt ihm mit der linken Hand eine Ohrfeige und schlug ihn dann mit dem rund dreißig Zentimeter langen Lauf seines Revolvers zu Boden.

Kurz darauf sah Wyatt, wie Frank McLaury einen Laden betrat, worauf er hinging, um dessen Pferd vom Gehsteig zu führen. McLaury kam heraus und knurrte: »Nimm die Finger von meinem Pferd!«

»Dann sieh zu, daß es vom Gehsteig wegbleibt«, sagte Wyatt. »Das verstößt gegen die Vorschriften in dieser Stadt.«

McLaury zog unter leisen Verwünschungen ab. Etwa eine Stunde später trafen beide Parteien außerhalb des *O.K. Corral* aufeinander. Sheriff John Behan versuchte einzugreifen, wurde aber von beiden Seiten nicht beachtet, worauf sich die drei Earps und Doc Holliday den McLaury-Brüdern, Ike und Billy Clanton sowie Billy Claiborne bis auf wenige Schritte näherten. »Ihr Hundesöhne«, sagte Wyatt, »ihr habt es auf einen Kampf angelegt, und jetzt könnt ihr ihn kriegen!« Virgil wiederum befahl: »Nehmt die Hände hoch!« Dann schoß Morgan auf Billy Clanton, worauf Wyatt seine Waffe aus der rechten Hosentasche zog, auf Frank McLaury feuerte und ihn am Bauch traf.

Als ringsum geschossen wurde, rannte der nach wie vor unbewaffnete Ike Clanton zu Wyatt, ergriff seine linke Hand und flehte ihn an, das Feuer einzustellen. »Der Kampf ist jetzt eröffnet«, erwiderte Wyatt. »Kämpf mit, oder verzieh dich.« Clanton und Claiborne rannten daraufhin in ein benachbartes Fotoatelier, während draußen die Schießerei weiterging. Schließlich lagen Billy Clanton und die beiden McLaurys tot oder tödlich getroffen am Boden, aber auch Virgil, Morgan und Holliday waren verletzt. Lediglich Wyatt kam ungeschoren davon.

20. März 1882, Tucson, Arizona. Zwei Abende zuvor hatte Wyatt miterleben müssen, wie sein Bruder Morgan hinterrücks ermordet worden war (ein Schuß war haarscharf an Wyatts Kopf vorbeigegangen). Wyatt, sein jüngster Bruder Warren, Doc Holliday, Sherman McMasters und Turkey Creek Johnson hatten daraufhin den bei einem früheren Anschlag verletzten Virgil Earp nach Tucson begleitet und in einen Zug nach Kalifornien gesetzt. Die Earps hatten allerdings noch einen anderen Grund für ihren Ritt nach Tucson: Sie hofften dort Frank Stilwell zu finden, einen der mutmaßlichen Mörder von Morgan Earp.

Stilwell wurde in der Nähe des Zuges gesichtet, worauf es zu einer Verfolgungsjagd kam. Er verschwand in der einbrechenden Dunkelheit, doch die Rächer blieben ihm auf den Fersen. Etwa fünf Minuten lang fielen mehrere Schüsse. Stilwell, der von Wyatt gestellt worden war, ergriff den doppelten Lauf von dessen Schrotflinte und versuchte die Waffe wegzustoßen, wobei sich ein Schuß löste und Stilwell verletzte. Daraufhin eröffnete der ganze Trupp das Feuer und tötete ihn.

22. März 1882, Tombstone, Arizona. Nach Stilwells Tod kehrten die Earps samt Gefolge nach Tombstone zurück, um nach den übrigen Tatverdächtigen zu fahnden. Auf der Suche nach Pete Spence, einem weiteren Parteigänger der Clantons, trafen sie gegen elf Uhr morgens in dessen Holzfällerlager ein. Aus Angst vor Racheakten hatte sich Spence mittlerweile den Behörden von Tombstone gestellt, doch die Earps spürten in dem abgelegenen Lager einen weiteren Hauptverdächtigen auf, ein Halbblut namens Florentino Cruz. Wyatt, Warren, Holliday, McMasters und Johnson überraschten Cruz, streckten ihn mit einer Salve nieder und töteten ihn.

September 1884, Lake City, Colorado. Wyatt, den man schon häufig des Falschspiels bezichtigt hatte, griff bei einer Pokerrunde in Lake City allem Anschein nach wieder ein-

122   Elliott, Joe

mal zu unlauteren Mitteln. Daraufhin kam es zu einem Streit, bei dem Wyatt einen Schuß in den Arm erhielt. Weitere Opfer waren nicht zu beklagen.

Quellen: Bartholomew, *Wyatt Earp, the Untold Story;* Bartholomew, *Wyatt Earp, the Man and the Myth;* Masterson, *Famous Gunfighters,* 53–65; Miller und Snell, *Great Gunfighters of the Kansas Cowtowns,* 12, 78–95, 141, 186–189, 222, 229, 234, 236, 263, 293–294, 313, 354–356, 387–388, 405–407, 410–412, 434, 444; Waters, *Earp Brothers of Tombstone;* Jahns, *Doc Holliday;* Lake, *Wyatt Earp;* Boyer, *Suppressed Murder of Wyatt Earp;* Schoenberger, *Gunfighters,* 15–17, 21–59, 96, 99–102, 104, 108, 113, 120–122, 136, 138, 141, 186, 187, 188.

Elliott, Joe

Range-Detektiv, Viehinspektor.

Elliott wurde vor allem durch seine Beteiligung am *Johnson County War* in den neunziger Jahren des 19. Jahrhunderts zu einem berühmt-berüchtigten Revolvermann. Er war Range-Detektiv und Viehinspektor für die *Wyoming Cattle Growers' Association* und setzte sich nachdrücklich für die Interessen der Rinderbarone ein. Nach den bürgerkriegsähnlichen Auseinandersetzungen wurde er aus Wyoming verbannt. Trotz seiner Drohungen, er werde wiederkommen und sämtliche Widersacher töten, kehrte er niemals zurück.

Schießereien: *1. November 1891, Powder River, Wyoming.* Elliott und drei weitere Söldlinge in Diensten des Rinderzüchterverbandes – Frank Canton, Tom Smith und Fred Coates – versuchten, Nat Champion zu ergreifen, den beherzten Anführer der »Rustler« und Kleinbauern im Johnson County. Im Morgengrauen umstellten die vier Revolvermänner die kleine Hütte, die Champion gemeinsam mit Ross Gilbertson bewohnte. Elliott deckte die Rückseite, während die anderen durch die Tür eindrangen. Champion griff zum Revolver und verletzte zwei der Angreifer,

worauf die drei Eindringlinge die Flucht ergriffen. Als Champion hinausging, um die beiden Flinten zu holen, die sie weggeworfen hatten, stieß er auf Elliott, der gerade zur Vorderseite der Hütte kam. Die beiden Männer schossen aufeinander, und Champion zog sich ins Innere zurück, während Elliott hinter seinen Gefährten herstürmte.

9. April 1892, KC Ranch, Wyoming. Mit einem Großaufgebot von insgesamt fünfzig Männern, darunter auch Elliott, versuchten die Rinderzüchter, endgültig die Macht im Johnson County zu übernehmen. Die eindrucksvolle Streitmacht zog zu der neuen Ranch, die Champion gemeinsam mit Nick Ray gepachtet hatte, und umstellte das Wohngebäude. Elliott hatte zehn Pfund Schießpulver dabei – allerdings hatte man sich vorgenommen, die Hütte nach Möglichkeit nicht in die Luft zu sprengen.

Bei Sonnenaufgang kam ein arbeitsloser Rancharbeiter und Trapper namens Ben Jones, der über Nacht bei Champion und Ray geblieben war, aus der Tür und wollte Wasser holen. Elliott und etliche andere Männer nahmen ihn lautlos gefangen; ebenso verfuhren sie eine halbe Stunde später mit Bill Walker, Jones' Gefährten. Als Ray herauskam, wurde er von einer Gewehrsalve niedergemäht, konnte sich aber mit Champions Hilfe in die Hütte zurückschleppen. Ray starb bald darauf, doch Champion lieferte sich noch ein langes, hitziges Feuergefecht mit den Regulatoren des Rinderzüchterverbandes. Zur fortgeschrittenen Nachmittagsstunde schoben die Angreifer einen brennenden Wagen an die Hütte und trieben Champion damit ins Freie. Nach einer letzten, einseitigen Schießerei brach Champion, von zahlreichen Kugeln durchsiebt, tot zusammen.

Quellen: Smith, *War on the Powder River,* 158, 188; Mercer, *Banditti of the Plains,* 22–23, 157, 172, 175, 181–187, 194.

Estabo, Tranquellano

Estabo war ein Revolvermann mexikanischer Abstammung, der sich in den neunziger Jahren des 19. Jahrhunderts in New Mexico aufhielt. 1895 wurde er in relativ kurzer Zeit in drei Schießereien verwickelt.

Schießereien: *1895, Phoenix, New Mexico.* An einem Frühlingsabend ritt Walter Paddleford mit fünfzehn Zechkumpanen in das nahe gelegene Phoenix, wo es prompt zu einem Streit mit einer etwa gleich starken Gruppe von Mexikanern kam. Die Mexikaner, allen voran Estabo, griffen zu den Waffen, worauf eine allgemeine Schießerei ausbrach. Die Mexikaner legten sich bäuchlings hinter die Eisenbahngleise, und Paddlefords Männer gingen fünfzig Meter von ihnen entfernt hinter einigen mit leeren Bierflaschen gefüllten Tonnen in Stellung. Bei der Auseinandersetzung wurden vier Mexikaner getroffen, drei davon tödlich. Auf seiten der Amerikaner wurde der Saloonbesitzer A. Rhodes erschossen.

Schließlich ritt der Ordnungshüter Dee Harkey zwischen die Fronten und befahl den Kontrahenten, das Feuer einzustellen. Beide Seiten gehorchten, doch Paddleford ging auf die Mexikaner zu, riß sein Hemd auf, deutete auf die nackte Brust und brüllte: »Mein Vater war ein großer Kriegshäuptling, und ich war sein kleiner Krieger, und ihr habt Angst, auf mich zu schießen.« Harkey nahm Paddleford kurzerhand die Flinte ab und verfrachtete die Möchtegernkrieger ins Gefängnis.

1895, Phoenix, New Mexico. Im Sommer kam es beim Glücksspiel in einem Saloon zu einem Streit zwischen Estabo und einem Mitspieler. Nach kürzester Zeit fielen Schüsse, und Estabos Widersacher wurde tödlich verletzt. Anschließend rannte Estabo auf die Straße, schwang sich auf sein Pferd und schoß wild in der Stadt herum. Nach einiger Zeit trafen die Ordnungshüter Dee Harkey und Cicero Stewart auf dem Fahrrad aus Carlsbad ein und forderten Estabo auf, sich zu ergeben.

Wieder griff Estabo zur Waffe und gab einen Schuß auf Harkey ab, der seinerseits den Revolver zog und das Feuer erwiderte. Daraufhin ritt Estabo den anderen Ordnungshüter über den Haufen, doch Stewart konnte sich zur Seite rollen und schoß hinter dem aus der Stadt sprengenden Estabo her, bis ihm die Munition ausging. Harkey verfolgte Estabo zu Pferd und holte ihn nach drei Meilen ein. »Bring mich nicht um, bring mich nicht um«, flehte Estabo. »Ich komme freiwillig mit.« Als sie in die Stadt zurückkehrten, wollte der blessierte und blutende Stewart den Mexikaner in seiner ersten Wut töten. Doch Estabo landete schließlich im Gefängnis.

Quelle: Harkey, *Mean as Hell*, 49–50, 57–58, 72–74.

Evans, Chris

Farmer, Postkutschenräuber.

Evans, ein Kalifornier, besaß eine Farm in der Nähe einer Mine, die George und John Sontag gehörte, zwei Eisenbahnräubern. Als die Gebrüder Sontag 1892 vor einer Posse fliehen mußten, half ihnen Evans, und nachdem George gefaßt worden war, verbündete er sich mit John. Die beiden hielten Postkutschen an, behaupteten, sie seien auf der Suche nach Ordnungshütern, an denen sie tödliche Rache üben wollten, raubten dann die Insassen aus und plünderten das Gepäck.

Neun Monate lang wurden die beiden Outlaws gejagt, doch sie schossen sich ein ums andere Mal den Fluchtweg frei und verletzten dabei sieben Deputies. Als man sie schließlich stellen konnte, wurde John Sontag getötet und Evans schwer verletzt. Sobald er genesen war, wurde er zu einer lebenslangen Zuchthausstrafe verurteilt. Am 3. Dezember 1893 gelang ihm die Flucht, aber bereits im darauffolgenden Februar wurde er wieder gefaßt und in seine Zelle zurückgebracht.

Schießereien: *Januar 1892, San Joaquin Valley, Kalifornien.* Evans und die Sontag-Brüder wurden von einer Posse in ihrem Scheunenversteck aufgespürt. Als die Ordnungshüter anrückten, kam es zu einer Schießerei. George wurde anschließend gefaßt, aber Evans und John Sontag konnten entkommen, nachdem sie einen Deputy erschossen hatten.

13. September 1893. Sampson's Flat, Kalifornien. Nach einer langen, erbarmungslosen Jagd spürte eine Posse Evans und Sontag auf. Wie üblich leisteten die beiden Outlaws Widerstand und erschossen zwei Deputies. Kurz darauf aber traf Verstärkung ein und schnitt Evans und Sontag den Fluchtweg ab. Die beiden Outlaws lieferten sich ein achtstündiges Gefecht mit den Verfolgern, das als *Battle of Sampson's Flat* in die Geschichte des Westens einging, wurden aber schließlich derart zusammengeschossen, daß sie sich nicht mehr zur Wehr setzen konnten. Sontag starb wenig später, und Evans wurde lebenslänglich inhaftiert.

Quellen: Horan und Sann, *Pictorial History of the Wild West*, 151–152; Conger, *Texas Rangers*, 134.

Evans, Jesse

Geb. 1853 in Missouri. Cowboy, Viehdieb, Räuber.

Evans verließ in jungen Jahren sein Elternhaus in Missouri, heuerte als Cowboy im Lampasas County, Texas, an, zog dann nach New Mexico und bekam kurz darauf eine Anstellung auf John Chisums Ländereien. Binnen wenigen Jahren wurde er zum Outlaw, raubte Vorratslager und abgelegene Camps aus und gründete eine Bande von Viehdieben, der zeitweilig Billy the Kid, Tom Hill, Frank Baker und zahlreiche andere Schurken angehörten. Evans saß kurze Zeit im Gefängnis und stand ständig unter Anklage. Im Lincoln County schlug er sich frühzeitig auf die Seite der Murphy-Dolan-Partei. Bald darauf aber wurde es ihm dort zu heiß, worauf er nach Südtexas zog und weiterhin Vieh stahl. 1880 tötete er bei einer Schießerei einen Texas Ranger und wurde zu einer zehnjährigen Zuchthausstrafe verurteilt, konnte aber im Mai 1882 fliehen, als er bei einem Arbeitstrupp eingesetzt war. Danach verliert sich seine Spur.

Schießereien: *17. Oktober 1877, Lincoln County, New Mexico.* Evans und drei Gefolgsleute – Tom Hill, Frank Baker und George Davis – hatten den Ranchern John Tunstall, der gerade in St. Louis weilte, und Dick Brewer wertvolles Vieh gestohlen. Brewer und eine fünfzehn Mann starke Posse stellten die Viehdiebe in einem Erdloch auf der Beckwith-Ranch unweit von Seven Rivers. Bei Sonnenaufgang kam es zu einem Schußwechsel. Die Viehdiebe ergaben sich schließlich der Übermacht, konnten aber ein paar Wochen später aus dem Gefängnis von Lincoln entkommen.

Januar 1878, Grant County, New Mexico. Evans und seine Gang stahlen von einer Ranch im Grant County eine Herde Pferde, wurden aber kurz darauf von einem Verfolgertrupp eingeholt. Nach einem hitzigen Feuergefecht, bei dem Evans und Tom Hill getroffen wurden, ließen die Outlaws die gestohlenen Tiere im Stich und galoppierten davon.

18. Februar 1878, bei Lincoln, New Mexico. Evans, Hill und zahlreiche weitere Gefolgsleute der Murphy-Dolan-Fraktion entdeckten den Rancher John Tunstall, einen der Führer der gegnerischen Reformpartei, als dieser gerade in Richtung Lincoln ritt, und umringten ihn. Nach einem kurzen Wortwechsel zogen Evans, Hill, Frank Baker und William Morton ihre Waffen, ermordeten Tunstall und lösten dadurch den *Lincoln County War* aus.

13. März 1878, Alamo Springs, New Mexico. Evans und Hill wollten gerade eine unbewachte Schafherde rauben, als ein Cherokee-Mischling, der nach Wasser gesucht hatte, zur Herde zurückkehrte. Die beiden Diebe hielten das Halbblut mit ihren Waffen in Schach, plünderten den Camp-Wagen und sattelten ein Pferd des Besitzers der Herde sowie ein Maultier. Plötzlich griff der Cherokee zu einer *Winchester*, rannte aber weg, als Evans und Hill das Feuer eröffneten. Er wurde am Bein getroffen und ging zu Boden, worauf sich die Banditen zum Aufbruch bereit machten. Doch das Halbblut schlich sich an sie heran und eröffnete aus nächster Nähe mit seiner Flinte das Feuer. Hill wurde vom ersten Schuß tödlich getroffen, und Evans bekam eine Kugel ins Handgelenk, worauf er Flinte und Revolver fallen ließ und auf dem gestohlenen Pferd davonsprengte.

3. Juli 1880, bei Presidio, Texas. Evans und drei andere Outlaws wurden am Cibola Creek, etwa achtzehn Meilen nördlich von Presidio, von einer Abteilung Texas Rangers unter Führung von Sergeant E. A. Sieker aufgespürt. Sobald die Banditen die Rangers anrücken sahen, eröffneten sie das Feuer. Nach einer wilden Verfolgungsjagd über anderthalb Meilen trieben die Outlaws ihre Pferde einen steilen Berg hinauf und gingen hinter großen Felsbrocken in Deckung. Beim anschließenden Sturmangriff der Rangers tötete Evans den Gefreiten George Bingham durch einen Herzschuß, wurde aber seinerseits von dem Ranger Tom Carson genau zwischen den Augen getroffen. Danach ergaben sich die übrigen Mitglieder der Bande.

Quellen: Bartholomew, *Jesse Evans;* Rasch, »The Story of Jesse Evans«, *PPHR;* Keleher, *Violence in Lincoln County,* 82–83, 88–89, 96–97, 100–102, 107–108, 114, 141, 204, 207–217, 233, 247, 251–276, 312; Webb, *Texas Rangers,* 406–409; Klasner, *My Girlhood Among Outlaws,* 60, 155–157, 171, 174–175, 249; Garrett, *Billy, the Kid,* 10, 22, 25–31, 36, 45, 50–51, 63–69, 82–83; Fulton, *Lincoln County War,* 51, 67, 70, 82–91, 103–104, 107–108, 112–113, 118–120, 125, 147–149, 201, 240, 251, 324–328, 331, 333, 347, 373–378.

Fisher, John King

Geb. 1854, Collin County, Texas; gest. 11. März 1884, San Antonio, Texas. Zureiter, Cowboy, Rancher, Viehdieb, Saloonbesitzer, Mitinhaber eines Mietstalls, Ordnungshüter, Revolvermann.

King Fisher führte bereits in jungen Jahren ein unstetes Leben. Er war noch ein Kind, als die Mutter starb, und nach dem Bürgerkrieg zog sein Vater, der auf seiten der Konföderation gekämpft hatte, mit ihm durch Texas und gründete mehrere Ranches. King wuchs im Collin County, in Lampasas, Goliad und Florence auf. Er war erst fünfzehn Jahre alt, als er wegen eines gestohlenen Pferdes mit dem Gesetz in Konflikt kam und vor der Ortspolizei fliehen mußte. Mit sechzehn wurde er wegen eines Einbruchs zu einer zweijährigen Haftstrafe im Staatsgefängnis verurteilt, von der er allerdings nur vier Monate verbüßten mußte.

Nach seiner Entlassung fand Fisher eine Anstellung als Cowboy im südtexanischen Nueces Strip, wo er Pferde zuritt, mexikanische Banditen jagte und schießen lernte. Bald darauf besaß er ein eigenes Stück Land, die Pendencia, und wurde zu einer ebenso tonangebenden wie schillernden Gestalt in der nahe gelegenen Grenzstadt Eagle Pass. So brachte er unter anderem an einer Wegkreuzung in der Nähe seines Anwesens ein Schild mit der Aufschrift an: »Das ist King Fishers Straße – nehmt die andere.«

Fisher, der sich gern bunt und auffällig kleidete, mit Vorliebe Fransenhemden, rote Schärpen und mit Glöckchen bewehrte Sporen trug, wurde zu einem weithin gefürchteten Viehdieb. In den siebziger Jahren wurde er in San Antonio und Uvalde mehrmals wegen Glücksspiels festgenommen, und etwa um diese Zeit soll er bei diversen Auseinandersetzungen mehrere Menschen getötet haben. (Als man ihn 1878 danach befragte, sprach er von sieben Opfern, »Mexikaner nicht eingerechnet«. Verbürgt ist keiner dieser Vorfälle,

John King Fisher, der im Alter von dreißig Jahren mit Ben Thompson in einem Varieté-Theater in San Antonio getötet wurde. *(Western History Collections, University of Oklahoma Library)*

doch die Gerüchte darüber hielten sich hartnäckig. So soll Fisher bei einer Auseinandersetzung mit vier *vaqueros* (Rinderhirten) in einem Rinderpferch auf der Pendencia dem nächstbesten Widersacher ein Brandeisen über den Schädel geschlagen, einen zweiten Mann, der die Waffe zog, kurzerhand erschossen und sich dann den beiden anderen Männer, die noch auf dem Gatter saßen, zugewandt und sie abgeknallt haben. 1875 wurde King Fisher wegen Mordes angeklagt und in zahlreichen texanischen Counties wegen Rinderdiebstahls per Haftbefehl gesucht.

King heiratete 1876 und wurde Vater von vier Töchtern. Er mußte sich aber auch in der Folgezeit wiederholt wegen Mordes und Diebstahls verantworten, kam aber immer wieder frei, nachdem er entweder für unschuldig befunden oder das Verfahren gegen ihn eingestellt worden war. Ende der siebziger Jahre aber besserte er sich und widmete sich fortan vor allem seinen Geschäften. 1879 fiel er nurmehr auf, weil er sich aus Versehen ins Bein geschossen hatte. Zwei Jahre später hatte er die letzten Mordanklagen aus der Welt geschafft, und 1881 wurde er als Deputy Sheriff des Uvalde County vereidigt. Nachdem er eine Zeitlang die Amtsgeschäfte versehen hatte, kündigte er an, daß er 1884 offiziell als County Sheriff kandidieren wolle. Bevor die Wahl stattfand, wurde Fisher im Alter von dreißig Jahren gemeinsam mit Ben Thompson in San Antonio getötet.

Schießereien: *25. Dezember 1876, Zavala County, Texas.* Ein Cowboy namens William Dunovan erregte King Fishers Zorn. Fisher zog einen Revolver, jagte Dunovan drei Kugeln in den Leib und tötete ihn auf der Stelle.

1877, Pendencia-Ranch, Texas. King und mehrere seiner Cowboys überraschten etliche Mexikaner, die ein Pferd aus einem Corral auf der *Pendencia* stehlen wollten. Einer der Diebe gab einen Schuß auf Fisher ab, worauf dieser vom Pferd aus auf ihn hechtete, ihm die Waffe entwand, seinerseits das Feuer eröffnete und drei Mexikaner tödlich verletzte. Daraufhin wurde Fisher im Mai 1877 von dem Texas Ranger Lee Hall in einem Saloon in Eagle Pass wegen Mordes festgenommen, von Major T. T. Teel aber erfolgreich verteidigt.

1883, Leona River, bei Leakey, Texas. Als kommissarischer Sheriff des Uvalde County verfolgte Fisher die des Postkutschenüberfalls verdächtigen Jim und Tom Hannehan zu ihrer Ranch am Leona River und wollte sie dort festnehmen. Die Brüder leisteten Widerstand, worauf King Tom erschoß. Jim ergab sich und händigte die Beute aus. (Nachdem Fisher ein Jahr später ebenfalls umgekommen war, besuchte Mrs. Hannehan jeweils am Todestag ihres Sohnes den Friedhof von Uvalde, zündete ein Reisigfeuer auf Kings Grab an und tanzte, wie es hieß, »mit teuflischer Schadenfreude« um seine letzte Ruhestätte.)

11. März 1884, San Antonio, Texas. Fisher, der dienstlich in Austin weilte, begegnete dort seinem alten Bekannten Ben Thompson. Nachdem die beiden mehrere Bars aufgesucht hatten, schenkte Thompson Fisher ein Porträtfoto von sich und erklärte, daß er ihn auf dem Rückweg bis San Antonio begleiten werde. Im Nachmittagszug tranken die beiden Revolvermänner weiter und wurden immer ausgelassener. Einmal allerdings ermahnte Fisher seinen Gefährten, als dieser gegenüber einem farbigen Schaffner allzu ausfällig wurde.

Nach der Ankunft in San Antonio suchte das angetrunkene Paar einen Saloon auf, sah sich im *Turner Hall Opera House* eine Aufführung an und begab sich danach, gegen 22 Uhr 30, ins *Vaudeville Variety Theater*, einen Spielsalon, dessen Besitzer, einen gewissen Jack Harris, Ben Thompson zwei Jahre zuvor getötet hatte. Sie genehmigten sich an der Bar einen Drink, gingen dann nach oben und setzten sich in eine Loge, um sich eine Varietévorstellung anzusehen. Dort gesellten sich der Rausschmeißer Jacob Coy sowie Billy Simms und Joe Foster, zwei ehemalige Kompagnons von Harris, zu ihnen. Ben Thompson alberte herum, äußerte sich abfällig über den toten Harris, schob Foster den Revolver in den Mund und spannte den Hahn. Coy warf sich dazwischen und bekam die Trommel zu fassen. Fisher wich zurück und erklärte, er wolle lieber gehen, bevor es zu Reibereien komme. Plötzlich brach eine wilde Schießerei aus, bei der er und Thompson niedergemäht wurden.

Vieles deutet darauf hin, daß Coy, Simms und Foster von drei weiteren Männern unterstützt wurden: einem Spieler namens Canada Bill, einem Schauspieler namens Harry Tremaine und einem Barkeeper, der unter dem Namen McLaughlin bekannt war. Vermutlich lauerten die drei mit Gewehren und Schrotflinten bewaffnet in der Loge nebenan. Thompson wurde von neun Kugeln durchsiebt, Coy erlitt eine Fleischwunde, und Foster, der am Bein getroffen wurde – vermutlich als Coy nach Thompsons Revolver griff –,

starb nach der Amputation. Fisher, der nicht einmal die Waffe gezogen hatte, wurde von dreizehn Kugel an Kopf, Brust und Bein getroffen. Noch im Tod hatte er die Arme schützend um Thompson geschlungen.

Quellen: Fisher und Dykes, *King Fisher;* Raymond, *Captain Lee Hall,* 54–56, 88–89, 172, 176–180, 183–184, 215–217; Streeter, *Ben Thompson,* 190–199.

Flatt, George W.

Geb. 1852 oder 1853 in Tennessee; gest. 19. Juni 1880, Caldwell, Kansas. Saloonbesitzer, Ordnungshüter, Range-Detektiv.

Der aus Tennessee stammende Flatt kam als Ordnungshüter in Caldwell, Kansas, zu Ruhm und Ehren, unter anderem wegen der beiden Schußwaffen, die er stets mit sich führte. Zwar soll er zuvor schon mehrere Männer getötet haben, doch als Revolvermann zeichnete er sich erst 1879 in Caldwell aus. Damals eröffneten Flatt und William Horseman unmittelbar neben dem *City Hotel* von Caldwell einen »eleganten Saloon«. Noch im gleichen Sommer wurde Flatt zum ersten City Marshal von Caldwell ernannt, im Jahr darauf jedoch von Horseman abgelöst.

Danach wurde Flatt Range-Detektiv und heiratete etwa um diese Zeit ein achtzehnjähriges Mädchen namens Fanny. Im Juni 1880, vier Tage vor der Geburt seines Sohnes, wurde er in Caldwell auf offener Straße niedergeschossen. Sein Tod blieb ungesühnt, denn Horseman, den man zunächst der Tat verdächtigt hatte, wurde vor Gericht freigesprochen.

Schießereien: *7. Juli 1879, Caldwell, Kansas.* An einem Montagnachmittag ritten George Wood und Jake Adams, zwei Cowboys aus dem Cherokee Strip, nach Caldwell, wo sie sich eine Stunde lang im *Occidental Saloon* betranken, dann auf die Straße torkelten und mit ihren Revolvern herumschossen. Vorsichtig betraten der

Konstabler W. C. Kelly und der Deputy Sheriff John Wilson in Begleitung einer Posse, der unter andern auch Flatt und W. H. Kiser angehörten, den *Occidental*.

Wood und Adams legten augenblicklich die Waffen auf die Ordnungshüter an, befahlen ihnen, die Hände an die Hosennaht zu legen, und wollten das Lokal verlassen. Unter der Tür vertrat Flatt ihnen den Weg, worauf die beiden Cowboys ihn mit vorgehaltener Waffe aufforderten, seine Revolver herzugeben. »Eher sterbe ich«, knurrte Flatt. Einer der Cowboys feuerte einen Schuß auf ihn ab, doch die Kugel pfiff an Flatts Kopf vorbei und streifte den hinter ihm stehenden Kiser an der Schläfe.

Flatt griff sofort zu seinen Revolvern und feuerte auf Wood, als dieser durch die Tür stürmen wollte. Eine Kugel ging daneben, doch die andere riß die Spitze von Woods Zeigefinger und den Abzug seines Revolvers ab, drang in die Brust ein, durchschlug beide Lungenflügel und trat unterhalb des rechten Schulterblatts wieder aus. Durch die Wucht des Aufpralls wurde Wood auf die Straße geschleudert, wo er kurz darauf starb.

Fast gleichzeitig drückte Flatt die andere Waffe ab. Die Kugel traf Adams an der rechten Seite und bohrte sich durch seinen Leib. Adams feuerte seinerseits auf Flatt, doch das Geschoß streifte lediglich John Wilsons Handgelenk. Wilson gab daraufhin zwei Schüsse auf Adams ab und traf ihn am Bauch und an der rechten Hand. Adams wiederum jagte im Zusammenbrechen Wilson eine Kugel ins rechte Bein und hauchte dann auf dem Boden des Saloons sein Leben aus.

29. Oktober 1879, Caldwell, Kansas. Eines Nachmittags ritt ein gewisser John Dean in Caldwell ein, wo er sich binnen kürzester Zeit betrank und Unruhe stiftete. Da er zudem bewaffnet war, was gegen die städtischen Vorschriften verstieß, wollten ihn Marshal Flatt und sein Deputy Red Bill Jones festnehmen. Dean schöpfte Verdacht, sprang auf sein Pferd und wollte, wild in die Luft schießend, aus der Stadt reiten. Flatt rannte auf Dean zu und erklärte, daß er festgenommen sei, worauf Dean einen Schuß auf ihn abfeuerte und seinem Pferd die Sporen gab. Die beiden Ordnungshüter verfolgten ihn zu Fuß und schossen auf ihn, bis ihre Munition aufgebracht war, doch Dean konnte entkommen.

19. Juni 1880, Caldwell, Kansas. Flatt, der zeitweise zu übermäßigem Alkoholgenuß neigte, hatte den ganzen Sonnabend getrunken und war immer ausfälliger geworden, unter anderem auch gegenüber Frank Hunt. Um ein Uhr morgens konnten C. L. Spear und Samuel H. Rogers ihn überreden, nach Hause zu gehen. Doch er bestand noch auf einem Abstecher zu Louis Segermans Restaurant, wo er noch ein Mahl zu sich nehmen wollte. Als die drei Männer sich der Gaststätte näherten, ging hinter ihrem Rücken eine Schrotflinte los. Die Kugeln trafen Flatts Schädelbasis und zerschmetterten seine Wirbelsäule.

Flatt war auf der Stelle tot, doch der oder die Angreifer drückten noch dreimal auf ihn ab. Flatts Mörder wurden niemals gefaßt, doch man nahm allgemein an, daß seine ehemaligen Geschäftspartner Frank Hunt und William Horseman hinter dem Anschlag steckten.

Quellen: Miller und Snell, *Great Gunfighters of the Kansas Cowtowns*, 95–103, 142, 359–360; Drago, *Wild, Woolly & Wicked*, 208–212.

Ford, Robert

Geb. 1861; gest. 8. Juni 1892, Creede, Colorado. Farmer, Schauspieler, Saloonbesitzer.

Im Jahr 1879 zog Bob Ford mit seiner Familie auf eine Farm im Ray County, Missouri. Bald darauf nahm sein älterer Bruder Charlie an Eisenbahnüberfällen der James-Gang teil, und auch Bob, der allem Anschein nach nicht mit auf Raubzug ging, pflegte regelmäßigen Kontakt zu Outlaws.

Ford, Robert 129

Bob Ford, der Jesse James hinterrücks in den Kopf schoß, als der berühmte Outlaw ein Bild geraderücken wollte. *(Western History Collections, University of Oklahoma Library)*

1882 töteten er und Dick Lidell bei einer Schießerei im Haus von Fords Schwester Wood Hite ein Mitglied der James-Gang. Ein paar Monate später erschoß Bob Ford hinterrücks Jesse James, weil er die auf dessen Kopf ausgesetzte Belohnung einstreichen wollte. Er mußte sich wegen Mordes an Wood Hite vor Gericht verantworten und wurde für schuldig befunden, doch Gouverneur T. T. Crittendon gewährte ihm Straffreiheit, weil er Jesse James zur Strecke gebracht hatte.

Bob kehrte zu seinen Eltern nach Richmond, Missouri, zurück und lebte dort eine Zeitlang. Er stieß aber überall auf Abscheu und Ablehnung. Sein Bruder Charlie, der diese allgemeine Verachtung ebenfalls zu spüren bekam, beging 1884 Selbstmord. Bald darauf zog Bob mit einer Theatertruppe auf Tournee, stellte Abend für Abend nach, wie er Jesse James erschossen hatte, und wurde regelmäßig ausgebuht. Eine Balletteuse namens Nellie Waterson verliebte sich trotzdem in ihn und wurde seine Frau.

Die nächsten zwei Jahre zog Bob Ford mit P. T. Barnums Kuriositätenkabinett durch die Lande und verfiel zusehends dem Alkohol und dem Glücksspiel. Danach erwarb er einen Anteil an einem Saloon in Las Vegas, der aber nichts abwarf. Schließlich zog es ihn in das boomende Creede, Colorado, wo er in einem Zelt einen Saloon eröffnete. 1892 legte er sich dort mit einem Rauhbein namens Ed O. Kelly an, der ihn mit einer Schrotflinte erschoß. Bob Ford wurde in Richmond, Missouri, begraben.

Schießereien: *Januar 1882, Ray County, Missouri.* Wood Hite, ein Mitglied der James-Gang, hatte im Farmhaus von Martha Bolton, Bobs jüngerer, verwitweter Schwester, Unterschlupf gefunden. Beim Frühstück kam es zu einem Streit zwischen ihm und Bob Liddell, einem anderen Outlaw, und als die beiden zu den Waffen griffen, schoß der ebenfalls am Tisch sitzende Bob Ford auf Hite.

Hite gab vier Schüsse ab und jagte Liddell eine Kugel in den rechten Oberschenkel. Liddell schoß seinen Revolver leer und traf seinen Widersacher am rechten Arm. Während die beiden aufeinander feuerten, legte Ford in aller Ruhe seinen Revolver an und jagte Hite eine Kugel in den Kopf. Das Geschoß schlug fünf Zentimeter über dem rechten Auge ein und trat neben dem linken Ohr wieder aus. Hite war innerhalb von fünfzehn bis zwanzig Minuten tot. Ford wickelte die Leiche in eine Pferdedecke und begrub sie mit Hilfe seines Bruders Cap etwa eine Meile von dem Haus entfernt im Wald.

3. April 1882, St. Joseph, Missouri. Im Januar traf sich Ford mit T. T. Crittenden, dem Gouverneur des Staates Missouri, der ihn zu einem Anschlag auf Jesse James ermutigte und ihm eine hohe Belohnung sowie Straffreiheit versprach. Daraufhin überredete Bob Ford seinen Bruder Charlie, ihm zur Aufnahme in die James-Gang zu verhelfen. Da die Bande gerade einen neuen Überfall plante, waren beide Ford-Brüder in Jesse James' Haus in St. Joseph untergebracht.

Am Morgen des 3. April, einem Montag, begaben sich Bob und Charlie Ford in die Scheune und kümmerten sich um ihre Pferde. Als sie gegen 8 Uhr 30 ins Haus zurückkehrten, beklagte sich Jesse über die Hitze. Er zog seine Jacke aus, schnallte seinen Revolvergurt ab und stieg auf einen Stuhl, um ein Bild zurechtzurücken. Charlie nickte Bob zu, worauf die Brüder ihre Revolver zogen und den Hahn spannten. Jesse wollte sich gerade umdrehen, als Bob ihm eine Kugel in den Hinterkopf jagte, worauf der berühmte Outlaw tot zu Boden fiel.

Als Jesses Frau ins Zimmer gerannt kam, murmelte Bob: »Die Waffe ist aus Versehen losgegangen.«

»Ja«, schluchzte Mrs. James. »Das nehme ich an.«

Danach stürmten die Fords zum nächsten Telegraphenamt und machten ihre Ansprüche auf die Belohnung geltend.

8. Juni 1892, Creede, Colorado. Ford behauptete in aller Öffentlichkeit, daß Ed O. Kelly seinen Diamantring gestohlen habe. Als Kelly aufgebracht in Fords Saloon stürmte, um sich derartige Verächtigungen zu verbitten, ließ Bob ihn hinauswerfen. Daraufhin besorgte sich Kelly eine Schrotflinte, stürmte in den Saloon, baute sich vor Bob auf und drückte ab. Eine der Kugeln traf einen Kragenknopf von Fords Hemd, der in seine Kehle drang und ihn auf der Stelle tötete.

Quellen: Settle, *Jesse James Was His Name*, 116–119, 123–124, 128, 170, 193; Horan, *Desperate Men*, 141–151; Horan und Sann, *Pictorial History of the Wild West*, 27, 34, 40–43, 45, 46; Robertson und Harris, *Soapy Smith*, 93, 99, 104, 110–118, 133–134.

Fountain, Albert Jennings

Geb. 23. Oktober 1838, Staten Island, New York; gest. 1. Februar 1896, White Sands, New Mexico. Zeitungsreporter, Soldat, Anwalt, Landmesser, Zolleintreiber, Politiker.

Albert Jennings (den Beinamen Fountain legte er sich erst später zu) kam als junger Mann weit herum, ehe er sich in den fünfziger Jahren des 19. Jahrhunderts in Kalifornien niederließ. 1859 wurde er Journalist bei der *Sacramento Union* und berichtete über William Walkers abenteuerliche Unternehmungen in Lateinamerika. Im Bürgerkrieg schloß er sich den *First California Infantry Volunteers* an, und 1862 zog er mit Carletons *California Column* nach Mexiko. In Mesilla heiratete er die vierzehnjährige Mariana Pérez, die ihm alles in allem zwölf Kinder schenken sollte.

Als der Krieg zu Ende war, stellte Fountain eine Milizkompanie zum Kampf gegen die Indianer auf, und 1865 wurde er bei einem Scharmützel schwer verwundet. Bald darauf zog er nach El Paso, wo er stellvertretender Steuereintreiber, County-Landmesser und Anwalt wurde und nebenbei noch als Oberst der Artillerie für Benito Juárez in Mexiko focht. 1868 wurde er in den Senat des Staates Texas gewählt. Bald darauf wurde er Präsident dieses Gremiums und von Gouverneur E. J. Davis zum Brigadegeneral der *Texas State Police* ernannt. 1870 war Fountain an einer Schießerei mit tödlichem Ausgang beteiligt. Seine politische Karriere verlief wechselhaft bis turbulent, und 1875 zog er wieder nach Mesilla.

Als Anwalt war Fountain eine ebenso schillernde wie widersprüchliche Persönlichkeit. Er war eine Zeitlang stellvertretender Bezirksstaatsanwalt in Diensten der Bundesregierung und gehörte dem Parlament des Staates New Mexico an. Gelegentlich zog er an der Spitze seiner mexikanischen Anhängerschar (die von den Angloamerikanern abschätzig »Fountains Kanaken« genannt wurde) gegen Outlaw-

Banden und marodierende Apachen zu Feld.

Ende der achtziger Jahre ließ er sich auf einen erbitterten Machtkampf mit Albert B. Fall ein, der später Innenminister der Vereinigten Staaten werden sollte und Anfang der zwanziger Jahre als einer der Hauptverantwortlichen des berüchtigten Teapot-Dome-Skandals (es ging dabei um die heimliche Verpachtung bundeseigener Ölvorkommen an bevorzugte Förderunternehmen) zur Rechenschaft gezogen wurde. Fountain und Hall bekämpften einander zunächst in Zeitungsartikeln, doch nach kurzer Zeit kam es zu gewaltsamen Auseinandersetzungen. 1896 wurden Fountain und sein jüngstes Kind, der neunjährige Henry, auf dem Rückweg nach Masilla in der White-Sands-Wüste getötet – eines der größten und bis heute ungeklärten Rätsel des amerikanischen Südwestens. Die Leichen verschwanden, und die Täter wurden trotz einer ausgedehnten Fahndung und einer anschließenden Verhandlung vor Gericht niemals ermittelt. Der Fall blieb undurchsichtig und barg so viele Geheimnisse, daß man lieber nicht darüber sprach.

Schießereien: *7. Dezember 1870, El Paso, Texas.* Fountain und der Bezirksrichter Gaylord Judd Clarke wurden in Ben Dowells Saloon in El Paso von einem Anwalt namens B. F. Williams beschimpft. Als Williams wütend mit einer Pistole herumfuchtelte, griff der nur mit einem Rohrstock bewaffnete Fountain ein. Williams wehrte den Hieb ab, feuerte dreimal und stürmte dann durch die Hintertür hinaus, während Fountain sich zu seinem nahe gelegenen Haus schleppte. Eine Kugel hatte ihn am linken Arm verletzt, eine andere hatte eine heftig blutende, aber nur leichte Kopfwunde verursacht, und die dritte hatte ihn an der Brust getroffen, fünf in seiner Tasche steckende Briefe durchschlagen und war schließlich am Uhrgehäuse abgeprallt.

Ohne sich um die inständigen Bitten seiner Frau zu kümmern, wischte sich Fountain das Blut aus dem Gesicht, er-

griff eine Flinte und begab sich wieder nach draußen. Mittlerweile wurde Richter Clarke auf offener Straße von Williams mit einer Schrotflinte verfolgt. Der erste Schuß verfehlte ihn, doch die kurz drauf abgefeuerte zweite Ladung traf Clarke an der Brust und verletzte ihn tödlich. Fast im gleichen Augenblick streckte Fountain Williams mit einem Schuß aus rund fünfzig Metern Entfernung nieder. Williams wälzte sich auf den Rücken und griff zu seiner Pistole, doch Captain A. H. French von der Staatspolizei erledigt ihn mit einem Kopfschuß.

März 1883, Canutillo, Texas. Fountain und sein Sohn Albert hatten bei den Texas Rangers in El Paso drei Straftäter abgeholt und wollten sie mit der Eisenbahn nach New Mexico zurückbringen, als einer der Männer, ein gewisser Doroteo Sáenz, einen Fluchtversuch unternahm. Der junge Gefangene stürzte sich auf Albert und stieß ihn vom Zug, als dieser kurz vor der Ankunft in Canutilla langsamer wurde.

Als Fountain senior, der in einem anderen Waggon Freunde besucht hatte, bemerkte, was hinter seinem Rücken vor sich ging, sprang er vom Zug. Dabei rutschte sein Revolver aus dem Holster, doch Ranger Captain John R. Baylor hatte ihm in El Paso eine Kordel zum Festbinden der Waffe geliehen. Er hob die Waffe auf, stützte ein Knie am Boden ab und legte auf Sáenz an, der auf ein Mesquitedickicht am Ufer des Rio Grande zulief. Er hatte gerade eine Hügelkuppe erreicht, als Fountain ihn ins Visier nahm und vier Schüsse auf ihn abgab, worauf Sáenz tödlich getroffen zu Boden stürzte. Anschließend setzte der Lokführer den Zug zurück, damit die Leiche eingeladen werden konnte.

Quellen: Gibson, *Life and Death of Colonel Fountain*; Metz, *Pat Garrett*, 72–72, 104, 132–153, 159–163, 172–173, 178, 181–182, 186–189, 191–192, 197, 216–217, 239, 246; Sonnichsen, *Tularosa*, 48, 54–68, 72–75, 78, 90–95, 106–149, 153–158, 171–194, 214, 216, 224–226, 235–236.

Frazer, G. A.

(»Bud«)

Geb. 18. April 1864, Fort Stockton, Texas; gest. 14. September 1896, Toyah, Texas. Ordnungshüter, Mietstallbesitzer.

Bud Frazer, Sohn eines County-Richters in Westtexas, trat im Alter von sechzehn Jahren den Texas Rangers bei. Später war er Deputy Sheriff im Pecos County, ehe er 1890 zum Sheriff des Reeves County gewählt wurde. Einer seiner Deputies war der berüchtigte Killin' Jim Miller, der einen mexikanischen Häftling erschoß. Miller behauptete, der Mexikaner habe sich der Festnahme widersetzen wollen, in Wahrheit aber hatte der Häftling gewußt, daß Miller ein Paar Maultiere gestohlen hatte. Frazer entließ Miller und belangte ihn wegen Diebstahls, doch Miller kam bald darauf wieder frei. 1892 kandidierte er bei der Wahl für das Amt des Sheriffs gegen Frazer, unterlag zwar, wurde aber zum City Marshal von Pecos ernannt, dem Verwaltungssitz des County. Der Zwist zwischen beiden Männern spitzte sich unterdessen zu, und zwei Jahre später lieferten sich Miller und Frazer in Pecos auf offener Straße eine Schießerei.

Im November 1894 unterlag Frazer bei der Wahl für eine dritte Amtszeit und zog nach New Mexico, wo er in Eddy (dem späteren Carlsbad) einen Mietstall betrieb. Einen Monat später kam es bei einem Besuch in Pecos zu einem weiteren unentschiedenen Duell mit Miller, worauf Frazer wegen versuchten Mordes inhaftiert wurde. Im Mai 1896 wurde er freigesprochen und kehrte nach New Mexico zurück. Vier Monate später wurde er von Miller ermordet, als er seine Mutter und seine Schwester in Toyah besuchte.

Schießereien: *12. April 1894, Pecos, Texas.* Frazer schoß auf Miller, als dieser, ins Gespräch vertieft, vor einem Hotel in Pecos stand. Miller, der knapp unterhalb der Schulter am rechten Arm getroffen worden war, erwiderte das Feuer, traf aber lediglich

einen unbeteiligten Passanten. Frazer jagte Miller die übrigen Kugeln aus seiner Waffe in die Brust, worauf dieser zusammenbrach. Frazer entfernte sich, mußte aber später erfahren, daß Miller wie durch ein Wunder überlebt hatte und wieder genesen war.

26. Dezember 1894, Pecos, Texas. Einen Monat nach seiner Wahlniederlage kehrte Frazer aus New Mexico nach Pecos zurück, um seine Angelegenheiten zu regeln. Als er vor Zimmers Hufschmiede Jim Miller begegnete, griff er zur Waffe und drückte ab. Die ersten zwei Schüsse trafen Miller am rechten Arm und am linken Bein, doch Killin' Jim feuerte linkshändig zurück. Frazer jagte Miller zwei weitere Kugeln in die Brust, doch als sein Widersacher auch danach noch nicht zu Boden ging, ergriff er die Flucht. Frazer wurde später festgenommen und erfuhr, daß Miller beide Male eine stählerne Brustplatte unter der Kleidung getragen hatte.

14. September 1896, Toyah, Texas. Frazer suchte häufig einen Saloon in Toyah auf, wenn er bei seiner Familie weilte. Um neun Uhr morgens spähte Jim Miller durch die Tür und sah, daß Frazer mit drei Freunden Seven-up spielte. Er legte mit der Schrotflinte auf Frazer an und gab einen Schuß ab, der seinem Kontrahenten den halben Kopf abriß. Frazers Schwester wollte daraufhin mit einem Revolver auf Miller losgehen, doch dieser drohte, er werde mit ihr »das gleiche machen wie mit deinem Bruder – ich schieß' dir mitten ins Gesicht!«.

Quellen: Shirley, *Shotgun for Hire*, 6–7, 20–22, 25–32, 34–45, 48–49; Harkey, *Mean as Hell*, 47, 113–114.

French, Jim

Cowboy, Revolvermann und Viehdieb.

French wurde vor allem durch seine Beteiligung am *Lincoln County War* bekannt, in dem er sich gemeinsam mit Billy the Kid, Henry Brown und anderen Killern auf seiten der Tunstall-Partei schlug. French gehörte den Posses an, die im März 1878 Frank Baker und Billy Morton und einen Monat später Buckshot Roberts töteten. Er nahm auch an dem Überfall auf Sheriff William Brady teil und gehörte zu den Verteidigern von Alexander McSweens Geschäft. Hinterher schloß er sich eine Zeitlang Billy the Kids Bande von Viehdieben an, verließ jedoch bald darauf das unruhige New Mexico. Anschließend verliert sich seine Spur.

Schießereien: *9. März 1878, Steel Springs, New Mexico.* French war einer der Regulatoren, die Billy Morton und Frank Baker, zwei des Mordes verdächtigte Männer, dingfest machten. Auf dem Rückweg nach Lincoln wurde William McCloskey, ein Mitglied der Posse, getötet – möglicherweise von Morton –, worauf die beiden Gefangenen auf ihren Pferden davonpreschten. Doch die Posse holte sie nach kurzer Zeit wieder ein und durchsiebte beide Männer mit Kugeln.

1. April 1878, Lincoln, New Mexico. French begleitete Billy the Kid, Henry Brown, John Middleton und Fred Wait, als diese Sheriff William Brady einen Hinterhalt legten. Die fünf Männer versteckten sich hinter einer niedrigen Mauer neben Tunstalls Geschäft in Lincoln. Als Brady und sein Deputy George Hindman, gefolgt von Billy Matthews, Jack Long und George Peppin, gegen neun Uhr morgens die Straße entlangkamen, eröffneten die Attentäter das Feuer, streckten Brady und Hindman nieder und verletzten Matthews, der ebenso wie Peppin und Long in Deckung gehen konnte.

Billy the Kid stürmte aus dem Versteck, um die neue Flinte des tödlich getroffenen Brady an sich zu nehmen, doch Matthew vertrieb ihn mit mehreren Schüssen. Daraufhin ritten die fünf Attentäter davon. Jack Long feuerte noch vier Kugeln aus seiner Flinte hinter ihnen her und verletzte French.

16. bis 19. Juli 1878, Lincoln, New Mexico. French war einer der zwölf Männer, die beim entscheidenden Gefecht des *Lincoln County War* Alexander McSweens Geschäft verteidigten. In den ersten beiden Tagen der »Schlacht von Lincoln« kam es nur zu sporadischen Schußwechseln, die weitgehend wirkungslos blieben, doch am 19. Juli steckten die Belagerer das aus Lehmziegeln gebaute Haus in Brand. Bei Einbruch der Dämmerung, als bereits neun der zwölf Zimmer des Gebäudes ausgebrannt waren, bereiteten sich McSweens Männer auf den Ausbruch vor. Unterdessen hatten ihre Widersacher hinter einer nur wenige Meter von der Haustür entfernten Mauer Stellung bezogen. Sobald die Tür aufflog, eröffneten sie das Feuer. French rannte, wild um sich schießend, an der Mauer vorbei, stürmte eine Böschung hinab und konnte sich über den nahe gelegenen Fluß hinweg in Sicherheit bringen. Fünf seiner Kameraden indessen wurden im Hinterhof des Gebäudes niedergestreckt.

Quellen: Keleher, *Violence in Lincoln County,* 69, 99, 109–112, 131, 150, 237; Hunt, *Tragic Days of Billy the Kid,* 42–54, 80; Fulton, *Lincoln County War,* 137, 140, 158–159, 234, 249, 267, 271, 281, 286–287, 333.

Garrett, Patrick Floyd

Geb. 5. Juni 1850, Chambers County, Alabama; gest. 29. Februar 1908, bei Las Cruces, New Mexico. Kaufmännischer Angestellter, Cowboy, Büffeljäger, Cafébesitzer, Spieler, Barkeeper, Ordnungshüter, Rancher, Mietstallbesitzer, Zolleintreiber.

Pat Garrett, eines von sechs Kindern eines Plantagenbesitzers aus dem amerikanischen Süden, zog 1856 mit seiner Familie auf eine rund 1200 Hektar große Baumwollfarm in Lousiana. Nachdem beide Eltern kurz nach dem Bürgerkrieg gestorben waren, arbeitete Garrett hauptsächlich im Kaufladen der Plantage.

1869, im Alter von achtzehn Jahren, zog der schlaksige Südstaatler gen Westen, arbeitete mehrere Jahre lang als Cowboy im texanischen Panhandle und schlug sich als Büffeljäger durch. Schließlich zog er nach Fort Sumner in New Mexico, wo er als Cowboy und Barkeeper arbeitete und ein kleines Restaurant eröffnete. 1879 heiratete er, verlor seine blutjunge Frau nach einer Frühgeburt und vermählte sich ein zweites Mal.

Einer von Garretts Bekannten aus dieser Zeit war Billy the Kid (wegen ihrer Körpergröße nannte man die beiden jungen Männer Big Casino und Little Casino), der mittlerweile eine führende Rolle im blutigen *Lincoln County War* spielte. Garrett, der 1880 zum County Sheriff gewählt wurde, sollte in der Gegend für Ruhe und Ordnung sorgen, vor allem aber seinen ehemaligen Freund dingfest machen. Billy the Kid, der eine Bande von Outlaws und Viehdieben anführte, war inzwischen vollends auf die schiefe Bahn geraten. Nach einer langen Jagd, in deren Verlauf es unter anderem zu einer Schießerei in Fort Sumner und der Belagerung eines abgeschiedenen Unterschlupfes der Outlaws kam, nahm Garrett Billy the Kid gefangen und brachte ihn ins Gefängnis von Lincoln, wo ihm der Prozeß gemacht werden sollte. Doch Billy schoß zwei Wärter nieder und konnte aus dem Gefängnis entkommen, worauf Garrett ihn erneut verfolgen mußte. In einer Sommernacht im Jahr 1881 stellte er Billy the Kid in Fort Sumner und erschoß ihn.

Garrett, der wegen dieser Tat einerseits gelobt, andererseits aber auch verurteilt wurde, verfaßte später mit Hilfe von Ash Upton, einem umherziehenden Journalisten, der die letzten vierzehn Jahre seines Lebens in Garretts Haus zubrachte, eine Biographie von Billy the Kid, in der er diese letzte Schießerei genau beschieb. Garrett mußte einen Anwalt bemühen, um die auf Billy the Kid ausgesetzte Belohnung zu erhalten, und er wurde von der Republikanischen Partei nicht zur Wiederwahl für das Amt des Sheriffs nominiert.

Garrett baute sich in der Nähe von Fort Stanton eine eigene Ranch auf, züchtete Rinder und leitete von 1884 bis 1885 eine

Pat Garrett, Mitte Vierzig, als Rancher und Pferdezüchter in Uvalde, Texas. *(Arizona Historical Society)*

Spezialtruppe der Texas Rangers, die vor allem gegen die Viehdiebe an der Grenze zwischen Texas und New Mexico vorging. Danach verwaltete er eine Zeitlang die Ranch eines Engländers, bewirtschaftete ein eigenes Stück Land in der Nähe von Roswell und setzte sich vergebens für ein Bewässerungssystem im Pecos Valley ein.

Im Jahr 1890 kandidierte Pat Garrett für das Amt des Sheriffs im Chaves County, unterlag aber bei der Wahl und zog sich verbittert auf eine Pferderanch in Uvalde, Texas, zurück. Dort freundete er sich mit dem jungen John Nance Garner an und wurde 1894 zum Polizeichef des County gewählt. 1896 verließ er Texas, als man ihm die Leitung einer weiteren Großfahndung in New Mexico antrug. Dort waren kurz zuvor der Richter Albert J. Fountain und sein kleiner Sohn verschwunden; vermutlich waren sie in der White-Sands-Wüste ermordet worden. Garrett, von dem man erwartete, daß er die Täter dingfest machte, wurde Sheriff im Dona Ana County. Doch der Fall blieb trotz aller Bemühungen ungelöst, und Garret wurde einmal mehr nicht zur Widerwahl nominiert.

Anschließend betrieb Garrett eine Zeitlang einen Mietstall in Las Cruces; dann wurde er von Präsident Theodore Roosevelt zum Zolleintreiber in El Paso ernannt. Als die Ernennung 1905 widerrufen wurde, kehrte er in die Gegend von Las Cruces zurück und versuchte sich wieder als Rancher. Er geriet in finanzielle Schwierigkeiten, zerstritt sich innerhalb von zwei Jahren mit einem Nachbarn und wurde 1908 im Zusammenhang mit dieser Auseinandersetzung erschossen.

Schießereien: *November 1876, bei Fort Griffin, Texas.* Seit drei Jahren ging Garrett für Skeleton Glenns Trupp im texanischen Panhandle auf Büffeljagd. An einem Herbstmorgen wusch ein irischer Abdecker namens Joe Briscoe in einem schlammigen Wasserlauf unweit des Lagers seine Kleidung. Garrett ging zu ihm und herrschte ihn an: »Nur ein dämlicher Ire kann auf die Idee kommen, daß man in dieser Brühe etwas sauber kriegt.« Aufgebracht griff Briscoe Garrett an, worauf es zu einem wilden Kampf kam. Der einsdreiundneunzig große Garrett hatte seinen viel kleineren Widersacher rasch bezwungen, doch Briscoe riß sich los, ergriff eine Axt und ging damit auf Garrett los. Der ergriff seine *Winchester* und jagte Briscoe eine Kugel in die Brust. Keine halbe Stunde später war Briscoe tot, doch kurz bevor er starb, rührte er Garrett zu Tränen, als er ihn fragte: »Willst du nicht herkommen und mir vergeben?«

Anfang Dezember 1880, Lincoln County, New Mexico. Tom O'Folliard war gerade auf dem Weg zu Billy the Kid und dessen Bande von Viehdieben, als er von Pat Garrett und einer Posse entdeckt wurde. Beide Seiten eröffneten das Feuer, worauf eine wilde Verfolgungsjagd begann, bei der niemand zu Schaden kam. O'Folliard, der vom galoppierenden Pferd aus mit der *Winchester* nach hinten schoß, konnte die Verfolger schließlich abschütteln.

Dezember 1880, Puerto de Luna, New Mexico. Garrett und Barney Mason (die beiden hatten sich bei ihrer Doppelhochzeit im Juli des gleichen Jahres gegenseitig als Trauzeugen zur Verfügung gestellt) hatten Häftlinge in die etwa fünfundvierzig Meilen nordwestlich von Fort Sumner gelegene Stadt Puerto de Luna überstellt. Als sie in einem Geschäft rasteten, tauchte ein einheimischer Rabauke namens Mariano Leiva auf und verkündete lauthals, daß kein Gringo ihn festzunehmen wage. Anschließend ging er hinaus und schrie: »Bei Gott, nicht mal der verfluchte Pat Garrett kriegt mich!«

Garrett folgte Leiva auf dem Fuß, riß ihn herum und versetzte ihm eine Ohrfeige, so daß dieser vom Gehweg auf die staubige Straße stürzte. Leiva griff daraufhin zu seinem Revolver und gab einen ungezielten Schuß ab. Garrett zog seinen 45er und feuerte zweimal. Die erste Kugel wirbelte den Staub zu Leivas Füßen auf, die zweite traf ihn oberhalb der Brust und zerschmetterte sein linkes Schulterblatt. Anschließend wurde Leiva auf ein Pferd gesetzt und mit Garretts Erlaubnis weggebracht. Später belegte man ihn wegen versuchten Mordes mit einer Geldstrafe von achtzig Dollar.«

19. Dezember 1880, Fort Sumner, New Mexico. Garrett ritt mit einer Posse nach Fort Sumner, wo er Billy the Kid stellen wollte. Die Ordnungshüter zogen sich in das alte Lazarett des ehemaligen Militärstützpunktes zurück, in dem Charlie Bowdres Frau ein Zimmer hatte – für Garrett Grund genug, die Outlaws dort zuallererst zu erwarten. Die Männer ließen sich zu einem Kartenspiel nieder, doch gegen 20 Uhr meldete ein Posten: »Pat, da kommt jemand.« Garrett befahl alle Mann an die Waffen und begab sich dann auf die Veranda vor dem Haus. Neben ihm flüsterte Lon Chambers: »Das sind sie.«

Tom O'Folliard und Tom Pickett ritten voraus. Als sie kurz vor dem Haus waren, rief Garrett: »Halt!« O'Folliard griff zu seinem Revolver, worauf Garrett und Chambers gleichzeitig das Feuer eröffneten. Die sechs Outlaws rissen die Pferde herum und sprengten davon. Die Ordnungshüter feuerten hinter ihnen her, töteten aber lediglich Dave Rudabaughs Pferd und verletzten Tom Pickett. Beide konnten jedoch entkommen, desgleichen Billy the Kid, Charlie Bowdre und Billy Wilson. Doch Tom O'Folliard, der von Garrett oder Chambers (hier sind sich die Chronisten uneins) an der Brust getroffen worden war, zügelte sein Pferd, ritt langsam zurück und rief: »Nicht schießen, Garrett. Ich bin erledigt.«

Der in der Posse mitreitende Barney Mason riet O'Folliard, er solle seine Arznei nehmen, und Garrett befahl ihm, die Hände zu heben. Doch O'Folliard versetzte, daß er ein toter Mann sei und die Arme nicht mehr hochnehmen könne. Daraufhin hoben ihn die Ordnungshüter aus dem Sattel, trugen ihn das alte Lazarett und widmeten sich wieder ihrem Kartenspiel. Etwa fünfundvierzig Minuten nach der Schießerei wandte sich Garrett mahnend an O'Folliard: »Tom, deine Zeit läuft ab.« O'Folliard erwiderte: »Je eher, desto besser. Dann bin ich die Schmerzen los.« Wenige Minuten später gab er die Namen seiner fünf Gefährten preis und starb.

23. *Dezember 1880, Stinking Springs, New Mexico*. Mühelos hatte Garrett mit seiner Posse die Outlaws durch das verschneite Gelände zu einer verlassenen Steinhütte verfolgen können. Leise umstellten die Ordnungshüter bei Nacht das baufällige Gemäuer. Danach gab Garrett den Befehl aus, auf Billy the Kid zu schießen, sobald er morgens aus der Tür treten sollte.

Im Morgengrauen kam Bowdre heraus,

der Billy in Statur und Größe ähnelte. Garrett legte die Flinte an – das vereinbarte Zeichen, daß man das Feuer eröffnen sollte. Bowdre wurde von zwei Kugeln an der Brust getroffen und in die Hütte zurückgeschleudert. Draufhin schrie Wilson, daß Bowdre tödlich verwundet sei und herauskommen wolle, und Garrett befahl, er solle die Hände hochheben. Billy the Kid stieß den Sterbenden mit der Aufforderung hinaus: »Bring einen von den Hundsfötten um, ehe du stirbst.« Doch Bowdre torkelte lediglich auf Garrett zu, sank in dessen Arme und japste mit erstickter Stimme: »Ich möchte – ich möchte – ich sterbe.« Garrett bettete ihn auf seine Decke, wo er wenige Minuten später starb.

Kurz darauf bemerkte Garrett, daß die anderen Outlaws drei außerhalb der Hütte angebundene Pferde ins Innere ziehen wollten, worauf er das erste Tier tötete, sobald es unter der Tür stand. Damit saßen die Outlaws in der Falle. Garrett fragte Billy the Kid, wie es ihm ginge. »Ganz gut«, lautete die Antwort, »aber wir haben kein Feuerholz, mit dem wir uns ein Frühstück zubereiten können.« »Kommt raus, und holt euch welches«, entgegnete Garrett. »Seid ein bißchen gesellig.«

Zu fortgeschrittener Stunde klagte Garrett bitterlich darüber, daß er Bowdre hingerichtet habe. Doch seine Schuldgefühle legten sich, als man ihm mitteilte, daß Bowdre den »verfluchten langbeinigen Hundesohn« bei einem Treffen, bei dem Garrett ihn überreden wollte, sich zu stellen, in einen Hinterhalt hatte locken wollen.

Am Nachmittag quälte man die Outlaws, die den ganzen Tag nichts gegessen hatten, mit dem Duft der auf dem Lagerfeuer brutzelnden Speisen. Schließlich kam Rudabaugh mit einer weißen Flagge heraus. Daraufhin verbürgte sich Garrett für die Sicherheit der Outlaws, und nach einer kurzen Verhandlung ergaben sie sich.

14. Juli 1881. Fort Sumner, New Mexico. Am 28. April hatte sich Billy the Kid den Fluchtweg aus dem Gefängnis in Lincoln freigeschossen. Nach mehrwöchiger Suche war Garrett davon überzeugt, daß er ihn am ehesten in Fort Sumner werde finden können. An einem Mittwochabend traf er im Schutz der Dunkelheit in Begleitung von Frank Poe und Tip McKinney in Fort Sumner ein. Auf dem Weg in den alten Militärstützpunkt begegnete er Billy the Kid, ohne ihn jedoch zu erkennen.

Garrett wollte Pete Maxwell fragen, ob Kid in der Nähe sei. Er ließ seine beiden Begleiter auf der Veranda vor der ehemaligen Offiziersunterkunft zurück, trat leise in Maxwells Unterkunft, weckte ihn und setzte sich auf dessen Bett. In diesem Augenblick kam Billy the Kid in den dunklen Raum. Er war bei seiner Geliebten gewesen, hatte Lust auf ein Steak bekommen und wollte Maxwell um den Schlüssel zum Vorratshaus bitten.

Billy the Kid, der keinen Hut trug und auf Socken ging, hatte ein Schlachtermesser in der Hand und seinen Sechsschüsser im Hosenbund stecken. Als er an McKinney und Poe vorbeikam, zog er den Revolver, betrat Maxwells Zimmer und fragte: »¿Quién es? ¿Quién es? (Wer ist es?)« Maxwell flüsterte: »Das ist er«, worauf Garrett die Waffe herausriß und Billy eine Kugel in die Brust jagte. Garrett warf sich sofort zur Seite, gab einen weiteren, ungezielten Schuß ab und stürmte dann hinter Maxwell aus dem Zimmer. Billy the Kid war auf der Stelle tot. Er wurde am folgenden Morgen zwischen Charlie Bowdre und Tom O'Folliard auf dem Friedhof von Fort Sumner zur letzten Ruhe gebettet.

13. Juli 1898, Dona Ana County, New Mexico. Garrett hatte mit einer Posse die des Mordes verdächtigten Oliver Lee und James Gilliland zu Lees kleinem, etwa zweiunddreißig Meilen südlich von Alamogordo gelegenem Anwesen verfolgt. Vor dem Morgengrauen rückten die fünf Ordnungshüter von Osten her, so daß sie die Sonne im Rücken hatten, auf das kleine, aus Adobeziegeln gebaute Ranchhaus vor.

Zwei Mitglieder der Posse nahmen einen schläfrigen Wachposten namens Madeson gefangen, der noch einen erstickten Schrei

ausstoßen konnte, ehe er überwältigt wurde. Dann gingen die Ordnungshüter Ben Williams und Clint Llewellyn unter einem Wassertank in Stellung und gaben Garrett, Kent Kearney und José Espalin Feuerschutz, während diese das Haus stürmten. Doch die Gesuchten hatten vorsichtshalber auf dem flachen Dach des Adobehauses geschlafen.

Als Garrett und Kearney von oben Geräusche hörten, rannten sie hinaus und stiegen über eine Leiter auf das Dach eines benachbarten Schuppens. Kearney schrie: »Ergebt euch!«, worauf er und Garrett mit ihren *Winchesters* das Feuer eröffneten. Lee und Gilliland schossen zurück, trafen Kearney zweimal und verpaßten Garrett einen Streifschuß in Höhe der Rippen. Danach durchlöcherten sie den hölzernen Wassertank, so daß William und Llewellyn, die darunter lagen, klatschnaß wurden. Espalin, der die Stiefel ausgezogen hatte, um sich ins Haus zu schleichen, war mittlerweile auf eine Sanddistel getreten und hüpfte mit schmerzverzerrtem Gesicht herum.

Nachdem Garrett kurz mit Lee verhandelt hatte, durfte die gedemütigte Posse abziehen. Kearney starb wenig später, und Lee und Gilliland wurden nach einem aufsehenerregenden Prozeß freigesprochen. Garretts Ruf aber hatte durch diesen Vorfall beträchtlichen Schaden erlitten.

29. Februar 1908, bei Las Cruces, New Mexico. Garrett hatte ein Stück Land an Wayne Brazel verpachtet, doch als Brazel dort eine Ziegenherde weiden ließ, kam es zu einem Rechtsstreit, der schließlich zu einer persönlichen Fehde ausartete. Jim (»Killer«) Miller und Carl Adamson tauchten am Ort des Geschehens auf und boten an, das Land zu pachten. Miller allerdings wollte offenbar in erster Linie seinem mörderischen Handwerk nachgehen.

Garrett, Brazel und Adams befanden sich etwa vier Meilen außerhalb von Las Cruces, als Garrett seinen Kutschwagen anhielt, weil er pinkeln mußte. Plötzlich fiel ein Schuß. Die Kugel traf Garrett am Hinterkopf, trat über seinem rechten Auge wieder

138   Gillett, James Buchanan

aus und riß ihn herum, worauf er von einer zweiten Kugel am Bauch getroffen wurde. Garrett ging zu Boden und war wenige Sekunden später tot. Brazel behauptete später, er habe Garrett in Notwehr getötet, doch man nahm allgemein an, daß Miller den ehemaligen Ordnungshüter aus dem Hinterhalt niedergeschossen hatte.

Quellen: Metz, *Pat Garrett;* O'Connor, *Pat Garrett;* Keleher, *Violence in Lincoln County,* 74, 225, 285, 289–293, 296, 298, 303–304, 324, 332, 334, 337, 348, 351–352, 364; Garrett, *Authentic Life of Billy, the Kid;* Sonnichsen, *Tularosa,* 134, 142–147, 152–156, 158, 160–164, 166, 168–172, 178, 180, 183–184, 192–194, 211, 224, 228–244, 254, 257, 292; Fulton, *Lincoln County War,* 381–385, 391, 393–394, 398–402.

Gillett, James Buchanan

4. November 1856, Austin, Texas; gest. 11. Juni 1937, Temple, Texas. Cowboy, Ordnungshüter, Eisenbahnwachmann und Rancher.

Gillett, der als Sohn eines Anwalts und kleinen Landbesitzers in Austin aufwuchs, war von klein auf ein ausgezeichneter Reiter und treffsicherer Schütze. Mit siebzehn verließ er sein Elternhaus, arbeitete zwei Jahre lang als Cowboy und meldete sich dann zu den Texas Rangers. In den folgenden sechs Jahren nahm er an Scharmützeln mit Indianern teil, verfolgte flüchtige Straftäter und wurde schließlich zum First Sergeant befördert. Am 26. Dezember 1881 verließ er die Rangers, übernahm die Leitung einer Wachmannschaft in Diensten der Eisenbahn und wurde schließlich City Marshal von El Paso.

Nebenbei baute er in der Nähe von Marfa, Texas, gemeinsam mit einem anderen Ex-Ranger eine Rinderzucht auf, quittierte 1885 endgültig den Polizeidienst und konzentrierte sich fortan nurmehr auf seine Geschäfte. Am Ende besaß er bei Barrel Springs, unweit von Marfa, ein knapp 15 000 Hektar großes Stück Land. In Marfa fand der 1937 in Temple, Texas, gestorbene Gillett auch seine letzte Ruhestätte.

Schießereien: *Januar 1877, Menard County, Texas.* Fünf Texas Rangers unter Führung von Corporal Gillett begaben sich auf die Suche nach dem flüchtigen Dick Dublin, der vor Jahren gemeinsam mit Gillett als Cowboy gearbeitet hatte. Vier Tage nach ihrem Aufbruch pirschten sich die Ordnungshüter an eine Ranch heran, auf der Dublin sich versteckte. Als die Rangers auftauchten, schrie der auf dem Hof arbeitende Besitzer der Ranch: »Lauf, Dick, lauf! Da kommen die Rangers!« Die Rangers gaben ihren Reittieren die Sporen, während Dublin, dem der Weg zum Pferdegatter versperrt war, auf das dichte Unterholz zurannte. Gillett, der etwa fünfundzwanzig Meter hinter ihm war, befahl ihm stehenzubleiben und gab einen Schuß aus seinem Karabiner ab.

Dublin verschwand in einer Bodensenke. Als Gillett ihn wieder entdeckte, forderte er ihn erneut auf stehenzubleiben, worauf der Flüchtige in die andere Richtung davonlaufen wollte. Gillett feuerte eine Kugel ab, die Dublin über der rechten Hüfte traf, sich schräg nach oben bohrte und ihn auf der Stelle tötete. In diesem Augenblick galoppierten die anderen Rangers heran, und der Gefreite Ben Carter jagte Dublin zwei weitere Kugeln in den Leib, ehe man ihm Einhalt gebieten konnte.

Februar 1878, Menard County, Texas. Ein paar Wochen später sollte Gillett mit fünf anderen Rangers unter Führung von Lieutenant N. O. Reynolds fünf Gefangene zum Gerichtshof in Austin geleiten. Auf der Landstraße zwischen Junction City und Mason stieß der Trupp auf einen flüchtigen Straftäter namens Stark Reynolds, der in der Nähe eine Ranch besaß. Der Gesuchte war knapp vierhundert Meter entfernt, als er die Rangers entdeckte, sein Pferd herumriß und auf das Flußbett des Llano River zuritt. Die Ordnungshüter nahmen die Verfolgung auf. Nach etwa anderthalb Meilen schloß Gillett, der seine Kameraden abgehängt hatte, zu dem Flüchtenden auf. Schließlich zügelten beide Männer die Pferde, saßen ab und legten aufeinander an.

Kurz darauf galoppierten die anderen Rangers heran, worauf sich Reynolds ergab.

Quellen: Gillett, *Six Years with the Texas Rangers;* Webb, *Texas Rangers,* 396, 398–399, 410, 447, 566.

Goldsby, Crawford

(»Cherokee Bill«)

Geb. 8. Februar 1876, Fort Concho, Texas; gest. 17. März 1896, Fort Smith, Arkansas. Bandit. Cherokee Bill hatte indianische (daher sein Spitzname), weiße, mexikanische und afro-amerikanische Vorfahren. Seine Eltern lebten getrennt, und er war gerade achtzehn Jahre alt, als er zum erstenmal in eine Schießerei verwickelt wurde. Anschließend ließ er sich mit Bill und Jim Cook, zwei jungen Gaunern, ein und tötete einen Ordnungshüter, als eine Posse einen der Cook-Brüder festnehmen wollte. Danach schloß er sich der Cook-Gang an und war in den folgenden Jahren an einer Reihe von Raubzügen und Morden beteiligt. So schoß er unter anderem seinen Schwager George Brown nieder, nachdem dieser seine Schwester verprügelt hatte; er ermordete bei einem Überfall auf eine Eisenbahnstation den Bahnhofsvorsteher Richard Richards und tötete den Zugführer Samuel Collins, als dieser ihn von einem Eisenbahnzug werfen wollte.

Nach weiteren Straftaten wurde Cherokee Bill Anfang 1895 gefaßt, als er seine Geliebte besuchte. Richter Isaac Parker verurteilte ihn zum Tod durch den Strang, doch sein Anwalt J. Warren Reed, Parkers härtester Widersacher, konnte die Hinrichtung durch kluges Taktieren immer wieder hinausschieben. Nachdem Bill jedoch einen Wärter ermordet hatte, führte man ihn zum Galgen und vollstreckte das Urteil im Beisein von rund hundert Zuschauern. Bill wechselte ein paar leise Worte mit seiner Mutter, und als man ihn fragte, ob er noch etwas zu sagen habe, erwiderte der Einundzwanzigjährige: »Ich bin hier, um zu sterben, nicht um eine Rede zu halten.«

Schießereien: *1894, Fort Gibson, Oklahoma.* Bei einer Tanzveranstaltung in Fort Gibson stritt sich Bill mit einem Schwarzen namens Jake Lewis. Es kam zu einer Schlägerei, und als Bill zu unterliegen drohte, zog er einen Revolver, verletzte Lewis und flüchtete anschließend aus der Stadt.

Juni 1894, bei Tablequah, Oklahoma. Am *Fourteen Mile Creek* in der Nähe von Tablequah stießen Bill und die Cook-Brüder auf eine Posse, die Jim Cook wegen Diebstahls festnehmen wollte. Die drei jungen Männer griffen sofort zu ihren Waffen. Bei dem anschließenden Gefecht tötete Bill den Ordnungshüter Sequoyah Houston und konnte dann zu Pferd entkommen.

1894, Oklahoma. Maude Brown, Cherokee Bills Schwester, war von ihrem Ehemann George verprügelt worden. Wütend stellte Bill seinen Schwager zur Rede und erschoß ihn.

1894, Lenapah, Oklahoma. Bill und mehrere Komplizen wollten gerade den Gemischtwarenladen von *Shufeldt & Son* in Lenapah ausrauben, als plötzlich Ernest Melton unter der Tür stand. Bill riß den Revolver heraus und fügte Melton eine tödliche Kopfverletzung zu. Wegen dieses Mordes wurde er später zum Tode verurteilt.

26. Juli 1895, Fort Smith, Arkansas. Bill beschaffte sich eine Schußwaffe, bedrohte damit den Gefängniswärter Lawrence Keating und forderte ihn auf, ihm zur Flucht zu verhelfen. Als Keating, ein Familienvater mit vier Kindern, sich Bills Forderung widersetzte, erschoß ihn der Häftling. Anschließend übergab er einem Mithäftling namens Henry Staar auf dessen Zureden hin die Waffe. Richter Parker ließ Bill unverzüglich ein weiteres Mal wegen Mordes anklagen.

Quellen: Horan und Sann, *Pictorial History of the Wild West,* 145–147; Breihan, *Great Gunfighters of the West,* 110–112.

Good, John

Geb. bei Lockhart, Texas. Rancher, Viehdieb, Hotelier.

John Good fiel zunächst als Leuteschinder und Raufbold auf, der den Viehbestand seiner im hügeligen Land westlich von Austin gelegenen Ranch mit gestohlenen Rindern auffüllte. Er war auch dabei, als Cad Pierce im Anschluß an einen Viehtreck nach Newton von Ed Crawford getötet wurde.

Nachdem er 1877 an einer Schießerei beteiligt gewesen war, zog Good nach Coleman und eröffnete ein Hotel, machte sich aber rasch unbeliebt und ließ sich um 1880 auf einer fünfzig Meilen nordwestlich von Colorado City gelegenen Ranch nieder. Kurz darauf begab er sich nach New Mexico, gründete in der Nähe von La Luz eine Ranch und ließ sich mit einer verrufenen Frau namens Bronco Sue Yonker ein. (Bronco Sue hatte 1884 in Socorro einen Mann getötet und stand im Verdacht, weitere Gewalttaten begangen zu haben.)

Das Techtelmechtel endete, als Mrs. Good mit Johns Kindern eintraf. Bronco Sue zog daraufhin zu dem in der Nähe wohnenden Charley Dawson, worauf Good im Dezember 1885 Dawson tötete. Danach kümmerte er sich hauptsächlich um den Ausbau seiner Ranch. Er errichtete ein Adobehaus mit zehn Zimmern, ließ seinen Bruder Isham samt dessen großer Familie nachkommen und brachte es durch seine rücksichtslose Art bald zu Reichtum und Wohlstand. 1888 wurde ein junger Mann namens George McDonald nach einem Streit mit Good ermordet, worauf seine Freunde Goods Sohn Walter der Tat verdächtigte. Es kam zu einer Fehde, in deren Verlauf Walter Good getötet wurde. Good senior legte den Zwist kurz darauf bei, veräußerte seinen Besitz und zog nach Arizona. Schließlich verdingte er sich als Lohnarbeiter in Oklahoma.

Schießereien: *10. Juni 1877, Blanco City, Texas.* Good war gerade von seiner zwölf Meilen entfernten Ranch nach Blanco City geritten. Kurz nach seiner Ankunft wurde er von einem gewissen Robinson angesprochen, der ihn beschuldigte, sein Pferd gestohlen zu haben. Wütend griff Robinson zu seinem Revolver, doch die Waffe verheddterte sich in seiner Kleidung, worauf Good seinem Gegenüber vier Kugeln in den Leib jagte. Robinson konnte noch einen Schuß abgeben, ehe er tödlich getroffen zusammenbrach.

8. Dezember 1885, La Luz, New Mexico. Good und Charley Dawson stritten sich wegen ihrer gemeinsamen Geliebten Bronco Sue Yonker. Die Auseinandersetzung artete schließlich zu einer Schießerei auf offener Straße aus. Der genaue Ablauf ist allerdings unklar.

August 1888, bei Las Cruces, New Mexico. Good hatte an diesem Tag den verwesten Leichnam seines Sohnes Walter in der White-Sands-Wüste entdeckt. Nachdem man zwei Männer zur Bewachung der Leiche zurückgelassen hatte, löste sich der Suchtrupp auf und ging weg. Als sich Good und fünf andere Reiter Las Cruces näherten, stießen sie auf fünf Widersacher, die sie des Mordes an Walter verdächtigten: Oliver Lee, Tom Tucker, Cherokee Bill Kellam, Perry Altman und Bill Earhart. Aus rund 150 Metern Entfernung eröffneten beide Trupps das Feuer und gaben über hundert Schuß aufeinander ab, trafen aber lediglich drei Pferde. Good und seine Männer zogen sich in ein Maisfeld zurück und konnten sich schließlich nach Las Cruces durchschlagen. Daraufhin wurde ein Deputy Sheriff losgeschickt, um Walter Goods Leiche zu bergen.

Quellen: Sonnichsen, *Tularosa*, 17–19, 24–27, 32–36, 39–41, 44, 45, 49, 50, 52; Bartholomew, *Wyatt Earp, the Untold Story*, 75–76.

Graham, Dayton

Dayton Graham war Ordnungshüter in Bisbee, Arizona, als ihn Burt Mossman 1901 für die unlängst gegründeten Arizona Rangers anwerben wollte. Mossman, der den Rang eines Captain bekleidete, sollte eine aus zwölf Gemeinen und einem Sergeant bestehende Truppe aufstellen. Graham heuerte schließlich für 75 Dollar pro Monat als Sergeant an und kam in Diensten der Rangers zu Rum und Ehren.

Schießereien: *1901, Douglas, Arizona.* Nur wenige Monate nach seinem Dienstantritt bei den Rangers befand sich Graham auf Außenposten in Douglas, wo er den Outlaw Bill Smith aufspüren sollte. Er hielt sich bei Tom Vaughn auf, einem einheimischen Ordnungshüter, als dieser eines Abends von einem örtlichen Kaufmann gebeten wurde, einen verdächtigen Fremden aus seinem Geschäft zu entfernen. Graham begleitete Vaughn. Als sie auf den Mann zugingen – wie sich herausstellte, handelte es sich um Smith –, eröffnete dieser mit seinem Revolver das Feuer, traf Vaughn am Hals und streckte Graham mit Schüssen in Brust und Arme nieder. Mossman wurde verständigt, daß einer seiner Rangers im Sterben liege, worauf er Grahams Angehörige aufsuchte und mit ihnen nach Douglas fuhr. Doch Graham überstand die Verletzung, mußte allerdings zwei Monate lang das Bett hüten. Wieder bei Kräften, schwor er, Smith zu fassen.

1902, südliches Arizona. Sobald er wieder dienstfähig war, begab sich Graham in Südarizona auf die Suche nach dem Mann, der ihn niedergeschossen hatte. Eines Abends betrat er einen Saloon und entdeckte Smith, der gerade am Spieltisch saß. Beide Männer rissen die Waffen heraus. Als sich der Pulverdampf verzogen hatte, lag Smith, von zwei Kugeln an Bauch und Kopf getroffen, tot am Boden.

Quelle: Breihan, *Great Lawmen of the West*, 82–85.

Graham, William

(»Curly Bill Brocius«)

Geb. in Missouri. Cowboy, Rinderdieb.

Graham arbeitete in Texas als Cowboy und zog dann nach New Mexico, wo ihm eine Sängerin in einer Schenke seinen Spitznamen gab. Er half eine Rinderherde von New Mexico nach Arizona zu treiben und spielte sich dort als großer Revolverheld auf. Er war einer der Anführer der auf Viehdiebstähle spezialisierten Clanton-Gang und begab sich häufig auf Zechtouren nach Tombstone, bei denen er und seine Männer regelmäßig die Stadt »aufmischten« – sie nahmen kurzerhand einen Saloon in Beschlag und ritten, wild mit ihren Revolvern um sich schießend, durch die Straßen. Bei einem dieser Gelage tötete Graham versehentlich den ersten Marshal von Tombstone.

Ein paar Monate später wurde Curly Bill bei einer ähnlichen Unternehmung in Galeyville, Arizona, schwer verletzt. Sobald er genesen war, verließ er Arizona für immer. Wyatt Earp hingegen suchte weiterhin das ganze Land nach ihm ab. Angeblich sollte Curly Bill den Earps Rache geschworen haben, weil sie am *O.K. Corral* seine Kameraden zusammengeschossen hatten. (Bill hatte Arizona allerdings eine ganze Weile vor der berühmten Schießerei verlassen.) Wyatt Earp behauptete später, er habe Curly Bill bei einem Revolverduell getötet. Tatsächlich aber führte Bill nach seinem Abschied aus Tombstone jahrelang ein unauffälliges Leben. Von seinem angeblichen »Tod« durch Wyatt Earp erfuhr er erst zehn Jahre später, als er auf dem Weg nach Texas durch Arizona kam.

Schießereien: *28. Oktober 1880, Tombstone, Arizona.* Etliche Cowboys unter Führung von Curly Bill waren in Tombstone eingeritten, wo sie sich betranken und auf der Straße ihre Waffen abfeuerten. Fred White, der im Januar zum ersten Marshal von Tombstone ernannt worden war, wollte für

142 Griego, Francisco

Ruhe und Ordnung sorgen. Er ernannte Virgil Earp zum Deputy und bat ihn um Unterstützung. In einer Gasse stießen die beiden Männer auf Curly Bill. Beim anschließenden Handgemenge ging Bills Waffe los, und White wurde von der Kugel am Bauch getroffen.

Wyatt Earp, der bei der Auseinandersetzung nicht fehlen wollte und seinem Bruder gefolgt war, stürmte hinzu und schlug Curly Bill mit dem dreißig Zentimeter langen Lauf seines *Buntline Special* nieder. White erklärte, kurz bevor er starb, daß sich der Schuß aus Versehen gelöst habe; und aufgrund dieser Aussage wurde Curly Bill bei der anschließenden Gerichtsverhandlung in Tucson freigesprochen.

25. Mai 1881, Galeyville, Arizona. Curly Bill war mit sieben oder acht Männern (darunter auch Jim Wallace, ein gedungener Revolvermann aus dem *Lincoln County War*) zu einem Zechgelage nach Galeyville geritten. Billy Breakenridge, der Deputy Sheriff von Tombstone, kam durch die Stadt und betrat den Saloon, in dem Rowdies sich betranken.

Wallace zog den Revolver und beleidigte Breakenridge, doch der Ordnungshüter lachte nur und gab eine Lokalrunde aus. Curly Bill, der mittlerweile sichtlich angetrunken war, zwang Wallace, sich zu entschuldigen, worauf Breakenridge den Saloon verlassen wollte. Dann aber kam es zu einem Wortwechsel, und Curly Bill folgte ihm vor die Tür.

Breakenridge, der nach Fred Whites Tod die Ermittlungen geführt hatte, wollte keinerlei Risiko eingehen. Als er sein Pferd bestieg, zog er den Revolver und schoß auf Bill. Der wollte ausweichen, doch die Kugel traf ihn an der linken Halsseite, zertrümmerte einen Zahn und trat, ohne weiteren Schaden anzurichten, an der rechten Wange wieder aus. Nach seiner Genesung beschloß Bill, Arizona für immer den Rücken zu kehren. Kurz vor seinem Aufbruch im Juli erklärte er einem Rancher, daß Virgil Earp ihn dazu veranlaßt habe,

auf Fred White zu schießen. Anschließend bat er ihn, den Spitznamen »Curly Bill« für immer zu vergessen.

Quellen: Waters, *Earp Brothers of Tombstone*, 106–107, 120–122, 147, 181, 186, 189–191, 200–202; Sherman, *Ghost Towns of Arizona*, 27, 58.

Griego, Francisco

(»Pancho«)

Gest. 1. November 1875, Cimarron, New Mexico. Cowboy, Geschäftsmann.

Griego, dessen Familie in Santa Fe lebte, hielt sich in den siebziger Jahren im Colfax County, New Mexico, auf, wo er als gefährlicher Pistolero galt. Seine große Stunde schlug im Mai 1875, als er bei einer Schießerei in Cimarron drei Soldaten niederstreckte. Wenige Monate später wurde Cruz Vega, Griegos Freund und Geschäftspartner, von einem Mob unter Führung von Clay Allison gelyncht. Griego stellte Allison zur Rede und wurde von dem Mann aus Tennessee getötet.

Schießereien: *30. Mai 1875, Cimarron, New Mexico.* In *Lamberts Saloon* im *St. James Hotel* zu Cimarron kam es bei einem Monte-Spiel zu einem Streit zwischen dem jähzornigen Griego und drei Rekruten des sechsten Kavallerieregiments. Griego, der die Bank hielt, fegte wütend das Geld vom Tisch, worauf die Soldaten zur Tür flüchten wollten. Griego zog den Revolver, deckte die Rekruten mit einem Kugelhagel ein und tötete zwei von ihnen. Dann sprang er auf und erledigte den dritten Mann mit einem *Bowie*-Messer.

1. November 1875, Cimarron, New Mexico. Griego, der über den Tod seines Freundes Cruz Vega verbittert war, der kurz zuvor einem Lynchmob unter Führung von Clay Allison zum Opfer gefallen war, stellte Allison unter der Tür des *St. James Hotel* zur Rede. Die beiden Männer wechselten ein paar Worte und begaben sich dann in

Begleitung von Cruz Vegas achtzehnjährigem Sohn sowie Griegos Geschäftspartner Florencio Donahue auf einen Drink in das Hotel. Nachdem die Gläser geleert waren, zogen sich Allison und Griego in eine Ecke zurück, wo sie weiter aufeinander einredeten. Plötzlich zog Allison seinen Revolver, gab drei Schüsse auf Griego ab und rannte davon. Das Licht ging aus, und Griego sank tot zu Boden.

Quelle: Schoenberger, *Gunfighters,* 83–84.

Gristy, Bill

(»Bill White«)

Bandit, Brandstifter, Sträfling.

Bill Gristy war ein berüchtigter Krimineller, welcher sich der Bande eines gewissen »Tom Bell« (der eigentlich Thomas Hodges hieß) anschloß und dessen Stellvertreter wurde. Gristy, ein bekannter Dieb und Brandstifter, lernte Hodges kennen, als er unter Mordanklage im Gefängnis saß. Gristy, Hodges und mehreren anderen Männern gelang der Ausbruch, worauf Hodges und Gristy eine Räuberbande gründeten. Fast ein Jahr lang trieb die Gang ihr Unwesen, doch im September 1856 wurde Gristy gefaßt. Als man ihm Strafnachlaß versprach, verriet er Hodgson und wurde anschließend inhaftiert.

Schießereien: *1856, bei Nevada City, Kalifornien.* Gristy und die übrigen Mitglieder der Tom-Bell-Gang überfielen in der Nähe von Nevada City einen Fuhrmann, der gerade dreihundert Dollar für die Lieferung einer Ladung Bier erhalten hatte. Der Fuhrmann zog einen Revolver, worauf es zu einer Schießerei kam. Gristy stürzte sich auf ihn und flüchtete mit dem Geld.

11. August 1856, bei Marysville, Kalifornien. Die Tom-Bell-Gang versuchte die Postkutsche aus Camptonville zu überfallen, die eine Ladung Gold transportierte. Doch der Kutscher John Gear, der Expreßbote Dobson und ein gewisser Rideout (der Besitzer des Goldes, der die Kutsche begleitete) sowie mehrere Insassen eröffneten das Feuer und schossen einen Banditen aus dem Sattel. Nach einer wilden Verfolgungsjagd konnte die Kutsche entkommen. Gristy und Hodges lasen ihren sterbenden Gefährten auf und zogen sich, begleitet von etlichen verletzten Bandenmitgliedern, in ihr Versteck zurück. Nach diesem Überfall, bei dem drei Fahrgäste verletzt wurden und eine Mrs. Tilghman ums Leben kam, begann eine gnadenlose Jagd auf die Banditen.

September 1856, Mountaineer House, Kalifornien. Das *Mountaineer House,* eine Raststätte, in der Reisende Speise, Trank und Unterkunft fanden, gehörte einem ehemaligen Kriminellen namens Jack Phillips, der auch flüchtigen Straftätern Unterschlupf gewährte. Gristy und vier andere Outlaws hatten sich in einem Zelt in der Nähe des *Mountaineer House* versteckt, als sie von zwei kalifornischen Detektiven namens Anderson und Harrison aufgespürt wurden. Die Detektive wurden von zwei weiteren Männern begleitet und von Tom Brown, einem Spitzel und Banditen, geführt.

Nach Einbruch der Dunkelheit stürmten die Verfolger das Zelt, worauf es zu einer wilden Schießerei kam. Ein Outlaw namens Walker, der vor dem Spiegel stand, konnte einen Schuß abgeben, ehe Harrison ihn mit seiner Schrotflinte tötete. Der Räuber Pete Ansara wurde von einer Schrotladung am Bein getroffen und niedergestreckt. Gristy stürmte seitlich aus dem Zelt, feuerte auf die Verfolger und rannte zu seinem Pferd. Eine Kugel aus Andersons Flinte streifte ihn am Kopf, doch er schwang sich auf das Tier und konnte noch einmal entkommen.

Quelle: Drago, *Road Agents and Train Robbers,* 14–20, 25.

Hall, Jesse Lee

(»Red«)

Geb. 9. Oktober 1849, Lexington, North Carolina; gest. 17. März 1911, San Antonio, Texas.
Lehrer, Ordnungshüter, Rancher, Indianeragent, Soldat, Spekulant.

Lee Hall, ein Arztsohn, dessen Vater im Bürgerkrieg auf seiten der Südstaaten gekämpft hatte, kam 1869 nach Texas und ließ sich als Lehrer im Grayson County nieder. 1871 gab er den Lehrerberuf auf und wurde City Marshal in der aufstrebenden Gemeinde Sherman, dem Verwaltungssitz des County. Zwei Jahre später war Hall als Deputy Sheriff im benachbarten Denison stationiert. Nachdem er zahlreiche Pferdediebe, Mörder und andere zweifelhafte Existenzen gefaßt hatte, wurde er 1876 zum Lieutenant in Captain L. H. McNellys Texas-Rangers-Kompanie ernannt.

Während der blutigen Taylor-Sutton-Fehde wagte er sich einmal unbewaffnet in einen Raum voller feindseliger Männer und nahm sieben Personen fest, die wegen des berüchtigten Brazell-Mordes gesucht wurden. 1877 wurde Hall zum Captain der Texas Rangers befördert, und bis 1879 hatten er und seine Männer über vierhundert Personen festgenommen und die blutige Sutton-Taylor-Fehde niedergeschlagen.

In den siebziger Jahren sorgte Hall für Ruhe und Ordnung an der mexikanischen Grenze und spürte zahlreiche Kriminelle auf. Er war auch dabei, als Sam Bass in Round Rock von Ordnungshütern gestellt und getötet wurde. 1880 heiratete er, quittierte den Dienst bei den Rangers und widmete sich – durchaus mit Erfolg – der Schaf- und Rinderzucht.

In den achtziger Jahren weilte der junge William Sydney Porter zwei Jahre lang zur Genesung auf Halls riesiger Ranch und sammelte dort einen Teil der Stoffe, die er später für seine unter dem Pseudonym O. Henry verfaßten Kurzgeschichten verwandte.

Im Jahr 1885 wurde Hall Indianeragent in Anadarko im Indian Territory, wo er häufig mit dem Komantschenhäuptling Quanah Parker zu tun hatte. Nach zwei Jahren wurde er wegen angeblicher Unregelmäßigkeiten abgesetzt, letztlich aber von jeder Schuld freigesprochen. Er zog mit seiner Frau und den vier Töchtern nach San Antonio, doch 1894 verließ ihn Mrs. Hall mitsamt den Kindern.

Während des Spanisch-Amerikanischen Krieges stellte Hall zwei Kompanien aus sogenannten »Immunen« auf – Männern, die in vom Gelbfieber heimgesuchten Landstrichen geboren waren oder längere Zeit dort gelebt hatten. Wegen eines Leistenbruchs, den er fünfundzwanzig Jahre zuvor erlitten hatte, gelangte er mit seinen Truppen nicht zum Einsatz. 1899 jedoch nahm er als First Lieutenant an den Kämpfen auf den Philippinen teil, brachte es bis zum Rang eines Captain, mußte dann aber wegen einer Malariaerkrankung den Dienst quittieren. Nach seiner Rückkehr arbeitete er als Wachmann für mexikanische Goldminen und spekulierte in Öl und Edelmetallen. Er starb im Alter von einundsechzig Jahren in San Antonio.

Schießereien: *1873, Indian Territory.* Hall hatte den Auftrag, einen wegen zahlreicher Straftaten gesuchten Mann festzunehmen. Der Outlaw, der sich darüber im klaren war, daß er früher oder später gefaßt werden würde, ließ Hall mitteilen, daß er zu einem fairen Kampf bereit sei. Hall nahm die Herausforderung an, stellte sich dem Gesuchten und schoß ihn aus dem Sattel. Danach saß er ab und wollte seinen Widersacher in Gewahrsam nehmen. Doch der am Boden liegende Outlaw feuerte weiter auf ihn. Hall erschoß ihn, wurde aber seinerseits schwer verletzt. Doch zwei vorbeireitende Cowboys hörten die Schüsse, entdeckten den bewußtlosen Ordnungshüter und retteten ihn.

Juni 1874, Indian Territory. Hall und ein Kollege schlichen sich an eine abgelegene Hütte heran, in der sie den Outlaw Mike Gormly und seine Bande vermuteten. Kaum waren sie in Stellung gegangen, als Gormly und drei Kumpane in ihrem Rücken auftauchten. Die beiden Ordnungshüter eröffneten das Feuer, und Hall schoß Gormly nieder. Doch der verletzte Outlaw wurde von einem Komplizen weggetragen.

November 1879, Wolfe City, Atascosa County, Texas. Ein Kundschafter in Halls Rangers-Kompanie hatte erfahren, daß vier Outlaws ein Geschäft in Wolfe City überfallen wollten. Hall und fünf Männer trafen nach Einbruch der Dunkelheit ein, worauf sich zwei Rangers in dem Geschäft auf Lauer legten. Als die vier Outlaws den Laden ausrauben wollten, wurden sie von den beiden versteckten Männern aufgefordert, sich zu ergeben. Daraufhin kam es zu einer wilden Schießerei. Einer der Diebe, ein Mexikaner, feuerte, bis seine Waffe leer war, ehe er unter der Ladentür tödlich getroffen wurde. Ein anderer stürmte ins Freie und wurde nach fünfzig Metern erschossen. Ein dritter Räuber, der den Rangers schwerverletzt in die Hände fiel, wurde zu einer Zuchthausstrafe verurteilt. Der vierte Mann jedoch konnte sich den Fluchtweg freischießen.

9. Februar 1885, Las-Islas-Furt, Rio Grande. Hall und Charlie McKinney, der Sheriff des LaSalle County, trafen sich auf einer Insel im Rio Grande mit drei Vertretern der mexikanischen Regierung, um über die anhaltenden Spannungen zwischen Texanern und Mexikanern zu sprechen. Starke Aufgebote bewaffneter Männer säumten beide Ufer des Grenzflusses zwischen den USA und Mexiko.

Nach längerer Beratung wurden Hall, McKinney und mehrere ihrer Männer zu einer Fiesta eingeladen. Sie waren etwa eine Meile weit nach Mexiko vorgedrungen, als plötzlich *rurales* (berittene Landpolizisten) auftauchten, worauf Hall rief: »Jungs, ich schlage vor, wir gehen nicht hin! Schnell, reitet zurück, was das Zeug hält!« In gestrecktem Galopp preschten die Amerikaner nach Texas, verfolgt von den Mexikanern, die vergebens hinter ihnen her feuerten.

Quellen: Raymond, *Captain Lee Hall of Texas;* Webb, *Texas Rangers,* 228–294, 454.

Hardin, John Wesley

(»*Wes*«, »*Little Arkansas*«)

Geb. 26. Mai 1853, Bonham, Texas; gest. 19. August 1895, El Paso, Texas. Lehrer, Farmer, Cowboy, Geschäftsmann, Sträfling, Anwalt.

Hardin, der Sohn eines Methodistenpfarrers, hatte berühmte Vorfahren (ein Hardin hatte in der Schlacht am San Jacinto gegen die Mexikaner gekämpft, ein anderer die texanische Unabhängigkeitserklärung unterzeichnet. Wes' Großvater saß im Kongreß der Republik Texas, und nach Richter William B. Hardin war das Hardin County benannt). Wes' Vater hoffte, sein Sohn möge ebenfalls Pfarrer werden – daher auch die Wahl des Namens –, obwohl er selbst nebenher als Lehrer und Anwalt arbeiten mußte, um die Familie über Wasser zu halten. Als Wes zwei Jahre alt war, zog die Familie ins südöstliche Texas, wo der Junge durch die Jagd und (während des Bürgerkrieges) durch Schießübungen auf Standbilder von Abraham Lincoln den Umgang mit der Waffe lernte.

Im Alter von elf Jahren trug Wes seinen ersten ernsthaften Kampf aus – bei einer Messerstecherei verletzte er einen anderen Jungen an Brust und Rücken. Der andere überlebte zwar, doch Wes hatte erstmals bewiesen, wie gefährlich er sein konnte. Mit fünfzehn erschoß er einen ehemaligen Sklaven, und kurz darauf legte er drei Soldaten, die ihn festnehmen wollten, einen Hinterhalt und tötete sie. Danach brachte ihn sein Vater ins Navarro County, wo zahlreiche Verwandte der Familie lebten, bei denen er Unterschlupf fand. In der abgeschiedenen Gemeinde Pisgah Ridge war der sechzehn Jahre alte Killer einen Sommer lang als Lehrer tätig.

Im nächsten Jahr arbeitete Wes in einem Rinder-Camp in der Nähe von Corsicana, dem Verwaltungssitz des County, und

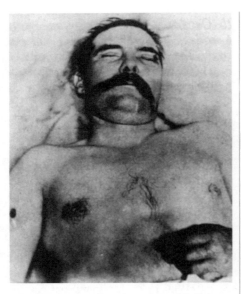

John Wesley Hardin, einer der gefährlichsten Revolvermänner des amerikanischen Westens. Das Foto entstand, nachdem er von John Selman in El Paso niedergeschossen worden war. *(Western History Collections, University of Oklahoma Library)*

lernte dort einen anderen jungen Outlaw kennen: Bill Longley. Bald darauf zog Wes in die kleine Ortschaft Towash, wo er einen weiteren Mann tötete. Anschließend flüchtete er auf die Farm eines Onkels in der Nähe von Brenham, wurde unterwegs aber in zwei weitere Schießereien verwickelt.

Nachdem er ein paar Monate lang auf der Farm seines Onkels gearbeitet hatte, beschloß Wes, nach Louisiana umzusiedeln. In der osttexanischen Stadt Marshall wurde er jedoch von einem Deputy Sheriff festgenommen und sollte mit mehreren anderen Häftlingen zurückgebracht werden. Unterwegs tötete Hardin einen Wärter und konnte entkommen. Anschließend fand er Unterschlupf auf einer in der Nähe von Smiley in Südtexas gelegenen Ranch von Verwandten – darunter Mannen Clements und seine Brüder.

Wes arbeitete eine Zeitlang als Cowboy, widmete sich dem Glücksspiel, nahm an einer Schießerei teil und zog schließlich mit einer Herde auf dem Chisholm-Trail nach Abilene. Während des Trecks tötete er im Indian Territory einen Indianer. Nachdem er in Kansas einen mexikanischen Killer zur Strecke gebracht hatte, kehrte er nach Smiley zurück, lieferte sich dort eine weitere Schießerei mit Ordnungshütern und konnte einmal mehr entkommen.

Kurz nach seiner Hochzeit mit Jane Bowen geriet Wes Hardin in drei weitere Schießereien, wurde zweimal verletzt und in Gewahrsam genommen. Nachdem er von Mannen Clements aus dem Gefängnis befreit worden war, schlug er sich in der blutigen Sutton-Taylor-Fehde auf die Seite von Clements Vettern. Etwa ein Jahr lang trat Wes kaum in Erscheinung, doch nachdem er 1874 den Deputy Sheriff Charles Webb getötet hatte, wurde eine Belohnung von viertausend Dollar auf seinen Kopf ausgesetzt, und die Texas Rangers hefteten sich auf seine Fährte.

Hardin, der sich als »J. H. Swain jr.« ausgab, fuhr mit seiner Frau und seiner kleinen Tochter (1875 bekam das Paar einen Sohn und zwei Jahre darauf eine weitere Tochter) im Dampfschiff nach Florida. Drei Jahre lang betätigte er sich in Florida und Alabama als Käufer und Verkäufer von Rindern und Pferden, betrieb einen Saloon und eine Holzhandlung und führte ein weitgehend unauffälliges Leben. 1877 jedoch wurde er von dem Texas Ranger John Armstrong und anderen Ordnungshütern in einem Zug in der Nähe von Pensacola, Florida, festgenommen.

Bei der anschließenden Gerichtsverhandlung wurde Hardin zu einer langen Freiheitsstrafe im texanischen Staatsgefängnis von Huntsville verurteilt, wo er während der Haft ein Jurastudium absolvierte. Im Februar 1894 wurde er aus dem Zuchthaus entlassen, eröffnete in Gonzales eine Anwaltskanzlei und lebte dort eine Zeitlang mit seinen Kindern (seine Frau war anderthalb Jahre zuvor gestorben). Bald darauf verlegte er die Kanzlei nach Junction und heiratete dort eine junge Frau, die ihn noch am Hochzeitstag verließ. Danach eröffnete er eine Kanzlei in El Paso, ließ sich in dieser berüchtigten

Grenzstadt mit allerlei zwielichtigen Existenzen ein und wurde im Alter von zweiundvierzig Jahren getötet.

Schießereien: *November 1868, bei Moscow, Texas.* Wes Hardin, der zu Besuch auf der in der Nähe von Moscow gelegenen Plantage eines Onkels weilte, ließ sich auf einen Ringkampf mit seinem halbwüchsigen Cousin und einem ehemaligen Sklaven namens Mage ein. Mage wurde wütend und stieß wüste Drohungen gegen Wes aus. Als Hardin tags darauf nach Hause reiten wollte, versperrte ihm der mit einem Stock bewaffnete Schwarze den Weg. Wes zog seinen 44er und jagte Mage drei Kugeln in den Leib. Ein paar Tage später erlag dieser seinen Verletzungen.

November 1868, bei Sumpter, Texas. Wes, der sich auf der Farm eines Freundes versteckte, erfuhr, daß drei Soldaten anrückten, um ihn wegen des Mordes an Mage festzunehmen. Mit einer Schrotflinte und einem Revolver bewaffnet, legte er sich an einer Furt in den Hinterhalt. Als die Soldaten vorbeiritten, feuerte er beide Läufe der Schrotflinte ab und tötete zwei Mann. Der dritte Soldat erwiderte das Feuer und traf Wes mit einem Streifschuß am linken Arm. Daraufhin zog Hardin seinen 44er und tötete ihn. Einige altgediente Soldaten der konföderierten Armee ließen die Leichen verschwinden, und Hardin suchte das Weite.

25. Dezember 1869, Towash, Texas. Beim Kartenspiel in Towash wurde Hardin, der eine Glückssträhne hatte, von einem Rowdy namens Bradley mit dem Messer bedroht. Wes, der unbewaffnet war, stand vom Spieltisch auf und holte seinen Revolver. Als er Bradley später auf der Straße begegnete, beschimpfte ihn dieser und gab einen Schuß auf ihn ab. Wes feuerte zweimal, traf Bradley an Brust und Kopf und galoppierte aus der Stadt.

Januar 1870, Horn Hill, Texas. Hardin, der sich seit Bradleys Tod auf der Flucht befand, wollte mit einem Begleiter über Nacht in Horn Hill bleiben, wo es an diesem Nachmittag zu Reibereien zwischen Einheimischen und einer Zirkustruppe gekommen war. Hardin besuchte den Zirkus und bekam prompt Streit mit einem kräftigen Zirkusangestellten. Der Mann brachte Wes mit einem mächtigen Hieb aus dem Gleichgewicht und griff zu seinem Revolver. Doch Hardin hatte bereits die Waffe gezogen und jagte seinem Widersacher eine Kugel in den Kopf.

Januar 1870, Kosse, Texas. Wes Hardin, der allein weitergezogen war, begegnete einem Mädchen, das den vermeintlich unbedarften jungen Mann an diesem Abend mit Hilfe eines männlichen Komplizen ausrauben wollte. Wes warf sein Geld auf den Boden, und als sich der Mann danach bückte, zog Hardin seinen Revolver und jagte dem Dieb eine Kugel zwischen die Augen. Dann sammelte er sein Geld ein und galoppierte wie üblich aus der Stadt.

Januar 1871, bei Marshall, Texas. Wes Hardin und mehrere andere Gefangene wurden unter Bewachung zweier Staatspolizisten von Marshall nach Waco überführt. In der zweiten Nacht begab sich einer der Wärter zu einem nahe gelegenen Farmhaus, um Futter für die Tiere zu besorgen. Wes zog eine Waffe, die er bei einem Mithäftling im Gefängnis von Marshall organisiert hatte, erschoß den anderen Wärter und ergriff zu Pferd die Flucht.

Februar 1871, Gonzales County, Texas. Wes, sein Cousin Mannen Clements und mehrere andere Cowboys begaben sich zum Monte-Spiel in ein Mexikanerlager. Der Kartengeber bekam mit Hardin Streit, worauf dieser ihm den Lauf seines Revolvers über den Schädel zog. Als zwei andere Mexikaner zu ihren Messern griffen, eröffnete Wes das Feuer, verletzte den einen an der Brust und den anderen am Arm.

Mai 1871, Indian Territory. Wes Hardin, der einen Viehtreck nach Abilene begleitete,

148   Hardin, John Wesley

hatte sich von der Herde entfernt, um wilde Truthühner zu jagen, als er auf einen Indianer stieß und ihn kaltblütig erschoß. Seine Cousins und die anderen Cowboys halfen ihm, die Leiche zu verscharren, damit Wes der Rache der Stammesbrüder des Toten entgehe.

6. Juli 1871, Abilene, Kansas. Hardin, der gerade mit einem Suchtrupp aus Abilene aufbrechen wollte, bekam Streit mit einem gewissen Charles Cougar. Jährzornig, wie er war, zog Hardin den Revolver und erschoß Cougar.

7. Juli 1871, Bluff City, Kansas. Zwei Tage zuvor hatte ein Mexikaner namens Juan Bideno den Cowboy Bill Cohron getötet, einen Freund von Wes Hardin, Jim Rodgers und Hugh Anderson. Mit einem Haftbefehl ausgestattet und von John Cohron, dem Bruder des Toten, begleitet, verfolgten die drei Bideno und spürten ihn schließlich in dem kleinen Weiler Bluff City im südlichen Kansas auf. Während die anderen drei das Café umstellten, in dem Bideno speiste, ging Hardin hinein und forderte den Mexikaner auf, sich zu ergeben. Als Bideno Widerstand leisten wollte, schoß Hardin ihm aus nächster Nähe in den Kopf.

September 1871, Smiley, Texas. Green Parramore und John Lackey, zwei schwarze Staatspolizisten, hatten in Smiley nach Hardin gesucht. Als Hardin davon hörte, begab er sich keck zu den beiden Ordnungshütern, die im örtlichen Gemischtwarenladen Kräcker und Käse aßen. Wes fragte die arglosen Männer, ob sie Hardin kannten, worauf diese erwiderten, daß sie ihn nie zu Gesicht bekommen hätten, ihn aber aufspüren und festnehmen wollten. »Nun«, sagte Wes und zog seinen Revolver, »jetzt seht ihr ihn!« Er feuerte auf die beiden Männer, bis seine Waffe leer war, tötete Parramore und traf Lackey am Mund, worauf dieser aus dem Geschäft flüchtete. Lackey, der die Verletzung überlebte, sollte Hardin später ein weiteres Mal begegnen.

Juni 1872, Hemphill, Texas. Hardin, der in der Stadt eine Herde Pferde verkaufen wollte, bekam wegen eines Rechtsverfahrens Streit mit einem Staatspolizisten namens Spites. Spites, der Hardin nicht kannte, forderte ihn auf, sich zu entfernen, andernfalls werde er ihn festnehmen. Daraufhin zog Hardin mit der linken Hand einen *Derringer* und schoß Spites in die Schulter. Spites rannte weg, und Hardin sprengte, von einer Posse verfolgt, aus der Stadt.

Juli 1872, Trinity City, Texas. Hardin weilte auf Besuch bei Verwandten in der Nähe des Hauses, in dem er seine Kindheit verbracht hatte. Als er und ein Cousin eine Runde Bowling spielten, die Hardin absichtlich verlor, wurde er von einem Zuschauer namens Sublett zu einem Turnier um fünf Dollar pro Spiel gefordert. Nachdem Hardin sechs Spiele hintereinander gewonnen hatte, wurde Sublett klar, daß er getäuscht worden war, worauf er Hardin beschimpfte. Wes wiederum zwang Sublett mit vorgehaltener Waffe, das Spiel zu beenden, und spendierte ihm danach großzügig einen Drink.

Sublett stürmte aus der Spielhalle, kehrte ein paar Minuten später mit einer Schrotflinte zurück und feuerte sie auf Hardin ab. Hardin, der von mehreren Schrotkörnern an der Seite getroffen worden war, zog seinen Revolver, torkelte hinter Sublett her und schoß dem Flüchtenden in den Rücken. Anschließend schnitten Ärzte die Schrotkugeln heraus, und Hardin wurde von Freunden in ein Versteck gebracht.

August 1872, Angelina County, Texas. Zwei Staatspolizisten ritten zu dem Farmhaus, in dem sich Wes Hardin von seinen Verletzungen erholte. Die mit Flinten bewaffneten Ordnungshüter schlichen an ein Fenster, feuerten in das Zimmer und verletzten den auf einer Pritsche liegenden Hardin am Oberschenkel. Wes kroch zur Tür und vertrieb die beiden Männer mit einer Schrotflinte.

Hardin, John Wesley 149

April 1873, Cuero, Texas. Hardin, der in Cuero Rinder verkaufen wollte, besuchte einen örtlichen Saloon, wo er prompt Streit mit dem zänkischen, angetrunkenen J. B. Morgan bekam, einem Deputy von Jack Helm. Als Wes den Saloon verließ, folgte ihm Morgan und wollte die Waffe ziehen, worauf Hardin ihn erschoß.

Juli 1873, Albuquerque, Texas. Wes Hardin und Jim Taylor wollten gerade ein Pferd beschlagen lassen, als sie Jack Helm begegneten, dem Anführer der Sutton-Partei in der Sutton-Taylor-Fehde. Helm, der mit sechs Gefolgsleuten an der Hufschmiede vorbeikam, entdeckte Hardin und Taylor und ging wütend auf sie zu. Hardin jagte Helm eine Schrotladung in die Brust, und Taylor feuerte mehrmals auf den Kopf des am Boden liegenden Mannes. Anschließend verjagten Hardin und Taylor Helms erschrockene Begleiter vom Tatort.

26. Mai 1874, Comanche Texas. Hardin hatte seinen einundzwanzigsten Geburtstag beim Pferderennen zugebracht und tüchtig gewonnen. Anschließend bekam er in einem Saloon Streit mit Charles Webb, dem Deputy Sheriff des Comanche County. Beide Männer zogen die Waffen und feuerten aufeinander. Hardin erlitt eine Verletzung an der Seite, traf aber Webb am Kopf. Doch drückte Webb ein weiteres Mal ab, worauf Hardins Begleiter – Jim Taylor und Bill Dixon – dem zusammenbrechenden Ordnungshüter mehrere Kugeln in den Leib jagten. Anschließend wurden Wes Hardin und seine Gefolgschaft von einer aufgebrachten Menschenmenge aus der Stadt gejagt. Wes Hardin konnte entkommen, doch sein Bruder Joe sowie Bud und Tom Dixon wurden bald darauf gefaßt und in Comanche gelyncht.

23. August 1877, Pensacola, Florida. Hardin, der geschäftlich in Pensacola zu tun gehabt hatte, wollte mit vier Gefährten per Zug nach Alabama zurückkehren. Der Texas Ranger John Armstrong und mehrere andere Männer sammelten sich an einem Bahnhof am Stadtrand von Pensacola, wo sie den Flüchtigen stellen wollten. Armstrong, der wegen einer früheren Verletzung am Stock ging, humpelte in Hardins Waggon und zog seinen 45er, worauf Hardin ausrief: »Texas, bei Gott« und zu seinem im Hosenbund versteckten Revolver greifen wollte, aber mit der Waffe an den Hosenträgern hängen blieb.

Daraufhin zog der neunzehnjährige Jim Mann, der neben Hardin saß, seinen Revolver und jagte eine Kugel durch Armstrongs Hut. Armstrong schoß dem jungen Mann in die Brust, worauf dieser aus dem Zugfenster sprang, ein paar Schritte weit rannte und dann tot zusammenbrach. Mittlerweile hatte Armstrong Hardins Revolver ergriffen, und nach einem wilden Handgemenge schlug der Ranger den Outlaw mit seinem langläufigen 45er bewußtlos. Anschließend wurde Hardin per Zug nach Texas zurückgebracht.

19. August 1895, El Paso, Texas. Wes Hardin hatte eine Auseinandersetzung mit John Selman und John Selman junior gehabt, zwei Ordnungshütern aus El Paso. Hardin hatte sich mit einer verheirateten Frau eingelassen, einer ehemaligen Prostituierten namens Mrs. Marton Morose, die unlängst von John Selman festgenommen worden war. Als Hardin kurze Zeit darauf dem älteren Selman auf der Straße begegnete, beschimpfte er ihn und drohte, ihn und seinen Sohn umzubringen.

Am Abend des 19. August saß Hardin im *Acme Saloon,* hatte den Rücken zur Tür gekehrt und war in ein Würfelspiel mit einem einheimischen Lebensmittelhändler namens H. S. Brown vertieft, als der ältere Selman, ein erfahrener Revolvermann, kurz nach 23 Uhr das Lokal betrat und Hardin erschoß. Hardin hatte gerade zu Brown gesagt: »Vier Sechsen mußt du überbieten«, als ihn eine Kugel am Kopf traf. Während er zusammenbrach, gab Selman einen weiteren Schuß ab, doch die Kugel schlug in den Boden. Dann ging Selman zu dem niedergestreckten Hardin und feuerte zwei weitere Schüsse ab, die

150 Harkey, Dee

Hardin am Arm und an der rechten Brustseite trafen.

Dem Bericht des Leichenbeschauers zufolge war die tödliche Kugel in Hardins Hinterkopf eingedrungen, hatte den Schädel durchschlagen und war durch das Auge wieder ausgetreten. Selman jedoch behauptete, er habe Hardin vorher gewarnt und außerdem sei die Kugel durch das Auge eingedrungen. Keine der beiden Schußwaffen, die man bei Hardin fand, war abgefeuert worden.

Quellen: Nordyke, *John Wesley Hardin;* Hardin, *Life of John Wesley Hardin;* Webb, *Texas Rangers,* 297–304; Metz, *John Selman;* Sonnichsen, *I'll Die Before I'll Run,* 67–72, 74, 76–81, 83, 86, 94, 154, 165, 317, 320; Haley, *Jeff Milton,* 226–229, 243–348; Horan, *Authentic Wild West,* 155–186.

Harkey, Dee

Geb. 27. März 1866, Richland Springs, Texas; gest. um 1948 in New Mexico. Farmer, Cowboy, Ordnungshüter, Bergmann, Kaufmann, Schlachter, Rancher.

Harkey, eines von acht Kindern eines Farmerehepaars aus Texas, wurde mit drei Jahren Waise und wuchs unter der Obhut eines älteren Bruders auf. Als Jugendlicher wurde Harkey mehr als einmal Augenzeuge von Indianerüberfällen, und drei seiner Brüder kamen noch vor dem einundzwanzigsten Lebensjahr bei Schießereien ums Leben. Harkey, der so gut wie keine Schulbildung genossen hatte, schlug sich zunächst als Cowboy und Farmarbeiter durch. Mit sechzehn Jahren wurde er Deputy unter seinem Bruder Joe, der zum Sheriff des San Saba County gewählt worden war. Dort stieß Dee Harkey auch erstmals mit Jim (»Killer«) Miller und anderen Halunken zusammen.

Nachdem er vier Jahre lang als Ordnungshüter gedient und allerlei Viehdiebe festgenommen hatte, gründete Harkey im Bee County eine eigene Farm. Bald darauf kam es zu Reibereien mit einem streitsüchtigen Nachbarn namens George Young, den er bei einer Messerstecherei in einem Maisfeld tötete. 1890 zog er nach Carlsbad, New Mexico, wo er eine Anstellung als Schlachter fand. Wegen eines Streits mit einem Kunden namens George High wurde Harkey in zwei Schießereien verwickelt, in denen er seinen Mann stand. Daraufhin setzte eine Abordnung von Bürgern durch, daß er zum Deputy U. S. Marshal ernannt und damit beauftragt wurde, in der Gegend für Ordnung zu sorgen.

Harkey diente bis 1911 als Ordnungshüter in New Mexiko und hatte schließlich eine Vielzahl öffentlicher Ämter inne, vom Town Marshal bis zum Inspektor für den Rinderzüchterverband. Nach seinem Ausscheiden aus dem Polizeidienst ließ er sich als Rancher im Eddy County nieder. Er starb im Alter von zweiundachtzig Jahren eines friedlichen Todes.

Schießereien: *1884, Richland Springs, Texas.* Harkey hatte einen Maultierdieb namens Quinn festgenommen. Begleitet von einem Deputy namens Davis, brachte er Quinn und dessen Sohn zu deren Hotelzimmer, damit sie sich umziehen konnten. Plötzlich stürmten Quinns Frau und dessen Tochter Mary (der Harkey den Hof gemacht hatte) ins Zimmer. Mary hatte einen Revolver in der Hand und rief: »Dee, das ist mein Vater, und ich werde ihn beschützen.« Mit diesen Worten drückte sie ab und traf Harkey am Bauch. Davis rannte weg, während Harkey das Mädchen zu Boden warf und ihm die Waffe entwand. Doch der ältere Quinn ergriff eine Machete und versetzte: »Dee, ich habe dich.«

»Aber sicher doch«, erwiderte Harkey.

Die Lage wurde rasch bereinigt, als Davis mit etlichen Bürgern zu Hilfe kam. Harkey wollte Quinn erschießen, wurde aber von den Stadtbewohnern zurückgehalten. Ein kurz darauf eintreffender Arzt stellte fest, daß Marys Kugel lediglich Harkeys Uhr getroffen und ihm eine Schramme am Unterleib zugefügt hatte.

1895, Phoenix, New Mexico. Tranquellano Estabo, ein einheimischer Revolverheld, tötete in Phoenix einen Mann und schoß anschließend wild in der Stadt herum. Harkey und Cicero Stewart, der Sheriff von Carlsbad, fuhren mit dem Fahrrad in das etwa eine Meile entfernte Phoenix. Als sie in die Stadt radelten, kam ihnen Estabo entgegen, der auf seinem Pferd saß und mit einer *Winchester* herumfuchtelte. »Bleib stehen, Tranquellano«, befahl Harkey. Doch der Mexikaner gab einen Schuß ab, worauf Harkey den Revolver zog und das Feuer erwiderte. Estabo ritt Stewart nieder; dieser sprang aber sofort wieder auf und schoß hinter dem Flüchtenden her, bis sein Revolver leer war. Harkey besorgte sich ein Pferd, holte Estabo nach drei Meilen ein und forderte ihn erneut auf stehenzubleiben. Diesmal riß Estabo die Hände hoch und rief: »Bring mich nicht um, bring mich nicht um. Ich komme freiwillig mit.«

1908, bei Sacramento Sinks, New Mexico. Seit mehreren Tagen verfolgten Harkey und vier weitere Ordnungshüter eine Bande Outlaws unter Führung von Jim Nite, einem ehemaligen Mitglied der Dalton-Gang, der kurz zuvor aus dem texanischen Staatsgefängnis ausgebrochen war. Eines frühen Morgens entdeckte die Posse Nites abgeschiedenes Lager, doch die Outlaws bemerkten die anrückenden Ordnungshüter, griffen zu ihren *Winchesters* und gingen in einer Bodensenke in Deckung. Daraufhin ritt die Posse hangabwärts einen Angriff auf das Camp, wurde aber durch heftiges Feuer zurückgeschlagen. Lediglich Harkey, der absaß und zu Fuß weiterkämpfte, ließ sich nicht verjagen.

Nite und ein Komplize namens Dan Johnson rannten auf Harkey zu, wurden aber sofort unter Beschuß genommen und gingen schleunigst wieder in Deckung. Danach deckte Harkey die Outlaws von seiner erhöhten Stellung aus mit schwerem Gewehrfeuer ein, worauf Johnson nach wenigen Minuten schrie: »Dee, wir ergeben uns, wenn du uns nicht umbringst.«

Jetzt stießen auch die anderen Mitglieder der Posse wieder zu Harkey, und die Gangster wurden in Gewahrsam genommen.

Quelle: Harkey, *Mean as Hell.*

Hays, Bob

Gest. 1896 im San Simon Valley, Arizona. Bandit, Cowboy.

Hays gehörte zu Black Jack Christians Räuberbande, die in Arizona ihr Unwesen trieb. Nach einem Banküberfall in Nogales wurden die Outlaws verfolgt, und Hays kam bei einer Schießerei mit einer Posse ums Leben.

Schießereien: *6. August 1896, Nogales, Arizona.* Black Jacks Gang wollte die *International Bank* in Nogales überfallen. Christian und zwei andere Männer blieben bei den Pferden, während Hays und Jess Williams das Gebäude betraten, den Bankangestellten Fred Herrera überwältigten und die mitgebrachten Säcke mit Geld vollstopften. Plötzlich wurde eine Tür zugeschlagen, und dann lieferte sich der Zeitungsreporter Frank King einen Schußwechsel mit den vor der Bank wartenden Outlaws. Hays und Williams ließen die Säcke fallen und stürmten zu ihren Pferden. Zwei Tiere wurden angeschossen, doch die Bande konnte aus der Stadt fliehen. King verfolgte sie eine Zeitlang allein, kehrte aber nach einem weiteren Schußwechsel unverrichteterdinge nach Nogales zurück.

1896, San Simon Valley, Arizona. Christian, Hays und zwei weitere Outlaws wurden von einer acht Mann starken Posse in ihrem Versteck im San Simon Valley überrascht. Bei der anschließenden Schießerei wurde Hays' Pferd getötet, er selbst aber konnte abspringen und drei Schüsse auf Fred Higgins abgeben. Doch der Ordnungshüter wurde lediglich von Steinsplittern am Gesicht getroffen. Hays wiederum wurde von zwei Kugeln erwischt und ging tödlich verletzt zu Boden. Christian, dessen Pferd ebenfalls getötet wurde, und die beiden anderen Outlaws konnten entkommen.

Head, Harry

(»Harry the Kid«)

Gest. im Juni 1881, Eureka, New Mexico. Viehdieb, Postkutschenräuber.

Head trieb sich als Rinderdieb im südlichen Arizona herum und nahm an Ike Clantons berüchtigten Raubzügen teil. Im März 1881 verübten Head, Bill Leonard und zwei weitere Männer einen blutigen Überfall auf eine Postkutsche. Drei Monate später wurden Head und Leonard getötet, als sie in New Mexico ein Geschäft ausrauben wollten.

Schießereien: *15. März 1881, Contention, Arizona.* Eine mit acht Fahrgästen besetzte Postkutsche, die außerdem 26 000 Dollar Bargeld für *Wells, Fargo* transportierte, verließ Tombstone unter dem Begleitschutz eines unerschrockenen Ordnungshüters namens Bob Paul. In Contention, etwa zwölf Meilen von Tombstone entfernt, wechselte Kutscher Budd Philpot das Gespann.

Als die Kutsche eine Meile hinter Contention an einem steilen Streckenabschnitt langsamer wurde, traten Head, Leonard und Jim Crane aus ihrem Hinterhalt und forderten den Kutscher auf anzuhalten. Paul und die Banditen lieferten sich daraufhin einen Schußwechsel, bei dem ein auf dem Kutschendach sitzender Fahrgast getötet wurde. Philbot stürzte, tödlich ins Herz getroffen, zwischen die Pferde, worauf das Gespann durchging. Paul sprang auf die Deichsel, ergriff die Zügel und bekam das Gefährt wieder unter Kontrolle.

Einen Tag später wurde Luther King, der auf die Pferde der Outlaws aufgepaßt hatte, von Morgan Earp gefaßt und gab die Namen seiner Komplizen preis. *Wells, Fargo* setzte auf das Ergreifen von Head, Leonard und Crane – tot oder lebendig – eine Belohnung von je zweitausend Dollar aus. Wyatt Earp wiederum, der durch die Festnahme der Täter vor allem seinen Ruhm mehren wollte, bot den Clantons heimlich 3600 Dollar, wenn sie die drei Flüchtigen in eine Falle lockten.

Juni 1881, Eureka, New Mexico. Trotz der auf ihren Kopf ausgesetzten Belohnungen blieben Head, Leonard und Crane noch mehrere Wochen lang auf freiem Fuß. Doch als Head und Leonard im Juni in Eureka ein Geschäft ausrauben wollten, griffen die Inhaber, Bill und Ike Haslett, zu den Waffen und töteten die beiden Outlaws. Crane, der später maßgeblichen Anteil an der Ermordung der Gebrüder Haslett hatte, kam kurz darauf in New Mexico ums Leben.

Quellen: Waters, *Earp Brothers of Tombstone,* 127–40; Faulk, *Tombstone,* 145–147; *Tombstone Epitaph,* 16. März 1881.

Helm, Jack

Gest. im Juli 1873, Albuquerque, Texas. Cowboy, Ordnungshüter, Erfinder.

Kurz vor dem Bürgerkrieg trat Helm erstmals als Cowboy bei dem legendären Texaner Shanghai Pierce in Erscheinung. Während der Sutton-Taylor-Fehde in Südtexas schlug er sich Ende der sechziger Jahre auf die Seite des Sutton-Clans und wurde einer der Anführer der zweihundert Mann starken Suttonschen Regulatoren. Im August 1869 organisierte Helm einen Angriff, der zu einem der blutigsten Gefechte der Sutton-Taylor-Fehde führte.

Am 1. Juli 1869 gründete der nach dem Bürgerkrieg eingesetzte und mit dem Wiederaufbau des Staates betraute Gouverneur E. J. Davis die Texas State Police, und Helm wurde zu einem von vier Captains ernannt. Doch kurz darauf tötete er unter Mißbrauch seiner Amtsbefugnis zwei Angehörige der Taylor-Partei und trieb eine Steuer von fünfundzwanzig Cents pro Person ein, um seine Hotelkosten zu begleichen. Daraufhin wurde er im Oktober 1870 vom Dienst bei der Staatspolizei suspendiert und im Dezember entlassen.

Helm gewann jedoch die Wahl zum Sheriff des DeWitt County und spielte weiterhin eine führende Rolle bei der Auseinandersetzung zwischen den verfeindeten Rancher-Clans. Im April 1873 aber zog er nach Albuquerque und arbeitete dort hauptsächlich an einer Erfindung zur Bekämpfung von Baumwollschädlingen. Ein paar Monate später wurde er in Albuquerque von Jim Taylor und John Wesley Hardin getötet.

Schießereien: *Juli 1869, San Patricio County, Texas.* Im San Patricio County stießen Helm und der Regulator C. S. Bell auf John Choate und dessen Neffen Crockett Choate, die dem Taylor-Clan angehörten. Die beiden Regulatoren griffen die Choates an, und als die Schießerei vorüber war, lagen Onkel und Neffe tot am Boden.

23. August 1869, DeWitt County, Texas. Helm und Bell boten mehrere Revolvermänner auf und legten sich in der Nähe von Creed Taylors Ranch in den Hinterhalt. Als Taylors Söhne Hays und Doboy auftauchten, eröffnete der Suttonsche Trupp das Feuer. Die Taylors setzten sich zur Wehr, aber Hays wurde getötet und Doboy verletzt.

26. August 1870, DeWitt County, Texas. Der mit den Taylors verschwägerte Henry Kelly und sein Bruder William hatten in dem Weiler Sweet Home Unruhe gestiftet, was dem Ordnungshüter Helm einen Vorwand zur Festnahme der Kelly-Brüder lieferte. Unterstützt von Bill Sutton, Doc White und John Meador ritt er frühmorgens zu den benachbarten Farmhäusern der beiden Brüder und nahm sie fest.

Nach einem kurzen Stück Wegs hielt der Trupp an, worauf William Kelly absaß und sich eine Pfeife anzünden wollte. Sutton feuerte auf ihn, und im nächsten Moment schoß White Henry Kelly aus dem Sattel. Weitere Schüsse fielen, und beide Kelly-Brüder kamen ums Leben.

Juli 1873, Albuquerque, Texas. Helm und ein halbes Dutzend Freunde gingen gerade die Straße entlang, als sie in einer Hufschmiede John Wesley Hardin und Jim Taylor entdeckten. Helm näherte sich der Schmiede, worauf Hardin plötzlich mit der Schrotflinte auf ihn anlegte und abdrückte. Helm wurde von der vollen Ladung an der Brust getroffen und niedergestreckt. Anschließend jagte Taylor dem am Boden liegenden Mann mehrere Revolverkugeln in den Kopf.

Quellen: Webb, *The Handbook of Texas*, I, 794, II, 693; Nunn, *Texas Under the Carpetbaggers*, 45–48; Sonnichsen, *I'll Die Before I'll Run*, 43, 45–48, 56, 58, 61, 62, 64, 68–70; Sutton, *Sutton-Taylor Feud*, 8–9, 18–21, 23–24, 27–28, 40–45.

Hickok, James Butler

(»Wild Bill«)

Geb. 27. Mai 1837, Troy Grove, Illinois; gest. 2. August 1876, Deadwood, Dakota Territory. Jäger, Fuhrmann, Arbeiter, Postkutscher, Militärkundschafter und -spion, Wildwest-Show-Darsteller, Spieler, Ordnungshüter.

Hickok war das vierte von insgesamt sechs Kindern eines aus Vermont stammenden Ehepaares, das kurz vor seiner Geburt in die Ortschaft Troy Grove in Illinois gezogen war. Hickoks Vater war Farmer, betrieb einen Gemischtwarenladen und gründete einen Stützpunkt der sogenannten *Underground Railroad*, eines Fluchthilfesystems, über das Sklaven aus den Südstaaten nach Kanada oder anderswo in Sicherheit gebracht wurden. Häufig mußte auch der junge James Butler aushelfen, wenn es galt, flüchtige Sklaven vor dem Zugriff ihrer Häscher zu retten.

Bereits als Teenager hatte sich Hickok als bester Schütze von ganz Nordillinois ausgezeichnet, doch wußte er offenbar auch seine Fäuste gut zu gebrauchen. 1855 setzte er bei einer Schlägerei einen Fuhrmannskollegen namens Charlie Hudson so schlimm zu, daß er meinte, er habe ihn getötet. Der Achtzehnjährige floh nach St. Louis und zog bald darauf nach Kansas weiter, einem Staat, in dem seinerzeit heftige Auseinandersetzungen zwischen Befürwortern und Gegnern der Sklaverei stattfanden. Hickok schloß sich der Free-State-Miliz des Generals Jim Lane an, ohne allerdings in größere Gefechte verwickelt zu werden.

Im März 1858 wurde Hickok, der sich zuvor als Farmarbeiter verdingt hatte, zum Konstabler des im Johnson County gelegenen Verwaltungsbezirks Monticello gewählt, doch während seiner kurzen Amtszeit kam es zu keinerlei schwerwiegenden Zwischenfällen. Nebenbei bewirtschaftete er eine eigene Heimstätten-Farm. Anschließend fuhr Hickok als Postkutscher auf dem *Santa Fe Trail,* und 1880 wurde er von *Russell, Majors & Waddell* als Wagenmeister für die großen Frachttrecks gen Westen angeheuert. Als er kurz darauf einen dieser Konvois über den Raton Pass führte, wurde er von einem Bären angegriffen. Er brachte das Tier mit seinen Revolvern und einem Messer zur Strecke, wurde aber schwer verletzt. Die Firma schickte ihn zur ärztlichen Behandlung nach Santa Fe und Kansas City und versetzte ihn schließlich auf einen ruhigeren Posten an die Rock Creek Station, einen ihrer Stützpunkte am Oregon Trail. Dort kam es ein paar Monate später zu dem berühmten Kampf zwischen Hickok und Dave McCanles.

Inzwischen war der Bürgerkrieg ausgebrochen, und Hickok meldete sich auf seiten der Nordstaaten zum Militär. Im Oktober 1861 trat er in Sedalia, Missouri, seinen Dienst als Nachschuboffizier an; später wurde er unter General Samuel P. Curtis als Spion und Führer eingesetzt. Damals kam er auch zu seinem berühmten Spitznamen, als er mit knapper Not einem Lynchmob entrann und eine Frau schrie: »Gut für dich, Wild Bill!« 1862 nahm Hickok vermutlich an der Schlacht von Pea Ridge, Arkansas, teil, und auch in der Folgezeit soll er mehrmals in gefährliche Situationen geraten sein.

Nach dem Krieg tauchte Hickok als Spieler in Springfield, Missouri, auf, wo er

Dave Tutt bei einem Duell auf offener Straße tötete. Nachdem er die Wahl zum Polizeichef von Springfield verloren hatte, zog Hickok nach Fort Riley in Kansas, wo sein älterer Bruder eine Anstellung als Wagenmeister, Kundschafter und oberster Herdenaufseher hatte. Am 1. Januar 1867 wurde er Kundschafter bei General George Armstrong Custers 7. Kavallerieregiment (das später in der Schlacht am Little Big Horn aufgerieben werden sollte), und noch im gleichen Jahr unterlag er bei der Wahl zum Sheriff des Ellsworth County, Kansas. Kurz darauf wurde er Deputy U. S. Marshal und machte Jagd auf desertierte Soldaten und Marodeure, die der Army Vieh stahlen. Bei einem dieser Einsätze schaffte er im April 1868 mit Hilfe von Buffalo Bill Cody elf Gefangene nach Topeka.

Im September 1868 wurde Hickok mit mehreren anderen Viehtreibern von einer Horde feindseliger Cheyennes umzingelt. Die Gruppe beschloß, daß Hickok Hilfe holen sollte, worauf er mitten durch die Indianer sprengte und mit einer leichten Fußverletzung davonkam.

Anschließend zog Hickok wieder nach Kansas, wo er 1869 zum Sheriff des Ellis County gewählt wurde. Hays City, der Verwaltungssitz des County, war seinerzeit wegen der durchziehenden Büffeljäger und der in der Nähe stationierten Soldaten des 7. Kavallerieregiments eine der wildesten und gefährlichsten Städte des amerikanischen Westens. In knapp drei Monaten tötete Hickok zwei Männer, unterlag aber bei der Wahl im November gegen seinen Deputy Peter Lanihan. Hickok zog nach Topeka, geriet dort in eine Straßenschlacht, kehrte bald darauf nach Hays City zurück, erschoß dort zwei Soldaten und mußte einmal mehr aus der Stadt flüchten.

Danach veranstaltete Hickok in Niagara Falls eine Wildwest-Show unter dem Titel *The Daring Buffalo Chase of the Plains* (Gefährliche Büffeljagd in der Prärie). Die Show war ein finanzieller Reinfall, und Wild Bill zog wieder gen Westen. Im April 1871 wurde er für einen Lohn von 150 Dollar im Monat plus einem Anteil an den Buß-

Hickok, James Butler 155

Wild Bill Hickok in voller Pracht. Er tötete sieben Männer, möglicherweise auch mehr. *(Kansas State Historical Society, Topeka)*

geldern City Marshal von Abilene. Hickok blieb bis zum Jahresende im Amt und wurde dabei in eine unglückselige Schießerei verwickelt.

Die aus Texas stammenden Spieler Phil Coe und Ben Thompson hatten über dem von ihnen eröffneten *Bull's Head Saloon* ein Schild mit einem übergroßen Stiergemächte angebracht, das den Unmut der ehrbaren Bürger der Stadt erregte. Daraufhin ordnete Hickok im Auftrag des Stadtrates an, daß das Schild entschärft werden müsse, doch Coe verbat sich jede Einmischung. In der Folgezeit nahmen die Spannungen zwischen beiden Männern zu, und schließlich kam es zu einem Revolverduell, bei dem Hickok Coe und versehentlich auch seinen Deputy tötete. Angeblich sollen die Texaner anschließend eine Belohnung von elftausend Dollar auf Hickoks Kopf ausgesetzt haben, der aber quittierte Ende 1871 den Dienst in Abilene und ging damit weiteren Auseinandersetzungen aus dem Wege.

In den nächsten zwei Jahren wurden wiederholt Gerüchte laut, daß Hickok getötet worden sei. Der aber nahm 1872 an der Büffeljagd des russischen Zarenhofes in Kansas teil. Hauptsächlich aber bereiste er in dieser Zeit mit Bufallo Bill Codys Wildwest-Truppe die östlichen Staaten und trat in einer eher mißlungenen Show mit dem Titel *Scouts of the Prairie* auf.

Im Jahr 1874 zog Hickok, der (möglicherweise aufgrund einer verschleppten Gonorrhöe) unter zunehmender Sehschwäche litt, wieder nach Westen. Diesmal jedoch verließ ihn das Glück. 1876 wurde er in Cheyenne mehrmals wegen Landstreicherei festgenommen. Im gleichen Jahr frischte er eine alte Bekanntschaft mit der Zirkusbesitzerin Agnes Lake auf, die er trotz seines Hanges zum Laster am 5. März in Cheyenne heiratete. Zwei Wochen später verließ Hickok, von Goldfunden ins Dakota Territory gelockt, seine frisch angetraute Gemahlin und zog nach Deadwood. Dort saß er hauptsächlich beim Glücksspiel im Saloon, schrieb allerdings seiner Frau, daß er als Prospektor alle Hände voll zu tun habe. Wenige Monate später wurde er von Jack McCall ermordet. Da er nicht genügend Geld bei sich hatte – er hinterließ eine Zechschuld von fünfzig Dollar –, versteigerte man seine Habe und beglich vom Erlös die Bestattungskosten.

Schießereien: *12. Juli 1861, Rock Creek Station, Nebraska.* Hickok arbeitete seit kurzem als Viehaufseher in Stock Creek, einer Postkutschenstation, die von Horace Wellman, Wellmans Lebensgefährtin und einem Stallarbeiter namens Doc Brink geleitet wurde. Binnen kurzem kam es zu Spannungen zwischen den Stützpunktangestellten und Dave McCanles, einem Rancher, der mit seiner Familie auf der anderen Seite des Wasserlaufes wohnte. Zum einen hatte McCanles finanzielle Auseinandersetzungen mit dem Fuhrunternehmen *Russell, Majors & Waddell*, zweitens hatte Hickok heimlich ein Verhältnis mit McCanles' Geliebter, einer gewissen Sarah Shull, und drittens verhöhnte McCanles Hickok fortwährend und bezeichnete ihn wegen seines Aussehens als »Duck Bill« oder »Hermaphrodit«.

Am Nachmittag des 12. Juli tauchte McCanles vor der Postkutschenstation auf, wo er Wellmans Lebensgefährtin antraf. McCanles begab sich zum Nebeneingang und sah, daß Hickok hinter einem als Raumteiler dienenden Vorhang lauerte. »Komm raus, und stell dich dem offenen Kampf«, forderte McCanles und drohte, Hickok andernfalls aus dem Versteck zu schleifen. »Wenn du das versuchst, gibt's einen Hundesohn weniger auf der Welt«, versetzte Hickok. Als McCanles dennoch auf ihn zugehen wollte, jagte ihm Hickok eine tödliche Kugel ins Herz.

Auf den Schuß hin eilten McCanles' zwölfjähriger Sohn Monroe, sein Cousin James Woods und ein Rancharbeiter namens James Gordon zu der Postkutschenstation. Monroe McCanles hielt seinen im Nebeneingang liegenden Vater in den Armen, während Woods sich zur Küchentür begab. Hickok gab zwei Schüsse auf Woods ab und wandte sich dann Gordon zu, der plötzlich unter der Haustür auftauchte. Woods und Gordon versuchten zu fliehen, wurden aber von Wellman und Brink verfolgt, die sich mit einer Hacke und einer Schrotflinte bewaffnet hatten. Wellman holte Woods nach kurzer Zeit ein und erschlug ihn, und Brink tötete Gordon mit seiner Schrotflinte.

21. Juli 1865, Springfield, Missouri. Dave Tutt, ein ehemaliger Soldat der Union und alter Bekannter von Hickok, stritt sich mit diesem wegen eines Mädchens namens Susanna Moore. Am Abend des 20. Juli kam es bei einem Kartenspiel im *Lyon House* zu einer weiteren Auseinandersetzung, worauf sich die beiden am folgenden Tag um 18 Uhr vor einer großen Menschenmenge auf dem Marktplatz ein Duell lieferten.

Hickok, der etwa fünfundsiebzig Meter entfernt war, rief: »Komm nicht näher, Dave!« Tutt wiederum zog die Waffe und gab einen Schuß ab. Daraufhin stützte Hickok seinen Revolver mit der linken Hand ab und jagte Tutt eine Kugel mitten in die Brust. Tödlich getroffen, kippte Tutt vornüber. Hickok stellte sich der Obrigkeit und wurde bei der anschließenden Gerichtsverhandlung freigesprochen.

Juli 1869, Colorado Territory. Hickok war angetrunken, als er in diese Schießerei verwickelt wurde. Er tötete niemanden, erlitt aber seinerseits drei Fleischwunden.

24. August 1869, Hays City, Kansas. Kurz nach seiner Wahl zum County-Sheriff hatte Hickok eine Auseinandersetzung mit John Mulrey, einem betrunkenen Kavalleristen. Als Mulrey sich mit allen Kräften gegen eine Festnahme sträubte, wurde er von Hickok niedergeschossen. Am folgenden Morgen starb er.

27. September 1869, Hays City, Kansas. Ein einheimischer Tunichtgut namens Samuel Strawhim tobte am Abend des 26. September mit einem Trupp betrunkener Fuhrleute durch Hays. Als die wilde Horde gegen ein Uhr morgens anfing, eine Bierschenke zu demolieren, tauchten Hickok und Deputy Peter Lanihan am Ort des Geschehens auf und wollten den Fuhrleuten Einhalt gebieten. Strawhim fiel über Hickok her, worauf es zu einer allgemeinen

Keilerei kam. Hickok tötete Strawhim mit einem gezielten Schuß in den Kopf und sorgte augenblicklich für Ruhe.

17. Juli 1870, Hays City, Kansas. Hickok, der heftig dem Alkohol zugesprochen hatte, geriet in *Drums Saloon* in eine Schlägerei mit fünf betrunkenen Rekruten des in der Nähe stationierten 7. Kavallerieregiments. Als Wild Bill von den Soldaten zu Boden geworfen und mit Fußtritten traktiert wurde, zog er einen Revolver und eröffnete das Feuer. Die Gefreiten Jeremiah Lanigan und John Kile brachen schwerverletzt zusammen, worauf die übrigen Soldaten abzogen. Hickok flüchtete anschließend aus der Stadt, und Lanigan und Kite wurden ins Lazarett gerbacht. Kite starb am nächsten Tag, doch Lanigan genas von seinen Verletzungen.

5. Oktober 1871, Abilene, Kansas. Phil Coe, mit dem Hickok erst unlängst zusammengestoßen war, begab sich mit fünfzig Texanern auf eine Zechtour durch die Stadt. Nachdem die wilde Horde etliche Bürger gezwungen hatte, Drinks zu spendieren, mußte Hickok eingreifen. Er forderte die Rowdies auf, sich anständig zu benehmen, und alarmierte seinen Deputy Mike Williams.

Williams, der an diesem Nachmittag ein Telegramm aus Kansas City erhalten hatte, in dem er an das Krankenbett seiner Frau gebeten wurde, wollte um 21 Uhr 45 mit dem Zug abreisen. Doch um 21 Uhr fiel ein Schuß, worauf Hickok sich auf einen Streifengang begab und Williams befahl, die Stellung zu halten. Hickok drängte sich unter Einsatz seiner Ellbogen durch die Runde der Zecher und stieß auf Coe und mehrere andere Texaner, die ihre Revolver in der Hand hatten.

Coe behauptete, er habe auf einen Hund geschossen, doch Hickok zog seine beiden Revolver. Coe gab einen überhasteten Schuß auf Hickok ab, der nur dessen Rockschoß durchlöcherte. Hickok zielte besser. Seine Kugel traf den etwa zweieinhalb Meter entfernt stehenden Coe am Bauch

und trat am Rücken wieder aus. Als Coe zusammenbrach, löste sich ein weiterer Schuß aus seinem Revolver, doch die Kugel pfiff lediglich zwischen Hickoks Beinen hindurch. Hickok, der offenbar auf Coes Kopf gezielt hatte, knurrte: »Ich habe zu tief geschossen.«

In diesem Augenblick bahnte sich Mike Williams einen Weg durch die Menschenmenge, um Hickok beizustehen. Der von einem Trupp feindseliger Cowboys umringte Wild Bill nahm lediglich die Bewegung wahr, fuhr herum und eröffnete das Feuer. Williams wurde von zwei Kugeln in den Kopf getroffen und war auf der Stelle tot. Daraufhin scheuchte der aufgebrachte Hickok die Menge auseinander und verhängte eine Ausgangssperre über die Stadt. Der tödlich verletzte Coe wurde weggetragen und starb drei Tage später. Ein oder zwei Zuschauer mußten sich mit Fleischwunden in ärztliche Behandlung begeben. Hickok übernahm die Kosten für Mike Williams' Bestattung und schoß, soweit man weiß, hinterher nie wieder auf einen Menschen.

2. August 1876, Deadwood, Dakota Territory. Hickok ließ sich zu fortgeschrittener Nachmittagsstunde mit drei Bekannten – dem Spieler Charles Rich, dem auf dem Missouri fahrenden Lotsen Frank Massie und Carl Mann, einem der Mitinhaber der Gaststätte – im *Saloon No. 10* in Deadwood zu einer Runde Poker nieder. Zweimal bat Hickok den ihm gegenüber an der Wand sitzenden Massie, mit ihm den Platz zu tauschen, doch Massie lachte nur und erwiderte, Wild Bill solle sich keine Sorgen machen; niemand werde ihn hinterrücks niederschießen. Eine halbe Stunde später war Hickok pleite und mußte sich vom Hause fünfzig Dollar leihen.

Um 16 Uhr 10 trank ein Herumtreiber namens Jack McCall ein Glas Whiskey aus, zog seinen alten 45er Colt und trat hinter Hickok. (McCall soll angeblich tags zuvor 110 Dollar an Hickok verloren haben; möglicherweise hatten ihm aber auch Feinde von Wild Bill 200 Dollar für dessen Tod geboten.) Rich hatte gerade die Karten ausgeteilt und Wild Bill eine Königin und zwei Paare, Asse und Achter, gegeben, als die Kugel in Hickoks Hinterkopf eindrang, unter dem rechten Jochbein wieder austrat und sich in Massies Unterarm bohrte. Hickok hielt noch das Blatt in der Hand, als er zu Boden sank.

»Das ist für dich!« sagte McCall und wandte sich zur Flucht. Der Barkeeper Anson Tipple kletterte über den Tresen und stürzte sich auf McCall, der einen Schuß auf ihn abfeuern wollte. Doch McCalls Waffe ging nicht los (später stellte man fest, daß alle anderen Patronen in der Trommel Blindgänger waren). McCall wurde nach kurzem Handgemenge überwältigt und später hingerichtet.

Frank Massie, aus dessen Arm das Blut strömte, dachte unterdessen, Hickok habe aus Wut über seine Verluste beim Kartenspiel auf ihn geschossen. Er rannte aus dem Saloon und schrie: »Wild Bill hat auf mich geschossen!«, worauf sich in kürzester Zeit ein Menschenauflauf bildete. Erst dann sprach sich herum, daß einer der berühmtesten Männer des Westens tot war.

Quellen: Schoenberger, *Gunfighters,* 61–91, 176–79; Miller und Snell, *Great Gunfighters of the Kansas Cowtowns,* 103–140; Rosa, *They Called Him Wild Bill;* Fiedler, *Wild Bill and Deadwood;* O'Connor, *Wild Bill Hickok;* Drago, *Wild, Woolly & Wicked,* 72–92; Streeter, *Prairie Trails & Cow Towns,* 84–86, 88–92; Rosa, *Alias Jack McCall;* Horan, *Authentic Wild West,* 81–122.

Higgins, Fred R.

Ordnungshüter.

Higgins kämpfte in den neunziger Jahren auf seiten des Gesetzes wider das Outlaw-Unwesen in Arizona. Er stand als Deputy U. S. Marshal in Diensten der Bundesregierung und wurde kurz nach der Jahrhundertwende Sheriff im Chaves County, New Mexico.

Schießereien: 1896, San Simon Valley, *Arizona.* Higgins gehörte der acht Mann

starken Posse an, die Black Jack Christian und drei weitere Banditen zu deren Versteck im San Simon Valley verfolgt hatte. Als die Outlaws das Lager verließen, legten sich die Ordnungshüter auf die Lauer. Bei der Rückkehr der Bande kam es zu einer wilden Schießerei, bei der Christians und Bob Hays' Pferde getötet wurden. Hays konnte abspringen und gab drei Schüsse auf Higgins ab, der aber lediglich von einem Hagel Steinsplitter im Gesicht getroffen wurde. Higgins feuerte seinerseits zweimal auf Hays und verletzte ihn tödlich. Die anderen Outlaws konnten entkommen.

28. April 1897, Black Jack Canyon, Arizona. Higgins und vier weitere Ordnungshüter hatten Christians Spur zu einer Höhle in der Nähe von Clifton verfolgt, wo sie ihm und seinen beiden Gefährten eine Falle stellten. Christian wurde tödlich getroffen, doch die anderen Outlaws schlugen die Posse in die Flucht und entkamen.

Quellen: Haley, *Jeff Milton,* 271–272, 279; Keleher, *Violence in Lincoln County,* 324; Harkey, *Mean as Hell,* 63, 93–94.

Higgins, John Calhoun Pinckney

(»Pink«)

Geb. 1848 bei Atlanta, Georgia; gest. 18. Dezember 1914, Kent County, Texas. Rancher, Ladenbesitzer.

Pink Higgins kam in Georgia zur Welt, doch wenige Monate nach seiner Geburt zog seine Familie mit einem Wagentreck nach Texas, ließ sich zunächst in der Nähe von Austin nieder und gründete schließlich im Jahr 1857 im Lampasas County eine eigene Ranch. Als junger Mann war Pink Offizier beim Ku-Klux-Klan, besaß einen Saloon mit angeschlossener Schlachterei – der später abbrannte – und wurde im Kampf mit Indianern zweimal verwundet. Pink zeichnete sich vor allem durch seine Schießkünste mit der *Winchester* aus, die er mit dem Daumen abdrückte, während er gleichzeitig mit dem Unterhebel repetierte.

Später widmete er sich ganz dem Rancherberuf, und in den siebziger Jahren des 19. Jahrhunderts trieb er große Rinderherden zu den Verladebahnhöfen in Kansas. Gelegentlich legten er und die Gebrüder Horrell, die eine Ranch in der Nähe bewirtschafteten, ihre Viehbestände zusammen. Doch 1873 töteten die Horrells drei Ordnungshüter, darunter auch Pinks Schwiegersohn, worauf eine blutige Fehde ausbrach. Pink nahm an mehreren Schießereien teil, wurde aber schließlich von den Texas Rangers zu einem Waffenstillstand gezwungen. Um die Jahrhundertwende zog er mit seiner großen Familie auf ein dreizehn Meilen südlich von Spur, Texas, gelegenes Stück Land, bewirtschaftete dort eine Ranch und starb im Alter von zweiundsechzig Jahren an einem Herzanfall.

Schießereien: *Um 1874, Lampasas County, Texas.* Pink überraschte Zeke Terrell, einen Cowboy der Horrells, als dieser eine Higgins gehörende Kuh schlachtete, die er gerade erschossen hatte. Pink streckte Terrell aus neunzig Metern Entfernung mit einem Schuß aus seiner *Winchester* nieder. Dann weidete er die Kuh aus und stopfte Terrells Leichnam in den Kadaver. Anschließend ritt er in die Stadt, suchte die dortigen Ordnungshüter auf und fragte sie, ob sie ein Wunder erleben wollten – eine Kuh, die einen Menschen gebäre.

Um 1875, Lampasas County, Texas. Pink stieß an einer Wasserstelle, an der sowohl Higgins als auch die Horrells ihr Vieh tränkten, auf Ike Lantier. Lantier hatte seinerzeit den konföderierten Partisanenführer William Quantrill begleitet, hatte als Büffeljäger gearbeitet und war jetzt bei den Horrells angestellt. Sobald er Higgins sah, griff Lantier zu seinem Revolver, doch Pink riß die *Winchester* hoch, die er bereits aus dem Futteral gezogen hatte, und jagte Lantier eine Kugel in den Bauch, worauf der Revolvermann aus dem Sattel stürzte und innerhalb weniger Minuten starb.

22. Januar, 1877, Lampasas, Texas. Mit der Behauptung, Merritt Horrell habe sich unbefugt an Higgins Ochsen zu schaffen gemacht, spürte Pink dem angeklagten Mann in Lampasas nach und fand ihn in Jerry Scotts *Matador Saloon*, wo die Fehde vor vier Jahren ihren heftigen Anfang genommen hatte. Higgins stürmte durch die Hintertüre und erschoß den unbewaffneten Horrell, indem er ihm systematisch vier Kugeln aus seiner *Winchester* in den Leib jagte.

26. März 1877, bei Lampasas, Texas. Higgins und mehrere Gefolgsleute lauerten Sam und Mart Horrell auf, als die beiden Brüder nach Lampasas reiten wollten. Gegen zehn Uhr morgens gerieten die Horrells etwa fünf Meilen außerhalb der Stadt in den Hinterhalt. Beide Brüder wurden verletzt, setzten sich aber derart heftig zur Wehr, daß Higgins' Trupp schließlich abzog.

14. Juni 1877, Lampasas, Texas. Gegen 22 Uhr kam es in Lampasas zu einer großen Schießerei auf offener Straße, als Higgins und drei seiner Männer sich mit Mart, Sam und Tom Horrell sowie Bill und Tom Bowen, John Dixon und Bill Crabtree anlegten. Higgins' Schwager Frank Mitchell wurde getötet, sein Vormann Bill Wren schwer verletzt, doch Pink konnte aus der Stadt entkommen. Kurz darauf kehrte er mit Verstärkung zurück, worauf die Schießerei von neuem begann. Erst um ein Uhr mittags konnten die Bürger der Stadt die verfeindeten Parteien dazu bewegen, das Feuer einzustellen.

Juli 1877, Lampasas County, Texas. Higgins, der die Horrells endgültig erledigen wollte, bewaffnete seine vierzehn Cowboys mit *Winchesters* und ritt mit ihnen zur Horrellschen Ranch. Sie hielten die Gebrüder Horrell und ihr Personal im Ranchgebäude und in der Schlafbaracke fest, stießen aber auf heftige Gegenwehr. Schließlich schickte Higgins einen Meldereiter zu seiner Ranch, ließ Verpflegung nachkommen und richtete sich auf eine längere Belagerung

160   Hill, Tom

ein. Doch nach zwei Tagen wurde die Munition knapp, und da es auf seiten der Horrells bislang nur zwei Verletzte gegeben hatte, befahl Higgins den Rückzug.

Um 1884, bei Ciudad Acuña, Mexiko. Higgins war nach Del Rio, Texas, gereist, wo er 125 Pferde abholen wollte, die er einem Mexikaner abgekauft hatte. Doch als er den Rio Grande überquert hatte, wollte der Mann nichts mehr von dem Geschäft wissen. Higgins erschoß ihn, preschte dann zum Ufer des Flusses und ging dort in Stellung. Bis Einbruch der Dunkelheit hielt er die Verfolger in Schach, dann schwamm er nach Texas zurück und brachte sich in Sicherheit.

4. Oktober 1903, Kent County, Texas. In unmittelbarer Nähe seines bei Spur gelegenen Ranchhauses stieß Higgins auf einen gewissen Bill Standifer, mit dem er zuvor Reibereien gehabt hatte. Als die beiden Widersacher etwa sechzig Meter voneinander entfernt waren, saßen sie ab und eröffneten mit ihren Gewehren das Feuer. Higgins' Pferd wurde getroffen, doch Pink antwortete mit einer Kugel, die Standifers Ellbogen durchschlug und in sein Herz drang. Standifer klemmte die Flinte in die Beuge seines unversehrten Armes, torkelte ein paar Schritte auf Higgins zu und brach dann tot zusammen.

Quellen: Sinise, *Pink Higgins,* 22–43; Webb, *Texas Rangers,* 334–339; Gillett, *Six Years with the Texas Rangers,* 73–80; Sonnichsen, *I'll Die Before I'll Run,* 134–139, 142–144, 149; Douglas, *Famous Texas Feuds,* 143–146; Douglas, *Cattle Kings of Texas,* 305 ff.

Hill, Tom

(»Tom Chelson«)

Gest. 13. März 1878, Alamo Springs, New Mexico. Viehdieb.

Hill, in Texas unter dem Namen Tom Chelson bekannt, war Ende der siebziger Jahre die rechte Hand des Viehdiebes Jesse Evans. Im Oktober 1877 überfielen Evans,

Hill und zwei weitere Desperados die Tunstall- und die Brewer-Ranch im Lincoln County, wurden anschließend gejagt, festgenommen und in Lincoln inhaftiert. Wenige Wochen darauf galoppierten zweiunddreißig ihrer Gefährten in die Stadt und befreiten sie aus dem nicht verschlossenen Gefängnis. Ein paar Monate später war Hill maßgeblich am Tod des Ranchers John Tunstall beteiligt, durch den der *Lincoln County War* ausgelöst wurde. Hill erlebte allerdings nur den Auftakt der großen Fehde, denn zwei Wochen später wurde er bei einem Überfall auf eine Schafherde getötet.

Schießereien: *September 1877, Lincoln County, New Mexico.* Ein paar Tage zuvor hatten Hill, Jesse Evans, Frank Baker und ein junger Texaner namens Davis wertvolles Vieh von Dick Brewers und John Tunstalls Ranches weggetrieben. Tunstall weilte zu dieser Zeit in St. Louis, doch Brewer und zwei Cowboys nahmen die Verfolgung auf und stellten die Outlaws. Die Diebe boten die Rückgabe von Brewers Pferden an, wenn sie dafür ein hervorragendes Paar Maultiere aus John Tunstalls Besitz behalten dürften. Brewer lehnte ab, kehrte zur Ranch zurück, stellte eine fünfzehn Mann starke Posse auf und setzte die Jagd fort.

Nach zweitägiger Suche wurden die Outlaws in einem abgelegenen Unterschlupf aufgespürt und von der Posse im Morgengrauen umstellt. Nachdem die Verfolger lauthals verkündet hatten, daß sie die Diebe auf jeden Fall festnehmen würden, sei es tot oder lebendig, kamen die vier Rustler mit erhobenen Händen heraus. Ein paar Wochen später wurden sie jedoch aus dem Gefängnis befreit.

Januar 1878, Grant County, New Mexico. Evans, Hill und mehrere Mitglieder der Gang stahlen eine Herde Pferde von einer Ranch im Grant County. Wenig später wurden die Outlaws von den Verfolgern eingeholt, worauf es zu einer wilden Schießerei kam. Nachdem sowohl Hill als auch

Evans verletzt worden waren, ließen sie die Herde im Stich und sprengten davon.

18. Februar 1878, bei Lincoln, New Mexico. Am späten Nachmittag wurde der Rancher John Tunstall auf der von seiner Ranch nach Lincoln führenden Landstraße von einem großen Trupp Feinde abgefangen, die er sich im Laufe der immer heftiger werdenden Auseinandersetzungen im Lincoln County gemacht hatte. Tunstall wurde von vier Männern begleitet, doch die trieben eine Pferdeherde und waren weit im Gelände verstreut.

Der gegnerische Trupp, dem auch Hill und Evans angehörten, umringte Tunstall und wollte ihn in Gewahrsam nehmen, was dieser nach einem kurzen Wortwechsel ablehnte. Hill, der sich heimlich hinter Tunstall gedrängt hatte, stieß plötzlich einen Fluch aus und jagte dem Rancher eine Kugel in den Hinterkopf. Daraufhin fielen weitere Schüsse, und als die Posse wegritt, lagen Tunstall und sein Pferd tot im Staub der Landstraße. Nachdem der Rancher aus dem Sattel gestürzt war, hatte Hill auch dessen englisches Halbblut mit dem Gewehr erschossen.

13. März 1878, Alamo Springs, New Mexico. Ein Schäfer namens Wagner hatte in der Nähe von Alamo Springs sein Lager aufgeschlagen und ließ ein Cherokee-Halbblut zur Bewachung zurück, während er sich auf die Suche nach Wasser begab. In diesem Augenblick schlichen sich Hill und Jesse Evans in das Lager, hielten das Halbblut mit ihren Revolvern in Schach, plünderten den Schäferwagen und sattelten eines von Wagners Pferden und ein Maultier.

Plötzlich ergriff der Cherokee eine *Winchester,* wurde aber von Hill und Evans sofort unter Beschuß genommen und versuchte zu fliehen. Er wurde am Bein getroffen und ging zu Boden, woraufhin die beiden Räuber sich wieder ihrem Werk zuwandten. Doch der Cherokee kroch zum Lager zurück und eröffnete aus nächster Nähe das Feuer. Seine erste Kugel traf

Hill, der tot zusammenbrach. Evans, der am Handgelenk verletzt wurde, ließ Revolver und Flinte fallen und ergriff auf Wagners Pferd die Flucht.

Quellen: Keleher, *Violence in Lincoln County,* 82, 88–90, 96–97, 100–101, 247, 251, 254–266, 269–270, 273–276; Fulton, *Lincoln County War,* 84, 88, 108, 112, 118–119, 125, 147–149, 240.

Hindman, George W.

Gest. 1. April 1878, Lincoln, New Mexico. Cowboy, Ordnungshüter.

Hindman, ein aus Texas stammender Cowboy, war 1875 mit einer Rinderherde nach New Mexico gezogen und hatte beschlossen, sich dort niederzulassen. Nach einer Schießerei mit seinen Treckführern, bei der niemand getötet wurde, setzte sich Hindman ab und heuerte auf Robert Caseys Ranch im Lincoln County an. Kurz darauf wurde Hindman von einem riesigen Grizzlybären angefallen und, obwohl er das Tier erschoß, so übel zugerichtet, daß Hand und Arm für immer verkrüppelt waren. Zwei Jahre später ernannte ihn Sheriff William Brady zum Deputy, und im Februar 1878 war er in der Posse, die John Tunstall ermordete und dadurch den *Lincoln County War* auslöste. Einige Wochen später wurden Hindman und Brady von Tunstalls Anhängern in Lincoln auf offener Straße niedergeschossen.

Schießereien: *1875, Lincoln County, New Mexico.* Hindman, der an einem Viehtreck aus Texas teilgenommen hatte, wollte aussteigen und auf einer Ranch in New Mexico anheuern. Bill Humphreys, einer der Mitbesitzer der Herde, beschimpfte ihn deswegen, worauf Hindman wütend zurückgab und zu seinem Revolver griff. Beide Männer feuerten gleichzeitig. Hindmans Kugel streifte Humphreys Kopf und schlug ihn bewußtlos, doch Humphreys Schuß zerschmetterte die Trommel von Hindmans Revolver und trieb mehrere Metallsplitter in seine Hand. Hindman ergriff daraufhin die Flucht. Er rannte durch einen Fluß und stürmte quer über eine Wiese auf ein Ranchhaus zu, ehe er sich wieder beruhigte und zum Lager zurückkehrte.

1. April 1878, Lincoln County, New Mexico. Gegen neun Uhr morgens liefen Hindman und Sheriff Brady, gefolgt von Billy Matthews, John Long und George Peppin, die Hauptstraße von Lincoln entlang. Brady wollte gerade auf ein als Gerichtsgebäude dienendes kleines Adobehaus zugehen, um den Aushang auszuwechseln, als der Trupp plötzlich von Billy the Kid, Henry Brown, John Middleton, Fred Wait und Jim French aus dem Hinterhalt beschossen wurde. Brady brach tödlich getroffen zusammen, und Hindman wand sich vor Schmerzen am Boden und bettelte um Wasser.

Ein Passant namens Ike Stockton holte einen Hut voller Wasser vom nahe gelegenen Rio Bonito, doch Hindman starb wenig später. Matthews, der weniger schwer verletzt war, hatte in Deckung gehen können, und als Billy the Kid auf die Straße gestürmt kam, um Bradys Flinte zu stehlen, eröffnete Matthews das Feuer und vertrieb die Angreifer.

Quellen: Keleher, *Violence in Lincoln County,* 82, 109, 112–113, 119, 121, 130, 141, 251–252, 256–258, 261, 265, 276; Klasner, *My Girlhood Among Outlaws,* 153–154, 171, 176–177; Fulton, *Lincoln County War,* 70, 112–113, 118–119, 125, 158–159.

Hite, Robert Woodson

(*»Wood«*)

Geb. in Kentucky; gest. im Januar 1882, Ray County, Missouri. Soldat, Eisenbahnräuber.

Der aus Kentucky stammende Wood Hite kämpfte im Bürgerkrieg auf seiten der Konföderierten und wurde schließlich einer der sogenannten »Raiders« des berüchtigten Guerillaführers William »Bloody Bill« Anderson. Als Jesse James 1876 nach dem Blutbad von Northfield, Minnesota, eine neue Gang aufbauen wollte, ließen sich Wood und sein Bruder Clarence, beides Cousins der James-Brüder, von ihm anwerben. Doch Wood, ein hochaufgeschossener, leicht gebeugt gehender Mann mit auffälligen, braun verfärbten Zähnen war zu leicht wiederzuerkennen. Daher zog er sich nach einigen Eisenbahnüberfällen ins Haus seines Vaters im Logan County, Kentucky, zurück. Bald darauf erschoß er einen Schwarzen und wurde festgenommen, konnte aber aus dem Gefängnis ausbrechen und zog gen Westen. Ende 1881 kehrte er nach Missouri zurück, wo er wenig später von Bob Ford bei einer Schießerei getötet wurde.

Schießereien: *1881, Logan County, Kentucky.* Ein ortsansässiger Schwarzer namens John Tabor erregte Hites Zorn, worauf er den auf einem Zaun sitzenden Mann niederschoß. Hites Stiefmutter, die Augenzeugin des Mordes gewesen war, zeigte ihn an, worauf er in Adairville ins Gefängnis geworfen wurde. Doch der findige Hite zückte eine Hundert-Dollar-Note, bestach einen Wärter und verließ nach seiner Flucht den Staat Kentucky.

Januar 1882, Ray County, Missouri. Hite versteckte sich im Haus von Marta Bolton, Bob Fords verwitweter Schwester. Dort hielt sich zur gleichen Zeit auch Dick Liddell auf, ein vorbestrafter Pferdedieb, der Jesse James' Eisenbahnräuberbande angehörte. Eines Morgens kam es nach dem Frühstück zu einem Streit zwischen Hite und Liddell, die beide um die Gunst der jungen Mrs. Bolton wetteiferten, worauf sie die Revolver zogen.

Liddell schoß, bis ihm die Munition ausging, und verletzte Hite am rechten Arm; Wood feuerte vier Kugeln ab und traf Liddells Bein. Während Wood mit Liddell beschäftigt war, zog Bob Ford eiskalt seinen Revolver und jagte Hite eine Kugel in den Schädel, die über dem rechten Auge eindrang und neben dem linken Ohr wieder austrat. Hite brach zusammen und wurde bewußtlos nach oben getragen, wo er fünfzehn bis zwanzig Minuten später starb. Nach Einbruch der Dunkelheit wickelten Bob Ford und sein Bruder Cap Hites Leiche in eine Pferdedecke und verscharrten sie etwa eine Meile vom Haus entfernt in einer hastig ausgehobenen Grube.

Quellen: Horan, *Desperate Men*, 130–142; Settle, *Jesse James Was His Name*, 114–116, 140–142, 148.

Hodges, Thomas

(*»Tom Bell«*)

Geb. in Tennessee; gest. 4. Oktober 1856, Merced River, Kalifornien. Arzt, Prospektor, Bandit.

Der in Rome, Tennessee, aufgewachsene Hodges meldete sich bei Ausbruch des Krieges mit Mexiko als Sanitätsunteroffizier zum Militär. Nach dem Krieg ließ er sich als Arzt im nahe gelegenen Nashville nieder, wurde aber durch den Goldrausch nach Kalifornien gelockt. Nachdem er vergebens nach Edelmetall geschürft hatte, legte er sich den Decknamen »Tom Bell« zu und wurde zum Räuber. 1855 wurde er festgenommen und zu einer Freiheitsstrafe im Staatsgefängnis auf Angel Island bei San Francisco verurteilt, konnte aber bald darauf entkommen.

Gemeinsam mit dem berüchtigten Gangster Bill Gristy gründete Hodges die Tom-Bell-Gang und beging etliche Überfälle auf Postkutschen und Fuhrwerke, die zu Zeiten des Goldrausches reiche Beute verhießen. Nachdem bei einem mißglückten Raub eine Frau zu Tode gekommen war, wurde die Bande hartnäckig verfolgt. Mehrmals konnten sich die Banditen mit Waffengewalt der Festnahme entziehen, aber schließlich wurde Hodges in der Nähe des Merced River von einer Posse gefaßt. Er schrieb noch seiner Mutter sowie Elizabeth Hood, seiner Geliebten und Komplizin, und wurde dann, am 4. Oktober 1856 um 17 Uhr, von Vigilanten (Mitgliedern einer freiwilligen Volksjustiz) aufgeknüpft und elend erdrosselt.

Schießereien: *1856, bei Nevada City, Kalifornien.* Ein Fuhrmann hatte eine Ladung Bier nach Nevada City geliefert und die Stadt soeben mit dreihundert Dollar in der Tasche wieder verlassen. Als er von Hodges' Gang gestellt wurde, griff er zur Waffe und wollte sich verteidigen. Nach kurzem Feuergefecht wurde er von den Banditen niedergeschossen und seines Geldes beraubt.

11. August 1856, bei Marysville, Kalifornien. Hodges und seine Gang hatten sich am Dry Creek in der Nähe von Marysville auf die Lauer gelegt, um die Postkutsche nach Comptonville zu überfallen. Als das schwerbeladene Gefährt, das neben den Fahrgästen auch eine Ladung Gold beförderte, in Sicht kam, verließen die Outlaws ihr Versteck. Der Kutscher hieb auf die Pferde ein, der Begleitschutzmann und die Insassen eröffneten das Feuer, worauf eine wilde Schießerei ausbrach, bei der ein Räuber getötet wurde und mehrere andere Verletzungen davontrugen. Die Kutsche konnte entkommen, allerdings waren drei bis vier Fahrgäste verletzt und eine weitere Insassin, die Frau eines Barbiers aus Marysville, getötet worden. Daraufhin wurden Forderungen laut, man solle Hodges und seine Komplizen endlich dingfest machen.

September 1856, bei Auburn, Kalifornien. Eine vom Sheriff des Placer County, einem gewissen Henson, geführte Posse spürte Hodges, den Outlaw Ned Conner und einen unter dem Namen Tex bekannten Mann im *Franklin House*, einem Etablissement in der Nähe von Auburn, auf. Als Bell und seine Freunde herauskamen, wurden sie von den Ordnungshütern gestellt. Beim anschließenden Feuergefecht wurde Conner getötet, doch Hodges und Tex konnten sich den Fluchtweg freischießen.

Quelle: Drago, *Road Agents and Train Robbers*, 12–21, 219–220.

Holliday, John Henry

(»Doc«)

Geb. Anfang 1852 in Griffin, Georgia; gest. 8. November 1887, Glenwood Springs, Colorado. Zahnarzt, Spieler, Saloonbesitzer.

Der aus einer wohlhabenden Südstaatenfamilie stammende Holliday studierte Anfang der siebziger Jahre Zahnmedizin. Etwa um diese Zeit erkrankte er an Tuberkulose und zog nach Westen, weil er sich vom dortigen Klima eine Linderung seines Leidens und ein längeres Leben versprach. Immerhin trotzte er fünfzehn Jahre der Krankheit und erwarb sich in dieser Zeit einen – allerdings übertriebenen – Ruf als eiskalter Killer. Er praktizierte gelegentlich als Zahnarzt, widmete sich aber vor allem dem Glücksspiel, zumeist als sogenannter Hausspieler in diversen Saloons. Er tauchte in zahlreichen Boomtowns des Westens auf, so unter anderem in Dallas und Fort Griffin, Texas, in Cheyenne, Wyoming, in Dodge City, Kansas, in Denver, Leadville und Pueblo, Colorado, sowie in Tucson und Tombstone, Arizona.

In Tombstone nahm Holliday an der Seite seines Freundes Wyatt Earp an dem legendären Gunfight am O.K. Corral teil. Berühmt wurde auch seine Geliebte, die Prostituierte Big Nosed Kate Elder. (Oftmals wird sie als Kate Fisher bezeichnet, tatsächlich aber handelte es sich um eine gewisse Katherine Elder aus Davenport, Iowa. Möglicherweise wurden sie und Doc Holliday sogar in St. Louis getraut. Sie trennten sich 1881, nachdem sie Doc vorgeworfen hatte, er sei an einem Postkutschenüberfall beteiligt gewesen, bei dem der Kutscher Budd Philpot getötet worden war.) Holliday, der zusehends unter den Folgen der Tuberkulose sowie seiner Trunksucht litt, begab sich in den Kurort Glenwood Springs, wo er im Alter von fünfunddreißig Jahren starb.

Schießereien: *1. Januar 1875, Dallas, Texas.* Holliday lieferte sich einen Schußwechsel mit einem einheimischen Saloonbesitzer

John Henry (»Doc«) Holliday, der berühmteste Zahnarzt des Westens. *(Kansas State Historical Society, Topeka)*

namens Austin. Keiner von beiden wurde verletzt.

19. Juli 1879, Las Vegas, New Mexico. Holliday bewirtschaftete gemeinsam mit John Joshua Webb, vormals Ordnungshüter in Dodge City, einen Saloon in Las Vegas. Eine der Animierdamen war die Geliebte des Army Scout Mike Gordon, der sie dazu überreden wollte, ihren Job aufzugeben. Als sie sich weigerte, beschloß er, das Lokal zusammenzuschießen. Gordon stellte sich auf die Straße und gab zwei Schüsse auf das Gebäude ab, worauf Doc Holliday herauskam und ihn mit einer Kugel niederstreckte. Gordon starb am nächsten Tag.

Juni 1880, Las Vegas, New Mexico. Holliday, kurz zuvor auf der Durchreise in Las Vegas eingetroffen, stürmte in den Saloon, in dem Charley White als Barkeeper arbeitete. Ein paar Monate zuvor hatte Holliday White aus Dodge City davongejagt, und als er jetzt in Las Vegas Station machte, wärmte er den alten Streit wieder auf. Nach einem kurzen Schußwechsel brach White hinter dem Tresen zusammmen. Holliday nahm an, er habe White getötet, und verließ die Stadt. White jedoch hatte nur eine leichte Fleischwunde erlitten, die rasch wieder verheilte.

April 1881, Tombstone, Arizona. Mike Joyce, ein einheimischer Saloonbesitzer, behauptete in aller Öffentlichkeit, Holliday habe unlängst an einem Postkutschenüberfall teilgenommen. Aufgebracht stürmte Holliday in den Saloon, eröffnete das Feuer und verletzte Joyce an der Hand. Einer von Joyces Barkeepern, der unbeteiligt neben ihm gestanden hatte, wurde am Fuß getroffen.

26. Oktober, Tombstone, Arizona. Am Vortag hatte Holliday, ein Freund und Bundesgenosse der Brüder Morgan, Virgil und Wyatt Earp, in deren Beisein den unbewaffneten Ike Clanton in einem Saloon in Tombstone beschimpft. Beim Zusammenstoß am *O.K. Corral* am darauffolgenden Nachmittag trat Holliday offiziell als Deputy City Marshal auf seiten der Earps gegen den Clanton-Clan an. Als das Feuer eröffnet wurde, zog Doc eine Schrotflinte unter seinem langen Mantel hervor und legte auf Tom McLaury an.

McLaury, dessen Flinte noch im Sattelfutteral steckte, stand unbewaffnet hinter seinem Pferd. Frank McLaury, der von Wyatt bereits verletzt worden war, gab einen Schuß ab, der Hollidays Seite streifte. Dieser wiederum feuerte auf Tom McLaury, der unter dem rechten Arm von zwölf Schrotkugeln getroffen und auf der Stelle getötet wurde. Daraufhin zog Doc seinen Revolver und schoß auf Ike Clanton, der sich jedoch unverletzt ins nächste Haus retten konnte.

20. März 1882, Tucson, Arizona. Zwei Tage zuvor war Morgan Earp in Tombstone ermordet worden – angeblich von fünf Männern, darunter auch Frank Stilwell. Wyatt und Warren Earp, Holliday, Sherman Mc-

Masters und Turkey Creek Jack Johnson hefteten sich auf die Fährte der Mörder. Keine achtundvierzig Stunden später entdeckten sie Stilwell in der Nähe des Bahnhofs von Tucson. Nach einer kurzen Verfolgungsjagd wurde Stilwell von Holliday und den anderen vier Mitgliedern des Rächertrupps mit insgesamt dreißig Schrot- und Revolverkugeln niedergestreckt.

22. März 1882, Tombstone, Arizona. Zwei Tage nach der Rückkehr nach Tombstone spürte der Rächertrupp in einem unweit der Stadt gelegenen Holzfällerlager Florentino Cruz auf, einen weiteren Mordverdächtigen. Holliday und die anderen stellten ihn und mähten in mit »zehn bis zwölf Schüssen« nieder.

19. August 1884, Leadville, Colorado. Doc Holliday, den das Glück verlassen hatte, hatte sich in Leadville bei einem Barkeeper namens Billy Allen fünf Dollar geborgt. Jetzt drängte Allen auf sofortige Rückzahlung, drohte Doc zu »verdreschen« und folgte ihm in einen Saloon. Holliday, der einen halben Zentner leichter war als sein Widersacher, zog den Revolver und gab einen Schuß ab. Allen wandte sich zur Flucht, geriet aber ins Stolpern und fiel hin. Holliday jagte ihm eine Kugel in den rechten Arm, worauf Allen auf die Straße stürmte. Doc Holliday wurde festgenommen, vor Gericht gestellt und freigesprochen.

Quellen: Jahns, *Frontier World of Doc Holliday;* Myers, *Doc Holliday;* Schoenberger, *Gunfighters,* 24, 32, 33, 42–49, 51–54, 56, 93–105, 136, 187, 188, 191, 192; Masterson, *Famous Gunfighters,* 35–42.

Hollister, Cassius M.

(»Cash«)

Geb. 7. Dezember 1845, Cleveland, Ohio; gest. 18. Oktober 1884, Hunnewell, Kansas. Hotelportier, Bürgermeister, Ordnungshüter.

Cash Hollister kam in der Nähe von Cleveland in Ohio zur Welt und wohnte dort bis zu seinem einunddreißigsten Lebensjahr. 1877 zog er nach Caldwell, Kansas; im Jahr darauf heiratete er und ließ sich in Wichita nieder. Ende 1878 kehrte er nach Caldwell zurück und arbeitete als Portier im *St. James Hotel*. Als Bürgermeister N. J. Dixon im Jahr darauf unverhofft starb, gewann Hollister die vorgezogenen Neuwahlen und wurde sein Nachfolger.

Als Bürgermeister wurde Hollister wegen eines tätlichen Angriffs auf Frank Hunt festgenommen und mit einem Bußgeld belegt, und auch in den folgenden Jahren bekam er wegen seiner Rauflust wiederholt Scherereien. Hollister stellte sich daher 1880 nicht zur Wiederwahl, wurde aber drei Jahre später zum Deputy U. S. Marshal ernannt. In den Monaten darauf war er Marshal und Deputy Marshal von Caldwell sowie Deputy Sheriff im Sumner County. Er widmete sich vor allem der Jagd auf Pferdediebe, wurde in etliche Schießereien verwickelt und kam 1884 bei einem dieser Zusammenstöße ums Leben.

Schießereien: *11. April 1883, Hunnewell, Kansas.* An einem ruhigen Sonntag wandte sich der Texaner J. H. Heron an Deputy U. S. Marshal Hollister und bat ihn, eine Bande von Pferdedieben zu verfolgen. Hollister spürte das Lager der Gang in der Nähe von Hunnewell auf, stellte fest, daß es sich um mehrere Angehörige einer Familie mit Namen Ross handelte, und besorgte sich Verstärkung.

Im Morgengrauen umstellte Hollister gemeinsam mit anderen Ordnungshütern aus der Gegend – unter ihnen der Marshal und der Deputy Marshal von Caldwell, Henry Brown und Ben Wheeler, weiter ein gewisser Jackson, der als City Marshal in Hunnewell diente, sowie Wes Thralls, der Deputy Sheriff des Sumner County – das Lager der Bande. Die Ordnungshüter forderten die Diebe auf, sich zu ergeben, doch die Familie Ross eröffnete mit ihren Flinten das Feuer. Daraufhin deckten die gut postierten Ordnungshüter das Camp mit einem Kugelhagel ein, doch die Rustler leisteten über eine halbe Stunde lang Wi-

derstand. Erst als einer der Brüder getötet und ein anderer entsetzlich zusammengeschossen worden war, stellten die übrigen Mitglieder der Familie das Feuer ein und ergaben sich.

21. November 1883, Caldwell, Kansas. Am Dienstag, dem 20. November, hatte der junge Chet Van Meter seine Frau und seinen halbwüchsigen Schwager verprügelt und anschließend auf Nachbarn geschossen. Hollister, der Van Meter kraft seines Amtes festnehmen wollte, fuhr in Begleitung von Ben Wheeler mit einem Wagen auf die ein paar Meilen außerhalb der Stadt gelegene Ranch von Van Meters Vater. Als die beiden Ordnungshüter sich dem Farmhaus näherten, sahen sie Van Meter mit schußbereiter *Winchester* vor der Tür stehen. Beide sprangen vom Wagen, und Wheeler forcerte Van Meter auf, die Hände zu heben. Der gab statt dessen einen Schuß auf Hollister ab, worauf dieser einen Lauf seiner Schrotflinte abfeuerte. Auch Wheeler schoß auf Van Meter, doch der legte, obwohl er verwundet war, erneut die *Winchester* an.

Hollister und Wheeler drückten ein zweites Mal ab, und Van Meter stürzte tot zu Boden. Bei der Untersuchung der Leiche stellte man fest, daß er von fünf Kugeln an der Brust getroffen worden war, eine klaffende Wunde an der rechten Seite, einen Bauchschuß sowie Verletzungen an beiden Händen erlitten hatte – selbst sein Gewehr war von Hollisters Schrotladung getroffen worden. Die Ordnungshüter luden Van Meter in ihren Wagen und fuhren nach Caldwell zurück.

18. Oktober 1884, Hunnewell, Kansas. Bob Cross, der Sohn eines texanischen Pfarrers, war in Kansas wiederholt mit dem Gesetz in Konflikt gekommen. Obwohl er ein Jahr zuvor geheiratet hatte und Vater geworden war, lief Cross mit der jugendlichen Tochter eines Farmers namens Joshua Hannum aus dem Sumner County davon, ließ das Mädchen dann sitzen und kehrte zu seiner Frau zurück, die auf einer Farm zwei Meilen außerhalb von Hunnewell lebte. Das

Mädchen wiederum begab sich heim zum Vater, der Cross wutentbrannt anzeigte.

Deputy Sheriff Hollister nahm die Anzeige am Abend des 17. Oktober, einem Freitag, entgegen und bat Hannum, George David und Reilly, den Marshal von Hunneville, um Unterstützung. Gegen drei Uhr morgens trafen Hollister und seine Begleiter auf der Farm in der Nähe von Hunneville ein. Hannum kümmerte sich um das Gespann, während die anderen drei Männer vom Wagen stiegen und sich zum Haus begaben. Die Ordnungshüter forderten Cross auf, sich zu stellen, doch dessen Frau erwiderte, er sei nicht da.

Dann flog die Tür auf, und Mrs. Cross und ihre Schwester kamen heraus. Sie versicherten hoch und heilig, daß Cross nicht in der Nähe sei, und boten von sich aus eine Hausdurchsuchung an. Doch als die Ordnungshüter eine Lampe verlangten, zogen sich die beiden Frauen sofort zurück und warfen die Tür zu. Die Ordnungshüter traten daraufhin die Tür ein. Plötzlich wurden aus dem Haus zwei Schüsse auf sie abgegeben.

Die Ordnungshüter gingen schleunigst in Deckung und drohten, das Gebäude niederzubrennen. Daraufhin kamen die Frauen erneut heraus, aber von Cross war noch immer nichts zu sehen. Davis trug Heu für ein Feuer zusammen und wollte es gerade anzünden, als ein weiterer Schuß aus dem Haus abgegeben wurde, worauf Davis hinter einem Holzstapel Schutz suchte.

Als die Posse den nächsten Vorstoß unternahm, bemerkte Davis, daß Hollister tot war. Er sagte Reilly Bescheid, der ihm daraufhin befahl, das Fenster zu bewachen. Davis trug statt dessen Hollister zum Wagen, doch plötzlich scheuten die Zugtiere und gingen durch. Schließlich fing man das Gespann wieder ein und bettete Hollisters Leiche auf den Boden des Wagens. Unterdessen verschwand Mrs. Cross ein weiteres Mal im Haus und kam kurz darauf in Begleitung ihres Mannes, den sie mit ihrem Leib abschirmte, wieder heraus. Reilly legte die Waffe an, doch Mrs. Cross stürzte sich auf ihn und drückte sich die Mündung an die Brust. Reilly entwand ihr die Waffe, doch Mrs. Cross griff erneut nach ihr, und Cross konnte in der Dunkelheit entkommen. Daraufhin kehrten die Ordnungshüter mit Hollisters Leiche in die Stadt zurück. Am folgenden Tag wurde Cross gefaßt.

Quelle: Miller und Snell, *Great Gunfighters of the Kansas Cowtowns,* 141–151.

Hoover, Tuck

Gest. um 1894, Alleyton, Texas. Rancher.

Hoover, ein Rancher aus Südtexas, wurde im Laufe seines Lebens wiederholt in Reibereien verwickelt. 1894 wurde er erschossen, nachdem er zuvor einen Mann getötet hatte.

Schießereien: *1878, bei Alleyton, Texas.* Hoover, Dallas Stoudenmire und mehrere andere Freunde trafen in der Nähe von Alleyton auf einen Trupp rivalisierender Viehzüchter unter Führung der Gebrüder Sparks aus Eagle Lake, Texas. Beide Seiten erhoben Besitzanspruch auf eine Rinderherde, worauf es zu einem Streit kam, der mit einer Schießerei endete. Zwei Mitglieder des Sparks-Clans – Benton Duke und sein Sohn – wurden erschossen, und einer der Sparks-Brüder wurde verletzt.

Um 1894, Alleyton, Texas. Hoover geriet mit einem in Alleyton ansässigen Saloonbesitzer namens Burtshell in Streit. Beide griffen zu den Waffen, und bei dem anschließenden Schußwechsel wurde Burtshell tödlich getroffen.

Um 1894, Alleyton, Texas. Hoover, der bald darauf gegen Kaution freikam, wurde wenig später in Alleyton auf offener Straße von dem jungen Jim Coleman angepöbelt. Coleman, ein stadtbekannter Rabauke, zog kurzerhand einen Revolver und erschoß Hoover.

Quellen: Metz, *Dallas Stoudenmire,* 30; Sonnichsen, *I'll Die Before I'll Run,* 308–315.

Horn, Tom

Geb. 21. November 1860, Memphis, Missouri; gest. 20. November 1903, Cheyenne, Wyoming.
Cowboy, Eisenbahner, Postkutscher, Fuhrmann, Armeekundschafter, Ordnungshüter, Bergmann, Pinkerton-Detektiv, Range-Detektiv, Soldat, Auftragskiller.

Der auf einer Farm in Missouri geborene und aufgewachsene Horn lief im Alter von vierzehn Jahren von zu Hause weg, nachdem er wegen wiederholten Schulschwänzens von seinem Vater ausgepeitscht worden war, und zog gen Westen. Er arbeitete in Newton, Kansas, bei der Eisenbahn und heuerte dann als Fuhrmann auf dem Santa-Fe-Trail an. Bald darauf bekam er eine Anstellung als Postkutscher, trat aber 1876 als Kundschafter in den Dienst der Armee und wurde 1885 Nachfolger des berühmten Al Sieber als Chef des zivilen Kundschaftercorps. Horn spielte eine wichtige Rolle – die allerdings nicht so herausragend war, wie er später behauptete – auf dem Feldzug, der zur Festnahme von Geronimo führte. Während des *Pleasant Valley War* in Arizona verdingte er sich 1887 als Revolvermann und wurde anschließend zum Deputy Sheriff des Yavapai County ernannt. Nebenbei schürfte er auf einem Claim in der Nähe von Tombstone nach Gold.

Im Jahr 1890 wurde Horn von der *Pinkerton Detective Agency* in Denver, Colorado, angestellt, und 1892 trat er als Range-Detektiv in die Dienste der *Wyoming Cattle Growers' Association*. Für den Verband der Rinderzüchter warb er Revolvermänner an; er nahm aber nicht am *Johnson County War* teil, der daraufhin folgte. 1894 wurde Horn von der *Swan Land & Cattle Company* angeheuert – offiziell als Zureiter, vor allem aber, so nimmt man an, als Killer, der arme Rustler und lästige Heimstättensiedler beseitigen sollte. Sobald ein Mitglied der *Company* den Namen eines Störenfriedes nannte, spürte Horn dem Betreffenden vermutlich nach und kundschaftete seine Lebensgewohnheiten aus. Dann legte er

Tom Horn, ein Auftragskiller, der hier eher wie ein vermögender Kaufmann wirkt. *(Arizona Historical Society)*

sich in den Hinterhalt und tötete ihn mit seinem Scharfschützengewehr. Anschließend sammelte er die ausgeworfenen Patronenhülsen ein, beseitigte sämtliche Beweise, schob aber, sozusagen als Markenzeichen, zwei Steine unter den Kopf des Opfers, verließ den Tatort und nahm sein Honorar, sechshundert Dollar, in Empfang.

Gelegentlich reiste Horn, ein großer und kräftig gebauter, normalerweise aber eher reservierter Mann, nach Denver oder Cheyenne und erging sich dort in wüsten Zechgelagen. Bei Ausbruch des Spanisch-Amerikanischen Krieges meldete er sich zum Militär und diente während des Feldzuges in Kuba als Nachschuboffizier. Nach Kriegsende kehrte er nach Wyoming zurück und wandte sich wieder seinem blutigen Gewerbe als Auftragskiller zu.

Horn wurde 1901 von John Coble angestellt, der nördlich von Laramie, in der Nähe von Iron Mountain, eine große

Ranch besaß. Horn freundete sich dort mit der Schulmeisterin Glendolene Kimmel an, deren Familie mit einem benachbarten Heimstätten-Siedler namens Kels P. Nickell in Fehde lag. Da auch Coble den Farmer für einen Störenfried hielt, beschloß Horn, den Mann zu töten. Er erschoß jedoch irrtümlich Nickells vierzehnjährigen Sohn und löste einen derartigen Aufruhr aus, daß sich der Ordnungshüter Joe LeFors auf seine Fersen heftete.

LeFors folgte Horn nach Denver, machte ihn dort betrunken und entlockte ihm eine Art Geständnis, das von den mithörenden Deputies schriftlich festgehalten wurde und aufgrund dessen er festgenommen und wegen Mordes verurteilt werden konnte. Einmal noch gelang ihm die Flucht aus einem Gefängnis in Cheyenne, in dem er bis zur Hinrichtung einsaß, doch er wurde umgehend von einem Streifenpolizisten wieder in Gewahrsam genommen. In den letzten ihm verbleibenden Monaten schrieb er seine – verständlicherweise – etwas einseitige Autobiographie. Trotz der flehentlichen Bitten von Miss Kimmel und sämtlicher juristischen Winkelzüge der Viehbarone und ihrer Anwälte wurde Tom Horn im November 1903 gehängt.

Schießereien: *8. Juli 1900, Cold Springs Mountain, Routt County, Colorado.* Der Tod von Matt Rash ist ein typisches Beispiel dafür, wie Horn während eines Jahrzehntes seine Opfer beseitigte. In diesem Fall nannte er sich James Hicks, zog ohne großes Aufsehen in Rashs Nachbarschaft und spähte den Rustler heimlich aus. Als Rash an einem Sommertag kurz nach dem Mittagessen – er hatte ein Steak mit Kartoffeln verzehrt – aus dem Haus trat, eröffnete Horn von seinem Versteck aus das Feuer. Rash wurde dreimal getroffen; ein vierter Schuß tötete seine Fuchsstute.

Während Horn ins weit entfernte Denver eilte, um sich ein Alibi zu verschaffen, torkelte Rash in die Hütte und schleppte sich zu seiner Bettstatt. Er tunkte die Finger in sein eigenes Blut und wollte auf einem Briefumschlag eine Nachricht hinterlassen, wurde jedoch vorher vom Tod ereilt.

3. Oktober 1900, Routt County, Colorado. »Nigger Isom« Dart, ein schwarzer Cowboy, wurde von den Rinderzüchtern, in deren Diensten Tom Horn stand, des Viehdiebstahls verdächtigt. Horn, der sich nach wie vor James Hicks nannte, legte sich etwa zweihundert Meter von Darts Hütte entfernt mit einem 30-30er Gewehr auf die Lauer. Als Dart nach dem Frühstück mit fünf Freunden aus der Hütte kam und zum Viehpferch ging, gab Horn zwei Schüsse ab und fügte Dart eine tödliche Kopfverletzung zu.

Darts Gefährten flohen in die Hütte, blieben den ganzen Tag über in Deckung und schlichen sich erst nach Einbruch der Dunkelheit davon. Zwei Tage später ritt ein schwerbewaffneter Trupp vor und begrub Darts Leiche.

18. Juli 1901, Powder River, bei Cheyenne, Wyoming. Horn hatte sein nächstes Opfer, den Heimstätten-Siedler Kels P. Nickell, ausgespäht und wollte ihm auflauern, wenn dieser mit dem Heuwagen von seiner Farm nach Cheyenne führe. Zu fortgeschrittener Morgenstunde ging er auf einem Hügelkamm, von dem aus er sowohl die Powder River Road als auch Nickells Heimstätten-Farm überblicken konnte, in Stellung.

Gegen 15 Uhr 30 spannte Nickells vierzehnjähriger Sohn zwei Pferde vor den Heuwagen, warf eine Flinte auf das Gefährt und fuhr zum Weidegatter. Als der hochaufgeschossene Junge, der Hut und Mantel seines Vaters trug und aus dreihundert Metern Entfernung durchaus mit diesem verwechselt werden konnte, absprang, um das Gatter zu öffnen, nahm Horn ihn ins Visier und jagt ihm eine Kugel in den Kopf. Der junge Nickell raffte sich noch einmal auf und torkelte zum Wagen, als Horn ihm eine weitere Kugel in den Leib schoß. Als die verzweifelten Eltern zu ihrem sterbenden Sohn rannten, war Horn bereits aufgesessen und ritt weg.

9. *August 1903, Cheyenne, Wyoming.* Horn und ein Mithäftling namens Jim McCloud stürzten sich auf Deputy Sheriff Richard Proctor. Proctor gab vier Schüsse ab, verletzte McCloud leicht, wurde dann aber überwältigt. Die beiden gelangten ins Freie, worauf McCloud auf ein Pferd aus dem Gefängniscorral sprang und davongaloppierte. Nach kurzer Verfolgungsjagd wurde er eingeholt und überwältigt. Horn, der zu Fuß geflüchtet war, wurde von einem Stadtbewohner namens O. M. Eldrich gestellt. Eldrich feuerte mehrmals mit seiner Pistole auf Horn und fügte ihm einen Streifschuß am Kopf zu. Horn hingegen war mit dem erbeuteten Revolver nicht vertraut und konnte die Sicherung nicht lösen, worauf er von Eldrich niedergerungen wurde. Ein Trupp hinzueilender Polizisten brach seinen Widerstand und schleppte ihn ins Gefängnis zurück.

Quellen: Paine, *Tom Horn;* Brown, *Trail Driving Days,* 232–235, 250–251; Faulk, *Geronimo Campaign,* 75–82, 85, 109, 117, 134, 198–202, 204; Horn, *Life of Tom Horn;* Thrapp, *Al Sieber,* 35, 36, 80, 221, 227, 229–230, 240, 251–252, 255, 263, 268, 271, 313, 315, 328, 381; Coolidge, *Fighting Men of the West,* 87–110; Raine, *Famous Sheriffs and Western Outlaws,* 80–91; Horan, *Authentic Wild West,* 221–254; Burroughs, *Where the Old West Stayed Young,* 204–207, 210, 214, 228.

Horner, Joe

(»Frank Canton«)

Geb. 1849 in Virginia; gest. 1927 in Oklahoma. Cowboy, Outlaw, Rancher, Ordnungshüter, Leiter einer Konservenfabrik, Prospektor, Soldat, Bankräuber.

Der fünfzehn Meilen außerhalb von Richmond in Virginia geborene Joe Horner zog als Kind mit seiner Familie nach Nordtexas. Ende der sechziger Jahre trieb Horner für Burk Burnett Rinderherden zu den Verladebahnhöfen in Kansas. Von 1871 bis 1878 tauchte er in die Illegalität ab und wurde zum Outlaw. 1877 wurde er wegen eines Bankraubes in Comanche, Texas, ins Gefängnis geworfen, konnte jedoch einer längeren Inhaftierung entgehen. 1878 trieb er eine Rinderherde nach Ogallala, Nebraska, und wurde kurz darauf Viehinspektor bei der *Wyoming Stock Growers' Association.*

Von dieser Zeit an stand Horner (der sich inzwischen »Frank Canton« nannte) nur mehr im Dienste des Gesetzes – offiziell zumindest. 1880 baute er sich eine Ranch in der Nähe von Buffalo, Wyoming, auf, und zwei Jahre später wurde er zum Sheriff des Johnson County gewählt.

In der Folgzeit ging Canton energisch gegen das Rustler-Unwesen in der Gegend vor. 1885 heiratete er und wurde Vater zweier Töchter, von denen eine allerdings in jungen Jahren starb. 1886 legte er das Sheriffs-Amt nieder, ließ sich aber kurz darauf wieder von der *Wyoming Stock Growers' Association* anstellen und wurde außerdem zum Deputy U. S. Marshal ernannt. Im berühmt-berüchtigten *Johnson County War* war er einer der entschiedensten Parteigänger der Rinderbarone. 1893 aber verließ er die Gegend und wurde Betriebsleiter bei der *Nebraska City Packing Company.*

Im Jahr darauf war der rastlose Canton ins Oklahoma Territory gezogen, wo er als Deputy U. S. Marshal unter Richter Isaac Parker diente und Hilfssheriff im Pawnee County wurde. Er war maßgeblich an der Zerschlagung der Outlaw-Banden in Oklahoma beteiligt, doch nach drei Jahren zog es ihn einmal mehr weiter. 1897 ließ er Frau und Tochter in Buffalo zurück und nahm eine Ernennung zum Deputy U. S. Marshal in Alaska an. Es sollte die abenteuerlichste Zeit seines Lebens werden – er wurde im Winter eingeschneit, zog mit Rex Beach auf Goldsuche, ging in der wilden Boomtown Dawson gegen allerlei kriminelle Elemente vor und verlebte alles in allem zwei aufregende Jahre. 1899 jedoch erkrankte er an Schneeblindheit und mußte in die Vereinigten Staaten zurückkehren. Er genas bald und heftete sich in Oklahoma ein weiteres Mal den Sheriffstern an die Brust.

Canton wurde Deputy Sheriff im Comanche County und stand nebenbei in

Joe Horner (Adjutant General »Frank Canton«, mittlere Reihe, vierter von links) von der Oklahoma National Guard auf einer Vergnügungsreise zu den Philippinen Anfang des 20. Jahrhunderts. *(Western History Collections, University of Oklahoma Library)*

Diensten der *Cattle Raisers' Association of Texas*, in deren Auftrag er Viehdiebe jagte, die in Oklahoma Zuflucht gesucht hatten. 1907 wurde er zum Generaladjutanten der Nationalgarde von Oklahoma ernannt und hatte im folgenden Jahrzehnt maßgeblichen Anteil am Aufbau dieser Truppe.

Schießereien: *10. Oktober 1874, Jacksboro, Texas.* Joe Horner geriet in einem Saloon in Jacksboro mit schwarzen Rekruten aus dem nahe gelegenen Fort Richardson in Streit. Bei der anschließenden Schießerei tötete Horner einen Soldaten und verwundete einen zweiten.

1. November 1891, Powder River, Wyoming. Frank Canton, Tom Smith, Joe Elliott und Fred Coates waren vom Viehzüchterverband von Wyoming beauftragt worden, Nathan Champion dingfest zu machen, den Anführer der sogenannten »Rustler« im Johnson County. Man wußte, daß Champion mit Ross Gilbertson in einer Hütte am Powder River wohnte, und eines Nachts schlichen sich die vier Revolvermänner an die Behausung der beiden heran. Kurz vor Sonnenaufgang ließ einer der Range-Detektive seinen Revolver fallen, der daraufhin losging. Canton und seine drei Begleiter stürmten sofort zur Hütte, drangen ein und feuerten auf Champion. Doch der sprang von seinem Lager auf und ließ den Revolver sprechen. Einer der Range-Detektive erlitt einen Streifschuß an der Seite, ein zweiter wurde am Arm getroffen. Daraufhin suchten die vier Revolvermänner ihr Heil in der Flucht und ließen allerlei Kleidungsstücke, Pferde und eine Flinte zurück, die Canton kurz zuvor von Smith geschenkt bekommen hatte.

9. April 1892, KC Ranch, Wyoming. Als der Streit zwischen den Rinderbaronen und

Kleinbauern des Johnson County immer schärfere Formen annahm, half Canton dem Viehzüchterverband beim Anwerben weiterer Revolvermänner. Anfang April zogen über fünfzig gedungene Gunfighter unter Führung von Major Frank Wolcott und dessen Stellvertretern Frank Canton und Tom Smith zur Stadt Buffalo, dem Zentrum des Widerstands gegen den Viehzüchterverband. Unterwegs erfuhren sie, daß Champion und Nick Ray, zwei bekannte Anführer der Rustler, die nahe gelegene *KC Ranch* gepachtet hatten. Wolcotts Regulatoren bogen daraufhin vom Weg ab und umstellten kurz vor dem Morgengrauen die Ranchgebäude.

Bei Sonnenaufgang kam Ben Jones, ein alter Trapper, der mit seinem Gefährten die Nacht auf der *KC Ranch* verbracht hatte, aus der Hütte und wollte einen Eimer Wasser holen. Canton nahm Jones lautlos gefangen, und als eine halbe Stunde später dessen Gefährte herauskam, wurde er ebenfalls überwältigt. Schließlich tauchte Ray auf und wurde mit einer Gewehrsalve niedergeschossen. Champion kam zur Tür und gab dem sterbenden Ray Feuerschutz, so daß er in die Hütte zurückkriechen konnte. Anschließend lieferten sich Champion und die Belagerer ein mehrstündiges Feuergefecht.

Gegen 15 Uhr kam Jack Flagg, ein weiterer, von den Regulatoren gesuchter Mann, an der *KC Ranch* vorbei und wurde von den Revolvermännern beschossen. Er konnte entkommen und Alarm schlagen, ließ jedoch einen Kutschwagen zurück. Die Regulatoren verwendeten den Wagen als Brander und setzten Champions Hütte in Flammen. Champion rannte, wild um sich schießend, ins Freie und wurde prompt niedergestreckt. Doch er hatte den gegnerischen Trupp so lange aufgehalten, daß dessen Angriff auf Buffalo fehlschlug und die Regulatoren festgenommen wurden.

1893, Pawnee County, Oklahoma. Canton und ein Kollege, der Deputy Sheriff George Hanner, wurden von einem Sheriff aus Kansas telegraphisch gebeten, in Pawnee einen Mörder festzunehmen. Die beiden Ordnungshüter spürten den Gesuchten in einem Mietstall auf, der einem Rauhbein namens Lon McCool gehörte. Die beiden Sheriffs nahmen den Mörder fest und legten ihm Handschellen an, worauf sich Canton auf ein Faß setzte und dem Häftling das Telegramm vorlas.

Plötzlich kam McCool herein, brach einen Streit mit Canton vom Zaun, verpaßte ihm eine Ohrfeige und wollte in die Gesäßtasche greifen. Canton sprang zurück, trat das Faß nach McCool und schoß mit einem 41er *Derringer* auf seinen Kontrahenten. McCool wurde über dem linken Auge getroffen, und Canton glaubte, er habe ihn getötet. Ein hinzugezogener Arzt stellte jedoch fest, daß er noch am Leben war. McCool überstand die Verletzung, geriet aber einige Wochen später in eine Schlägerei und kam dabei ums Leben. Nach diesem Vorfall warf Canton seinen *Derringer* weg.

Winter 1895, Pawnee County, Oklahoma. Die beiden Diebe Bill und John Shelley waren aus dem Gefängnis in Pawnee ausgebrochen und hatten sich mit einer Frau in ihrer am Arkansas River, im Osten des County, gelegenen Hütte versteckt. Eine von Sheriff Frank Lake geführte Posse, der auch Canton angehörte, kämpfte sich durch einen dichten Schneesturm und traf zwei Stunden vor dem Morgengrauen bei der Hütte ein. Die Männer umstellten das Gebäude, und Canton legte sich eine paar Schritte vor der nach Süden weisenden Tür auf die Lauer, genau gegenüber von Deputy John McCann.

Bei Tagesanbruch forderte Lake die Gebrüder Shelley auf, sich zu ergeben, worauf diese sich lauthals weigerten und die Tür mit Möbelstücken verbarrikadierten. Canton konnte sie schließlich dazu überreden, die Frau laufenzulassen, doch als sie aus der Tür kam, schoß einer der Brüder auf McCann. McCann torkelte zurück; die Kugel war an dem Revolver in seinem Schulterholster abgeprallt. Daraufhin nahmen McCann und Canton die Tür mit ihren Flinten unter Beschuß und verletzten John Shelly am Oberschenkel. Die Brüder erwiderten das Feuer und trafen Dr. Bland am Arm. Danach zog sich die Posse etwa fünfundzwanzig Meter zurück und deckte die Hütte mit einem Kugelhagel ein.

Im Laufe des Tages wurden über 800 Schüsse abgegeben, doch die Shelleys leisteten nach wie vor Widerstand. Gegen 15 Uhr verließ Canton die Posse, organisierte auf einer etwa eine Meile entfernten Farm einen Heuwagen und setzte ihn, wie schon bei dem Überfall auf Nate Champion, als Brander ein. Als das lodernde Gefährt an die Hütte geschoben wurde, ergaben sich die Outlaws und wurden nach Fort Smith gebracht. Dort versuchten sie vergebens, Cherokee Bill bei der Flucht aus dem Gefängnis zu helfen.

6. November, Pawnee County, Oklahoma. Bill Dunn, ein Gauner, der seit längerer Zeit mit Canton in Fehde lag, stellte den Ordnungshüter vor dem Gerichtsgebäude in Pawnee zur Rede. »Frank Canton, verdammt seist du«, knurrte Dunn. »Ich mach' dich fertig.« Canton, der beide Hände in den Taschen hatte, griff zu seinem im Hosenbund steckenden 45er und jagte Dunn eine Kugel in die Stirn, ehe dieser auf ihn anlegen konnte. Dunn ließ die nicht abgefeuerte Waffe fallen, stürzte rücklings zu Boden, zuckte noch ein paarmal mit dem Abzugsfinger und starb.

Quellen: Canton, *Autobiography of Frank M. Canton;* Mercer, *Banditti of the Plains;* Brown, *Trail Driving Days,* 226–231, 242–250; Smith, *War on the Powder River,* 70, 98, 112, 119–120, 145–147, 159–160, 162, 165, 167–178, 188, 194, 197, 201–202, 261, 263.

Horrell, Benjamin

Geb. in Texas; gest. 1. Dezember 1873, Lincoln, New Mexico. Cowboy, Revolvermann.

Ben Horrell arbeitete als Cowboy auf den Ländereien seiner älteren Brüder, die im Lampasas County, Texas, Rinder züchteten. Er erlebte die Anfänge der berüchtigten Horrell-Higgins-Fehde mit, verließ dann aber mit seinen Brüdern die Gegend und gründete eine Ranch am Ruidoso River im Lincoln County, New Mexico. Dort wurde er wenig später bei einer Schießerei mit einem Ordnungshüter getötet, worauf seine Brüder einen blutigen Rachefeldzug unternahmen, der zu einer weiteren Fehde führte. Vielleicht erwähnenswert ist in diesem Zusammenhang, daß John, ein älterer Bruder Benjamins, mehrere Jahre zuvor ebenfalls nach New Mexico zog und in Las Cruces getötet wurde.

Schießereien: *März 1873, Georgetown, Texas.* Nach einer blutigen Schießerei in Scotts Saloon in Lampasas waren Mart Horrell und Jerry Scott in Georgetown inhaftiert worden. Mart, der bei dem Gefecht verletzt worden war, wurde im Gefängnis von seiner Frau gepflegt, die wiederum den anderen Horrells eine Nachricht zukommen ließ, als ihr Mann sich auf dem Weg der Besserung befand. Nach Einbruch der Dunkelheit ritt ein starker Trupp Männer unter Führung der Horrells in die Stadt und stürmte das Gefängnis. Nach einer wilden Schießerei mit einheimischen Bürgern konnten die Gefangenen befreit werden.

1. Dezember 1873, Lincoln, New Mexico. Ben und einige Freunde schossen nach einem Zechgelage wild in der kleinen Stadt Lincoln herum. Der von dem Lärm angelockte Konstabler Juan Martinez wollte Horrell festnehmen, worauf es zu einem Schußwechsel kam, bei der Ben tödlich getroffen auf die Straße sank. Aber auch Martinez sowie zwei von Horrells Begleitern, Dave Warner und Jack Gylam, kamen ums Leben. Möglicherweise wurden Horrell und Gylam erst getötet, nachdem sie sich bereits ergeben hatten. Anschließend hackte ein Dieb Horrells Finger ab und stahl seinen Goldring.

Quellen: Gillett, *Six Years with the Texas Rangers,* 9, 73–80; Rasch, »The Horrell War«, *NMHR, XXX*

(Juli 1956); Askins, *Texans, Guns & History*, 151–160; Webb, *Texas Rangers*, 334–339; Keleher, *Violence in Lincoln County*, 13–15; Coe, *Frontier Fighter*, 213–14; Sonnichsen, *I'll Die Before I'll Run*, 126, 130–131.

Horrell, Martin

Geb. in Texas; gest. 15. Dezember 1878, Meridian, Texas. Soldat, Cowboy, Revolvermann.

Mart Horrell diente mit seinen Brüdern Sam und Tom während des Bürgerkrieges in Terrys Texas-Ranger-Brigade. Nach dem Krieg baute er mit seinen Brüdern eine Ranch im Lampasas County, Texas, auf und kämpfte während der kurz darauf ausbrechenden Horrell-Higgins-Fehde an deren Seite. Dann zog er mit seiner Familie und seinen streitbaren Brüdern ins Lincoln County, New Mexico. Nachdem die Horrells auch dort eine Zeitlang Angst und Schrecken verbreitet hatten, wurden sie von einem Vigilantenkomitee aus dem Staat verjagt.

Nach Texas zurückgekehrt, kämpfte Mart wieder an der Seite seiner Brüder gegen den Rancher Pink Higgins, bis die Fehde im Jahr 1877 beigelegt wurde. Ein Jahr später wurden Mart und Tom Horrell sowie Bill Crabtree, John Dixon und Tom Bowen verdächtigt, einen Kaufmann aus dem Bosque County ausgeraubt und ermordet zu haben. Die beiden Horrells wurden in Meridian inhaftiert, worauf ein Trupp aufgebrachter Bürger das Gefängnis stürmte und das Brüderpaar erschoß.

Schießereien: *19. März 1873, Lampasas, Texas.* Merritt Horrells Schwager Clint Barkley, der des Mordes beschuldigt wurde und sich Bill Bowen nannte, hatte bei den Horrells angeheuert. Daraufhin wurde Captain Tom Williams von der Texas State Police, einer in der Bevölkerung verhaßten Polizeitruppe, die der korrupte, von den Nordstaaten eingesetzte Gouverneur E. J. Davis aufgestellt hatte, mit drei Mann nach Lampasas geschickt, um Barkley festzu-

nehmen. Als die Horrells davon erfuhren, ritten Tom, Sam und Mart in Begleitung von Barkley und fünf bis sechs Cowboys in die Stadt, begaben sich in Jerry Scotts *Matador Saloon* und hielten die Waffen bereit.

Gegen Abend stürmten Williams und seine Polizisten durch die Schwingtür, worauf eine wilde Schießerei ausbrach, bei der Mart und sein Bruder Tom verletzt und Williams sowie zwei seiner Männer getötet wurden. Der schwerverletzte Mart wurde in das nahe gelegene Haus seiner Mutter gebracht, und die anderen Brüder verzogen sich ins umliegende Hügelland. Mart und Jerry Scott wurden wenig später festgenommen und in Georgetown ins Gefängnis geworfen. Sobald Mart, der dort von seiner Frau gepflegt wurde, wieder bei Kräften war, tauchten die Horrells auf und befreiten beide Gefangenen.

20. Dezember 1873, Lincoln, New Mexico. Die Horrells, die erst seit kurzem in der Gegend von Lincoln wohnten, waren aufgebracht, als Ben von einem Konstabler getötet wurde. Da die örtlichen Behörden ihrer Ansicht nach nicht mit dem nötigen Nachdruck ermittelten, griffen sie zur Selbsthilfe und überfielen eine mexikanische Hochzeitsgesellschaft, die sich in einem Privathaus in Lincoln beim Tanz vergnügte. Gegen Mitternacht ritten Mart, Sam und Tom Horrell mit zwei Komplizen vor das Haus und feuerten durch Fenster und Türen auf die Feiernden. Vier Mexikaner, Isidro Patrón, Isidro Padilla, Dario Balazár und José Candelaria, wurden getötet, zwei weitere verletzt. Auf die Horrels wurde anschließend eine Belohnung von insgesamt fünfhundert Dollar ausgesetzt.

Januar 1874, Lincoln County, New Mexico. Etwa einen Monat nach dem Überfall auf den Hochzeitsball umstellte eine aus sechzig Mexikanern bestehende Posse unter Führung von Alex Mills, dem Sheriff des Lincoln County, die Horrells und ihr Gefolge in einem Adobehaus am Ruidoso River. Nach einem eintägigen Feuergefecht, bei dem auf beiden Seiten niemand zu Schaden kam, zogen Mills und seine Truppe wieder ab.

26. März 1877, bei Lampasas, Texas. Tom Horrell, der sich mittlerweile auf einer Ranch am Sulphur Creek in der Nähe von Lampasas niedergelassen hatte, wollte nach seiner Rückkehr nach Texas die gegen ihn anhängigen Anklagen aus der Welt schaffen. Am Morgen des 26. März ritt er deshalb in Begleitung seines Bruders Mart zu einem Gerichtstermin nach Lampasas. Etwa fünf Meilen vor der Stadt wurden die Horrells beschossen. Tom stürzte getroffen aus dem Sattel, worauf Mart vom Pferd sprang, allein auf die Angreifer losging und sie in die Flucht jagte. Anschließend trug er seinen Bruder in das nahe gelegene Haus eines gewissen Mr. Timmins und ritt los, um in Lampasas Hilfe zu holen.

Juni 1877, Lampasas County, Texas. Mehrere Parteigänger der Horrells wollten ein Weidelager des Ranchers Pink Higgins überfallen, der vermutlich den Überfall auf Mart und Tom Horrell angezettelt hatte. Sie wurden jedoch frühzeitig entdeckt, als im Morgengrauen zwei von Higgins' Cowboys aus der Hütte traten. Der Horrellsche Trupp schoß die beiden Männer nieder und ergriff die Flucht.

14. Juni 1877, Lampasas, Texas. Als die beiden verfehdeten Parteien am Marktplatz von Lampasas aufeinandertrafen, kam es augenblicklich zu einer Schießerei, bei der Higgins' Schwager Frank Mitchell auf der Stelle getötet und sein Gefolgsmann Bill Wren schwer verletzt wurde. Nach drei Stunden setzten die Einwohner der Stadt dem Kampf ein Ende und verhinderten so weiteres Blutvergießen.

Juli 1877, Lampasas County, Texas. Pink Higgins und vierzehn der von ihm als Cowboys angeheuerten Revolvermänner unternahmen einen Vergeltungsangriff auf die zehn Meilen außerhalb von Lampasas gelegene Ranch der Horrells. Mart, seine Brüder

und die auf der Ranch arbeitenden Cowboys wurden durch gezieltes Gewehrfeuer im Ranchhaus und in der Schlafbaracke festgenagelt. Auf seiten der Horrells gab es zwei Verletzte, doch die übrigen Mitglieder des Clans setzten sich so beherzt zur Wehr, daß Higgins' Männer nach zweitägiger Belagerung abzogen.

25. Juli 1877, Lampasas County, Texas. Kurz darauf überraschten die Horrells, die nun ihrerseits auf Rache sannen, Garson Graham, einen von Higgins Cowboys, nördlich von Lampasas im offenen Gelände. Graham, der in der Stadt Verpflegung einkaufen wollte, wurde von den Horrells kurzerhand niedergeschossen.

Quellen: Sinise, *Pink Higgins,* 30–40; Webb, *Texas Rangers,* 334–339; Keleher, *Violence in Lincoln County,* 13–15; Gillett, *Six Years with the Texas Rangers,* 73–80; Rasch, »The Horrell War«, *NMHR;* Coe, *Frontier Fighter,* 213–214; Sonnichsen, *I'll Die Before I'll Run,* 126–137, 145–149; Fulton, *Lincoln County War,* 21–24.

Horrell, Merritt

Geb. in Texas; gest. 22 Januar 1877, Lampasas, Texas. Cowboy, Revolvermann.

Merritt, ein Angehöriger des berüchtigten texanischen Horrell-Clans, erlebte 1873 den Ausbruch der Horrell-Higgins-Fehde im Lampasas County mit. Später zog er mit seinen Brüdern ins Lincoln County, New Mexico, und wurde dort in weitere Schießereien verwickelt. Die überlebenden Brüder (Ben war in Lincoln umgekommen, John bereits einige Jahre zuvor in New Mexico getötet worden) kehrten nach Lampasas zurück und nahmen dort die alte Fehde mit dem Rancher Pink Higgins wieder auf. Merritt wurde 1877 von Pink Higgins, dem Führer der Gegenpartei, in einem Saloon in Lampasas erschossen.

Schießereien: *März 1873, Georgetown, Texas.* Merritt sprengte in Begleitung seiner

Brüder nach Georgetown, wo sie Mart Horrell und Jerry Scott aus dem Gefängnis befreien wollten. Die Bewohner der Stadt leisteten heftigen Widerstand, wurden aber durch gezieltes Gewehrfeuer, bei dem der Anwalt A. S. Fisher verletzt wurde, in Schach gehalten. Unterdessen brach Merritt Horrells Schwager Bill Bowen mit einem Vorschlaghammer die Tür zum Gefängnis auf, worauf die Horrells mit den beiden befreiten Gefangenen aus der Stadt ritten.

22. Januar 1877, Lampasas, Texas. Merritt, der kurz zuvor von Pink Higgins unlauterer Machenschaften mit dessen Vieh bezichtigt worden war, wollte sich an einem kalten Montag im Januar in Jerry Scotts Saloon aufwärmen, dem Saloon also, in dem es vier Jahre zuvor zu der Schießerei gekommen war, durch die die Fehde ausgelöst wurde. Higgins schlich durch die Hintertür und schoß mit einer *Winchester* auf Merritt. Merrit wurde am Oberkörper getroffen, fiel um, stand aber wieder auf und stützte sich auf einen Mann namens Ervin. Higgins schoß noch einmal, worauf Horrell wieder zu Boden ging. Anschließend jagte Higgins ihm zwei weitere Kugeln in den Leib, und wenige Minuten später starb Horrell.

Quellen: Rasch, »The Horrell War«, *NMHR;* Gillett, *Six Years with the Texas Rangers,* 73–80; Webb, *Texas Rangers,* 334–339; Keleher, *Violence in Lincoln County,* 13–15; Sinise, *Pink Higgins,* 30–40; Sonnichsen, *I'll Die Before I'll Run,* 126, 133–136.

Horrell, Samuel W.

Geb. in Texas. Soldat, Farmer, Rancher.

Der nach seinem Vater genannte Sam Horrel kämpfte im Bürgerkrieg an der Seite seiner streitbaren Brüder und wurde auch später in zahlreiche Zusammenstöße verwickelt. Kurz nach dem Krieg kam sein Bruder John bei einer Schießerei in Las Cruces, New Mexico, ums Leben. Dann verwickelten sich die übrigen fünf Brüder in die 1873 in Lampasas, Texas, ausgebrochene Horrell-Higgins-Fehde. Sam nahm an der ersten Schießerei teil, bei der drei Staatspolizisten getötet wurden, und zog danach mit seinen Brüdern und deren Familien vorübergehend außer Landes.

Die Horrells, die im Lincoln County, New Mexico, eine weitere Rinderzucht aufbauen wollten, gerieten binnen kürzester Zeit in weitere Auseinandersetzungen. Nach Ben Horrells Tod nahmen die Brüder blutige Rache und wurden nach Texas vergejagt. Sie kehrten auf ihre zehn Meilen südöstlich von Lampasas gelegene Ranch zurück und nahmen die alte Fehde mit dem Rancher Pink Higgins wieder auf, die erst nach etlichen weiteren Schießereien im Jahr 1877 beigelegt wurde. Sam, der einzige der Horrell-Brüder, der die Auseinandersetzung überlebte, verließ 1880 Lampasas und siedelte nach New Mexico um, zog dort zwei Töchter auf und führte fortan ein friedliches Leben.

Schießereien: *19. März 1873, Lampasas, Texas.* Die von der verhaßten Nordstaatenregierung eingesetzte Texas State Police war auf der Jagd nach Clint Barkley, der des Mordes beschuldigt wurde und bei den Horrells unter falschem Namen angeheuert hatte, in Lampasas eingerückt. Die Horrells wollten ihren Angestellten beschützen (zumal Barkley Merritt Horrells Schwager war) und zogen mit mehreren Cowboys, unter ihnen auch der Gesuchte, in die Stadt. Der acht- bis zehnköpfige, mit *Winchesters* und Revolvern bewaffnete Trupp begab sich in Jerry Scotts Saloon und fing an zu trinken.

Am frühen Abend kam Captain Tom Williams von der Staatspolizei, ein Schwiegersohn des Ranchers Pink Higgins, mit drei Polizisten in den Saloon. Bei der anschließenden Schießerei wurden Williams und zwei seiner Männer von Kugeln durchsiebt. Doch bevor sie zu Boden gingen, schossen sie Mart Horrell in den Hals und fügten Tom eine Verletzung am Handgelenk zu.

März 1873, Georgetown, Texas. Nachdem Mart Horrell und Jerry Scott in Georgetown ins Gefängnis geworfen worden waren, ritten die Horrells in die Stadt, um die beiden zu befreien. Trotz heftiger Gegenwehr der Einwohnerschaft zertrümmerte Clint Barkley mit einem Vorschlaghammer die Tür, worauf die Horrells das Gefängnis stürmten. Anschließend vertrieben sie die Einwohner mit gezieltem Gewehrfeuer, fügten dem Anwalt A. S. Fisher eine schwere Verletzung zu und sprengten mit Mart und Scott aus der Stadt.

20. Dezember 1873, Lincoln County, New Mexico. Aus Rache für ihren Bruder Ben, der in Lincoln von einem Ordnungshüter getötet worden war, unternahmen Sam, Tom und Mart Horrell sowie E. Scott und Zachariah Compton einen Anschlag auf ein Haus in Lincoln, in dem eine mexikanische Hochzeitsgesellschaft einen Tanzabend veranstaltete. Die Horrells ritten gegen Mitternacht zu dem Haus, feuerten mit Flinten und Revolvern durch Fenster und Türen, verletzten sechs Mexikaner – vier davon tödlich – und sprengten im Schutze der Dunkelheit davon.

Juni 1877, Lampasas County, Texas. Die Horrel-Brüder, deren Fehde mit dem Nachbarn Pink Higgins mittlerweile wieder aufgeflammt war, wollten ein Weidelager ihrer Widersacher überfallen. Sie schlichen sich im Schutz der Dunkelheit zu den Viehpferchen, wurden aber vorzeitig entdeckt, als zwei Cowboys aus der Hütte kamen, um sich ihr Frühstück zuzubereiten. Die Horrells deckten Higgins' Männer mit einem Kugelhagel ein und ergriffen anschließend die Flucht. Pink Higgins, der im Laufe des Tages zu dem Lager ritt, fand einen Toten und einen Schwerverletzten vor.

14. Juni 1877, Lampasas, Texas. Mart und Tom Horrell, die von vier Männern begleitet wurden, stießen am Marktplatz von Lampasas auf Pink Higgins, Bill Wren und mehrere andere Revolvermänner der Gegenseite. Bei der anschließenden Schieße-rei wurde Frank Mitchell, ein Schwager von Higgins, tödlich getroffen und Bill Wren schwer verletzt.

Juli 1877, Lampasas County, Texas. Kurz darauf unternahm Higgins mit vierzehn verbliebenen Cowboys einen Großangriff auf die Ranch der Horrells. Zwei Tage lang nahm der Trupp die Ranchgebäude unter Beschuß und verletzte zwei Männer. Als seinen Leuten die Munition ausging, befahl Higgins den Rückzug.

25. Juli 1877, Lampasas County, Texas. Die Horrells sannen augenblicklich auf Rache. Nördlich von Lampasas stellten sie den Cowboy Carson Graham, der in der Stadt Vorräte für Higgins' Ranch besorgen sollte. Die Horrells erschossen Graham und ritzten neben der Leiche ihr Brandzeichen in den Boden. Kurz darauf kamen Texas Rangers in die Gegend und nahmen sämtliche Parteigänger der Horrells fest.

Quellen: Sinise, *Pink Higgins*, 30–40; Webb, *Texas Rangers*, 334–339; Gillett, *Six Years with the Texas Rangers*, 73–80; Keleher, *Violence in Lincoln County*, 13–15; Rasch, »The Horrell War«, *NMHR*; Sonnichsen, *I'll Die Before I'll Run*, 126, 149; Haley, *Jeff Milton*, 24–26.

Horrell, Thomas W.

Geb. in Texas; gest. 15. Dezember 1878, Meridian, Texas. Soldat, Rancher.

Nach dem Bürgerkrieg, in dem er auf seiten der Konföderierten gekämpft hatte, gründete Tom Horrell in der Nähe von Lampasas, Texas, eine Ranch. Mit Hilfe seiner Brüder baute er sie binnen weniger Jahre zum zweitgrößten Anwesen in der Gegend auf; lediglich der benachbarte Pink Higgins verfügte über mehr Ländereien. 1872 kam es bei einem gemeinsamen Viehtreck nach Abilene in einem Saloon zu einem Streit zwischen Higgins und Tom Horrell, der beinahe zu einer Schießerei führte und den ersten Anstoß zu einem blutigen Weidekrieg gab. Im März 1873 brach

178   Horrell, Thomas W.

der Konflikt endgültig aus, und im Lauf der folgenden Jahre kam es zu einer Reihe von Feuergefechten und gegenseitigen Überfällen.

Ende 1873 zogen die Horrell-Brüder – Tom, Mart, Sam, Ben und Merritt – ins Lincoln County, New Mexico, und ließen sich dort als Viehzüchter nieder, gerieten aber innert kürzester Zeit in weitere Auseinandersetzungen, nachdem Ben Horrell in Lincoln getötet worden war. Die Horrells übten daraufhin blutige Rache. Die Zustände wurden schließlich so schlimm, daß das gesamte County einem Heerlager glich und ein Vigilantentrupp aufgestellt wurde, der die Horrells überwältigen sollte. Anfang 1874 kehrten diese daher nach Texas zurück, wo sie bald darauf ihre alte Fehde mit Pink Higgins wieder aufnahmen.

Die schwersten Kämpfe ereigneten sich 1877, doch im August desselben Jahres überredete John B. Jones von den Texas Rangers die beiden verfeindeten Parteien zur Unterzeichnung eines Friedensabkommens. Im Jahr darauf wurden Tom und Mart des Raubmordes verdächtigt und von einem Lynchmob umgebracht.

Schießereien: *19. März 1873, Lampasas, Texas.* Tom Williams, ein Captain der verhaßten Texas State Police und Schwiegersohn von Pink Higgins, war nach Lampasas gekommen, um nach dem des Mordes beschuldigten Clint Barkley zu fahnden. Barkley, der sich Bill Bowen nannte, arbeitete als Cowboy auf der Horrell-Ranch, und die Horrells waren entschlossen, ihm beizustehen.

Tom, Mart, Sam und Merritt (er war Barkleys Schwager) sowie mehrere bewaffnete Cowboys begleiteten Barkley am Nachmittag des 19. März in den *Matador Saloon.* Bei Einbruch der Dunkelheit verbot Tom Horrell dem Barkeeper, die Lampen anzuzünden – offenbar wollte er so vermeiden, daß seine Männer vorzeitig entdeckt würden.

Bald darauf betrat Williams in Begleitung dreier Männer von der Staatspolizei den Saloon. Beide Seiten eröffneten

augenblicklich mit Flinten und Revolvern das Feuer. Zwei Polizisten und Williams, der achtmal getroffen wurde, starben, von Kugeln durchsiebt, im Saloon. Mart wurde am Hals verletzt, Tom am Handgelenk.

März 1873, Georgetown, Texas. Mart, der so schwer verletzt war, daß er sich nicht mit den anderen Brüdern verstecken konnte, und Jerry Scott, der Besitzer des *Matador Saloon,* waren festgenommen und in Georgetown ins Gefängnis geworfen worden. Mehrere Tage später ritt ein Trupp Männer unter Führung der Horrells in die Stadt und drang in das Gebäude ein. Es kam zu einer heftigen Schießerei, bei der es auf beiden Seiten je ein Opfer gab.

20. Dezember 1873, Lincoln County, New Mexico. Ben Horrell war kurz zuvor in Lincoln getötet worden, und seine Brüder sannen auf Rache. Am 20. Dezember gegen Mitternacht überfielen Tom, Sam und Mart Horrell sowie Zachariah Crompton und E. Scott ein Haus, in dem ein Großteil der in der Stadt lebenden Mexikaner einen Hochzeitsball feierten. Die Horrells feuerten eine mörderische Salve durch Fenster und Türen und trafen insgesamt sechs Menschen. Dario Balazár, José Candelaria, Isidro Padilla und Isidro Patrón wurden getötet, Pilár Candelaria und Apolonio Garciá verletzt. Als die überlebenden Hochzeitsgäste das Feuer erwiderten, schwang Tom sich auf sein Pferd und brachte sich mit den anderen vier Angreifern im Schutz der Dunkelheit in Sicherheit.

26. März 1877, bei Lampasas, Texas. Tom und Mart Horrell wollten zu einer Gerichtsverhandlung nach Lampasas reiten. Gegen zehn Uhr morgens wurden sie an einem Fluß, der später Battle Branch genannt wurde, etwa fünf Meilen außerhalb der Stadt von Higgins' Gefolgsleuten überfallen. Beide Brüder wurden verletzt, konnten die Angreifer aber in die Flucht schlagen. Anschließend galoppierte Mart in die Stadt und holte Hilfe, nachdem er Tom in ein nahe gelegenes Haus gebracht hatte.

Juni 1877, Lampasas County, Texas. Tom Horrell sann nach der unlängst erlittenen Verletzung auf Rache. Im Juni ritt ein aus seinen Brüdern und mehreren Cowboys bestehender Trupp unter seiner Führung zu einem Weidelager von Pink Higgins. Die Horrells befanden sich gerade im Viehpferch, als zwei von Higgins' Männern aus der Feldhütte kamen, um sich ein Frühstück zuzubereiten. Die überraschten Cowboys wurden mit einer Gewehrsalve niedergestreckt, worauf die Horrells eilends davonritten. Als Pink Higgins im Lauf des Tages bei dem Lager eintraf, lebte der eine Mann noch, doch drei Tage später erlag er seiner Brustverletzung.

14. Juni 1877, Lampasas, Texas. Tom, Sam und Mart Horrell sowie vier Revolvermänner stellten bei einem Besuch in Lampasas fest, daß sich auch Pink Higgins mit drei seiner Männer in der Stadt aufhielt. Am Marktplatz trafen beide Parteien aufeinander und lieferten sich einen erbitterten Schußwechsel, bei dem Higgins' Vormann Bill Wren niedergestreckt und sein Schwager Frank Mitchell getötet wurde. Nach dreistündiger Schießerei konnten die Stadtbewohner die verfeindeten Parteien dazu überreden, das Feuer einzustellen.

Juli 1877, Lampasas County, Texas. Higgins führte sämtliche vierzehn Männer seiner Truppe zu einem Rachefeldzug gegen die zehn Meilen außerhalb von Lampasas gelegene Ranch der Horrells. Zwei Tage lang belagerten Higgins und seine Männer, die mit der neuen *Winchester 73* bewaffnet waren, das Ranchhaus und die Schlafbaracke, doch die Horrells hielten die Angreifer durch heftiges Abwehrfeuer in Schach. Als Higgins die Munition knapp wurde, befahl er den Rückzug. Auf seiten der Horrells wurden lediglich zwei Mann leicht verletzt.

25. Juli 1877, Lampasas County, Texas. Higgins schickte Carson Graham nach Lampasas, wo er Tabak, Whiskey und Munition besorgen sollte. Im nördlichen Teil des County wurde Graham von den Horrells

abgefangen und getötet. Anschließend ritzten die Horrells ihr Brandzeichen neben der Leiche in den Staub.

Unmittelbar nach diesem Mord kamen John B. Jones und sieben Texas Rangers nach Lampasas und nahmen Tom Horrell, seine Brüder und sämtliche Cowboys fest. Bis auf Tom, Sam und Mart kamen bald darauf alle wieder frei, und nach kurzer Zeit wurde ein Waffenstillstand mit Higgins vereinbart.

Quellen: Sinise, *Pink Higgins,* 30–40; Webb, *Texas Rangers,* 334–339; Keleher, *Violence in Lincoln County,* 13–15; Gillett, *Six Years with the Texas Rangers,* 73–80; Rasch, »The Horrell War«, *NMHR;* Coe, *Frontier Fighter,* 213–214; Sonnichsen, *I'll Die Before I'll Run,* 126–149.

Hueston, Tom

Gest. 2. September 1893, Stillwater, Oklahoma. Ordnungshüter.

Hueston war Anfang der neunziger Jahre Ordnungshüter im Oklahoma Territory. 1893 wurde er bei einer Schießerei in Ingalls von Arkansas Tom Jones tödlich getroffen.

Schießereien: *29. November 1892, Orlando, Oklahoma.* Hueston begleitete Heck Thomas und Chris Madsen zur Farm der Schwester des Bankräubers Ol Yantis in Orlando. Im Morgengrauen kam Yantis mit einem Sack Futter in der einen und einem Revolver in der anderen Hand aus dem Haus. Madsen forderte ihn auf, sich zu ergeben, doch er antwortete mit einem Schuß. Madsen verletzte ihn prompt, aber er feuerte weiter, bis er von Hueston mit einem gezielten Schuß niedergestreckt wurde. Die Ordnungshüter brachten Yantis anschließend in die Stadt, wo er am gleichen Abend starb.

1. September 1893, Ingalls, Oklahoma. Hueston gehörte einer großen Posse an, die sich in Ingalls ein Feuergefecht mit der Doolin-Gang lieferte. Nach einer wilden Schießerei flüchteten die Outlaws aus der Stadt, ließen aber Arkansas Tom Jones zurück. Jones bewaffnete sich mit einer Flinte, schlug Löcher in das Dach des einzigen zweistöckigen Gebäudes von Ingalls und versuchte sich der Posse im Alleingang zu erwehren. Nachdem Jones Dick Speed tödlich verletzt hatte, wollte Hueston von der gegenüberliegenden Straßenseite aus zu dem Haus vordringen. Er rannte los und wurde von Jones am Unterleib und an der linken Seite getroffen. Nachdem Jones sich ergeben hatte, wurde Hueston gemeinsam mit dem toten Speed und dem ebenfalls schwerverletzten Lafe Shadley nach Stillwater gebracht, wo er kurz darauf starb.

Quellen: Drago, *Road Agents and Train Robbers*, 199, 204–206; Croy, *Trigger Marshal*, 207–209.

Hughes, John Reynolds

(*»Border Boss«*)

Geb. 11. Februar 1857, Cambridge, Illinois; gest. 1946 in Austin, Texas. Cowboy, Rancher, Ordnungshüter.

John Hughes verließ mit vierzehn Jahren seinen Heimatstaat Illinois, zog in den Südwesten der Vereinigten Staaten und wurde Cowboy. Ein Jahr später wurde bei einer Auseinandersetzung sein rechter Arm zertrümmert, so daß er damit keine Waffe mehr führen konnte. Er lernte daraufhin linkshändig schießen und stellte sich dabei so geschickt an, daß ihn kaum jemand für einen Rechtshänder hielt.

Hughes half mehrere große Rinderherden von Texas nach Kansas zu treiben und baute sich 1878 auf einem rund 30 Hektar großen Stück Land in der Nähe von Liberty Hill, Texas, eine eigene Ranch mit Pferdezucht auf. 1886 stahlen sechs Viehdiebe in der Gegend von Liberty Hill fast einhundert Pferde, darunter auch achtzehn Tiere aus Hughes' Besitz. Hughes verfolgte die Diebe ein Jahr lang, tötete schließlich drei Männer, nahm zwei weitere gefangen und kehrte mit der Herde zurück. Im Laufe dieser Verfolgungsjagd ritt Hughes über zwölfhundert Meilen weit, verschliß neun Pferde und gab bis auf sechsundsiebzig Cents sämtliche dreiundvierzig Dollar aus, mit denen er aufgebrochen war.

Kurz nach seiner Rückkehr half Hughes einem Texas Ranger bei der Verfolgung eines Outlaws, der schließlich getötet wurde. Wenig später mußte er sich zweier Anschläge auf sein Leben erwehren. Am 10. August 1887 begab er sich nach Georgetown und meldete sich zu den Texas Rangers. 1893 war er Sergeant in der D-Kompanie des berühmten Frontier Battalion, und als Captain Frank Jones im Juni des gleichen Jahres ums Leben kam, wurde er zum Kompaniechef befördert.

Hughes war an zahlreichen Einsätzen der Rangers beteiligt, bis er 1915 nach achtundzwanzigjähriger Dienstzeit in den Ruhestand trat. Er wurde Direktor einer Bank in Austin, wohnte aber weiterhin in El Paso, wo die D-Kompanie seit vielen Jahren stationiert war. 1946 beging Hughes, der ein Leben lang Junggeselle geblieben war, im Alter von neunundachtzig Jahren Selbstmord.

Schießereien: *1872, Indian Territory.* Bei einem Schweinehandel kam es zu einem Streit zwischen Hughes' Arbeitgeber, dem Indianerhändler Art Rivers, und mehreren Choctaw-Farmern. Ein Indianer versuchte auf Rivers zu schießen, worauf Hughes sich auf den Mann stürzte. Beim anschließenden Handgemenge durchschlug eine Kugel die Kleidung des fünfzehnjährigen Hughes, außerdem wäre er beinahe erstochen worden und erlitt eine so schwere Verletzung am rechten Arm, daß er ein Leben lang behindert war.

Mai 1886, Nordwesttexas. Nachdem er sechs Pferdediebe fast eine Woche lang verfolgt hatte, spürte Hughes schließlich deren Lager auf. Als er sich näherte, entdeckte ihn jedoch die Nachtwache, worauf es zu einer Schießerei kam. Zwei der Outlaws hielten Hughes in Schach, während die anderen vier die gestohlene Herde davontrieben. Schließlich wurde Hughes' Pferd getötet, und die beiden anderen Pferdediebe ritten davon.

15. April 1887, Nordwesttexas. In den folgenden Monaten legten die Viehdiebe ihrem Verfolger zweimal einen Hinterhalt, doch Hughes konnte sich beide Male den Fluchtweg freischießen. Dann verließ ein Outlaw die Bande, und die übrigen mußten feststellen, daß sie die gestohlenen Pferde nicht verkaufen konnten. Schließlich stellte Hughes, unterstützt von Sheriff Frank Swafford und einem Deputy, die von den Gebrüdern Renald angeführte Bande. Bei der anschließenden Schießerei wurden drei Viehdiebe tödlich getroffen, worauf sich die anderen ergaben. Wenig später trieb Hughes eine große Pferdeherde nach Liberty Hill zurück.

1887, bei Mason, Texas. Unbekannte legten Hughes einen Hinterhalt. Er wurde getroffen, erlitt aber lediglich eine Fleischwunde und erwiderte das Feuer, bis die Angreifer die Flucht ergriffen.

1887, bei Mason, Texas. Bei einem weiteren Anschlag wurde Hughes' Pferd niedergestreckt. Er sprang aus dem Sattel, zog die Waffe und eröffnete das Feuer, worauf sein Widersacher schleunigst das Weite suchte.

Juli 1887, Texas Panhandle. Seit einem Monat half Hughes dem Texas Ranger Ira Aten bei der Verfolgung des entsprungenen Mörders Judd Roberts. Schließlich wurde Roberts auf einer Ranch im texanischen Panhandle aufgespürt, wo er der Tochter des Hauses den Hof machte. Aten und Hughes versteckten sich und lauerten dem Gesuchten in der Nähe des Ranchhauses auf. Roberts versuchte sich den Fluchtweg freizuschießen, wurde aber von den beiden Ordnungshütern niedergestreckt. Er starb, von sechs Kugeln getroffen, in den Armen seiner Liebsten.

1889, Shafter, Texas. Hughes, mittlerweile Corporal der Texas Rangers, heuerte als Arbeiter in einer Silbermine an, um eine Reihe von Diebstählen aufzuklären. Durch den verdeckten Einsatz fand er heraus, daß ein Vormann heimlich Silber auf Packeselkarawanen lud, die damit über den Rio Grande nach Mexiko zogen. Hughes und sein Ranger-Kollege Lon Oden legten sich daraufhin auf die Lauer und fingen am Eingang zur Mine eine von vier Dieben (darunter auch der ebenfalls im verdeckten Einsatz arbeitende Ernest »Diamond Dick« St. Leon) begleitete Karawane ab.

Die Erzräuber griffen zu ihren Flinten, worauf es zu einer mehr als einstündigen Schießerei kam, bei der St. Leon die wirkungsvollsten Treffer erzielte. Die Ordnungshüter töteten drei Outlaws und nahmen tags darauf den korrupten Vormann fest.

25. Dezember, bei Vance, Texas. Unter Führung von Hughes wollten die Texas Rangers Ira Aten und Bass Outlaw sowie der Deputy Sheriff Will Terry den Viehdieben Will und Alvon Odle einen Hinterhalt legen. Die Ordnungshüter versteckten sich in der Nähe der kleinen Ortschaft Vance, durch die die Outlaws kommen mußten, wenn sie von Mexiko aus die Grenze nach Texas überschritten.

Als die Viehdiebe am Heiligen Abend kurz nach Mitternacht im hellen Mondlicht nahten, forderte Hughes sie auf, sich zu ergeben. Die Brüder versuchten Widerstand zu leisten und wurden von den Ordnungshütern aus dem Sattel geschossen. Will war auf der Stelle tot, und Alvin starb wenige Minuten später.

1893, San Antonio Colony, Texas. Die Rangers Hughes, Lon Oden und Jim Putnam nahmen in San Antonio Colony, einer Mexikanersiedlung auf der texanischen Seite des Rio Grande, Desidario Durán fest. Plötzlich entdeckten die Ordnungshüter drei gesuchte Straftäter, die gerade die Ortschaft verließen. Hughes und Oden ritten hinter ihnen her, worauf es zu einer kurzen Verfolgungsjagd kam, bei der Florencio Carrasco Odens Pferd tötete, ehe er von den Rangers aus dem Sattel geschossen wurde und kurz darauf starb. Inzwischen wurde der zur Bewachung von Durán zurückgebliebene Putnam von aufgebrachten Bürgern umringt, doch seine beiden Kameraden kehrten rechtzeitig zurück und konnten Schlimmeres verhindern.

März 1896, Bajitas, Texas. Hughes und drei Männer aus seiner Kompanie hatten einen Bandenführer namens Miguel de la Torre bis nach Bajitas verfolgt, einem Dorf am Rio Grande. Als die vier Rangers mit einem Ersatzpferd am Zügel in Bajitas einritten, entdeckten sie de la Torre auf offener Straße. Hughes saß sofort ab, ergriff den verdutzten Mexikaner, beförderte ihn unsanft auf das ledige Pferd und fesselte ihn mit Handschellen an den Sattel.

Doch als die Rangers die Ortschaft verlassen wollten, wurden sie von Torres *compadres* unter Beschuß genommen. Die Rangers saßen ab, stellten sich hinter ihre Pferde und verletzten binnen kürzester Zeit drei der Angreifer. Daraufhin brach der Widerstand zusammen, und die Rangers konnten ungehindert ihres Wegs ziehen.

28. September 1896, Nogalitos Pass, Texas. Hughes verfolgte gemeinsam mit den Texas Rangers Thalis Cook und R. E. Bryant, dem ehemaligen Ranger und Sheriff J. B. Gillett, dem Deputy Sheriff Jim Pool und zwei geschädigten Ranchern namens Jim Stroud und Jake Combs eine Horde Pferdediebe.

Die drei Rustler – Ease Bixler sowie die Brüder Art und Jubal Friar – versuchten die anrückenden Ordnungshüter mit ihren Flinten aufzuhalten. Combs' Ohrläppchen wurde von einer Kugel abgerissen, doch Hughes stieß weiter vor. Nachdem ein Cowboy namens Arthur McMaster als Verstärkung zu der Posse gestoßen war, saßen die Ordnungshüter ab und vertrieben die Outlaws von der Paßhöhe. Als Jubal Friar aufstand und auf Hughes anlegen wollte, jagte Cook ihm eine Kugel aus

seiner *Winchester* in den Kopf. Friars Bruder, der bereits zweimal getroffen war, rief daraufhin: »Ich hab' genug.«

»Dann nimm die Hände hoch«, versetzte Cook, »und komm raus.«

Cook und Hughes rückten vor, doch als sie nur mehr zehn Meter von Art Friar entfernt waren, riß dieser einen Revolver heraus und eröffnete das Feuer. Cook und Hughes jagten ihm jeweils eine Kugel in den Leib, worauf er tot umfiel. Der dritte Outlaw sprang auf eines der gestohlenen Pferde, sprengte ohne Sattel und Zaumzeug davon und konnte entkommen.

Quellen: Martin, *Border Boss;* Webb, *Texas Rangers,* 428, 444, 447–451, 458, 460–462.

Hunt, J. Frank

Gest. 11. Oktober 1880, Caldwell, Kansas. Ordnungshüter.

In den wilden Gründerjahren von Caldwell erwarb Hunt 1880 binnen weniger Monate einen gewissen Ruf als Revolvermann. Dem 1880 von Bürgermeister Mike Meagher zum Deputy Marshal ernannten Hunt gab man allgemein die Schuld am Tod des früheren Marshals George Flatt. Kurze Zeit später wurde er, offenbar aus Rache, ermordet.

Schießereien: *19. Juni 1880, Caldwell, Kansas.* An einem wie üblich turbulenten Sonnabend kam es zu Reibereien zwischen Hunt und dem betrunkenen George Flatt, der wegen seiner Furchtlosigkeit, aber auch wegen der beiden Revolver, die er für gewöhnlich umgeschnallt hatte, allgemein geachtet wurde. Gegen ein Uhr morgens ließ sich Flatt von Freunden überreden, nach Hause zu gehen, wollte aber unterwegs noch einen Imbiß in Louis Segermans Restaurant zu sich nehmen. Als Flatt, C. L. Spear und Samuel H. Rogers auf das Lokal zugingen, fiel ein Schuß. Die Kugel traf Flatt an der Schädelbasis, zerschmetterte die Wirbelsäule und tötete ihn auf der Stelle. Als Flatt vornüber fiel, wurden drei weitere Schüsse auf ihn abgefeuert. Rogers rannte dreißig Schritte zurück und schrie: »Hört auf, ihr habt den Mann umgebracht.« Daraufhin rannte eine Gestalt davon, bei der es sich nach Ansicht von Augenzeugen um Hunt handelte.

11. Oktober 1880, Caldwell, Kansas. Hunt saß eines Abends an einem offenen Fenster des *Red Light Saloon* in Caldwell, eines berüchtigten Tanzlokals. Während er trank und die Tänzer betrachtete, kroch ein unbekannter Attentäter zu dem Fenster und feuerte einen Schuß auf den arglosen Hunt ab. Hunt brach zusammen und wand sich tödlich verletzt am Boden. Er wurde weggetragen und von einem Arzt behandelt, starb aber wenige Stunden später unter großen Schmerzen.

Quellen: Miller und Snell, *Great Gunfighters of the Kansas Cowtowns*, 100–102, 142, 359–360; Drago, *Wild, Woolly & Wicked*, 210–212.

Jackson, Frank

(»Blockey«)

Geb. 1856 in Texas. Blechschmied, Bank- und Eisenbahnräuber.

Der in jungen Jahren verwaiste Jackson arbeitete lange in der Blechschmiede seines Schwagers Ben Key. 1876 tötete Jackson einen Schwarzen, und 1877 schloß er sich der von Sam Bass gegründeten Räuberbande an. Im Laufe der folgenden Monate war er, sei es bei Eisenbahnüberfällen oder auf der Flucht vor Suchtrupps, an mehreren Schießereien beteiligt. Als die Gang 1878 bei einem fehlgeschlagenen Bankraub zusammengeschossen wurde, konnte Jackson entkommen und untertauchen. Es gab Gerüchte, wonach er sein Leben als Rancher in New Mexico, Montana oder Big Springs, Texas, als Handlungsreisender in Houston oder als Ordnungshüter in Kalifornien beschlossen haben soll.

Schießereien: *Herbst 1876, bei Denton, Texas.* Jackson hatte gedroht, einen be-

rüchtigten Pferdedieb namens Henry Goodall zu töten, weil dieser ein Pferd in seinen Besitz genommen hatte, das Jackson für sich beanspruchte. Goodall bot Jackson ein anderes Tier an, worauf die beiden Männer gemeinsam aus der Stadt ritten. Jackson schwor später, Goodall sei abgestiegen, um sein Pferd zu tränken, habe ohne Vorwarnung auf ihn geschossen und sei tödlich getroffen worden, als er das Feuer erwidert habe. Noch am gleichen Abend fand man Goodalls Leiche mit durchschnittener Kehle und einem Loch in der Stirn. Die Tat wurde allgemein begrüßt, so daß man Jackson weder festnahm noch anklagte.

10. April, Mesquite, Texas. Die Bass-Gang war bereits zuvor gelegentlich auf leichten Widerstand gestoßen, doch als die Bande in Mesquite einen Zug überfallen wollte, wurde sie von Eisenbahnern, Fahrgästen und der Wachmannschaft eines Gefangenentransports mit einem so mörderischen Abwehrfeuer empfangen, wie sie es noch nie erlebt hatte. Als mehrere Bandenmitglieder verletzt wurden, ergriffen die Outlaws nach kurzer Gegenwehr überstürzt die Flucht.

13. Juni 1878, Salt Creek, Wise County, Texas. Nach einigen kleineren Zusammenstößen mit Posses wurde die Bass-Gang von Ordnungshütern in ihrem Lager am Salt Creek angegriffen. Bei dem anschließenden »Gefecht am Salt Creek« wurde Arkansas Johnson getötet, doch die anderen Outlaws konnten sich den Fluchtweg freischießen und zu Fuß entkommen. Auf gestohlenen Pferden brachten sie sich schließlich im Denton County in Sicherheit.

19. Juli 1878, Round Rock, Texas. Die Bass-Gang bestand mittlerweile nur mehr aus dem Bandenführer, Jackson, Seab Barnes und Jim Murphy. Murphy hatte den Behörden verraten, daß die Bande einen Banküberfall in Round Rock verüben wolle, so daß es in der Stadt von Ordnungshütern wimmelte. Als das Quartett einen Erkundungsritt unternahm, ließ Murphy sich wohlweislich zurückfallen, während Bass, Jackson und Barnes in ein neben der Bank gelegenes Geschäft gingen.

Dort trafen sie auf die Deputy Sheriffs Morris Moore und Ellis Grimes, und als letzterer Barnes fragte, ob er bewaffnet sei, eröffneten die drei Banditen das Feuer. Grimes wurde getötet, Morris schwer verletzt. Bass, der an der Hand getroffen worden war, und die anderen Outlaws rannten zu ihren Pferden. Auf der Straße wurden sie von einem Kugelhagel empfangen; Barnes wurde erschossen, Bass von einer Kugel am Oberkörper getroffen.

Jackson, der kaltblütig seinen Revolver abfeuerte, hob Barnes' Satteltaschen auf, band Bass' Pferd los, half dem Bandenführer in den Sattel, band dann sein Tier los und ritt mit Bass, den er stützten mußte, aus der Stadt. In ihrem Lager in der Nähe der Stadt angekommen, ergriffen sie zwei Flinten und versteckten sich im Dickicht. Bass, der mit seinen Kräften am Ende war, forderte Jackson auf, allein weiter zu fliehen. Jackson versorgte Bass' Wunden, hobbelte dessen Pferd in der Nähe an, ritt in die Dunkelheit und ward nie wieder gesehen.

Quellen: Gard, *Sam Bass*, 39, 101–223, 231–232, 234, 238; Webb, *Texas Rangers*, 382–383, 386–388, 390.

James, Franklin

(»B. J. Woodson«)

Geb. 10. Januar 1843, Clay County, Missouri; gest. 18. Februar 1915, Clay County, Missouri. Farmer, Partisan, Bank- und Eisenbahnräuber, Angestellter bei einer Rennbahn, Tierpfleger, kaufmännischer Angestellter, Wildwest-Show-Darsteller.

Frank James, nicht ganz so berühmt wie sein jüngerer Bruder Jesse, war das älteste Kind eines arbeitsamen Predigers und dessen willensstarker Frau. Ein Jahr vor Franks Geburt waren die Eltern von Kentucky aus auf eine Farm im westlichen Missouri gezogen, wo Franks Vater Robert James eine Pastorenstelle in der nahe gelegenen Baptistenkirche annahm. 1850 packte Robert James das Goldfieber, und er reiste nach Kalifornien, wo er bald darauf erkrankte und starb. Seine Witwe Zerelda heiratete kurze Zeit später wieder, doch die Ehe hielt nur ein paar Monate.

Im Jahr 1855 heiratete Zerelda in dritter Ehe den sanftmütigen und wohlhabenden Dr. Reuben Samuel. Die größer werdende Familie wohnte weiterhin auf der James-Farm, legte sich Sklaven zu und stellte sich infolgedessen bei Ausbruch des Bürgerkriegs auf die Seite der Konföderation. 1862 oder 1863 schloß Frank sich William Quantrills berüchtigtem Partisanentrupp an und war bald darauf am Massaker von Lawrence, Kansas, sowie an anderen blutigen Einsätzen beteiligt.

Nach dem Krieg beging er mit seinem Bruder Jesse und den Younger-Brüdern zehn Jahre lang eine Reihe von Banküberfällen in Missouri und den angrenzenden Staaten, bei denen es zu etlichen Schießereien kam. Frank war zweifellos an mehreren Raubzügen beteiligt, doch inwieweit er dabei von der Waffe Gebrauch machte, läßt sich nur schwer feststellen, da die Banditen stets maskiert waren.

Im Jahr 1873 hatte sich die James-Younger-Gang auf Eisenbahnüberfälle verlegt, und bald darauf versuchten Pinkerton-Detektive, die James- und Younger-Brüder dingfest zu machen. Am 10. März 1874 wurde der Detektiv John W. Whicher in der Nähe der James-Samuel-Farm durch Schüsse in Kopf und Herz getötet, worauf man Frank und Jesse des Mordes verdächtigte. 1876 setzte sich Frank mit seiner Geliebten Annie Ralston ab, einem Mädchen aus Kansas, das ihm zwei Jahre darauf einen Sohn gebar. Am 7. September 1876 konnten Frank und Jesse mit knapper Not entkommen, als die James-Younger-Gang bei einem mißglückten Banküberfall in Northfield, Minnesota, zusammengeschossen wurde.

Anschließend lebten Frank und Jesse ein paar Jahre lang mit ihren Familien in Tennessee, zogen aber 1881 wieder nach Missouri. Bis zu Jesses Ermordung im Jahr 1882 nahm Frank weiterhin an den Eisenbahn-, Bank- und Ladenüberfällen seines Bruders teil. Am 4. Oktober 1882 stellte sich Frank der Obrigkeit in der Hoffnung, daß der Gouverneur von Missouri, Thomas J. Crittenden, werde Gnade walten lassen. In einem ergreifenden Plädoyer bat er um Mitgefühl und Nachsicht, und nach einer Reihe langwieriger Rechtsverfahren und Prozesse wurde er freigesprochen.

Frank wurde 1885 aus der Haft entlassen und führte die nächsten dreißig Jahre ein ruhiges, ehrbares Leben. Er hielt sich eine Zeitlang in New Jersey auf, dann in Texas, in Oklahoma, in New Orleans und auf der alten Farm seiner Mutter in Missouri. Er arbeitete als Starter bei Pferderennen auf Jahrmärkten, war Türsteher im Theater und trat im Wanderzirkus auf – so zum Beispiel 1903 in der *James-Cole Younger Wild West Show*, an der er finanziell beteiligt war. Er starb 1915 auf der Farm der Familie in Missouri. Seine Asche wurde bis zum Tode seiner Frau im Jahr 1944 in einem Banktresor aufbewahrt und schließlich zusammen mit ihrer auf einem Friedhof in Kansas City bestattet.

Schießereien: *21. März 1868, Russellville, Kentucky.* Wie üblich trat die James-Younger-Gang beim Überfall auf die Bank von Nimrod Long in Russellville mit acht Mann auf; einer davon gab sich als Rinderhändler aus. Long versuchte Widerstand zu leisten, doch die Räuber eröffneten das Feuer und fügten ihm einen Streifschuß am Kopf zu. Long, der sich dadurch nicht schrecken ließ, rang mit den Räubern und stürmte dann nach draußen, wurde allerdings von den bei den Pferden postierten Männern beschossen und mußte in Deckung gehen. Die Bande entkam mit zwölftausend Dollar, die sie in einen Getreidesack gestopft hatte.

7. Dezember 1869, Gallatin, Missouri. Frank und Jesse James betraten die Bank von Gallatin und gaben vor, beim Kassierer und Inhaber John W. Sheets eine kleinere Überweisung tätigen zu wollen. Als Sheets ein Formular ausfüllte, jagte ihm einer der Banditen eine Kugel in Kopf und Herz. Der Bankangestellte William McDowell, der am Arm getroffen wurde, stürzte auf die Straße und schrie, daß Sheets getötet worden sei. Die Räuber ergriffen mit mehreren hundert Dollar die Flucht, doch einer der beiden Männer fiel vom Pferd und wurde zehn bis zwölf Meter mitgeschleift, ehe er seinen Fuß aus dem Steigbügel befreien konnte. Der andere Bandit half seinem Komplizen auf, worauf die beiden Brüder auf einem Pferd aus der Stadt galoppierten. Anschließend stahlen sie bei dem in der Nähe wohnenden Farmer Dan Smoor ein zweites Reittier und konnten entkommen.

15. Dezember 1869, Clay County, Missouri. Eine Woche nach dem Raubmord in Gallatin ritt eine kleine Posse zur Samuel-Farm, um Frank und Jesse James festzunehmen und die auf ihren Kopf ausgesetzte Belohnung zu kassieren. Als die Posse anrückte, sprengten die von einem schwarzen Angestellten alarmierten Brüder auf ihren Pferden aus der Scheune, worauf es zu einem heftigen Schußwechsel und einer wilden Verfolgungsjagd kam. Schließlich saß Deputy Sheriff John Thomason ab, um besser zielen zu können, doch sein Pferd scheute, ging durch und wurde von den Brüdern erschossen. Diese ritten unbehelligt davon.

29. April 1872, Columbia, Kentucky. Frank und Jesse James, Cole Younger und zwei unbekannte Komplizen hatten sich als angebliche Viehkäufer in die Gegend von Columbia begeben. Am 29. April ritten die fünf Männer in die Stadt, und zwei Banditen betraten die *Deposit Bank*. Als sie ihre Waffen zogen, schrie der Kassierer R. A. C. Martin: »Bankräuber!« Martin wurde erschossen, und nach einem kurzen Gerangel mit Kunden rafften die Räuber am Schalter hastig sechshundert Dollar zusammen und sprengten aus der Stadt.

7. September 1876, Northfield, Minnesota.
Acht Bewaffnete, unter ihnen die Gebrüder James und Younger, ritten nach Northfield. Dort begaben sich zwei der Männer in die *First National Bank* und forderten den diensttuenden Kassierer Joseph L. Heywood auf, den Safe zu öffnen, doch der weigerte sich. Daraufhin schnitt einer der Räuber Heywood die Kehle durch und erschoß den zu Boden sinkenden Mann. Der Schalterangestellte A. E. Bunker stürmte aus dem Gebäude und erlitt dabei eine Schulterverletzung.

Kurz darauf lieferten sich die von den Schüssen aufgeschreckten Stadtbewohner ein Feuergefecht mit den Outlaws. Der Bürger Nicholas Gustavson wurde getötet, desgleichen die Räuber Clell Miller und William Stiles. Bob Younger wurde schwer verletzt und verlor sein Pferd, doch einer seiner Brüder half ihm trotz des Kugelhagels auf und galoppierte mit ihm und den übrigen Banditen aus der Stadt. Die dezimierte Bande wurde hart verfolgt, und angeblich wollte Jesse Cole Younger dazu überreden, seinen Bruder Bob zurückzulassen oder zu töten. Als Bob sich hartnäckig weigerte, zogen Jesse und Frank James allein weiter.

Wenige Tage später wurde die übrige Bande gestellt. Charlie Pitts kam ums Leben, und Cole, Bob und Jim Younger wurden in Gewahrsam genommen. Die James-Brüder jedoch konnten sich der Festnahme entziehen.

Quellen: Settle, *Jesse James Was His Name;* James, *Jesse James, My Father;* Wellman, *Dynasty of Western Outlaws; Drago, Road Agents and Train Robbers,* 128–176, 225–226.

James, Jesse Woodson

(»Dingus«, »Thomas Howard«)

Geb. 5. September 1847, Clay County, Missouri; gest. 3. April 1882, St. Joseph, Missouri. Farmer, Partisan, Bank- und Eisenbahnräuber.
Jesse James wurde 1847 als Sohn eines Baptistenpredigers auf der Farm seiner Eltern in Missouri geboren. Er war drei Jahre alt, als sein Vater auf den Goldfeldern von Kalifornien starb und seine Mutter kurz darauf wieder heiratete. Wenig später scheiterte die Ehe jedoch, angeblich, weil der Stiefvater »garstig« zu Jesse und seinem älteren Bruder Frank war. Mutter Zerelda heiratete daraufhin Dr. Reuben Samuel, einen sanften, ergebenen Mann. Frank und Jesse James verbrachten die folgenden Jahre im Schoße ihrer rasch größer werdenden Farmersfamilie.

Bei Ausbruch des Bürgerkriegs traten Frank und Jesse mit ihrer Familie, die selbst Sklaven besaß, für die Sache des Südens ein. Mehr als einmal wurden Jesse und seine Angehörigen von Anhängern der Union mißhandelt, und 1864 schloß sich Jesse, wie zuvor sein Bruder Frank, William Quantrills Partisanentrupp an, der damals von Bloody Bill Anderson geführt wurde. Jesse wurde zweimal schwer verwundet, genas aber wieder und war bis zum Kriegsende an den Raub- und Mordzügen dieser Guerilla-Einheit beteiligt.

Nach der Kapitulation der konföderierten Armee bei Appomattox verlegten sich Jesse, Frank und andere ehemalige Partisanen ganz auf die Freibeuterei. Auf ihr Konto ging unter anderem der erste, zu Friedenszeiten am hellichten Tag verübte Bankraub in den Vereinigten Staaten: am 13. Februar 1866 überfiel die Bande die *Clay County Savings Bank* in Liberty, Missouri, und erbeutete sechzigtausend Dollar. Unterstützt wurden Jesse und Frank bei ihren Raubzügen vor allem von den Younger-Brüdern – Cole, der einer von Quantrills Unterführern gewesen war, James, Bob und John. Jahrelang suchte die normalerweise von Jesse geführte Gang Banken in Missouri und umliegenden Staaten heim.

Wie viele Überfälle von der stets maskierten James-Younger-Gang tatsächlich begangen wurden, läßt sich nicht mit letzter Gewißheit feststellen, auf jeden Fall aber kam es dabei zu zahlreichen Schießereien. Mehrmals wurden Bankangestellte oder Unbeteiligte getötet, und man darf davon ausgehen, daß Jesse wiederholt von der Waffe Gebrauch machte. Nach jedem Überfall, dessen man ihn beschuldigte, verfaßte Jesse einen offenen Brief, in dem er seine Unschuld beteuerte und darauf hinwies, daß er ein Alibi habe.

Im Jahr 1873 verlegte sich die James-Younger-Gang auf Eisenbahnüberfälle. Daraufhin wurden hohe Belohnungen auf die Ergreifung der Räuber ausgesetzt, und ab 1874 befaßten sich Pinkerton-Detektive mit dem Treiben der Gebrüder James und Younger. Jesse und Frank James wurden denn auch allgemein der Tat verdächtigt, als der Pinkerton-Agent John Whicher im März des gleichen Jahres unweit der Farm ihrer Mutter ermordet wurde.

Am 23. April 1874 heiratete Jesse seine Jugendliebe Zee Mimms, die ihm im Laufe der nächsten Jahre einen Sohn und eine Tochter schenkte. 1868 wurde James, der trotz aller Raubzüge und gelegentlicher Morde sein Leben lang ein gläubiger Christ war, getauft und in die baptistische Gemeinde aufgenommen. 1875 steckten unbekannte Täter bei Nacht die James-Samuel-Farm in Brand; ein neun Jahre alter Halbbruder von Frank und Jesse kam dabei ums Leben, und die Mutter wurde so schwer verletzt, daß man ihr eine Hand amputieren mußte. In gewissen Kreisen der Bevölkerung – unter anderem auch bei manchen Zeitungen in der Gegend – hatte man durchaus Verständnis für die James-Brüder, und ein- oder zweimal versuchte man vergebens, eine Amnestie für sie zu erreichen. Jesse und Frank überfielen unterdessen weiterhin Banken, Geschäfte, Postkutschen und Eisenbahnzüge.

Jesse und seine Frau lebten in der Folgezeit unter diversen falschen Namen in Texas, Tennessee (wo ihre Kinder zur Welt kamen) und Kansas City. Ende 1881 zog Jesse, der sich jetzt Thomas Howard nannte und weitere Raubzüge plante, nach St. Joseph. Mittlerweile aber waren erneut Belohnungen auf ihn ausgesetzt worden, und mehr als einmal hatte man ihn bereits für tot erklärt. Am 3. April 1882 wurde Jesse James in seinem Haus von Bob Ford,

einem neuen Mitglied der Bande, ermordet. Ford, den die hohe Belohnung lockte, hatte die Tat heimlich geplant, seit er sich Jesse angeschlossen hatte.

Zwar wurden hinterher Befürchtungen laut, es könne sich auch diesmal um eine Falschmeldung handeln – zumal Hochstapler noch Jahrzehnte später behaupteten, sie seien der berüchtigte Outlaw –, doch Jesse, der fünfunddreißig Jahre alt geworden war, wurde nachweislich im Vorgarten der mütterlichen Farm begraben. Für fünfundzwanzig Cents Eintritt pro Person führte Mrs. Samuel Besucher durch das Haus und zu seinem Grab, weinte dabei bitterlich über das Unrecht, das ihren Söhnen widerfahren sei, verfluchte die Detektive und wünschte den Ford-Brüdern ewige Verdammnis. Außerdem verkaufte sie für einen Vierteldollar pro Stück Steine von Jesses Grab, die sie, wenn der Vorrat zur Neige ging, in einem nahe gelegenen Bachbett auflas.

Schießereien: *27. September 1864, Centralia, Missouri.* Bloody Bill Anderson führte dreißig Gefolgsleute, unter ihnen auch Jesse James, zu einem Raubzug nach Centralia. Dort stießen die Partisanen auf fünfundzwanzig unbewaffnete Soldaten der Union, die sie kaltblütig exekutierten. Ein von Major A. V. E. Johnson befehligter Verfolgertrupp wurde von Anderson, dessen Männer mittlerweile durch zweihundert in der Gegend herumstreifende Partisanenkämpfer verstärkt worden waren, in einen Hinterhalt gelockt. Johnson und hundert seiner Soldaten wurden dabei getötet. Jesse selbst soll den Befehlshaber der Unionstruppen erschossen haben.

13. Februar 1866, Liberty, Missouri. In den Morgenstunden ritten ein Dutzend Männer, darunter angeblich auch Jesse (der seinerzeit möglicherweise unter den Folgen eines Lungenschusses litt und ans Bett gefesselt war) und Frank James, in Liberty ein. Zwei der Räuber begaben sich in die *Clay County Savings Bank* und zogen ihre Revolver. Die Täter sperrten den Kassierer und seinen kleinen Sohn in den Tresorraum und stopften sechzigtausend Dollar Bargeld in einen Weizensack. Draußen schossen die offenbar nervösen Räuber auf Passanten und töteten George Waymore, einen Studenten am örtlichen College. Dann sprangen die Banditen auf ihre Pferde und galoppierten, von einer Posse verfolgt, aus der Stadt.

21. März 1868, Russellville, Kentucky. Jesse und Frank James, Cole und Jim Younger sowie vier weitere Banditen ritten nach Russellville, um die *Southern Bank of Kentucky* auszurauben. Jesse, der sich mit einigen Gefolgsleuten in das Gebäude begab, mußte mehrere Warnschüsse abfeuern, ehe Kassierer Morton Barkley das Geld herausgab.

Als Bankdirektor Nimrod Long, der in seinem nahe gelegenen Haus am Mittagstisch saß, die Schüsse hörte, rannte er unter lauten Warnrufen zur Bank. Er stürmte durch die Hintertür und traf im Flur auf Jesse. Die beiden Männer rangen kurz miteinander, dann bekam Jesse seinen Revolver frei und gab zwei Schüsse ab. Long erlitt einen Streifschuß am Kopf und stürzte zu Boden. Jesse rannte in den Schalterraum zurück und rief, er habe den Bankdirektor getötet, worauf die Banditen zu ihren Pferden eilten. Plötzlich torkelte Long aus der Bank und schlug erneut Alarm. Die Outlaws feuerten mehrere Schüsse auf ihn ab und galoppierten davon.

7. Dezember 1869, Gallatin, Missouri. Jesse und Frank James betraten die Bank von Gallatin, gaben sich als Kunden aus und wandten sich wegen einer Überweisung an Inhaber John W. Sheets, einen ehemaligen Offizier aus dem Bürgerkrieg, gegen den sie angeblich einen tiefen Groll hegten. Plötzlich gab einer der Brüder zwei Schüsse auf Sheets ab, die ihn auf der Stelle töteten. Der Bankangestellte William McDowell, auf den ebenfalls geschossen wurde, erlitt eine Armverletzung, konnte aber auf die Straße laufen und um Hilfe rufen. Die Räuber stürmten mit ihrer Beute aus der Bank,

doch einer der Täter konnte sein scheuendes Pferd nicht besteigen. Daraufhin ritten die beiden Männer auf einem Tier aus der Stadt, stahlen bei einem Farmer ein zweites Pferd und setzten sich ins Clay County ab.

15. Dezember 1869, Clay County, Missouri. Vier Männer umstellten die James-Samuel-Farm, um die James-Brüder zu ergreifen und die nach dem Raubmord in Gallatin ausgesetzte Belohnung einzustreichen. Als sich Deputy Sheriff John Thomason dem Farmhaus näherte, sprengten Frank und Jesse auf schnellen Pferden aus der Scheune. Nach einem kurzen Schußwechsel jagte die Posse hinter ihnen her. Thomason saß schließlich ab, legte sein Gewehr über den Sattel an und feuerte gezielt auf die flüchtenden Brüder. Plötzlich scheute sein Pferd, riß sich los und galoppierte hinter den James-Brüdern her. Einer von ihnen erschoß das Tier, worauf beide entkommen konnten.

26. September 1872, Kansas City, Missouri. Drei Berittene näherten sich Ben Wallace, der Eintrittskarten für das *Kansas City Fair* verkaufte, einen gutbesuchten Jahrmarkt. Einer der Männer, vermutlich Jesse James, ergriff die eiserne Geldkassette, nahm den Inhalt an sich und warf das Behältnis weg. Wallace rangelte mit dem Räuber, worauf dieser einen Revolver zog und einen ungezielten Schuß abgab, der ein kleines Mädchen am Bein traf. Anschließend sprengten die Banditen in einen nahe gelegenen Wald.

7. September 1876, Northfield, Minnesota. Acht Mitglieder der James-Younger-Gang ritten nach Northfield, wo sie die *First National Bank* überfallen wollten. Drei der Männer machten am Stadtrand halt, zwei paßten vor der Bank auf die Pferde auf, und die übrigen drei begaben sich in das Gebäude. Als sich Kassierer Joseph L. Heywood ihren Forderungen widersetzte, schnitt ihm einer der Räuber die Kehle durch und erledigte ihn dann mit einer Kugel. Ein Schalterbeamter namens A. E.

Teller rannte auf die Straße und wurde von einem Banditen an der Schulter getroffen.

Eine Schar aufgeschreckter Bürger nahm die Outlaws unter Beschuß, tötete Clell Miller und William Stiles und fügte Bob Younger schwere Verletzungen zu. Die Räuber töteten ihrerseits den Stadtbewohner Nicholas Gustavson und konnten sich den Fluchtweg freischießen.

Laut der Aussage von Cole Younger wollte Jesse den verletzten Bob hinterher töten oder zurücklassen, damit die Gang schneller vorankomme. Cole weigerte sich, worauf Jesse und Frank allein losritten und entkommen konnten. Wenige Tage später wurde die übrige Bande von einer Posse gestellt, die den Outlaw Charlie Pitts tötete und Bob, Cole und Jim Younger festnahm.

15. Juli 1881, Winston, Missouri. Ein halbes Dutzend Räuber bestiegen in Cameron und in Winston unauffällig den aus Kansas City kommende Abendzug der *Chicago, Rock Island & Pacific Railroad.* Kurz hinter Winston schlugen die Desperados im Schutze der einbrechenden Dunkelheit zu. Plötzlich stand ein bärtiger Mann in einem hellen Staubmantel (vermutlich Jesse) vor Zugführer William Westfall, der im Raucherwagen Fahrkarten verkaufte, versperrte ihm den Weg, zog einen Revolver und befahl ihm, die Hände zu heben. Westfall drehte sich um und wollte fliehen, worauf ihm der Bandit in den Rücken schoß. Der Zugführer torkelte durch die Tür, wurde von einer zweiten Kugel getroffen und stürzte von der hinteren Plattform. Westfalls Mörder sowie ein oder zwei andere Bandenmitglieder feuerten weiter und verletzten den Fahrgast Frank McMillan tödlich.

Während mehrere Outlaws den Lokführer zwangen, den Zug auf einem Abstellgleis anzuhalten, begaben sich zwei der Banditen zum Expreßgutwaggon. Sie verschafften sich gewaltsam Zutritt, schlugen den Expreßboten mit ihren Revolvern nieder, nahmen ihm die Schlüssel ab und öffneten den Safe. Anschließend verschwanden die Räuber in der Dunkelheit.

3. April 1882, St. Joseph, Missouri. Seit mehreren Monaten lebte Jesse unter dem Decknamen Thomas Howard mit seiner Familie und einigen Gefährten in St. Joseph und bereitete dort weitere Überfälle vor. An einem Montagmorgen begab er sich nach dem Frühstück mit Charles und Robert Ford – die Brüder gaben vor, ihm bei einem am nächsten Tag geplanten Bankraub helfen zu wollen – ins Wohnzimmer. Jesse legte seine Revolver ab und stieg auf einen Stuhl, um ein Bild geradezurücken. Bob Ford, den schon seit Wochen die auf Jesses Kopf ausgesetzte Belohnung lockte, nutzte die Gelegenheit. Er zog seinen Revolver und jagte Jesse eine Kugel in den Hinterkopf, die ihn auf der Stelle tötete. Während Jesses Frau in Tränen aufgelöst zu ihrem toten Gatten eilte, suchten die Fords das Weite. Als sich die Kunde von der Tat verbreitete, eilten die Bewohner der Stadt zu dem Haus, um die Leiche des berüchtigten Outlaws zu bestaunen.

Quellen: Settle, *Jesse James Was His Name;* James, *Jesse James, My Father;* Wellman, *Dynasty of Western Outlaws;* Drago, *Road Agents and Train Robbers,* 128–171, 185.

Jennings, Napoleon Augustus

Geb. 11. Januar 1856, Philadelphia, Pennsylvania; gest. 15. Dezember 1919, New York City, New York. Farmarbeiter, Sekretär, Vermessungsgehilfe, Ordnungshüter, Cowboy, Postkutschenfahrer, Schildermaler, Autor und Journalist.

N. A. Jennings, ein Kaufmannssohn aus Philadelphia, wurde zur Ausbildung auf die St. Paul's School in Concord, New Hampshire, geschickt. Mit achtzehn zog er auf der Suche nach Abenteuern gen Texas und schlug sich als Farmarbeiter, Sekretär des Quartiermeisters bei der US-Kavallerie und Vermessungsgehilfe durch. 1876 und 1877 diente er unter L. H. McNelly und John B. Armstrong bei den Texas Rangers und trug von Berufs wegen Waffen.

Jennings, der an Schießereien mit Viehdieben und an mehreren Scharmützeln entlang der mexikanischen Grenze beteiligt war, begleitete 1876 Lee Hall, als die Rangers die Sutton-Taylor-Fehde endgültig niederschlagen wollten. Nach dem Tod seines Vaters verließ er 1878 Texas, begab sich aber bald darauf wieder in den Westen, heuerte als Cowboy an, fuhr Postkutschen, malte Schilder und suchte nach Gold. 1884 kehrte er endgültig in den Osten zurück und arbeitete fortan als Autor für Zeitungen und Illustrierte.

Schießereien: *1. Oktober 1876, bei Carrizo, Texas.* Jennings ritt mit einer Rangers-Patrouille unter der Führung von John B. Armstrong zu einem Outlaw-Camp am Espinoza Lake in der Nähe von Carrizo. Als sie gegen Mitternacht auf das Lager stießen, hatten bereits sechs Banditen das Weite gesucht, und die vier zurückgebliebenen versuchten, sich den Fluchtweg freizuschießen. Jennings streckte einen Outlaw namens McAllister mit einem Gewehrschuß nieder. McAllister erlitt dabei eine klaffende Wunde am Unterkiefer und eine Beinverletzung, überlebte aber im Gegensatz zu seinen Gefährten die Schießerei. Etwa zur gleichen Zeit lieferten sich andere Mitglieder der Rangers-Abteilung ein Gefecht mit weiteren Outlaws und töteten einen Mann.

5. Oktober 1876, Carrizo Springs, Texas. Einige Tage später wurden Jennings und zwei andere Rangers als Meldereiter losgeschickt, um eine andere Rangers-Patrouille vor einem Hinterhalt bei Carrizo Springs zu warnen. Als sie zu der Furt bei Carrizo Springs kamen, wo der Überfall stattfinden sollte, zogen sie vorsorglich die Waffen und gaben ihren Pferden die Sporen. Sie gelangten unbehelligt ans andere Ufer, doch als sie mit ihren Tieren die Böschung hinauffritten, entdeckten sie einen Reitertrupp. Die drei Rangers saßen ab, suchten in einem nahe gelegenen Gebüsch Schutz und lieferten sich einen Schußwechsel mit den Berittenen. Diese wiederum griffen die

drei Rangers an. Doch bevor jemand zu Schaden kam, stellte Jennings fest, daß es sich bei den vermeintlichen »Widersachern« um die Rangers-Patrouille handelte, die sie warnen sollte.

Quellen: Jennings, *Texas Rangers;* Webb, *Texas Rangers,* 265.

Johnson, Jack

(»Turkey Creek«)

Revolvermann, Bergmann, Ordnungshüter.

Der Goldsucher und -schürfer Turkey Creek Johnson wurde in den siebziger Jahren im Zuge des Goldrausches nach Deadwood und Tombstone gelockt. In Tombstone fand er Anschluß an die Earps, wurde vorübergehend zum Deputy Marshal ernannt, half Wyatt bei der Jagd auf Postkutschenräuber und nahm an dem Rachefeldzug teil, bei dem Frank Stilwell und Florentino Cruz ermordet wurden. Nach dem Ende der Fehde zwischen den Earps und den Clantons zog er mit Sherman McMasters nach Utah und in den texanischen Panhandle.

Schießereien: *Ende 1876, Deadwood, Dakota Territory.* Johnson stritt sich in einem Saloon in Deadwood mit seinen zwei Kompagnons. Die drei Männer begaben sich, von zahlreichen Schaulustigen verfolgt, auf den Friedhof. Die beiden Schürfpartner eröffneten aus größerer Entfernung das Feuer und fügten Johnson einen Streifschuß zu, worauf der sie kaltblütig erschoß. Johnson kam anschließend für die Bestattungskosten auf. Wegen des tiefgefrorenen Bodens mußten die Gräber mit Dynamit aus der Erde gesprengt werden.

20. März 1882, Tucson, Arizona. Johnson begab sich mit Wyatt und Warren Earp, Doc Holliday und Sherman McMasters auf die Suche nach Frank Stilwell, dem mutmaßlichen Todesschützen, der zwei Tage zuvor Morgan Earp ermordet hatte. Stilwell wurde in der Nähe des Bahnhofes von Tucson gesichtet, wo die Earps gerade ihren verletzten Bruder Virgil in einen Zug nach Kalifornien gesetzt hatten. Die fünf Männer verfolgten Stilwell durch die dunklen Gassen, stellten ihn nach wenigen Minuten und mähten ihn mit ihren Gewehren und Schrotflinten nieder.

22. März 1882, Tombstone, Arizona. Johnson und die anderen kehrten auf ihrer Jagd nach weiteren Mordverdächtigen nach Tombstone zurück. In einem Holzfällerlager in der Nähe der Stadt stießen sie auf ein Halbblut namens Florentino Cruz. Cruz legte vermutlich noch ein Geständnis ab, ehe er mit etwa zwölf Schüssen hingerichtet wurde.

Quellen: Jahns, *Frontier World of Doc Holliday*, 223, 228, 230–232, 234–235; Lake, *Wyatt Earp*, 158–159, 356.

Johnson, William H.

Gest. 16. August 1878, bei Seven Rivers, New Mexico. Soldat, Rancher, Revolvermann, Ordnungshüter.

Johnson, ein ehemaliger Captain der konföderierten Armee, zog nach dem Bürgerkrieg nach New Mexico und heiratete dort die Tochter des ebenfalls aus dem Süden stammenden Henry Beckwith. 1876 bewirtschaftete er gemeinsam mit Wallace Olinger eine Ranch. Als zwei Jahre später der *Lincoln County War* ausbrach, kämpften beide Männer auf seiten der Seven Rivers Crowd. Johnson diente eine Zeitlang als Deputy unter Sheriff William Brady und überlebte das große Morden im Lincoln County. Er wurde von seinem Schwiegervater bei einem Familienstreit erschossen.

Schießereien: *22. April 1877, bei Seven Rivers, New Mexico.* Der Großrancher John Chisum ritt an der Spitze seiner Männer zu einer Strafexpedition auf die Beckwith-Ranch. (Chisum war der Überzeugung, die Beckwiths hätten Vieh von ihm gestohlen.)

Da keiner der Beckwith-Männer in der Nähe war, übernahm Johnson das Kommando über die Verteidiger. Chisums Männer wurden aus sieben- bis achthundert Metern Entfernung unter Gewehrfeuer genommen, schossen eine Zeitlang zurück und zogen bald darauf ab.

30. April 1878, bei Lincoln, New Mexico. Johnson überfiel mit einer Posse etwa acht Meilen nördlich von Lincoln Frank McNab, Ab Sanders und Frank Coe. McNab und Sanders waren abgesessen und tränkten ihre Pferde, als die Posse das Feuer eröffnete und beide niederstreckte. Coe verlor sein Pferd, setzte sich aber so lange zur Wehr, bis ihm die Munition ausging. McNab versuchte wegzukriechen und wurde getötet. Die Häscher nahmen Coe in Gewahrsam und ließen den verletzten Sanders an Ort und Stelle liegen.

16. August 1878, bei Seven Rivers, New Mexico. Johnson und sein Schwiegervater gerieten auf der in der Nähe von Seven Rivers gelegenen Beckwith-Ranch in Streit. Der für seine Griesgrämigkeit bekannte Beckwith ergriff wütend eine mit Bleiposten und Pistolenkugeln geladene doppelläufige Schrotflinte und feuerte auf Johnson. Tödlich an Brust und Hals getroffen, fiel Johnson zu Boden. Wallace Olinger jagte Beckwith eine Kugel ins Gesicht, doch der überlebte die Verletzung.

Quellen: Keleher, *Violence in Lincoln County*, 159, 223–224; Fulton, *Lincoln County War*, 37–39, 213, 217, 220, 288; Klasner, *My Girlhood Among Outlaws*, 67, 143, 172.

Jones, Frank

Geb. 1856 in Austin, Texas; gest. 30. Juni 1893, Tres Jacales, Mexiko. Texas Ranger.

Der in Texas geborene Jones meldete sich zu den Texas Rangers und wurde schließlich Chef der D-Kompanie. Er wurde vor allem entlang der Grenze zu Mexiko eingesetzt, wo er Viehdiebe, Eisenbahn- und

192 Jones, John

Bankräuber und eine ganze Reihe weiterer Mordbuben zur Strecke brachte. Bei der Verfolgung flüchtiger Straftäter überschritt er ohne Bedenken den Rio Grande, erklärte aber, daß er »nie auf bewohntes mexikanisches Gebiet vordringen würde, wenn die Gefahr bestünde, internationales Aufsehen zu erregen«. 1893 wurde er bei einer Schießerei mit mexikanischen Viehdieben getötet. John Hughes wurde sein Nachfolger als Kompaniechef.

Schießereien: *Oktober 1891, Crockett County, Texas.* Jones, der mit einer aus sieben Mann bestehenden Posse Jagd auf eine Bande Viehdiebe und Eisenbahnräuber machte, verfolgte vier Verdächtige ins Crockett County. In der Nähe von Howard's Well stellte die Posse die Outlaws, worauf es zu einer wilden Verfolgungsjagd kam. Ein Outlaw ergab sich, nachdem ihm das Pferd unter dem Leib weggeschossen worden war. Zwei andere wurden verwundet und gaben nach etwa einer Meile auf. Der vierte aber, ein gewisser John Flint, lieferte sich, obwohl ebenfalls angeschossen, mit Jones und ein paar anderen Mitgliedern der Posse eine wilde Verfolgungsjagd über acht Meilen. Als er durch den Blutverlust so geschwächt war, daß er nicht mehr weiterreiten konnte, setzte er sich angesichts der drohenden Festnahme den Revolver an den Kopf und erschoß sich.

30. Juni 1893, Tres Jacales, Mexiko. Begleitet von Deputy Sheriff R. E. Bryant, Ranger Corporal Karl Kirchner sowie den Gemeinen E. D. Aten, J. W. Sanders und F. F. Tucker begab sich Captain Jones auf die Suche nach dem Rinderdieb Jesús María Olguín und dessen Sohn Severio. Die Posse folgte ihrer Spur über den Rio Grande hinweg, drang nach Mexiko ein und entdeckte die Gesuchten schließlich in der Siedlung Tres Jacales. Die Mexikaner sprengten auf ihren Pferden davon, worauf die Texaner die Verfolgung aufnahmen und auf sie feuerten. Eine Kugel zerschmetterte Severios Arm, eine weitere traf seinen Vater an der rechten Hand. Doch nach etwa dreihundert Metern saßen die Flüchtenden ab und gingen in einem aus vier Adobehäusern bestehenden Gehöft in Deckung.

Als die Texaner vor das Gebäude ritten, wurden sie von fünf bis sechs Mexikanern unter Beschuß genommen, wobei eine Kugel Kirchners *Winchester* traf. Aten erwiderte das Feuer mit seinem Revolver, während Jones bis auf zehn Meter an die Tür heranritt und dann seine *Winchester* sprechen ließ. Von einer Kugel am Schenkel getroffen, stürzte er aus dem Sattel.

»Captain, sind Sie verletzt?« fragte Tucker.

»Ja, schießt alles in Stücke«, versetzte Jones. Dann streckte er sein gebrochenes Bein aus, griff zu seinem Gewehr und eröffnete wieder das Feuer. Plötzlich wurde er von einer Kugel an der Brust getroffen. »Jungs, mich hat's erwischt«, keuchte er und kippte tot um.

Im allgemeinen Durcheinander konnten die Olguíns entkommen. Die Rangers verharrten eine Dreiviertelstunde lang unschlüssig bei ihrem gefallenen Kommandeur und setzten sich dann aus Angst, man könne ihnen den Rückweg abschneiden, fluchtartig zum Rio Grande ab. Zwei Tage später wurde Jones' Leichnam von den mexikanischen Behörden bei San Elizario, Texas, in die USA überstellt.

Quellen: Webb, *Texas Rangers,* 438–444; Martin, *Border Boss,* 42–43, 48, 51, 53, 64, 68, 76–77, 82, 84, 90, 92–93, 102–104, 107–108, 111, 113–123, 125, 127, 134.

Jones, John

Geb. in Iowa; gest. im September 1879, Lincoln County, New Mexico. Cowboy, Rustler.

John, eins von zehn Kindern des Farmers Heiskell Jones, zog 1861 mit seiner Familie von Iowa nach Colorado und fünf Jahre darauf ins Lincoln County in New Mexico. Die Familie Jones bewirtschaftete diverse Anwesen und verkaufte einmal ihre Ländereien an die mörderischen Horrell-Brüder. John, den das ruhige Dasein als Cowboy nicht ausfüllte, begab sich 1878 unter die Rustler und schlug sich während des *Lincoln County War* auf die Seite der Murphy-Dolan-Fraktion. Er tötete Bill Riley und John Beckwith bei Streitereien um Land beziehungsweise um Vieh und wurde 1879 seinerseits von dem Ordnungshüter Bob Olinger niedergeschossen.

Schießereien: *1878, Lincoln County, New Mexico.* Jones und Bob Riley gerieten in Streit und griffen in ihrer Wut zu den Waffen. Jones erschoß seinen Widersacher, kam aber aufgrund der allgemeinen Gesetzlosigkeit, die seinerzeit im Lincoln County herrschte, ungeschoren davon.

15. bis 19. Juli 1878, Lincoln, New Mexico. Jones gehörte dem vierzig Mann starken Belagerungstrupp an, der sich mit Alexander McSween und dessen Revolvermännern das hitzigste Gefecht des *Lincoln County War* lieferte. Als McSweens Haus in Brand gesteckt wurde, krochen Jones und mehrere andere Männer zu einer etwa einen Meter zwanzig hohen Adobemauer in der Nähe der Haustür und legten sich dort auf die Lauer. Sobald die zwölf in dem Haus verschanzten Männer aus der Tür kamen, eröffneten sie das Feuer und mähten McSween, Vicente Romero, Tom O'Folliard, Francisco Zamora, Harvey Morris und Yginio Salazar nieder. Nur O'Folliard und Salazar überlebten ihre Verletzungen. Man darf davon ausgehen, daß Jones bei dieser Schießerei mehrere Treffer landete.

26. August 1879, Seven Rivers, New Mexico. Jones und der Rancher John Beckwith stritten sich wegen einer Rinderherde, auf die beide Anspruch erhoben. Der jähzornige Jones griff zu seinem Revolver, und bei der anschließenden Schießerei wurde Beckwith tödlich getroffen.

September 1879, Lincoln County, New Mexico. Die Ordnungshüter Bob Olinger und Milo Pierce begegneten Jones bei einem Rinder-Camp im Lincoln County. Jones lud die Flinte durch, ging auf Olinger zu und

knurrte: »Ich habe gehört, daß du herumerzählst, ich hätte John Beckwith umgebracht. Jetzt werden deine Lügengeschichten aus der Welt geschafft.«

»Wie willst du die denn aus der Welt schaffen?« fragte Olinger. John gab einen Schuß ab, worauf Olinger ihm drei Kugeln in den Leib jagte, die ihn auf der Stelle töteten.

Quellen: Klasner, *My Girlhood Among Outlaws,* 63–63, 187–189; Keleher, *Violence in Lincoln County,* 105–106; Hunt, *Tragic Days of Billy the Kid,* 101–102, 181–184; Fulton, *Lincoln County War,* 69, 252, 271–273, 333, 347, 370–371.

Kelly, Ed O.

(»Red«)

Geb. in Harrisonville, Missouri; gest. 13. Januar 1904, Oklahoma City, Oklahoma.

Der aus Missouri stammende Kelly heiratete eine Verwandte der berühmtberüchtigten Younger-Brüder. Er galt als harter Bursche, mit dem nicht gut Kirschen essen war. In den neunziger Jahren zog er nach Colorado und begegnete in einem Hotel in Pueblo Bob Ford, dem Mörder von Jesse James. Fords Diamantring war über Nacht gestohlen worden, worauf Ford Kelly des Diebstahls bezichtigte. Anschließend kehrte Ford in seinen Saloon in Creede zurück und wiederholte seine Anschuldigungen in aller Öffentlichkeit. Kelly begab sich sofort zu Fords Saloon, tötete ihn und kam ins Gefängnis. Er wurde zu einer lebenslangen Haftstrafe verurteilt, die später auf achtzehn Jahre begrenzt wurde, und kam im Jahr 1900 frei. Prompt geriet er wieder mit dem Gesetz in Konflikt und wurde vier Jahre später in Oklahoma City auf offener Straße erschossen.

Schießereien: *8. Juni 1892, Creede, Colorado.* Aus Wut darüber, daß er öffentlich des Diebstahls beschuldigt und aus Bob Fords Saloon geworfen worden war, lud Kelly eine Schrotflinte, stürmte in das Lokal zurück und stellte Ford zur Rede. Kelly

Ed O. Kelly, der in Creede, Colorado, Bob Ford tötete. *(Western History Collections, University of Oklahoma Library)*

schoß Ford über den Haufen und ergriff die Flucht, wurde aber kurz darauf in Pueblo wegen Mordes festgenommen.

13. Januar 1904, Oklahoma City, Oklahoma. Kelly wurde von einem Stadtpolizisten in Oklahoma zur Ordnung gerufen. Nach einem wilden Handgemenge machte der Ordnungshüter von der Waffe Gebrauch und erschoß Kelly.

Quelle: Robertson und Harris, *Soapy Smith*, 111–112, 116–117.

Kemp, David Lyle

Geb. 1. März 1862, Hamilton County, Texas; gest. 4. Januar 1935, Higgins, Texas. Farmer, Rancher, Schlachter, Rinderdieb, Spieler, Ordnungshüter.

Als Jugendlicher tötete Kemp in Hamilton, Texas, einen Mann namens Smith und wurde zum Tod durch den Strang verurteilt. Das Urteil entsetzte ihn derart, daß er sich von seinen Bewachern losriß und aus dem Fenster des im ersten Stock gelegenen Gerichtssaals sprang. Er brach sich beide Knöchel, konnte aber ein Pferd besteigen und seinen Häschern entkommen. Wegen seines Alters wurde er vom Gouverneur jedoch zunächst zu einer lebenslangen Haftstrafe begnadigt und schließlich amnestiert.

Kemp zog nach New Mexico, eröffnete in Eddy (dem heutigen Carlsbad) eine Fleischerei, erwarb einen Anteil an einem Spielcasino im nahe gelegenen Phoenix und wurde schließlich Sheriff des neu gegründeten Eddy County. Von seiner Amtsführung profitierten vor allem seine Gefolgsleute, die sich dem Glücksspiel verschrieben hatten, so daß in dem Verwaltungsbezirk binnen kürzester Zeit chaotische Zustände herrschten. Schließlich sollte der zum Deputy U. S. Marshal ernannte Dee Harkey für Ruhe und Ordnung in der Gegend sorgen, worauf Kemp und seine Freunde dem lästigen Ordnungshüter mehr als einmal mit dem Tode drohten.

Kemp kaufte sich außerdem eine Ranch in der Nähe der Stadt und besserte durch Viehdiebstähle sein Einkommen als Schlachter und Rinderzüchter auf. Nachdem er eines Nachts von Harkey auf frischer Tat ertappt worden war, erklärte er sich bereit, die Gegend zu verlassen. Er hielt sich einige Jahre lang in Arizona auf, kehrte aber zurück, als sein alter Gegner Les Dow zum Sheriff des Eddy County gewählt wurde. Kemp tötete Dow, verlegte sich wieder auf Viehdiebstähle, kehrte schließlich nach Texas zurück und bewirtschaftete in der Nähe von Higgins eine Ranch. Dort wurde er 1935 von seiner Schwester erschossen.

Schießereien: *um 1877, Hamilton, Texas.* Auf der Main Street von Hamilton brach ein Streit zwischen einem gewissen Smith und einem Mann namens Bogan aus. Kemp mischte sich ein und erschoß Smith im Zorn. Als der Sheriff angerannt kam, wich Kemp zurück und wollte den Revolver auf den Ordnungshüter abdrücken. Doch die

Waffe versagte, und Kemp wurde von einem Bürger namens Tom Moss von hinten ergriffen und überwältigt. Kemp wurde zum Tode verurteilt, später jedoch begnadigt.

18. Februar 1897, Carlsbad, New Mexico. Kemp und ein Komplize namens Will Kennon lauerten in der Nähe des Postamtes, als Sheriff Les Dow, ein alter Widersacher Kemps, das Gebäude betrat. Sobald Dow, der einen Brief las, wieder herauskam, drückte ihm Kemp einen Revolver ins Gesicht und schoß. Dow zog in einem letzten Reflex die Waffe und brach dann zusammen, während Kemp und Kennon die Flucht ergriffen. Dow starb am nächsten Morgen, und Kemp wurde wegen Notwehr freigesprochen.

Quellen: Harkey, *Mean as Hell*, 39–45, 63–65, 71, 74–75, 78–86; Haley, *Jeff Milton*, 230; Sonnichsen, *Tularosa*, 312.

Ketchum, Thomas

(»Black Jack«)

Geb. 1866 im San Saba County, Texas; gest. 25. April 1901, Clayton, New Mexico. Cowboy, Bank-, Eisenbahn- und Postkutschenräuber.

Ketchum war ein trinkfester Cowboy, der von Zeit zu Zeit ein höchst befremdliches Verhalten an den Tag legte. Einmal zum Beispiel wurde er von einem Mädchen abgewiesen, worauf er sich abwechselnd mit einem Revolver und einem Lasso schlug. In den neunziger Jahren geriet er auf die schiefe Bahn und überfiel in New Mexico Postkutschen, Banken und Eisenbahnzüge. Häufig unterstützte ihn dabei sein Bruder Sam, der bei einem Eisenbahnraub angeschossen wurde und an den Folgen der Verletzung starb.

Black Jack war ein gefährlicher Revolvermann, der bei einer Schießerei in einem Saloon in Arizona zwei Bergmänner und zehn Tage später zwei Ordnungshüter tötete. Nach seiner Festnahme wurde er vor Gericht gestellt und zum Tod durch den

Black Jack Ketchum – das Foto entstand, kurz bevor ihm bei der Hinrichtung in Clayton, New Mexico, der Kopf abgerissen wurde. *(Arizona Historical Society)*

Strang verurteilt. Tapfer trug er im Angesicht des Galgens sein Schicksal, stürmte die Stufen hinauf und rief: »Bevor ihr mit dem Frühstück anfangt, bin ich schon in der Hölle, Jungs.« Nachdem man ihm die Kapuze über das Gesicht gezogen hatte, befahl er beherzt: »Legt schon los!« Daraufhin löste der Henker die Falltür, und beim anschließenden Sturz wurde Ketchums Kopf vom Rumpf abgerissen.

Schießereien: *2. Juli 1899, Camp Verde, Arizona.* Beim Kartenspiel in einem Saloon am Ortsrand von Camp Verde brach Ketchum einen Streit mit zwei Bergmännern vom Zaun. Es kam zu einer Schießerei, bei der Ketchum beide Bergleute tödlich verletzte und dann das Weite suchte.

12. Juli 1899, Turkey Creek Canyon, New Mexico. Im Morgengrauen wurden Ketchum und zwei Komplizen, die Eisenbahnräuber Elzy Lay und G. W. Franks, in ihrem Lager in der Nähe des Turkey Creek von einer Posse gestellt. Es kam zu einem Feuergefecht, das den ganzen Tag über andauerte und bei dem drei Ordnungshüter – Edward Farr, W. H. Love und Tom Smith – ihr Leben verloren. Lay wurde zweimal getroffen, und Ketchum, den man für den Tod von Farr und Love verantwortlich machte, bekam eine Kugel in die Schulter. Die Outlaws konnten sich über Nacht davonstehlen, doch einige Tage darauf wurde der verletzte Black Jack in Gewahrsam genommen.

16. August 1899, bei Folsom, Arizona. Als Black Jack im Alleingang einen Eisenbahnzug der *Colorado & Southern Railroad* überfallen wollte, kam es zu einer Schießerei, bei der Ketchum dem Expreßboten eine Kugel in den Unterkiefer jagte. Beim anschließenden Schußwechsel zwischen Black Jack und Zugführer Frank Harrington verletzten beide einander. – Harrington wurde am Hals getroffen, feuerte aber seinerseits die Schrotflinte ab und zerschmetterte Ketchums rechten Arm. Black Jack ließ den Revolver fallen, kroch unter den Zug und konnte im Schutz der Dunkelheit ins dichte Gestrüpp entkommen. Tags darauf fand ihn das Personal eines Güterzugs, als er an einen Baum gelehnt in der Nähe der Gleise saß. Die Ärzte mußten seinen zerfetzten Arm amputieren.

Quellen: Burton, *Dynamite and Six-Shooters*; Horan, *Desperate Men*, 182, 228, 230–231; Nash, *Bloodletters and Badmen*, 307–308; Baker, *Wild Bunch*, 171, 176–177.

Larn, John M.

Geb. 1849 in Mobile, Alabama; gest. 22. Juni 1878, Albany, Texas. Rancher, Viehdieb, Ordnungshüter, Cowboy.

Der in Mobile, Alabama, aufgewachsene Larn lief als Halbwüchsiger von zu Hause weg und schlug sich nach Colorado durch. Ein paar Jahre darauf tötete er einen Rancher, floh nach New Mexico, brachte dort einen Sheriff um und setzte sich umgehend nach Fort Griffin, Texas, ab. Er heuerte als Treckboß bei Bill Hays an, einem ortsansässigen Rancher, und trieb im Herbst 1871 eine große Rinderherde nach Kalifornien – ein Treck, in dessen Verlauf es wiederholt zu gewalttätigen Auseinandersetzungen kam.

Danach baute sich Larn in der Nähe von Fort Griffin eine eigene Ranch auf und gründete eine Familie. 1876 wurde er zum Sheriff des Shackleford County gewählt. Als Deputy setzte er häufig seinen Freund ein, den bekannten Revolvermann John Selman. Als der Verdacht laut wurde, Larn und Selman seien in die zahlreichen Rinderdiebstähle in der Gegend verwickelt, legte Larn unter zunehmendem Druck der Öffentlichkeit am 7. März 1877 sein Amt als Sheriff nieder.

Der Unmut der lokalen Bevölkerung über Larns Viehdiebstähle und Gewalttätigkeit schlug in offene Wut um, was dazu führte, daß er am 22. Juni 1878 auf seiner Ranch festgenommen und nach Albany gebracht wurde. Noch in der gleichen Nacht brachen Maskierte ins Gefängnis ein und exkutierten ihn mit ihren Flinten.

Schießereien: *1871, Colorado.* Larn stritt sich wegen eines Pferdes mit dem Besitzer der Ranch, auf der arbeitete. Wütend zog er seinen Revolver, tötete seinen Arbeitgeber und flüchtete vom Tatort.

1871, New Mexico. Auf der Flucht nach New Mexico begegnete Larn einem argwöhnischen Sheriff. Larn, der keinerlei Risiko eingehen wollte, griff zur Waffe und erschoß den Ordnungshüter.

1871, am Pecos River, Texas. Larn, der einen Viehtreck nach Colorado führte, geriet in eine Auseinandersetzung mit zwei Mexikanern. Er erschoß die beiden Männer und ließ ihre Leichen als »Futter für die Welse« in den Pecos werfen. (Vermutlich tötete Larn bei einem weiteren Streit im Laufe des gleichen Trecks noch einen anderen Mexikaner.)

Juni 1878, bei Fort Griffin, Texas. Larn lauerte einem seiner Widersacher auf, einem einheimischen Rancher namens Treadwell, der ihn des Viehdiebstahls bezichtigt hatte. Er eröffnete jedoch zu früh das Feuer, worauf Treadwell seinem Pferd die Sporen gab. Larn streckte das Tier nieder, doch Treadwell konnte zu Fuß entkommen.

Quellen: Metz, *John Selman,* 52–89, 211; Sonnichsen, *I'll Die Before I'll Run,* 152–166.

Lay, William Ellsworth

(»Elzy«, »William McGinnis«)

Geb. 25. November 1862, McArthur, Ohio; gest. 10. November 1934, Los Angeles, Kalifornien. Farmer, Cowboy, Viehdieb, Eisenbahn- und Bankräuber, Saloonbesitzer, Ölsucher, Spieler, Bewässerungsmeister.

Der in Ohio geborene Lay lebte mit seinen Eltern auf Farmen in Iowa und in der Nähe von Laird und Wray in Colorado. Noch vor seinem zwanzigsten Lebensjahr begab er sich weiter nach Westen und arbeitete als Cowboy. Lay heiratete bald darauf, doch kurz nachdem er im April 1897 gemeinsam mit Butch Cassidy im Bergarbeiter-Camp Castle Gate in Utah achttausend Dollar erbeutet hatte, verließ ihn seine Frau. Lay schloß sich daraufhin endgültig dem »Wild Bunch« an und soll mehrere Überfälle der Bande mitgeplant haben.

Am 11. Juni 1899 nahm er an einem Zugüberfall der Ketchum-Gang teil und wurde bei der anschließenden Verfolgungsjagd schwer verletzt. Er konnte entkommen, genas von seinen Wunden, wurde aber von einer weiteren Posse aufgespürt und nach einer Schießerei festgenommen.

Lay wurde zu einer lebenslangen Haftstrafe im *New Mexico Territorial Prison* verurteilt, doch nachdem er eine Gefängnismeuterei hatte niederschlagen helfen, begnadigte man ihn am 10. Januar 1906. Er bewirtschaftete danach einen Saloon in Baggs, Wyoming, wo er einst als Cowboy auf der *Calvert Ranch* gearbeitet hatte. Seine erste Frau hatte sich während seiner

Haft von ihm scheiden lassen, und so heiratete er 1909 die Ranchertochter Mary Calvert, die ihm zwei Töchter gebar. Lay versuchte eine Zeitlang sein Glück bei Probebohrungen nach Erdöl, ging jedoch bankrott und zog mit seiner Familie nach Kalifornien. Anschließend verschwand er zwei Jahre lang und trieb sich als Glücksspieler in Mexiko herum. Im weiteren Verlauf seines Lebens war er leitender Bewässerungsmeister des *Imperial Valley Irrigation System,* trat nach einem Herzanfall in den Ruhestand und starb 1934 in Los Angeles.

Schießereien: *12. Juli 1899, Turkey Creek Canyon, New Mexico.* Nachdem sie am 11. Juli bei Twin Mountains einen Zug überfallen hatten, ritten Lay, Tom Ketchum und G. W. Franks dreißig Meilen weit bis zum abgelegenen Turkey Creek und schlugen dort ihr Lager auf. In dieser Nacht wurden die drei Outlaws von einer Posse unter Führung von Sheriff Edward Farr umstellt, und als Lay im Morgengrauen mit seiner Feldflasche zu dem Wasserlauf gehen wollte, eröffneten die Ordnungshüter das Feuer. Lay, der zwei Kugeln in den Leib bekam, ging in einem trockenen Bachbett in Deckung und setzte sich mit seinen Komplizen zur Wehr. Bei der anschließenden Schießerei, die den ganzen Tag über andauerte, wurde Ketchum verletzt, und drei Ordnungshüter – Farr, W. H. Love und Tom Smith – kamen ums Leben. Noch in der gleichen Nacht konnten die Outlaws dem dezimierten Verfolgertrupp entrinnen. Ketchum allerdings wurde ein paar Tage später festgenommen.

August 1899, Eddy County, New Mexico. Lay, der auf der *WS-Ranch* in New Mexico gearbeitet hatte und die Gegend gut kannte, versteckte sich in einer abgelegenen Hütte, um seine Wunden auszukurieren. Als er eines Tages nach einem kurzen Abstecher zu der Hütte zurückkehrte, wurde er in dem Gebäude von einer Posse erwartet. Statt sich wie befohlen zu ergeben, riß er seinen Revolver heraus und verletzte ein

Mitglied der Posse am Handgelenk. Daraufhin stürzten sich die anderen Ordnungshüter auf ihn, schlugen ihn nach einem brutalen Handgemenge bewußtlos und nahmen ihn gefangen.

Quellen: Horan und Sann, *Pictorial History of the Wild West*, 96–97, 180, 191–193, 208, 212–213, 240; Baker, *Wild Bunch*, 50, 59, 64, 81, 107–109, 132, 169–180, 188, 201, Pointer, *Butch Cassidy*, 18, 98, 107–108, 120–121, 123, 127, 148, 160–161, 194, 253–254.

Lee, Oliver Milton

Geb. 1866 in Buffalo Gap, Texas; gest. 15. Dezember 1941, Alamogordo, New Mexico. Rancher, Ordnungshüter, Parlamentsmitglied, Geschäftsmann.

Lee, dessen aus New York stammender Vater im Zuge des kalifornischen Goldrausches von 1849 in den Westen verschlagen worden war, wuchs in der kleinen Ortschaft Buffalo Gap im Burnet County, Texas, auf. Im Alter von achtzehn Jahren zog Lee mit seinem älteren Halbbruder Perry Altman, der verwitweten Mutter und den übrigen Mitgliedern der Familie auf eine Ranch im Tularosa Valley in New Mexico.

Der weithin als Meisterschütze bekannte Lee schoß im Verlauf einer Fehde mit einem benachbarten Rancher namens John Good zum erstenmal auf einen Menschen. Goods Sohn Walter, möglicherweise aber auch ein anderer Gefolgsmann von Good, hatte George McDonald ermordet, Lees besten Freund, worauf ein kurzer, aber erbitterter Weidekrieg ausbrach. Lee besorgte sich die Kugel, die McDonald getötet hatte, und trug sie an seiner Uhrkette. Als Walter Good getötet wurde, wurden er und drei andere Männer wegen Mordes angeklagt. Nach der Haftentlassung widmete er sich mit aller Kraft dem Ausbau seiner Ranch und machte schließlich ein fruchtbares Stück Land urbar, die so genannte *Dog Canyon Ranch*.

Im Lauf dieser Jahre wurde Lee zum Deputy Sheriff und Deputy U. S. Marshal ernannt, doch in den neunziger Jahren geriet er unter Verdacht, in den rätselhaften Meuchelmord an A. J. Fountain und dessen achtjährigem Sohn verwickelt zu sein. Nachdem Lee und sein Gefährte James Gilliland eine von Pat Garrett geführte Posse in die Flucht geschlagen hatten, suchten sie Zuflucht auf Eugene Manlove Rhodes *Bar Cross Ranch*. Die beiden Männer stellten sich schließlich und wurden nach einem aufsehenerregenden Prozeß in Hillsboro freigesprochen.

Lee widmete sich danach wieder seiner Ranch, verkaufte sie 1914 an eine Gruppe von Geschäftsleuten, blieb aber als Verwalter auf dem Anwesen. Später wurde er zweimal in das Parlament des Staates New Mexico gewählt und war bis zu seinem Tod als leitender Angestellter und Direktor bei zahlreichen Wirtschaftsunternehmen tätig. Er erlag 1941 einem Schlaganfall.

Schießereien: *Mitte August 1888, White Sands Desert, New Mexico.* Lee, Jim Cooper, Cherokee Bill Kellam und Tom Tucker überfielen Walter Good, den mutmaßlichen Mörder von George McDonald, und nahmen ihn gefangen. Einer der vier – höchstwahrscheinlich Lee, der von klein auf McDonalds bester Freund gewesen war – jagte Good mit dessen eigenem Revolver zwei Kugeln in den Kopf. Danach ließ man die Leiche in der Wüste liegen.

August 1888, bei Las Cruces, New Mexico. Zwei Wochen später fand der von fünfzehn Verwandten und Angestellten begleitete Rancher John Good die verweste Leiche seines Sohnes. Good ließ zwei Männer zur Bewachung zurück, löste den Suchtrupp auf und ordnete den Rückzug an. Als Good und fünf Männer auf Las Cruces zuritten, sahen sie Lee, Tucker, Kellam, Perry Altman und Bill Earhart. Sie hielten sofort auf Lee und seine Leute zu, worauf diese in einen Graben sprangen und das Feuer eröffneten, sobald der von Good geleitete Trupp bis auf 150 Meter herangekommen war. Good und seine Männer verzogen sich in ein

Maisfeld und erwiderten das Feuer. Im Lauf dieses Gefechts gaben beide Seiten mehr als hundert Schüsse aufeinander ab, ohne daß jemand zu Schaden kam. Lediglich zwei Pferde wurden getötet, und ein drittes wurde verletzt.

12. Februar 1893, bei El Paso, Texas. Lee und Bill McNew hatten eine gestohlene Rinderherde verfolgt, die von Charley Rhodius und Matt Coffelt in Richtung Mexiko getrieben wurde, und holten sie kurz vor El Paso ein. Als die Viehdiebe Lee herangaloppieren sahen, gab Rhodius einen überhasteten Schuß ab, worauf Lee mit einer geborgten Flinte das Feuer eröffnete. Tödlich getroffen, stürzte Rhodius aus dem Sattel, worauf sein Partner Lee unter Beschuß nahm. Lee legte sofort auf Coffelt an und tötete ihn mit einem gutgezielten Schuß. Anschließend stellte sich Lee in El Paso den Behörden und kam umgehend wieder frei.

13. Juli 1898, Dona Ana County, New Mexico. Lee und der ebenfalls unter Mordverdacht stehende James Gilliland waren auf Lees Anwesen bei Wildy Well, etwa zweiunddreißig Meilen südlich von Alamogordo, geflüchtet. Pat Garrett, Clint Llewellyn, José Espalin, Ben Williams und Kent Kearney spürten die beiden auf, schlichen im Morgengrauen zu dem kleinen Adobehaus und überwältigten einen schlaftrunkenen Wächter, der allerdings noch einen Warnruf ausstoßen konnte. Lee und Gilliland, die vorsichtshalber auf dem Dach geschlafen hatte, wurden aufgeweckt, als ringsum die von unten abgefeuerten Kugeln einschlugen. Sie konnten gerade noch zu ihren Flinten greifen, als Garrett und Kearney über eine Leiter auf das Dach eines benachbarten Schuppens stiegen. Garrett wurde von einem Streifschuß an den Rippen getroffen und brachte sich mit einem Sprung in Sicherheit. Kearney hingegen ließ sich auf einen Schußwechsel ein, bekam zwei Kugeln in den Leib und stürzte tödlich getroffen zu Boden.

Williams und Llewellyn waren unter einem hölzernen Wassertank in Deckung gegangen, den Lee und Gilliland systematisch durchsiebten, so daß die Ordnungshüter binnen kürzester Zeit völlig durchnäßt waren. Espalin, der die Stiefel ausgezogen hatte, um sich besser anschleichen zu können, war mittlerweile in Sanddisteln getreten und hüpfte mit schmerzverzerrtem Gesicht herum. Nach kurzer Verhandlung durfte die gedemütigte Posse abziehen, und die siegreichen Outlaws ritten davon.

20. März 1907, Dog Canyon, New Mexico. Zwei Jahre zuvor hatten fünf Männer Wasserrechte geltend gemacht, deren Verlust das Ende für Lees *Dog Canyon Ranch* bedeutet hätte. In der Folgezeit war es zu immer heftigeren Reibereien gekommen, die schließlich zu einem offenen Streit ausarteten, als ein gewisser James R. Fennimore mit drei Helfern auf dem fraglichen Landstück einen Zaun errichtete. Lee ritt hin und wollte ihnen Einhalt gebieten, worauf es zu einem kurzen Schußwechsel mit weittragenden Flinten kam. Lee, auf den insgesamt fünfmal geschossen wurde, feuerte seinerseits zwei Kugeln ab und fügte Fennimore einen Streifschuß an der Hüfte zu.

Quellen: Sonnichsen, *Tularosa*, 28–32, 38, 40–45, 49–53, 76, 77, 81–87, 90–93, 95, 96, 106, 109, 112–114, 127–130, 135–138, 140–145, 149, 151–190, 195–201, 216, 217, 222, 224–225, 236, 243, 257, 263, 270, 276; Harkey, *Mean as Hell*, 119–121, 125; Gibson, *Colonel Albert Jennings Fountain*, 201, 204–205, 208, 211, 214ff., 229, 236, 239, 242, 245–246, 249–250, 253, 258, 260ff., 266ff., 275ff., 281ff., 285, 287; Metz, *Pat Garrett*, 136, 140–143, 147–148, 151–188, 190–194, 200, 245.

Leonard, Bill

Gest. im Juni 1881, Eureka, New Mexico. Juwelier, Rinderdieb, Postkutschenräuber.

Bill Leonard war in den siebziger Jahren Juwelier in Las Vegas, New Mexico. Er zog nach Arizona und schloß sich dort Viehdieben an, darunter auch N. H. (»Old Man«) Clanton. Im März 1881 war Leonard an einem blutigen Postkutschenüberfall in der Nähe von Tombstone, Arizona, beteiligt. Er wurde verletzt, blieb aber noch drei Monate auf freiem Fuß, ehe er bei einem versuchten Überfall auf ein Geschäft in Eureka, New Mexico, getötet wurde.

Schießereien: *15. März 1881, Contention, Arizona.* Leonard, Harry Head, Jim Crane und Luther King kampierten eine Woche lang in einer verlassenen Adobehütte unweit der Postkutschenstrecke, an der sie einen Überfall planten. Am Abend des 15. März legten sich Leonard, Head und Crane an einem steilen Wegstück, an dem die Kutsche langsamer fahren mußte, auf die Lauer, während King bei den Pferden blieb. Die an diesem Tag verkehrende Nachtkutsche aus Tombstone beförderte neben acht Fahrgästen auch Goldbarren im Wert von 26 000 Dollar und wurde von Bob Paul eskortiert, einem erfahrenen Agenten von *Wells, Fargo*.

Nachdem Kutscher Budd Philpot in der zwölf Meilen von Tombstone entfernten Ortschaft Contention die Pferde gewechselt hatte, wurde er von Paul vorübergehend abgelöst. Als das Gefährt nach etwa einer Meile bergan fuhr, traten Leonard, Head und Crane auf die Straße und forderten den Kutscher zum Anhalten auf. Paul ließ die Zügel los, griff zu seiner Schrotflinte und schoß auf Leonard, der von einigen Kugeln am Unterleib gestreift wurde. Bei dem anschließenden Feuergefecht erlitt Budd Philpot einen Herzschuß und stürzte leblos auf die Pferde. Das Gespann ging durch, und als die wild schlingernde Kutsche an ihnen vorbeiraste, töteten die Outlaws einen Fahrgast, den Bergmann Peter Roerig. Paul sprang unter Einsatz seines Lebens auf die Deichsel des Wagens und ergriff die Zügel. Die Räuber ergriffen unterdessen die Flucht.

Juni 1881, Eureka, New Mexico. King wurde wenig später gefaßt und gab die Namen seiner Komplizen preis, worauf Haftbefehl erlassen und Belohnungen auf das Ergreifen (»tot oder lebendig«) von Leonard, Head und Crane ausgesetzt wurden.

Doch die drei Desperados blieben auf freiem Fuß, bis Leonard und Head im Juni einen Überfall auf das Geschäft von Bill und Ike Haslett in Eureka unternahmen. Die Inhaber leisteten den Outlaws Widerstand, worauf es zu einer Schießerei kam, bei der Leonard und Head niedergestreckt wurden. Letzterer war beinahe auf der Stelle tot, doch Leonard lebte noch mehrere Stunden. Nachdem man die schwärende Wunde an seinem Unterleib entdeckt hatte, gab er sich zu erkennen, erklärte aber, daß Crane den Kutscher Budd Philpot getötet habe.

Quellen: *Tombstone Epitaph,* 16. März 1881; Waters, *Earp Brothers of Tombstone,* 127–140; Faulk, *Tombstone,* 145–147.

Leslie, Nashville Franklin

(»Buckskin Frank«)

Gest. um 1925 in Kalifornien [?]. Indianerkundschafter, Barkeeper, Rausschmeißer, Gefängniswärter, Ordnungshüter, Ranch-Vormann, Sträfling.

Buckskin Frank war eine umtriebige, schillernde Gestalt des amerikanischen Westens und ein tödlich gefährlicher Revolvermann. Seinen Spitznamen verdankte er dem mit Fransen besetzten Lederhemd, das er mit Vorliebe trug. Leslie, der angeblich dreizehn Männer tötete (was wie üblich weit übertrieben sein dürfte), brachte es vor allem in Arizona zu zweifelhaftem Ruhm. Einst als Indianerkundschafter in Texas, Oklahoma und den Dakotas eingesetzt, zog er während der ersten Bergarbeiterstreiks nach Arizona und eröffnete schließlich das *Cosmopolitan Hotel* in Tombstone. Leslie, der gelegentlich mit einer Drehbüchse bewaffnet war, galt als Meisterschütze.

In Tombstone war Leslie in ein Eifersuchtsdrama verwickelt, bei dem der Ehemann seiner Geliebten ums Leben kam. Nach dem Postkutschenüberfall bei Contention begab er sich mit Bob Pauls Posse auf die Suche nach den Tätern, schlug einen

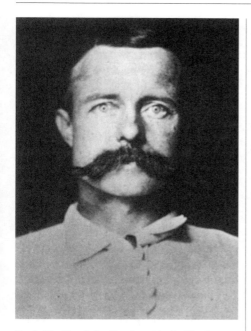

Buckskin Frank Leslie, der 1882 in Tombstone Billy Claiborne tötete. *(Arizona Historical Society)*

Mann namens Floyd mit dem Revolver nieder und erschoß Billy Claiborne. Nach Claibornes Tod arbeitete er als Vormann auf der Ranch des Saloonbesitzers Mike Joyce aus Tombstone (der einst eine Schießerei mit Doc Holliday überlebt hatte).

Während der Apachenaufstände Mitte der Achtziger stand Leslie zweimal in Diensten der Armee und war einige Monate lang als berittener Zollinspektor am Rio Grande eingesetzt. 1887 ließ sich seine Frau (die als »Silhouette Girl« bekannt geworden war, weil Leslie bei Schießübungen die Kugeln stets so placierte, daß ihre Umrisse in die Zielscheibe gestanzt wurden) nach siebenjähriger Ehe von ihm scheiden. Später trennte sie sich von ihrem nächsten Mann und heiratete wieder Buckskin Frank.

Nachdem er 1889 in einen weiteren Mordfall verwickelt gewesen war, wurde er zu einer fünfundzwanzigjährigen Freiheitsstrafe verurteilt, 1897 jedoch aufgrund seiner Verdienste beim Militär und der ausnehmend guten Führung als leitender Arzthelfer auf der Krankenstation des Zuchthauses von Yuma begnadigt. Nach seiner Entlassung arbeitete er als Assistent für einen gewissen Professor Dumell, einen Geologen, der im Auftrag der Southern Pacific Railroad in Mexiko nach Kohlevorkommen suchte.

Nachdem er zu den Goldfeldern von Alaska gezogen war, tauchte Leslie 1925 in Oakland, Kalifornien, wieder auf. Er arbeitete dort in einem Billardsalon, stahl aber sechs Monate später die Pistole des Inhabers und verschwand spurlos. Möglicherweise beging er Selbstmord.

Schießereien: *22. Juni 1880, Tombstone, Arizona.* Leslie hatte ein Verhältnis mit May Killeen, einer verheirateten Frau, die in seinem Hotel arbeitete und die er trotz der Drohungen ihres argwöhnisch gewordenen Mannes zu einer Tanzveranstaltung im Grand Hotel von Tombstone ausführte. Um Mitternacht begab er sich mit ihr zur Veranda des auf der anderen Straßenseite liegenden *Cosmopolitan Hotel*, in dem er wohnte. Der vorsichtige Leslie legte zunächst seinen sechsschüssigen Colt (einen weiteren, geliehenen Revolver hatte er in der Gesäßtasche stecken) neben sich und schloß dann Mrs. Killeen in die Arme.

Kurz darauf kam Leslies Freund George Perine atemlos angerannt und teilte den beiden mit, daß er von dem eifersüchtigen Mike Killeen verfolgt werde. Im nächsten Moment kam der wütende Ehemann angestürmt, worauf die drei Männer zu den Waffen griffen. Ehe Leslie abdrücken konnte, wurde er von zwei Streifschüssen am Kopf getroffen und anschließend von Killeen niedergeschlagen. Die Schießerei endete, als Killeen schwerverletzt auf der Straße lag. Er starb fünf Tage später, und am 6. August, eine Woche nach dem Tod ihres Mannes, heiratete May Killeen Frank Leslie.

14. November 1882, Tombstone, Arizona. Leslie, der sich mit Freunden im *Oriental Saloon* unterhielt, wurde von dem be-

trunkenen Billy the Kid Claiborne beschimpft und bedroht. Daraufhin packte
er Claiborne und beförderte ihn durch
die Schwingtür nach draußen. Da er einen
Hinterhalt befürchtete, sich aber durchaus
seiner Haut zu wehren wußte, verließ er
den Saloon durch einen Nebenausgang
und rief nach Claiborne, der sich hinter
einem Obststand versteckt hatte. Claiborne fuhr herum und eröffnete überhastet das Feuer, worauf Leslie ihn mit
einem einzigen tödlichen Schuß niederstreckte. Die Kugel drang in Claibornes
linke Seite ein und trat am Rücken wieder
aus. Als Frank mit gezogenem Revolver
auf ihn zukam, keuchte Billy: »Schieß
nicht noch mal. Ich bin erledigt.« Er starb
kurz darauf. Leslie wiederum machte Notwehr geltend und kam ungeschoren davon.

10. Juli 1889, Tombstone, Arizona. Leslie bewirtschaftete eine kleine Ranch, die Mike
Joyce gehörte und auf der er mit einem
Mädchen namens Blonde Mollie Williams,
einer Animierdame aus dem *Bird Cage,*
zusammenlebte. Eines Tage kehrte Leslie
betrunken aus Tombstone zurück, stritt
sich erbittert mit Mollie und erschoß sie.
Ein Augenzeuge der Tat, der junge Rancharbeiter Jim Neal, ergriff daraufhin die
Flucht und wurde von Leslie beschossen.
Neal wurde verletzt, konnte sich jedoch in
die Büsche schlagen und zu einer benachbarten Ranch schleppen, während Leslie
vergebens nach ihm suchte.
    Leslie nahm an, daß Neal irgendwo im
Busch sein Leben ausgehaucht habe, worauf er sich in die Stadt begab und wie üblich
Notwehr geltend machte. Doch aufgrund
von Neals Zeugenaussage wurde Buckskin Frank zu einer fünfundzwanzigjährigen Zuchthausstrafe verurteilt. Dreieinhalb Jahrzehnte später stellte Neal den in
die Jahre gekommenen Leslie in seinem
Billardsalon an.

Quellen: Rickards, *»Buckskin Frank« Leslie;* Jeffrey,
Adobe and Iron, 79–80; Erwin, *John H. Slaughter,*
188–195, 205.

Lindsey, Seldon T.

Geb. 19. Dezember 1854, Minden, Louisiana.
Cowboy, Büffeljäger, Ordnungshüter.

    Der in Louisiana aufgewachsene Lind-
sey stellte seinen Hang zur Gewalt bereits
bei einer Messerstecherei, an der er als
Schuljunge beteiligt war, unter Beweis.
Nachdem der Vater aus dem Bürgerkrieg
zurückgekehrt war, in dem er auf seiten der
Konföderierten gekämpft hatte, zog die
Familie ins McLennan County in Texas, wo
Lindsey senior eine Anwaltskanzlei eröffnete. 1870 fand der sechzehnjährige Seldon
eine Anstellung als Cowboy und trieb im
Lauf der nächsten Jahre Rinder zu den Verladebahnhöfen in Kansas. Außerdem begab er sich zwei Sommer lang auf Büffel-
jagd und begegnete dabei zweimal Buffalo
Bill Cody.
    Lindsey heiratete 1881, und im Laufe der
32jährigen Ehe schenkte ihm seine Frau elf
Kinder. 1890 wurde er zum Deputy U. S.
Marshal ernannt, war viele Jahre lang in
Paris, Texas, stationiert und nahm an etlichen Schießereien mit Outlaws teil.

Schießereien: *1873, McLennan County, Texas.* Nach einem Zusammenstoß mit einer
einheimischen Gang hatte Lindseys Vater
beschlossen, das McLennan County zu
verlassen. Kurz vor der geplanten Abreise
kam Seldon auf Besuch. Als die beiden
Männer mit einem Wagen unterwegs waren, wurden sie von einem Widersacher
des alten Lindsey verfolgt. Der Revolvermann zog schließlich die Waffe, doch Seldon war wachsam und schoß ihn aus dem
Sattel. Der Revolvermann starb, worauf
Seldon wegen Mordes angeklagt, vor Gericht aber freigesprochen wurde.

1890, Winn Parish, Louisiana. Lindsey kehrte auf der Suche nach einem gewissen Barber, der in einem Dorf in Oklahoma seinen
Kompagnon getötet hatte, ins heimische
Louisiana zurück. Lindsey und ein freiwilliger Helfer namens Jones spürten Barber
in einem Blockhaus im Winn Parish auf

und drangen von zwei Seiten in das Gebäude ein. Barber zog den Revolver, doch die Waffe ging nicht los, worauf Jones mit ihm rangelte. In diesem Moment kam Lindsey hinzu und erschoß den Gesuchten.

1891, am Mill Creek, Oklahoma. Lindsey und seine Kollegen John Swain, J. D. Castleman und George Stuart durchkämmten die Gegend westlich von Ardmore nach einer zehnköpfigen Räuberbande. Im Laufe des Abends umstellten sie das am Mill Creek gelegene Versteck der Outlaws, worauf Lindsey Castleman losschickte, um Hilfe zu holen. Nachdem die Ordnungshüter durch einen anschlagenden Hund verraten worden waren, lieferten sie sich von fern ein Gewehrfeuerduell mit den Desperados. Bei Tagesanbruch mußten sie sich noch weiter von der Hütte zurückziehen, in der sich die Outlaws versteckten. Dabei wurde Lindsey von einer Kugel am Nacken gestreift und verlor für einige Momente das Augenlicht.

Gegen zehn Uhr morgens kehrte Castleman mit drei weiteren Ordnungshütern zurück, und nach dem Essen schlug die Posse zu. Während Lindsey im Rücken der Outlaws in Stellung ging, rückten die anderen fünf Männer geschlossen von der anderen Seite aus vor. Schließlich ergriffen die Räuber die Flucht und kamen zu zehnt auf Lindsey zugerannt. Castleman verletzte den ersten Flüchtigen, einen gewissen Davis, mit einem Streifschuß am Arm, und Lindsey streckte mit einer Kugel Bill Hutchins nieder. Daraufhin ergaben sich die Outlaws. Hutchins erlag später seiner Verletzung.

1892, bei Purcell, Oklahoma. In Begleitung von John Swain und einem neuen Ordnungshüter namens Phillips verfolgte Lindsey einen gewissen Cornelius Walker, einen wegen Mordes gesuchten Schwarzen. Walker kam aus seinem Haus und rannte auf Lindsey zu, worauf dieser das Gewehr hochriß und ihm eine Kugel in den Leib jagte. Swain stieß von der anderen Seite des Hauses aus dazu und schoß ebenfalls auf Walker, der daraufhin tödlich getroffen zu Boden stürzte.

1895, bei Eufaula, Oklahoma. Lindsey verfolgte mit einer Posse eine Bande Eisenbahnräuber und spürte die Gesuchten schließlich in ihrem Lager in der Nähe von Eufaula auf. Die Ordnungshüter saßen ab und pirschten sich durch den Wald an. Als sie sahen, daß drei Outlaws noch am Boden ruhten, während ein vierter gerade das Frühstück zubereitete, stürmten sie mit donnernden Waffen das Camp. Der Mann am Feuer verschwand im Wald und konnte entkommen, seine Gefährten indes zogen ihre Revolver und wollten sich zur Wehr setzen. Nach einer nur wenige Sekunden dauernden Schießerei waren alle drei Outlaws tödlich getroffen.

25. September 1895, bei Ardmore, Oklahoma. Lindsey, Loss Hart, Ed Roberts und W. H. Glover spürten Bill Dalton in einem Haus in der Nähe von Ardmore auf. Laut offizieller Darstellung soll Hart Dalton mit einer Gewehrkugel getötet haben; doch Lindsey behauptete später, er habe den tödlichen Schuß abgegeben. Die Ordnungshüter warfen die Leiche auf einen Wagen und karrten sie nach Ardmore. In der Hitze quoll der Leichnam jedoch zusehends auf, und obwohl sie ihn mit mehreren Eimern Brunnenwasser übergossen, war er bei ihrer Ankunft in Ardmore bis zur Unkenntlichkeit aufgedunsen.

Quelle: Lindsey, *The Story of My Life.*

Logan, Harvey

(»Kid Curry«)

Geb. 1865 in Tama, Iowa; gest. 8. Juni 1904, Glenwood Springs, Colorado. Rustler, Rancher, Zureiter, Revolvermann, Bank- und Eisenbahnräuber.

Harvey und seine drei jüngeren Brüder wurden noch im Kindesalter Vollwaisen und wuchsen bei Mrs. Hiram Lee auf, ihrer in Dodson, Missouri, wohnenden Tante. Im Alter von neunzehn Jahren brach Harvey mit seinem achtzehnjährigen Bruder Lonnie und dem sechzehnjährigen Johnny in Richtung Westen auf. Gemeinsam mit ihrem Cousin Bob Lee zogen sie nach Wyoming. Dort wurden sie Rustler und gründeten 1888 in der Nähe von Landusky, Montana, mit einer gestohlenen Rinderherde eine eigene Ranch.

Während des *Johnson County War* in den neunziger Jahren verdingten sich die Logans zunächst auf seiten der Red-Sash-Gang, doch als deren Anführer Nate Champion getötet wurde, kehrten sie auf ihre Ranch zurück. 1894 tötete Harvey, der überaus reizbar und zudem ein harter Trinker war, in einem Wutanfall den Gründer der Stadt Landusky, worauf er und seine Brüder sich wieder dem Viehdiebstahl zuwandten.

Ein Jahr später lieferten sich die Logan-Brüder eine Schießerei mit dem Rancher John Winters, bei der Johnny ums Leben kam. Harvey schwor daraufhin blutige Rache. Die Vergeltung wurde zunächst aufgeschoben, da Harvey in den folgenden Jahren als »Tiger des Wild Bunch« im Einsatz war. Er überfiel mit Butch Cassidys Gang Eisenbahnzüge und Banken, hielt sich in deren Versteck im Hole-in-the-Wall-Country auf und galt bald als gefährlicher Killer. Er tötete Sheriffs in Wyoming, Utah und Arizona und erschoß oder verletzte mehrere Männer, darunter auch die Brüder Norman und Jim Winters.

Im Jahr 1901 war Harvey einer der meistgesuchten Männer im ganzen Land. Er zog sich nach Knoxville, Tennessee, zurück, geriet dort aber in eine Saloonschießerei und flüchtete, nachdem er drei Polizisten niedergestreckt hatte, mit einer heftig blutenden Schulterwunde zu Fuß aus der Stadt. Nach dreißig Meilen wurde er ergriffen und vor Gericht gestellt. Nach dem Prozeß sollte er in eine ausbruchsichere Haftanstalt in Columbus, Ohio, überführt werden, doch ehe es dazu kam, unternahm er einen kühnen Ausbruchsversuch aus dem Gefängnis in Knoxville.

Als ein Wärter zu nah an seiner Zelle vorbeiging, warf Logan ihm eine kurze Schlinge über, die er aus der Drahtumwicklung eines Besens gebastelt hatte, und fing ihn ein. Logan hielt ihn am Hals fest, fesselte ihn mit in Streifen gerissenen Kleidungsstücken, nahm ihm die Schlüssel ab und beschaffte sich zwei Revolver. Dann benutzte er einen zweiten Wärter als menschlichen Schutzschild, zwang ihn, das Pferd des Sheriffs zu satteln, und ritt als freier Mann aus der Stadt.

Anschließend versuchte Logan, nach Südamerika zu gelangen und sich Butch Cassidy und dem Sundance Kid anzuschließen, konnte aber die dafür notwendigen Formalitäten nicht erledigen und wandte sich wieder gen Westen. Er versuchte in Colorado eine neue Gang aufzustellen, unternahm einen mißglückten Eisenbahnüberfall und wurde 1904 gestellt und getötet. Noch lange nach seinem Tod hielten sich Gerüchte, wonach er angeblich entkommen sei, sich zu Butch Cassidy und dem Sundance Kid nach Südamerika abgesetzt habe und dort 1910 oder 1911 erschossen worden sei.

Schießereien: *24. Dezember 1894, Landusky, Montana.* Harvey, sein Bruder Lonie und der Rustler Jim Thornhill feierten den Heiligen Abend mit einem wüsten Zechgelage, schossen wild in der kleinen Stadt herum und sorgten für allerhand Unruhe und Ärgernis. Schließlich zogen sie lärmend in ein Geschäft mit angeschlossenem Saloon, in dem der alte Pike Landusky trinkend am Tresen stand und sich in seinem Haß auf Harvey Logan erging. Landusky, ein fünfzigjähriger Bergmann, hatte die Stadt gegründet, und eine seiner vier Stieftöchter hatte Logan ein uneheliches Kind geboren.

Der übellaunige Harvey versetzte Landusky im Vorbeigehen einen Hieb, worauf der alte Goldsucher wutentbrannt auf ihn losging. Während die beiden Männer aufeinander einprügelten, hielten Lonie und Thornhill die anderen Gäste mit gezogenen Revolvern in Schach. Landusky bat schließlich um Gnade, doch Logan hieb seinen Kopf wie von Sinnen weiter auf den Boden. Landusky zog daraufhin seinen Revolver unter der Jacke hervor, doch Harvey war schneller. Der übel zugerichtete alte Bergmann kniete noch am Boden, als Logan abdrückte und ihn auf der Stelle tötete. Anschließend stürmte Harvey hinaus, während Lonie und Thornhill den Rückzug deckten, stahl einen leichten vierrädrigen Wagen und flüchtete mit seinen beiden Begleitern vom Tatort.

Januar 1896, Montana. Die Logan-Brüder hatten erfahren, daß der Rancher Jim Winters sie an die Behörden von Montana verraten hatte. Harvey, Lonie und Johnny schworen Rache und ritten unverzüglich zu Winters Ranch. Der war jedoch vorgewarnt worden und eröffnete das Feuer, als er sie anrücken sah. Johnny fiel tödlich getroffen vom Pferd, während Harvey und Logan hastig zu den Waffen griffen. Sie gaben ein paar Schüsse ab, wurden aber nach kurzer Zeit durch Winters gutgezieltes Feuer vertrieben.

24. September 1897, bei Lavina, Montana. Logan und zwei weitere wegen des Überfalls auf die *Butte County Bank* in Belle Fourche gesuchte Männer hatten ihr Lager am Musselshell River in der Nähe von Lavina in Montana aufgeschlagen. Logan wollte gerade sein Pferd anhobbeln, als Sheriff John Dunn, der von W. D. Smith, Dick Hicks und einem Konstabler namens Calhoun begleitet wurde, das Camp entdeckte. Logans zwei Gefährten warfen sich in Deckung, als sie von der Posse aufgefordert wurden, sich zu ergeben, und es kam zu einer Schießerei. Eine Kugel durchschlug den Hals von Logans Pferd und traf sein rechtes Handgelenk. Logan ließ seine Waffe fallen, schwang sich in den Sattel und sprengte davon. Nach etwa einer Meile jedoch blieb das Pferd tot liegen, worauf Logan mit seinen Komplizen festgenommen wurde. Am 31. Oktober aber gelang Logan und den anderen Räubern die Flucht aus dem Gefängnis von Deadwood.

5. Juni 1899, am Red Fork des Powder River, Wyoming. Nachdem der »Wild Bunch« unter Führung von Logan bei Wilcox Siding, Montana, einen Zug überfallen und achttausend Dollar erbeutet hatte, zerstreute sich die Bande und zog gen Norden. Logan, Flat Nose Curry und Sundance Kid hatten ihr Lager am Red Fork, einem Quellfluß des Powder River, aufgeschlagen und saßen gerade beim Abendessen, als sie von einer Posse unter Sheriff Joe Hazen aus dem Converse County gestellt wurden. Logan feuerte mit der Flinte auf Hazen und streckte ihn mit einem Bauchschuß nieder. Hazen starb mehrere Stunden darauf, während die drei Banditen zu Fuß die Flucht ergriffen, den tosenden, durch heftige Regenfälle angeschwollenen Powder River durchschwammen und sich in Sicherheit brachten.

5. April 1900, bei San Simon, Arizona. Logan und einige andere Viehdiebe wurden von dem erfahrenen Ordnungshüter George Scarborough und einem gewissen Birchfield gejagt. Die beiden Verfolger trieben die Outlaws in einen Canyon, worauf Logan wütend die Flinte aus dem Futteral riß und das Feuer eröffnete. Eine Kugel durchschlug Scarboroughs Bein und tötete sein Pferd. Birchfield ritt in die nahe gelegene Stadt San Simon, kehrte mit einem Wagen zurück und brachte Scarborough bis Sonnenuntergang zum nächsten Bahnhof. Von dort aus wurde er nach Deming, New Mexico, befördert, wo man das Bein amputierte. Trotz aller Bemühungen der Ärzte starb er jedoch tags darauf.

26. Mai 1900, bei Thompson, Utah. Seit drei Wochen schon durchkämmte eine große Posse die Book Mountains auf der Suche nach Logan und mehreren anderen Viehdieben. An diesem Tag teilten sich die Verfolger in zwei Trupps auf – der eine bestand aus vier Männern unter Sheriff William Preece, im anderen ritten Sheriff Jesse Tyler aus dem Moab County, Deputy Sheriff Day und das Possemitglied Sam F. Jenkins.

Etwa eine halbe Stunde nach dem Aufbruch entdeckte Tylers Trupp ein vermeintliches Indianerlager, worauf Tyler und Jenkins absaßen, um es näher zu erkunden. Sie hatten das Lager kaum betreten, als Tyler »Hallo, Jungs« rief. Erschrocken griff Logan zu seiner Flinte und stieß einen Warnruf aus. Statt sich sofort zum Kampf zu stellen, machten Tyler und Jenkins kehrt und rannten zu ihren Pferden, um die im Sattelfutteral steckenden Gewehre zu holen. Logan streckte beide Ordnungshüter mit jeweils einem Schuß in den Rücken nieder. Die Kugeln durchschlugen die Brust und töteten beide Männer.

Day, der noch im Sattel saß, riß sein Pferd herum und galoppierte mitten im Kugelhagel davon. Als Preece die Nachricht vernahm, wollte er zunächst weitere Verstärkung besorgen. Erst nachdem im nahe gelegenen Thompson eine noch größere Posse aufgeboten worden war, konnte man die Leichen von Tyler und Jenkins bergen.

Juni 1900. Ein paar Wochen darauf machte Logan die Bekanntschaft der Brüder Norman. Es kam zu einem Streit, worauf alle drei Männer zu den Waffen griffen. Als sich der Rauch verzogen hatte, stellte man fest, daß Logan beide Widersacher tödlich getroffen hatte.

27. März 1901, Paint Rock, Texas. Logan, der nun ständig auf der Flucht war, kam durch die kleine Stadt Paint Rock in Texas. Dort geriet er mit einem Einheimischen namens Oliver Thornton in Streit, und nach einem hitzigen Wortwechsel zogen beide die Revolver. Thornton ging tödlich getroffen zu Boden, worauf Logan eilends die Stadt verließ.

26. Juli 1901, Montana. Logan wollte sich seit langem an Jim Winter rächen, der fünf Jahre zuvor seinen Bruder Johnny getötet hatte. Als es ihn wieder nach Montana verschlug, spürte er den Rancher auf und erschoß ihn.

13. Dezember 1901, Knoxville, Tennessee. Auf der Flucht vor der Justiz hatte sich Logan nach Tennessee abgesetzt. Als er in einem Saloon in Knoxville an einem Billardspiel teilnahm, bei dem hohe Summen gesetzt wurden, kam es prompt zu einem Streit. Logans Spielpartner wollte zur Waffe greifen, doch Logan zog ihm den Lauf seines 45ers übers Gesicht und schlug ihn nieder.

Daraufhin kamen mehrere Streifenpolizisten in den Saloon gestürmt und lieferten sich einen Schußwechsel mit Logan. Drei Polizisten gingen schwerverletzt zu Boden, worauf Logan durch die Hintertür flüchtete. Doch er fiel in einen zehn Meter tiefen Abwasserkanal, und als er wieder auf die Beine gekommen war, jagte ihm ein Polizist eine Kugel in die Schulter. Logan verschwand anschließend im Schutz der Dunkelheit, machte zehn Meilen außerhalb der Stadt halt und verband die verletzte Schulter mit seinem Hemd. Er schleppte sich noch zwanzig Meilen weiter, ehe er von einer mit Bluthunden nach ihm suchenden Posse gestellt und festgenommen wurde.

8. Juni 1904, bei Glenwood Springs, Colorado. Tags zuvor hatten Logan und zwei andere Outlaws in der Nähe von Parachute, Colorado, den Nachmittagszug überfallen und den Safe aufgesprengt. Zu ihrer Bestürzung befanden sich darin nur ein paar Dollars.

Innerhalb weniger Stunden aber hatte sich eine Posse an ihre Fersen geheftet, und am Nachmittag darauf wurde Logans Bande in einem schmalen Canyon in der Nähe von Glenwood Springs gestellt. Logan wurde gleich zu Beginn des Schußwechsels von einem Possemitglied getroffen, als er hinter einem Fels aufsprang. Er brach zusammen und kroch dann wieder in Deckung.

Während einer kurzen Feuerpause am Nachmittag rief einer seiner Komplizen: »Bist du getroffen worden?«

»Ja«, versetzte Logan mit schwacher Stimme. »Und ich gedenke, es hier zu Ende zu bringen.«

Anschließend fiel hinter dem Felsen ein Schuß, worauf das Gefecht von neuem ausbrach, bis Logans Gefährten die Flucht ergriffen. Danach rückte die Posse vor und fand Logan; er hatte ein Loch in der Schläfe und einen 45er in der Hand. Da man ihn nicht erkannte, wurde er ohne weitere Umstände in Glenwood Springs begraben. Kurz darauf ließen Detektive den Leichnam exhumieren und stellten fest, daß es sich um Logan handelte.

Quellen: Horan und Sann, *Pictorial History of the Wild West*, 36, 191, 198–200, 210–218, 220–221, 224–226, 228–229; Baker, *Wild Bunch*, 87–88, 95, 102, 104, 107, 193; Pointer, *Butch Cassidy*, 100–101, 111–112, 118, 125–127, 130–131, 151–153, 156–157, 160, 165–168, 170–171, 180–182, 200–203, 257; Horan, *Authentic Wild West*, 187–220.

Logan, Lonie

Geb. 1871 in Tama, Iowa; gest. 28. Februar 1900, Dodson, Missouri. Rustler, Rancher, Revolvermann und Saloonbesitzer.

Lonie und seine Brüder Harvey (der älteste), Johnny und Henry verloren in den siebziger Jahren ihre Eltern und wuchsen bei ihrer Tante, einer Mrs. Lee, in Dodson, Missouri, auf. 1884 brachen Harvey, Lonie und Johnny nach Westen auf und wurden Cowboys. Gemeinsam mit ihrem Cousin Bob Lee gelangten sie schließlich nach Wyoming und trieben dort versprengtes Vieh zusammen. Etwa vier Jahre später zogen sie mit einer Herde gestohlener Rinder nach Montana und kauften in der Nähe der Bergarbeiterstadt Landusky eine kleine Ranch.

Während des *Johnson County War* kämpften die Brüder Logan auf seiten von Nate Champions »Red-Sash-Gang«, kehrten aber nach Champions Tod auf ihre Ranch zurück. Lonie und Harvey schlossen sich Butch Cassidys »Wild Bunch« an, doch als Ende der neunziger Jahre Pinkerton-Detektive Jagd auf die Bande machten, stieg Lonie aus und kaufte in Harlem, Montana, einen Saloon. Doch Charles Siringo und andere Detektive waren ihm nach wie vor auf den Fersen, weshalb er das Lokal für fünfzehnhundert Dollar wieder verkaufte und einen sicheren Unterschlupf suchte. Schließlich kehrte er nach Missouri zurück und fand mehrere Tage lang Zuflucht bei seiner Tante, ehe er Anfang 1900 von einer Posse getötet wurde.

Schießereien: *24. Dezember 1894, Landusky, Montana.* Lonie, Harvey und ein Rustler namens Jim Thornhill hatten den Heiligen Abend über getrunken und in der Stadt herumgelärmt. Schließlich zogen sie in einen Kurzwarenladen mit angeschlossenem Saloon, wo sie Pike Landusky antrafen, einen griesgrämigen Bergmann, nach dem die Stadt benannt war. Landusky, der schon seit längerer Zeit wütend auf Harvey war, weil dieser eine seiner Stieftöchter geschwängert hatte, wurde von Harvey niedergeschlagen. Wütend griff Landusky Harvey an, und während Lonie und Thornhill die anderen Gäste mit ihren Revolvern zurückdrängten, kam es zu einer wilden Prügelei.

Harvey hatte den Bergmann nach kurzer Zeit überwältigt, schlug aber weiterhin dessen Kopf auf den Boden. Schließlich griff Landusky unter seine Jacke und wollte seinen Revolver herausholen. Doch Harvey zog schneller und erschoß seinen Widersacher. Anschließend hielten Lonie und Thornhill die Zuschauer in Schach, während Harvey hinausrannte und einen leichten Wagen stahl, auf dem die drei Männer aus der Stadt fuhren.

Januar 1896, Montana. Ein in Montana ansässiger Rancher namens Jim Winter hatte den Aufenthaltsort der Logan-Brüder verraten, worauf Harvey, Lonie und Johnny, auf Rache sinnend, zu seinem Anwesen ritten. Doch Winter war vorgewarnt worden. Als die Logans auftauchten, eröffnete er mit einer Schrotflinte das Feuer und tötete Johnny. Lonie und Harvey schossen zurück, fanden aber nirgendwo Deckung und

208 Long, John

mußten sich nach kurzer Zeit zurückziehen.

28. Februar 1900, Dodson, Missouri. Der Pinkerton-Detektiv Bill Sayles hatte Lonie bis zu seiner Tante verfolgt, worauf er vor Ort eine Posse zusammenstellte und gegen acht Uhr morgens auf das Haus vorrückte. Als Lonie die Verfolger nahen sah, rannte er aus der Hintertür und feuerte eine Kugel ab, die Sayles' Arm streifte. Logan ging hinter einem Schneehaufen in Deckung und lieferte sich etwa eine halbe Stunde lang einen wilden Schußwechsel mit den Verfolgern. Schließlich entstand eine kurze Feuerpause, in der Lonie nachlud und sich für einen letzten, verzweifelten Fluchtversuch wappnete. Er sprang plötzlich auf und rannte, wild um sich schießend, los, worauf ein Possemitglied rief: »Da kommt er!« Von einem Kugelhagel getroffen, stürzte Logan vornüber in den Schnee und war nach wenigen Sekunden tot.

Quelle: Horan und Sann, *Pictorial History of the Wild West,* 191, 198–199, 214, 227; Pointer, *Butch Cassidy,* 101, 127, 158.

Long, John

(*»Long John«*)

Cowboy, Ordnungshüter.

In Fort Griffin, Texas, geriet John Long erstmals in eine Schießerei, bei der er zwei Männer tötete. Daraufhin zog er ins Lincoln County, New Mexico, wo er zum Deputy Sheriff ernannt und prompt in den *Lincoln County War* verwickelt wurde. Long war bei der Posse, die den Rancher John Tunstall ermordete und dadurch den Konflikt auslöste, und er spielte eine herausragende Rolle bei der Entscheidungsschlacht von Lincoln. Danach zog er sich offenbar zurück, denn sein Name wird bei keiner weiteren Schießerei erwähnt.

Schießereien: *Um 1876, Fort Griffin, Texas.* Long, der sich in den Spelunken der berüchtigten »Flats«, des Rotlichtbezirks

von Fort Griffin, herumtrieb, geriet in einen Streit, der rasch in eine Schießerei ausartete. Dabei tötete Long einen gewissen Vergil Hewey sowie einen schwarzen Soldaten, der bei dem im Fort stationierten zehnten Kavallerieregiment diente.

1. April 1878, Lincoln, New Mexico. Long begleitete Sheriff William Brady, George Hindman, Billy Matthews und George Peppin, als ihr Trupp auf der Main Street von Lincoln in einen Hinterhalt geriet. Billy the Kid und vier andere Outlaws streckten Brady und Hindman nieder und verletzten sie tödlich. Die drei Überlebenden gingen in Deckung und vertrieben Kid und die übrigen Angreifer nach kurzer Zeit. Long gab vier Flintenschüsse auf das abrückende Quintett ab und verletzte Jim French schwer. Dessen Gefährten erwiderten Longs Feuer, bis sie mit ihren Pferden außer Reichweite waren.

28. April 1878, bei Lincoln, New Mexico. Vier Wochen darauf überfiel Long mit der drei Dutzend Mann starken »Seven Rivers Crowd« Frank McNab, Frank Coe und Ab Sanders. Sanders und McNab wurden von der ersten Salve niedergestreckt, doch Coe versuchte, sich den Fluchtweg freizuschießen. Nach einem hitzigen Feuergefecht mußte er sich ergeben und wurde fortgeschafft. McNabs Leiche und den schwerverletzten Sanders ließ man am Tatort zurück.

13. Juli 1878, bei San Patricio, New Mexico. Long wurde mit einem Haftbefehl losgeschickt, um Billy the Kid festzunehmen. Auf der Landstraße in der Nähe von San Patricio begegnete er dem Gesuchten, doch Kid befand sich in Begleitung von Alexander McSween und neun Gefährten. Beim anschließenden Schußwechsel wurde Longs Pferd getötet, er konnte jedoch abspringen und zu Fuß entkommen.

15. bis 19. Juli 1878, Lincoln, New Mexico. Während der Belagerung von McSweens Geschäft ging Long auf dem *torreón* (einem viele Jahre zuvor zum Schutz vor feindlichen Indianern errichteten steinernen Turm) in Stellung und nahm von dort aus Billy the Kid und andere Parteigänger von McSween unter Beschuß.

Vor allem aber gelang es ihm, McSweens Haus in Brand zu stecken. Long kroch in Begleitung eines »Dummy« genannten Mannes zur Rückseite des weitläufigen Gebäudes und tränkte den Küchenboden mit Petroleum, wurde jedoch entdeckt, noch ehe er Feuer legen konnte. Unter heftigem Beschuß warf er sich in die nächstbeste Deckung, eine Sickergrube, in der er bis Einbruch der Dunkelheit festgenagelt wurde.

Um so entschlossener ging er anschließend zu Werk. Er tränkte mehrere Holzstöcke mit Öl und warf sie in die Küche. Das ausbrechende Feuer zwang McSween und seine Männer dazu, das Haus zu verlassen. Long beteiligte sich an dem anschließenden mörderischen Feuergefecht, doch ob und wen er dabei traf, ließ sich in dem allgemeinen Durcheinander nicht mehr feststellen.

Quellen: Keleher, *Violence in Lincoln County*, 128, 141, 153, 224, 228, 232–234, 238, 273, 278; Metz, *John Selman*, 109–110, 112, 219; Fulton, *Lincoln County War*, 70, 103, 107, 110, 119, 126–128, 131, 158–159, 201, 213, 216, 232, 234, 251, 263–264, 318, 333, 347, 359.

Long, Steve

(*»Big Steve«*)

Gest. 19. Oktober 1868, Laramie, Wyoming. Ordnungshüter, Räuber.

Long, dessen Herkunft ungewiß ist, wurde in Laramie zu einem gefährlichen Revolvermann. 1867 wurde er Deputy Marshal von Laramie und nahm innerhalb von zwei Monaten an zwei blutigen Schießereien teil. Er verlobte sich, doch als seine Braut herausfand, daß er heimlich Raubzüge unternahm, lieferte sie ihn an die örtliche Bürgerwehr aus. Die Vigilanten knüpften ihn an einem Laternenmast auf, und seine Liebste errichtete anschließend einen Gedenkstein für ihn.

Schießereien: *22. Oktober 1867, Laramie, Wyoming.* Vier Cowboys von der *Ox Yoke T Ranch,* die sich in Laramie austobten, wollten eine vierköpfige Gruppe von »Greenhorns« schikanieren, die gerade aus dem Shelby County in Illinois nach Wyoming gekommen waren. Die Einwanderer indessen ließen sich keineswegs einschüchtern, sondern stürzten sich mit fliegenden Fäusten auf die Cowboys. Binnen kürzester Zeit verfolgte eine große Zuschauermenge die Prügelei, darunter auch Deputy Marshal Long. Nachdem Long mehrmals vergebens versucht hatte, die Schlägerei zu unterbinden, zog er wütend seine beiden 44er und schoß auf die Kampfhähne. Fünf Männer – drei Neuankömmlinge aus Illinois und zwei Cowboys – wurden tödlich getroffen.

Dezember 1867, Laramie, Wyoming. Zwei betrunkene Prospektoren stritten sich im *Baby Doll Saloon* darum, wer die nächste Runde ausgeben müsse. Deputy Long forderte sie auf, sich zu beruhigen. Als die beiden Männer ein Widerwort wagten, riß Long blitzschnell seine Revolver heraus und schoß auf sie. Drei Männer – die beiden Prospektoren und ein einheimischer Stiefelmacher namens Upham Ransfield – gingen tödlich getroffen zu Boden. Ein weiterer Unbeteiligter wurde verletzt, kam aber mit dem Leben davon.

18. Oktober 1868, Laramie, Wyoming. Long wollte einen Prospektor namens Rollie (»Hard Luck«) Harrison überfallen und ausrauben. Sein erster Schuß streifte Harrison, der von seinem Maultier fiel und sich tot stellte. Als Long aus der Deckung trat, feuerte Harrison einen Schuß ab und traf den Räuber an der linken Schulter. Long ergriff daraufhin die Flucht, kehrte in die Stadt zurück und wollte die Wunde von seiner Braut behandeln lassen. Als diese feststellte, daß er angeschossen worden war, verständigte sie den Führer des örtlichen Vigilanten-Komitees. Am nächsten Tag wurde Long gelyncht.

Quelle: Griswold, »The Outlaw Wore a Sheriff's Star«, *Frontier West*, Februar 1972, 24–27.

Longabaugh, Harry

(»*Sundance Kid*«)

Geb. um 1861 in Mont Clare, Pennsylvania; gest. 1908 in San Vicente, Bolivien. Pferdedieb, Cowboy, Zureiter, Rustler, Eisenbahn- und Bankräuber.

Der im Osten der Vereinigten Staaten aufgewachsene Longabaugh zog in jungen Jahren nach Wyoming. Als Halbwüchsiger verbüßte er von August 1887 bis Februar 1889 wegen Pferdediebstahls eine Freiheitsstrafe im Gefängnis von Sundance. Nach seiner Entlassung geriet er erneut auf die schiefe Bahn und mußte sich wiederholt im Robbers' Roost verstecken, einem beliebten Unterschlupf im Hole-in-the-Wall-Country. 1892 überfielen Longabaugh, Harry Bass, Bert Charter und Bill Madden in Malta, Montana, einen Zug und wurden kurz darauf gefaßt. Longabaugh konnte aus der Haft entfliehen, doch zwei seiner Gefährten wurden zu langen Zuchthausstrafen verurteilt.

Ein paar Jahre später begegnete Longabaugh, der gerade auf der *Bar FS Ranch* in Wyoming arbeitete, Butch Cassidy, den er vor Jahren im Hole-in-the-Wall kennengelernt hatte. Als Cassidy seinen Wild Bunch gründete, eine Bande von Eisenbahn- und Bankräubern, schloß Longabaugh sich sofort an. 1897 wurden Longabaugh und drei andere Bandenmitglieder nach einem Banküberfall in Belle Fourche, South Dakota, festgenommen, doch er und zwei seiner Komplizen konnten aus dem Gefängnis von Deadwood entkommen. Longabaugh wirkte an allen Überfallen mit, die der Wild Bunch um die Jahrhundertwende verübte, und er nahm auch an den anschließenden Urlaubsreisen des Wild Bunch an sichere Zufluchtsorte wie Denver, Fort Worth und New Orleans teil.

Im Jahre 1902 trafen sich Longabaugh und seine Lebensgefährtin – eine ehemalige Lehrerin und/oder Prostituierte namens Etta Place – mit Butch Cassidy in Südamerika und züchteten dort auf einem von der Regierung zur Verfügung gestellten Stück Land in Argentinien Rinder. 1907 erkrankte Etta an einer Blinddarmentzündung, worauf Longabaugh sie zur ärztlichen Behandlung nach Denver brachte. Er kehrte kurz darauf nach Südamerika zurück, wo er mit Butch Cassidy Banken ausraubte und für Bergwerksunternehmen in Bolivien arbeitete. Nach einem Überfall auf einen Lohngeldtransport wurde Longabaugh 1908 bei einer Schießerei mit bolivianischen Soldaten getötet. Butch Cassidy hingegen konnte entkommen und kehrte in die Vereinigten Staaten zurück.

Schießereien: *5. Juni 1899, am Red Fork des Powder River, Wyoming.* Nach einem Eisenbahnüberfall bei Wilcox Siding zogen Longabaugh, Flat Nose George Curry und Harvey Logan nach Norden. Als sie in ihrem Lager beim Abendbrot saßen, wurden sie von einer Posse überrascht. Die Outlaws konnten sich den Fluchtweg freischießen, wobei Logan im allgemeinen Durcheinander Sheriff Joe Hazen tötete.

Um 1905, Provinz Chubut, Bolivien Longabaugh besuchte die Frau eines einheimischen Großbauern und wurde von diesem in ihrem Schlafzimmer ertappt. Wütend fuchtelte der gehörnte Ehemann mit seiner Waffe herum, doch bevor er abdrücken konnte, zog Longabaugh seinen Revolver und verpaßte ihm einen Streifschuß an der Schulter. Anschließend ergriff er eilends die Flucht.

1907, Denver, Colorado. Nach einem Urlaub in New York brachte Longabaugh Etta Place in ein Hospital in Denver. Anschließend begab er sich in die Stadt, um den Sonnabend gebührend zu feiern. Binnen kürzester Zeit stieß er auf ein paar alte Freunde, und ein paar Stunden später grölte er betrunken und begann wild in einem Saloon herumzuschießen. Als ihm der Barkeeper Einhalt gebieten wollte, feuerte er mit dem Revolver auf ihn und ver-

Der Wild Bunch im Urlaub in Fort Worth, Dezember 1900. Sitzend (von links): Harry Longabaugh, Ben Kilpatrick und Butch Cassidy. Stehend (von links): Will Carver und Harvey Logan. (*Western History Collections, University of Oklahoma Library*)

letzte ihn. Anschließend wurde Longabaugh von seinen Freunden schleunigst vom Tatort weggebracht.

1908, San Vicente, Bolivien. Longabaugh und Cassidy hatten auf einem Dschungelpfad eine mit Lohngeldern beladene Maultierkarawane überfallen. Anschließend zogen sie in die fünfzehn Meilen entfernte Stadt Vicente, banden ihre Maulesel auf der Plaza an und suchten ein Speiselokal auf. Ein Jugendlicher aus dem Ort erkannte die Maultiere wieder und verständigte die Polizei, die einen in der Nähe der Stadt lagernden Kavallerietrupp anforderte.

Sobald die Soldaten die Plaza umstellt hatten, näherte sich der *capitán* mit mehreren Adjutanten den beiden Amerikanern und forderte sie auf, sich zu ergeben. Longabaugh zog kurzerhand seinen Revolver und schoß den Kommandeur aus dem Sattel, während Cassidy einen der Begleiter verletzte. Dann zogen sich die beiden in das Restaurant zurück und verschanzten sich hinter Tischen und Stühlen. Doch sie steckten in der Klemme: Sie hatten zwar den Patronengurt des *capitán* erbeutet, aber ihre *Winchester* samt der dazugehörigen Munition befand sich bei den Maultieren.

Nach Einbruch der Dunkelheit stürmte Longabaugh quer über die Plaza, holte die Gewehre und die Munition und wollte gerade zurückrennen, als er von den Soldaten niedergestreckt wurde. Cassidy, der seinen Freund in das Lokal zurückschleppte, wurde ebenfalls verletzt. Nach kurzer Zeit wurde den beiden klar, daß die Lage aussichtslos war. Cassidy tötete Longabaugh mit einem Kopfschuß und konnte im Schutz der Dunkelheit entkommen.

Quellen: Horan und Sann, *Pictorial History of the Wild West*, 96–97, 191, 194, 212–213, 215–221, 223, 227, 230–239; Baker, *Wild Bunch*, 59, 97–102, 104–106, 108, 185–186, 189–200; Pointer, *Butch Cassidy*, 6–8, 14–16, 18, 98–100, 125, 130, 160–162, 195–208, 211–213.

Longley, William Preston
(»Wild Bill«)

Geb. 16. Oktober 1851, Austin County, Texas; gest. 11. Oktober 1878, Giddings, Texas. Farmer, Zureiter, Cowboy, Fuhrmann, Packmeister, Holzfäller.

Der am Mill Creek im Austin County geborene Longley zog im Alter von zwei Jahren mit seiner Familie in die kleine texanische Stadt Evergreen, wo er aufwuchs und bereits in jungen Jahren schießen lernte. Zwei Jahre nach dem Bürgerkrieg tötete der fünfzehnjährige Longley einen farbigen Soldaten – es war der Beginn einer Mordserie, die vor allem gegen Schwarze gerichtet war und die ihm den Beinamen »Niggerkiller« eintrug.

Eine Zeitlang ritt er gemeinsam mit einem anderen Jugendlichen Pferde zu, doch nachdem er in einem Zirkus wild um sich geschossen und bei zwei Anschlägen drei Schwarze getötet hatte, verließ er sein Zuhause und heuerte bei John Reagon im Karnes County als Cowboy an. Kurz darauf tötete er einen weiteren Soldaten, flüchtete mit einem Pferdedieb namens Tom Johnson und wurde bei dessen Haus gelyncht. Die Henker gingen jedoch stümperhaft zu Werke. Johnson kam zwar zu Tode, doch Longley lebte noch, als man ihn nach dem Abzug der Posse vom Seil schnitt.

Danach schloß Longley sich Cullen Bakers Bande an, kehrte aber nach Bakers Tod im Jahre 1869 nach Evergreen zurück. Er brach mit einem Viehtreck nach Kansas auf, schoß unterwegs den Treckboß nieder und begab sich nach Salt Lake City. Als er schließlich in Kansas landete, erschoß er erneut einen Soldaten und wurde ins Gefängnis geworfen, konnte jedoch einen Wärter bestechen und entkommen.

Wild Bill Longley 1878, im Angesicht des Galgens in Giddings, Texas. *(Western History Collections, University of Oklahoma Library)*

Anschließend verschlug es Wild Bill nach Wyoming, wo er in Camp Brown (dem späteren Fort Washakie) eine Anstellung als Fuhrmann und Packmeister fand. Da er für die zahlreichen Maultiere und Packpferde des Militärstützpunkts verantwortlich war, verbündete er sich mit einem korrupten Quartiermeister und übervorteilte die Regierung bei den An- und Verkäufen des für die Truppe bestimmten Viehs. Bald darauf überwarf Longley sich mit seinem Komplizen, tötete ihn und war anschließend neun Monate lang im Wachhaus inhaftiert. Er wurde schließlich zu einer dreißigjährigen Zuchthausstrafe verurteilt, konnte aber aus Camp Brown entfliehen, ehe man ihn ins Iowa State Prison überstellte.

Longley tauchte im Indian Territory unter, lebte ein Jahr lang bei den Utes und kehrte dann auf die Farm seines Vaters zurück, wo er eine Zeitlang ein ruhiges, arbeitsames Leben führte, ehe er weiter durch Texas zog. Er wurde im Mason County vorübergehend festgenommen und konnte sich erneut die Freiheit erkaufen, tötete aber bald darauf in der Nähe seines Hauses einen Mann und wurde im Delta County inhaftiert. Am 12. Juni 1876 konnte er entkommen und ins Indian Territory fliehen, kehrte aber über Arkansas nach Texas zurück. Bald darauf beging er einen weiteren Mord und flüchtete ins westliche Louisiana, wo er in der Nähe von Keatchie ein Stück Land pachtete.

Zwei Ordnungshüter aus Nacogdoches drangen heimlich in Louisiana ein und zwangen Longley mit vorgehaltener Schrotflinte zur Rückkehr nach Texas. Nachdem er in Giddings inhaftiert und zum Tode verurteilt worden war, beklagte er sich beim Gouverneur über die ungerechte Behandlung, da der Killer John Wesley Hardin kurz zuvor mit einer langen Freiheitsstrafe davongekommen war. Als er keine Antwort erhielt, trat er zum katholischen Glauben über und schrieb, während er auf eine Entscheidung über sein Gnadengesuch wartete, fromme, reumütige Briefe an diverse Zeitungen.

Als er fünf Tage vor seinem siebenundzwanzigsten Geburtstag hingerichtet wurde, ging er tapfer in den Tod, obwohl beim ersten Versuch seine Knie auf den Boden schleiften und man ihn wieder hochziehen und ein zweites Mal erhängen mußte.

Schießereien: *1867, Evergreen, Texas.* Longley begegnete auf dem etwa eine Meile von der Farm seiner Eltern entfernten Camino Real, der alten spanischen Überlandstraße von San Antonio nach Nacogdoches, einem schwarzen Soldaten der »Rekonstruktions-Truppen«, wie die Besatzer aus den im Bürgerkrieg siegreichen Nordstaaten genannt wurden. Es kam zu einem Streit, worauf der berittene Soldat mit dem Gewehr auf seinen jugendlichen Widersacher schoß. Longley riß den Revolver heraus und jagte dem Soldaten eine Kugel in den Kopf. Anschließend versteckte er den Leichnam in einem flachen Graben.

1867, Lexington, Texas. Aus Wut über ein mißglücktes Pferderennen beschlossen Longley und sein Kompagnon Johnson McKowen, ein Straßenfest von Schwarzen zu überfallen. Mit rauchenden Revolvern ritten sie mitten durch die Siegesfeier und ließen zwei Tote und mehrere Verletzte zurück.

Dezember 1868, bei Evergreen, Texas. Streitlüstern folgte Longley drei, wie er meinte, allzu aufsässigen Schwarzen zu ihrem etwa drei Meilen außerhalb von Evergreen gelegenen Lager. Als er angeritten kam, gaben die Schwarzen einen Schuß auf Longley ab, worauf dieser einen der drei Männer tödlich am Kopf verletzte. Die beiden anderen konnten entkommen, und Longley mußte die Gegend verlassen.

1869, Yorktown, Texas. Longley, der in Diensten des Rinderzüchters John Reagon stand, ritt nach Yorktown und wurde irrtümlich für Charles Taylor gehalten. Mehrere Soldaten der Besatzungstruppen aus dem Norden, die man in die Gegend verlegt hatte, um die blutige Sutton-Taylor-Fehde niederzuschlagen, kamen auf ihn zu und wollten ihn festnehmen. Longley meinte, man wolle ihn wegen des jüngsten Mordes ergreifen, und flüchtete unverzüglich. Der berittene Sergeant der Abteilung holte Longley ein und forderte ihn auf, sich zu ergeben. Longley rammte ihm seinen

Revolver zwischen die Rippen und drückte ab. Der Sergeant fiel tödlich getroffen vom Pferd, und Longley entkam.

1869, Indian Territory. Longley, der eine Rinderherde nach Kansas treiben half, bekam Streit mit dem Treckboß, einem despotischen Mann namens Rector. Als alles Reden nichts nützte, zog Longley den Revolver und tötete Rector mit sechs Kugeln. Anschließend floh er zu Verwandten nach Salt Lake City.

1870, Leavenworth, Kansas. Der stets reizbare Longley geriet in einem Saloon in Leavenworth in eine Auseinandersetzung mit einem Soldaten. Ehe sich's der andere versah, zog der Texaner den Revolver und erschoß ihn. Longley flüchtete anschließend auf einem Güterzug, wurde aber in St. Joseph, Missouri, von einer Posse aufgegriffen und nach Fort Leavenworth zurückgebracht.

1871, Camp Brown, Wyoming. Packmeister Longley und ein Quartiermeister namens Greggory gaben bei den Viehkäufen, die sie im Auftrag der Army tätigten, falsche Stückzahlen an und verkauften die überzähligen Tiere mit hohem Gewinn weiter. Als Greggory herausfand, daß Longley ein Paar Maultiere für fünfhundert Dollar verkauft, ihm aber weisgemacht hatte, er habe nur dreihundert Dollar erhalten, drohte er ihm mit dem Tode. Daraufhin versteckte sich Longley hinter dem Viehgehege des Stützpunkts, und als Greggory nach ihm suchte, schoß er ihn nieder. Greggory starb am folgenden Tag, und Longley, der auf einem Maultier die Flucht ergriffen hatte, wurde drei Tage nach der Schießerei aufgespürt und festgenommen.

1872, Parkersville, Kansas. Nach seiner Rückkehr nach Texas ließ Longley sich auf ein Kartenspiel ein und geriet prompt mit einem jungen Mitspieler namens Charley Stuart in Streit. Longley griff kurzerhand zum Revolver und erschoß Stuart. Dessen Vater setzte eine Belohnung von 1500 Dollar auf das Ergreifen des Mannes aus, der seinen Sohn ermordet hatte, doch »Tom Jones« (wie Longley sich nannte) konnte nach Texas entkommen.

1874, Comanche County, Texas. Longley hatte erfahren, daß Mrs. Forsythe von einem Schwarzen beleidigt worden sei, und begab sich auf die Suche nach dem »ungehörigen« Mann. Als dieser ihn fragte, wer zum Teufel Longley überhaupt sei, schoß ihm Longley als Antwort zwei Kugeln in den Kopf. Longley wurde kurz darauf gefaßt, kam aber durch Bestechung wieder frei.

1. April 1875, Bastrop County, Texas. Longley, der auf einer Farm im Bastrop County arbeitete, erfuhr, daß sein Cousin Cale Longley von Wilson Anderson getötet worden war, einem von Wild Bills Jugendfreunden. Longley ritt unverzüglich zu Andersons Farm, überraschte seinen alten Freund bei der Feldarbeit und tötete ihn mit einer Schrotflinte. Wegen dieses Mordes wurde Longley später festgenommen und hingerichtet.

November 1875, Bell County, Texas. Longley und ein gewisser Bill Scrier, der eigentlich Lew Sawyer hieß, trauten einander nicht mehr über den Weg. Als Longley, Scrier und ein junger Mann namens Hayes auf Scriers Haus zuritten, zog Longley plötzlich den Revolver. Scrier war wachsam, gab seinem Pferd die Sporen und schoß über die Schulter auf den Angreifer. Longley traf Scrier an der rechten Schulter, doch der hielt sich im Sattel und erwiderte das Feuer. Erst nach langer Verfolgungsjagd riß Scrier, der mittlerweile viermal getroffen worden war, sein Pferd herum und drückte seine Schrotflinte auf Longley ab. Er tötete Longleys Pferd, fiel dabei aber aus dem Sattel. Daraufhin ging der Kampf zu Fuß weiter. Die beiden Männer feuerten aus unmittelbarer Nähe aufeinander, wobei Scrier ein ums andere Mal getroffen wurde, ehe er schließlich eine tödliche Kugel in den Kopf bekam. Sein Leichnam wies insgesamt dreizehn Einschüsse auf.

1876, Delta County, Texas. Longley bewirtschaftete gemeinsam mit einem Pfarrer namens Roland Lay eine Farm in der Nähe von Ben Franklin. Als es zu einer Meinungsverschiedenheit kam, ergriff Longley seine Schrotflinte und ging in den Viehpferch, in dem Lay gerade bei der Arbeit war. Ehe Lay zu seiner am Gatter lehnenden Flinte greifen konnte, mähte Longley ihn mit einer doppelten Ladung Truthahnschrot nieder.

Quellen: Bartholomew, *Wild Bill Longley;* Webb, *The Handbook of Texas,* II, 79–80: Breihan, *Great Gunfighters of the West,* 42–65.

Loving, Frank

(»Cockeyed Frank«)

Geb. um 1854; gest. im April 1882, Trinidad, Colorado. Spieler.

Loving war an einer der berühmtesten Schießereien in der Geschichte des amerikanischen Westens beteiligt. Als Berufsspieler zog es ihn in den siebziger Jahren nach Dodge City, wo er in einen blutigen Zusammenstoß mit einem einheimischen Raufbold namens Levi Richardson verwickelt wurde. Loving versuchte sein Glück zunächst in Las Vegas, New Mexico, und begab sich 1882 nach Trinidad, Colorado. Dort wurde er einige Tage später von Jack Allen erschossen. Er hinterließ eine Frau und zwei kleine Kinder.

Schießereien: *5. April 1879, Dodge City, Kansas.* Loving und Levi Richardson, ein achtundzwanzigjähriger Fuhrunternehmer, der aus Wisconsin nach Kansas gezogen war, stritten sich seit geraumer Zeit wegen einer Frau. An einem Sonnabend zwischen 20 und 21 Uhr stand Richardson am Ofen des *Long Branch Saloon.* Er wollte gerade gehen, als Loving eintrat und am Spieltisch Platz nahm. Richardson folgte ihm und ließ sich ebenfalls nieder, worauf Cockeyed Frank aufstand und seinen Widersacher anherrschte.

»Du verdammter Hundesohn«, sagte Loving, »wenn du irgendwas über mich zu sagen hast, warum kommst du dann nicht her und sagst es mir ins Gesicht, so wie es sich für einen Ehrenmann gehört?«

»Du trittst ja doch nicht zum Kampf an«, höhnte Richardson.

»Stell mich doch auf die Probe«, versetzte Loving.

Beide Männer griffen zu den Revolvern. Richardson schoß zuerst, und als Loving das Feuer erwidern wollte, versagte seine Waffe. Loving rannte, von Richardson verfolgt, hinter einen Ofen. Richardson gab zwei weitere Schüsse ab, worauf die anderen Gäste schleunigst in Deckung gingen. Mittlerweile funktionierte Lovings Waffe wieder, und er feuerte ein ums andere Mal auf seinen Widersacher, bis ihm die Munition ausging. Richardson torkelte getroffen zurück, drückte aber weiterhin seinen 44er ab, bis er gegen einen Tisch taumelte und zu Boden ging.

Einer der Zuschauer, ein gewisser William Duffey, stürmte zu dem Verletzten und entriß ihm die Waffe. Richardson, der an der Brust, an der Seite und am rechten Arm getroffen war, starb wenige Minuten später. Loving trug lediglich einen Kratzer an der Hand davon.

April 1882, Trinidad, Colorado. Loving war in das Bergbaugebiet von Colorado gezogen und widmete sich dort weiter dem Glücksspiel. In Trinidad bekam er Streit mit einem ehemaligen Bürger von Dodge City, einem gewissen Jack Allen, der später Evangelist werden sollte. Eines Abends schossen die beiden Männer in Allens Saloon insgesamt sechzehnmal aufeinander, ohne daß jemand getroffen wurde. Am folgenden Tag, als Loving in George Hammonds Eisenwarenhandlung gerade seinen Revolver entlud, tauchte Allen unverhofft auf und erschoß den Spieler.

Quellen: Miller und Snell, *Great Gunfighters of the Kansas Cowtowns,* 28–30; Bartholomew, *Wyatt Earp, the Untold Story,* 298–300; Vestal, *Dodge City,* 162–168.

Lowe, Joseph

(»Rowdy Joe«)

Geb. 1845 oder 1846 in Illinois; gest. im Februar 1899, Denver, Colorado. Dieb, Tanzsalonbesitzer, Prospektor.

Der ursprünglich aus Illinois stammende Rowdy Joe Lowe und seine Frau Kate zogen nach dem Bürgerkrieg ziellos durch den Westen. Der ungebärdige Lowe, ehemals ein ausgemachter Dieb, war eine der bekanntesten Persönlichkeiten von Delano, einem gesetzlosen und sogenannten »weit offenen« Bezirk westlich von Wichita, wo er und seine Frau einen Saloon mit angeschlossenem Tanzsalon und Bordell betrieben. Derartige Etablissements bewirtschafteten die Lowes auch in Ellsworth und Newton, seinerzeit Endpunkte der Eisenbahnlinien in Richtung Osten und Verladestationen für die großen Rinderherden.

1872 erschoß Rowdy Joe in Newton einen Mann namens Sweet. Im Jahr darauf tötete er in Wichita Red Beard. Anschließend stellte er sich zwar der Obrigkeit, konnte aber bald entkommen und flüchtete nach Osage Mission im Neosho County, Kansas.

Im Januar 1874 wurde Lowe in St. Louis festgenommen, kam aber mittels Bestechung oder anderer Tricks bald darauf wieder frei. Anschließend zog er nach Texas und hielt sich eine Zeitlang in Denison und danach in San Antonio auf. Dort wurde er wegen Körperverletzung – das Opfer war Kate – zu einer Geldstrafe von hundert Dollar verurteilt. Möglicherweise wurde er im Zuge des Goldrausches in die Black Hills gelockt, doch zu guter Letzt verschlug es ihn nach Colorado, wo er 1899 getötet wurde.

Schießereien: *19. Februar 1872, Newton, Kansas.* Beim sonntäglichen Tanzabend in Lowes Lokal in Newton gab Joe Kate eine Ohrfeige, weil sie sich den Annäherungsversuchen eines Kunden widersetzt hatte. Ein anderer Gast, ein gewisser A. M. Sweet,

Rowdy Joe Lowe, dessen hitziges Temperament ihm seinen Beinamen eintrug. *(Kansas State Historical Society, Topeka)*

nutzte die Gelegenheit, füllte die wütende Kate mit Schnaps ab und zog dann mit ihr zu Fanny Grays Etablissement. Am Montag begab sich Lowe bewaffnet und vor Wut schäumend zu Fannys Haus. Als Joe auftauchte, zog Sweet einen Revolver, doch ehe er abdrücken konnte, jagte Lowe ihm zwei Kugeln in den Leib. Er starb innerhalb der nächsten drei Stunden.

19. Juli 1872, Wichita, Kansas. Rowdy Joe war bekannt für seine Rücksichtslosigkeit, wenn es darum ging, für Ruhe und Ordnung in seinem Lokal zu sorgen. Wie rabiat er dabei werden konnte, zeigt der folgende Fall: Als ein betrunkener Zecher namens Joseph Walter in Lowes Etablissement in Wichita ausfällig wurde und mit seinen Eskapaden die anderen Gäste störte, zog Rowdy Joe seinen Revolver, schlug mit Lauf und Kolben auf ihn ein und fügte ihm so schwere Verletzungen an Kopf und Gesicht zu, daß die Ärzte eine Zeitlang befürchteten, der Mann werde nicht durchkommen.

27. Oktober 1873, Wichita, Kansas. Red Beard besaß in Delano einen unmittelbar neben Lowes Etablissement gelegenen Tanzsalon. Eines Montagabends ärgerte sich der betrunkene Beard, der ohnehin schnell mit der Waffe zur Hand war, über eine Prostituierte namens Josephine DeMerrit und drohte, er werde sie erschießen. Er feuerte durch ein Fenster und verfehlte Lowe nur um Haaresbreite. Daraufhin stürmte Lowe, gefolgt von Kate, zu Beards Lokal. Red wiederum war so betrunken, daß er ein Mädchen namens Anne Franklin mit Josephine verwechselte und ihr eine Kugel in den Bauch jagte.

Annie torkelte zur Tür, als Lowe, der ebenfalls schwer betrunken war, die Schrotflinte hochriß und abdrückte. Beard feuerte zurück und stürmte aus der Tür. Lowe heftete sich an seine Fersen. Der an der Bar stehende Bill Anderson brach zusammen – von einem Kopfschuß getroffen, der ihn das Augenlicht kostete. Unterdessen verfolgte der aus einer Wunde am Hals blutende Lowe seinen Widersacher zur Brücke über den Arkansas River. Dort feuerte er eine weitere Schrotladung auf Beard ab, die dessen Hüfte und rechten Arm zerschmetterte. Zwei Wochen später starb Red Beard am Wundbrand.

Februar 1899, Denver, Colorado. Lowe zechte in einem Saloon in Denver und wurde wie üblich, wenn er angetrunken war, zusehends lauter und ausfälliger. Als er sich abfällig über die örtliche Polizei äußerte, stellte ihn ein ehemaliger Ordnungshüter zur Rede. Im Streit griffen beide Männer zu den Waffen, und Lowe wurde erschossen.

Quellen: Miller und Snell, *Great Gunfighters of the Kansas Cowtowns,* 151–168, 387–388; Streeter, *Prairie Trails & Cow Towns,* 145–147; Drago, *Wild, Woolly & Wicked,* 151, 161–162.

McCall, John

(»Broken Nose Jack«)

Geb. 1850 oder 1851 im Jefferson County, Kentucky; gest. 1. März 1877, Yankton, Dakota Territory. Büffeljäger, Arbeiter, Fuhrunternehmer.

McCall wuchs mit drei Schwestern in Kentucky auf. Im Alter von knapp zwanzig Jahren verließ er das Elternhaus und brach gen Westen auf. Er schloß sich einem Trupp Büffeljäger an, zog weiter und wurde 1876 nach Deadwood verschlagen, wo er sich als »Bill Sutherland« ausgab. Ein paar Wochen später kam er zu fragwürdigem Ruhm, als er Wild Bill Hickok erschoß. Er wurde festgenommen und binnen kürzester Zeit (wobei es nicht ganz mit rechten Dingen zuging) vor Gericht gestellt.

McCall sagte aus, er schulde Hickok von einem Pokerspiel am Vortag 110 Dollar. Anschließend »offenbarte« er (was natürlich gelogen war), daß er der Bruder von Samuel Strawhim sei, den Hickok 1869 in Hays City getötet hatte. Daraufhin sprachen die Geschworenen McCall frei.

McCall zog als Fuhrunternehmer nach Cheyenne. Dort prahlte er lauthals und in angetrunkenem Zustand, daß er die Geschworenen in Deadwood angelogen habe, und wurde prompt von einem Deputy U. S. Marshal festgenommen. Man überstellte ihn an das Bundesgericht in Yankton, Dakota Territory, und klagte ihn wegen vorsätzlichen Mordes an. Als man ihn fragte: »Warum sind Sie nicht von vorn auf Wild Bill zugegangen und haben sich mit ihm geschossen, wie es sich für einen Mann gehört?«, erwiderte McCall offenherzig: »Ich wollte keinen Selbstmord begehen.«

McCall wurde für schuldig befunden und zum Tode verurteilt. Zahlreiche Zuschauer wohnten seiner Hinrichtung in Yankton bei, und in den Zeitungen stand anschließend, er sei »wacker in den Tod« gegangen. »O Gott« soll McCall ausgestoßen haben, als um 10 Uhr 15 die Falltür ausgelöst wurde und er in die Schlinge fiel.

Schießerei: *2. August 1876, Deadwood, Dakota Territory.* Wegen angeblicher Spielschulden – möglicherweise aber auch im Auftrag von Hickoks Feinden – unternahm McCall einen Mordanschlag auf Wild Bill. Kurz nach vier Uhr nachmittags bestellte sich McCall im *Saloon No. 10* in Deadwood einen Drink. Zur gleichen Zeit saß dort Hickok mit Charles Rich, Carl Mann und Frank Massie beim Poker.

Hickok hatte gerade zwei Asse und zwei Achten bekommen, als McCall hinter ihn schlich, einen alten 45er Colt zog und ihm eine Kugel in den Hinterkopf jagte. Sie trat an seinem rechten Jochbein wieder aus und bohrte sich in den Unterarm des Hickok gegenüber sitzenden Massie. Wild Bill sank leblos zu Boden, und McCall ergriff die Flucht.

Der Barkeeper Anson Tipple versuchte ihn aufzuhalten, worauf McCall auf ihn feuern wollte, aber von seiner Waffe im Stich gelassen wurde. (Später stellte man fest, daß der Revolver mit fünf schadhaften Patronen geladen war – nur der sechste Schuß, durch den Wild Bill getötet wurde, war losgegangen.) Auf der Straße wurde McCall von Harry Young verfolgt. Er sprang auf ein in der Nähe stehendes Pferd, doch der Sattelgurt riß, und McCall landete im Staub. Wieder konnte er weglaufen, wurde aber wenig später gefaßt, als er sich in einer Fleischerei verstecken wollte.

Quellen: Rosa, *Alias Jack McCall*; Schoenberger, *Gunfighters*, 86, 88–90, 179; Rosa, *They Called Him Wild Bill*, 148, 170, 193, 214–217, 219–220, 224, 226–245.

Henry McCarty, besser bekannt als Billy the Kid. *(Western History Collections, University of Oklahoma Library)*

McCarty, Henry

(*»Billy the Kid«, »William Bonney«, »Henry Antrim«, »Kid Antrim«, »William Antrim«*)

Geb. 1859 in Indiana oder New York; gest. 14. Juli 1881, Fort Sumner, New Mexico. Fuhrmann, Cowboy, Rustler, Revolvermann.

Der kleine Henry McCarty mit den vorstehenden Zähnen, der entweder in New York oder in Indiana zur Welt kam, wurde unter dem Namen William Bonney oder Billy the Kid ein berühmter Outlaw. Während des Bürgerkriegs zog Billy mit seinen Eltern und dem älteren Bruder Joe nach Kansas. Nach dem Tod des Vaters siedelte die Witwe McCarthy mit ihren beiden Kindern nach New Mexico um und heiratete 1873 in Santa Fe einen gewissen William Antrim. Die Familie ließ sich in Silver City nieder, wo Mrs. Antrim 1874 starb.

Billy beging bald darauf kleine Diebstähle, wurde eingesperrt und konnte entkommen. Zwei Jahre lang schlug er sich als Fuhrmann, Cowboy und Hilfsarbeiter im und um das Graham County im östlichen Arizona durch. 1877 tötete er in Fort Grant einen Mann und wurde wegen Mordes angeklagt. Er konnte aber entkommen, kehrte nach New Mexico zurück und ging einen Winter lang mit George Coe auf die Jagd.

McCarty, Henry   219

Wenig später fand Billy the Kid eine Anstellung auf der Ranch des Engländers John Tunstall im Lincoln County. Als Tunstall ermordet wurde, schwor Billy blutige Rache, die er während des anschließenden *Lincoln County War* auch weidlich auskostete. Er war bei der Posse, die drei Revolvermänner der gegnerischen Partei ermordete, er legte den Hinterhalt, bei dem Sheriff William Brady und Deputy George Hindman ums Leben kamen, und er war an der Schießerei von Blazer's Mill beteiligt.

Bei dem viertägigen Gefecht im Juli 1878 verteidigte Billy the Kid mit seinen Gefährten Alexander McSweens Haus und zählte zu den wenigen Überlebenden des verzweifelten Ausbruchsversuchs. Auf ein Amnestieversprechen von Gouverneur Lew Wallace hin stellte er sich schließlich der Obrigkeit. Doch der Gerichtstermin rückte näher, Billy wurde nervös, mißtraute den rechtlichen Formalitäten, entfernte sich schließlich aus dem »Gewahrsam« und verstieß damit gegen die Amnestieauflagen. Er gründete eine Bande von Viehdieben und stieß auf seinen Raubzügen mit Dave Rudabaugh, Charlie Bowdre und Tom O'Folliard bis in den texanischen Panhandle vor. Billy tötete den Spieler Joe Grant, entkam einer Posse, die ihn an der Greathouse-Ranch in der Nähe von White Oaks stellte, und schoß sich den Fluchtweg frei, nachdem Pat Garrett ihn in einen Hinterhalt gelockt hatte.

Als er von Pat Garretts Posse in seinem Versteck in Stinking Springs belagert wurde, ergab sich Billy the Kid und wurde im Dezember 1880 in Lincoln eingekerkert. Vier Monate später tötete er zwei Wärter und konnte entkommen. Ein knappes Vierteljahr darauf wurde er von Pat Garrett in Fort Sumner getötet.

Billy the Kids Leben und Taten waren bei weitem nicht so aufsehenerregend, wie sie im nachhinein dargestellt wurden. Zweifellos war er eine ebenso schillernde wie gewalttätige Persönlichkeit, doch als Revolvermann trat er nur knapp vier Jahre lang in Erscheinung, und er tötete nicht mehr als ein halbes Dutzend Menschen.

Schießereien: *17. August 1877, Fort Grant, Arizona.* Der siebzehnjährige Billy geriet in George Adkins Saloon in Fort Grant mit dem Iren F. P. Cahill in Streit. Als der stämmige Schmied seinen schmächtigen Widersacher kurzerhand zu Boden warf und ihm eine Ohrfeige gab, zog Billy den Revolver und schoß auf ihn. Cahill starb am nächsten Tag, und Billy wurde bei der Leichenschau des »heimtückischen und durch nichts zu rechtfertigenden Mordes« bezichtigt.

9. März 1878. Steel Springs, New Mexico. Eine von John Tunstalls Vormann Dick Brewer geführte Posse, der neben Billy the Kid Charlie Bowdre, William McCloskey, John Middleton, Frank McNab, Henry Brown, J. G. Scurlock, Wayt Smith und Jim French angehörten, hatte ein paar Tage zuvor Frank Baker und William Morton gefaßt, zwei der mutmaßlichen Mörder von Tunstall. Anschließend kam es zu einer heftigen Auseinandersetzung, da einige der sogenannten »Regulatoren« die Gefangenen auf der Stelle töten wollten.

Als der Trupp in Roswell rastete, gab Morton einen Brief auf, in dem er seine Lage schilderte und mitteilte, daß er um sein Leben fürchte. Am nächsten Tag zogen die Regulatoren mit ihren Gefangenen weiter. Nach etwa fünfundzwanzig Meilen lenkte Morton sein Pferd unmittelbar neben McCloskey, ergriff dessen Revolver und erschoß ihn, worauf er und Baker davonsprengten. Sie wurden von mehreren Mitgliedern der Posse verfolgt, unter Beschuß genommen und tödlich verletzt.

Billy the Kid behauptete hinterher, er allein habe die beiden Männer getötet. Doch er war allenfalls eines von mehreren Mitgliedern der Posse, deren Kugeln Morton und Baker zum Opfer fielen.

1. April 1878, Lincoln, New Mexico. Billy the Kid hatte beschlossen, Sheriff William Brady zu töten, worauf er sich mit Henry Brown, John Middleton, Fred Wait und Jim French hinter einer niedrigen Adobemauer, von der aus man die staubige Main

Street von Lincoln überblicken konnte, in den Hinterhalt legte. Zu fortgeschrittener Morgenstunde kam Brady mit seinen Männern – Deputy George Hindman ging neben ihm, Billy Matthews, Jack Long und George Peppin folgten ein Stück dahinter – die Straße entlang. Billy the Kid und seine Gefährten standen auf, eröffneten das Feuer und streckten Brady und Hindman tödlich verletzt nieder. Matthews wurde ebenfalls getroffen, konnte aber ebenso wie Long und Peppin in Deckung gehen. Unmittelbar darauf öffneten Billy the Kid und Wait eine in der Mauer eingelassene Brettertür, rannten zu den beiden Ordnungshütern und wollten deren *Winchester* stehlen. Doch Matthews feuerte auf sie, fügte Wait einen Streifschuß und Billy the Kid eine leichte Verletzung an der Seite zu. Die beiden Outlaws zogen sich schleunigst wieder in den Schutz der Mauer zurück, worauf alle fünf Heckenschützen aufsaßen und davongaloppierten.

4. April 1878, Blazer's Mill, New Mexico. Drei Tage später kämmte Billy the Kid mit einem großen Trupp Regulatoren die Gegend nach Mitgliedern der Gegenpartei ab. Kurz nachdem die Regulatoren zur Mittagspause in Blazer's Mill eingetroffen waren, kam der schwerbewaffnete Buckshot Roberts, einer ihrer Widersacher, auf den Hof der Sägemühle geritten.

Charlie Bowdre, Henry Brown und George Coe gingen zu ihm, worauf Bowdre den Revolver zog und Roberts aufforderte, er solle sich ergeben. Doch Roberts riß die Flinte hoch, drückte ab und verletzte Coe und den danebenstehenden John Middleton, wurde aber seinerseits von Bowdre am Bauch getroffen. Roberts zog sich in das Gebäude zurück, während Billy the Kid und die anderen Regulatoren um die Ecke rannten und in Deckung gingen.

Da die aufs Geratewohl abgegebenen Schüsse, mit denen die Regulatoren Roberts anschließend eindeckten, wirkungslos blieben, wollte sich ihr Anführer Dick Brewer in eine günstigere Feuerposition begeben. Roberts schoß ihm jedoch das Schädeldach weg, worauf Billy the Kid und der übrige Trupp wegritten. Roberts erlag bald darauf seiner Verletzung.

1. Mai 1878, Lincoln, New Mexico. Billy the Kid und einige andere Regulatoren trafen in Lincoln auf offener Straße auf mehrere Anhänger der Gegenpartei. Es kam zu einem minutenlangen Schußwechsel, bei dem niemand ernstlich verletzt wurde.

14. Mai 1878, Lincoln County, New Mexico. Ein kleiner Trupp von McSweens Revolvermännern ritt, angeblich unter Führung von Billy the Kid, zu einer östlich von Lincoln am Pecos River gelegenen Ranch, um Pferde zu stehlen. Die überfallenen Cowboys setzten sich zunächst halbherzig zur Wehr, stellten aber nach kurzer Zeit das Feuer ein. Sie mußten zu Fuß zur Ranch zurückkehren, während die Regulatoren mit siebenundzwanzig Pferden davonritten.

3. Juli 1878, Lincoln County, New Mexico. Billy the Kid und eine Regulatorenposse wurden von einem Trupp Cowboys entdeckt, als sie sich im östlichen Teil des County herumtrieben. Beide Seiten nahmen sich aus großer Entfernung mit ihren Flinten unter Beschuß, ohne daß jemand zu Schaden kam.

4. Juli 1878, bei Roswell, New Mexico. Billy the Kid, Frank und George Coe sowie zwei weitere Berittene kehrten nach einem Abstecher zu Ash Uptons Geschäft zur *Chisum Ranch* zurück, als sie in der Ferne fünfzehn bis zwanzig Feinde sahen. Die beiden Trupps feuerten aufeinander und lieferten sich eine wilde Verfolgungsjagd bis zur Ranch.

13. Juli 1878, bei San Patricio, New Mexico. Billy the Kid, Alexander McSween und neun Regulatoren ritten bei San Patricio in einer Distanz von etwa 200 Metern an Deputy Sheriff Jack Long vorbei. Long, der Haftbefehle für den Kid und die anderen Regulatoren bei sich hatte, riß sein Pferd herum und versuchte zu fliehen. Die Regulatoren eröffneten das Feuer und töteten Longs Reittier, doch der Deputy konnte abspringen und zu Fuß entkommen.

15. bis 19. Juli 1878, Lincoln, New Mexico.
Während der Entscheidungsschlacht des *Lincoln County War* verteidigte Billy the Kid mit zehn weiteren Revolvermännern das Haus des Anwalts Alexander McSween in Lincoln. In den ersten Tagen des Gefechts waren die in dem Gebäude verschanzten Männer hauptsächlich damit beschäftigt, einschlagenden Kugeln auszuweichen und ihre draußen postierten Gefährten durch gelegentliches Gewehrfeuer zu entlasten. Am letzten Tag wurde McSweens Haus in Brand gesteckt, worauf Billy the Kid und seine Gefährten beschlossen, nach Einbruch der Dunkelheit einen Ausfall zu wagen.

Als nur mehr drei der insgesamt zwölf Zimmer des Hauses von den Flammen verschont geblieben waren, trat McSween, lediglich mit einer Bibel bewehrt, die er an seine Brust drückte, vor die Tür. Die Männer, die mittlerweile in die Nähe des brennenden Gebäudes gekrochen waren, mähten ihn augenblicklich mit einer Gewehrsalve nieder. Daraufhin stürmte Tom O'Folliard hinaus und wollte sich den Fluchtweg zu dem nahe gelegenen Fluß freischießen. Doch als Harvey Morris hinter ihm niedergeschossen wurde, drehte er sich um, wollte ihm helfen und wurde an der Schulter verletzt, konnte sich aber in Sicherheit bringen, als seine Gefährten aus der Tür rannten. Drei von ihnen wurden förmlich von Schüssen durchsiebt, doch Billy the Kid überstand den Kugelhagel wie durch ein Wunder unbeschadet.

Einer der Belagerer, der neunzehn Jahre alte Bob Beckwith, trat aus der Deckung und wollte einen Durchgang in der niedrigen Adobemauer neben dem Haus versperren, wurde aber von zwei Kugeln an Kopf und Handgelenk getroffen und fiel tot zu Boden. Beckwiths Tod wird häufig Billy the Kid zugeschrieben, doch aufgrund der Dunkelheit und des allgemeinen Durcheinanders läßt sich unmöglich feststellen, wer den tödlichen Schuß abgab. Jedenfalls konnte sich Billy the Kid zum Flußbett durchschlagen, watete auf die andere Seite und brachte sich in Sicherheit.

10. Januar 1880, Fort Sumner, New Mexico.
Während eines ausgelassenen abendlichen Zechgelages in Bob Hargroves Saloon in Fort Sumner erhielt Billy the Kid einen Hinweis, daß ein heftig dem Alkohol zusprechender Raufbold namens Joe Grant ihn töten wolle. Billy gab sich arglos, ging zu Grant und fragte, ob er sich dessen Revolver, der mit Griffschalen aus Elfenbein verziert war, näher ansehen dürfe. Er gab vor, die Waffe zu bewundern, stellte dabei fest, daß sie nur mit drei Patronen geladen war, und drehte, ehe er sie zurückgab, die Trommel, so daß der Hammer beim nächsten Schuß auf eine leere Kammer treffen mußte. Die Vorsichtsmaßnahme sollte sich als nützlich erweisen, denn kurz darauf suchte Grant Streit mit Billy, hielt ihm den Revolver vors Gesicht und drückte ab. Die Waffe gab nur ein Klicken von sich, worauf Billy seinerseits den Revolver herausriß und Grant eine Kugel in den Kopf jagte. Grant fiel zu Boden und war binnen kürzester Zeit tot.

29. November bis 1. Dezember 1880, bei White Oaks, New Mexico. Billy the Kid und der ihn begleitende Desperado Billy Wilson wurden im bergigen Gelände in der Nähe von White Oaks von einer Posse abgefangen. Wütend eröffneten die Outlaws das Feuer, doch die Ordnungshüter rückten immer näher, worauf es zu einer wilden Verfolgungsjagd kam. Die Posse tötete die Pferde der beiden Gesuchten, doch Billy the Kid und Wilson konnten zu Fuß entkommen.

Die beiden Gejagten trafen sich mit Dave Rudabaugh, und am nächsten Tag ritten die drei unverfroren die Main Street von White Oaks entlang. Sie entdeckten Deputy Sheriff James Redman, gaben einen ungezielten Schuß auf ihn ab und sprengten rasch aus der Stadt, als etliche aufgebrachte Bürger aus den Häusern kamen und Redman beistanden.

Eine von Deputy Sheriff James Carlyle geführte Posse nahm die Verfolgung auf und stellte die Störenfriede im Morgengrauen auf Jim Greathouses Ranch. Billy the Kid erklärte, Greathouse werde als Geisel festgehalten, doch Carlyle konnte die Outlaws dazu bewegen, den Rancher laufenzulassen und ihn an dessen Statt in Gewahrsam zu nehmen. Nachdem der Austausch vollzogen war, versuchte Carlyle das Trio zum Aufgeben zu überreden. Gegen Mitternacht hielt er es aber offenbar für klüger, die Flucht zu ergreifen, und sprang durch ein Fenster.

Augenblicklich fielen mehrere Schüsse, und Carlyle wurde von drei Kugeln tödlich getroffen. Man weiß nicht, ob die tödlichen Schüsse von den Outlaws oder den Mitgliedern der Posse abgegeben wurden, die den Ordnungshüter möglicherweise irrtümlich für einen flüchtenden Banditen hielten. Billy the Kid und seine Gefährten konnten anschließend entkommen. Die aufgebrachte Posse indessen brannte das Ranchhaus nieder, nachdem sie Carlyles Leiche gefunden hatte.

19. Dezember 1880, Fort Sumner, New Mexico. Ein paar Wochen später ritt Billy the Kid mit Rudabaugh, Wilson, Charlie Bowdre, Tom O'Folliard und Tim Pickett nach Fort Sumner, wo sich der Trupp verpflegen und ausruhen wollte. Sie wurden jedoch von einer Posse unter Führung von Sheriff Pat Garrett erwartet, die sich im Lazarett des alten Militärstützpunktes versteckt hatte. Bei der Ankunft erklärte Billy the Kid dem neben ihm reitenden Tom O'Folliard – sei es aus Absicht oder weil er eine Falle witterte –, er wolle sich bei Wilson einen Pfriem Kautabak besorgen, und lenkte sein Pferd zum Ende des Trupps.

In diesem Augenblick kamen die Ordnungshüter aus dem Krankenrevier, und Garrett forderte die Outlaws auf stehenzubleiben. Die aber rissen sofort die Pferde herum, worauf die Posse das Feuer eröffnete. O'Folliard wurde an der Brust getroffen, und Rudabaugh verlor sein Pferd. Doch bis auf den tödlich verletzten O'Folliard konnten alle im Schutz der Dunkelheit in die kalte Winternacht entkommen.

23. Dezember 1880, Stinking Springs, New Mexico. Billy the Kid und seine vier überlebenden Gefährten versteckten sich in einer baufälligen Steinhütte, wurden aber durch die Spuren, die sie im Schnee hinterlassen hatten, von Pat Garretts Posse aufgespürt. Garrett befahl seinen Männern, auf Billy zu schießen, sobald sie ihn zu Gesicht bekämen. Als Charlie Bowdre, nichts Böses ahnend, im Morgengrauen aus der Hütte trat, hielt Garrett ihn für Billy the Kid und gab das Zeichen zum Feuern. Bowdre torkelte ins Innere zurück, doch Billy drückte ihm einen Revolver in die Hand und sagte: »Die haben dich ermordet, Charlie, aber du kannst dich rächen. Bring ein paar von den Hundsfötten um, ehe du stirbst.« Dann stieß er Bowdre aus der Hütte, doch der war so schwer verletzt, daß er lediglich auf Garrett zutorkelte und in dessen Armen starb.

Danach versuchten die Outlaws, die nur zwei ihrer Pferde in der Hütte angebunden hatten, auch die drei anderen Tiere nach innen zu holen. Doch Garrett erschoß einen der Gäule und blockierte dadurch die Tür zur Hütte, worauf sich die Outlaws noch am gleichen Tag ergaben.

28. April 1881, Lincoln, New Mexico. Billy the Kid war zum Tode verurteilt und bis zu der für den 13. Mai anberaumten Hinrichtung im einstöckigen Gerichtsgebäude in Lincoln inhaftiert, wo er von J. W. Bell und Bob Olinger bewacht wurde. Bell war ein freundlicher, gelassener Mann, doch Olinger, der Billy häufig beschimpfte, hatte ihm erst an diesem Morgen gedroht und einmal mehr mit der Schrotflinte vor dem Gesicht herumgefuchtelt.

Gegen 18 Uhr führte Olinger die anderen Gefangenen zu dem auf der anderen Straßenseite gelegenen *Wortley Hotel,* wo sie ihr Abendessen einnahmen, während

Bell bei Billy im Gerichtsgebäude blieb. Billy the Kid bat Bell, er möge ihn zur Toilette gehen lassen, streifte unterwegs die Handschellen von den kleinen Händen und rannte Bell trotz seiner Fußketten davon. Dann brach er die Waffenkammer auf und ergriff einen Revolver (man mutmaßt aber auch, daß der junge José M. Aguayo die Waffe vorher auf der Toilette versteckt hatte). Bell wandte sich um und wollte fliehen, worauf Billy einen Schuß abgab. Die Kugel prallte an der Wand des Treppenhauses ab und bohrte sich in Bells Oberkörper. Bell torkelte auf die Straße und starb in den Armen von Godfrey Gauss, der anschließend Olinger alarmierte.

Billy the Kidd bewaffnete sich mit Olingers Schrotflinte und hüpfte, nach wie vor von den Beinfesseln behindert, zum Fenster, als Olinger gerade über die Straße gerannt kam. »Hallo, Bob«, sagte Billy und feuerte beide Flintenläufe ab. Olinger wurde von sechsunddreißig Schrotkugeln an Kopf und Hals getroffen und war auf der Stelle tot. Daraufhin schrie Billy the Kid: »Mit dieser Flinte stellst du mir nicht mehr nach« und warf die Waffe neben Olingers Leiche in den Staub. Dann besorgte er sich eine *Winchester* und einen Revolvergurt, versuchte vergebens, die Beinfesseln zu lösen, wechselte ein paar Worte mit Passanten und ritt anschließend gemächlich aus der Stadt.

14. Juli 1881, Fort Sumner, New Mexico. Billy the Kid hatte sich in einem Schäferlager in der Nähe von Fort Sumner versteckt, wagte sich aber eines Mittwochabends in den alten Militärstützpunkt, um etwas zu essen und Celsa Gutiérrez zu besuchen, die seit langem seine Geliebte war. Als er durch einen Pfirsichhain neben dem Fort ging, wurde er von Pat Garrett, John Poe und Tip McKinney, die auf der Suche nach ihm waren, bemerkt, aber nicht erkannt.

Sobald er in Celsas Zweizimmerwohnung war, fiel die Anspannung von ihm ab, und er entkleidete sich teilweise. Doch gegen Mitternacht wurde er hungrig. Er steckte seinen 41er Revolver, eine Waffe mit Hahn- und Abzugsspannung, in den Hosenbund, ergriff ein Schlachtermesser und begab sich auf Strümpfen zu Pete Maxwells Haus, um sich den Schlüssel zum Fleischhaus zu besorgen.

Auf der Veranda vor Maxwells Haus sah er McKinney und Poe, die draußen warteten, während Garrett sich bei Maxwell nach Billys Aufenthaltsort erkundigte. »¿Quién es? ¿Quién es?« fragte Billy, und als McKinney und Poe keine Antwort gaben, zog er seinen Revolver und betrat Maxwells unbeleuchtetes Schlafzimmer. Als er im Dunkeln Garretts undeutliche Gestalt sah, wiederholte er die Frage und wollte durch die Tür zurückweichen. Doch Garrett gab sofort zwei Schüsse auf ihn ab und stürmte dann hinter Maxwell aus dem Zimmer.

Garretts zweite Kugel war danebengegangen, doch sein erster Schuß hatte Billys Herz getroffen, ihn rücklings zu Boden geschleudert und auf der Stelle getötet. Noch in der gleichen Nacht zimmerten zwei Männer einen Sarg, und am folgenden Mittag wurde Billy the Kid zwischen Tom O'Folliard und Charlie Bowdre auf dem Friedhof von Fort Sumner begraben.

Quellen: Garrett, *Billy, the Kid*; Keleher, *Violence in Lincoln County*; Siringo, *Texas Cowboy*, 124–140, 168–177; Coe, *Frontier Fighter*; Hunt, *Tragic Days of Billy the Kid*; Fulton, *Lincoln County War*; Mullin, *Boyhood of Billy the Kid*; Adams, *Fitting Death for Billy the Kid*; Lyon, *Wild, Wild West*, 117–123; Klasner, *My Girlhood Among Outlaws*, 169–175, 177, 189–191, 217–218, 252, 328–329; Koop, »Billy the Kid«, *Trail Guide*; Horan, *Authentic Wild West*, 9–80.

McCarty, Tom

Geb. um 1855 in Utah; gest. um 1900 in Montana. Cowboy, Räuber, Schäfer.

Tom, Bill und George McCarty standen mit dem »Wild Bunch« in Verbindung, obwohl George nie selbst an Überfällen teilnahm. Der auf einer Mormonenranch in

Utah aufgewachsene Tom McCarty heiratete mit achtzehn Jahren Teenie Christiansen, die Schwester von Matt Warner, wurde dadurch aber keineswegs gesetzter. Er ging auf Raubzüge, häufig gemeinsam mit Warner, seinem Bruder Bill und anderen Desperados. Aber Warner landete schließlich im Gefängnis, und Bill und sein Neffe Fred wurden bei einem Banküberfall in Delta, Colorado, getötet. Tom zog sich als Schäfer in die Einöde von Montana zurück und wurde um die Jahrhundertwende erschossen.

Schießereien: *Um 1892, Roslyn, Washington.* Während eines Banküberfalls in Roslyn wurden Tom und Bill McCarty sowie Matt Warner von einer aufgebrachten Menschenmenge angegriffen. Tom eröffnete das Feuer, traf einen Schwarzen am Bauch und verletzte einen weiteren Mann. Als die Angreifer daraufhin zurückwichen, galoppierten die drei Räuber in einem Kugelhagel davon.

7. September 1893, Delta, Colorado. Tom, Bill und Fred McCarty überfielen die *Farmers & Merchants Bank* von Delta. Fred paßte auf die Pferde auf, während die beiden anderen in die Bank gingen. Doch der Kassierer A. T. Blachey rief lauthals um Hilfe, worauf Tom über den Schalter sprang und ihm den Revolver zwischen die Rippen drückte, während Bill das Geld in einen Sack steckte. Plötzlich kam Fred hereingestürmt und berichtete, daß sich vor der Bank eine Menschenmenge zusammenrotte. Daraufhin eröffneten die Räuber das Feuer, töteten Blachey und verwundeten den stellvertretenden Kassierer, ehe sie hinaus zu ihren Pferden rannten. Als der Eisenwarenhändler Ray Simpson den Lärm hörte, holte er ein neues Repetiergewehr samt Munition aus dem Regal, lud es und rannte auf die Straße. Er feuerte auf die vorbeigaloppierenden Räuber und schoß Bill aus dem Sattel. Fred riß sein Pferd herum und wollte seinem sterbenden Onkel helfen, doch Simpson streckte ihn mit einem weiteren tödlichen Schuß nieder. Tom ritt ungehindert davon, obwohl Simpson ihm mehrere Schüsse hinterherfeuerte. Nachdem er einen Verfolgertrupp abgeschüttelt hatte, schwor er dem Outlaw-Dasein ab und führte fortan ein ruhigeres Leben als Schäfer in Montana.

Um 1900, Montana. Der seit jeher leicht reizbare McCarty wurde in der Gegend der Bitterroot Mountains in Montana in einen Streit verwickelt. Es kam zu einer Schießerei, bei der McCarty von seinem Widersacher tödlich verletzt wurde.

Quellen: Warner, *Last of the Bandit Raiders;* Burroughs, *Where the Old West Stayed Young,* 35, 121–123, 134–135; Baker, *Wild Bunch,* 56, 58. 64, 71, 149–157, 159, 185; Horan, *Desperate Men,* 194–196, 201; Pointer, *Butch Cassidy,* 46, 51, 120, 252.

McCluskie, Arthur

Gest. im Juni 1873, Medicine Lodge, Kansas.
Arthur, der Bruder des in Newton zu Ruhm gekommenen Mike McCluskie, trat nur ein einziges Mal als Revolvermann in Erscheinung, als er blutige Rache für den Tod seines Bruders nahm. Zwei Jahre nachdem sein Bruder von dem Texaner Hugh Anderson getötet worden war, spürte McCluskie den Killer in Medicine Lodge auf, das damals lediglich aus einer Handvoll schäbiger Baracken bestand. Er forderte Anderson zum Zweikampf, und beim anschließenden Duell kamen beide Männer ums Leben.

Schießerei: *Juni 1873, Medicine Lodge, Kansas.* Arthur McCluskie, ein großer, in Hirschleder gekleideter und mit einem Revolver und einem *Bowie*-Messer bewaffneter Mann, ritt mit einem Führer namens Richards in Medicine Lodge ein. Er erfuhr, daß Hugh Anderson als Barkeeper im örtlichen Handelsposten arbeitete, und schickte Richards los, der ihm mitteilen sollte, daß McCluskie ihn zu einem Zweikampf auf Leben und Tod fordere. Er habe die Wahl zwischen Messer oder Revolver. Anderson, der viel kleiner war als der kräftige, hochaufgeschossene McCluskie, entschied sich für ein Revolverduell.

Umringt von etwa siebzig Zuschauern, traten die beiden Widersacher am späten Nachmittag unter freiem Himmel gegeneinander an. McCluskie und Anderson standen rund zwanzig Schritte voneinander entfernt und hatten einander den Rükken zugekehrt. Als der Besitzer des Handelspostens, ein bärtiger Mann namens Harding, einen Schuß in die Luft abgab, drehten sich die beiden um und feuerten aufeinander, ohne sich zu treffen. Kurz darauf schoß McCluskie ein zweites Mal, und Anderson sank mit gebrochenem linkem Arm in die Knie. Doch tapfer feuerte Anderson zurück und traf McCluskie am Mund. Mit blutverschmiertem Gesicht und unter lautem Schmerz- und Wutgebrüll stürmte McCluskie auf seinen zu Boden gegangenen Gegner zu. Aber Anderson schoß kaltblütig weiter, bis McCluskie, an Bauch und Schulter getroffen, schließlich zusammenbrach.

Die Zuschauer meinten, damit sei der Kampf beendet. Doch der von Kugeln durchsiebte McCluskie hob plötzlich den Kopf, legte den Revolver an und drückte erneut ab. Der Schuß traf Anderson am Bauch und warf ihn rücklings zu Boden. Daraufhin zog McCluskie sein Messer und kroch mühsam und unter starkem Blutverlust auf den noch immer atmenden Anderson zu. Mehrere der anwesenden Männer wollten das gräßliche Schauspiel unterbinden, doch Harding bestand darauf, daß der Kampf zu Ende gebracht werden müsse.

Als McCluskie immer näher kam, setzte sich Anderson mühsam auf, zog sein Messer und fügte seinem Widersacher eine Halswunde zu. McCluskie rammte daraufhin sein Messer in Andersons Seite, und beide Männer sanken tot zusammen.

Quelle: Yost, *Medicine Lodge,* 75–77.

McCluskie, Mike

(»Arthur Delaney«)

Gest. 20. August 1871, Newton, Kansas. Eisenbahnangestellter, Ordnungshüter.

Über McCluskies Herkunft ist kaum etwas bekannt, was unter anderem auch daran liegt, daß er sich gelegentlich als Arthur Delaney ausgab. Man weiß jedoch, daß er bei der *Atchison, Topeka & Santa Fe Railroad* beschäftigt war und schließlich Vormann eines großen Gleisbautrupps wurde. Er war bekannt dafür, daß er seine Männer notfalls mit beiden Fäusten bei der Stange zu halten vermochte. Für kurze Zeit arbeitete er nebenbei als Nachtpolizist in Newton, Kansas. Wegen seines Jähzorns wurde er hier in zwei Schießereien verwickelt und kam schließlich durch Hugh Anderson zu Tode. Zwei Jahre später wurde Anderson von McCluskies Bruder bei einem blutigen Zweikampf in Medicine Lodge getötet.

Schießereien: *11. August 1871, Newton, Kansas.* McCluskies Gleisbautrupp weilte seit ein paar Wochen in Newton, als dort eine außerordentliche Wahl stattfand. Zum Wahlhelfer ernannte man einen texanischen Spieler namens Bill Wilson, einen harten Trinker, der angeblich in zwei Schießereien verwickelt worden war und wie Delaney-McCluskie einen Decknamen hatte: William Bailey.

Nachdem er den ganzen Tag über heftig dem Alkohol zugesprochen hatte, begann Bailey die Wahlleitung zu schmähen und wurde immer unausstehlicher. Der jähzornige McCluskie packte Bailey, stieß ihn aus dem Wahllokal und bedachte ihn mit einem Schwall wüster Eisenbahnerflüche.

Gegen 20 Uhr begegneten sich die beiden im *Red Front Saloon.* Forsch verlangte Bailey, McCluskie solle eine Runde spendieren, und als sich der Ire weigerte, schlug Bailey nach ihm. McCluskie konterte mit einem gewaltigen Hieb, der Bailey durch die Schwingtür des Saloons ins Freie schleuderte. McCluskie folgte ihm und sah, daß Bailey auf der anderen Straßenseite am Gatter zum Anbinden der Pferde lehnte – mit einem Revolver in der Hand. McCluskie griff zur Waffe und gab kurzerhand zwei Schüsse ab. Die erste Kugel ging fehl, doch die zweite bohrte sich in Baileys Seite.

Bailey wurde weggetragen und starb in den frühen Morgenstunden des nächsten Tages. Als McCluskie dies hörte, verließ er mit dem Morgenzug die Stadt und hoffte, daß sich Baileys zahlreiche texanische Freunde wieder beruhigten.

20. August 1871, Newton, Kansas. Nachdem er sich eine Woche lang von der Stadt ferngehalten hatte, kehrte McCluskie trotz der Racheschwüre der texanischen Cowboys um Hugh Anderson, die noch immer wegen Baileys Tod verbittert waren, nach Newton zurück. McCluskie traf am Sonnabend, dem 19. August, ein und verbrachte den Abend in Perry Tuttles Tanzsalon. Er saß am Pharaotisch, als Anderson etwa eine Stunde nach Mitternacht mit gezogenem Revolver auf ihn zukam. »Du bist ein feiger Hundesohn«, schrie Anderson. »Ich blase dir das Schädeldach weg.«

Ohne weitere Umstände jagte er McCluskie eine Kugel in den Hals. McCluskie, dem das Blut aus der Kehle spritzte, stand auf, riß den Revolver heraus und drückte ab. Der erste Schuß ging nicht los, und Anderson jagte McCluskie eine Kugel ins Bein. McCluskie ging zu Boden und schoß wie wild auf Anderson. Dann wälzte er sich auf den Rücken, worauf Anderson auf seinen Oberkörper feuerte.

Mittlerweile hatten mehrere Cowboys die Waffen gezogen und das Feuer eröffnet. Ein Cowboy namens Jim Martin wurde an der Kehle getroffen, und zwei Eisenbahner, der Bremser Patrick Lee und ein Gleisarbeiter namens Hickey, erlitten einen Bauch- beziehungsweise einen Beinschuß. Während Martin aus dem Lokal torkelte, um auf der Straße zu sterben, verschloß Jim Riley, ein junger Freund von McCluskie, hinter ihm die Tür und feuerte auf die Texaner, bis sein Revolver leer war.

Als sich der Rauch verzogen hatte, lag der blutverspritzte Raum voller angeschossener Cowboys. Anderson war zweimal am Bein getroffen, Billy Garrett hatte tödliche Verletzungen an Brust und Schulter erlitten, Henry Kearnes hatte ein Loch in der Brust und lag im Sterben, ein namentlich nicht genannter Cowboy war am Bein verwundet, und Jim Wilkerson hatte einen Streifschuß an der Nase davongetragen. McCluskie wurde sofort auf sein Hotelzimmer getragen. Er lebte noch bis acht Uhr morgens und behauptete kurz vor seinem Tod, er heiße mit richtigem Namen Arthur Delaney und seine Mutter lebe in St. Louis.

Quellen: Miller und Snell, *Great Gunfighters of the Kansas Cowtowns,* 65–71; Streeter, *Prairie Trails & Cow Towns.* 131–136; Drago, *Wild, Woolly & Wicked,* 130–136.

McConnell, Andrew

Geb. um 1835 in Massachusetts. Heimstätten-Farmer, Sträfling.

McConnells Lebensweg ist weitgehend unklar; bekannt wurde er hauptsächlich dadurch, daß er Tom Smith tötete, den Marshal von Abilene. Der in Massachusetts geborene McConnell ließ sich auf einer ein paar Meilen außerhalb von Abilene gelegenen Heimstätten-Farm in Kansas nieder. 1870 tötete er einen Nachbarn und bekam infolgedessen Schwierigkeiten mit der Polizei, die schließlich zu Smiths Tod und McConnels Inhaftierung führten.

Schießereien: *23. Oktober 1870, bei Abilene, Kansas.* Als McConnell, der den ganzen Tag über auf der Hirschjagd gewesen war, an einem Sonntagnachmittag zu seiner primitiven Erdbehausung zurückkehrte, mußte er feststellen, daß sein Nachbar John Shea eine Herde Rinder über sein Land trieb. Die beiden Männer wechselten ein paar hitzige Worte, worauf Shea einen Revolver zog. Zweimal versagte die Waffe den

Dienst, doch Shea wollte den Hahn ein drittes Mal spannen, als McConnel, der sich auf seine Flinte gestützt hatte, die Waffe an die Schulter riß und Shea eine Kugel ins Herz jagte. Anschließend holte McConnell einen Arzt (Shea war bereits tot, als dieser eintraf) und stellte sich den Behörden. Auf die Aussage eines gewissen Moses Miles hin wurde er unverzüglich wieder freigelassen.

2. November 1870, bei Abilene, Kansas. Bald darauf zweifelten Nachbarn von Shea, der eine Frau und drei Kinder hinterlassen hatte, Miles' Aussage an. Man stellte einen Haftbefehl auf McConnell aus, doch der verjagte einen Ordnungshüter des County von seinem Land. Daraufhin bot Tom Smith, der Marshal von Abilene, seine Hilfe an und ritt in Begleitung von Deputy J. H. McDonald zu der Farm, wo er McConnell in Gesellschaft von Miles antraf.

Als Smith den Haftbefehl vorlas, jagte McConnell ihm eine Kugel in den rechten Lungenflügel. Smith gab ebenfalls einen Schuß ab, der McConnell streifte. Anschließend begannen die beiden Männer miteinander zu ringen. Unterdessen schossen auch Miles und McDonald aufeinander, doch McDonald ergriff die Flucht, obwohl er Miles getroffen hatte. Miles fiel daraufhin über Smith her und schlug ihn mit seinem Revolver nieder. Dann schleppten Miles und McConnell den bewußtlosen Smith etwa zehn Meter von der Erdbehausung weg, worauf Miles eine Axt ergriff und auf den Ordnungshüter einhackte, bis er ihm beinahe den Kopf vom Körper getrennt hatte.

Keine drei Tage später wurden Miles und McConnell in Gewahrsam genommen und schließlich zu einer sechzehn- beziehungsweise zwölfjährigen Zuchthausstrafe verurteilt.

Quellen: Miller und Snell, *Great Gunfighters of the Kansas Cowtowns,* 416–419; Streeter, *Prairie Trails & Cow Towns,* 78–81; Drago, *Wild, Woolly & Wicked,* 67–70.

McKinney, Thomas L.

(*»Tip«*)

Cowboy, Ordnungshüter.

Tip McKinney entstammte einer bekannten texanischen Familie. Sein Großvater Collin McKinney war einer der Unterzeichner der texanischen Unabhängigkeitserklärung, sein Onkel Robert McKinney starb bei der Verteidigung des Alamo, und sein Cousin Moody McKinney war Verleger und Herausgeber des *Santa Fe New Mexican.* Tips Vater John McKinney besaß eine Viehzucht in Osttexas.

Ende der siebziger Jahre des 19. Jahrhunderts half Tip seinem Vater, eine Herde Pferde ins Palo Pinto County zu treiben, wo sie die Tiere gegen eine Rinderherde eintauschten. Sie trieben die Rinder in die Gegend von Seven Rivers in New Mexico, wo sie bald darauf in Kämpfe mit den »Seven Rivers Warriors« verwickelt wurden.

Später lebte Tip eine Zeitlang in Uvalde, Texas, ehe er sich schließlich in Roswell niederließ. Er wurde von Pat Garrett zum Deputy Sheriff ernannt und war dabei, als dieser Billy the Kid tötete. Seinen größten Auftritt als Revolvermann hatte McKinney bei einem Nahkampf etwa zwei Monate vor Billy the Kids Tod.

Schießerei: *8. Mai 1881, bei Rattlesnake Springs, New Mexico.* Bob Edwards und drei weitere Viehdiebe hatten auf John Slaughters Ranch in Arizona einundzwanzig Pferde gestohlen. McKinney spürte die Edwards-Gang auf einer Ranch am Black River, in der Nähe von Rattlesnake Springs, auf und ritt sofort hin, um den Pferdedieb zur Rede zu stellen. Edwards wartete, bis der Ordnungshüter neben ihn geritten war, und drückte dann seine *Winchester* auf ihn ab. McKinney riß den Revolver heraus und erwiderte das Feuer. Edwards wurde von einer Kugel am Kopf getroffen, stürzte vom Pferd und war binnen weniger Augenblicke tot.

Quellen: Keleher, *Violence in Lincoln County*, 342–344, 348–349; Hunt, *Tragic Days of Billy the Kid*, 309–315; Garrett, *Billy, the Kid*, 143–148.

McLaury, Frank

Geb. Ende 1851 oder 1852 in Iowa; gest. 26. Oktober 1881, Tombstone, Arizona. Rancher, Rinderdieb.

Der aus Iowa stammende McLaury und sein Bruder Tom kamen Ende der siebziger Jahre nach Arizona. Sie erstanden zwei Ranches im Süden des Bundesstaates und beteiligten sich an den Rinderdiebstählen des Clanton-Rings. Gerüchteweise hieß es, daß die Earp-Brüder mit den Clantons und McLaurys unter einer Decke steckten. Der eigentliche Anlaß für die Auseinandersetzung zwischen beiden Parteien dürfte in einem Streit beim Spiel oder einem hitzigen Wortwechsel zwischen Doc Holliday und Frank McLaury über die Qualität der Speisen in Nellie Cashmans *Russ House* zu suchen sein. Mrs. Virgin Earp deutete sogar an, daß die Fehde auf ein mitternächtliches Rendezvous zurückzuführen sei, zu dem sich Hattie Earp, James Earps sechzehnjährige Stieftochter, mit einem der McLaury-Brüder getroffen habe.

Die Auseinandersetzung erreichte am 25. Oktober 1881 ihren vorläufigen Höhepunkt, als Tom McLaury und Ike Clanton mit dem Wagen nach Tombstone fuhren, um Vorräte zu besorgen. An diesem Abend und am Morgen darauf wurden die beiden von den Earp-Brüdern und Doc Holliday, die sie zu einem Kampf reizen wollten, wiederholt beschimpft und tätlich angegriffen. Am späten Vormittag des 26. Oktober ritten Billy Clanton und Frank McLaury in die Stadt, und kurz darauf kam Frank aus einem Geschäft und sah, daß Wyatt Earp sein Pferd am Zaumzeug wegführte.

»Nimm die Finger von meinem Pferd!« blaffte McLaury.

»Dann sieh zu, daß es vom Gehsteig wegbleibt«, versetzte Earp. »Das verstößt gegen die Vorschriften in dieser Stadt.«

Leise vor sich hin fluchend, ritt McLaury zum *O. K. Corral* und band dort sein Pferd an.

Nachdem er mehrere Geschäfte in der Nähe aufgesucht hatte, wurde Frank von Sheriff John Behan angesprochen, der, um weiterem Ungemach vorzubeugen, alle entwaffnen wollte. McLaury weigerte sich, seinen Revolver herzugeben, und versetzte, er sei nicht auf Streit aus. Behan begleitete McLaury zum *O. K. Corral* und versuchte ihn unterwegs erneut zur Abgabe seiner Waffe zu überreden. Beim Mietstall angekommen, bat er den ganzen Clanton-Clan, ihm die Waffen auszuhändigen, doch Ike Clanton und Tom McLaury erwiderten, sie seien unbewaffnet, und Frank weigerte sich ein weiteres Mal. Dann näherten sich die Earp-Brüder und Doc Holliday, worauf Behan vergebens zwischen den beiden Parteien zu vermitteln versuchte. Bei der anschließenden Schießerei wurden die beiden McLaury-Brüder und Billy Clanton getötet.

Schießereien: *26. Oktober 1881, Tombstone, Arizona.* Frank McLaury wurde in den ersten Sekunden der Schießerei zwischen den Clantons und dem Earp-Clan am *O. K. Corral* getroffen. (Wyatt Earp sagte später, er habe auf Frank McLaury gezielt, weil »er als guter Schütze und gefährlicher Mann galt«, und ihn mit der ersten Kugel am Bauch getroffen.) Frank preßte die Hand auf den Bauch, torkelte im ersten Schock auf die Straße und riß den Revolver hoch. Billy Claiborne und Ike Clanton waren mittlerweile geflüchtet, und Tom McLaury war von Doc Holliday niedergeschossen worden. Doch Frank McLaury und Billy Clanton, der ebenfalls zu Beginn der Schießerei getroffen worden war, setzten sich zur Wehr und verletzten Holliday sowie Morgan und Virgil Earp.

Morgan, dessen erster Schuß Billy Clanton getroffen hatte und der seinerseits von einer Kugel an der Schulter verletzt worden war, feuerte auf Frank ab und schrie: »Ich hab' ihn erwischt.« Die Kugel schlug knapp hinter dem rechten Ohr ein, worauf

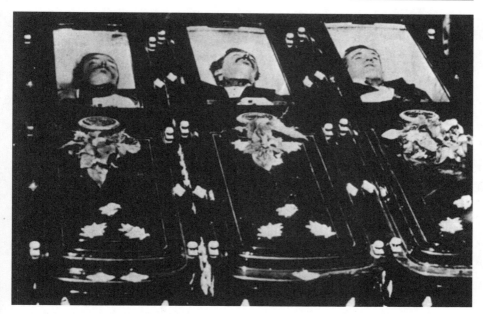

Tom und Frank McLaury sowie Billy Clanton, nach dem Gunfight am *O.K. Corral* in ihren Särgen aufgebahrt. *(Western History Collections, University of Oklahoma Library)*

Frank tödlich getroffen vornüber auf die Straße kippte.

Quellen: Waters, *Earp Brothers of Tombstone*, 122–123; *Tombstone Epitaph*, 27. Oktober 1881.

McLaury, Thomas

Geb. nach 1852 in Iowa; gest. 26. Oktober 1881, Tombstone, Arizona. Rancher, Rinderdieb.

Tom McLaury und sein älterer Bruder Frank zogen Ende der siebziger Jahre ins südliche Arizona und bauten sich dort eine Ranch auf. Während Tom die in der Nähe von Tombstone gelegenen Ländereien bewirtschaftete, verdingte Frank sich bei benachbarten Ranchern und beschaffte das nötige Geld. Dabei lernte er die Clantons kennen.

Bald darauf begingen die Clantons und McLaurys Viehdiebstähle in großem Stil und gerieten schließlich mit den Earp-Brüdern aus Tombstone und deren Gefolgschaft in Konflikt. Bei der gerichtlichen Untersuchung eines Postkutschenüberfalls, bei dem im März 1881 zwei Menschen getötet worden waren, belasteten die McLaury-Brüder mit ihrer Aussage Doc Holliday, ein wichtiges Mitglied des Earp-Clans. Der an Tuberkulose leidende Zahnarzt wurde zwar freigesprochen, doch fortan schmiedeten die Earps und vor allem Holliday selbst Rachepläne wider die McLaurys.

Am 25. Oktober 1881 fuhren Tom McLaury und Ike Clanton nach Tombstone, um Vorräte einzukaufen. An diesem Abend wurde Clanton von Holliday und den Earps tätlich angegriffen, und am nächsten Morgen sprach Wyatt Earp Tom McLaury auf der Straße an, worauf es zu einem heftigen Wortwechsel kam. Wyatt zog seinen dreißig Zentimeter langen *Buntline Special* und forderte Tom zum Kampf. Als dieser sich weigerte, gab Wyatt ihm mit der linken Hand eine Ohrfeige, zog ihm den Revolver über den Schädel und schlug ihn zu Boden.

Frank McLaury und Billy Clanton kamen

in die Stadt geritten, um ihren Brüdern zu helfen. Doch Tom hatte keine Lust auf weitere Auseinandersetzungen und gab deshalb am frühen Nachmittag seinen Revolvergurt samt Waffe Andy Mehan, einem einheimischen Saloonbesitzer. Als die Clantons und McLaurys etwa eine Stunde später von Sheriff John Behan gebeten wurden, ihre Waffen auszuhändigen, wies Tom darauf hin, daß er unbewaffnet sei. Dann tauchten die Earps und Doc Holliday auf.

Schießerei: *26. Oktober 1881, Tombstone, Arizona.* Die Earps und Doc Holliday wurden von Sheriff Behan gebeten, ihre Waffe abzugeben. Die aber beachteten ihn nicht und kamen weiter auf die Clantons und McLaury zu, bis sie nur mehr wenige Schritte von ihnen entfernt waren. Tom stand zu diesem Zeitpunkt unbewaffnet hinter seinem Pferd, denn seine *Winchester* steckte noch im Sattelfutteral. Unmittelbar ihm gegenüber stand Doc Holliday mit einem Revolver im Gürtel und einer Schrotflinte unter dem langen Mantel. Die Earps befahlen ihren Widersachern, die Hände zu heben. Billy Clanton schrie, daß er sich an keiner Schießerei beteiligen wolle, und Tom McLaury schlug den Mantel zurück und rief: »Ich bin nicht bewaffnet.«

Doch die Earps eröffneten das Feuer und trafen auf Anhieb Billy Clanton und Frank McLaury. Als Toms Pferd nach den ersten Schüssen scheute, riß Holliday die Schrotflinte hoch und drückte ab. Tom, der von zwölf Schrotkugeln getroffen wurde, die eine Wunde von zehn Zentimetern Durchmesser in seine rechte Seite rissen, torkelte noch ein paar Schritte weiter und brach dann zusammen. Nach wenigen Sekunden war die Schießerei vorüber, und Tom und Billy Clanton wurden von Zuschauern in ein nahe gelegenes Haus getragen.

Dort bettete man Tom auf einen Teppich und legte ihm ein Kissen unter den Kopf. Ein einheimischer Zimmermann, der beim Tragen geholfen hatte, fragte, ob er vor seinem Tod noch etwas sagen wolle, doch Tom konnte nicht sprechen. Daraufhin knöpfte der Zimmermann Toms Hemd

auf, zog ihm die Stiefel aus und gab ihm etwas Wasser. Kurz darauf starb Tom. Bei der Beerdigung am folgenden Tag wurden beide McLaury-Brüder im gleichen Leichenwagen zu Grabe gekarrt.

Quellen: Waters, *Earp Brothers of Tombstone,* 122–123; *Tombstone Epitaph,* 27. Oktober 1881.

McMasters, Sherman

Revolvermann, Ordnungshüter.

McMasters hielt sich während der Fehde zwischen den Earps und den Clantons in Tombstone auf. Er schlug sich auf die Seite der Earps, wurde zum Deputy Marshal ernannt, um Wyatt bei der Verfolgung von Postkutschenräubern zu unterstützen, und er war auch zugegen, als Morgan Earp beim Billardspiel hinterrücks erschossen wurde. Anschließend beteiligte sich McMasters an der Verfolgung und Ermordung von Frank Stilwell und Florentino Cruz. Als der blutige Rachefeldzug zu Ende war, zog er mit Turkey Creek Jack Johnson in den texanischen Panhandle und nach Utah.

Schießereien: *20. März 1882, Tucson, Arizona.* Nach Morgan Earps Tod beschloß der Clan, den bei einem früheren Anschlag verletzten Virgil Earp ins sichere Kalifornien zu schicken. Virgil wurde von seinen Brüdern Wyatt und Warren sowie von Doc Holliday, Turkey Creek Jack Johnson und McMasters zum Bahnhof von Tucson gebracht. Es gab Gerüchte, auch Frank Stilwell, der mutmaßliche Mörder von Morgan, halte sich in Tucson auf, weshalb man den Zug nach ihm durchsuchte. Als Stilwell in der Nähe des Bahnhofes entdeckt wurde, kam es zu einer Verfolgungsjagd durch die nächtlichen Straßen. Nach wenigen Minuten wurde Stilwell gestellt und von den fünf Häschern aus nächster Nähe zusammengeschossen.

22. März 1882, bei Tombstone, Arizona. Nach Stilwells Tod kehrte die fünfköpfige Posse, die nach wie vor Morgan Earps Tod rächen wollte, nach Tombstone zurück und begab sich zum Holzfällerlager von Pete Spence, den man der Mittäterschaft an dem Mord verdächtigte. Spence hatte sich bereits den Behörden von Tombstone gestellt, doch ein anderer Tatverdächtiger, das Halbblut Florentino Cruz, hielt sich in der Nähe des Lagers auf. Cruz wurde umstellt und ebenso zusammengeschossen wie Stilwell.

Quellen: Jahns, *Doc Holliday*, 223, 227–228, 230–232, 234–235; Lake, *Wyatt Earp*, 266, 314–315, 321, 324, 329 ff., 356.

McNab, Frank

Gest. 30. April 1878, bei Lincoln, New Mexico. Cowboy, Ranch-Vormann, Revolvermann.

Frank McNab, von Beruf Cowboy, heuerte bei dem Rinderbaron John Chisum an und wurde schließlich einer der Vormänner auf Chisums *South Spring Ranch* in New Mexico. Als der *Lincoln County War* ausbrach, schloß sich McNab den von Chisum und McSween aufgebotenen Regulatoren an. Er war an dem Rachefeldzug beteiligt, dem Frank Baker, Billy Morton und William McCloskey zum Opfer fielen, und nachdem Dick Brewer bei Blazer's Mill getötet worden war, wurde McNab der neue Anführer der Regulatoren. Kurz darauf wurde er von einer gegnerischen Posse erschossen.

Schießereien: *9. März 1878, Steel Springs, New Mexico.* Nach einer fünf Meilen langen Verfolgungsjagd faßten die Regulatoren Frank Baker und Billy Morton, die an der Ermordung des Ranchers John Tunstall beteiligt gewesen waren. Auf dem Rückweg nach Lincoln gab es auf McNabs Betreiben hin eine lange Debatte darüber, ob man die beiden Gefangenen nicht einfach erschießen solle.

Über das weitere Geschehen liegen widersprüchliche Darstellungen vor. Laut der einen Version soll Morton sein Pferd neben den Regulator William McCloskey – der sich nachdrücklich gegen eine Hinrichtung der Gefangenen ausgesprochen hatte – gelenkt, dessen Revolver ergriffen und ihn erschossen haben, worauf er mit Baker davongesprengt, von der Posse jedoch kurz darauf eingeholt und getötet worden sei. Der anderen Version zufolge soll McNab zu McCloskey geritten sein und ihn vom Pferd geschossen haben. Dann habe sich die Posse Morton und Baker vorgenommen und beide ermordet.

30. April 1878, bei Lincoln, New Mexico. McNab traf sich mit den Regulatoren Frank Coe und Ab Sanders, Coes Schwager, in Lincoln. Gegen drei Uhr nachmittags beschlossen sie, zu Sanders Ranch zu ziehen. Nachdem sie auf der Landstraße etwa acht Meilen weit geritten waren, machten sie an einem Fluß halt, um ihren Durst zu stillen.

McNab und Sanders waren gerade vom Pferd gestiegen, als der kleine Trupp von einer über zwei Dutzend Mann starken gegnerischen Posse überfallen wurden. Die beiden abgesessenen Männer wurden von der ersten Salve schwer verletzt, doch Coe gab seinem Pferd die Sporen und wäre beinahe entkommen. Dann aber wurde sein Reittier am Kopf getroffen, und er mußte sich verschanzen. Als ihm die Munition ausging, wurde er von der Posse überwältigt und in Gewahrsam genommen.

Mittlerweile war McNab ein Stück weit weggekrochen und versuchte zu fliehen. Doch die Posse stellte ihn, durchsiebte ihn mit Schrotkugeln und ließ seine Leiche in der Sonne verrotten. Später wurden seine Gebeine von Freunden am Tatort bestattet. Sanders, der an Hüfte und Beinen getroffen und zunächst ebenfalls seinem Schicksal überlassen worden war, wurde in ärztliche Behandlung gebracht, und Coe kam schließlich wieder auf freien Fuß.

Quellen: Coe, *Frontier Fighter*, 82–84; Hunt, *Tragic Days of Billy the Kid*, 40, 45–46, 61, 66–67; Keleher, *Violence in Lincoln County*, 99, 128, 224; Fulton, *Lincoln County War*, 131, 137, 140, 158–159, 212–215, 220.

Madsen, Christian

Geb. 25. Februar 1851, Dänemark; gest. 9. Januar 1944, Guthrie, Oklahoma. Soldat, Ordnungshüter.

Chris Madsen, Sohn eines Berufssoldaten, kämpfte im Alter von vierzehn Jahren auf seiten der dänischen Armee gegen die Deutschen. Danach meldete er sich zur französischen Fremdenlegion und war bis zum Ausbruch des Französisch-Preußischen Krieges im Jahr 1870 in Algerien stationiert. Seine Einheit kehrte nach Europa zurück und nahm an der Schlacht von Sedan teil, bei der Chris verwundet wurde und in Gefangenschaft geriet. Er konnte fliehen, kämpfte bis zum Ende der Feindseligkeiten in Freischärlerverbänden und wanderte dann nach Amerika aus.

Anfang 1876 ging Madsen in New York an Land und meldete sich zur US-Kavallerie. Er war dabei, als Buffalo Bill Cody den Cheyenne-Krieger Yellow Hand skalpierte, und kurze Zeit später wurde er zum Little Big Horn beordert, wo er die Gefallenen von Custers 7. Kavallerieregiment bestatten half. (In den ersten Zeitungsberichten über die Schlacht wurde Madsen irrtümlich unter den Toten aufgeführt.) 1887, während seiner Stationierung in Fort Reno im Indian Territory, heiratete er und zeugte zwei Söhne. Das ganze Jahr 1890 über nahm er an Feldzügen gegen feindliche Indianer teil.

Nach fünfzehn Jahren, in denen er es bis zum Sergeant brachte und mit dem Silver Star ausgezeichnet wurde, quittierte er 1891 den Militärdienst und wurde zum Deputy U. S. Marshal mit Standort in El Reno, Oklahoma, ernannt. Im Jahr darauf wurde er nach Guthrie versetzt; war an zahlreichen Festnahmen flüchtiger Straftäter beteiligt und schloß sich bei Ausbruch des Spanisch-Amerikanischen Krieges den »Rough Riders« an, einem von Theodore Roosevelt aufgestellten Freiwilligenverband.

Nach der Rückkehr aus Kuba trat er wieder in den Polizeidienst ein und wurde 1911

Der Ordnungshüter Chris Madsen aus Oklahoma, der in der dänischen, der französischen und der Armee der Vereinigten Staaten diente. *(Western History Collections, University of Oklahoma Library)*

zum United States Marshal von Oklahoma ernannt. 1916 quittierte er den Dienst und warb für Bill Tilghmans Film über Outlaws in Oklahoma. Von 1918 bis 1922 war er Sonderermittler für J. B. A. Robertson, den Gouverneur des Staates Oklahoma. Im Alter von fast dreiundneunzig Jahren starb er im Masonic Home in Guthrie.

Schießereien: *29. November 1892, Orlando, Oklahoma.* Madsen, Heck Thomas und Deputy Tom Hueston begaben sich nach Orlando, um den Bankräuber Ol Yantis festzunehmen, den sie auf der etwa drei Meilen außerhalb der Stadt gelegenen Farm seiner Schwester anzutreffen hofften. Bei Sonnenaufgang kam Yantis mit einem Sack Futter in der einen und einem Revolver in der anderen Hand aus dem Haus. »Nimm die Hände hoch, Ol«, befahl Madsen. »Wir sind Polizisten.« Yantis gab einen Schuß ab und wurde prompt von einer Kugel aus Madsens Flinte verletzt. Der Gesuchte feuerte weiter, wurde von Hueston getroffen und brach zusammen. Die Ordnungshüter brachten ihn in die Stadt, wo er noch in der gleichen Nacht starb.

1893, Beaver City, Oklahoma. Madsen hatte einen Bezirksrichter nach Beaver City begleitet und war mit diesem in einer provisorischen Unterkunft über einem Saloon abgestiegen. Als betrunkene Zechbrüder ihre Revolver abfeuerten und mehrere Kugeln die Decke durchschlugen, ging Madsen nach unten. Er riß einem Gast den Revolver aus der Hand, worauf ein zweiter streitlüstern rief: »Ich bin ein fieser Mistkerl aus Cripple Creek.«
»Wer du bist, wußte ich«, versetzte Madsen. »Aber ich habe nicht gewußt, woher du kommst.«
Der Mann wollte handgreiflich werden, doch Madsen schlug ihn kurzerhand mit seiner Waffe nieder. Daraufhin zog ein dritter Zecher seinen Revolver, aber Madsen war schneller und traf ihn mit einem Streifschuß an der rechten Hand. Anschließend nahm er alle drei in Gewahrsam.

12. Mai 1894, El Reno, Oklahoma. Ein Spitzel teilte Madsen mit, daß sich der Eisenbahnräuber Felix Young mit einem Spieler auf offener Straße unterhalte. Madsen war etwa vierzig Meter von Young entfernt, als dieser ihn erkannte und zu einem Pferd stürzte. Madsen forderte Young auf stehenzubleiben, doch der Outlaw schwang sich auf das Tier und gab zwei Schüsse auf den Ordnungshüter ab. Madsen feuerte fünfmal und fällte das Pferd. Young rannte zu Fuß weiter, wurde aber von Madsen eingeholt und landete schließlich im Gefängnis.

5. März 1896, Cheyenne, Oklahoma. Red Buck George Weightman, ehemals ein gefürchtetes Mitglied der Dalton- und der Doolin-Gang, trieb sich in Oklahoma herum. Schließlich wurde er von Madsen und einer Posse in einer Erdbehausung in der Nähe von Cheyenne aufgespürt. Die Verfolger umstellten den Unterschlupf und forderten Weightman auf, sich zu ergeben. Der aber versuchte sich den Fluchtweg freizuschießen und wurde von Madsen mit der Flinte getötet.

Quellen: Croy, *Trigger Marshal;* Drago, *Road Agents and Train Robbers,* 182, 194, 199, 201, 207, 209; Shirley, *Six-gun and Silver Star,* 10, 40, 66–68, 78–80, 120, 122–124, 137, 150–153, 172, 190, 194, 214–215.

Manning, James

Geb. um 1845 bei Huntsville, Alabama; gest. im April 1915 in Los Angeles, Kalifornien. Soldat, Seemann, Rancher, Rustler, Saloonbesitzer, Bergmann.

Der auf einer Plantage in der Nähe von Huntsville, Alabama, geborene Jim Manning und seine drei Brüder Doc, John und Frank kämpften im Bürgerkrieg auf seiten der Konföderierten, schlugen sich für den von Napoleon III. als Kaiser von Mexiko eingesetzten österreichischen Erzherzog Maximilian und schreckten vor keinem Gegner zurück. (Doc zum Beispiel lieferte sich in Giddings, Texas, eine blutige Messerstecherei mit dem Arzt, der ihm dort Konkurrenz machte.)

Nach dem Bürgerkrieg gelobten die Mannings, sich nicht mehr zu rasieren, bis der alte Süden wiedererstanden sei, und zogen dann an die texanische Golfküste. Dort bauten sie eine Schaluppe, segelten nach Mexiko und traten in den Dienst des Kaisers Maximilian. Später kehrten sie nach Texas zurück, ließen sich in Belton nieder und zogen schließlich in alle Himmelsrichtungen davon, ehe sie sich 1881 in El Paso wiedervereinten.

Jim, Frank und John bewirtschafteten in der Nähe von Canutillo eine Ranch, die ein berüchtigter Zufluchtsort für Rustler und andere Outlaws wurde. Die Mannings wurden in eine erbitterte Fehde mit dem Ordnungshüter Dallas Stoudenmire verwickelt, und Jim war an den beiden Schießereien beteiligt, bei denen Stoudenmire und sein Schwager Doc Cummings ums Leben kamen.

Später besaß Manning Saloons in El Paso und Seattle, und nachdem 1889 sein Lokal in Seattle abgebrannt war, zog er mit seiner Familie nach Anacosta, Washington, wo er einen weiteren Saloon eröffnete. Bald darauf kehrte er in den Südwesten der USA zurück und investierte sein Geld in die Silber- und Kupferminen rund um Parker, Arizona. 1915 starb er in Los Angeles an Krebs. Er hinterließ eine Frau und zahlreiche Nachkommen.

Schießereien: *Um 1875, Osttexas.* Auf einem Viehtreck nach Kansas überwarfen sich die Manning-Brüder mit einem Mann, der später William, den Jüngsten, aus dem Hinterhalt tötete. Frank, Jim und John nahmen die Verfolgung auf, holten den Killer ein und erschossen ihn.

14. Februar 1882, El Paso, Texas. Eines Abends wurde Manning im *Coliseum Variety Theater* von dem betrunkenen Doc Cummings angesprochen, der die Mannings ebenso haßte wie sein Schwager Dallas Stoudenmire. Cummings beschimpfte Jim Manning und den Barkeeper David Kling und forderte Manning zum Duell. Manning versuchte zunächst, Cummings zu beruhigen, doch nach einer Weile verließ er den Raum, legte seinen Mantel ab und kehrte mit umgeschnalltem Revolvergurt zurück. »Doc, das wird jetzt ausgetragen«, knurrte er und griff zu seinem Revolver. Manning und Kling jagten Cummings je eine Kugel in den Leib, worauf dieser einen ungezielten Schuß abgab, auf die Straße torkelte und starb.

18. September 1882, El Paso, Texas. Dallas Stoudenmire und Doc Manning hatten sich eine Schießerei geliefert, bei der Stoudenmire zweimal an der Brust und Doc am rechten Arm getroffen worden waren. Als

Jim zum Ort des Geschehens gerannt kam, hatte sein Bruder den Revolver fallen lassen und rang auf dem Gehsteig mit Stoudenmire, der nach wie vor die Waffe in der Hand hatte. Jim zückte einen 45er ohne Abzug und mit abgesägtem Lauf und gab einen Schuß auf Stoudenmire ab, traf aber, obwohl er nur knapp zweieinhalb Meter entfernt war, lediglich das Ladenschild eines benachbarten Barbiers. Er feuerte erneut, und die zweite Kugel drang dicht hinter dem linken Ohr in Stoudenmires Schädel und tötete ihn auf der Stelle.

Quellen: Metz, *Dallas Stoudenmire*, 37, 77, 86–93, 95–99, 113, 119–120, 123; Askins, *Texans, Guns & History*, 115, 120, 122–125; Sonnichsen, *Pass of the North*, 236–237, 239–240, 243–245.

Marlow, Boone

Geb. 1865; gest. im Januar 1889 bei Fort Sill, Oklahoma. Farmer, Arbeiter.

Boone Marlow und seine vier Brüder Charley, Alf, Epp und George entstammten einer durch dick und dünn zusammenhaltenden Pionierfamilie, die unter Führung des Vaters, eines Viehzüchters, Farmers und Arztes, rastlos durch den Westen zog. Sie lebten eine Zeitlang in Kalifornien, dann in Texas, Missouri, Oklahoma, New Mexico, Mexiko und Colorado.

Im Wilbarger County in Texas, wo sich die Familie seinerzeit niedergelassen hatte, tötete Boone einen Mann, worauf die Sippe nach Colorado weiterzog. Zwei Jahre später wurden die Brüder wegen Diebstahls festgenommen, doch das Verfahren wurde eingestellt. Anschließend kehrten sie nach Texas zurück und ließen sich in der Nähe von Vernon nieder.

Als Boone in Vernon wegen Mordes festgenommen werden sollte, schoß er sich den Fluchtweg frei. Seine vier Brüder, die der Mittäterschaft beschuldigt wurden, sägten die Gitterstäbe durch und brachen aus dem Gefängnis aus, wurden aber kurz darauf wieder gefaßt. Nachdem nur ihr mutiges Auftreten verhindert hatte, daß man sie kurzerhand lynchte, sollten sie in ein sichereres Gefängnis gebracht werden. Kurz nach Verlassen der Stadt wurde der Trupp jedoch von einem Lynchmob unter Beschuß genommen. Alf und Epp gingen tödlich getroffen zu Boden, ein Ordnungshüter kam ums Leben, und zwei weitere wurden verletzt. Ein Häftling namens Clift wurde am Bein getroffen, George Marlow an der Hand, und Charley Marlow hatte Verletzungen an Brust und Unterkiefer. Trotz ihrer Wunden und obwohl sie noch immer an ihre toten Brüder angekettet waren, ergriffen George und Charley die Waffen ihrer Bewacher und schlugen den Mob in die Flucht, nachdem sie drei Angreifer getötet und einen weiteren verletzt hatten.

George und Charley starben in hohem Alter, doch Boone wurde kurze Zeit nach seiner Flucht von drei Kopfgeldjägern – Martin Beavers, J. E. Direkson und G. E. Harboldt – am Hell Creek, etwa zwanzig Meilen östlich von Fort Sill, Oklahoma, aufgespürt und getötet. Die Häscher, die es offenbar auf die siebzehnhundert Dollar abgesehen hatten, die auf seinen Kopf ausgesetzt waren, knallten ihn ab und schafften seine Leiche am 28. Januar nach Fort Sill.

Schießereien: *1886, Wilbarger County, Texas.* Ein gewisser Hames Holdson entdeckte Boone, als dieser gerade zu einer seiner verheirateten Schwestern ritt. Holdson, der entweder betrunken war oder eine alte Rechnung begleichen wollte, zog einen Revolver und schoß auf den nichts Böses ahnenden Boone. Marlow riß nach einer Schrecksekunde die *Winchester* hoch, eröffnete kaltblütig das Feuer auf Holdson und erschoß ihn.

16. Dezember 1888, bei Vernon, Texas. Die Familie Marlow saß gerade zu Hause beim Abendbrot, als Sheriff Marion Collier und Deputy Tom Wallace vorritten. Sheriff Collier platzte in die Stube und brüllte: »Boone Marlow, ich bin hinter dir her.«

Boone griff zu seiner *Winchester,* worauf der Sheriff einen überhasteten Schuß abgab. Boone drückte zweimal ab; die erste Kugel traf die Hutkrempe des Sheriffs, die zweite durchschlug die Tür und traf Wallace, der gerade angerannt kam. Sie trat oberhalb der Hüfte ein und zerstörte beide Nieren. Wallace starb eine Woche später.

Collier versuchte zu fliehen, doch Boone forderte ihn auf zurückzukommen. Als der Sheriff gehorchte, wollte Boone ein weiteres Mal auf ihn schießen, doch Charley Marlow, der Wallaces Kopf auf seinen Schoß gebettet hatte, konnte es ihm ausreden.

Quelle: Sonnichsen, *I'll Die Before I'll Run,* 192–205.

Masterson, Edward J.

Geb. 22. September 1852, Henryville, Kanada; gest. 9. April 1878, Dodge City, Kansas. Farmer, Arbeiter, Büffeljäger, Ordnungshüter.

Ed Masterson, das älteste von sieben Kindern der Eheleute Thomas und Catherine Masterson, kam in Kanada zur Welt und wuchs in New York auf. Ein paar Jahre nach dem Bürgerkrieg erwarb die Familie eine rund dreißig Hektar große Farm in der Nähe von Wichita und zog nach Kansas. Ein paar Jahre darauf verließen Ed und sein Bruder Bat das Elternhaus und gingen nach Dodge City, wo sie zunächst als Tiefbauunternehmer tätig waren und dann zu der Zeit, als dieses blutige, aber einträgliche Geschäft auf dem Höhepunkt stand, auf Büffeljagd gingen. Im Juni 1877 wurde Ed Masterson zum Deputy Marshal von Dodge ernannt, und nach kurzer Zeit war er in der ganzen Stadt beliebt und geachtet. Knapp sieben Monate nach seiner Aufnahme in den Polizeidienst wurde er zum City Marshal befördert. Weitere fünf Monate später kam er bei einer Schießerei auf offener Straße ums Leben.

Schießereien: *25. September 1877, Dodge City, Kansas.* Sheriff Bat Masterson hörte zwei oder drei Schüsse und rannte zum Ort des Geschehens. Er forderte den übermütigen Zechbruder, einen Cowboy namens A. C. Jackson, auf, sich zu ergeben. Jackson erwiderte, er denke nicht daran, schoß noch zweimal und gab seinem Pferd die Sporen. Bat und Deputy Marshal Ed Masterson, der gerade hinzugekommen war, eröffneten das Feuer. Jacksons Pferd wurde getroffen, doch es hielt durch, bis er sich in Sicherheit gebracht hatte.

5. November 1877, Dodge City, Kansas. Im Lauf des Nachmittags brach in der *Lone Star Dance Hall* ein Streit zwischen den beiden Besitzern, Texas Dick Moore und Bob Shaw, aus. Ein Unbeteiligter rannte hinaus und holte Deputy Marshal Ed Masterson zu Hilfe, worauf dieser in den *Lone Star* stürmte und Shaw aufforderte, seinen Revolver herzugeben.

Statt dessen schoß Shaw auf Moore, worauf Masterson ihm den Revolvergriff über den Schädel zog. Shaw drehte sich ungerührt um und feuerte auf Masterson. Die Kugel traf den Ordnungshüter an der rechten Brustseite, trat unterhalb des linken Schulterblattes wieder aus und lähmte Mastersons Arm, so daß er seinen Revolver fallen ließ. Masterson ging in die Knie, ergriff die Waffe mit der linken Hand und eröffnete das Feuer auf Shaw. Shaw wurde am linken Arm und am linken Bein getroffen und ging zu Boden. Moore und ein unbeteiligter Zuschauer namens Franks Buskirk wurden von verirrten Kugeln am Unterleib beziehungsweise am Arm getroffen, doch alle Beteiligten genasen von ihren Verletzungen.

9. April 1878, Dodge City, Kansas. Marshal Ed Masterson und Deputy Nat Haywood begaben sich in den *Lady Gay Saloon*, um ein halbes Dutzend Cowboys im Auge zu behalten, die dort den ganzen Abend lang getanzt und getrunken hatten. Einer der lautesten Zecher war Jack Wagner, der überdies einen Revolver trug, was gegen die städtischen Verordnungen verstieß.

Gegen 22 Uhr entwaffnete Masterson ihn heimlich, gab den Revolver Wagners

Ed Masterson, der Bruder von Bat Masterson. Er wurde als Marshal von Dodge City, Kansas, bei einer wilden Schießerei auf offener Straße getötet. *(Kansas State Historical Society, Topeka)*

Vorgesetztem, einem gewissen A. M. Walker, und verließ gemeinsam mit Haywood das Lokal. Walker gab Wagner die Waffe zurück, worauf die beiden Zechbrüder den Ordnungshütern hinterherstürmten. Masterson versuchte Wagner sofort den Revolver zu entreißen, worauf die beiden unter den Augen zahlreicher Zuschauer miteinander rangelten. Haywood wollte Masterson beistehen, wurde aber von Walker und einem anderen Cowboy mit gezogenen Revolvern in Schach gehalten; Walker wollte sogar auf Haywoods Gesicht feuern, doch die Waffe versagte. Dann ging Wagners Revolver los. Die Kugel traf Masterson am Bauch und trat am Rücken wieder aus.

Trotz der Verletzung und obwohl das Mündungsfeuer seine Kleidung in Brand gesetzt hatte, riß Masterson seinen Revolver heraus und feuerte kurz hintereinander vier Schüsse ab. Eine der Kugeln traf Wagner am Bauch, die anderen drei bohrten sich in Walker. Zwei Unbeteiligte erlitten Streifschüsse im Gesicht.

Wagner torkelte in Peacocks Saloon und sank zu Boden. Freunde trugen ihn weg, doch er starb am nächsten Tag. Walker, der ein Loch im linken Lungenflügel hatte und dessen rechter Arm von zwei Kugeln zerschmettert war, rannte vor Schreck durch Peacocks Saloon, stürmte aus der Hintertür und kam zu Fall. Er genas von seinen Verletzungen.

Masterson, dessen Kleidung noch immer brannte, schritt über die etwa zweihundert Meter breite Plaza, überquerte die Bahngleise und betrat George Hoovers Saloon. »George, ich wurde getroffen«, keuchte er, an George Hinkle gewandt, dann sank er zu Boden. Er wurde auf Bat Mastersons Zimmer gebracht, wo er im Beisein seines Bruders und zahlreicher Freunde starb. Eine große Trauergemeinde erwies ihm beim Begräbnis die letzte Ehre.

Quellen: Miller und Snell, *Great Gunfighters of the Kansas Cowtowns*, 169–185; O'Connor, *Bat Masterson*, 10–13, 64–71.

Masterson, James P.

Geb. 1855 im Iroquois County, Illinois; gest. 31. März 1895, Guthrie, Oklahoma. Büffeljäger, Saloonbesitzer, Ordnungshüter.

Der im Staat New York aufgewachsene Jim Masterson zog etwa um das Jahr 1871 mit seiner Familie auf eine kleine Farm in der Nähe von Wichita, Kansas. Bald darauf begaben sich seine Brüder Ed und Bat nach Dodge City, und der halbwüchsige Jim schloß sich ihnen an. Er ging mehrere Jahre lang auf die Büffeljagd und wurde dann wie seine Brüder Ordnungshüter in Dodge City.

Im Juni 1878, zwei Monate nachdem Ed bei einer Schießerei getötet worden war, trat Jim in den Polizeidienst. Gleichzeitig war er Deputy Sheriff im Ford County (wo Bat im Jahr zuvor die Wahl zum Sheriff gewonnen hatte) und nahm an mehreren Schießereien teil. Im November 1879 wurde Jim Masterson zum City Marshal befördert und blieb im Amt, bis Bürgermeister James H. (»Dog«) Kelly zwei Jahre später abgewählt wurde.

Nach einer großen Schießerei auf der Plaza von Dodge City zog Jim weiter gen Westen. 1889 kehrte er nach Dodge City zurück, war an den Auseinandersetzungen um den Verwaltungssitz des Gray County beteiligt, zog dann im Zuge des *Oklahoma Land Rush,* der großen Landname in einem bislang ausschließlich Indianern vorbehaltenen Gebiet, nach Süden und war einer

James Masterson, der jüngste der drei Masterson-Brüder, griff weitaus häufiger zur Waffe als der berühmtere Bat. *(Kansas State Historical Society, Topeka)*

der ersten Siedler, die sich in Guthrie niederließen. In Guthrie diente er als Deputy Sheriff, und 1893 wurde er zum Deputy U. S. Marshal ernannt.

Masterson, der im Oklahoma Territory zahlreiche Outlaws festnahm, war 1893 auch an dem blutigen Überfall auf die Doolin-Gang beteiligt. Er erkrankte an »galoppierender Schwindsucht« und starb zwei Jahre später in Guthrie.

Schießereien: *26. Juli 1878, Dodge City, Kansas.* Gegen drei Uhr morgens beendeten zwei oder drei Cowboys ihre Zechtour, holten bei den örtlichen Behörden ihre Waffen ab und begaben sich auf den Rückweg zum Lager. Als sie an der *Comique Dance Hall & Theater* vorbeikamen, feuerten sie aus Spaß fünf bis sechs Schüsse ab. Als die Kugeln über die Bühne pfiffen und in die Decke schlugen, warfen sich die etwa 150 Gäste zu Boden, rannten die Treppe hinauf oder stürmten zu den Ausgängen.

Die Polizisten Jim Masterson und Wyatt Earp begaben sich sofort zum Ort des Geschehens und eröffneten das Feuer. Die Cowboys empfingen sie mit zwei oder drei Schüssen und sprengten dann davon. Die Ordnungshüter schossen, bis ihnen die Munition ausging, trafen aber offenbar niemanden. Doch wenig später stürzte ein Viehtreiber namens George Hoy, dessen Arm von einer Kugel zerschmettert worden war, aus dem Sattel. Hoy wurde sofort in ärztliche Behandlung gebracht, doch er starb vier Wochen später an Wundbrand.

9. Juni 1879, Dodge City, Kansas. Mehrere Cowboys ritten in die Stadt, um dort einen lustigen Abend zu verbringen, weigerten sich aber, ihre Waffen abzugeben, wie dies vorgeschrieben war. Daraufhin stellten sie Polizisten – darunter vermutlich auch Jim Masterson – zur Rede und verlangten ihre Revolver. Die Cowboys weigerten sich erneut, worauf beide Seiten das Feuer eröffneten. Nachdem ein Cowboy am Bein getroffen worden war, galoppierten die anderen aus der Stadt.

9. oder 10. April 1881, Dodge City, Kansas. Masterson und A. J. Peacock besaßen gemeinsam den *Lady Gay Saloon & Dance Hall.* Einige Wochen zuvor hatte Peacock einen Barkeeper namens Al Updegraff eingestellt. Masterson, der den neuen Angestellten nicht leiden konnte, stritt sich mit ihm und zwei anderen Männern. Alle vier griffen zu ihren Revolvern, und Masterson eröffnete das Feuer auf die beiden anderen Männer. Die Schießerei endete nach kurzer Zeit, ohne daß jemand zu Schaden kam.

16. April 1881, Dodge City, Kansas. In einem Telegramm schilderte Masterson seinem Bruder Bat, der sich in Tombstone, Arizona, aufhielt, seine mißliche Lage, in die er in Dodge City geraten war. Bat stieg unverzüglich in einen Zug und kam seinem Bruder zu Hilfe.

Als er mittags in Dodge aus der Eisenbahn stieg, kamen Peacock und Updegraff von der anderen Straßenseite aus auf ihn zu und forderten ihn heraus. Die drei Männer griffen zu den Waffen und gingen in Deckung. Als Bat Masterson, der hinter dem Bahndamm in Stellung gegangen war, und seine beiden Kontrahenten, die sich an die Gefängnismauer drückten, das Feuer aufeinander eröffneten, pfiffen Kugeln an den erschrockenen Passanten vorbei.

Plötzlich nahmen zwei Männer – vermutlich handelte es sich um Jim Masterson und Charlie Ronan – Peacock und Updegraff von einem benachbarten Saloon aus unter Beschuß. Updegraff wurde an der Brust getroffen; wer die tödliche Kugel abgefeuert hatte, ließ sich nicht feststellen. Als beide Seiten nachluden, griffen Bürgermeister A. B. Webster und Sheriff Fred Singer ein und forderten die Kampfhähne auf, die Feindseligkeiten zu beenden. Bat Masterson zahlte eine geringe Geldstrafe und verließ mit seinem Bruder und Ronan unverzüglich die Stadt.

14. Januar 1889, Cimarron, Kansas. Die beiden etwa sechs Meilen voneinander entfernten Ortschaften Cimarron und Ingalls wetteiferten um den Verwaltungssitz des neu gegründeten Gray County. Da die gesamten Akten des County in Cimarron lagerten, heuerte man in Ingalls mehrere Revolvermänner aus Dodge City als Deputy Sheriffs an. An einem Samstagmorgen brachen Jim Masterson, Bill Tilghman, Fred Singer, Neal Brown, Bill Ainsworth, Ed Brooks und Ben Daniels, begleitet vom Sheriff des Gray County, einem Verwaltungsangestellten (beide stammten aus Ingalls) sowie einem Fuhrmann auf und trafen etwa gegen 11 Uhr 30 in Cimarron ein. Masterson, Singer, Ainsworth und Bezirkssekretär N. F. Watson drangen in das Gerichtsgebäude ein und schleppten die Akten weg, während die anderen Männer draußen Wache standen.

Binnen kurzer Zeit hatte die männliche Einwohnerschaft von Cimarron zu den Waffen gegriffen und rückte drohend auf den Wagen vor, worauf die Männer aus Ingalls das Weite suchten. Beide Seiten eröffneten das Feuer, doch trotz des Kugelhagels gab es auf dem Wagen, der schließlich entkommen konnte, nur einen Schwerverletzten: Ed Brooks, der am Rücken und an beiden Beinen getroffen wurde, aber von seinen Wunden genas. Außerdem erlitt der Fuhrmann einen Beinschuß, und Bill Tilghman verstauchte sich den Knöchel. Die Bürger von Cimarron hatten schwerere Verluste zu verzeichnen: J. W. English war durch einen Kopfschuß getötet worden, Jack Bliss war von Schrotkugeln durchsiebt, Lee Fairhurst war an der Brust getroffen worden und ein gewisser Harrington an der Hand.

Nach der überstürzten Flucht ihrer Gefährten saßen die vier anderen Männer in der Falle. Masterson, Singer, Ainsworth und Watson sowie A. T. Riley, ein Mann aus Cimarron, der bei der Wahl zum Bezirkssekretär unterlegen, von Watson aber noch nicht abgelöst worden war, verschanzten sich im ersten Stock des Gerichtsgebäudes. Dort wurden sie bis zum folgenden Tag belagert und ergaben sich dann dem County Sheriff, einem Anhänger der Ingalls-Partei, der die vier Männer

unverzüglich freiließ, sobald der Trupp aus Cimarron abgezogen war.

1. September 1893, Ingalls, Oklahoma. Masterson war einer der Ordnungshüter, die in Ingalls einrückten, um die Doolin-Gang festzunehmen. Nach einer Schießerei, bei der es auf beiden Seiten Verluste gab, unter ihnen fünf verletzte Stadtbewohner, konnten Doolin und fünf andere Outlaws aus der Stadt entkommen. Doch der kranke Arkansas Tom Daugherty wurde in seinem Zimmer im ersten Stock des Hotels zurückgelassen. Daugherty, der bereits zwei Ordnungshüter tödlich getroffen hatte, hielt eine Stunde aus, aber als Masterson zwei Dynamitstangen aus der Tasche zog und damit drohte, dessen Stellung in die Luft zu sprengen, ergab sich der Outlaw.

Quellen: Miller und Snell, *Great Gunfighters of the Kansas Cowtowns*, 87–89, 186–192, 281–284, 433–437; Shirley, *Heck Thomas*, 171–174; Shirley, *Six-gun and Silver Star*, 81, 89, 91–94; Nix, *Oklahombres*, 103–116.

Masterson, William B.

(»Bat«)

Geb. 26. November 1853, County Rouville, Quebec, Kanada; gest. 25. Oktober 1921, New York City, New York. Farmer, Arbeiter, Büffeljäger, Militärkundschafter, Spieler, Saloonbesitzer, Ordnungshüter, Revolvermann, Sportler, Boxkampfveranstalter, Sportreporter.

Bat, das zweite von insgesamt sieben Kindern der Eheleute Thomas und Catherine Masterson, wuchs auf Farmen in Kanada, New York und Illinois auf, ehe die Familie etwa um das Jahr 1867 auf ein kleines Stück Land in der Nähe von Wichita in Kansas zog.

Im Jahr 1872 verließen Bat und sein älterer Bruder Ed die elterliche Farm und begaben sich nach Dodge City, wo Bat Erdarbeiten für die *Atchison, Topeka & Santa Fe Railroad* übernahm. Anschließend zog Bat auf die Büffeljagd, die damals ihren

Masterson, William B.

Bat Masterson bestritt nur drei Schießereien, bei denen er einen Mann tötete. *(Kansas State Historical Society, Topeka)*

Höhepunkt erreichte, was die Abschußzahlen und die dabei erzielten Profite anging. Er gehörte zu dem mehrere Dutzend Mann starken Jägertrupp, der am 27. Juli 1874 einen großen, von Quanah Parker geführten Indianerangriff abwehrte. Der Überfall, der dem Hauptquartier der Jäger bei Adobe Walls im texanischen Panhandle galt, wurde von geübten Scharfschützen zurückgeschlagen.

Nach der Schlacht von Adobe Walls schloß Bat sich für fünfundsiebzig Dollar im Monat den Truppen von General Nelson A. Miles als Kundschafter an. Er diente etwa drei Monate und wurde am 12. Oktober 1874 entlassen. Danach verschwand er mehrere Jahre lang von der Bildfläche, wurde aber vermutlich in dieser Zeit in eine Schießerei mit einem Soldaten namens King verwickelt, bei der King und eine Frau zu Tode kamen.

Im Jahr 1877 kehrte Bat nach Dodge City zurück, wo er einen Saloon eröffnete und vom Marshal mit dem Revolver niedergeschlagen wurde, weil er einem Häftling zur Flucht verhelfen wollte. Aber schon kurz darauf wurde er Deputy Sheriff im Ford County und sorgte gemeinsam mit seinem Bruder Ed, der Polizist in Dodge City war, dem Verwaltungssitz des County, für Ruhe und Ordnung. Im November 1877 wurde Bat Masterson zum Sheriff des Ford County gewählt und zeichnete sich durch die Verfolgung und Festnahme zahlreicher Diebe, Räuber und anderer Ganoven aus.

Im April 1878 wurde Bats Bruder Ed bei einer Schießerei getötet, doch Bat blieb in Dodge City und jagte weiterhin Pferdediebe, Eisenbahnräuber, Hochstapler und entflohene Sträflinge. Masterson konnte sich in diesem Sommer noch zweimal auszeichnen: einmal als eine Horde Cheyenne unter Dull Knife die Gegend bedrohte und einmal als ein Tanzsalonmädchen namens Dora Hand von dem Cowboy James Kennedy ermordet wurde. Kennedy wurde anschließend von einer Posse unter Führung von Bat Masterson gestellt und verletzt. Zur Erholung unternahm Masterson zwei Reisen – die eine führte zum Jahrmarkt nach Kansas City, die zweite zu den Heilquellen von Hot Springs in Arkansas.

Im Januar 1879 wurde Bat Masterson zum Deputy U. S. Marshal ernannt und erhielt somit landesweite Vollmachten. Ungeachtet der Verantwortung, die er als Sheriff zu tragen hatte, verließ er zwei Monate später Dodge City und verdingte sich bei der *Atchison, Topeka & Santa Fe Railroad*. Er führte einen großen Trupp Revolvermänner an, der die Eisenbahngesellschaft beim Streit mit der *Denver & Rio Grande Railroad* um das Wegerecht über den Raton Pass in Colorado unterstützte. Ende 1879 unterlag Bat nach einem hitzigen Wahlkampf bei der Wiederwahl zum Sheriff.

Nach dem Ausscheiden aus dem Amt zog Bat Masterson nach Colorado und New Mexico, reiste dann nach Nebraska, um den schwerverletzten Billy Thompson vor dem Zugriff der aufgebrachten Bürger von Ogalalla zu retten. Bat lebte eine Zeitlang in Kansas City und folgte dann einigen alten Freunden aus Dodge City – darunter Wyatt Earp und Luke Short – in die neue Boomstadt Tombstone in Arizona. Doch im April 1881 wurde er wieder nach Dodge City gerufen, wo er seinem jüngeren Bruder Jim beistehen mußte und prompt in eine Schießerei geriet, sobald er aus dem Zug stieg. Bat begab sich unverzüglich wieder nach Colorado, kehrte aber 1883 nach Dodge City zurück und nahm an dem bekannten, aber keineswegs gewalttätigen *Dodge City War* teil.

Bald darauf zog Bat, der um diese Zeit gelegentlich Zeitungsartikel verfaßte, nach Fort Worth, Texas, wo er sich wieder als Berufsspieler durchschlug. Neben dem Schreiben und dem Spiel widmete er sich zunehmend dem Sport – vor allem als Organisator und Veranstalter von Pferderennen und Boxkämpfen. Im Laufe der folgenden Jahre bereiste er in dieser Funktion von Denver aus den ganzen Westen.

Im Jahr 1891 heiratete Bat Masterson Emma Walters und zog mit ihr elf Jahre später nach New York, wo er die letzten zwanzig Jahre seines Lebens als Sportreporter für den *Morning Telegraph* arbeitete. Präsident Theodore Roosevelt ernannte ihn 1905 zum Deputy-Bundesmarshal, doch Bat legte das Amt zwei Jahre später nieder, um sich wieder voll und ganz seiner Arbeit als Sportreporter zu widmen. Bat Masterson, der in allen Nachtclubs der Stadt bekannt war, starb 1921 an seinem Schreibtisch.

Schießereien: *24. Januar 1876, Mobeetie, Texas.* Ein Soldat namens King, der dem im nahe gelegenen Fort Elliott stationierten 4. Kavallerieregiment angehörte, wurde in Mobeetie durch eine »von einem Bürger« abgefeuerte Kugel verletzt und starb am nächsten Tag. Auch eine gewisse Molly Brennan kam ums Leben. Offenbar hatte Bat Masterson King getötet. Angeblich war Bat mit der Frau in einem Saloon, als der eifersüchtige Sergeant King, wild um sich schießend, in das Lokal gestürmt kam. Dabei sollen Molly Brennan und Bat Masterson getroffen worden sein, ehe Masterson den Soldaten erschoß.

Molly und King erlagen ihren Verletzungen, und Bat mußte seither am Stock gehen, was ihm schließlich seinen Spitznamen eintrug. (Von »bat«, dem englischen Wort für Keule. Möglicherweise handelte es sich aber auch im eine Kurzform von »Battling«, seinerzeit eine alltägliche Bezeichnung für einen wüsten Schläger. Und schließlich könnte »Bat« von Bartholomew abgeleitet sein, Mastersons zweitem Vornamen, den er später in Barclay änderte.) In diesem Zusammenhang soll auch erwähnt werden, daß damals in einer Zeitung angedeutet wurde, Molly sei von Masterson erschossen worden, möglicherweile als sie sich einmischen wollte, vielleicht aber auch durch eine verirrte Kugel.

25. September 1877, Dodge City, Kansas. Ein Cowboy namens A. C. Jackson ritt nach Dodge City und feuerte zum Spaß mehrmals mit seinem Revolver in die Luft. Bat stürmte auf die Straße und gebot Jackson Einhalt. »Ich verzieh' mich eh wieder zum Lager«, erwiderte Jackson und gab zwei weitere Schüsse ab. Bat und sein Bruder Ed, der ihm zu Hilfe geeilt war, feuerten hinter dem Flüchtenden her und trafen dessen Pferd. Doch das starb erst, als Jackson sich bereits in Sicherheit gebracht hatte.

16. April 1881, Dodge City, Kansas. Jim Masterson und A. J. Peacock, die gemeinsam den *Lady Gay Saloon & Dance Hall* bewirtschafteten, hatten seit einiger Zeit Querelen. Zum offenen Bruch kam es, als Peacock einen gewissen Al Updegraff als Barkeeper einstellte, den Masterson umgehend wieder entlassen wollte, worauf sich die drei Männer einen kurzen, aber folgenlosen Schußwechsel lieferten.

Masterson schickte daraufhin seinem in Tombstone weilenden Bruder Bat ein Telegramm, in dem er um seine Hilfe bat. Am 16. April um 11 Uhr 50 traf Bat Masterson mit dem Zug in Dodge City ein. Kaum ausgestiegen, entdeckte er Peacock und Updegraff, die gemeinsam die belebte Straße entlangliefen. Er eilte auf die beiden zu und rief, als er noch etwa sechs, sieben Meter entfernt war: »Ich bin tausend Meilen weit gefahren, um das hier zu bereinigen. Ich weiß, daß ihr bewaffnet seid – also kämpft!«

Alle drei Männer zogen die Revolver. Bat ging hinter dem Bahndamm in Deckung, und Peacock und Updegraff rannten um die Ecke des städtischen Gefängnisses. Kugeln schlugen in Fenster und Wände der umstehenden Häuser ein, als die drei Widersacher sowie zwei weitere Männer, die von einem benachbarten Saloon aus in das Geschehen eingriffen (vermutlich handelte es sich um Jim Masterson und Charlie Ronan), einander unter Beschuß nahmen.

Eine Kugel pflügte unmittelbar vor Bat Mastersons Gesicht den Boden auf, schleuderte ihm Erde in den Mund, prallte ab und traf James Anderson, einen flüchtenden Passanten, am Rücken. Updegraff, der entweder von Bat Masterson oder einem der beiden Schützen aus dem Saloon getroffen wurde, erlitt einen Lungendurchschuß.

Als beide Seiten nach etwa drei, vier Minuten nachladen mußten, tauchten Bürgermeister A. B. Webster und Sheriff Fred Singer mit schußbereiten Schrotflinten am Ort des Geschehens auf und beendeten die Schießerei. Bat Masterson bezahlte eine geringe Geldstrafe und verließ noch mit dem Abendzug die Stadt. Updegraff überstand seine Verletzung.

Quellen: O'Connor, *Bat Masterson;* Miller und Snell, *Great Gunfighters of the Kansas Cowtowns,* 193–320; Jahns, *Doc Holliday,* 136–137, 168; Schoenberger, *Gunfighters,* 15–17, 24, 31, 33, 35–37, 41, 42, 97–99, 101–102, 107–131, 134, 136, 138, 141, 143, 161–162, 187, 192, 193, 194.

Mather, Dave H.

(»Mysterious Dave«)

Geb. 1845 in Connecticut. Pferdedieb, Büffeljäger, Eisenbahn- und Postkutschenräuber, Ordnungshüter, Prospektor. Farmer, Spieler und Hotelangestellter.

Mysterious Dave, wie Mather allgemein genannt wurde, soll angeblich ein Nachkomme des amerikanischen Geistlichen und Schriftstellers Cotton Mather gewesen sein. Genaueres ist jedoch weder über seine Herkunft noch über die letzten Jahre seines Lebens bekannt. Man weiß bloß, daß sich der aus Connecticut stammende Mather um 1873 im Sharp County, Arkansas, unter Viehdieben herumtrieb. Ein Jahr später ging er auf die Büffeljagd, zog aber, nachdem er bei einer Messerstecherei in Dodge City eine Bauchverletzung erlitten hatte, nach New Mexico, wo er mit Pferdedieben und Postkutschenräubern verkehrte. In der unweit von Fort Elliott im texanischen Panhandle gelegenen Stadt Mobeetie soll er angeblich im Streit einen Mann getötet haben.

Im Jahr 1879 nahm man Mather und mehrere andere zwielichtige Gestalten gemeinsam mit dem berüchtigten Outlaw Dutch Henry Born fest. Mather wurde kurz darauf wieder aus dem Gefängnis entlassen, aber nach wenigen Monaten wegen Mittäterschaft bei einem Eisenbahnüberfall in der Nähe von Las Vegas erneut verhaftet. In der anschließenden Gerichtsverhandlung wurde er freigesprochen und kurz darauf in Las Vegas zum Konstabler ernannt. Er diente einige Monate lang als Ordnungshüter und zog im Frühjahr 1880 mit drei anderen Prospektoren zu den Goldfeldern von Gunnison in Colorado.

Im November war Mather wieder in Las Vegas. Er half einigen Freunden beim Ausbruch aus dem städtischen Gefängnis und begab sich dann nach Texas. Zunächst hielt er sich in San Antonio auf, ging dann nach Dallas und schließlich nach Fort Worth, wo er erneut festgenommen wurde, angeblich weil er einer Schwarzen einen goldenen Ring und eine Kette gestohlen hatte.

Mather, Dave H. 243

Mysterious Dave Mather, ein Revolvermann für und wider das Gesetz. Das Hutband, das er auf diesem Foto trägt, weist ihn als stellvertretenden Marshal aus. *(Kansas State Historical Society, Topeka)*

1883 zog Mather nach Dodge City und wurde dort zum City Marshal und Deputy Sheriff des Ford County ernannt. Es gab wiederholt Beschwerden wegen Schikanen gegenüber den Bürgern und zu großer Nachsicht mit kriminellen Elementen, und als Mather im Februar 1884 für das Amt des städtischen Konstablers kandidierte, unterlag er gegen seinen Konkurrenten.

Einige Monate darauf artete der alte Zwist mit Deputy Marshal Tom Nixon in offene Gewalt aus. Im Juni verletzte Nixon Mather in Dodge auf offener Straße, worauf Mather Nixon drei Tage später erschoß. Mather wurde vor Gericht gestellt und freigesprochen. Anschließend war er für kurze Zeit Farmer, war aber im Mai 1885 in Ashland, Kansas, in eine weitere Schießerei mit tödlichem Ausgang verwickelt. Gegen Hinterlegung einer Kaution wurde er bis zur Gerichtsverhandlung auf freien Fuß gesetzt, ergriff aber vorsichtshalber die Flucht und tauchte schließlich als City Marshal von New Kiowa in Kansas wieder auf. 1887 ritt er in Long Pine, Nebraska, ein, wo er gelegentlich im Bahnhofshotel arbeitete. Etwa ein Jahr später verschwand er auf rätselhafte Weise auf Nimmerwiedersehen.

Schießereien: *20. November 1879, Las Vegas, New Mexico.* Mehrere Soldaten veranstalteten in der Stadt ein Zechgelage. Der Konstabler Mather und andere Ordnungshüter begaben sich zum Ort des Geschehens, luden die Soldaten auf einen Karren und wollten sie ins Gefängnis bringen. Plötzlich sprang einer vom Gefährt und rannte davon. Mather befahl ihm stehenzubleiben und verfolgte ihn dann. Nachdem der Konstabler fünf bis sechs Revolverschüsse abgegeben und den Soldaten am Daumen getroffen hatte, ergab sich dieser.

25. Januar 1880, Las Vegas, New Mexico. Ein junger Eisenbahnangestellter namens Joseph Castello war tags zuvor als Leiter eines Reparaturtrupps in Las Vegas eingetroffen. Am 25. Januar gegen 22 Uhr fingen zwei seiner Untergebenen in alkoholisiertem Zustand an zu streiten. Castello versuchte zu vermitteln, doch binnen kürzester Zeit gab es einen Menschenauflauf, worauf Castello und einer seiner Männer die Stadtbewohner mit gezogenen Revolvern in Schach hielten.

In diesem Augenblick tauchte Mather auf und befahl den Eisenbahnern, die Waffen niederzulegen. Castello richtete daraufhin seinen Sechsschüsser auf Mather und drohte, ihn zu erschießen, wenn er noch einen Schritt näher komme. Ohne zu zögern, riß Mather den Revolver heraus und schoß auf Castello. Die Kugel drang an der linken Seite ein, durchschlug Lunge und Magen und bohrte sich dann in die Leber. Der Verletzte wurde in Hoodoo Browns Büro getragen und von einem hinzugerufenen Arzt behandelt. Er starb am folgenden Morgen um sechs Uhr.

18. Juli 1884, Dodge City, Kansas. Schon seit längerer Zeit gab es Spannungen zwischen Mysterious Dave und Tom Nixon, einem alten Büffeljäger, der Mather unlängst als stellvertretenden City Marshal von Dodge abgelöst hatte. Gegen 21 Uhr kam es vor dem *Opera House,* wo Mather einen Saloon bewirtschaftete, zu einem Streit zwischen ihm und Nixon. Mather stand am Kopf der Treppe, sein Widersacher auf ebener Erde. Plötzlich zog Nixon einen Revolver und gab einen Schuß ab; die Kugel bohrte sich in die Holzplanken, so daß Mather von einem Splitterhagel getroffen wurde. Sheriff Pat Sughrue war sofort zur Stelle und entwaffnete Nixon, der seinerseits behauptete, Mather habe ihn mit einer Waffe bedroht. Mysterious Dave aber schwor, daß er unbewaffnet sei, worauf Nixon festgenommen wurde und erst gegen Hinterlegung einer Kaution von achthundert Dollar wieder auf freien Fuß kam.

21. Juli 1884, Dodge City, Kansas. Nixon stand, von zahlreichen Passanten umgeben, gegen 21 Uhr an der Ecke des *Opera House,* als Mather auftauchte, am Fuß der Treppe stehenblieb und einen 42er Colt zog. »Tom«, flüsterte er, »oh, Tom.« Nixon, dessen Waffe noch im Holster steckte, wandte sich zu Mather um, worauf dieser ohne weitere Vorwarnung schoß. »Oh«, keuchte Nixon auf, »mich hat's erwischt«, dann kippte er vornüber. Mather ging zu seinem niedergestreckten Widersacher und jagte ihm drei weitere Kugeln in den Leib. (Eine davon durchschlug Nixon, traf einen unbeteiligten Cowboy und verletzte ihn schwer.) Nixon war auf der Stelle tot, und Mather händigte Sheriff Sughrue seine Waffe aus.

10. Mai 1885, Ashland, Kansas. Mather besuchte an einem Sonntagabend gegen 20 Uhr 30 den überfüllten *Junction Saloon* in Ashland, in dem sein Bruder Josiah als Barkeeper arbeitete, und spielte mit einem dreiundzwanzigjährigen Lebensmittelhändler namens David Barnes eine Runde Seven-Up zu einem Einsatz von fünfzig Cent pro Spiel. Barnes gewann das erste Spiel, Ma-

ther das zweite und Barnes das dritte, worauf Mather seine Karten nach Barnes warf und das auf dem Tisch liegende Geld ergriff. »He, ich will mein Geld haben«, versetzte Barnes und wurde prompt von seinem Bruder John unterstützt, der einen Schritt vortrat und erklärte: »Dieser Mann hat hier Freunde, die nicht zulassen werden, daß man ihn auf diese Weise beraubt.«

Mather stieß John beiseite und knurrte: »Was geht dich das überhaupt an?« Barnes torkelte zurück und griff zum Revolver. Sheriff Pat Sughrue, der ebenfalls in dem Lokal weilte, rief: »Holla, das geht nicht«, hielt John fest und entwand ihm die Waffe.

Mittlerweile hatte auch David Barnes einen Revolver gezogen und eine Kugel abgefeuert, die Mathers Schädel streifte und ein Loch in seinen Hut riß. Daraufhin nahm Josiah Mather, der hinter dem Tresen stand, eine Waffe zur Hand und drückte ab – Zeugenaussagen zufolge soll Dave Mather ebenfalls geschossen haben. David Barnes ging getroffen zu Boden, doch Josiah Mather jagte ihm drei weitere Kugeln in den Leib.

Als die Schießerei vorüber war, stellte man fest, daß John Wall und C. C. Camp, zwei Unbeteiligte, von verirrten Kugeln am Bein getroffen worden waren. Sheriff Sughrue nahm die Gebrüder Mather fest, worauf diese eine Kaution von dreitausend Dollar hinterlegten und sich unverzüglich aus der Gegend absetzten.

Quellen: Rickards, *Mysterious Dave Mather;* Miller und Snell, *Great Gunfighters of the Kansas Cowtowns,* 31, 242–244, 297–298, 301, 320–343; Vestal, *Dodge City,* 212–220; Schoenberger, *Gunfighters,* 36, 38, 99.

Matthews, Jacob B.

Geb. 5. Mai 1847, Woodbury, Tennessee; gest. 3. Juni 1904, Roswell, New Mexico. Soldat, Bergmann, Gerichtsschreiber, Geschäftsmann, Ordnungshüter, Postmeister.

Der aus Tennessee stammende Billy

Matthews kämpfte während des Bürgerkrieges bei der M-Kompanie der Fifth Tennessee Cavalry. Nach dem Krieg zog er gen Westen und lebte 1867 als Bergmann in Elizabethtown, New Mexico. 1873 siedelte er nach Lincoln um, wurde Schreiber am dortigen Bezirksgericht und fand eine Anstellung bei L. G. Murphy und James J. Dolan, deren Firma, kurz *the Company* genannt, ein Monopol zum Verkauf von Handelswaren im County hatte. Schließlich brachte er es sogar zum Kompagnon von Dolan und John H. Riley, dem neuen starken Mann der »irischen Mafia«, wie man die *Company* auch nannte. Durch diese neue Position wurde er in die Auseinandersetzung mit der sogenannten Reformgruppe um den Anwalt Alexander McSween und den Rancher John Tunstall verwickelt.

Als Deputy von Sheriff William Brady leitete Matthews die Posse, die Tunstall ermordete. Er war ferner an der Schießerei beteiligt, bei der Brady und George Hindman ums Leben kamen, nahm an der viertägigen Entscheidungsschlacht um McSweens Haus in Lincoln teil und wurde später wegen Mordes an dem Anwalt H. J. Chapman angeklagt.

Mehrere Jahre nach dem Ende des *Lincoln County War* zog Matthews nach Roswell, wurde 1898 von Präsident McKinley zum dortigen Postmeister ernannt und 1902 von Präsident Theodore Roosevelt im Amt bestätigt. Zwei Jahre später starb er.

Schießereien: *18. Februar 1878, bei Lincoln, New Mexico.* Matthews, von Sheriff William Brady zum Deputy ernannt, sollte den Viehbestand des Ranchers John Tunstall beschlagnahmen. Nachdem Matthews' zwölf Mann starke Posse den Auftrag ausgeführt hatte, begegnete sie Tunstall, tötete den Engländer und löste dadurch den *Lincoln County War* aus.

1. April 1878, Lincoln, New Mexico. Sheriff Brady und Deputy George Hindman gingen, gefolgt von Matthews, George Peppin und John Long, die Main Street von Lincoln entlang, um einige amtliche Bekanntmachungen anzuschlagen. Plötzlich standen Billy the Kid und vier Helfershelfer hinter einer niedrigen Adobemauer neben Alexander McSweens Geschäft auf und nahmen die Ordnungshüter mit ihren Flinten unter Beschuß. Brady und Hindman gingen tödlich getroffen zu Boden. Matthews, der ebenfalls verletzt wurde, sowie Peppin und Long warfen sich in Deckung.

Ein paar Minuten darauf unternahmen Billy the Kid und Fred Wait einen Ausfall auf die Straße, um die Flinten der beiden toten Ordnungshüter zu stehlen. Matthews jedoch eröffnete das Feuer und trieb sie in den Schutz der Mauer zurück. Danach schwangen sich Kid und seine Leute auf die Pferde und sprengten aus der Stadt.

15. bis 19. Juli 1878, Lincoln, New Mexico. Matthews war von seiner Verletzung genesen und wieder einsatzbereit, als es in Lincoln zum großen Schlagabtausch zwischen den beiden verfehdeten Parteien kam. Er war im *torreón* in Stellung gegangen, einem runden, aus Steinen erbauten Turm, und nahm McSweens Männer von dieser alten, aus der Zeit der Indianerkämpfe stammenden Festung aus unter Beschuß.

18. Februar 1879, Lincoln, New Mexico. Matthews befand sich in Begleitung von James J. Dolan, Jesse Evans und William Campbell, als der Trupp gegen 22 Uhr in der Nähe des Postamts von Lincoln dem allzu freimütigen und daher unbequemen Anwalt Huston Chapman begegnete. Der betrunkene Campbell schoß auf Chapman, worauf auch die übrigen drei Männer das Feuer eröffneten. Der Anwalt brach, von mehreren Kugeln getroffen, tot auf dem Bürgersteig zusammen.

Quellen: Keleher, *Violence in Lincoln County,* 82, 86, 100, 109, 123, 141, 207–210, 223, 232–233, 251–258, 261–264, 275–276, 316, 321–322, 328–329; Hunt, *Tragic Days of Billy the Kid,* 31–35, 51–53, 153–157; Fulton, *Lincoln County War,* 49, 64, 76, 78, 112–114, 119, 158–159, 201, 213, 216–219, 225, 249, 251, 318, 331, 333, 347, 417.

Meagher, Michael

Geb. 1843 im County Cavar, Irland; gest. 17. Dezember 1881, Caldwell, Kansas. Soldat, Postkutschenfahrer, Ordnungshüter, Indianerkundschafter, Bürgermeister, Zimmermann, Saloonbesitzer, Spieler.

Der in Irland zur Welt gekommene Michael Meagher wanderte mit seinem jüngeren Bruder John in die Vereinigten Staaten aus und ließ sich zunächst in Illinois nieder. Die beiden Brüder nahmen am Bürgerkrieg teil und zogen Ende der sechziger Jahre als Postkutschenfahrer nach Kansas. 1871 wurde Mike zum Marshal von Wichita ernannt, und John wurde sein Deputy. Mike zeichnete sich wiederholt dadurch aus, daß er, obwohl oftmals mit der Waffe bedroht, bei Festnahmen ohne Gewaltanwendung vorging und auf diese Weise ein Blutvergießen verhinderte.

Nach drei Jahren schied Mike aus dem Amt aus, ging ins Indian Territory, versuchte sich als Zimmermann, kutschierte einen Fuhrwagen und kehrte schließlich 1874 als Deputy U. S. Marshal in den Polizeidienst zurück. Im gleichen Jahr wurde er zum First Lieutenant einer Milizkompanie ernannt, die man zum Auskundschaften feindlicher Indianer aufgestellt hatte. 1875 wurde Meagher als Marshal von Wichita wiedergewählt, und 1877 war er gezwungen, den Kutscher Sylvester Powell, einen berüchtigten Raufbold, zu erschießen.

Als die großen Rinderherden ausblieben, denen Wichita Blüte und Reichtum verdankte, zog Meagher nach Caldwell, betätigte sich als Berufsspieler, eröffnete einen Saloon und wurde 1880 zum Bürgermeister gewählt. Im Jahr darauf war er für kurze Zeit City Marshal, und ein paar Monate später wurde er von Jim Talbot in Caldwell auf offener Straße getötet.

Schießereien: *1. Januar 1877, Wichita, Kansas.* Sylvester Powell, ein Kutscher in Diensten der Stadt, hatte sich den ganzen Neujahrstag über mit einem Freund betrunken. Als die beiden am Nachmittag ein Pferd wegführen wollten, stellte sich dessen Besitzer, ein gewisser E. R. Dennison, vor das Gatter und ließ eine witzige Bemerkung fallen. Powell reagierte unwirsch, schlug Dennison mit einem Kummet und warnte ihn davor, ihn anzuzeigen. Dennison wandte sich umgehend an City Marshal Meagher, der Powell ins Gefängnis warf.

Noch am gleichen Abend wurde Powell von seinem Vorgesetzten ausgelöst, er schwor, Meagher bei erstbester Gelegenheit zu erschießen. Gegen 21 Uhr entdeckte er ihn in einem Nebengebäude hinter Hopes Saloon. Powell schlich sich im Mondschein an den Schuppen und eröffnete das Feuer. Eine Kugel durchschlug Meaghers Jacke, eine zweite drang in seinen Unterschenkel.

Ohne zu zögern, stürzte sich der Marshal auf den Angreifer und rang mit ihm. Als Meaghers Hand von einer Kugel gestreift wurde, konnte Powell sich losreißen und, nachdem er einen vierten Schuß abgegeben hatte, durch eine Gasse entkommen. Schließlich zog auch Meagher die Waffe, feuerte ihm einen Schuß hinterher und humpelte dann auf die Straße. Bald darauf entdeckte er Powell, der vor Charles Hills Drugstore stand. Meagher nahm genau Ziel und jagte ihm eine Kugel ins Herz. Tödlich getroffen, stürzte Powell zu Boden.

17. Dezember 1881, Caldwell, Kansas. Jim Talbot, ein rüpelhafter Cowboy aus Texas, der seit etwa einem Monat in Caldwell sein Unwesen trieb, begab sich eines Freitagabends mit Bob Bigtree, Dick Eddleman, Tom Love, Jim Martin, Bob Munson und George Speers auf eine wüste Zechtour. Im Laufe der Nacht eckte Talbot bei einigen Bürgern der Stadt an, darunter auch Mike Meagher.

Am nächsten Morgen wandte sich Meagher an City Marshal John Wilson, der Love daraufhin festnahm, aber von dem wütenden Talbot und dessen Gefährten unverzüglich gezwungen wurde, ihn wieder freizulassen. Gegen ein Uhr nachmittags nahm Wilson Martin wegen Waffenbesitzes fest. Martin wurde zu einer Geldstrafe verurteilt und brach in Begleitung von Deputy Will Fossett auf, um das Geld zu holen. Plötzlich stürzten sich Talbot, Love, Munson und Eddleman auf die beiden und befreiten Martin. Dann gab Talbot zwei Schüsse auf den auf der Straße stehenden Wilson ab, rannte davon und forderte seine Freunde auf, zu den Waffen zu greifen. Wilson und Meagher nahmen sofort die Verfolgung auf.

Auf dem Gehsteig vor dem *Opera House* drehte sich Talbot um und schoß mit seiner *Winchester* auf Wilson und Meagher. Eine der Kugeln durchschlug Meaghers rechten Arm, drang durch beide Lungenflügel und trat auf der linken Seite wieder aus. Meagher ließ Flinte und Revolver fallen. »Ich bin getroffen«, stieß er aus, »schwer getroffen.« Wilson half ihm, sich hinzusetzen, und nahm dann die Verfolgung wieder auf. Ed Rathbun stürzte zu ihm und rief: »Großer Gott, Mike, bist du getroffen worden?«

»Ja«, versetzte Meagher. »Sag meiner Frau, daß es mich zu guter Letzt doch erwischt hat.«

Meagher wurde in einen Barbiersalon geleitet, wo er eine halbe Stunde später starb. Als George Speers in aller Eile sein Pferd satteln und davonreiten wollte, wurde er von einem Bürger der Stadt angeschossen und tödlich verletzt. Talbots übrige Freunde sprengten, von einer aufgebrachten Menschenmenge gejagt, aus der Stadt und wurden bis ins Indian Territory verfolgt.

Quellen: Snell, *Great Gunfighters of the Kansas Cowtowns*, 80–84, 99–103, 162–163, 343–369; Drago, *Wild, Woolly & Wicked*, 149–150, 155–159, 165, 183–184, 210–214; Streeter, *Prairie Trails & Cow Towns*, 149.

Meldrum, Bob

Geb. 1865 in New York. Sattler, Range-Detektiv, Ordnungshüter, Cowboy.

Noch ehe er 1899 nach Wyoming zog, galt Bob Meldrum bereits als Killer. Ver-

mutlich hatte er Anfang der neunziger Jahre den Pinkerton-Detektiv Tom Horn unterstützt, als dieser zwei Berittene niederschoß, um hinterher festzustellen, daß er die falschen Männer erwischt hatte. Um die Jahrhundertwende tötete Meldrum in Dixon, Wyoming, einen Mann und zog dann nach Colorado, wo er in Cripple Creek als Streikbrecher wider die *United Mine Workers of America*, eine Gewerkschaft der Bergarbeiter, eingesetzt wurde.

Meldrum kehrte 1908 nach Wyoming zurück und wurde von der *Snake River Cattlemen's Association* für 250 Dollar pro Monat angeheuert, um die Gegend von Rustlern zu säubern. Er brachte es zum Deputy Sheriff des Routt County und des Carbon County, wurde aber 1911 aus dem Dienst entlassen. Wenig später war er Town Marshal von Baggs und ging eine stürmische Ehe mit einem einheimischen Mädchen ein. Nachdem er Anfang 1912 einen beliebten Cowboy getötet hatte, wurde Meldrum wegen Totschlags zu einer fünf- bis siebenjährigen Zuchthausstrafe im *Wyoming Penitentiary* verurteilt. Nach der Entlassung ließ er sich in Walcott, Wyoming, nieder und arbeitete wieder als Sattler.

Schießereien: *Um 1899, Dixon, Wyoming.* Meldrum, der im Geschäft eines gewissen Charley Perkins als Sattler angestellt war, begab sich mit einem Arbeitskollegen namens Wilkinson zum Postamt. Dort nahm er eine Nachricht in Empfang, in der es hieß, daß auf das Ergreifen – tot oder lebendig – Wilkinsons eine Belohnung ausgesetzt war. Meldrum steckte die Miteilung in die Tasche und verließ mit diesem das Gebäude. Als die beiden Männer ein Feld überquerten, zog Meldrum seinen schweren 44er und tötete Wilkinson mit einem Schuß in den Hinterkopf. Anschließend strich er die Belohnung ein.

19. Januar 1912, Baggs, Wyoming. Ein allgemein beliebter Cowboy, ein Halbblut namens Chick Bowen, vergnügte sich an seinem freien Abend mit zwei Gefährten in Baggs. Nachdem die drei Zecher ein paar

Drinks im Saloon zu sich genommen hatten, beschlossen sie, im *Elkhorn Hotel* essen zu gehen. Auf der Straße johlte Bowen ein paarmal begeistert auf, begab sich dann mit seinen Freunden in das Restaurant und bestellte etwas zu essen. Ein paar Minuten später teilte eine Kellnerin Bowen mit, daß Marshal Meldrum ihn suche. Die drei Männer beendeten ihre Mahlzeit und schlenderten anschließend zu Calverts Gemischtwarenhandlung. Dort stellte Meldrum Bowen zur Rede und fragte ihn, ob er in der Gegend herumgeschrien habe. Als Bowen dies verneinte, wollte Meldrum ihn festnehmen, wurde dabei handgreiflich und schlug ihm den Hut vom Kopf.

»Ich komme mit, sobald ich meinen Hut wieder habe«, sagte Bowen.

»Ich schieß dir ins Bein, dann wirst du schon mitkommen, du Hurensohn!« versetzte der Marshal.

»Bezeichne mich nicht als Hurensohn, Bob.«

In diesem Augenblick drückte Meldrum seinen Revolver ab, traf Bowen am Knie und am Bauch und fügte ihm einen Streifschuß am Unterleib zu. Bowen stürzte sich auf Meldrum, zwang ihn zu Boden und drosch auf sein Gesicht ein. »Um Himmels willen, Salsy«, keuchte er, an seinen Gefährten George Salisbury gewandt, »laß nicht zu, daß sie mich wegziehen. Ich bin am Bauch getroffen, und wenn ich ihn loslasse, schießt er wieder auf mich.«

Kurz darauf traf Deputy Sheriff Jim Davis am Ort des Geschehens ein, zog den verletzten Cowboy hoch und begleitete ihn zur *Red Cross Pharmacy.* Meldrum trottete hinterher und murmelte: »Du verdammter Hurensohn, ich hab' dir doch gesagt, daß ich dich kriege.«

Dr. E. G. Condit behandelte Bowen und ließ ihn dann in ein Hotel bringen, wo er kurz darauf starb. Meldrum wurde 1916 inhaftiert, obwohl die Rinderzüchter, die ihn seit jeher unterstützt hatten, die besten Anwälte zu seiner Verteidigung aufboten.

Quelle: Burroughs, *Where the Old West Stayed Young,* 299–305.

Middleton, John

Gest. im Mai 1885. Cowboy, Revolvermann, Rustler und Lebensmittelhändler.

Middleton zog in den siebziger Jahren von Kansas nach New Mexico. Der Rancher John Tunstall bezeichnete ihn als »vermutlich einen der verwegenst aussehenden Männer, die mir jemals vor Augen gekommen sind – und das will nicht wenig heißen. Ich könnte ihn mir bei jedem noch so unerhörten Schurkenstück vorstellen, doch dies gilt nur für sein Äußeres, denn ansonsten ist er so umgänglich und besonnen wie kaum ein anderer – seine Waffen aber hat er stets in Griffweite.«

Vermutlich wurde Middleton aufgrund seines schlechten Rufes kurz vor Ausbruch des *Lincoln County War* von John Tunstall angeheuert. Er war ganz in der Nähe, als Tunstall ermordet wurde, und er gehörte zum Regulatorentrupp, auf dessen Rachefeldzug Frank Baker, Billy Morton und William McCloskey getötet wurden. Middleton war an dem Anschlag auf Sheriff William Brady und Deputy George Hindman beteiligt, zwei weiteren Opfern dieser Vendetta. Wenig später wurde er bei der Schießerei von Blazer's Mill schwer verletzt.

Mit knapper Not dem Tod entronnen, schwor er fortan jeglicher Gewalt ab. Er begab sich zur Genesung nach Fort Sumner und zog dann nach Sun City, Kansas, wo er ein Lebensmittelgeschäft eröffnete. Im Laufe der Jahre hielt er sich in diversen Städten in Kansas auf und versuchte fortwährend, wenn auch erfolglos, Tunstalls Vater um Geld anzugehen. 1865 trieb er sich mit Belle Starr in Oklahoma herum, als deren Ehemann Sam vorübergehend auf Reisen war. Noch im gleichen Frühjahr wurde Middleton aus dem Hinterhalt erschossen.

Schießereien: *9. März 1878, Steel Springs, New Mexico.* Middleton war einer der Regulatoren, die Frank Baker und Billy Morton, zwei der Hauptschuldigen am Tod des Ranchers John Tunstall, gefangengenommen hatten. Der Trupp ritt auf der Landstraße in Richtung Lincoln, als Morton in der Nähe von Steel Springs dem Possemitglied William McCloskey, einem Freund von Middleton, den Revolver entriß, ihn erschoß und dann mit Baker davonsprengte. Die Posse galoppierte ihnen hinterher und tötete beide Männer nach einer kurzen Verfolgungsjagd. (Es gibt auch Hinweise darauf, daß der Regulator Frank McNab William McCloskey erschoß, weil der sich für das Wohl der Gefangenen eingesetzt hatte.)

1. April 1878, Lincoln, New Mexico. Middleton, Billy the Kid, Henry Brown, Fred Wait und Jim French hatten sich hinter einer Mauer neben Tunstalls Geschäft versteckt und lauerten Sheriff William Brady auf. Zu fortgeschrittener Morgenstunde kamen Brady und Deputy George Hindman schwerbewaffnet und von Billy Matthews, George Peppin und John Long nach hinten abgesichert die Straße entlang.

Ohne Vorwarnung eröffneten die fünf Männer hinter der Mauer das Feuer. Billy the Kid, Middleton und Brown gaben die gutgezielte Salve ab, von der Brady, Hindman und Matthews getroffen wurden. Matthews konnte in Deckung kriechen, aber Brady ging tödlich getroffen zu Boden, und Hindman brach auf der Straße zusammen und bettelte kläglich um Wasser. Billy wollte zu Bradys Leiche rennen und dessen *Winchester* erbeuten, aber Matthews nahm ihn unter Feuer und fügte ihm einen Streifschuß an der Seite zu. Daraufhin zog sich Billy the Kid zurück und ritt mit seinen Männern aus der Stadt.

4. April 1878, Blazer's Mill, New Mexico. Drei Tage nach dem Überfall in Lincoln legte ein Regulatorentrupp in Blazer's Mill eine Rast ein und wartete gerade auf das Essen, als der zur Gegenpartei gehörende Buckshot Roberts auf einem Maultier vorritt. Roberts, der die *Winchester* im Arm liegen hatte, redete mit Frank Coe, einem alten Bekannten, der ihn dazu überreden wollte, sich friedlich zu ergeben. Plötzlich stürmte Charlie Bowdre mit gezogener Waffe nach vorn und forderte Roberts zur Kapitulation auf. Roberts weigerte sich, worauf die beiden Kontrahenten das Feuer eröffneten. Der Regulator Coe wurde an der Hand verletzt, und Roberts torkelte mit einem Loch im Bauch zurück.

Die anderen Regulatoren kamen herangestürmt, doch Roberts verscheuchte sie mit gezielten Schüssen aus der Hüfte. Middleton wurde von einer Kugel an der Brust getroffen, die den oberen linken Lungenflügel durchschlug. Während ihn seine Kameraden an der Wand des Hauptgebäudes niederlegten, verschanzte sich Roberts im Inneren, tötete Dick Brewer und hielt, obwohl auch er dem Tode nahe war, die übrigen Mitglieder der Posse mit seiner Büchse in Schach. Schließlich entschieden sich die Regulatoren zum Rückzug, um Coe und Middleton so rasch wie möglich in ärztliche Behandlung zu bringen.

Middleton mußte von zwei Mann gestützt werden, als man die beiden Verletzten auf ihre Pferde hob und im Schrittempo davonritt. Er wurde von einem Arzt aus dem nahe gelegenen Fort Stanton behandelt, überlebte seine Verletzung und verließ anschließend die Gegend.

Quellen: Keleher, *Violence in Lincoln County,* 83–84, 97–101, 109, 112–117, 122–123, 128, 184, 231, 253, 261–266, 276, 315–316, 325; Hunt, *Tragic Days of Billy the Kid,* 36–60; Fulton, *Lincoln County War,* 83, 111–112, 115–116, 131, 137, 140, 158, 175, 177, 192, 201, 260–261, 333, 346.

Miller, Clelland

Geb. in Missouri; gest. 7. September 1876, Northfield, Minnesota. Farmer, Eisenbahn- und Bankräuber.

Clell Miller wurde in der Nähe der Heimstättenfarm der Familie James geboren, verehrte Jesse und Frank James und schloß sich deren Gang an. Er nahm an dem mißglückten Banküberfall von Northfield, Minnesota, teil, bei dem er auf offener Straße erschossen wurde.

250 Miller, James B.

Schießereien: *12. April 1875, Clay County, Missouri.* Die James-Brüder verdächtigten den Farmer Daniel H. Askew, er beherberge einen Pinkerton-Detektiv. Als Askew am 12. April gegen 20 Uhr zu seinem Brunnen ging und einen Eimer Wasser hochziehen wollte, fielen drei Schüsse. Askews Frau, die zu ihrem sterbenden Gatten eilte, sah lediglich drei Reiter davonsprengen. Man nahm allgemein an, daß Jesse und Frank James sowie Clell Miller hinter dem Anschlag steckten, bewiesen wurde es allerdings nicht.

7. September 1876, Northfield, Minnesota. Miller hatte in den siebziger Jahren an zahlreichen Raubzügen der James-Gang teilgenommen, bei denen es immer wieder zu Schießereien gekommen war. Wie viele davon tatsächlich auf das Konto der James- und Younger-Brüder gingen, läßt sich nicht feststellen, da die Bande stets maskiert auftrat und ihr zahlreiche Überfälle zu Unrecht zugeschrieben wurden. Daher weiß man lediglich, daß Miller mit Sicherheit an dem versuchten Banküberfall in Northfield beteiligt war.

Die achtköpfige Bande ritt in die Stadt, postierte drei Mann an der Ausfallstraße und begab sich dann zur *First National Bank.* Miller und Cole Younger blieben bei den Pferden, während die anderen drei absaßen und in das Gebäude gingen. Miller wollte gerade die offenstehende Tür der Bank schließen, als J. S. Allen, der Inhaber einer Eisenwarenhandlung, Verdacht schöpfte und sich dem Geldinstitut näherte. Miller scheuchte ihn weg, worauf Allen um die nächste Ecke lief und schrie: »An die Waffen, Jungs! Die rauben die Bank aus!«

In diesem Augenblick fielen in der Bank Schüsse, und kurz darauf eröffneten die alarmierten Stadtbewohnern das Feuer. Als Miller aufsitzen wollte, drückte ein gewisser Elias Stacy seine Schrotflinte auf ihn ab. Miller wurde im Gesicht getroffen, konnte sich aber, da die Waffe nur mit Vogeldunst geladen war, im Sattel halten. Mittlerweile war ein junger Medizinstudent namens

Henry Wheeler, der zuvor die männliche Bevölkerung zusammengetrommelt hatte, mit seiner Büchse an einem Fenster im ersten Stock eines gegenüberliegenden Hauses in Stellung gegangen. Nachdem sein erster Schuß Jim Younger verfehlt hatte, legte er auf Miller an. Die Kugel traf Millers Oberkörper, zerfetzte die Aorta und tötete ihn binnen kürzester Zeit.

Quellen: Croy, *Last of the Great Outlaws,* 107–124, 117; Settle, *Jesse James Was His Name,* 43–44, 89, 92–94, 104, 113; Drago, *Road Agents and Train Robbers;* Breihan, *Younger Brothers,* 149–151, 169–179.

Miller, James B.

(»Killin' Jim«, »Killer Miller«, »Deacon«)

Geb. 24. Oktober 1866, Van Buren, Arkansas; gest. 19. April 1909, Ada, Oklahoma. Cowboy, Rustler, Ordnungshüter, Saloonbesitzer, Spieler, Hotelier, Auftragskiller.

Der in Arkansas geborene Miller war ein Jahr alt, als seine Eltern nach Franklin in Texas zogen. Ein paar Jahre darauf starben Vater und Mutter, und Jim wurde zu den Großeltern nach Evant geschickt. Er war acht Jahre alt, als die beiden zu Hause ermordet wurden. Jim, der wegen Mordverdachts festgenommen, aber nicht unter Anklage gestellt wurde, lebte danach bei seiner Schwester und deren Ehemann J. E. Coop, mit dem der hitzköpfige Junge häufig Reibereien hatte, auf deren Farm in der Nähe von Gatesville. Mit siebzehn ermordete Jim seinen Schwager, wurde aber vor Gericht freigesprochen und arbeitete bald darauf als Cowboy auf der Ranch von Mannen Clements im McCulloch County. Clements wurde 1887 getötet, und wenig später wurde auf den Täter ein Überfall in der für Miller typischen Art und Weise verübt.

Miller zog anschließend zwei Jahre durch den Landstrich entlang der mexikanischen Grenze, bewirtschaftete einen Saloon in Saba und trug danach den Sheriffstern. Er war Deputy Sheriff im Reeves

Killin' Jim Miller (links außen) soll kaltschnäuzig darum gebeten haben, man möge ihm seinen Hut aufsetzen, ehe er in Ada, Oklahoma, gemeinsam mit den drei Männern gelyncht wurde, die ihm den Auftrag zur Ermordung des Ranchers A. A. Bobbitt (kleines Bild) erteilt hatten. *(Western History Collections, University of Oklahoma Library)*

County und wurde später Marshal von Pecos, dem Verwaltungssitz des County. In dieser Zeit tötete er angeblich mehrere Mexikaner, als diese »zu fliehen versuchten«. »Ich habe das Kerbholz verloren, auf dem die ganzen Mexikaner vermerkt sind, die ich draußen an der Grenze umgebracht habe«, prahlte er.

Im Jahr 1891 heiratete Miller Mannen Clements Tochter Sallie und wurde ein so tiefgläubiger Methodist, daß man ihm den Beinamen Deacon Jim verlieh – Jim, der Diakon. In Pecos wurde Miller in eine Fehde mit Sheriff G. A. (»Bud«) Frazer verwickelt, der ihn beschuldigte, ein Paar Maultiere gestohlen zu haben. Die beiden Ordnungshüter lieferten sich in Pecos auf offener Straße eine Schießerei; später beendete Miller die Fehde auf seine Weise, indem er Frazer ermordete. Miller wurde zwar freigesprochen, weil »er nichts Schlimmeres getan hat als Frazer«, doch bald darauf überfiel und tötete er Joe Earp, der bei der Gerichtsverhandlung gegen ihn ausgesagt hatte. Wenig später starb in Memphis, Texas, Judge Stanley, der Bezirksstaatsanwalt, der Miller vergebens unter Anklage gestellt hatte, angeblich an einer Lebensmittelvergiftung – doch man vermutete allgemein, daß Miller dem Ankläger Arsen untergeschoben habe.

Dennoch gelang es Jim, vermutlich durch Mauschelei, bei den Texas Rangers unterzukommen und ortsansässiger Ranger von Memphis zu werden. Später diente er als Ranger im Hall County und tötete in dieser Zeit im angrenzenden Collingsworth County einen Mann. Im Jahr 1900 zogen die Millers nach Fort Worth; Sallie eröffnete dort eine Pension, und Jim wurde ein bekannter Auftragskiller. Zunächst tötete er in der Nähe von Middleton zwei Männer, doch die Zahl seiner Opfer nahm rasch zu, als sich herumsprach, daß man seine Dienste für 150 Dollar pro Kopf in Anspruch nehmen konnte. Zwischen den Mordaufträgen hielt Miller nach wie vor regelmäßig Bibelstunden.

Millers wahrscheinlich bekanntestes Opfer war Pat Garrett, den Killin' Jim vermutlich im Jahr 1908 hinterrücks erschoß. Im Jahr darauf erhielt Killer Miller für die Ermordung des Ranchers A. A. Bobbit in Ada, Oklahoma, sein bislang höchstes Honorar – zweitausend Dollar. Miller erledigte den Auftrag und kehrte unbehelligt nach Texas zurück, wurde aber nach Ada ausgeliefert und dort gemeinsam mit den Männern, die ihn angeheuert hatten, auf der Stelle gelyncht.

Schießereien: *30. Juli 1884, Plum Creek, Texas.* Der siebzehnjährige Miller hatte eine Meinungsverschiedenheit mit seinem Schwager John Coop auf dessen Farm in Plum Creek, einem Weiler in der Nähe von Gatesville. Als Coop in einer heißen Sommernacht auf der Veranda schlief, schlich Miller zum Haus und tötete seinen Schwager mit einem Kopfschuß. Miller versuchte sich ein Alibi zu verschaffen, wurde aber festgenommen, vor Gericht gestellt und wegen Mordes zu einer lebenslangen Haftstrafe verurteilt. Wegen verfahrenstechnischer Mängel kam er bald darauf wieder frei.

1887, bei Ballinger, Texas. Miller arbeitete auf der Ranch von Mannen Clements, wo er sich mit dessen Sohn Mannie, vor allem aber mit seiner Tochter Sallie anfreundete. Am 29. März 1887 wurde Clements von Joe Townsend, dem City Marshal von Ballinger, getötet. Kurz darauf wurde Townsend auf einem nächtlichen Nachhauseritt von Miller mit einer aus dem Hinterhalt abgefeuerten Schrotflinte aus dem Sattel geschossen. Townsend überlebte den Anschlag, mußte sich aber den linken Arm amputieren lassen.

12. April 1894, Pecos, Texas. Sheriff Bud Frazer hatte Marshal Miller vor kurzem mit der Beschuldigung, er habe Maultiere gestohlen, eingesperrt. Vielleicht aus Furcht vor Rache schoß er auf Miller, ohne ihn zu warnen. Am rechten Arm getroffen, zog dieser seinen Revolver mit der linken Hand und begann zu schießen. Er traf aber nur den dabeistehenden Joe Krans in die Hüfte. Als Frazer auch noch die übrigen seiner sechs Kugeln auf Jims Brust geschossen hatte, ging dieser zu Boden. Die Schüsse prallten aber an einer Stahlplatte ab, die Miller oft zu seinem Schutz trug, und er erholte sich bald von der Schießerei.

26. Dezember 1894, Pecos, Texas. Miller stand vor der Hufschmiede von Pecos, als er plötzlich von Bud Frazer beschossen wurde. Miller wurde am rechten Arm und am linken Bein getroffen, doch blieb er stehen und bediente seinen Revolver mit der linken Hand. Nachdem zwei weitere Kugeln an Millers Brustpanzer abgeprallt waren, wandte sich der demoralisierte Ex-Sheriff zur Flucht.

14. September 1896, Toyah, Texas. Bud Frazer hatte aus Angst vor Vergeltungsmaßnahmen Texas verlassen und war nach Carlsbad, New Mexico, gezogen, kehrte aber in die Gegend von Pecos zurück, um seine Mutter und seine Schwester zu besuchen. Miller erfuhr davon und begab sich unverzüglich nach Toyah, wo er Frazer in einem Saloon entdeckte. Miller stieß mit seiner Schrotflinte die Schwingtür auf, legte die Waffe an und schoß Frazer den halben Kopf weg. Als er kurz darauf von Frazers aufgebrachter Schwester verflucht wurde, drohte Miller, auch sie zu erschießen.

1899, Coryell County, Texas. Joe Earp hatte vor Gericht gegen Miller ausgesagt, als dieser wegen des Mordes an Bud Frazer angeklagt worden war. Kaum freigesprochen, drohte Miller, daß er sich an dem Zeugen rächen werde, und erschoß Earp drei Wochen nach dem Prozeß aus dem Hinterhalt. Anschließend unternahm er einen mörderischen Ritt durch die Nacht, um sich 100 Meilen entfernt ein Alibi zu verschaffen.

Um 1900, Collingsworth County, Texas. Miller und ein Komplize namens Lawrence Angel spürten einen Mann auf, mit dessen Ermordung Killin' Jim vermutlich beauftragt worden war. Das unglückliche Opfer wurde mit einer Schrotflinte ermordet, Millers bevorzugter Waffe, und Jim wurde festgenommen. Doch Angel behauptete, er habe die tödlichen Kugeln abgefeuert. Miller wiederum sagte aus, Angel habe in Notwehr gehandelt, worauf beide freikamen.

Sommer 1902, Ward County, Texas. Miller stieß in der Nähe des Pecos River auf drei Männer, die, so behauptete er, gestohlene Rinder zusammentrieben. Er näherte sich ihnen, eröffnete mit seiner *Winchester* das Feuer und traf alle drei. Zwei Männer wurden durch Kopfschüsse getötet, doch der dritte klammerte sich an sein Pferd und konnte entkommen.

Um 1903, Westtexas. Miller hütete im Westen von Texas, unweit der Grenze nach New Mexico, eine Rinderherde. Als er zwei Mexikaner ertappte, die gerade einen gestohlenen Stier schlachteten, erschoß er sie kurzerhand.

Um 1904, Lubbock, Texas. Miller sollte im Auftrag von Rinderzüchtern, die ihm fünfhundert Dollar bezahlt hatten, den in Lubbock ansässigen Anwalt James Jarrott beseitigen, der mehrere Prozesse zugunsten der in der Gegend siedelnden Kleinbauern gewonnen hatte. Als Jarrott in der Nähe seiner Farm sein Gespann tränken wollte, jagte Miller ihm mit seiner Flinte aus dem Hinterhalt eine Kugel in die Brust und feuerte kurz darauf ein zweites Mal. Jarrott fiel um, stemmte sich aber auf Händen und Knien wieder hoch. Daraufhin trat Miller neben ihn und feuerte eine dritte Kugel auf Jarrett ab, die Nacken und Schulter durchschlug. Der Anwalt sank zu Boden, starb aber erst nach einem weiteren Schuß. »Das war der verdammt zäheste Mann, den ich jemals erledigt habe«, erklärte Miller hinterher voller Bewunderung.

1904, Fort Worth, Texas. Miller hatte den Auftrag zur Ermordung eines gewissen Frank Fore angenommen, der in Fort Worth wohnte. Miller lauerte Fore im Waschraum des *Hotel Westbrook* auf und erschoß ihn. Dann ging er hinunter ins Foyer, wo er auf den Ordnungshüter Dee Harkey stieß, der sich mit Jinx Clark und Tom Coggins unterhielt, den beiden Männern, die Miller zum Hotel begleitet hatten. Miller wollte sich Harkey stellen, doch der Ordnungshüter erklärte, er wolle mit der Sache nichts zu tun haben. Später sagten Clark und Coggins aus, sie seien ebenfalls in dem Waschraum gewesen und hätten gesehen, daß Miller in Notwehr geschossen habe.

1. August 1906, bei Emet, Oklahoma. Der Deputy U. S. Marshal Ben Collins hatte 1903 auf Port Pruitt geschossen und ihn teilweise gelähmt, worauf die Familie Pruitt schwor, sie werde den Ordnungshüter »drannehmen«. Als Collins an einem Mittwochabend zu seinem Haus reiten wollte, wurde er plötzlich von einer Ladung grobem Schrot am Bauch getroffen und aus dem Sattel gerissen. Er feuerte vier Revolverschüsse auf den Attentäter ab, wurde dann von einer weiteren Schrotladung im Gesicht getroffen und starb. Jim Miller wurde wegen Mordes angeklagt, mußte aber schließlich wieder auf freien Fuß gesetzt werden.

29. Februar 1908, bei Las Cruces, New Mexico. Pat Garrett, der sich in Gesellschaft der Rancher Wayne Brazel und Carl Adamson befand, hielt etwa vier Meilen außerhalb von Las Cruces seinen Wagen an und stieg ab, um zu pinkeln. Miller, der vermutlich von einem Feind des einstmals berühmten Ordnungshüters angeheuert worden war, nahm ihn aus einem Versteck unter Beschuß. Die 45er Kugel traf Garrett am Hinterkopf und trat über dem rechten Auge wieder aus. Er wurde herumgerissen und bekam eine weitere Kugel in den Bauch. Garrett war auf der Stelle tot, worauf Miller vom Tatort weggaloppierte, um sich ein Alibi zu verschaffen. Brazel war zunächst derart außer sich, daß er sich des Mordes für schuldig bekannte. Doch er wurde freigesprochen, da man allgemein

254 Milton, Jeff Davis

davon ausging, daß Miller der Schuldige war.

26. Februar 1909, Ada, Oklahoma. Miller wurde von drei Rinderzüchtern angeheuert, die mit dem Rancher Gus Bobbitt, der ein Anwesen in der Nähe von Ada besaß, in Fehde lagen. Miller begab sich nach Ada, kundschaftete die Lage sorgfältig aus und versteckte sich dann in der Nähe von Bobbitts Ranchhaus. Als Bobbitt und ein Gehilfe namens Bob Ferguson mit zwei Wagen voller Vorräte aus der Stadt zurückkehrten, feuerte Miller beide Läufe seiner Schrotflinte auf den Rancher ab. Bobbitt, dessen linke Seite von Kugeln zerfetzt wurde, stürzte vom vorderen Wagen, worauf Miller an Ferguson vorbei die Flucht ergriff. Mrs. Bobbitt kam aus dem Haus gerannt und hielt ihren sterbenden Gatten in den Armen. Rasch verbreitete sich die Nachricht von dem Mord. Miller floh nach Fort Worth, wurde aber ausgeliefert und gemeinsam mit seinen drei Auftraggebern am 19. April 1909 in einem Mietstall in Ada aufgeknüpft.

Quellen: Shirley, *Shotgun for Hire;* Harkey, *Mean as Hell,* 20–22, 112–117, 119, 131; Sonnichsen, *Tularosa,* 230, 237–238, 240–241, 243; Metz, *John Selman,* 160–161, 226; Metz, *Pat Garrett,* 234, 239, 242–248.

Milton, Jeff Davis

Geb. 7. November 1861 bei Marianna, Florida; gest. 7. Mai 1947, Tucson, Arizona. Farmer, kaufmännischer Angestellter, Cowboy, Gefangenenaufseher, Ordnungshüter, Saloonbesitzer, Zollinspektor, Rancher, Eisenbahnschaffner und -heizer, Expreßbote, Prospektor, Ölsucher, Range-Detektiv.

Jeff Milton war das jüngste von insgesamt zehn Kindern des konföderierten Gouverneurs von Florida. Der Vater starb während des Bürgerkrieges, und Jeff wuchs auf Sylvania, der in der Nähe von Marianna gelegenen Plantage der Familie, auf. 1877 zog der sechzehnjährige Junge nach Navasota in Texas, wohnte bei einer seiner Schwestern und arbeitete in der Gemischtwarenhandlung ihres Mannes. Ein Jahr später begab sich Milton weiter gen Westen, fand zunächst eine Anstellung auf einer Rinderranch in der Nähe des alten Fort Phantom Hill und beaufsichtigte dann einen Trupp Häftlinge auf einer Farm unweit des texanischen Staatsgefängnisses von Huntsville.

Im Jahr 1880 trat Milton den Texas Rangers bei und schied nach dreijährigem Dienst im Rang eines Corporals aus. In Fort Davis arbeitete er wieder als kaufmännischer Angestellter in einem Gemischtwarenladen, heftete sich aber kurz darauf als Deputy Sheriff im nahe gelegenen Murphyville (vormals Alpine) den Stern an die Brust. Später eröffnete Milton in Murphyville einen Saloon, in dem er überall im Holster steckende Revolver anbrachte, so daß er stets eine Waffe in Griffweite hatte. 1884 zog er nach New Mexico und heuerte auf einer Ranch in der Nähe von San Marcial an, baute sich aber kurz darauf auf einem Stück Land in der Gegend von San Mateo eine eigene Heimstätten-Farm auf und wurde Deputy Sheriff im Socorro County. Dort wurde er einmal von einem Grizzly angegriffen, konnte dem Tier aber seinen Revolver ins Maul rammen und ihm eine Kugel ins Gehirn jagen.

Bald darauf war er – neben seinem Amt als Deputy – als Range-Detektiv tätig und schloß sich 1885 »Russel's Army« an, einem Freiwilligenverband, der in Arizona gegen marodierende Apachen zu Felde zog. 1887 trat Milton einen Posten als berittener Inspektor an der Grenze zwischen Arizona und Mexiko an; er war in Tucson stationiert und gemeinsam mit vierundzwanzig anderen Männern für die Überwachung der neunhundert Meilen langen Grenze zuständig. Zwei Jahre später quittierte er den Dienst und baute sich in der Nähe von Tucson eine kleine Pferdezucht auf. 1890 aber arbeitete er als Heizer bei der *Southern Pacific Railroad,* und bald darauf wurde er zum Zugführer befördert.

Im Jahr 1894 wurde Milton zum Polizeichef von El Paso ernannt, legte das Amt jedoch nach wenigen Monaten nieder und wurde Expreßbote für *Wells, Fargo*. Etwa um die Jahrhundertwende wurde bei einer Schießerei sein linker Arm verkrüppelt, worauf er in der Sierra Madre auf Goldsuche ging. Wenig später geriet er in den Sog des Ölbooms und zog auf der Suche nach lohnenden Petroleumvorkommen durch Texas und Südkalifornien.

Nachdem ihm der erhoffte Erfolg verwehrt geblieben war, meldete er sich 1904 zur US-Einwanderungsbehörde und wurde damit beauftragt, das Einschleusen chinesischer Fremdarbeiter über Arizona und Kalifornien zu unterbinden. 1919 lernte er eine Lehrerin aus New York kennen, die aus gesundheitlichen Gründen nach Arizona gezogen war, und heiratete sie wenige Monate später. Kurz darauf betraute ihn die Einwanderungsbehörde mit der Bewachung sogenannter radikaler Ausländer, die per Schiff aus den Vereinigten Staaten ins revolutionäre Rußland deportiert werden sollten.

Milton trat 1930 in den Ruhestand und verbrachte die letzten Jahre seines Lebens auf einer kleinen Ranch, die er sich in der Nähe von Tombstone aufgebaut hatte. Er starb im Alter von fünfundachtzig Jahren, und seine Frau verstreute seine Asche in der Wüste.

Schießereien: *16. Mai 1881, Colorado City, Texas.* Die Texas Rangers Milton, J. M. Sedberry und L. B. Wells hatten dienstlich in Colorado City zu tun, als sie im nahe gelegenen *Nip and Tuck Saloon* Schüsse hörten. Sie rannten zum Lokal und begegneten unterwegs den Rinderzüchtern W. P. Patterson und Ab Adair. Auf die Frage der Ordnungshüter, wer da geschossen habe, erwiderte Patterson, ein bekannter Störenfried, er habe keine Ahnung. Doch als Sedberry einen Blick auf seine Waffe werfen wollte, knurrte Patterson: »Verdammt noch mal, untersuch doch den Revolver von jemand anderem.« Sedberry und Wells wollten Patterson ergreifen, doch der riß

sich los, zog seine Waffe, feuerte auf Sedberry und fügte ihm Schmauchwunden im Gesicht zu. Daraufhin schoß Milton Patterson mit seinem 45er nieder, und Wells gab einen weiteren Schuß auf den bereits am Boden liegenden Mann ab, der binnen kürzester Zeit starb.

Oktober 1881, Fort Davis, Texas. Milton und sein Ranger-Kollege Buck Guyse hatten sich in Fort Davis betrunken und schossen anschließend wild in der kleinen Stadt herum. Als ein Deputy namens Fairchaild die beiden zur Rede stellen wollte, feuerte Milton einen Warnschuß ab. Dann traten die beiden Rangers den Rückweg zum Lager an, doch Milton beendete den Ausflug auf der Ladefläche eines Wagens, torkelte dann davon und nahm zum Ausnüchtern ein Bad in einem Wasserloch. Fairchaild traf wenig später im Lager ein, und Milton wurde zu dreißig Tagen »Dienst bei den Pferden« strafversetzt.

1884, Socorro County, New Mexico. Deputy Sheriff Milton, der ein Packpferd führte, ritt mit einem Cowboy namens Jim Hammil am Gila River entlang, als aus dem Hinterhalt eine Salve auf die beiden Männer abgegeben wurde. Eine Kugel tötete Miltons Pferd und drang in sein Bein ein. Er griff zu seiner *Winchester* und eröffnete gemeinsam mit Hammil das Feuer. Als die Schießerei vorüber war, lagen drei mexikanische Banditen tot am Boden. Anschließend goß Milton Terpentin über seine Wunde, verband sie und ritt auf dem Packpferd weiter.

Mai 1889, bei Bisbee, Arizona. Milton und Cap Kelton kämmten bei dunkler Nacht auf der Suche nach Schmugglern das Grenzgebiet in der Nähe von Bisbee ab. Die beiden Inspektoren hatten sich gerade für eine Zeitlang getrennt, als Milton auf einen Schmuggler stieß. Der Mann schlug sich in die Büsche, worauf Milton vier Schüsse auf ihn abgab, ohne ihn jedoch zu treffen.

29. Juni 1895, El Paso, Texas. Milton und sein Schwager, der Texas Ranger Frank McMahon, warteten auf der texanischen Seite der Eisenbahnbrücke der *Mexican Central Railroad* auf den per Haftbefehl gesuchten Martin Morose, der sich dort spät in der Nacht mit dem Deputy U. S. Marshal George Scarborough treffen sollte. Um 23 Uhr 30 tauchten Morose und Scarborough in der Dunkelheit auf, worauf Milton und McMahon aus ihrem Versteck traten und den Gesuchten aufforderten, sich zu ergeben. Morose jedoch zog einen Revolver, worauf Milton ihm mit dem 45er eine Kugel in die Brust jagte, die ihn zu Boden riß. Doch er stand wieder auf und wollte erneut schießen, bekam von Scarborough eine weitere Kugel in die Brust und brach tödlich getroffen zusammen.

Juli 1898, bei Solomonville, Arizona. Milton und George Scarborough suchten im östlichen Arizona einen Outlaw namens Bronco Bill Walters, als sie eines Morgens in der Nähe Schüsse hörten. (Wie sich später herausstellte, hatten Walters und seine beiden Komplizen Red Pipkin und Bill Johnson auf eine Klapperschlange geschossen.)

Sobald die Bande in Sicht kam, forderte Milton sie auf stehenzubleiben, worauf Walters sein Pferd herumriß und den Revolver abdrückte. Zwei Kugeln schlugen unmittelbar neben Milton in den Boden und wirbelten den Staub auf; der Ordnungshüter gab ebenfalls einen Schuß ab, der Walters Lunge durchschlug und ihn aus dem Sattel warf. Dann nahmen Milton und Scarborough Walters Komplizen unter Feuer und töteten Pipkins Pferd. Doch der Bandit konnte abspringen und sich in die Büsche schlagen. Johnson ging hinter einem Wacholderstrauch in Deckung und belegte die beiden Ordnungshüter mit Gewehrfeuer. Die wiederum nahmen Johnson ins Visier und trafen ihn an der Hüfte. Die Kugel drang in die Bauchhöhle ein und fügte ihm so schwere Verletzungen zu, daß er noch in der gleichen Nacht

starb. Walters überlebte und wurde zu einer Zuchthausstrafe verurteilt.

15. Februar 1900, Fairbank, Arizona. Milton bewachte den Expreßwaggon eines Eisenbahnzuges, der bei Einbruch der Dunkelheit in Fairbank von fünf Mitgliedern der Burt-Alvord-Gang – Three-Fingered Jack Dunlap, George und Louis Owens, Bravo Juan Yoas und Bob Brown – mit einer Salve empfangen wurde. Eine der Kugeln zerschmetterte Miltons linken Arm und schleuderte ihn zu Boden. Milton griff zu seiner Flinte, jagte Dunlap elf Schrotkugeln in den Leib und traf mit einem Querschläger Yoas Hosenboden.

Milton konnte die Tür schließen und wollte gerade eine Aderpresse an seinen Arm anlegen, als die Outlaws eine weitere Salve auf den Waggon abfeuerten. Schließlich zwangen Brown und die Owens-Brüder den Lokführer, die Tür zu öffnen. Doch Milton hatte die Schlüssel zum Safe versteckt und war anschließend ohnmächtig geworden, so daß die Räuber mit leeren Händen abziehen und zudem den schwerverletzten Dunlap mitschleppen mußten. Milton wurde sofort nach Tucson gebracht und lag drei Monate lang im Krankenhaus. Den Arm allerdings konnte er nie wieder richtig gebrauchen.

3. November 1917, Tombstone, Arizona. Milton, der sein Revier neuerdings mit einem offenen Ford-Automobil abfuhr, traf eines Mittags in Tombstone ein und geriet mitten in einen Banküberfall, bei dem der Bankier T. R. Brand tödlich getroffen worden war. Milton und Guy Welch tuckerten hinter dem Räuber, einem gewissen Fred Koch, her und holten ihn etwa zwei Meilen außerhalb der Stadt ein, worauf Milton aus dem Wagen sprang, dem Mörder eine Kugel aus seinem 38er in den Arm jagte und ihn dingfest machte.

Quellen: Haley, *Jeff Milton;* Sonnichsen, *Pass of the North,* 246, 320, 325, 327, 329–330, 356–357; Erwin, *John H. Slaughter,* 220, 247–248.

Miner, William

(»Old Bill«)

Geb. 1847 in Jackson, Kentucky; gest. 1913 in Milledgeville, Georgia. Cowboy, Viehtreiber, Postreiter, Bank- und Eisenbahnräuber, Sklavenhändler, Sträfling.

Miner war der Sohn einer Lehrerin und eines Bergmannes, der später seine Frau und seinen zehnjährigen Sohn im Stich ließ. Mit dreizehn lief Bill von zu Hause weg, um Cowboy zu werden. Er schlug sich von Ranch zu Ranch durch, kam schließlich nach Kalifornien und wurde Viehtreiber. Nachdem er 1863 einen tollkühnen Ritt durch feindliches Indianerland unternommen und eine Nachricht überbracht hatte, betrieb er eine Zeitlang ein Postdienstunternehmen in Südkalifornien. 1869 unternahm er einen Überfall auf eine Postkutsche und wurde von einer Posse gefaßt, als sein Pferd strauchelte.

Miner wurde zu einer fünfzehnjährigen Haftstrafe in San Quentin verurteilt und kam 1879 wegen guter Führung frei. Er zog unverzüglich nach Colorado und verbündete sich mit einem berüchtigten Wegelagerer namens Bill Leroy. Nachdem sie mehrere Züge und Postkutschen erfolgreich überfallen hatten, wurde ein Vigilanten-Trupp aufgestellt, der die beiden dingfest machen sollte. Miner konnte sich mit knapper Not den Fluchtweg freischießen, Leroy jedoch wurde gehängt.

Miner ging daraufhin außer Landes und bereiste über ein Jahr lang Europa, den Vorderen Orient und Südamerika. Im damaligen Osmanischen Reich (der heutigen Türkei) war er an einem Sklavenhändlerring beteiligt, der Beduinenmädchen aus der Wüste entführte und sie als Haremsdamen verkaufte.

Nachdem er 1880 in die Vereinigten Staaten zurückgekehrt war, überfiel Miner erneut Postkutschen, unternahm Urlaubsreisen und verpraßte unter diversen falschen Namen das geraubte Gut. Ende 1881 wurde er gefaßt und einmal mehr zu einer langen Haftstrafe in San Quentin verurteilt.

Miner wurde 1901 entlassen und führte die nächsten zwei Jahre lang offenbar ein ehrliches Leben. Doch im September 1903 überfiel er bei Corbett, Oregon, und ein Jahr darauf in der Nähe von Mission Junction in der kanadischen Provinz British Columbia einen Zug. Danach lebte er fast drei Jahre lang von der Beute, ehe er 1905 erneut einen Zug in British Columbia überfiel. Innert zweier Monate hatte ihn die kanadische Mounted Police festgenommen, und er wurde zu einer lebenslangen Haftstrafe im *New Westminster Penitentiary* in Victoria, British Columbia, verurteilt. Im August 1907 gelang ihm jedoch die Flucht durch einen zehn Meter langen Tunnel, worauf er sich in die Vereinigten Staaten absetzte. Im Juli 1909 überfiel Miner eine Bank in Portland, Oregon, und im Februar 1911 raubte er gemeinsam mit vier Komplizen in der Nähe von White Sulphur in Georgia einen Zug aus.

Old Bill wurde nach einer Schießerei mit einer Posse festgenommen und zu einer lebenslangen Haftstrafe im *Georgia State Pentitentiary* in Middledgeville verurteilt. Dreimal brach er dort aus und wurde immer wieder gefaßt. Nachdem er beim letzten Mal von Bluthunden in einem Sumpf gestellt worden war, versetzte er: »Ich glaube, für so was werde ich allmählich zu alt.« Er starb 1913 im Schlaf.

Schießereien: *1879, Colorado.* Miner und sein Komplize Bill Leroy, mit dem er eine Postkutsche überfallen hatte, wurden in Colorado von einer Posse gejagt. Als die Vigilanten sie stellten, eröffnete Miner das Feuer, verletzte drei der Verfolger und konnte entkommen. Leroy jedoch wurde gefaßt und aufgeknüpft.

März 1881, Colorado. Miner und ein junger Bandit aus Ohio namens Stanton Jones überfielen die Postkutsche nach Del Norte und erbeuteten ein paar hundert Dollar. Wenig später war eine Posse hinter den beiden her und verfolgte sie vier Tage lang durch das zerklüftete Terrain. Nachdem Miner und Jones vier Ordnungshüter

258 Morco, John

verletzt hatten, zogen sich die Häscher zurück.

November 1881, bei Sonora, Kalifornien. Miner und drei Komplizen überfielen die Postkutsche nach Sonora, wurden aber bald darauf von einer Posse eingeholt. Miner versuchte zunächst, sich den Fluchtweg freizuschießen, doch dann ergab er sich mit seinen Gefährten.

Februar 1911, bei White Sulphur, Georgia. Old Bill überfiel mit vier Gefährten in der Nähe von White Sulphur in Georgia einen Zug und erbeutete 3500 Dollar. Binnen kürzester Zeit wurde die ganze Gegend von Ordnungshütern abgeriegelt. Ein Posse unter Führung des Pinkerton-Detektivs W. H. Minster spürte das in einem Sumpfgebiet aufgeschlagene Lager der Outlaws auf und schritt zur Festnahme. Miner ergriff eine Flinte und eröffnete das Feuer, ergab sich aber, nachdem zwei seiner Gefährten niedergeschossen worden waren.

Quelle: Horan und Sann, *Pictorial History of the Wild West,* 80–81.

Morco, John

(»Happy Jack«)

Gest. 4. September 1873, Ellsworth, Kansas. Polizist, Arbeiter.

Morco, ein kaum des Lesens und Schreibens mächtiger Trunkenbold und Streithahn, hatte in Kalifornien vier unbewaffnete Männer getötet und daraufhin die Flucht ergriffen. Er zog nach Kansas und ließ sich in der Stadt Ellsworth nieder, die seinerzeit als Endstation der transkontinentalen Eisenbahn und somit Verladebahnhof für die großen Rinderherden ihre goldenen Zeiten erlebte. Er behauptete, er habe insgesamt zwölf Männer getötet (daß es nur vier waren, kam erst später heraus), und bekam eine Anstellung bei der Stadtpolizei. Er war an der Auseinandersetzung mit Ben Thompson beteiligt, die zum Tod

von Sheriff C. B. Whitney führte, und wurde schließlich aus dem Polizeidienst entlassen. Zuvor allerdings jagte er den Texaner Neil Cain (einen der Teilnehmer an dem Kartenspiel, das der Auslöser dieser tödlichen Auseinandersetzung gewesen war) mit vorgehaltener Waffe aus der Stadt. Kurz darauf wurde Morco bei einem Revolverduell mit J. C. Brown, einem Polizisten aus Ellsworth, getötet.

Schießereien: *um 1868, Kalifornien.* Morco, der stark getrunken hatte, stritt sich mit seiner Frau und verprügelte sie. Vier Männer hörten ihre Schreie und wollten ihr zu Hilfe eilen, worauf Morco die Waffe zog und die vier Unbewaffneten ermordete.

15. April 1873, Ellsworth, Kansas. Morco trank mit dem Spieler John Sterling, als gegen drei Uhr nachmittags Ben Thompson in den Saloon kam und von Sterling eine Spielschuld einforderte. Als der betrunkene Sterling sah, daß Thompson unbewaffnet war, gab er ihm eine Ohrfeige. Ehe Thompson reagieren konnte, zog Morco seinen Revolver und hielt ihn in Schach. Nach einem hitzigen Wortwechsel verließen Morco und Sterling den Saloon.

Sterling bewaffnete sich daraufhin mit einer Schrotflinte, zog mit seinem Kumpan los und entdeckte Thompson im Kreise zahlreicher Freunde in einem anderen Saloon. »Holt eure Waffen, ihr verdammten texanischen Hundesöhne, und kämpft«, forderten die beiden. Keiner der Texaner war bewaffnet, da laut städtischer Verordnung das Tragen von Feuerwaffen verboten war. Wutentbrannt rannte Thompson zu seinem Hotel und holte seine Schußwaffen.

Zum nächsten Zusammenstoß kam es, als Thompson, der mittlerweile mit einem Revolver und einer *Winchester* bewaffnet war, gemeinsam mit seinem Bruder Billy und Sheriff C. B. Whitney, der die beiden beruhigen wollte, einen Saloon aufsuchte. Der Polizist Morco zog zwei Revolver und ging, gefolgt von dem etwas wackligen Sterling, auf das Lokal zu. Einer der Gäste rief: »Paß auf, Ben!« Thompson trat auf die Straße und legte die Flinte an. Morco konnte gerade noch hinter einer Ladentür in Deckung gehen, als die von Thompson abgefeuerte Kugel dicht neben seinem Gesicht in den Rahmen drang. In diesem Augenblick drückte der betrunkene Billy ab und traf versehentlich Whitney, worauf sich aller Augenmerk auf den tödlich verletzten Ordnungshüter richtete.

Morco versäumte es, Ben am nächsten Morgen wegen versuchten Mordes anzuzeigen, wurde noch gleichentags aus dem Polizeidienst entlassen und tags darauf vom Stadtrat wieder eingestellt. Keine zwei Wochen später wurde er endgültig entlassen.

4. September 1873, Ellsworth, Kansas. Nachdem er am 27. August in Ellsworth aus dem Polizeidienst entlassen worden war, reiste Happy Jack ab und ließ zwei wertvolle Revolver mitgehen. Eine Woche später wurde er im nahe gelegenen Salinas in Gewahrsam genommen. Die dortigen Behörden übergaben dem aus Ellsworth angereisten Polizisten Charlie Brown die gestohlenen Revolver, weigerten sich aber, den Gefangenen zu überstellen. Noch in der gleichen Nacht sprang Morco auf ein Fuhrwerk, ließ sich nach Ellsworth karren und spazierte am nächsten Morgen dreist die Straße auf und ab. Brown stellte ihn zur Rede und forderte ihn auf, seine Waffe abzugeben. Morco indes versuchte zu ziehen, doch Brown kam ihm zuvor und tötete Happy Jack mit Schüssen in Kopf und Herz.

Quellen: Drago, *Wild, Woolly & Wicked*, 103, 116–118; Miller und Snell, *Great Gunfighters of the Kansas Cowtowns*, 446–447; Schoenberger, *Gunfighters*, 155–158.

Morse, Harry N.

Geb. 22. Februar 1835, New York City, New York; gest. 11. Januar 1912, Oakland, Kalifornien. Schlachter, Expreßbote, Koch, Lebensmittelhändler, Ordnungshüter, Detektiv, Geschäftsmann.

Der aus New York stammende Harry Morse kam im Alter von vierzehn Jahren im Zuge des Goldrausches von 1849 nach Kalifornien, wandte sich aber bereits nach kurzer Zeit anderen Tätigkeiten zu, die ihm ein geregelteres Einkommen bescherten. 1863 wurde Morse zum Sheriff des Alameda County gewählt und brachte es in der Folgezeit aufgrund seiner Unnachgiebigkeit und seines Einfallsreichtums bei der Verbrecherjagd zu Ruhm und Ansehen. Zwei gefährliche Outlaws, die er in Ausübung seines Dienstes aufspürte, starben von seiner Hand, und 1871 leitete er eine langwierige Suchaktion, die schließlich zur Festnahme des berüchtigten Tiburcio Vásquez führte.

Im Jahr 1878 legte Morse sein Amt nieder und gründete in San Francisco eine Detektei. Seinen größten Erfolg als Privatdetektiv hatte er 1883 mit der Festnahme des flüchtigen Postkutschenräubers Black Bart. Morse baute für seine Familie ein großes Haus in Oakland und widmete sich neben seiner Detektei zahlreichen anderen Geschäftsinteressen; so war er unter anderem Immobilienmakler, Verleger und Minenbesitzer. Im Alter von sechsundsiebzig Jahren starb er in Oakland eines friedlichen Todes.

Schießereien: *Oktober 1865, bei Livermore, Kalifornien.* Morse und ein Deputy hatten Norrato Ponce, einen steckbrieflich gesuchten Killer, zu seinem Unterschlupf in der Nähe von Livermore verfolgt. Gegen Mitternacht sahen die beiden Ordnungshüter den berittenen Ponce, worauf Morse ihn aufforderte, sich zu ergeben. Doch Ponce zog einen Revolver und schoß. Morse und sein Deputy zielten auf das Mündungsfeuer, streckten Ponces Pferd nieder und verletzten den Outlaw, der daraufhin zu Fuß die Flucht ergriff. Morse steckte zwei Heuschober in Brand, entdeckte aber im Feuerschein lediglich eine Blutspur sowie Ponces Hut und seinen blutgetränkten Mantel.

November 1865, Contra Costa County, Kalifornien. Sechs Wochen nach der Schießerei bei Livermore spürten Morse und zwei weitere Ordnungshüter Ponce im Adobehaus eines gewissen José Rojos auf. Als die kleine Posse sich dem Gebäude näherte, rannte ein Mann aus dem Haus und wandte sich zur Flucht. Dies war, wie sich herausstellen sollte, lediglich ein Ablenkungsmanöver, denn Ponce floh derweil in die andere Richtung. Etliche Schüsse fielen, und Morse gab seinem Pferd die Sporen und verfolgte den Gesuchten. Ponce drehte sich um und legte den Revolver an, doch Morse streckte ihn mit seiner Flinte nieder. Der Outlaw war auf der Stelle tot.

1871, Sausalito Valley, Kalifornien. Morse und einige andere Ordnungshüter hatten den als »menschliche Wildkatze« gefürchteten Juan Soto zu einem abgelegenen Unterschlupf im Sausalito Valley verfolgt. Als Morse und ein Deputy namens Winchell das kleine Adobehaus betraten, saß Soto, von etwa einem Dutzend Mexikanern umgeben, am Tisch. Morse hielt Soto mit dem Revolver in Schach, holte mit der linken Hand die Handschellen heraus und befahl Winchell, den Gesuchten zu fesseln. Doch Winchell stürzte ins Freie, und Morse wurde von einem Mann und einer Frau von hinten angesprungen.

Morse riß sich los und feuerte auf Soto, doch der konnte mit einem Loch im Hut ins Freie flüchten. Morse folgte ihm, mußte sich aber zu Boden werfen, als Soto vier Schüsse auf ihn abgab. Morse erwiderte das Feuer, traf Sotos Waffe und rannte dann zu seinem Pferd, um seinen *Henry*-Stutzen zu holen. Soto, der unterdessen ins Haus gerannt war, kam wieder heraus, in jeder Hand einen Revolver und einen dritten im Gürtel. Er wollte auf sein Pferd springen, doch das Tier scheute, worauf Soto zu Fuß davonrannte.

Morse traf ihn aus einer Entfernung von etwa 150 Metern an der Schulter. Wütend brülllte der Flüchtige auf, drehte sich um und kam auf den Sheriff zu. Morse blieb ungerührt stehen und jagte Soto eine Kugel in den Kopf, die ihn auf der Stelle tötete.

Sommer 1872, in der Nähe des Arroyo Cantua, Kalifornien. Morse besuchte in Monterrey den Sheriff des San Benito County, als sich die Nachricht verbreitete, daß Tiburcio Vásquez mit seinen Komplizen Francisco Barcenas und García Rodríguez an diesem Tag zwei Überfälle verübt hatten. Die beiden Sheriffs holten den Konstabler von Santa Cruz zu ihrer Verstärkung und brachen sofort auf, um den Banditen den Weg abzuschneiden, ehe sie ihr Versteck im Arroyo Cantua erreichen konnten.

Die drei Ordnungshüter überraschten die Outlaws auf der Landstraße, worauf es zu einer wilden Schießerei kam, bei der Rodríguez und Vásquez schwere Verletzungen erlitten und Barcenas vom Konstabler getötet wurde. Die beiden verletzten Outlaws galoppierten davon, und Vásquez, der an der Brust getroffen war, entkam in die Berge. Rodríguez wurde zwei Tage später gefaßt und nach San Quentin gebracht, wo er bald darauf starb.

Quellen: Shinn, *Pacific Coast Outlaws;* Drago, *Road Agents and Train Robbers,* 33, 35–36, 38, 45–47.

Mossman, Burton

(»Cap«)

Geb. 30. April 1867, Aurora, Illinois; gest. 1956. Farmer, Cowboy, Rancher, Ordnungshüter, Kutschdienstunternehmer, Geschäftsmann.

Der Farmerssohn Burt Mossman zog 1873 mit seiner Familie nach Lake City, Missouri, und drei Jahre später auf eine Heimstätten-Farm in Marshall. 1882 siedelten die Mossmans nach New Mexico um, wo Burt bald darauf als Cowboy anheuerte. Im Alter von zwanzig Jahren war er Vormann auf einer Ranch und wurde wenig später Verwalter eines großen Anwesens in Arizona. Im Dezember 1897 stellte man ihn als Verwalter des rund 800 000 Hektar großen Hash-Knife-Landes ein, und in der Folgezeit galt sein Hauptaugenmerk dem Kampf gegen die Rustler auf diesem riesigen Besitz.

Burt Mossman, ein erfolgreicher Geschäftsmann und zuvor der erste Captain der Arizona Rangers. *(Arizona Historical Society)*

Zum Deputy Sheriff des Navajo County in Arizona ernannt, widmete er sich nicht nur der Jagd auf Viehdiebe und der Bewirtschaftung der Ranch, sondern fand auch noch die Zeit, gemeinsam mit einem Kompagnon eine Postkutschenlinie zu betreiben. 1898 errichtete Mossman mit drei Geschäftsfreunden ein aus Ziegeln gebautes Opernhaus in Winslow, stieß seinen Anteil mit Gewinn ab und baute in Douglas ein Kaufhaus, das er für dreizehntausend Dollar verkaufte. Seine Karriere als Geschäftsmann wurde unterbrochen, als er zum ersten Captain der neu gegründeten Arizona Rangers ernannt wurde. Nachdem zwei seiner Rangers getötet worden waren, unternahm Mossman einen mit aller Härte geführten Feldzug gegen die Outlaws in der Gegend, der schließlich zur Festnahme und Hinrichtung des gemeingefährlichen Augustín Chacón gipfelte.

Nach einem ereignisreichen Jahr, in dem er sich als treffsicherer Revolvermann ausgezeichnet hatte, quittierte Mossman im August 1902 den Dienst. Später gründete er im Dakota Territory eine riesige Ranch, reiste nach New York City und heiratete dort im Dezember 1905. Der Ehe entsprangen ein Sohn und eine Tochter. Nach der Geburt des Mädchens starb Mossmans Frau. Er selbst war noch bis weit in das 20. Jahrhundert hinein als Rancher, Viehzüchter und Geschäftsmann aktiv.

Schießereien: *Sommer 1896, Mazatlán, Mexiko.* Mossman hatte kurz zuvor eine Rinderherde nach Mexiko getrieben und zog gemächlich nach Arizona zurück. In einer *cantina* in Mazatlán geriet er mit einem jungen mexikanischen *capitán* in Streit, der ihn zum Duell forderte. Im Morgengrauen des nächsten Tages trafen sich die beiden Widersacher und ihre Sekundanten, luden ihre Waffen mit nur einer Patrone und entfernten sich fünfzehn Schritte voneinander. Die beiden Männer drehten sich um, und der Mexikaner drückte seine deutsche *Luger*-Pistole ab. Der Schuß ging fehl, worauf Mossman dem *capitán* eine 45er Kugel aus seinem kurzläufigen Colt in die Schulter jagte. In diesem Augenblick tauchte ein Trupp mexikanischer Polizisten auf und nahm die Duellanten fest. Mossman saß zwei Wochen im *calabozo* (Arrestzelle), ehe er mit Hilfe eines mexikanischen Freundes fliehen konnte.

17. März 1898, Water Canyon, Arizona. Mossman und Deputy Sheriff Joe Bargeman suchten im Water Canyon nach einem Versteck von Viehdieben. Ein Mexikaner führte sie zu einer Hütte, bei der sie ein frisch geschlachtetes Rind entdeckten, worauf ihr unfreiwilliger Führer die Flucht ergriff. Mossman sprang auf sein Pferd, holte den Mexikaner ein und schlug ihn mit seiner *Winchester* nieder. Als er absaß und dem Mann aufhelfen wollte, nahmen ihn drei andere Mexikaner aus etwa hundert Metern Entfernung unter Beschuß. Mossman, der einen Streifschuß an der Nase erlitt, trieb seinen Gefangenen trotz des Kugelhagels zur Hütte zurück. Die Schüsse rissen seinen Sattelknauf ab und zerfetzten die Zügel des Pferdes, doch als Bargeman ihm Feuerschutz gab, konnte sich Mossman mit dem Mexikaner in Sicherheit bringen. Nach einer kurzen Belagerung schafften Mossman und Bargeman ihren Gefangenen ins sechzig Meilen entfernte Holbrook.

Herbst 1898, Springer, New Mexico. Mossman, der sich in Springer ein Zimmer über einer lauten Bar gemietet hatte, wollte sich gerade entkleiden, als neben dem Sessel eine Kugel durch den Fußboden drang. Er rollte die Matratze zusammen, um sie als Barrikade zu benutzen, als eine zweite Kugel die Dielen durchschlug. Wütend griff er zu seiner *Winchester* und feuerte blindlings in die darunter liegende Bar, bis das Magazin leer war. Fluchtartig verließen die Gäste das Lokal, ohne daß jemand zu Schaden kam. Mossman hatte lediglich ein Loch in eine Hutkrempe gestanzt und einem verdutzten Zecher das Glas aus der Hand geschossen.

1901, Paradise Valley, Arizona. Captain Mossman hatte die Spur eines Outlaws namens Salivas bis zu einem Wasserloch im trostlosen Paradise Valley verfolgt. Salivas lauerte ihm dort auf und feuerte auf den Rangers-Führer. Mossman, dessen rechtes Bein von der Kugel gestreift wurde, riß das Gewehr an die Schulter, drückte einmal ab und sprang vom Pferd. Er wartete eine Weile, schlich sich dann an den Outlaw heran und stellte fest, das die von ihm abgefeuerte Kugel Salivas Schädeldach abgerissen hatte.

1901, am Rio Colorado, Mexiko. Mossman hatte erfahren, daß sich sechs mutmaßliche Eisenbahnräuber etwa zwanzig Meilen jenseits der mexikanischen Grenze am Colorado versteckt hielten, worauf er mit drei Rangers einen Erkundungsritt unternahm. Sie entdeckten die sechs Amerikaner in einem verlassenen Haus am Fluß. Kurz vor dem Morgengrauen zündete einer der Rangers, ein Bergmann, der mit Spreng-

stoff umzugehen wußte, vier Stangen Dynamit neben dem Adobebau. Als die Outlaws ins Freie torkelten, wurden sie von den Rangers mit gezieltem Gewehrfeuer in Empfang genommen. Fünf Banditen wurden getötet, ein sechster konnte zu Pferd entkommen.

Quellen: Hunt, *Cap Mossman, Last of the Great Cowmen*; Coolidge, *Fighting Men of the West*, 247–249; Wagoner, *Arizona Territory*, 373–395; Raine, *Famous Sheriffs and Western Outlaws*, 236–252.

Newcomb, George

(»*Bitter Creek«, »Slaughter's Kid«*)

Geb. 1866 in Fort Scott, Kansas; gest. 2. Mai 1895, Dunn Ranch, am Cimarron River, Oklahoma. Cowboy, Räuber.

Newcomb wuchs in Fort Scott, Kansas, auf, verließ aber bereits in jungen Jahren das Elternhaus und zog nach Texas, wo er für den Rinderzüchter John Slaughter arbeitete – daher der Spitzname »Slaughter's Kid«. 1883 heuerte er als Cowboy auf einer Ranch im Cherokee Strip an. Weil er so häufig »I'm a wild wolf from Bitter Creek / And it's my night to howl« sang, nannten ihn seine Freunde »Bitter Creek«. Er war Mitglied der Dalton- und der Doolin-Gang, mit denen er zahlreiche Bank- und Eisenbahnüberfälle beging. Auf dem Tanzboden lernte er die fünfzehnjährige Rosa Dunn kennen, die als »Rose of Cimarron« berühmt werden sollte. Als er eines Tages auf der Dunn-Ranch Zuflucht suchte, wurde er von Rosas Brüdern wegen der auf seinen Kopf ausgesetzten Belohnung von fünftausend Dollar getötet.

Schießereien: *15. Juli 1892, Adair, Oklahoma.* Die Dalton-Gang ritt etwa eine Viertelstunde vor Ankunft des für 21 Uhr 42 angekündigten Abendzuges in Adair ein. Sie raubten zunächst sämtliche Wertsachen, deren sie im Bahnhof habhaft werden konnten, und überfielen dann den Zug. Während Newcomb und einige andere die

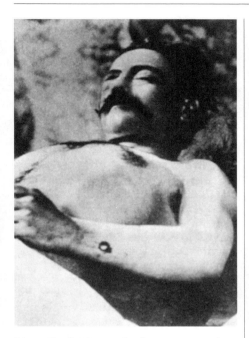

Bitter Creek Newcomb, der 1895 von seinen Schwagern getötet wurde. *(Western History Collections, University of Oklahoma Library)*

Fahrgäste mit Gewehrfeuer in Schach hielten, plünderte die übrige Bande den Expreßwaggon. Plötzlich schoß das Wachpersonal aus dem Raucherwagen zurück, worauf die Outlaws ihr Feuer auf diesen Waggon konzentrierten und drei Begleitschutzmännern – L. L. Kinney, Charley LaFlore und Sid Johnson – Fleischwunden zufügten. Anschließend rückten die Banditen mit ihrer Beute ab.

20. Januar 1893, bei Bartlesville, Oklahoma. Newcomb, Henry Starr und Jesse Jackson wurden in der Nähe von Bartlesville von den Ordnungshütern Rufe Cannon und Ike Rogers gestellt. Es kam zu einer wilden Verfolgungsjagd, bei der Jackson verletzt und gefangengenommen wurde. Die beiden anderen Outlaws konnten sich den Fluchtweg freischießen.

1. September 1893, Ingalls, Oklahoma. Bill Doolin war mit Newcomb und fünf weiteren Bandenmitgliedern in die kleine Stadt Ingalls geritten, wo die Gang eine kurze Rast einlegen wollte. Der kranke Arkansas Tom Jones legte sich im Hotel ins Bett, die anderen zogen in den Saloon und widmeten sich dem Alkohol und dem Spiel.

In diesem Augenblick rückten mehrere Ordnungshüter, die heimlich in die Stadt eingedrungen waren, auf den Saloon vor. Newcomb, der argwöhnisch geworden war, stand vom Pokertisch auf und ging zu seinem Pferd. Als er langsam die Straße entlangritt, fragte der Ordnungshüter Dick Speed den neben ihm stehenden Jungen, einen gewissen Dick Simmons, wer der Reiter sei. »Ach«, krähte Simmons und deutete auf Newcomb, »das ist Bitter Creek Newcomb!«

Der Outlaw griff zu seiner *Winchester*, doch Speed riß seine Flinte hoch, drückte ab und traf das Magazin von Newcombs Waffe. Newcomb, von einem Metallsplitter am Bein getroffen, feuerte einen Schuß ab, dann hatte die Waffe Ladehemmung. Speed trat auf die Straße und wollte ihn gerade erledigen, als Arkansas Tom Jones aus einem Fenster im ersten Stock das Feuer eröffnete und den Ordnungshüter tötete. Newcomb preschte daraufhin mit seinem Pferd aus der Stadt und konnte sich, obwohl die anderen Mitglieder der Posse auf ihn schossen, in einem südlich der Stadt gelegenen Wäldchen in Sicherheit bringen.

1. April 1894, Sacred Heart, Oklahoma. Newcomb und Bill Dalton betraten ein Geschäft, das einem ehemaligen Ordnungshüter namens W. H. Carr gehörte, der Dalton auf Anhieb erkannte. Carr wollte zum Revolver greifen, doch Newcomb zog die Waffe aus der Jackentasche und sagte: »Tät' ich nicht.« Carr drückte trotzdem ab und traf Newcomb an der linken Schulter, worauf Bitter Creek dem alten Ordnungshüter eine Kugel in das rechte Handgelenk jagte, so daß dieser die Waffe fallen ließ.

Als Carr sich nach dem Revolver bückte, griff der halbwüchsige Ladengehilfe Lee Hardwick zu einer Schrotflinte. Dalton gab vier Schüsse auf Carr und Hardwick ab, die alle danebengingen. Daraufhin jagte Newcomb dem Ladenbesitzer eine Kugel in den Bauch, doch als der Alte weiterfeuerte, zogen sich die Outlaws zurück und ergriffen die Flucht.

Frühjahr 1895, bei Dover, Oklahoma. Die Doolin-Gang wurde kurz nach einem erfolgreichen Eisenbahnüberfall in der Nähe von Dover von einer Posse gestellt. Nach dem ersten Feuerüberfall, bei dem Tulsa Jack Blake getötet wurde, kam es zu einer wilden Verfolgungsjagd, bei der Red Buck das Pferd unter dem Leib weggeschossen wurde. Newcomb ließ ihn hinter sich aufsitzen. Als man die Posse abgeschüttelt hatte, stahl Red Buck ein Pferd, ermordete dessen unschuldigen Besitzer und wurde auf der Stelle aus der Bande ausgestoßen.

2. Mai 1895, Dunn Ranch, am Cimarron River, Oklahoma. Newcomb und sein Weggefährte Charley Pierce ritten zur Dunn-Ranch. Bitter Creek hoffte dort Rosa zu treffen; außerdem schuldeten ihm die Dunn-Brüder neunhundert Dollar. Mittlerweile aber war eine Belohnung von fünftausend Dollar auf seinen Kopf ausgesetzt, und als die beiden Outlaws vor dem Ranchhaus absaßen, eröffneten die Dunn-Brüder das Feuer. Sobald Bitter Creek und Pierce niedergestreckt waren, kamen die Brüder heraus. Pierce stöhnte einmal auf und bekam daraufhin noch eine Kugel verpaßt.

Am nächsten Morgen luden die Dunns die »Leichen« auf einen Wagen und fuhren nach Guthrie, um ihre Belohnung in Empfang zu nehmen. Unterwegs flehte Bitter Creek, der noch am Leben war, leise um Wasser. Die Dunns antworteten mit einer Kugel, die ihn endgültig tötete.

Quellen: Croy, *Trigger Marshal*, 173–176; Canton, *Frontier Trails*, 110, 119–121; Shirley, *Heck Thomas*, 123, 157, 171–174, 195–197; Shirley, *Six-gun and Silver Star*, 61, 86–92, 95, 105–106, 109, 145, 152–162, 179, 184.

Oden, Lon

Ordnungshüter.

Oden diente gegen Ende des 19. Jahrhunderts in der D-Kompanie der Texas Rangers an der mexikanischen Grenze. Die gefährlichsten Schießereien erlebte er im Gefolge des bekannten Rangers John Hughes.

Schießereien: *1889, Shafter, Texas.* Oden und John Hughes hatten sich am Eingang eines verlassenen Bergwerksstollens postiert, in dem gestohlenes Silbererz versteckt war. Als sechs Packesel nahten, die von drei Dieben sowie dem Polizeispitzel Ernest St. Leon getrieben wurden, wurden sie für ihr Ausharren in der eisigen Bergluft belohnt. Corporal Hughes forderte die Bande auf, sich zu ergeben, worauf es zum Kampf kam. St. Leon schlug sich sofort auf die Seite der Rangers und unterstützte deren Feuer. Alle drei Outlaws wurden tödlich verletzt.

1893, San Antonio Colony, Texas. Oden ritt wieder mit Hughes und Jim Putnam zu einem Einsatz an der mexikanischen Grenze. In San Antonio Colony, einer mexikanischen Siedlung, nahmen sie Desidario Durán fest und wollten gerade wieder abziehen, als sie drei andere steckbrieflich gesuchte Männer entdeckten. Oden und Hughes ließen Putnam bei Durán zurück und nahmen die Verfolgung auf. Einer der Gejagten, ein gewisser Florencio Carrasco, erschoß Odens Pferd, doch der Ordnungshüter konnte abspringen und eröffnete das Feuer. Carrasco wurde aus dem Sattel geschossen, setzte sich aber weiter zur Wehr, worauf die beiden Rangers ihn erledigten. Anschließend kehrten sie in die Siedlung zurück – gerade rechtzeitig, um Putnam vor einem aufgebrachten Mob zu retten.

Quelle: Martin, *Border Boss*, 96–100, 109–111.

O'Folliard, Tom

Geb. 1858 in Uvalde, Texas; gest. 19. Dezember 1880, Fort Sumner, New Mexico. Pferde- und Rinderdieb.

O'Folliard, als Sohn eines irischen Einwanderers in Uvalde, Texas, geboren, zog noch vor dem Bürgerkrieg mit seinen Eltern nach Monclova in Mexiko. Kurz darauf fielen seine Eltern einer Pockenepidemie zum Opfer, und er wuchs bei Verwandten in Uvalde auf.

1878 zog der junge Mann nach New Mexico und geriet in schlechte Gesellschaft; er stahl einem gewissen Emil Fritz, einem der Mitbegründer der *Company,* ein paar Pferde und wurde dadurch in den blutigen *Lincoln County War* verwickelt. Er freundete sich mit Billy the Kid an, schoß sich mit ihm den Fluchtweg aus Alexander McSweens brennendem Haus frei und schloß sich dessen Rustler-Bande an.

O'Folliard und Billy the Kid stellten sich gemeinsam der Obrigkeit, und sie flohen auch zusammen aus der Haft. Monatelang trieben sie sich als Viehdiebe herum und stießen dabei bis in den texanischen Panhandle vor. O'Folliard war Augenzeuge, als der einarmige Anwalt Huston Chapman von Jesse Evans, William Campbell und Billy Matthews in Lincoln erschossen wurde. Ein andermal lieferte er sich eine wilde Verfolgungsjagd mit Pat Garretts Posse, die bis auf dreihundert Meter an ihn herankam und die er schließlich nach einem heftigen Schußwechsel abschütteln konnte.

Obwohl ihn sein Onkel, der Texas Ranger Thalis Cook, überreden wollte, sich zu stellen, blieb O'Folliard auf der Flucht, bis er im Dezember 1880 von Pat Garretts Posse getötet wurde.

Schießereien: *15. bis 19. Juli 1878, Lincoln, New Mexico.* An der großen Entscheidungsschlacht des *Lincoln County War* waren auf beiden Seiten jeweils etwa vierzig Mann beteiligt. O'Folliard kämpfte mit McSweens Leuten, die sich vor allem in dem weitläufigen Adobehaus des Anwalts Alexander McSween verschanzt hatten. Auf dieses Gebäude konzentrierte die von Sheriff George Peppin geführte Sheriffs-Partei denn auch ihr Feuer, obwohl McSweens Männer auch in den umstehenden Gebäuden postiert waren. In den ersten zweieinhalb Tagen, in denen beide Seiten sich gelegentlich beharkten, gab es nur einen Verletzten: Charlie Crawford, der von einer Kugel des McSween-Anhängers Fernando Herrera getroffen worden war, wurde zur ärztlichen Behandlung nach Fort Stanton gebracht.

Am dritten Tag der Schlacht marschierte eine fünfunddreißig Mann starke Abteilung Soldaten, die zwei Haubitzen und ein *Gatlin*-Maschinengewehr mitführten, in die Stadt ein. Der Kommandant erklärte zwar, das Militär sei neutral, und warnte beide Seiten davor, sich an den Soldaten zu vergreifen, doch man wußte, daß er auf seiten der Sheriffs-Partei stand. Daher sahen sich McSweens Männer gezwungen, die umstehenden Gebäude zu räumen, von denen aus sie McSweens Haus hatten schützen können. Prompt wurde das Gebäude in Brand gesteckt. Nachdem man den Frauen den Abzug aus dem Haus gestattet hatte, bereiteten sich die Männer, die nach wie vor in dem abbrennenden Gebäude ausharrten, auf einen Ausbruchsversuch vor.

O'Folliard, der als erster hinausstürmte, wollte an einer niedrigen Adobemauer vorbei zum nahe gelegenen Fluß rennen. Hinter ihm ging der zwanzigjährige Harvey Morris zu Boden, worauf O'Folliard stehenblieb, um ihm zu helfen. Er wurde von einer Kugel an der rechten Schulter getroffen, ließ seine Waffe fallen und sah, wie mehrere seiner Gefährten, darunter auch der lediglich mit einer Bibel bewehrte McSween, von Revolvermännern, die hinter einer Adobemauer kauerten, regelrecht mit Kugeln durchsiebt wurden.

O'Folliard ließ den Revolver liegen, stürmte durch ein Tor, schleppte sich bis zum Fluß und brach im Ufergestrüpp zusammen. Kurz darauf stieß er zu Billy the Kid und den anderen Überlebenden.

Anfang Dezember 1880, Lincoln County, New Mexico. Eine von Pat Garrett geführte Posse überraschte O'Folliard im offenen Gelände. Tom setzte sich mit der Flinte zur Wehr und konnte die Verfolger abschütteln.

19. Dezember 1880, Fort Sumner, New Mexico. Billy the Kid, O'Folliard, Charlie Bowdre, Tom Pickett, Dave Rudabaugh und Billy Wilson ritten nach Fort Sumner, wo sie einen ruhigen Abend verbringen wollten. Sie bemerkten nicht, daß sie von einer Posse unter Führung von Pat Garrett erwartet wurden, die Lon Chambers als Wachposten aufgestellt hatte und sich im Lazarett des alten Militärstützpunktes dem Pokerspiel widmete. Billy the Kid ritt mit O'Folliard vorneweg, lenkte dann aber sein Pferd nach hinten – vielleicht ahnte er die Gefahr –, um sich bei Wilson etwas Kautabak zu borgen.

Pickett schloß gerade zu O'Folliard auf, als Pat Garrett »Halt!« rief. O'Folliard griff zur Waffe, worauf mehrere Flinten losgingen. Eine der Kugeln drang dicht unter dem Herz in O'Folliards linke Brustseite. O'Folliard stöhnte auf, riß sein Pferd herum und galoppierte hinter seinen Gefährten her, die ungeschoren davongekommen waren. Doch nach etwa hundertfünfzig Metern zügelte er das Tier, ritt zurück und rief: »Nicht schießen, Garrett. Ich bin erledigt.« Deputy Barney Mason erwiderte: »Nimm deine Arznei, alter Junge, nimm deine Arznei« und rannte los, um ihn zu ergreifen.

Garrett rief ihm eine Warnung zu und befahl O'Folliard, die Hände zu heben. O'-Folliard wiederholte, daß er ein toter Mann sei und die Hände nicht mehr hochnehmen könne. Dann bat er die Ordnungshüter, ihn vom Pferd zu heben und ihm den Tod so weit wie möglich zu erleichtern. Die Männer kamen seinem Wunsch nach, nahmen ihm den gespannten Revolver aus der Hand und trugen ihn in das alte Lazarett. O'Folliard sagte zu Garrett, wenn er ein Freund wäre, würde er ihn von seiner Qual erlösen, worauf der Sheriff kühl erwiderte,

mit Männern wie ihm kenne er keine Freundschaft. Mason bedrängte ihn weiterhin, er solle seine Arznei nehmen, doch der sterbende Outlaw versetzte: »Das ist die beste Arznei, die ich jemals zu mir genommen habe.« Dann bat er Mason, seine Großmutter in Texas aufzusuchen und sie von seinem Tod zu verständigen. Später stöhnte O'Folliard: »O mein Gott, muß ich denn wirklich sterben?«

Kurz bevor es mit ihm zu Ende ging, sagte Garrett: »Tom, deine Zeit läuft ab.«

»Je eher, desto besser«, hauchte O'Folliard. »Dann bin ich die Schmerzen los.« Er starb knapp eine Stunde nach der Schießerei und wurde auf dem Friedhof von Fort Sumner begraben, auf dem später auch Charlie Bowdre und Billy the Kid ihre letzte Ruhe fanden.

Quellen: Hunt, *Tragic Days of Billy the Kid,* 54–60, 76–101, 105, 132–140, 151–162, 170–171, 179, 186–190, 195, 204, 213–217, 226, 229, 236–242; Keleher, *Violence in Lincoln County,* 124, 224, 291–293, 312; Garrett, *Billy, the Kid,* 103–104, 116–121; Siringo, *A Texas Cowboy,* 138–139, 170.

Olinger, John Wallace

Rancher, Ordnungshüter.

Olinger war ein Bruder jenes Bob Olinger, der von Billy the Kid beim Ausbruch aus dem Gerichtsgebäude in Lincoln getötet wurde. Beide Brüder wurden von Sheriff George Peppin während der Auseinandersetzungen mit Alexander McSweens Regulatoren zu Deputies ernannt und gerieten so in die Wirren des *Lincoln County War.* Einen Monat nach dem großen, viertägigen Feuergefecht von Lincoln griff Olinger für einen Freund, mit dem er eine gemeinsame Ranch bewirtschaftete, ein letztes Mal zur Waffe und führte fortan ein ruhiges Leben.

Schießereien: *18. Februar 1878, bei Lincoln, New Mexico.* Olinger gehörte der Posse an, die den Rancher John Tunstall stellte und erschoß. Er half beim Zurechtmachen von

Tunstalls Leiche, behauptete aber später, er habe sich nicht an der Schießerei beteiligt.

30. April 1878, bei Lincoln, New Mexico. Olinger und sein Bruder Bob ritten in der Posse mit, die sich etwa acht Meilen außerhalb von Lincoln eine Schießerei mit Frank McNab, Ab Sanders und Frank Coe lieferte. Als das Gefecht endete, war McNab tot, Sanders schwerverletzt, und Coe hatte sich, nachdem ihm die Munition ausgegangen war, der Posse ergeben.

16. August 1878, bei Seven Rivers, New Mexico. Olinger und William H. Johnson besaßen eine Ranch am Pecos River, auf der sie gemeinsam Rinder züchteten. Johnson wiederum war in einen Familienstreit mit seinem Schwiegervater Henry Beckwith verwickelt. Als es auf Beckwiths Ranch im Seven-Rivers-Country zu einem Streit zwischen den beiden kam, schoß Beckwith mit einer doppelläufigen Schrotflinte auf Johnson und fügte ihm tödliche Verletzungen an Brust und Hals zu. Anschließend stritt er sich mit seinem Sohn John und wollte auch diesen erschießen, wurde aber im letzten Moment daran gehindert. Daraufhin zog Olinger wütend den Revolver, eröffnete das Feuer und traf Beckwith an Wange und Nase. Olinger wurde festgenommen und nach Fort Stanton gebracht, später aber wieder freigelassen, als Beckwith von seinen Verletzungen genas.

Quellen: Keleher, *Violence in Lincoln County*, 141, 159, 224, 233, 255–259, 265, 276; Klasner, *My Girlhood Among Outlaws*, 67, 141, 172, 174; Fulton, *Lincoln County War*, 118–119, 213, 216, 251.

Olinger, Robert A.

(»The Big Indian«)

Geb. um 1841 in Ohio; gest. 28. April 1881, Lincoln, New Mexico. Cowboy, Ordnungshüter, Farmer.

Olinger zog mit seiner Familie von Ohio nach Oklahoma, kam etwa um 1876 nach New Mexico und wurde Marshal der Kleinstadt Seven Rivers im Lincoln County. Er geriet in Verdacht, Outlaws zu unterstützen, die sich in der Gegend herumtrieben, und mußte sich darauf als Cowboy durchschlagen. Auch er wurde in den *Lincoln County War* verwickelt und nahm im Juli 1878 an der Belagerung von Alexander McSweens Haus teil, ohne sich dabei besonders auszuzeichnen. Später heftete er sich als einer von Pat Garretts Deputies im Lincoln County erneut den Sheriffstern an die Brust, und 1881 wurde er zum Deputy U. S. Marshal ernannt. Wenige Monate später nahm man ihn in Las Vegas wegen unerlaubten Waffenbesitzes fest.

Olinger wurde von Billy the Kid bei dessen Ausbruch aus dem Gefängnis von Lincoln erschossen. Kurz vor seinem Tod hatte er einen Pachtvertrag abgeschlossen und wollte, für einen Pachtzins von dreitausend Dollar im Jahr, eine bewässerte Farm bewirtschaften. Er starb, bevor er seine Pläne in die Tat umsetzen konnte.

Schießereien: *30. April 1878, bei Lincoln, New Mexico.* Olinger überfiel mit der »Seven Rivers Crowd« an einem Fluß in der Nähe von Lincoln Frank McNab, Ab Sanders und Frank Coe. McNab und Sanders wurden verletzt, und als McNab wegkriechen wollte, erledigte ihn die Posse mit ihren Schrotflinten. Coe, dessen Pferd beim Fluchtversuch erschossen worden war, ergab sich nach einem kurzen Feuergefecht. Danach ritt die Posse mit dem gefangenen Coe weg und überließ Sanders seinem Schicksal.

1878, Seven Rivers, New Mexico. Olinger begegnete auf der Main Street von Seven Rivers dem Mexikaner Pas Chavez, mit dem er sich ein paar Tage zuvor gestritten hatte. Olinger bot ihm die Hand zum Gruß und brachte Chavez, als dieser einschlug, mit einem jähen Ruck aus dem Gleichgewicht. Dann rammte er ihm seinen Revolver in den Bauch, drückte ab und verletzte den Mexikaner tödlich.

1879, bei Seven Rivers, New Mexico. John Hill war in der Nähe von Seven Rivers offenbar aus dem Hinterhalt erschossen worden. Man nahm allgemein an, daß Olinger die tödlichen Kugeln abgefeuert hatte.

September 1879, Lincoln County, New Mexico. Olinger verfolgte gemeinsam mit Deputy Sheriff Milo Pierce einen Mörder namens John Jones zu einem Rinder-Camp im Lincoln County. Jones stieß einen Fluch aus, als er Olinger sah, mit dem er zuvor schon zusammengestoßen war, und drückte seine Flinte ab. Daraufhin jagte Olinger ihm drei Kugeln in den Leib und tötete ihn auf der Stelle. Eines der Geschosse durchschlug Jones und traf Pierce so schwer, daß er für immer hinkte.

28. April 1881, Lincoln, New Mexico. Olinger, der ebenso rabiat wie selbstherrlich sein konnte, hatte Billy the Kid ständig gehänselt und verhöhnt, als dieser im Gerichtsgebäude von Lincoln inhaftiert war und auf seine Hinrichtung wartete. Olinger hatte zum Beispiel mit großem Brimborium die bis zum Hinrichtungstermin, dem 13. Mai, verbleibenden Tage angestrichen und Billy oftmals mit seiner Schrotflinte vor dem Gesicht herumgefuchtelt.

Gegen 18 Uhr geleitete Olinger vier oder fünf andere Häftlinge vom Gerichtsgebäude zum Abendessen in das nahe gelegene *Wortley Hotel.* J. W. Bell, der andere Wärter, blieb bei Billy the Kid, der sich einen Revolver beschaffte und Bell tötete. Olinger hörte die Schüsse und rannte zum Gericht zurück. Godfrey Gauss, der gerade den sterbenden Bell in den Armen gehalten hatte, hielt ihn kurz auf und berichtete ihm, was geschehen war.

Plötzlich beugte sich Kid aus einem Fenster im ersten Stock, sagte: »Hallo, Bob« und feuerte beide Läufe einer Schrotflinte ab. Gauss konnte sich in Deckung werfen, Olinger aber, dessen Hals und Kopf von Schrotkugeln durchsiebt wurden, brach tot zusammen. Danach warf Billy the Kid die Flinte auf die Straße und schrie: »Mit dieser Waffe stellst du mir nicht mehr nach!«

Quellen: Keleher, *Violence in Lincoln County,* 141, 159, 223, 233, 257, 321, 333–335, 347; Hunt, *Tragic Days of Billy the Kid,* 265–267, 273–291; Klasner, *My Girlhood Among Outlaws,* 6, 151–152, 172, 178, 183–191, 199; Fulton, *Lincoln County War,* 213, 251, 370–371, 393, 395–396.

O'Rourke, John

(»Johnny-Behind-the-Deuce«)

Geb. 1861; gest. 1882 im Sulphur Springs Valley, Arizona. Spieler.

O'Rourke war ein junger Spieler, der, so will es die Legende, von Wyatt Earp davor bewahrt wurde, gelyncht zu werden. Dieser Vorfall wurde allerdings stark überzeichnet dargestellt, und über seinen sonstigen Lebensweg weiß man sehr wenig. Earp, dessen Aussagen eher zweifelhaft sind, wiederholte das Gerücht, wonach O'Rourke für den Tod von Johnny Ringo im Juli 1882 verantwortlich sei und daß ein Freund von Ringo, ein gewisser Pony Deal, den Spieler kurz darauf aufgespürt und aus Rache getötet habe.

Schießereien: *14. Januar 1881, Charleston, Arizona.* Nach einem Pokerspiel, welches die ganze Nacht über angedauert hatte, kam es zu einem wütenden Wortwechsel zwischen dem Bergbauingenieur Henry Schneider und O'Rourke, dem großen Gewinner. Als Schneider ein Messer zog, griff O'Rourke zum Revolver und erschoß seinen Widersacher. Der Konstabler George McKelvey nahm den Spieler fest und brachte ihn nach Tombstone, wo Wyatt Earp angeblich eine aufgebrachte Menschenmenge davon abhielt, den Gefangenen zu lynchen. Immerhin wurde O'Rourke von mehreren Ordnungshütern, darunter auch Deputy Marshal Virgil Earp, in einen Kutschwagen verfrachtet und vorsichtshalber im Gefängnis von Tucson in Sicherheit gebracht.

1882, Sulphur Springs Valley, Arizona. Kurz nach Johnny Ringos Tod wurde O'Rourke von Pony Deal im Sulphur Springs Valley aufgespürt. Es kam zu einer Schießerei, bei der Johnny-Behind-the-Deuce das Leben verlor.

Quellen: Waters, *Earp Brothers of Tombstone*, 112–115; Jahns, *Doc Holliday*, 163–165; Erwin, *John H. Slaughter*, 205, 207.

Outlaw, Baz

(»Bass«)

Geb. 1855 in Georgia; gest. 5. April 1894, El Paso, Texas. Ordnungshüter.

Der aus gutem Elternhaus stammende Outlaw wuchs in Georgia, Tennessee und Arkansas auf. Er war gebildet und gut erzogen, neigte aber zur Trunksucht und war entsprechend reizbar. Angeblich hatte er einen Mann getötet und war dann nach Texas geflüchtet. 1885 meldete sich Outlaw zu den Texas Rangers und wurde rasch zum Sergeant befördert, mußte aber aus der Polizeitruppe ausscheiden, nachdem er in Alpine betrunken im Dienst ertappt worden war. Einige Zeit später wurde er zum Deputy U. S. Marshal ernannt, wegen seines Alkoholkonsums jedoch mehrmals verwarnt. 1894 kam er bei einer wilden Schießerei in El Paso ums Leben.

Schießereien: *1889, Sierra del Carmen, Coahuila, Mexiko.* Outlaw, John Hughes und Walter Durbin bewachten seit mehreren Wochen Silbertransporte aus einer Mine im mexikanischen Bundesstaat Coahuila. Am Abend vor einer Tour stritt sich Outlaw, der stark angetrunken war, im Kaufladen der Minengesellschaft mit einem mexikanischen Bergmann. Der Mexikaner zog ein Messer, worauf Outlaw ihn erschoß und sich dann, mit den Waffen herumfuchtelnd, nach draußen verzog. Er wurde von Hughes und Durbin überwältigt, die anschließend so schnell wie möglich mit ihm zum Rio Grande zurückritten.

25. Dezember 1889, bei Vance, Texas. Outlaw und seine Rangers-Kollegen Ira Aten und John Hughes sowie Deputy Sheriff Will Terry lauerten den Odle-Brüdern auf, zwei gesuchten Outlaws, als diese am Heiligen Abend gegen Mitternacht von Mexiko aus heimlich die Grenze nach Texas überschreiten wollten. Will und Alvin Odle versuchten Widerstand zu leisten und wurden bei dem kurzen Schußwechsel tödlich verletzt.

5. April 1894, El Paso, Texas. Outlaw zog am hellen Nachmittag durch diverse Spelunken von El Paso und betrank sich. Schließlich feuerte er in Tillie Howards Spielsalon einen Schuß ab. Im Hinterhof wurde er von Konstabler John Selman, der bereits am Tatort war, und dem hinzueilenden Texas Ranger Joe McKidrict zur Rede gestellt. »Bass«, wollte McKidrict wissen, »warum hast du geschossen?« »Willst du auch einen abkriegen?« erwiderte der schwer betrunkene Outlaw, riß den Revolver hoch und jagte McKidrict aus nächster Nähe eine Kugel in den Kopf und eine zweite in den Rücken, als der Ranger zusammenbrach.

Selman griff zu seinem Revolver, doch Outlaw gab einen weiteren Schuß ab, der den Konstabler knapp verfehlte. Selman wiederum, der vom Mündungsfeuer geblendet war, jagte Outlaw eine Kugel in die Brust, die den linken Lungenflügel durchschlug und am Rücken wieder austrat. Outlaw taumelte zurück, feuerte zwei weitere Schüsse ab, die Selmans Bein trafen, und torkelte dann davon.

Als Outlaw dem Texas Ranger Frank McMahon begegnete, händigte er ihm seine Waffe aus und wurde in einen nahe gelegenen Saloon geführt, wo er zusammenbrach. Ein Arzt traf ein, ließ Outlaw in die hinteren Gemächer bringen und auf das Bett einer Prostituierten legen. »Ach, Gott, hilf«, rief Outlaw wiederholt. »Wo sind meine Freunde?« Um 21 Uhr 15, etwa vier Stunden nach der Schießerei, starb Bass Outlaw.

Quellen: Metz, *John Selman*, 146–150; Sonnichsen, *Pass of the North*, 315, 317–319; Martin, *Border Boss*, 76–84, 102–107, 115, 117.

Owens, Commodore Perry

Geb. 29. Juli 1852 in Tennessee; gest. 1918 in Seligman, Arizona. Kutschenstationsbediensteter, Cowboy, Pferdezüchter, Eisenbahndetektiv, Expreßbote, Ordnungshüter, Geschäftsmann.

Der nach einem Helden des Englisch-Amerikanischen Krieges von 1812 (dem US-Marineoffizier Oliver Hazard Perry, der in der Schlacht auf dem Erie-See ein britisches Geschwader schlug) benannte Commodore Perry Owens wuchs in Tennessee auf, verließ in jungen Jahren das Elternhaus und arbeitete ein Jahrzehnt lang als Cowboy. Danach zog er nach Arizona, wurde Angestellter in einer Postkutschenstation und erwarb sich bei Zusammenstößen mit feindlichen Indianern einen Ruf als treffsicherer Schütze.

Owens gründete bei Navajo Springs eine Pferdezucht und wurde später Sheriff des Apache County. Nachdem Owens, der für gewöhnlich lange Haare trug und mit einem Paar 45er Revolvern sowie zwei Flinten bewehrt war, bei einer Schießerei im Jahr 1887 vier Kontrahenten niedergemäht hatte, ließ er sich die Lockenpracht stutzen, wurde seßhaft und widmete sich ganz seinen familiären Pflichten. Nach dreijähriger Amtszeit als Sheriff wurde er Detektiv für die *Santa Fe Railroad* und Expreßbote für *Wells, Fargo*. Anschließend ließ er sich als Geschäftsmann in Seligman nieder, wo er 1918 starb.

Schießereien: *1886, Apache County, Arizona.* Owens hütete im Auftrag eines Vertragspartners der Eisenbahn eine Herde Pferde. Eine Horde abtrünniger Indianer versuchte Owens zu verjagen und die Tiere wegzutreiben, doch der setzte sich zur Wehr und verletzte zwei der Viehdiebe tödlich. Durch diese Tat wurde er so berühmt, daß man ihn zum County-Sheriff wählte.

4. September 1887, Holbrook, Arizona. Owens ritt an einem Sonntagnachmittag zum Haus von Eva Blevins in Holbrook, die

Commodore Perry Owens, einige Jahre nachdem er 1887 bei einer Schießerei vier Männer getötet hatte. *(Arizona Historical Society)*

kurz zuvor beim blutigen Weidekrieg im Pleasant Valley ihren Mann und einen ihrer Söhne verloren hatte. Owens hoffte, dort ihren Sohn Andy vorzufinden, der sich den Decknamen »Cooper« zugelegt hatte, nachdem er während des *Pleasant Valley War* zwei Schafzüchter getötet hatte und überdies von den texanischen Behörden wegen früherer Missetaten gesucht wurde.

Owens näherte sich mit der *Winchester* im Arm dem Haus und entdeckte den mit einem Revolver bewaffneten Andy, als dieser aus einer der beiden Haustüren spähte. Owens und Andy drückten gleichzeitig ab; die Kugel des Ordnungshüters durchschlug die Tür und schleuderte Andy in die Arme seiner hinter ihm stehenden Mutter. Daraufhin gab der unter der anderen Tür stehende John Blevin einen Schuß ab, wurde aber seinerseits von Owens, der nach wie vor aus der Hüfte feuerte, an der rechten Schulter getroffen.

Owens rannte neben das Haus, als Mose Roberts, ein aus Texas stammender Schwager der Blevins, mit einem Revolver in der Hand aus einem der hinteren Fenster sprang. Owens streckte Roberts mit einem Schuß nieder, drehte sich gerade noch rechtzeitig um, als der jüngste Sproß der Familie, der sechzehnjährige Sam Houston, mit einem Revolver auf die Veranda vor dem Haus rannte, und jagte ihm eine Kugel ins Herz.

Owens feuerte noch ein paarmal auf die dünnen Wände des Hauses und ritt weg. Eva Blevins, die ebenso wie zwei andere Frauen unverletzt geblieben war, und ihr Sohn John waren die einzigen Überlebenden der Schießerei.

Quellen: Coolidge, *Fighting Men of the West*, 113–133; Drago, *Great Range Wars*, 98, 113, 116, 118–130.

zog mit Cassidy los und wurde schließlich stellvertretender Anführer in dessen Bande von Viehdieben.

Bei diesen Unternehmungen verschlug es Parker ab und zu ins Hole-in-the-Wall-Country, wo er einige Männer kennenlernte, die später Mitglieder des »Wild Bunch« werden sollten. 1887 nahm er an einem mißglückten Eisenbahnüberfall in Colorado teil, 1889 an zwei Banküberfällen in Denver und Telluride, Colorado. Anschließend tauchte Parker unter dem Decknamen »George Cassidy« in Wyoming unter und arbeitete eine Zeitlang in einer Schlachterei in Rock Springs – daher sein Spitzname »Butch« (von »butcher« = Schlachter). Etwa um diese Zeit versuchte er ein paarmal, ein ehrliches Leben zu führen; er arbeitete auf verschiedenen Ranches als Cowboy, unter anderem auch auf

Parker, Robert LeRoy

(»*Butch Cassidy*«, »*George Cassidy*«, »*William T. Phillips*«)

Geb. 13. April 1866, Beaver, Utah; gest. 20. Juli 1937, Spangle, Washington. Cowboy, Fuhrmann, Bergwerksangestellter, Matrose, Schlachter, Viehdieb, Bank- und Eisenbahnräuber, Ingenieur.

Robert LeRoy Parker, dessen Vater und Großeltern väterlicherseits mit dem zweiten großen Mormonentreck per Handkarren ins gelobte Land Utah gezogen waren, wuchs in Beaver auf, wo sein Vater ein Geschäft besaß. 1879 siedelte die immer größer werdende Familie – schließlich waren es dreizehn Kinder – auf eine Ranch in der Nähe von Circleville um. Die Gegend war seit langem ein beliebter Tummelplatz von allerlei Outlaws, und eines dieser Rauhbeine, ein gewisser Mike Cassidy, hatte es dem halbwüchsigen Robert LeRoy besonders angetan, zumal er ihm einen Sattel und einen Revolver schenkte. Mit sechzehn Jahren verließ Parker das Elternhaus,

Robert LeRoy Parker alias Butch Cassidy. Das Foto entstand 1893 bei seiner Einlieferung in das Wyoming State Penitentiary. *(Western History Collections, University of Oklahoma Library)*

272 Parker, Robert LeRoy

der riesigen *Swan Land & Cattle Company Ranch*. Bald darauf aber stahl er wieder Vieh und wurde 1892 festgenommen. 1894 verurteilte man ihn nach einer mehrmals verschobenen Gerichtsverhandlung zu einer zweijährigen Haftstrafe im *Wyoming State Penitentiary*. Der Rancher Otto Franc aus dem Big Horn Basin, dessen Anzeige zu Butch Cassidys Festnahme geführt hatte, wurde 1903 unter geheimnisvollen Umständen erschossen.

Nach seiner Entlassung im Jahr 1896 geriet Butch Cassidy wieder auf die schiefe Bahn und gründete den berühmt-berüchtigten »Wild Bunch«. Mit Männern wie Harvey Logan, Harry Longabaugh (»The Sundance Kid«), Ben Kilpatrick, Elzy Lay, Harry Tracy und Big Nose Curry beging Cassidy in den folgenden Jahren zahlreiche Bank- und Eisenbahnüberfälle. Nach ihren Raubzügen unternahm die Bande manchmal Urlaubsreisen nach Fort Worth, San Antonio und Denver, und Butch Cassidy traf sich häufig mit Mary Boyd und anderen Geliebten. Oft tauchte er auch einfach unter; so arbeitete er einmal als Matrose auf den Großen Seen und heuerte ein andermal auf einem Dampfschiff an, das zwischen Seattle und Los Angeles verkehrte.

Anfang des 20. Jahrhunderts wurde der »Wild Bunch« von den Ordnungskräften immer schärfer verfolgt, worauf Cassidy, Longabaugh und dessen Geliebte Etta Place im Jahr 1902 nach einem längeren Urlaub in New York nach Südamerika flüchteten. Cassidy reiste per Schiff über Liverpool und die Kanarischen Inseln und traf sich in Montevideo, Uruguay, wieder mit Longabaugh und Etta Place. Von dort aus zogen die drei nach Argentinien, erwarben eine Ranch, auf der sie Rinder und Schafe züchteten, trieben die Tiere zu den Bergwerksgebieten in Chile und verkauften sie dort mit hohem Gewinn. Nach einigen Jahren litt Etta Place zunehmend unter Blinddarmreizungen, so daß Longabaugh sie 1907 zur Operation nach Denver brachte. Nach seiner Rückkehr zogen die beiden *bandidos yanquis* nach Bolivien, wo

sie Lohngeldtransporte und Banken überfielen und zwischen ihren Raubzügen als Wachmänner in den Zechen und Minen arbeiteten. Anfang 1908 wurden sie von bolivianischen Soldaten gestellt, worauf es zu einer wilden Schießerei kam, bei der Longabaugh getötet wurde. Butch Cassidy indessen konnte offenbar entkommen, kehrte in die Vereinigten Staaten zurück und ließ sich dort unter dem Namen William Thaddeus Phillips nieder. Er gab sich als Maschinenbauingenieur aus Des Moines, Iowa, aus und heiratete am 14. Mai 1908 in Adrian, Michigan, eine gewisse Gertrude Livesay.

Da Mrs. Phillips an Asthma litt, zog das Paar wenig später nach Globe, Arizona, und Phillips verdingte sich während der mexikanischen Revolution eine Zeitlang als Söldner auf der anderen Seite der Grenze. 1910 ließen sich die beiden in Spokane im US-Bundesstaat Washington nieder, wo Phillips in den nächsten fünf Jahren die *Phillips Manufacturing Company* gründete, die Rechenmaschinen und andere Bürogeräte herstellte. Die Firma florierte, und Phillips wurde Mitglied der Freimaurerloge und des renommierten Elk-Ordens und frönte seiner Vorliebe für noble Autos – ähnlich wie Butch Cassidy, der stets eine Schwäche für edle Pferde gehabt hatte. 1919 adoptierte das kinderlose Paar einen Jungen. In den Jahren 1910, 1925 und 1934 suchte Phillips einige alte Verstecke des »Wild Bunch« auf, forschte aber vergebens nach vergrabener Beute aus jenen Tagen. Auch traf er sich mit Familienangehörigen und alten Bekannten – darunter auch Mary Boyd Rhodes, seine mittlerweile verwitwete Geliebte.

Während der Weltwirtschaftskrise Anfang der dreißiger Jahre mußte Phillips seine Firma verkaufen, und 1934 versuchte er erfolglos ein Manuskript mit dem Titel *The Bandit Invincible* (Der unbezwingbare Bandit) zu vermarkten, das auf der Lebensgeschichte eines gewissen Butch Cassidy basierte. Aus lauter Verzweiflung wollte er einen wohlhabenden Bürger von Spokane entführen und gegen ein Lösegeld wieder freilassen, setzte den Plan aber nicht in die Tat um. Zu diesem Zeitpunkt war Phillips bereits an Krebs erkrankt. Er starb 1937 in Broadacres, der in Spangle in der Nähe von Spokane gelegenen Armenfarm des County.

Schießereien: *8. April 1892, bei Auburn, Wyoming.* John Chapman und Bob Calverly, der Deputy Sheriff des Uinta County, Wyoming, hatten die mutmaßlichen Viehdiebe Butch Cassidy und Al Hainer zu einem Versteck in der Nähe von Auburn verfolgt. Die Tochter eines örtlichen Farmers, die mit ihnen unter einer Decke steckte, wurde von Chapman und Calverly aufgegriffen, als sie die Post für die beiden Outlaws abholen wollte. Sie verriet, das Butch sich in einer nahe gelegenen Hütte aufhielt und Hainer im örtlichen Sägewerk arbeitete. Chapman und Calverly begaben sich zur Sägemühle, überwältigten Hainer nach kurzem Kampf und banden ihn an einen Baum. Dann gingen die beiden Ordnungshüter zu der Hütte und stürmten sie. Butch Cassidy stürzte zu seinem Revolver, der an einer Stuhllehne hing, und gab aufs Geratewohl einen Schuß ab. Calverlys Revolver versagte dreimal, doch beim vierten Versuch wurde Cassidy von einer Kugel am Kopf gestreift und betäubt, so daß die Ordnungshüter ihm Handschellen anlegen konnten.

Frühjahr 1908, San Vicente, Bolivien. Butch Cassidy und Longabaugh überfielen auf einem abgelegenen Dschungelpfad eine mit Goldbarren aus der Alpoca-Mine beladene Maultierkarawane. Sie zogen ins fünfzehn Meilen entfernte San Vicente, banden ihre Packtiere auf der Plaza an und gingen in ein Restaurant, um etwas zu essen. Inzwischen erkannte ein junger Bolivianer eines der Tiere – es war seinem Freund bei dem Überfall gestohlen worden – und verständigte die örtlichen Behörden. Die forderten einen in der Nähe lagernden Trupp Soldaten an, und bald darauf wurde die Plaza heimlich von Bewaffneten umstellt. Als alle Mann in Position waren, ritt

eine Abordnung zu den Amerikanern, und der *capitán* forderte sie auf, sich zu ergeben. Longabaugh schoß ihn kurzerhand vom Pferd und zog sich mit Cassidy, der seinerseits einen Soldaten niederstreckte, in das Gebäude zurück. Die Soldaten antworteten mit mörderischen Salven, worauf sich Cassidy und Longabaugh hinter Tischen und Stühlen verbarrikadierten. Die beiden Banditen konnten das Feuer nur bedingt erwidern, da sich ihre Gewehre samt Munition bei den Packtieren befanden. Daher stürmte Longabaugh bei Einbruch der Dunkelheit quer über die Plaza zu den Mulis und hängte sich die Patronengürtel und die *Winchester* um, wurde aber auf dem Rückweg niedergeschossen. Cassidy, der ihn in das Gebäude zerrte, wurde ebenfalls verletzt. Danach hielt Butch Cassidy noch eine Zeitlang die Stellung, doch gegen 21 oder 22 Uhr tötete er Longabaugh mit einem Kopfschuß, zog die Uniform eines toten Soldaten an, der in der Nähe des Hauses lag, schlich davon und schlug sich schließlich bis zur Küste durch.

In dem Manuskript *The Bandit Invincible* wird allerdings eine andere Version dargestellt. Demnach raubten Cassidy, Longabaugh und zwei Komplizen namens Billings und Hains nachmittags auf einem Pfad in der Nähe von La Paz gerade eine Maultierkarawane aus, als sie plötzlich von einer bolivianischen Kavallerieabteilung angegriffen wurden. Die Banditen gingen sofort hinter Felsbrocken am Eingang einer Schlucht in Deckung, worauf es zu einer hitzigen Schießerei kam, bei der Billings tödlich verletzt wurde. Nachdem die anderen aber mehrere Soldaten niedergestreckt hatten – Cassidy und Sundance Kid schossen zwei Männern regelrecht den Kopf weg –, zog sich der Trupp zunächst zurück. Beim nächsten Angriff der Soldaten wurde Hains getötet und Longabaugh an Kopf und Körper getroffen. Cassidy kroch zu ihm. Longabaugh gab ihm einen Brief von Etta, sagte, er sei rechtmäßig mit ihr verheiratet, und bat Butch, ihr seine Geldkatze zu übergeben. Cassidy schoß zwei sich anschleichende Soldaten nieder, mußte aber, als die Dunkelheit anbrach, hilflos zusehen, wie Longabaugh starb. Auf ein verdächtiges Geräusch hin schoß er und hörte, wie jemand im dichten Gestrüpp zusammenbrach. Dann nahm er Longabaughs Geldkatze an sich und schlich davon. Nach etwa einer Stunde gelangte er zu den Pferden, die etwas abseits standen und bislang nicht entdeckt worden waren. Er packte Nahrungsmittel und Wasser auf sein Tier und ritt im Schutz der Dunkelheit weg. Wenn man die drei toten Amerikaner sowie die drei angebundenen Pferde und die von ihm hinterlassenen Erkennungszeichen fände, so dachte er sich, würde man annehmen, Butch Cassidy sei tot. Er schlug sich zur Küste durch, reiste per Schiff nach Europa, unterzog sich in Paris einer Gesichtsoperation und kehrte in die Vereinigten Staaten zurück.

Quellen: Pointer, *Butch Cassidy;* Horan, *Wild Bunch;* Horan und Sann, *Pictorial History of the Wild West,* 191, 196, 201, 204–210, 212–213, 215–221, 227–239; Baker, *Wild Bunch.*

Peacock, Lewis

Gest. 13. Juni 1871, Pilot Grove, Texas. Farmer.
Peacock, ein einflußreicher Landbesitzer aus der Nähe von Pilot Grove, Texas (auch als Lick Skillet bekannt), war bei einer Fehde, die nach dem Bürgerkrieg in Nordtexas aufflackerte, Anführer eines Trupps einheimischer Rauhbeine. Bei der Auseinandersetzung, die entschieden rassistische Züge hatte, trug Peacock die Uniform der *Reconstruction Union League,* einer zur Unterstützung ehemaliger Sklaven gegründeten Organisation. Im Verlauf der Fehde, die 1867 ausbrach und über vier Jahre lang andauerte, kamen die Anführer beider Seiten (die Gegenpartei wurde von Bob Lee geführt) ums Leben.

Schießereien: *April 1868, Pilot Grove, Texas.* Nach mehreren Überfällen und Morden, bei denen drei Männer ums Leben gekommen waren, lieferten sich Lee und Peacock mit etlichen ihrer Parteigänger in Pilot Grove ein Scharmützel. Peacock wurde verletzt, aber es gab keine Todesopfer.

15. Juni 1868, Hunt County, Texas. Peacock und seine Verbündeten hatten sich auf der Farm eines alten Mannes namens Nance versammelt. Sie versorgten gerade ihre im Corral untergebrachten Pferde, als Lees Männer aus dem Hinterhalt das Feuer eröffneten. Beim anschließenden Schußwechsel wurden drei von Peacocks Männern tödlich getroffen; Lees Trupp kam ungeschoren davon.

Dezember 1868, bei Farmersville, Texas. Peacock war mit einigen seiner Männer sowie einer Abteilung Unionssoldaten auf der Suche nach Lee, als der Trupp in einen Hinterhalt geriet. Es kam zu einem Schußwechsel, bei dem ein Soldat getötet und einer von Peacocks Männern verletzt wurde. Peacock selbst konnte mit knapper Not entkommen.

13. Juni 1871, Pilot Grove, Texas. Obwohl Lee Ende 1869 getötet worden war, gab es weitere Rachemorde, so daß Peacock sich fast ständig versteckt halten mußte. Zwei Freunde von Bob Lee – Dick Johnson und Joe Parker – entdeckten ihn jedoch, als er zu seiner Unterkunft zurückschlich, und legten sich daraufhin die ganze Nacht auf Lauer. Als Peacock im Morgengrauen herauskam, um Feuerholz zu holen, eröffneten Johnson und Parker das Feuer, verletzten Peacock tödlich und flohen anschließend vom Tatort.

Quelle: Sonnichsen, *I'll Die Before I'll Run,* 21–34.

Pickett, Tom

Geb. 1858 in Decatur, Texas; gest. 14. Mai 1934, Pinetop, Arizona. Cowboy, Ordnungshüter, Rustler, Spieler, Prospektor, Barkeeper.

Der im texanischen Decatur aufgewachsene Pickett kam im Alter von siebzehn Jahren wegen Viehdiebstahls erstmals mit dem Gesetz in Konflikt. Sein Vater, ein ehemaliger Offizier der konföderierten Armee und Mitglied des texanischen Parlaments, mußte das Haus der Familie beleihen, um die hohe Geldstrafe bezahlen zu können. Danach diente Pikkett für kurze Zeit bei den Texas Rangers, trieb eine Rinderherde nach Kansas und wurde in den gesetzlosen Rinderstädten zum Spieler. Er lernte den Rustler Dave Rudabaugh kennen und zog mit ihm nach New Mexico, war in Las Vegas und White Oaks vorübergehend als Ordnungshüter tätig und heuerte schließlich in der Gegend von Fort Sumner bei Charlie Bowdre als Cowboy an. Wenig später beging er mit Bowdre, Rudabaugh, Billy the Kid, Billy Wilson und Tom O'Folliard Viehdiebstähle.

Im Dezember 1880 wurde Tom O'Folliard von Pat Garretts Posse in Fort Sumner erschossen. Pickett und die anderen ritten in wilder Flucht davon, wurden aber ein paar Tage später nach kurzer Belagerung in einer abgelegenen Steinhütte gefaßt. Pickett, der gegen eine Kaution von dreihundert Dollar auf freien Fuß kam, trieb sich danach eine Zeitlang in Las Vegas herum, ehe er ins nördliche Arizona weiterzog. Dort heuerte er auf den Hash-Knife-Ländereien an und wurde in die Graham-Tewksbury-Fehde verstrickt.

Nach einer schweren Beinverletzung arbeitete Pickett wieder als Cowboy. 1888 heiratete er Catherine Kelly, deren Mutter in Holbrook, Arizona, eine Pension betrieb. Ein Jahr darauf starb seine Frau nach einer Totgeburt im Kindbett, und Wilson begab sich erneut auf die Wanderschaft.

Er wurde Berufsspieler, Barkeeper, ging auf Goldsuche, arbeitete als Cowboy und diente unter Präsident Woodrow Wilson als Deputy U. S. Marshal. Nachdem er das verletzte Bein hatte amputieren lassen müssen, kehrte er nach Arizona zurück. Er starb mit sechsundsiebzig Jahren in Pinetop und wurde in Winslow zur letzten Ruhe gebettet.

Schießerei: *23. Dezember 1880, Stinking Springs, New Mexico.* Pickett, Billy the Kid, Dave Rudabaugh, Billy Wilson und Charlie Bowdre, die in Fort Sumner mit knapper Not einer Posse entkommen waren, fanden Zuflucht in einer verlassenen Steinhütte, in der es nur ein Zimmer gab. Nach einer eiskalten Schneenacht ging Charlie Bowdre im Morgengrauen hinaus, um sein Pferd zu füttern. Pat Garretts Posse, die sich über Nacht unbemerkt angeschlichen hatte, empfing ihn mit einer Salve. Tödlich getroffen, torkelte Bowdre in die Hütte zurück, wurde aber von Billy the Kid mit den Worten »Bring ein paar von den Hundsfötten um, ehe du stirbst« wieder hinausgeschickt. Er starb kurz darauf, und die Belagerung begann.

Da bislang nur Billy the Kids Pferd in der Hütte war, versuchten die anderen Outlaws, ihre Tiere ebenfalls hereinzuholen, um im Galopp einen Ausfall zu wagen. Doch Garrett erschoß eins der Pferde unter der Tür und verjagte die anderen. Es kam zu einem längeren Wortwechsel zwischen Billy the Kid und Garrett, dann zogen die Possemitglieder abwechselnd zu einer nahe gelegenen Ranch und ließen sich dort verpflegen.

Gegen vier Uhr nachmittags traf ein Proviantwagen von der Ranch ein, worauf die Posse ein Feuer entzündete und in Windrichtung zur Hütte ihr Essen zubereitete. Als der Duft zu den ausgehungerten Outlaws zog, winkte Dave Rudabaugh mit einem weißen Taschentuch und bat um eine Unterredung. Er ging hinaus, verhandelte mit Garrett, kehrte zurück und teilte seinen Gefährten mit, daß ihnen kein Leid geschehen werde. Nach einer kurzen Besprechung kamen alle aus der Hütte und ließen sich entwaffnen.

Quellen: Hunt, *Tragic Days of Billy the Kid,* 217, 229, 239–252, 257–258; Keleher, *Violence in Lincoln County,* 291–293, 319–320; Stanley, *Desperadoes of New Mexico,* 143–152.

Pierce, Charley

Gest. 2. Mai 1895, Dunn Ranch, am Cimarron River, Oklahoma. Rennpferdbesitzer, Bank- und Eisenbahnräuber.

Pierce, der sich erfolglos bei Pferderennen in Pawnee, Oklahoma, versuchte, wurde in den neunziger Jahren Mitglied der Dalton-Gang. Nachdem die Bande in Coffeyville, Kansas, zusammengeschossen worden war, schloß er sich Bill Doolins »Oklahombres« an. Er nahm an mehreren Überfällen teil und wurde 1895 in Oklahoma von Kopfgeldjägern getötet.

Schießereien: *15. Juli 1892, Adair, Oklahoma.* Etwa fünfzehn Minuten vor Ankunft des für 21 Uhr 42 angekündigten Abendzuges fiel die Dalton-Gang in der Kleinstadt Adair ein. Mit vorgehaltener Waffe brachten sie den Bahnhof in ihre Gewalt, raubten alle Wertsachen, deren sie habhaft werden konnten, und gingen dann in Stellung. Als der Zug einfuhr, besetzten sie die Lokomotive, schoben einen Wagen an die Tür des Expreßwaggons und nahmen die Fahrgäste unter Beschuß. Das Wachpersonal im Raucherwagen erwiderte das Feuer, worauf es zu einem hitzigen Schußwechsel kam, bei dem binnen kürzester Zeit drei Wachmänner verletzt wurden. Daraufhin zogen die Banditen mit ihrer Beute ab.

2. Mai 1895, Dunn Ranch, am Cimarron River, Oklahoma. Nach der Auflösung der Doolin-Gang wollten sich Pierce und Bitter Creek Newcomb gemeinsam den Verfolgern entziehen. Anfang Mai ritten sie zur Dunn-Ranch, um Newcombs Liebste, die berühmte »Rose of Cimarron«, zu besuchen und neunhundert Dollar einzukassieren, die Roses Brüder Newcomb schuldeten. Als die beiden Outlaws sich dem Haus näherten, wurden sie von den Dunn-Brüdern wegen der mittlerweile auf ihren Kopf ausgesetzten Belohnung aus dem Sattel geschossen. Pierce stöhnte auf, als die Dunns in seine Nähe kamen, und wurde prompt mit einer weiteren Kugel erledigt.

Am nächsten Morgen wurden Pierce und Newcomb auf einen Wagen geworfen und nach Guthrie gekarrt, wo die Dunns ihre Belohnung in Empfang nehmen wollten. Newcomb, der die Nacht überlebt hatte, bettelte plötzlich um Wasser. Die Brüder verpaßten ihm eine Kugel und fuhren weiter.

Quellen: Croy, *Trigger Marshal,* 173–176; Horan und Sann, *Pictorial History of the Wild West,* 157–158, 167–169; Canton, *Frontier Trails,* 110, 119–121; Shirley, *Heck Thomas,* 195–197; Shirley, *Six-gun and Silver Star,* 104, 145, 153–161, 179, 184.

Plummer, Henry

Geb. 6. Juli 1837, Connecticut; gest. 10. Januar 1864, Bannack, Montana. Prospektor, Bäcker, Ordnungshüter, Spieler, Sträfling.

Der in New England geborene Plummer lief mit fünfzehn Jahren von zu Hause weg und zog zu den Goldfeldern von Kalifornien. 1853 eröffneten Plummer und Henry Hyer in Nevada City, Kalifornien, die *Empire Bakery.* Plummer besserte sein Einkommen nebenbei durch Glücksspiel auf, und 1866 wurde der Neunzehnjährige zum Marshal der kleinen Bergarbeiterstadt gewählt.

Kurz vor Ablauf seines ersten Dienstjahres tötete Plummer einen Mann, mit dessen Frau er ein Verhältnis hatte, und wurde zu einer zehnjährigen Zuchthausstrafe verurteilt. Bereits nach einem Jahr jedoch wurde er begnadigt und betrieb gemeinsam mit Henry Hyer eine weitere Bäckerei in Nevada City. Plummer ließ sich mit einer Prostituierten ein, schlug mit einem stumpfen Gegenstand beinahe einen Mann tot und wurde des Raubüberfalls auf die Niederlassung von *Wells, Fargo* in Washoe verdächtigt. Später wurde er wegen eines weiteren Mordes festgenommen, konnte aber einen Gefängniswärter bestechen und entfliehen. Anschließend ermordete er in Oregon vermutlich einen Sheriff namens Blackburn, verführte in Walla Walla im Bundesstaat Washington eine verheiratete Frau und leistete Beihilfe bei einem Mord in Orofino, Idaho.

Danach tauchte Plummer in Lewiston, Idaho, auf, einer boomenden Bergarbeiterstadt. Wieder widmete er sich dem Spiel, gründete aber heimlich eine Bande von Dieben und Wegelagerern. Als eine Bürgerwehr gebildet wurde, die gegen das gesetzlose Treiben vorgehen sollte, trat Plummer sofort bei, ordnete aber heimlich die Ermordung eines Vigilanten-Führers an.

Im Jahr 1862 zog Plummer nach Bannack, Montana, weiter, wo er sich größere Reichtümer versprach. Nach außen hin verdiente er seinen Lebensunterhalt einmal mehr als Croupier am Pharaotisch, doch seine riesige Desperadobande überfiel weiter Postkutschen, Lohngeldtransporte und arglose Reisende. Plummers Reiter, die sich »The Innocents«, die Unschuldigen, nannten, gaben sich untereinander durch geheime Zeichen beim Handschlag oder durch die Knotenschlingung ihrer Halstücher zu erkennen; mit verschlüsselten Bildsymbolen markierten sie die Postkutschen, auf die sich ein Überfall lohnte.

Plummer vertrieb schließlich den Sheriff aus der Stadt und nahm dessen Posten ein. Etwa um diese Zeit wurden in Virginia City reiche Goldvorkommen entdeckt, worauf sich auch Plummer in einträglichere Gefilde begab. Wieder brachte er es zum City Marshal, doch seine Ernennung zum Deputy U. S. Marshal wurde durch den unerschrockenen Einsatz eines gesetzestreuen Bürgers namens Nathaniel Langford zunichte gemacht.

Als die Untaten von Plummers Bande überhandnahmen, gründeten Langford und andere Bürger von Bannack ein Vigilanten-Komitee, das in den ersten fünf Wochen des Jahres 1864 zwanzig von Plummers Helfershelfern erschoß oder aufknüpfte.

Plummer wollte sich absetzen, als die Bürger zur Selbstjustiz griffen, wurde aber aufgespürt und in das Gefängnis von Bannack geworfen. Die Vigilanten schenkten ihm keinerlei Beachtung, als er um seiner jungen, in Connecticut weilenden Frau willen um Gnade bettelte. An einem kalten Januarmorgen wurde Plummer zu dem Galgen geschleift, den er einst selbst hatte errichten lassen, und ohne viel Federlesens hingerichtet. Plummer, der weinte und um sein Leben flehte, und seine beiden Gefährten wurden von den Vigilanten kurzerhand zu dem primitiven Gerüst hochgehoben und in die Schlingen gehängt, in denen sie langsam erdrosselt wurden.

Kurze Zeit später reiste Plummers Frau an und behauptete, ihr Gatte sei nur wegen seines Eintretens für die Union gelyncht worden. Zunächst stieß sie auf Verständnis, doch Plummers Untaten hafteten den Betroffenen noch zu lebhaft im Gedächtnis, und so mußte sie Montana unverrichteterdinge wieder verlassen.

Schießereien: *September 1857, Nevada City, Kalifornien.* John Vedder kam nach Hause und überraschte seine Frau und City Marshal Henry Plummer in flagranti. Wütend stellte er die beiden zur Rede und verwies Plummer des Hauses, worauf der Marshal ihn erschoß.

1859, Nevada City, Kalifornien. Plummer besuchte gerade ein Bordell, als dort eine Schlägerei ausbrach, in die er sich prompt einmischte. Er legte sich mit einem gewissen Jim Ryder an, und als der ihm tüchtig zusetzte, griff Plummer zu seinem Revolver. Ryder brach tödlich getroffen zusammen, und Plummer wurde ins Gefängnis geworfen.

1860, Lewiston, Idaho. Plummer war erst seit ein paar Tagen in der Stadt, als sich ein einheimischer Bergmann über den Akzent des aus Connecticut stammenden Yankees lustig machte. Plummer gab eine grobe Antwort, worauf beide Männer zu den Waffen griffen. Plummer zog schneller und streckte den Bergmann mit einer tödlichen Kugel auf offener Straße nieder.

14. Januar 1863, Bannack, Montana. Jack Cleveland, ein Krimineller, der über Plummers heimliches Treiben Bescheid wußte, kam nach Bannack und forderte für sein Stillschweigen einen Anteil an der Beute. In Goodrichs Saloon kam es zu einer lautstarken Auseinandersetzung, worauf beide zu den Revolvern griffen und aufeinander feuerten. Der betrunkene Cleveland schoß daneben, und Plummers erste Kugel schlug in die Decke. Doch dann wurde Cleveland getroffen, stürzte zu Boden und wurde von einem Schlachter namens Hank Crawford zu dessen Unterkunft getragen. Cleveland lebte noch mehrere Stunden und verriet kurz vor seinem Tod, daß Plummer der heimliche Anführer der Outlaw-Bande war, die die Gegend unsicher machte.

1863, Bannack, Montana. Mutig tat Crawford kund, was er über Plummers Treiben wußte, und wenig später wurde er zum Marshal von Bannack gewählt. Plummer legte Crawford einen Hinterhalt, verfehlte ihn aber. Kurz darauf hörte er, daß Crawford unbewaffnet in einem Restaurant beim Kaffee saß. Plummer nahm eine Schrotflinte und legte sich in der Nähe von Crawfords Fleischerei auf die Lauer.

Als Crawford sich näherte, stand Plummer auf, aber ehe er abdrücken konnte, wurde er von Frank Ray entdeckt, einem Freund des Marshals. Ray riß den Revolver heraus und gab einen Schuß ab, der Plummers rechten Arm zerschmetterte, worauf der Attentäter die Flucht ergriff. Crawford war das Amt dennoch zu gefährlich geworden; er legte den Stern ab und kehrte ins heimische Wisconsin zurück. Plummer, dessen rechter Arm für immer verkrüppelt blieb, mußte mühsam das Schießen mit der Linken erlernen.

Quellen: Breihan, *Badmen of the Frontier Days,* 28–49; Drago, *Road Agents and Train Robbers,* 84, 87, 95–99, 101, 103–104, 224; Langford, *Vigilante Days & Ways;* Boorstin, *The Americans,* II, 87–88.

Ponce, Norrato

Gest. im November 1865, Contra Costa County, Kalifornien. Pferdedieb.

Ponce, ein aus Chile stammender Pferdedieb, brachte es durch eine Saloonschießerei im Jahr 1865 zu kurzem Ruhm. In den folgenden sechs Wochen wurde Ponce von kalifornischen Ordnungshütern gejagt und schließlich getötet.

Schießereien: *3. Oktober 1865, Hayward, Kalifornien.* Um zwei Uhr morgens kam es unter den Teilnehmern einer Pokerrunde zu einem erbitterten Streit. Ponce griff zum Revolver und verletzte einen Mitspieler namens Joy tödlich. Danach genehmigte er sich an der Bar einen Drink, fragte, ob noch jemand etwas von ihm wolle, ging seelenruhig hinaus und ritt weg.

Oktober 1865, bei Livermore, Kalifornien. Ponce, der sich in den Black Hills in der Nähe von Livermore versteckte, wäre Sheriff Harry Morse und einem Deputy beinahe in die Falle gegangen. Gegen Mitternacht ritt er zu seinem Unterschlupf, als Morse ihn plötzlich aufforderte, sich zu ergeben. Der Outlaw feuerte seinen Revolver ab, worauf die Ordnungshüter auf das Mündungsfeuer zielten. Ponce wurde von insgesamt drei Revolver- und dreizehn Schrotkugeln getroffen, konnte aber im Schutz der Dunkelheit zu Fuß entkommen, nachdem sein Pferd durch einen Schuß ins Bein gefällt worden war.

November 1865, Contra Costa County, Kalifornien. Ponce genas von seinen Verletzungen und fand im Adobehaus eines gewissen José Rojos im Pinola Canyon Zuflucht. Dort, im Westen des Contra Costa County, wurde er von Sheriff Morse und zwei Deputies aufgespürt. Als die Ordnungshüter anrückten, unternahmen Ponces Freunde ein Ablenkungsmanöver, ergriffen die Flucht und wurden prompt verfolgt. Daraufhin stürmte Ponce aus dem Haus, wurde entdeckt und lieferte sich eine kurze Schießerei mit den Verfolgern. Morse kam auf Ponce zugeritten, der auf ihn anlegte und dabei den Revolver mit dem andern Arm abstützte. Bevor er abdrücken konnte, erschoß ihn der Sheriff mit seinem *Henry*-Stutzen.

Quelle: Shinn, *Pacific Coast Outlaws*, 60–61.

Powell, Sylvester

Gest. 1. Januar 1877, Wichita, Kansas. Postkutschenfahrer.

Powell war normalerweise ein ruhiger, besonnener Mann, doch sobald er getrunken hatte, wurde er rauflustig und unberechenbar, »ein regelrechter Dämon«. Die Polizisten und Saloonbesitzer von Wichita wußten darum und waren wachsam, zumal es Gerüchte gab, wonach Powell zwei Männer getötet haben sollte – einen davon mit Hilfe eines Messingschlagrings –, bevor er in die boomende Rinderstadt gekommen war. Powell wurde von der *Southwestern Stage Company* als Kutscher für den städtischen Busverkehr in Wichita engagiert. 1877 wurde er nach einem wilden Schußwechsel mit Marshal Mike Meagher getötet.

Schießerei: *1. Januar 1877, Wichita, Kansas.* Powell und Albert Singleton begingen den Neujahrstag mit einem wüsten Zechgelage. Als sie am Nachmittag das Pferd eines gewissen E. R. Dennison wegführen wollten, kam dieser hinzu und ließ eine scherzhafte Bemerkung fallen, worauf Powell ihm einen gewaltigen Hieb mit einem Kummet versetzte und ihn zugleich davor warnte, ihn anzuzeigen. Dennison aber wandte sich sofort an Marshal Mike Meagher, der Powell kurzerhand ins Gefängnis warf.

Noch am gleichen Abend kam Powell auf Betreiben von W. A. Brown, einem Geschäftsführer des Postkutschenunternehmens, wieder frei. Powell drohte Meagher mit Tod und ewiger Verdammnis, besorgte sich einen Revolver und begab sich auf die Suche nach dem Marshal. Um 21 Uhr fragte er einen Polizisten namens McIvor, ob er Meagher irgendwo gesehen habe, und stieß dabei erneut finstere Drohungen aus. Wenig später entdeckte Powell den Marshal in einem Nebengebäude hinter Jim Hopes Saloon. Er schlich leise an das kleine Holzhaus heran und jagte zwei Kugeln durch die dünnen Bretterwände.

Der eine Schuß streifte Meaghers Wade, der andere riß ein Loch in seinen Mantel. Meagher stürzte sich sofort auf den Schützen und versuchte, ihm die Waffe zu entwinden. Dabei löste sich ein weiterer Schuß, der Meaghers Hand streifte. Powell konnte sich losreißen, rannte durch eine Gasse davon, gab noch einen Schuß auf den Ordnungshüter ab und verschwand.

Meagher feuerte einmal hinter Powell her und nahm humpelnd die Verfolgung auf. Er entdeckte ihn schließlich vor Charles Hills Drugstore, nahm genau Ziel und jagte Powell eine Kugel ins Herz, die ihn auf der Stelle tötete.

Quelle: Miller und Snell, *Great Gunfighters of the Kansas Cowtowns*, 356–358.

Raidler, William F.

(»Little Bill«)

Geb. 1865; gest. um 1905 in Yale, Oklahoma. Cowboy, Räuber, Sträfling.

Little Bill Raidler, der von holländischen Einwanderern aus Pennsylvania abstammte, war ein gebildeter Mann. Er zog nach Texas und stieß dort zu Bill Doolins Bande, mit deren Anführer er in Oklahoma als Cowboy gearbeitet hatte.

Raidler wurde 1895 von einer Posse unter Führung von Bill Tilghman aufgespürt, von sechs Schüssen getroffen und festgenommen. Auf Tilghmans Fürsprache hin wurde Raidler aus dem Zuchthaus in Ohio, wo er seine Strafe verbüßte, auf Bewährung freigelassen und heiratete kurz darauf. Er genas jedoch nie mehr von sei-

Bill Raidler wurde von den Ordnungshütern so oft verletzt, daß er die letzten Jahre seines Lebens als Krüppel dahinvegetierte. *(Western History Collections, University of Oklahoma Library)*

nen Verletzungen und starb etliche Jahre später als Krüppel.

Schießereien: *Frühjahr 1895, bei Dover, Oklahoma.* Die in der Nähe von Dover lagernde Doolin-Gang wurde von einer Posse überrascht. Es kam zu einem fünfundvierzig Minuten langen Feuergefecht, bei dem fast zweihundert Schüsse abgegeben wurden. Tulsa Jack Blake wurde getötet, doch Raidler und seine drei überlebenden Gefährten schnappten sich zwei Pferde, saßen hintereinander auf und konnten durch einen unbewachten Taleinschnitt entkommen.

20. Mai 1895, Southwest City, Missouri. Die Doolin-Gang wurde bei einem Banküberfall von aufgebrachten Bürgern beschossen. Als die Outlaws sich den Fluchtweg freischießen wollten, traten die Brüder Oscar und Joe Seaborn aus ihrem Geschäft. Raidler gab im Vorbereiten mehrere Revolverschüsse auf sie ab. Eine der Kugeln drang durch Oscar hindurch und traf Joe. Oscar wurde nur leicht verletzt, doch Joe war auf der Stelle tot.

Juli 1895, bei Bartlesville, Oklahoma. Raidler wurde von Heck Thomas und zwei Osage-Kundschaftern in seinem Unterschlupf, einer Höhle in der Nähe von Bartlesville, aufgespürt. Raidler sah die Verfolger anrücken und eröffnete mit seiner Flinte aus dem Hinterhalt das Feuer. Thomas schoß mit seiner 45-90er *Winchester* zurück und traf Raidlers rechte Hand. Der schrie auf, ließ die Waffe fallen und schlug sich in die Büsche. Als die Posse ihm folgte, hackte Raidler die beiden zerschmetterten Finger ab und verbarg sich in einem hohlen Baum.

6. September 1895, bei Elgin, Kansas. Raidler hatte auf der etwa acht Meilen südlich von Elgin gelegenen Ranch eines gewissen John Moore Zuflucht gefunden. Er ritt in der Dämmerung auf das Haus zu, wo er zu Abend essen wollte, und saß gerade ab, als er von Tilghman und zwei weiteren Ordnungshütern gestellt wurde. Raidler zog den Revolver und feuerte auf den etwa drei Meter entfernten Tilghman, worauf Tilghman dem Outlaw eine Gewehrkugel ins rechte Handgelenk jagte.

Raidler, dessen Handgelenk zerschmettert war, ließ den Revolver fallen und wandte sich zur Flucht. Deputy W. C. Smith löste sich aus dem Schatten eines Viehgatters und feuerte mit der Schrotflinte auf Raidler. Der an Hals und Oberkörper sowie von zwei Kugeln am Kopf getroffene Outlaw ging zu Boden. Moore und seine Frau kamen herausgestürzt, trugen Raidler ins Haus und verbanden seine Wunden. Er überlebte die Schießerei, wurde später vor Gericht gestellt und zu einer Zuchthausstrafe verurteilt.

Quellen: Shirley, *Heck Thomas*, 193–195, 199–201; Shirley, *Six-gun and Silver Star*, 62, 106, 145, 179–181, 184.

Reed, Charlie

Gest. um 1883 in Ogallala, Nebraska. Rinderdieb, Cowboy.

Reed, ein Herumtreiber, der in den Rinderstädten des Westens sein Glück suchte, war allgemein als Rauhbein bekannt. Mitte der siebziger Jahre schloß er sich dem von John Selman und John Larn in der Gegend von Fort Griffin, Texas, geleiteten Ring von Viehdieben an. Nach einer Schießerei in Fort Griffin zog er nach Nebraska, wo er schließlich getötet wurde.

Schießereien: *17. Januar 1877, Fort Griffin, Texas.* Reed und ein anderer Viehdieb namens Billy Bland galoppierten, betrunken und mit ihren Revolvern um sich schießend, in die Stadt. Sie betraten den *Beehive Saloon & Dance Hall* und feuerten dort weitere Schüsse ab. Deputy Sheriff W. R. Cruger und County Attorney William Jeffries begaben sich sofort zum *Beehive*, um die Unruhestifter festzunehmen. Als sie durch die Tür stürmten, drehte Bland sich um, drückte ab und fügte Cruger einen Streifschuß zu.

Daraufhin eröffneten beide Seiten das Feuer. Bland wurde tödlich verletzt, Jeffries an der Brust getroffen – er überlebte jedoch. Ein gewisser Lieutenant Meyers, ein Kavallerieoffizier, wurde getötet; zudem traf eine von Reed abgefeuerte, verirrte Kugel einen jungen, frisch verheirateten Anwalt namens Dan Barron mitten in die Brust. Reed flüchtete zu Fuß vom Tatort, verbrachte eine Nacht lang unter freiem Himmel, besorgte sich tags darauf ein Pferd und verließ Texas.

Um 1883, Ogallala, Nebraska. Reed, der in einem Saloon in Ogallala zechte, bekam Streit mit einem gewissen Dumas. Wütend zog Reed seinen Revolver und erschoß Dumas. Kurz darauf rottete sich eine aufgebrachte Menschenmenge zusammen, die Reed an Ort und Stelle aufknüpfte.

Quelle: Metz, *John Selman,* 70–71, 214.

Reed, Jim

Geb. 1844 in Rich Hill, Missouri; gest. 6. August 1874 bei Paris, Texas. Farmer, Partisan, Postkutschenräuber, Pferdedieb.

Reed kam als Sohn eines Großgrundbesitzers etwa acht Meilen außerhalb des Weilers Rich Hill in Missouri zur Welt. Er war siebzehn, als seine Familie nach Carthage zog, wo er ein dreizehnjähriges Mädchen namens Myra Belle Shirley kennenlernte, die später unter dem Namen Belle Starr berühmt wurde. Die beiden jungen Leute verliebten sich ineinander, und nach einem Streit mit dem Vater des Mädchens lieferte Reed sich eine unblutige Schießerei mit John Shirley. Inzwischen war der Bürgerkrieg ausgebrochen, und Reed schloß sich einem Partisanentrupp an. Die Überfälle und Raubzüge, an denen er sich dabei beteiligte, prägten sein weiteres Leben.

Nach dem Krieg wurde Reed in eine Fehde in Missouri verwickelt und tötete zwei Männer. Er floh aus dem Staat und zog nach Texas, wo er Myra Belle wiederbegegnete. Ihre Familie hatte sich in Sycene in der Nähe von Dallas niedergelassen, und sie wurde seine Geliebte. Myra Belle war Mutter einer Tochter namens Pearle, die angeblich Cole Younger gezeugt hatte.

Reed, Belle und Pearl siedelten nach Dallas um, wo das Paar einen Sohn bekam, den es auf den Namen Eddie taufte. Nachdem er außerhalb des Staatsgebietes zwei Überfälle begangen hatte, kehrte Reed mit seiner »Familie« nach Texas zurück und kaufte in der Nähe von Sycene eine Farm.

Am 30. November 1873 zogen Reed, Belle, Dan Evans und ein weiterer Räuber nach Oklahoma und begaben sich zu der am North Canadian River gelegenen Hütte eines gewissen Watt Grayson. Grayson war ein Häuptling der Creek-Indianer, der Handelswaren- und Lebensmittellieferungen der Regierung für seinen Stamm verwaltete. Reeds Bande folterte ihn so lange, bis er verriet, wo er sein Geld, insgesamt dreißigtausend Dollar, versteckt hatte.

Reed, der wegen dieser und anderer Missetaten immer schärfer verfolgt wurde, mußte Belle schließlich verlassen. Am 7. April 1874 überfielen Reed und zwei Komplizen in der Nähe von Blanco, Texas, eine Postkutsche, worauf mehrere Belohnungen, die sich auf insgesamt viertausend Dollar beliefen, auf ihn ausgesetzt wurden. Wenige Monate später wurde er von einem seiner Bekannten wegen des Kopfgeldes getötet.

Schießereien: *1861, Carthage, Missouri.* Reed hatte sich mit John Shirley gestritten, weil er dessen jugendlicher Tochter Myra Belle Avancen machte. Nach einem hitzigen Wortwechsel lieferten sich Reed und Shirley einen Schußwechsel, bei dem niemand zu Schaden kam. Danach beschlossen die beiden Männer, ihre Meinungsverschiedenheiten auf weniger gewaltsame Weise auszutragen.

1866, Vernon County, Missouri. Reed ergriff bei einer nachbarschaftlichen Fehde Partei und wurde bald darauf von zwei Widersachern zur Rede gestellt. Die drei Männer schossen aufeinander, und Reed verletzte beide Gegner tödlich.

6. August 1874, bei Paris, Texas. Reed ritt mit Deputy Sheriff John T. Morris, einem Freund, der um seine wahre Identität wußte. Etwa fünfzehn Meilen vor Paris machten sie an einem Farmhaus halt und wollten sich etwas zu essen besorgen. Weil sie die Dame des Hauses nicht erschrecken wollten, ließen sie ihre Schußwaffen bei den Pferden.

Während des Essens stand Morris, dem die Aussicht auf eine Belohnung mehr wert war als jede Freundschaft, auf und stahl sich hinaus, um seinen Revolver zu holen. Bei seiner Rückkehr erklärte er Reed für festgenommen. Reed stürzte sich sofort auf Morris, worauf die beiden Männer miteinander rangen. Reed versetzte

Morris mehrere heftige Hiebe, doch Morris bekam den Revolver frei und schoß dem Outlaw in den Bauch. Reed brach zusammen und war nach wenigen Minuten tot.

Quelle: Croy, *Last of the Great Outlaws,* 86–93, 167, 223.

Riggs, Barney

Gest. um 1900, Fort Stockton, Texas. Cowboy, Sträfling, Rancher.

Der aus Westtexas stammende Riggs wurde häufig in Auseinandersetzungen verwickelt und machte dabei ohne viel Federlesens von der Waffe Gebrauch. Nachdem Riggs als Cowboy in Arizona seinen Arbeitgeber im Streit um eine gemeinsame Geliebte getötet hatte, wurde er zu einer lebenslangen Haftstrafe im *Yuma Territorial Prison* verurteilt. Bei einem Ausbruchsversuch rettete er einem Wärter das Leben und wurde anschließend begnadigt. Riggs kehrte nach Texas zurück, baute sich in der Nähe von Toyah eine Ranch auf, heiratete eine Schwester von Bud Frazer und wurde in die Fehde zwischen Sheriff Frazer und Killin' Jim Miller verwickelt. Nachdem Riggs bei einer Saloonschießerei zwei von Millers Männern getötet hatte, ging er fortan allen Streitigkeiten aus dem Weg. Er wurde schließlich von seinem Stiefenkel in Fort Stockton getötet.

Schießereien: *Oktober 1887, Yuma, Arizona.* Superintendent Thomas Gates wurde bei einem Streifengang in der Nähe des Zuchthaustors von sieben mit Messern bewehrten Mexikanern überfallen, die ihre Freilassung forderten. Assistent Superintendent Johnny Behan war so geistesgegenwärtig, das Tor aufzuschließen. Als die Häftlinge verzweifelt versuchten, Schußwaffen in ihren Besitz zu bringen, kam es zu einem Handgemenge.

Weitere Wachen stürmten hinzu, schossen und prügelten auf die Häftlinge ein.

Der Wärter B. F. Hartlee streckte die Sträflinge López, Bustamente und Vásquez nieder. Gates, der bereits mehrmals mit Schußwaffen und Messern angegriffen worden war, bekam von einem verletzten Gefangenen namens Puebla ein Messer in den Hals gerammt. Daraufhin ergriff Vásquez den Aufseher und schob ihn als Schutzschild vor sich her. Gates wiederum schrie Barney Riggs zu, er solle López' zu Boden gefallenen Revolver an sich nehmen und ihm zu Hilfe kommen.

Riggs, der die Auseinandersetzung von nahem verfolgt hatte, stürmte hinzu, ergriff die Waffe und jagte Puebla eine Kugel in die Brust. Hartlee, der bereits auf Riggs angelegt hatte, ehe ihm klar wurde, was dieser vorhatte, schoß Puebla in den Rücken, als dieser gerade von Riggs zweiter Kugel am Bein getroffen wurde. Als der Sträfling sterbend zu Boden sank, rannte ein Gefangener namens Sprague hinzu, preßte die Hand auf die Halswunde des Aufsehers und trug ihn gemeinsam mit Riggs zu seiner Unterkunft.

3. März 1896, Pecos, Texas. In Fort Stockton hörte man, wie John Denson und ein anderes Rauhbein, ein gewisser Bill Earhart, die beide mit John Wesley Hardin und Jim »Killer« Miller befreundet waren, finstere Drohungen wider Riggs ausstießen. Riggs, der seinerzeit im benachbarten Pecos wohnte, hatte Differenzen mit Miller. Als Hardin, Denson und Earhart nach Pecos aufbrachen, wo sie vermutlich Riggs aufsuchen wollten, schickte der Ordnungshüter Dee Harkey ein Telegramm und warnte ihn vor den Besuchern. Den ganzen nächsten Tag über zogen die drei Rauhbeine aus Fort Stockton trinkend und randalierend durch die Stadt. Riggs bewaffnete sich, ging ihnen aber wohlweislich aus dem Weg.

In den frühen Morgenstunden jedoch, als Riggs allein in R. S. Johnsons Saloon stand, wo er einen Freund als Barkeeper vertrat, kamen Denson und Earhart in das Lokal. Barney Riggs wurde von einem Schuß aus Earharts Sechsschüsser gestreift, worauf er den Revolver aus dem Hosen-

bund zog und Earhart eine tödliche Kugel genau zwischen die Augen jagte. Doch Riggs hatte die Trommelarretierung gelöst, damit die Waffe nicht zu tief in die Hose rutschte, und als er den Revolver jetzt herausriß, verschoben sich einige Patronen, so daß sich die Trommel nach dem ersten Schuß nicht mehr weiterdrehte.

Während Riggs an seiner Waffe herumhantierte, rangelte Denson kurz mit ihm, entschloß sich dann aber zur Flucht. Riggs schoß hinter ihm her, doch Denson gelangte ungeschoren auf die Straße und rannte davon. Riggs lief zur Tür, nahm genau Ziel und jagte Denson eine Kugel in den Hinterkopf, die ihn auf der Stelle tötete. Anschließend stellte er sich, worauf Harkey umgehend für seine Freilassung sorgte.

Um 1900, Fort Stockton, Texas. Eine Auseinandersetzung im Familienkreis erregte den Zorn von Riggs Stiefenkel. Der Jugendliche griff zum Revolver und erschoß Riggs.

Quellen: Harkey, *Mean as Hell,* 72–73, 113; Jeffrey, *Adobe and Iron,* 89–92; Shirley, *Shotgun for Hire,* 22–26, 33–36, 41, 44–46.

Riley, Jim

Geb. 1853.

Über Riley ist, abgesehen davon, daß er eine entscheidende Rolle beim sogenannten *Newton General Massacre* spielte, so gut wie nichts bekannt. Doch als Mitwirkender bei einer der aufsehenerregendsten Schießereien des Westens verdient er es, in einer Auflistung der großen Revolvermänner genannt zu werden.

Riley tauchte 1871 als Achtzehnjähriger im wilden Newton auf, seinerzeit Endstation der Eisenbahn in Kansas und eine boomende Rinderstadt. Riley, ein schmächtiger, an Schwindsucht leidender junger Mann, schloß sich Mike McCluskie an, dem ruppigen Vormann eines Eisenbahnbautrupps. McCluskie tötete einen texanischen Spieler und wurde zehn Tage später von mehreren Cowboys aus Texas bedroht. Riley war zur Stelle, als McCluskie von den Texanern angegriffen wurde, und schrieb dadurch ein Stück Western-Geschichte.

Schießerei: *20. August 1871, Newton, Kansas.* Am Sonnabend, dem 19. August, kehrte Mike McCluskie nach Newton zurück, genau acht Tage nachdem er den Spieler William Bailey getötet hatte. Trotz finsterer Drohungen von Baileys Freunden verbrachte McCluskie den Abend im Hide Park – einem verrufenen Viertel von Newton, in dem es zahlreiche Bordelle und zwei Tanzsalons gab, das *Alamo* und Perry Tuttles Etablissement, die etwa dreißig Meter voneinander entfernt waren.

Das *Alamo* schloß um Mitternacht, doch in Tuttles Lokal herrschte hinterher noch Hochbetrieb. McCluskie saß am Pharaotisch, während Riley unter der Tür stand und stillschweigend aufpaßte. Gegen ein Uhr morgens zog der Cowboy Hugh Anderson, der geschworen hatte, Baileys Tod zu rächen, seinen Revolver und ging zum Pharaotisch. »Du bist ein feiger Hundesohn«, schrie er und hob die Waffe. »Ich blase dir das Schädeldach weg.« Anderson schoß und traf McCluskie am Hals. McCluskie fuhr hoch, zog seinen Revolver und drückte auf Anderson ab, doch die Patrone zündete nicht. Anderson jagte McCluskie eine Kugel ins Bein und streckte ihn nieder. Im Fallen ging McCluskies Waffe los, dann wurde er von einer weiteren Kugel am Rücken getroffen.

Jetzt eröffneten die anderen Texaner das Feuer, und ein Cowboy namens Jim Martin, der die Schießerei unterbinden wollte, wurde am Hals getroffen. Während Martin an Riley vorbeitorkelte, um auf der staubigen Straße vor dem *Alamo* sein Leben auszuhauchen, wurden zwei von McCluskies Freunden – die Eisenbahnangestellten Hickey und Patrick Lee – am Bein beziehungsweise am Bauch getroffen (Lee erlag später seiner Verletzung). Dar-

aufhin schloß Riley seelenruhig die Tür des Tanzsalons, verriegelte sie, zog seinen Revolver und nahm sich die Texaner vor, die seinen Freund getötet hatten. Drei Cowboys wurden durch seine Schüsse verletzt, darunter auch Anderson, der zwei Kugeln ins Bein bekam. Die beiden anderen, Billy Garrett und Henry Kearnes, erlagen ihren Brustverletzungen.

Quelle: Miller und Snell, *Great Gunfighters of the Kansas Cowtowns*, 65–72, 74.

Riley, Thomas

Gest. im Juni 1868 bei Dayton, Nevada.
Riley war ein wilder Bursche, der es 1868 zu kurzem Ruhm brachte. Innerhalb weniger Tage schoß Riley einen Sheriff nieder, setzte sich gegen eine Posse zur Wehr und beging schließlich Selbstmord.

Schießereien: *Juni 1868, bei Carson City, Nevada.* Riley begegnete in der Nähe von Carson City Sheriff Tim Smith, worauf es zu einer Auseinandersetzung kam. Smith versuchte seines Amtes zu walten und wurde von Riley erschossen.

Juni 1868, bei Dayton, Nevada. Kurz darauf wurde Riley von einem gewissen Asa Kenyon in Dayton auf der Straße erkannt, worauf dieser Helfer um sich scharte, um Riley zu ergreifen. Als die Bürgerwehr nahte, wich Riley zurück, nahm sich ein Pferd und galoppierte aus der Stadt. Eine von den Bürgern aufgestellte Posse ritt hinter ihm her, worauf es zu einer wilden Verfolgungsjagd kam. Riley verletzte das Possemitglied H. A. Comins, doch als seine Munition zur Neige ging und die Posse immer näher rückte, verübte er Selbstmord.

Quelle: Ashbaugh, *Nevada's Turbulent Yesterday*, 104.

Ringo, John

Gest. 14. Juli 1882, Turkey Creek Canyon, Arizona. Revolvermann, Spieler, Rustler, Ordnungshüter.

Johnny Ringo war ein geheimnisumwitterter Mann, der als einer der tödlichsten Revolvermänner des amerikanischen Westens galt. Leider ist zu wenig über ihn bekannt, als daß man ihn als wirklich großen Gunfighter bezeichnen könnte.

Er wurde vermutlich Anfang der fünfziger Jahre in Ringoes, New Jersey, oder in Missouri geboren, wo er das *William and Jewell College* in Liberty besuchte. Sein Name lautete vermutlich Ringo und nicht, wie es manchmal heißt, Ringgold.

Ringo, der angeblich an den texanischen Weidekriegen teilgenommen haben soll, war 1877 mit Bill Taylor, John Wesley Hardin und Mannen Clements, alten Kämpen aus den Zeiten der Sutton-Taylor-Fehde, in Austin inhaftiert. Anschließend zog Ringo gen Westen, landete in Shakespeare, New Mexico, und begab sich von dort aus nach Tombstone, das seinerzeit gerade seine Blüte erlebte.

Ringo war ein gebildeter Mann, der aus dem Stegreif Shakespeare zitieren konnte, andererseits aber eine gefährliche Neigung zum Alkohol hatte. Er war ein Gefolgsmann der Clantons und McLaurys und war nachweislich an etwa fünf Schießereien beteiligt. In Tombstone betätigte er sich zwar eine Zeitlang als Viehdieb, wurde aber von Sheriff John Behan zum Deputy ernannt.

Nach einer zweiwöchigen Zechtour mit Buckskin Frank Leslie wurde Ringo im Sommer 1881 im Turkey Creek Canyon tot aufgefunden. Da er an einem Kopfschuß gestorben war, ging man davon aus, daß er Selbstmord begangen habe. Aber Ringo war zudem skalpiert worden, und weder seine Flinte noch die beiden Revolver waren abgefeuert worden. Billy Claiborne meinte schließlich, daß Leslie Ringo getötet habe. Doch Pony Deal, Ringos Freund und Spielerkollege, war davon überzeugt, daß Johnny O'Rourke, ein anderer Spieler, für die Tat verantwortlich sei. Pony Deal spürte O'Rourke auf und erschoß ihn.

Schießereien: *Dezember 1879, Safford, Arizona.* Ringo, der sich in einem Saloon in Safford betrank, wollte einem gewissen Louis Hancock ein Glas aufnötigen. Als dieser ablehnte, zog Ringo beleidigt seinen Revolver, schlug ihn Hancock über den Schädel und fügte ihm eine schwere Halsverletzung zu.

28. Dezember 1881, Tombstone, Arizona. Gegen Mitternacht wurde Virgil Earp, der kurz zuvor den *Oriental Saloon* verlassen hatte, durch Schrotschüsse aus dem Hinterhalt schwer an Arm und Seite verletzt. Zuvor hatte man gesehen, wie Ringo und andere Feinde der Earps mit Schrotflinten bewehrt durch die Stadt gezogen waren, weshalb man allgemein annahm, daß Virgil Earp von diesen Männern niedergeschossen worden war.

Quellen: Waters, *Earp Brothers of Tombstone,* 152, 205, 222, 226, 234, 252; Lake, *Wyatt Earp,* 72, 234–235, 247, 271–272, 275, 278, 306–308, 310, 314–315, 319, 333–336, 346, 357; Hogan, *Life and Death of Johnny Ringo,* 125–126; Erwin, *John H. Slaughter,* 24, 195–196, 201–207, 213, 250.

Roberts, Andrew L.

(»Buckshot«)

Gest. 4. April 1878, Blazer's Mill, New Mexico. Soldat, Krimineller, Kopfgeldjäger, Büffeljäger.

Der aus dem Süden der Vereinigten Staaten stammende Roberts galt gemeinhin als Desperado und Revolvermann, ohne daß jemand Genaueres wußte. Gerüchten zufolge sollte er ein desertierter Soldat sein, ein Sträfling, Texas Ranger und zugleich erbitterter Feind der Texas Rangers. Angeblich war er nach einer Schießerei mit den Texas Rangers nach New Mexico gekommen; ein andermal hieß es, er sei seit einer

Schießerei, über die man nichts Näheres wußte, körperbehindert gewesen. Er war teilweise gelähmt und schoß mit seiner Flinte aus der Hüfte, weil er sie nicht bis zur Schulter heben konnte.

Unklar ist auch, woher der Spitzname Roberts' (»buckshot« = Posten, grobes Schrot) stammte. Einige sagten, weil er mit Vorliebe eine Schrotflinte benutzte, andere meinten, weil er etliche Schrotkugeln im Körper stecken habe, und schließlich hieß es, weil er bei seiner Flucht aus Texas mit Schrotflinten unter Beschuß genommen worden sei. Er wurde ins Lincoln County verschlagen, war einer aus der Posse, die den Rancher John Tunstall ermordete, und kam kurz darauf bei einer blutigen Schießerei bei Blazer's Mill ums Leben.

Schießerei: *4. April 1878, Blazer's Mill, New Mexico.* Roberts, den einerseits die zweihundert Dollar Belohnung lockten, die auf die Mörder von Sheriff William Brady ausgesetzt waren, und der zudem wußte, daß eben diese Killer ihn wegen seiner Beteiligung am Mord des Ranchers John Tunstall suchten, faßte den Entschluß, so viele Gegner wie möglich auszuschalten. Der von Dick Brewer geführte Haupttrupp der Regulatoren, darunter Billy the Kid, Charlie Bowdre, Frank und George Coe, Henry Brown und John Middleton, hielt sich in Blazer's Mill auf und wartete auf das Essen, als Roberts auf einem Maultier vorritt.

Roberts, der mit zwei Revolvern und einer *Winchester* bewaffnet war, plauderte zunächst mit Frank Coe, während sich die anderen berieten. Coe wollte seinen einstigen Freund überreden, sich zu ergeben, doch der alte Revolvermann lehnte dies nachdrücklich ab und verwies auf Billy Morton und Frank Baker, die unlängst getötet worden waren, nachdem sie die Waffen gestreckt hatten.

Daraufhin beschloß Brewer, daß Roberts festzunehmen sei, und Charlie Bowdre, Henry Brown und George Coe wollten ihn in Gewahrsam nehmen. Als die drei Männer um das Haus herumkamen, redete Frank Coe nach wie vor auf Roberts ein, der das durchgeladene Gewehr quer über dem Schoß liegen hatte. Bowdre forderte Roberts mit vorgehaltener Waffe auf, sich zu ergeben.

»Nichts Großes, Mary Ann«, knurrte Roberts und riß die *Winchester* hoch. Beide Männer drückten gleichzeitig ab. Bowdres Kugel traf Roberts am Bauch und drang am Rücken wieder aus. Roberts' Geschoß prallte an Bowdres Patronengurt ab, zerschmetterte George Coes rechte Hand und riß dessen Zeigefinger ab. Als die übrigen Possemitglieder angerannt kamen, drückte Roberts noch dreimal ab, schoß Billy the Kid den Hut vom Kopf und jagte John Middleton eine Kugel in die Brust.

Danach schleppte sich Roberts ins Schlafquartier von Blazer's Mill und verschanzte sich, nachdem er eine 50er *Sharp*-Büffelbüchse gefunden hatte, hinter einer Matratze am einzigen Fenster des Raumes.

Als er die schwere Waffe anlegte, zog sich die Posse hinter die nächste Hausecke zurück. Dick Brewer forderte ihn erneut auf, sich zu ergeben, erntete aber nur Flüche und versuchte daraufhin, zu einem Holzstapel vorzudringen, der sich etwa fünfzig Meter vor Roberts' Stellung befand. Brewer feuerte auf Roberts, traf den Fensterrahmen und duckte sich hinter die Holzstapel. Als er vorsichtig den Kopf hob und über die Stämme hinwegspähen wollte, donnerte die Büffelbüchse los. Die großkalibrige Kugel riß Brewers Schädeldach ab.

Roberts stieß einen Triumphschrei aus. Dann rief er Dr. J. H. Blazer, einen Zahnarzt im Ruhestand, dem das Sägewerk gehörte, zu sich und verhandelte kurz mit ihm. »Mich hat's erwischt«, erklärte Roberts. »Mir kann keiner mehr helfen. Alles ist aus.«

Blazer berichtete der Posse, daß Roberts keine Stunde mehr zu leben habe, worauf die Regulatoren abzogen, um Coe und Middleton möglichst schnell in ärztliche Behandlung zu bringen. Roberts starb bald darauf und wurde ebenso wie Brewers hinter dem Sägewerk begraben.

Quellen: Keleher, *Violence in Lincoln County,* 113–114, 120, 133, 206, 228, 252, 258, 262–263, 276, 292, 308, 312–314, 325; Coe, *Frontier Fighter,* 60, 64–71; Fulton, *Lincoln County War,* 112–113, 119, 172–177; Rickards, *Blazer's Mill.*

Roberts, Jim

Geb. 1859; gest. 8. Januar 1934, Clarkdale, Arizona. Revolvermann, Ordnungshüter.

In den Annalen des amerikanischen Westens taucht Roberst erstmals als Revolvermann auf seiten des Tewksbury-Clans im *Pleasant Valley War* auf. Er war einer der Tatverdächtigen, als das Familienoberhaupt des Graham-Clans getötet wurde, und er nahm auch an den anschließenden Schießereien teil. Nach dem Ende der Fehde konnte er alle Vorwürfe gegen seine Person aus der Welt schaffen, heftete sich den Sheriffstern an die Brust und trug ihn bis an sein Lebensende.

Roberts war als Ordnungshüter in einer Reihe von Bergarbeiterstädten tätig, so auch einige Jahre als Marshal von Jerome, Arizona. Als Siebzigjähriger lieferte er sich in Clarkdale, wo er die letzten Jahre seines Lebens als Sicherheitsbeauftragter im besonderen Einsatz für die *United Verde Copper Company* arbeitete, eine Schießerei mit Bankräubern. 1934 erlag er in Clarkdale auf offener Straße einem Herzanfall.

Schießereien: *10. August 1887, Pleasant Valley, Arizona.* Roberts und fünf weitere Tewksbury-Anhänger wurden von sieben Cowboys unter der Führung von Tom Tucker angegriffen. Tewksburys Männer feuerten aus der sicheren Deckung einer Hütte zurück, töteten zwei Angreifer, verletzten drei weitere und verjagten die Cowboys. Auf wessen Konto die Treffer gingen, ließ sich nach diesem kurzen, hektischen Schußwechsel nur schwer feststellen, doch als John Paine unter seinem Pferd begraben wurde, riß ihm eine von Roberts abgefeuerte Kugel das rechte Ohr ab. Jim Tewksbury wiederum tötete einen Gegner, der gerade die Flucht ergreifen wollte.

2. September 1887, Pleasant Valley, Arizona. Roberts und mehrere andere Tewksbury-Anhänger verschanzten sich in einer Hütte, nachdem John Tewksbury und Bill Jacobs im Morgengrauen niedergemetzelt worden waren. Nach einer eintägigen Belagerung konnte sich der Tewksbury-Trupp davonschleichen, mußte allerdings die beiden Leichen zurücklassen.

16. September, Pleasant Valley, Arizona. Der Tewksbury-Clan wurde von einem gegnerischen Trupp bei Tagesanbruch in seinem Lager in der Nähe von Cherry Creek überrascht. Roberts und Jim Tewksbury, die noch unter ihren Decken lagen, eröffneten sofort das Feuer, verletzten Harry Middleton tödlich, trafen Joe Underwood an beiden Beinen und schlugen die Angreifer in die Flucht.

1928, Clarkdale, Arizona. Zwei Räuber, die gerade die *Bank of Arizona* in Clarkdale überfallen hatten, wollten mit einem Automobil davonrasen, als sie von Jim Roberts entdeckt wurden. Der Siebzigjährige zog seinen alten Colt mit einfacher Hahnspannung und eröffnete das Feuer. Einer der Räuber wurde getötet, worauf das Auto ins Schleudern geriet und umkippte. Roberts stürzte sich auf den anderen Banditen, der sich daraufhin widerstandslos ergab.

Quelle: Drago, *The Great Range Wars,* 108, 110–112, 115, 125, 130, 146, 291.

Roberts, Judd

Geb. im Williamson County, Texas; gest. im Juli 1887 im texanischen Panhandle. Räuber, Pferdedieb.

Roberts kam 1885 erstmals zu zweifelhaftem Ruhm, als eine vierköpfige Bande unter seiner Führung in Fredericksburg, Texas, einen Rancher namens Brautigen ausraubte und ermordete. Texas Rangers faßten Roberts und einen seiner Komplizen, und da in Fredericksburg Rufe nach Lynchjustiz laut wurden, brachte man die beiden in das neue, »ausbruchssichere« Gefängnis in San Antonio. (Zu Recht, wie sich herausstellte, als kurz darauf eine Posse aus Fredericksburg ein drittes Mitglied der Bande faßte und ins heimische Gefängnis warf, das »sogleich und unter rätselhaften Umständen« abbrannte, wobei der Desperado qualvoll in den Flammen umkam.)

Nach viermonatiger Haft flüchteten Roberts und sein Gefährte aus dem Gefängnis in San Antonio, und bald darauf trieb er sein Unwesen als Pferdedieb im texanischen Panhandle. Da Roberts regelmäßig ins Williamson County reiste, wo er Verwandte und Freunde besuchte, wurde der Texas Ranger Ira Aten ausgesandt, um ihn abzufangen. Nach mehreren Zusammenstößen, bei denen der Outlaw mit knapper Not hatte entkommen können, wurde Roberts von Aten und dem künftigen Ranger John Hughes bei einer Schießerei im texanischen Panhandle getötet.

Schießereien: *April 1887, Williamson County, Texas.* Roberts, der von dem Texas Ranger Ira Aten in seinem Heimat-County gejagt wurde, stellte fest, daß sich der Ordnungshüter mit einem einheimischen Rancher namens George Wells angefreundet hatte. Rachsüchtig ritt Roberts zu Wells' Ranch, wo Aten auf der Lauer lag und ihn mit der Aufforderung »Hände hoch!« überraschte. Roberts griff zum Revolver, worauf beide Männer gleichzeitig abdrückten. Roberts wurde an der Hand getroffen, riß sein Pferd herum und sprengte davon. Nachdem er von einem befreundeten Arzt behandelt worden war, setzte er sich in den texanischen Panhandle ab.

Juni 1887, Liberty Hill, Texas. Kurz nach der Rückkehr in sein Heimat-County hatte Roberts einen Zusammenstoß mit einem jungen Rancher namens John Hughes. Roberts sann auf Rache und wollte Hughes auf dessen in der Nähe von Liberty Hill im benachbarten Burnet County gelegenen

Anwesen überfallen. Als der Outlaw im Morgengrauen auf die Veranda vor Hughes Haus schlich, wurde er erneut von dem allgegenwärtigen Ira Aten überrascht, der vorsichtshalber über Nacht bei Hughes geblieben war. Es kam zu einem kurzen Kugelwechsel, bei dem der Roberst einmal mehr an der Schußhand getroffen wurde – und wieder in den Panhandle entkommen konnte.

Juli 1887, im texanischen Panhandle. Einen Monat später hatte sich Roberts auf einer Ranch im texanischen Panhandle eingenistet und warb inbrünstig um die Tochter des Besitzers. An einem Sommertag wurde Roberts etwa hundert Meter vom Ranchhaus entfernt von Aten und Hughes gestellt, die den Outlaw seit Wochen verfolgten. Obwohl die beiden ihre Waffen gezogen hatten, drückte Roberts den Revolvergriff nach hinten und feuerte durch die offene Unterseite des Holsters. Eine Kugel drang durch Atens Buschjacke, doch im gleichen Augenblick wurde Roberts von sechs Kugeln in Brust, Bauch und Unterleib getroffen. Der Sterbende gestand den Mord an Brautigen, wurde dann in einem Kutschwagen zum Ranchhaus gebracht und verschied in den Armen seiner Liebsten.

Quelle: Preece, *Lone Star Man – Ira Aten*, 144–160.

Robertson, Ben F.

(»Ben Wheeler«)

Geb. 1854 in Rockdale, Texas; gest. 30. April 1884, Medicine Lodge, Kansas. Cowboy, Ordnungshüter, Bankräuber.

Ben Robertson war der glücklose Sproß einer angesehenen texanischen Familie, deren anderer Sohn, sein Bruder, Generalverwalter für die staatlichen Ländereien wurde. Ben hingegen verließ nach einer Schießerei seine Frau und die vier Kinder und begab sich nach Cheyenne. Er arbeitete ein paar Jahre lang als Cowboy und zog dann weiter nach Indianola in Nebraska.

Henry Brown (Bildmitte, mit Halstuch), sein Deputy Ben Robertson alias »Ben Wheeler« (der große Mann im Vordergrund rechts) sowie John Wesley (links neben Brown) und Billy Smith (zwischen Brown und Wheeler), ihre Komplizen beim Bankraub von Medicine Lodge, nach ihrer Festnahme durch eine Posse. *(Kansas State Historical Society, Topeka)*

Dort heiratete Robertson im November 1881 unter dem Namen Ben F. Burton eine gewisse Alice Wheeler. Bis zum nächsten Frühjahr wohnte er mit ihr bei den Schwiegereltern, verließ sie dann und zog nach Caldwell, Kansas, wo ihn Marshal Henry Brown im Dezember 1882 zum Deputy ernannte. Seine zweite Frau spürte ihn dort auf, doch er schickte sie nach Indianola zurück und versprach, ihr und dem Kind Geld zu schicken, wenn sie zu Hause bliebe. Nachdem er anderthalb Jahre lang als tüchtiger Ordnungshüter seinen Mann gestanden hatte, wurde »Wheeler« (wie er sich in Kansas nannte) wegen seiner Beteiligung an einem der berühmt-berüchtigtsten Banküberfälle in der Geschichte des amerikanischen Westens gelyncht.

Schießereien: *1878, Texas.* Bei einem Streit mit einem anderen Mann griff Robertson zur Waffe und verletzte seinen Widersacher schwer. Anschließend flüchtete er aus dem Staat.

11. April 1883, bei Hunnewell, Kansas. Ben Robertson und vier weitere Ordnungshüter hatten ein Lager umstellt, in dem sich ein Viehdieb namens Ross mit seiner Familie aufhielt. Als ihn die Posse aufforderte, sich zu ergeben, weigerte sich Ross und eröffnete mit seinen beiden Söhnen das Feuer. Nach einer etwa dreißigminütigen Schießerei hatten die Ordnungshüter einen der Söhne getötet und den anderen verletzt, woraufhin Ross die Waffen streckte.

21. November 1883, Caldwell, Kansas. Ben Wheeler begleitete Cash Hollister, als dieser Chet Van Meter festnehmen wollte. Van Meter empfing die Ordnungshüter mit schußbereiter *Winchester* vor seinem Farmhaus. Wheeler forderte ihn auf, die Hände zu heben, woraufhin Van Meter das

290 Rudabaugh, David

Feuer eröffnete. Wheeler und Hollister schossen Van Meter zusammen und schafften die Leiche nach Caldwell.

30. April 1884, Medicine Lodge, Kansas. Unter dem Vorwand, sie seien auf der Suche nach einem Mörder, verließen Marshal Henry Brown und sein Deputy Ben Wheeler Caldwell und begaben sich nach Medicine Lodge, wo sie die *Medicine Valley Bank* überfallen wollten. Gemeinsam mit William Smith und John Wesley ritten die beiden Ordnungshüter aus Caldwell während eines heftigen Regenschauers in Medicine Lodge ein und betraten zu fortgeschrittener Morgenstunde die Bank, wo sie Bankdirektor E. W. Payne und den Kassierer George Geppert antrafen.

Payne wollte sich zur Wehr setzen und griff zu einer Schußwaffe, worauf er von Brown tödlich verletzt wurde. Wheeler verlor die Nerven, drehte sich um und feuerte zwei Schüsse auf Geppert ab, der bereits die Hände gehoben hatte. Geppert schleppte sich in den Tresorraum, verschloß die Tür, brach zusammen und starb.

Die Outlaws sprengten aus der Stadt, wurden aber von einer Posse verfolgt und in einen Canyon gejagt, aus dem es keinen Ausweg gab. Nach zweistündiger Belagerung ergaben sich die Räuber und wurden in die Stadt zurückgebracht.

Die Gefangenen wurden in einem Blockhaus eingesperrt, doch gegen 21 Uhr überwand eine aufgebrachte Menschenmenge die Wachen und brach die Tür auf. Brown stürzte sich ins Gewühl, versuchte zu entkommen und wurde dabei erschossen. Wheeler nutzte das Durcheinander und stürmte in die andere Richtung davon. Doch als er sich aus dem Getümmel löste, fing seine Weste durch das Mündungsfeuer eines Revolvers Feuer. In der Dunkelheit bot das brennende Kleidungsstück ein leichtes Ziel, so daß Wheeler nach knapp hundert Metern niedergeschossen wurde. Eine Kugel hatte seinen rechten Arm zerschmettert, drei weitere waren in seinen Leib gedrungen, und eine fünfte hatte zwei Finger seiner linken Hand abgerissen.

Wheeler wurde gemeinsam mit Smith und Wesley zu einem Baum geschleift, über dessen stärksten Ast man drei Seile warf. Wheeler, der zuvor versucht hatte, seiner Frau einen Brief zu schreiben, aber unter Tränen feststellen mußte, daß er dazu nicht in der Lage war, verlor nun vollends die Fassung. Lauthals flehte er um Gnade und versprach, »viele Dinge, die für das Gemeinwesen insgesamt von Interesse wären« preiszugeben. Die ungehaltenen Mitglieder dieses Gemeinwesens indessen knüpften ihn neben Smith und Wesley auf.

Quellen: Miller und Snell, *Great Gunfighters of the Kansas Cowtowns,* 49, 52–63, 143, 145–1–6,; Miller und Snell, *Why the West Was Wild,* 625–629; Rasch, »A Note on Henry Newton Brown«, *Los Angeles Westerners Brand Book,* V (1953), 64–67.

Rudabaugh, David

Geb. um 1840; gest. 18. Februar 1886, Parral, Mexiko. Viehdieb, Eisenbahn- und Postkutschenräuber, Cowboy.

Dave Rudabaugh war ein ausgemachter Tunichtgut, der Ende der siebziger Jahre als Anführer einer Diebes- und Rustler-Bande in Texas erstmals auf sich aufmerksam machte. Anschließend zog er nach Kansas und überfiel am Sonntag, dem 27. Januar 1878, mit vier Komplizen in Kinsley einen Eisenbahnzug. Wenige Tage später wurden Rudabaugh und Edgar West in ihrem Lager von einer Posse unter Bat Masterson gestellt; Dave griff zum Revolver, mußte sich aber ergeben, als John Joshua Webb ihn unter Beschuß nahm. Später wurden die anderen Komplizen Rudabaughs festgenommen; er selbst kam frei, nachdem er als Belastungszeuge gegen seine Kameraden ausgesagt hatte.

Rudabaugh gelobte feierlich, er werde »fortan ein ehrliches Leben führen«, aber wenig später zog er nach New Mexico und nahm dort wieder sein übliches Treiben auf. 1879 beteiligte er sich in der Gegend von Las Vegas an einem Eisenbahn- und einem Postkutschenüberfall. In Las Vegas traf er mehrere alte Bekannte aus Kansas wieder, lauter Diebe, Räuber und Betrüger, die seit sechs Monaten ihr Unwesen in der Stadt trieben. Die sogenannte »Dodge-City-Gang« wurde von City Marshal John Joshua Webb unterstützt, doch als Webb im März 1880 wegen Mordes festgenommen wurde, zerstreute sich die Bande in alle Winde.

Rudabaugh, der Webb offensichtlich verzieh, daß er ihn zwei Jahre zuvor festgenommen hatte, versuchte den auf die schiefe Bahn geratenen Ordnungshüter aus dem Gefängnis zu befreien. Das Unternehmen mißlang; Rudabaugh erschoß einen Wärter, ergriff die Flucht und schloß sich Billy the Kids Outlaw-Bande an. Er beging mit Billy the Kid Viehdiebstähle und war an etlichen Schießereien beteiligt. Nach einer gnadenlosen Verfolgungsjagd ergab sich Rudabaugh im Dezember 1880 mit Billy the Kid einer von Pat Garrett geführten Posse. Er wurde wegen Mordes zum Tod durch den Strang verurteilt und in Las Vegas eingesperrt, wo auch John Joshua Webb inhaftiert war.

Rudabaugh, Webb und zwei Mithäftlinge versuchten sich im September 1881 den Fluchtweg freizuschießen. Zwei Monate darauf gelang Rudabaugh, Webb und fünf weiteren Häftlingen der Ausbruch durch ein Loch in der Wand. Rudabaugh und Webb gingen nach Texas und zogen von dort aus nach Mexiko, wo sich Webbs Spur verliert. Rudabaugh wurde Vormann auf einer Ranch, die dem Gouverneur von Chihuahua gehörte, wurde einmal mehr des Viehdiebstahls bezichtigt und flüchtete nach Parral. Dort wurde er 1886 nach diversen Überfällen und Schießereien enthauptet.

Schießereien: *30. April 1880, Las Vegas, New Mexico.* Drei Wochen nachdem John Joshua Webb zum Tod durch den Strang verurteilt worden war, versuchte Rudabaugh den früheren Marshal aus dem Gefängnis zu befreien. Das Vorhaben wurde von Deputy Sheriff Lino Váldez vereitelt, worauf sich die beiden Männer einen Schußwechsel lieferten. Rudabaugh verletzte Váldez tödlich, wurde aber seinerseits in die Flucht geschlagen. Er setzte sich nach Fort Sumner ab, wo er sich Billy the Kid anschloß.

30. November bis 1. Dezember 1880, bei White Oaks, New Mexico. Rudabaugh, Billy the Kid und Billy Wilson ritten in White Oaks ein – ein dreistes Unternehmen, nachdem Rudabaughs Gefährten am Vortag in der Nähe der Stadt mit knapper Not einer Posse entkommen waren. Als die Desperados Deputy Sheriff James Redman begegneten, feuerte einer der drei einen Schuß auf den Ordnungshüter ab. Redman ging hinter Will Hudgens Saloon in Deckung, doch zahlreiche Bürger rannten auf die Straße und verjagten die Unruhestifter aus der Stadt.

In dieser Nacht suchten die Outlaws in der rund vierzig Meilen von White Oaks entfernten Ranch von Jim Greathouse Zuflucht. Im Morgengrauen umstellte eine Posse das Ranchhaus, doch die drei konnten sich eine Atempause verschaffen, indem sie den als Geisel genommenen Rancher Greathouse gegen Deputy Sheriff James Carlyle austauschten.

Als Carlyle gegen Mitternacht des gleichen Tages aus einem Fenster sprang und fliehen wollte, wurde er tödlich getroffen. Die Schüsse wurden möglicherweise von den anderen Ordnungshütern abgefeuert, die ihren Kollegen irrtümlich für einen fliehenden Banditen hielten; sie können aber auch von den drei Outlaws abgegeben worden sein, die daraufhin sofort die Flucht ergriffen. Als die anderen Possemitglieder feststellten, daß es sich bei dem Toten um Carlyle handelte, brannten sie aus lauter Wut das Ranchhaus nieder. Rudabaugh und seine Freunde waren jedoch längst über alle Berge.

19. Dezember 1880, Fort Sumner, New Mexico. Billy the Kid, Rudabaugh, Wilson, Tom O'Folliard, Charlie Bowdre und Tom

Pickett ritten an einem kalten Sonntagabend müde und erschöpft nach Fort Sumner, wo sie Zuflucht suchen und sich eine
kurze Ruhepause gönnen wollten. Im Lazarett des alten Militärstützpunktes hatte
sich jedoch eine Posse unter Führung von
Pat Garrett versteckt, und als die Outlaws
sich dem Gebäude näherten, befahl ihnen
Garrett stehenzubleiben.

Die Outlaws versuchten zu fliehen, worauf die Posse das Feuer eröffnete, O'Folliard und Pickett verletzte und Rudabaughs
Pferd tötete. Rudabaugh sprang hinter
Wilson auf, und die ganze Bande sprengte
aus der Stadt – mit Ausnahme des tödlich
getroffenen O'Folliard. Der zügelte sein
Pferd, stellte sich und starb innerhalb der
nächsten Stunde in dem alten Lazarett.

Rudabaugh besorgte sich später ein
neues Pferd und versteckte sich gemeinsam
mit Billy the Kid, Wilson, Pickett und
Bowdre in einer verlassenen Steinhütte
in der Nähe von Stinking Springs.

*23. Dezember 1880, Stinking Springs, New
Mexico.* Mühelos konnte Garretts Posse
in der verschneiten Landschaft die Spur
der Flüchtigen verfolgen und über Nacht
heimlich das kleine Steingebäude umstel-
len, in dem sich die Outlaws verkrochen
hatten. Als Charlie Bowdre im Morgengrauen arglos aus der Hütte trat, wurde er
von den Ordnungshütern erschossen. Die
übrigen vier Outlaws versuchten ihre
Pferde ins Innere zu ziehen, doch Garrett
schoß zweien das Zaumzeug weg und
tötete ein drittes, so daß der Kadaver die
einzige Tür blockierte. Die Outlaws hielten den ganzen Tag über aus, obwohl
sie nichts zu essen hatten und keinerlei Fluchtmöglichkeit sahen. Schließlich
winkte Rudabaugh mit einem weißen
Tuch, kam heraus und verhandelte mit
Garrett. Nach seiner Rückkehr ergaben
sich die vier Outlaws, worauf Garrett sie
auf einen Wagen lud und ins Gefängnis
brachte.

19. September 1881, Las Vegas, New Mexico.
Der zum Tode verurteilte Rudabaugh war
gemeinsam mit John Joshua Webb in
Las Vegas inhaftiert. Rudabaugh, der sich
irgendwie eine Schußwaffe hatte besorgen
können, unternahm gemeinsam mit Webb
sowie Thomas Duffy und H. S. Wilson
einen Ausbruchsversuch. Er feuerte zwei
Schüsse auf den Wärter Florencio Mares
ab, ergab sich aber sofort, als dessen Assistent, ein gewisser Herculano Chavez,
Duffy tödlich verletzte. Keine zwei Monate später jedoch beschafften sich Rudabaugh, Webb und fünf weitere Sträflinge
einen Pickel, einen eisernen Schürhaken
und ein Messer und gruben sich über Nacht
einen Weg in die Freiheit.

18. Februar 1886, Parral, Mexiko. Rudabaugh
nahm in einer *cantina* (Schenke) in Parral
an einem Kartenspiel teil, das nach kurzer
Zeit abgebrochen wurde, als die Teilnehmer sich lauthals des Betrugs bezichtigten.
Rudabaugh und ein Mexikaner erhoben
sich, und Dave tötete den anderen mit
einem Kopfschuß. Ein weiterer Mitspieler
zog die Waffe und gab einen ungezielten
Schuß ab, worauf der Gringo ihm eine
Kugel aus seinem Revolver ins Herz jagte.
Danach suchte Rudabaugh sein Pferd,
konnte es aber nirgendwo finden und
kehrte in das Lokal zurück. Dort hatte man
inzwischen die Lichter gelöscht, und als
Rudabaugh eintrat, fielen die übrigen
Gäste über ihn her, überwältigten ihn
und trennten seinen Kopf vom Rumpf.

Quellen: Keleher, *Violence in Lincoln County,* 281–
299, 303, 319–320; Miller und Snell, *Great Gunfighters of the Kansas Cowtowns,* 93, 208–213, 215,
220–222, 320, 323; Garrett, *Billy, the Kid,* 93–97,
100–102, 114.

Rynning, Thomas H.

*Geb. 1866 in Beloit, Wisconsin; gest. 18. Juni
1941.* Fuhrmann, Cowboy, Soldat, Wildwest-Show-Darsteller, Eisenbahnangestellter, Ordnungshüter, Zuchthausaufseher.

Der im Alter von zwölf Jahren verwaiste
Tom Rynning zog als Teenager in den

Westen und arbeitete in Texas als Fuhrmann und Cowboy. 1885 meldete er sich
zum 8. US-Kavallerieregiment und wurde
bald darauf von Texas nach Arizona versetzt, wo er am letzten Feldzug gegen Geronimo teilnahm. 1891 quittierte er den
Militärdienst, trat in Buffalo Bill Codys
Wildwest-Show auf, arbeitete bei der
Southern Pacific Railroad und ritt während
des Spanisch-Amerikanischen Krieges mit
Theodore Roosevelts Rough Riders. Nach
seiner Entlassung heiratete Rynning und
ließ sich im Arizona Territory nieder. 1902
wurde er zum Captain der Arizona Rangers
ernannt, diente insgesamt fünf Jahre bei
dieser Polizeitruppe und trat danach den
Posten eines Superintendent im *Territorial
Prison* in Yuma an. Er starb 1941 im Alter
von fünfundsiebzig Jahren.

Schießereien: *Um 1902, Douglas, Arizona.*
Ein Arizona Ranger namens Webb hörte,
daß in Douglas' *Cowboy Saloon* ein Schuß
fiel, und eilte in das Lokal. Als ihn der
Saloonbesitzer mit vorgehaltener Waffe
bedrohte, tötete Webb seinen Widersacher
mit zwei Schüssen. Dann drang er mit zwei
weiteren Rangers in das Lokal vor, in dem
einer seiner Männer von einem Spieler,
einem Halbblut, an der Brust verletzt
worden war. Rynning beendete die Auseinandersetzung mit einem einzigen Schuß
– die Kugel zerschmetterte den Arm des
Spielers und bohrte sich in seine Seite.

Um 1904, Südarizona. Ein Einarmiger hatte
einen Lehrer getötet und war danach zu
einer Steinhütte in den Chiricahua Mountains geflohen. Rynning und sein Ranger-
Kollege Dave Allison verfolgten den Killer
zu seinem Versteck, näherten sich unbemerkt der Tür und stürmten in das Gebäude. Der Flüchtige riß einen Revolver
heraus, ergab sich aber sofort, nachdem er
von Rynning und Allison an Hüfte und
Bein getroffen worden war.

Sommer 1906, Nordmexiko. Im Jahr 1906
rebellierten mexikanische Minenarbeiter
im Bergland von Cananea gegen ihre ame-

rikanischen Ingenieure. Nachdem die mexikanische Armee den Einsatz von dreihundert Freiwilligen aus den Vereinigten
Staaten gebilligt hatte, übernahm Rynning, den man zum Oberst ernannt hatte,
den Oberbefehl über die Nordamerikaner.
Als die Streitmacht per Eisenbahn in dem
Bergbaugebiet eintraf, stellte sie fest, daß
die Ingenieure von den Minenarbeitern
belagert wurden. Während des anschließenden Gefechts schlug sich Rynning zu
den Frauen durch, die im Hospital des
Bergwerkskomplexes die Verwundeten
versorgten. Plötzlich eröffneten drei mexikanische Heckenschützen aus etwa zweihundert Metern Entfernung das Feuer.
Rynning schoß mit seinem Gewehr zurück,
verletzte alle drei und jagte sie binnen kürzester Zeit in die Flucht.

Quelle: Spangenberger, »Thomas H. Rynning«,
Guns of the Gunfighters, 31–37.

St. Leon, Ernest

(»Diamond Dick«)

Gest. 1891 in Texas. Soldat, Ordnungshüter.
   Der in San Antonio aufgewachsene Ernest St. Leon war der Sohn eines französischen Emigranten. Er brach sein Jurastudium ab, meldete sich zur US-Kavallerie,
nahm an mehreren Indianerfeldzügen teil
und brachte es bis zum Sergeant. Bei einem
dieser Einsätze soll er angeblich drei Indianer niedergeschossen haben, die einen
seiner Männer getötet hatten.
   In den achtziger Jahren quittierte St.
Leon den Militärdienst und wurde in die
D-Kompanie der Texas Rangers aufgenommen. Weil er sich gern mit protzigen
Edelsteinen schmückte, gaben ihm seine
Kameraden den Spitznamen »Diamond
Dick«. Aber St. Leon begann zu trinken
und wurde schließlich entlassen. Corporal
John Hughes jedoch betraute ihn mit
einem verdeckten Einsatz, bei dem St.
Leon so gute Arbeit leistete, daß er wieder
in die Truppe aufgenommen und zu wei-

teren Undercover-Aktionen geschickt wurde. Anderthalb Jahre später wurde er bei einer Saloonschießerei getötet.

Schießereien: *1889, Shafter, Texas.* St.Leon gab sich als Silberdieb aus und begleitete eine von drei »Komplizen« geführte, mit gestohlenenem Silbererz beladene Maultierkarawane zu einem Versteck in einem verlassenen Bergwerksschacht. Als die in der Dunkelheit lauernden Texas Rangers John Hughes und Lon Oden den Trupp aufforderten, sich zu ergeben, zogen die drei Outlaws ihre Revolver. St. Leon eröffnete aus nächster Nähe das Feuer, worauf zwei Diebe zusammenbrachen. Der dritte Mann warf sich in Deckung und ließ sich auch durch gutes Zureden von seiten der Ordnungshüter nicht zum Aufgeben bewegen. Schließlich versuchte er wegzuschleichen und wurde von St. Leon mit einem Schuß niedergestreckt. Die drei tödlich getroffenen Räuber wurden neben der aufgelassenen Mine begraben.

1891, Texas. St. Leon und ein von ihm als Deputy verpflichteter Bürger hatten drei Cowboys festgenommen. Doch der Ranger beschloß, sie wieder laufenzulassen, worauf sich alle fünf Männer auf eine Versöhnungsrunde in den Saloon begaben. Beim Trinken kam es jedoch zu weiteren Meinungsverschiedenheiten, die schließlich zu einer Schießerei ausarteten. Sowohl St. Leon als auch sein Deputy wurden niedergestreckt – letzterer war auf der Stelle tot, und Diamond Dick verschied am nächsten Tag.

Quelle: Martin, *Border Boss*, 94–100, 125, 129–130.

Salazar, Yginio

Geb. 14. Februar 1863 in New Mexico; gest. 7. Januar 1936, Lincoln, New Mexico. Rancher.

Salazars Ruf als Revolvermann entstand durch seine Mitwirkung am *Lincoln County War*. Obwohl erst fünfzehn Jahre alt, schloß er sich der Gruppe um den Anwalt Alexander McSween an, bei der jeder Aufnahme fand, der bereit war, eine Waffe zu tragen. Er nahm an einer einzigen Schießerei teil – der Entscheidungsschlacht um McSweens Haus in Lincoln, bei der er wie durch ein Wunder dem Tod entrann. Nachdem er von seinen Verletzungen genesen war, trat er den nur kurze Zeit existierenden »Lincoln County Riflemen« bei, die der Obrigkeit halfen, Ruhe und Ordnung wiederherzustellen.

Etwa um diese Zeit versorgte Salazar Billy the Kid mit einer Feile und anderen Werkzeugen, mit denen der Outlaw sich seiner Fesseln entledigte, ehe er sich den Fluchtweg aus dem Gerichtsgebäude in Lincoln freischoß. Salazar blieb nach dem Ende der Feindseligkeiten in Lincoln, führte fortan ein friedliches Leben und starb in hohem Alter.

Schießerei: *15. bis 19. Juli, Lincoln, New Mexico.* Tagelang hatte Salazar mit McSweens Männern das Haus des Anwalts verteidigt, während die Gegenpartei ihre Leute immer besser in Stellung brachte. Als das Adobehaus am 19. Juli in Brand gesteckt wurde und die Frauen evakuiert wurden, wappneten sich Salazar und seine Gefährten für einen Ausbruchsversuch. Bei Einbruch der Dunkelheit stürmte Salazar als einer der ersten aus der Hintertür des brennenden Gebäudes und wurde von den durch eine niedrige Mauer geschützten Gegnern mit einem Kugelhagel empfangen. Von drei Geschossen an Rücken, Brust und Seite getroffen, brach er besinnungslos zusammen.

Als er wieder zu sich kam, war die Schießerei vorüber, und mehrere Anhänger der Gegenpartei schritten das Schlachtfeld ab und suchten nach Überlebenden. Salazar rührte sich nicht; ihm war klar, daß man beim geringsten Lebenszeichen erneut auf ihn schießen würde. Salazar hörte, wie Andy Boyle und ein Revolvermann namens Pierce sich berieten, ob sie ihm eine letzte Kugel in den Leib jagen sollten, letztendlich aber beide der Meinung waren, daß er bereits tot sei.

Bei Anbruch der Morgendämmerung kroch Salazar einen fünfzig Meter breiten Abhang hinab und trank gierig aus dem nahe gelegenen Rio Bonito. Dann schlug er sich zum Haus seiner Bruders durch, traf dort aber niemanden an, da sich die Bewohner aus Angst versteckt hatten. Er ließ sich auf ein Bett sinken, und als er wieder zu sich kam, beugten sich sein Bruder und seine Schwägerin über ihn. Sie holten einen Arzt, den Feldscher Daniel M. Appel, der zwei Kugeln aus Salazars Leib herausschnitt und sich beharrlich weigerte, seine Feinde zu ihm zu lassen.

Quellen: Fulton, *Lincoln County War,* 249, 271, 275–276, 333; Keleher, *Violence in Lincoln County,* 150, 219, 339; Hunt, *Tragic Days of Billy the Kid,* 77–104; Coe, *Frontier Fighter,* 107–128.

Scarborough, George W.

Gest. 6. April 1900, Deming, New Mexico. Cowboy, Ordnungshüter, Range-Detektiv.

Scarborough, Sohn eines Baptistenpredigers, heuerte in Texas als Cowboy an. Nach einem kurzen Aufenthalt im wilden Fort Griffin diente er zunächst als Sheriff im Jones County und war in den neunziger Jahren als Deputy U.S. Marshal in der Gegend um El Paso im Einsatz. In El Paso hatte er mit Revolvermännern wie John Wesley Hardin, Jeff Milton und John Selman zu tun. Scarborough und Selman kannten sich bereits seit einigen Jahren, doch in El Paso kam es zu einer Auseinandersetzung, bei der Scarborough 1896 Selman erschoß.

Scarborough legte sein Amt als Deputy nieder, wurde aber vor Gericht freigesprochen und arbeitete danach als Detektiv für die *Grant County Cattlemen's Association* in Deming, New Mexico. Im Jahr 1900 wurde er bei der Jagd auf Rinderdiebe getötet.

Schießereien: *21. Juni 1895, El Paso, Texas.* Scarborough traf sich spät nachts auf einer Brücke über den Rio Grande mit einem gewissen Martin Morose, der in Texas wegen Rinderdiebstahls gesucht wurde. Offenbar hatten die Ordnungshüter aus El Paso Morose über die Grenze locken wollen, sei es, um seiner Frau, einer ehemaligen Prostituierten, Geld abzunötigen, oder um sich an John Wesley Hardin zu rächen, der mit besagter Mrs. Morose ein Verhältnis hatte. Als Morose und Scarborough die Brücke überquerten, tauchten mitten in dunkler Nacht Deputy U.S. Marshal Jeff Milton und der Texas Ranger Frank McMahon, Scarboroughs Schwager, auf. Die Ordnungshüter eröffneten das Feuer, und Morose brach, von Kugeln durchsiebt, zusammen und starb.

5. April 1896, El Paso, Texas. John Selman, ein Ordnungshüter wie Scarborough und allgemein als dessen Freund betrachtet, beschuldigte den Marshal, er habe Geld gestohlen, das der tote Martin Morose bei sich gehabt habe. Am Ostersonntagmorgen um vier Uhr traf Scarborough auf Selman, der sich im *Wigwam Saloon* zu El Paso bis zur Besinnungslosigkeit betrank. Die beiden Männer begaben sich in eine Gasse, um ihre Meinungsverschiedenheiten beizulegen. Doch nach einem kurzen Wortwechsel zog Scarborough den Revolver und eröffnete das Feuer. Selman wurde von der ersten Kugel niedergestreckt, doch Scarborough gab noch drei weitere Schüsse auf den alten Revolvermann ab. »Jungs«, keuchte Selman, um den sich eine Menschentraube bildete, »ihr wißt, daß ich vor niemandem Angst habe. Aber ich habe überhaupt nicht gezogen.« Selman starb, aber Scarborough, den man wegen Mordes anklagte, wurde vor Gericht für unschuldig befunden.

Juli 1898, bei Solomonville, Arizona. Scarborough unterstützte Jeff Milton bei der Suche nach einem Outlaw namens Bronco Bill Walters, der sich im östlichen Arizona aufhalten sollte. In der Nähe von Solomonville stellten die Ordnungshüter den Gesuchten, worauf es zu einem hitzigen Feuergefecht mit Walters und dessen Begleitern Bill Johnson und Red Pipkin kam. Walters wurde aus dem Sattel geschossen, dann wurde Pipkins Pferd getötet, doch Pipkin konnte zu Fuß entkommen. Johnson saß ab und setzte sich mit seiner Flinte zur Wehr, wurde aber nach kurzer Zeit tödlich getroffen. Walters wurde festgenommen und, nachdem er wieder genesen war, zu einer Zuchthausstrafe verurteilt.

5. April 1900, bei San Simon, Arizona. Scarborough, der als Range-Detektiv für den Verband der Rinderzüchter arbeitete, verfolgte in Begleitung eines Ranchers namens Walter Birchfield einen Trupp Viehdiebe, lauter ehemalige Mitglieder von Butch Cassidys »Wild Bunch«. Scarborough und Birchfield waren den Outlaws dicht auf den Fersen und jagten sie in einen Canyon, als eine Kugel aus Harvey Logans Flinte Scarboroughs Bein durchschlug und sein Pferd tötete.

Birchfield brach die Verfolgung ab, ritt ins nahe gelegene San Simon und holte einen Wagen. Bei Einbruch der Dämmerung wurde Scarborough in einen Zug gesetzt und nach Deming, New Mexico, gebracht, wo man sein Bein amputierte. Allen ärztlichen Bemühungen zum Trotz starb er am 6. April, auf den Tag genau vier Jahre nach John Selman.

Quellen: Metz, *John Selman*, 163–167, 173–174, 177–181, 198–203, 229; Sonnichsen, *Pass of the North*, 315, 320, 329–331, 335–336; Haley, *Jeff Milton*, 19–20, 233–234, 240–243, 249, 294–301, 317, 403.

Scurlock, Josiah G.

(»Doc«)

Geb. in Tennessee; gest. um 1882 auf der South Spring Ranch, New Mexico. Cowboy, Rancher, Rustler, Revolvermann.

Scurlock tötete im heimischen Tennessee einen Mann, floh nach Südamerika und kehrte über Mexiko in die Vereinigten Staa-

ten zurück. In den siebziger Jahren arbeitete er als Cowboy auf John Chisums riesiger Ranch. (Die beiden Männer kannten sich aus Tennessee; Chisum war es auch, der die Mordanklage gegen Scurlock aus der Welt schaffen wollte.) 1876 war er an der Schießerei beteiligt, bei der sein Freund Mike Harkins ums Leben kam. Doch man kam zu dem Beschluß, daß dessen Tod ein Unglücksfall gewesen sei.

Scurlock heiratete ein Mädchen aus New Mexico und erwarb ein eigenes Stück Land. Als der *Lincoln County War* ausbrach, schloß er sich McSweens Regulatoren an. Er gehörte zur Posse, die Frank Baker und Billy Morton tötete, und er erlebte auch das Gefecht von Blazer's Mill mit, bei dem Dick Brewer und Buckshot Roberts zu Tode kamen. Er war an der großen Schießerei in Lincoln beteiligt und schloß sich danach Billy the Kids Rustler- und Outlaw-Bande an. Bald darauf besann er sich jedoch eines Besseren, kehrte zu seiner Familie zurück und bekam eine Anstellung auf Pete Maxwells Ranch in der Nähe von Fort Sumner. Die guten Vorsätze währten indes nicht lange, denn bereits 1882 wurde er bei einer Schießerei getötet.

Schießereien: *Um 1868, Tennessee.* Scurlock und sein Schwager stritten um ein Kalb. Als der Schwager das Tier wegtreiben wollte, drohte Scurlock: »Untersteh dich, die Kuh durch das Tor zu treiben. Wenn du das machst, bring' ich dich um.« Als der andere dem Kalb einen Klaps versetzte, ergriff Scurlock eine Schrotflinte, drückte beide Läufe ab und tötete ihn auf der Stelle.

9. März 1878, Steel Springs, New Mexico. Scurlock und mehrere andere Regulatoren unter Führung von Dick Brewer stellten die des Mordes verdächtigen Frank Baker und Billy Morton. Nachdem es in der Posse heftige Auseinandersetzungen darüber gegeben hatte, wie man mit den Gefangenen weiter verfahren sollte, wurden Baker und Morton auf dem Rückweg nach Lincoln getötet. Auch der Regulator William McCloskey starb im Kugelhagel.

1. Mai 1878, Lincoln, New Mexico. Mehrere von McSweens Männern unter Führung von Scurlock lieferten sich in Lincoln auf offener Straße einen kurzen Schußwechsel mit der gegnerischen Partei. Auf beiden Seiten kam niemand zu Schaden.

14. Mai 1878, Lincoln County, New Mexico. Ein von Scurlock geführter Regulatorentrupp, dem Charlie Bowdre, George Coe, Henry Brown und drei weitere Anglos (darunter vermutlich auch Billy the Kid) sowie elf Mexikaner angehörten, überfiel ein am Black River in der Gegend von Pecos gelegenes Rinder-Camp der Gegenpartei. Scurlock hatte einen Haftbefehl für einen Mann namens »Indian« bei sich, doch die Regulatoren wollten vermutlich vor allem die Pferde erbeuten, die einst ihren getöteten Gefährten gehört hatten. Nachdem die Regulatoren zwei Cowboys verletzt und die übrigen in die Flucht geschlagen hatten, trieben sie sämtliche Pferde zusammen, deren sie habhaft werden konnten, und ritten weg.

Um 1882, South Spring Ranch, New Mexico. Scurlock baute sich auf John Chisums Ranch vor Fred Roth auf, beschimpfte ihn und fuchtelte mit dem Revolver herum. Roth, der ein Kind auf dem Arm hatte und sich nicht zur Wehr setzen konnte, stürmte wutentbrannt ins Haus, legte den Säugling ab und ergriff seine *Winchester.*
»Nun komm schon«, rief er, als er wieder aus dem Haus kam. »Sag, was du auf dem Herzen hast. Ich bin bereit.« Beide Männer eröffneten das Feuer und gingen in Deckung – Roth hinter einer Hausecke, Scurlock hinter einem Fuhrwerk. Roth nahm den Wagen unter Beschuß und jagte Scurlock zwei bis drei Kugeln in den Leib.
Der brach schließlich zusammen und stöhnte: »Das reicht. Du hast mich erwischt, Fred. Hör auf zu schießen.« Roth stürmte dennoch zu dem Verletzten und wollte ihn endgültig erledigen, doch ein Zuschauer namens Elias Bly gebot ihm Einhalt. Eine vergebliche Rettungstat, denn kurz darauf starb Scurlock.

Quellen: Keleher, *Violence in Lincoln County,* 69, 99, 120, 128, 131, 150, 184, 233, 308–309, 312; Hunt, *Tragic Days of Billy the Kid,* 42–46, 56–60, 79, 90, 107–108, 113–115, 124, 132; Klasner, *My Girlhood Among Outlaws,* 300, 305–306.

Selman, John

Geb. 16. November 1839, Madison County, Arkansas, gest. 6. April 1896, El Paso, Texas. Farmer, Rancher, Schlachter, Saloonbesitzer, Soldat, Ordnungshüter, Rustler, Revolvermann.

Selmans Vater, ein Engländer, hatte es in Amerika zum Schullehrer, Farmer und kleinen Sklavenbesitzer gebracht. John verbachte seine Kindheit auf einer Farm in Arkansas und zog 1858 mit seiner Familie ins Grayson County in Texas. Dort starb der Vater, und John mußte seine Mutter und vier jüngere Brüder und Schwestern ernähren.

Nach Ausbruch des Bürgerkrieges meldete John sich zur konföderierten Kavallerie und wurde in Oklahoma stationiert. 1863 jedoch desertierte er, ohne an einem Gefecht teilgenommen zu haben, und zog mit seiner Familie nach Fort Davis, Texas, etwa zwanzig Meilen nordöstlich des heutigen Albany. (Bei diesem Fort Davis handelte es sich um eine von Siedlern zum Schutz vor Indianern errichtete Befestigungsanlage; sie sollte nicht mit dem in Westtexas gelegenen Fort Davis der US-Army verwechselt werden.)

Im Jahr 1864 meldete sich Selman zur Staatsmiliz, die für die Verteidigung der Grenzen zuständig war, und wurde von seinen Nachbarn zum Lieutenant gewählt. Im August 1865 heiratete er Edna deGraffenreid, und 1869 zogen die deGraffenreids und die Selmans ins Colfax County, New Mexico. Dort stahlen ihnen Indianer das gesamte Vieh, worauf Selman sich ein Jahr später wieder als Rancher in Texas niederließ, diesmal etwa acht Meilen von dem wilden und verrufenen Fort Griffin entfernt. In den siebziger Jahren war Selman einige Male in Auseinandersetzungen mit Indianern verwickelt und soll angeblich mehrere Feinde getötet haben. Zudem hieß es, er habe einen einheimischen Rabauken namens Haulph ermordet.

In Fort Griffin lernte Selman Hurricane Minnie Martin kennen, eine Prostituierte, die schließlich seine Geliebte wurde. Auch machte er die Bekanntschaft von John Larn, einem gefährlichen Revolvermann und Rustler, der eine Zeitlang Sheriff im Shackleford County war und Selmans Freund und Kompagnon wurde. Außerdem kam er in Fort Griffin mit berühmten Westmännern wie Wyatt Earp, Bat Masterson, Doc Holliday, Killin' Jim Miller, Jesse Evans und Pat Garret in Berührung.

Selman, der in Fort Griffin einige Liegenschaften besaß, darunter auch einen Saloon, verlegte sich mehr und mehr auf Viehdiebstähle, die er gemeinsam mit John Larn beging. Schließlich sahen sich die Texas Rangers und die örtlichen Behörden gezwungen, dem Treiben von Selman und Larn ein Ende zu setzen, woraufhin es zu mehreren Anschlägen von beiden Seiten kam. 1878 wurde Larn festgenommen und von einem Lynchmob getötet; Selman, der Larns Festnahme von einem Versteck aus mitverfolgt hatte, flüchtete anschließend aus der Gegend. Während er per Haftbefehl gesucht wurde, starb seine Frau, die gerade mit dem fünften Kind schwanger ging.

Im Sommer 1878 zog John Selman mit seinem Bruder Tom ins Lincoln County und wurde dort Anführer einer Räuberbande, »Selman's Scouts« genannt, die Geschäfte überfiel und Vieh raubte, bis sie sich auf zunehmenden Druck durch das Militär auflösen mußte. Selman und sein Bruder kehrten nach Texas zurück. Im März 1879 hatte John Selman eine neue Rustler-Bande aufgestellt, die in ganz Westtexas ihr Unwesen trieb, sich aber wiederum auflöste, als Selman an Pocken erkrankte. Danach eröffnete er in einer unmittelbar an Fort Davis angrenzenden Siedlung eine Fleischerei.

John Selman auf einem Foto aus dem Jahr 1878. Er tötete später Bass Outlaw und John Wesley Hardin. *(Western History Collections, University of Oklahoma Library)*

Bald darauf stellte Selman in der Gegend von Fort Davis und Fort Stockton eine neue Rustler- und Räuberbande auf, doch im Juni 1880 wurde er in Fort Davis festgenommen – zwei Tage, nachdem er wieder geheiratet hatte. Sein Bruder und Spießgeselle Tom Cat Selman wurde nach der Ergreifung gelyncht, John Selman jedoch wurde zur Gerichtsverhandlung ins Shackleford County überstellt, wo er einen Gefängniswärter bestechen und entfliehen konnte.

Selman begab sich nach Chihuahua in Mexiko, eröffnete dort einen Saloon und ließ seine Familie nachkommen. Nachdem er eine Zeitlang auf einem eigenen Claim nach Silber geschürft hatte, kehrte er nach New Mexico zurück, eröffnete in Fort Bayard einen Saloon und suchte in den Bergen nach Edelmetallen.

Nach einer Schießerei flüchtete Selman wieder nach Mexiko und vertrieb dort landwirtschaftliche Geräte der Firma *John Deere*. Unterdessen starb Selmans zweite Frau, und als er 1888 erfuhr, daß die in Texas anhängigen Verfahren wegen Viehdiebstahls eingestellt worden waren, zog er mit seinen beiden Söhnen ins gesetzlose El Paso. Selman arbeitete in einer Gießerei und führte im großen und ganzen ein friedliches Leben – von einem Anschlag abgesehen, bei dem er eine schwere Stichverletzung im Gesicht erlitt. Nach seiner Genesung leitete er zwei große Viehtrecks, und 1892 wurde er zum städtischen Konstabler gewählt.

Im Jahr darauf – er war inzwischen dreiundfünfzig – heiratete Selman ein sechzehnjähriges Mädchen, das die Ehe mit dem alten Revolvermann überstand und nach Selmans Tod noch dreimal heiratete. 1894 tötete Selman in Ausübung seines Dienstes Bass Outlaw, und im Jahr darauf erschoß er John Wesley Hardin. Da die Geschworenen im Fall Hardin zu keinem einhelligen Urteil kamen, wurde die Verhandlung neu angesetzt, doch Selman wurde vor Beginn des Wiederaufnahmeverfahrens getötet. Er war zu dieser Zeit dem Trunk verfallen und provozierte einen Streit mit George Scarborough, der ihn 1896 erschoß.

Schießereien: *1876, Fort Griffin, Texas.* Selman half seinem Freund John Larn, dem Sheriff des Shackleford County, häufig bei Festnahmen. Eines Tages entdeckten die beiden in Fort Griffin auf offener Straße einen steckbrieflich gesuchten Mann namens Hampton. Hampton war unbewaffnet und überdies so gut wie taub, was Larn und Selman möglicherweise nicht wußten. Larn forderte Hampton auf, sich zu ergeben, und als dieser einfach weiterging, zog Selman den Revolver und jagte ihm sämtliche sechs Kugeln in den Leib.

Mai 1878, bei Fort Griffin, Texas. Selman, der etliche Stiere in ein trockenes Flußbett treiben wollte, wurde von einem einheimischen Farmer, der ob der ständigen Viehdiebstähle ungehalten war, aus dem Hinterhalt beschossen. Als eine Schrotladung seinen Sattelknauf wegriß, erwiderte Selman mit einer Büffelbüchse das Feuer, gab seinem Pferd die Sporen und sprengte ins Gestrüpp. Dort fand er die Leiche des Farmers und ließ sie von seinen Männern in einem Kutschwagen wegbringen.

September 1878, Lincoln County, New Mexico. Selman hatte sich im Lincoln County einer Bande von Desperados angeschlossen, deren Anführer ein Revolvermann namens Hart war. Als Selman, der sich nicht unterordnen mochte, mit Hart in einer Hütte saß und auf das Essen wartete, ergriff er die Gelegenheit zur Machtübernahme. Heimlich zog er den Revolver und drückte ohne Vorwarnung ab. Die Kugel durchschlug die dünne Tischplatte, drang in Harts Kopf ein und riß ihm das Schädeldach weg. Er war auf der Stelle tot.

Oktober 1878, Lincoln County, New Mexico. »Selman's Scouts« hatten ihr Lager am Pecos River aufgeschlagen, und Selman saß gerade mit einigen Bandenmitgliedern beim Pokerspiel, als ein Streit ausbrach, der binnen kürzester Zeit zu einer Schießerei ausartete. Selman zog den Revolver und tötete den lautesten Streithahn.

1884, Fort Bayard, New Mexico. Selman, der in Fort Bayard einen Saloon bewirtschaftete, begegnete auf der Straße einem gewissen Gotch, einem alten Feind aus Fort Griffin. Die beiden Männer warfen sich etliche Schimpfworte an den Kopf und griffen dann zu den Waffen. Nach einem kurzen Schußwechsel ging Gotch, der am Arm getroffen worden war, zu Boden.

5. April 1894, El Paso, Texas. Selman und Frank Collinson begegneten dem betrunkenen Deputy U. S. Marshal Bass Outlaw, der in El Paso als Zeuge vor Gericht auftreten sollte. Die drei Männer begaben sich in Tillie Howards allseits bekannten Spielsalon, wo Outlaw aus Begeisterung seinen Revolver abfeuerte.

Der Texas Ranger Joe McKidrict (der zuvor unter dem Namen Joe Cooly Polizist in San Antonio gewesen war) eilte zum Ort des Geschehens und stieß hinter dem Lokal auf Outlaw, der den Revolver in der Hand hatte. Selman trat auf die Veranda und sagte: »Es war ein Versehen, Joe. Der Mann ist in Ordnung.«

»Bass, warum hast du geschossen?« hakte McKidrict nach. Outlaw hielt ihm den Revolver an den Kopf und versetzte: »Willst du auch einen abkriegen?« Er drückte zweimal ab, traf McKidrict dicht über dem Ohr und, als dieser zusammenbrach, am Rücken. Selman sprang von der Veranda, zog seinerseits den Revolver und verlor beinahe das Augenlicht, als Outlaw ein weiteres Mal abdrückte. Die Kugel verfehlte Selman, doch das Mündungsfeuer blendete ihn vorübergehend. Er gab einen Schuß ab, der Outlaw an der Brust traf, wurde aber ebenfalls verletzt. Outlaw jagte Selman zwei Kugeln ins rechte Bein, schleppte sich dann weg und starb. Selman ging bis an sein Lebensende am Stock.

19. August 1895, El Paso, Texas. Einige Wochen zuvor hatte John Selmans Sohn, der von Jeff Milton, dem Polizeichef von El Paso, persönlich eingestellt worden war, Mrs. Beulah Morose, eine ehemalige Prostituierte, die mit dem unlängst getöteten Viehdieb Martin Morose verheiratet war, wegen Trunkenheit und ungebührlichen Benehmens festgenommen. Darauf kam es zu einem heftigen Streit zwischen John Wesley Hardin, der ein Verhältnis mit Mrs. Morose hatte, und den beiden Selmans, Vater und Sohn. (Gerüchten zufolge soll es vor allem darum gegangen sein, daß Hardin bei dem toten Martin Morose eine erhebliche Geldsumme gefunden, sie aber entgegen vorheriger Absprache nicht mit Selman sen. geteilt hatte.)

John Selman sen., der noch nie ein Risiko eingegangen war, ergriff die Initiative. Am Abend des 19. August stürmte er in den *Acme Saloon* und eröffnete das Feuer, wahrscheinlich in einem Moment, als Hardin ihm den Rücken zukehrte. (Einige Zeugen sagten aus, Hardin habe zum Revolver gegriffen; doch hatte er keine seiner Waffen gezogen, geschweige denn abgefeuert. Andere meinten, Selman habe Hardins Gesicht im Spiegel gesehen und abgedrückt, als der andere sich habe umdrehen wollen. Vieles spricht dafür, daß Selman einfach abdrückte und darauf vertraute, daß er als Ordnungshüter nicht belangt werden würde.)

Hardin wurde am Kopf getroffen und sank zu Boden, worauf ein zweiter Schuß neben ihm in die Theke schlug. Dann ging Selman zu dem niedergestreckten Hardin und gab zwei weitere, gezielte Schüsse ab. Eine Kugel drang ins Hardins Arm, die andere in seine Brust. John Selman jr. kam in den Saloon gestürzt, ergriff seinen Vater am Arm und schrie: »Schieß nicht mehr auf ihn, er ist tot.« John Selman stellte sich seinem Sohn und wurde später vor Gericht freigesprochen.

5. April 1896, El Paso, Texas. Am Ostersonntagmorgen um vier Uhr begegnete Selman, der schwer betrunken war, in einem Saloon seinem Kollegen George Scarborough. Anscheinend hatte Selman in der Stadt verbreitet, daß John Wesley Hardin das Geld, das er bei dem toten Martin Morose gefunden hatte, mit Scarborough geteilt habe. Jedenfalls begaben sich die beiden Ordnungshüter in eine Gasse, wo Scarborough, offenbar ohne jede Vorwarnung, vier Schüsse auf Selman abgab.

Selman wurde am Hals getroffen und ging zu Boden, ohne die Waffe zu ziehen. Daraufhin feuerte Scarborough drei weitere Kugeln ab, die Selman am Becken, am Knie und an der Seite trafen. Nach dem letzten Schuß war Selman von der Hüfte abwärts gelähmt.

Binnen kürzester Zeit bildete sich ein Menschenauflauf. Selman ächzte: »Jungs, ihr wißt, daß ich vor niemand Angst habe. Aber ich habe nicht mal die Waffe gezogen.« Am nächsten Tag versuchten Ärzte die Kugel zu entfernen, die auf Selmans Rückenmark drückte, doch der alte Gunfighter starb ihnen unter dem Messer.

Quellen: Metz, *Selman;* Haley, *Jeff Milton,* 61–62, 209, 214, 217, 222, 247–249.

Shadley, Lafayette

Gest. 2. September 1893, Stillwater, Oklahoma. Ordnungshüter.

Lafe Shadley war ein Ordnungshüter aus Oklahoma, der sich in den neunziger Jahren bei mehreren Zusammenstößen mit Outlaws auszeichnete. 1893 wurde er in Ingalls bei einer wilden Schießerei mit der Doolin-Gang getötet.

Schießereien: *1892, Oklahoma.* Shadley stieß im Osage-Land auf die Spur des Viehdiebs und Bankräubers Dan (»Dynamite Dick«) Clifton. Als der Ordnungshüter den Outlaw festnehmen wollte, kam es zu einer Schießerei. Clifton erlitt eine schwere Halsverletzung, konnte aber entkommen.

1. September 1893, Ingalls, Oklahoma. Als sich in der Gegend herumsprach, daß Bill Doolin und sechs seiner »Oklahombres« in Ingalls ein Zechgelage veranstalteten, wurden starke Polizeikräfte auf die kleine Stadt in Marsch gesetzt. Um zehn Uhr morgens näherten sich von Süden und Westen zwei mit Ordnungshütern besetzte Wagen der Stadt. Shadley rückte gemeinsam mit Jim Masterson, W. C. Roberts, Henry Keller, Hi Thompson, George Cox und H. A. Janson an; der Wagen umfuhr die Stadt und hielt in einem Wäldchen in der Nähe von Dr. Pickerings Haus. Dick Speed, der den zweiten Wagen fuhr, wurde von John W. Hixon, Tom Hueston, J. S. Burke, Red Lucas und Ike Steel begleitet.

Die Ordnungshüter drangen in die Stadt ein; Speed schoß auf Bitter Creek Newcomb und eröffnete damit die Schießerei. Newcomb, der leicht verletzt wurde, ritt aus der Stadt; Speed hingegen wurde von Arkansas Tom Jones getötet, der ihn aus einem Hotelfenster unter Beschuß nahm. Doolin und die vier übrigen Outlaws eröffneten das Feuer aus dem Saloon, worauf eine wilde Schießerei ausbrach, bei der vier Unbeteiligte verletzt sowie ein Junge namens Dell Simmons und ein herrenloses Pferd getötet wurden.

Nachdem Doolin und seine vier Männer in einen benachbarten Mietstall gestürmt waren, ging Shadley hinter dem toten Pferd in Deckung und nahm die vordere Tür des Gebäudes unter Feuer. Plötzlich ritten Bill Dalton, Red Buck Weightman und Tulsa Blake Jack heraus, während Doolin und Dan Clifton durch die Hintertür davonsprengten. Hueston wurde von Arkansas Tom Jones durch einen Schuß aus dem Hinterhalt verletzt, und Hixon traf Daltons Pferd an der Gamasche. Dalton gab dem Tier die Sporen, doch Shadley rannte neben eine Eisenwarenhandlung und gab einen weiteren Schuß ab, der das Tier am Bein traf und es endgültig niederstreckte.

Als Dalton zurückkehrte, eine Drahtschere aus seiner Satteltasche holte und sich an einem Maschendrahtzaun zu schaffen machte, der den Outlaws den Weg aus der Stadt versperrte, rannte Shadley hinterher. Er ging hinter einem Unterstand zum Schutz vor Wirbelstürmen in Deckung und kroch dann unter dem Zaun auf den Outlaw zu. Dalton sah ihn, jagte ihm drei Kugeln in den Leib und durchtrennte dann den Zaun. Anschließend saß er hinter Doolin auf und brachte sich mit den übrigen Mitgliedern der Bande in Sicherheit. Eine Stunde später endete die Schießerei, als auch Arkansas Tom Jones, der sich im Hotel verschanzt hatte, die Waffen streckte.

Shadley, Hueston und der tote Speed wurden nach Stillwater gebracht, wo sich Freunde und Verwandte einfanden. Die beiden tödlich verwundeten Ordnungshüter starben nach einer qualvollen Nacht.

Quellen: Canton, *Frontier Trails,* 133–134; Croy, *Trigger Marshal,* 207–209; Shirley, *Heck Thomas,* 171–174; Shirley, *Six-gun and Silver Star,* 81, 89, 93–96, 190.

Shepherd, Oliver

Gest. im April 1868, Jackson County, Missouri.
Partisan, Bankräuber.

Ol Shepherd kämpfte während des Bürgerkrieges auf seiten der in Missouri aufgestellten Partisanenverbände, die sich vor allem durch Überfälle und Raubzüge hinter den feindlichen Linien auszeichneten. Kurz nach dem Krieg schloß er sich der James-Younger-Gang an, nahm an mehreren Überfällen teil und wurde schließlich in Independence, Missouri, von einer Posse gestellt und getötet.

Schießereien: *13. Februar 1866, Liberty, Missouri.* Shepherd war eines von zwölf Mitgliedern der James-Younger-Gang, die als erste in der Geschichte der Vereinigten Staaten am hellichten Tag eine Bank ausraubten. Der Überfall ging glatt vonstatten, doch als die Bande mit ihrer Beute, alles in allem 57 000 Dollar, aus Liberty wegreiten wollte, kam es zu einer Schießerei, bei der ein Unbeteiligter, der College-Student George Wymore, getötet wurde.

21. März 1868, Russellville, Kentucky. Shepherd und sieben andere Mitglieder der James-Younger-Gang ritten vor die *Southern Bank of Kentucky,* worauf sich Jesse mit mehreren Komplizen in das Gebäude begab. Wenig später fielen Schüsse, und Bankdirektor Nimrod Long wurde am Kopf verletzt. Die Bande erbeutete 14 000 Dollar, mußte sich jedoch den Fluchtweg aus der Stadt freischießen.

April 1868, Jackson County, Missouri. Nach dem Bankraub in Russellville hefteten sich mehrere Verfolgertrupps auf die Fährte der James-Younger-Gang, und Ols Cousin George Shepherd wurde nach kurzer Zeit gefaßt. Danach zerstreute sich die Bande, und Ol Shepherd, der von einer Posse aus Kentucky gejagt wurde, schlug sich nach Missouri durch. Im Jackson County wurde er von einer weiteren Posse gestellt und aufgefordert, sich überprüfen zu lassen.

Shepherd indes zog die Waffe und versuchte, sich den Fluchtweg freizuschießen. Die Posse feuerte eine mörderische Salve hinter ihm her, und Jack brach, von zwanzig Kugeln durchsiebt, tot zusammen.

Quelle: Breihan, *Younger Brothers,* 65–69, 83–85.

Sherman, James D.

(»Jim Talbot«)

Gest. im August 1896, Ukiah, Kalifornien.
Cowboy, Rancher.

James D. Sherman, der sich »Talbot« nannte, half im Herbst 1881 eine Rinderherde von Texas nach Caldwell in Kansas zu treiben. Dort angekommen, mietete er ein Haus und ließ sich mit seiner Frau und den beiden Kindern nieder. In den nächsten Wochen trieb sich Talbot, der in Texas als eine Art Desperado gegolten hatte, mit etlichen Freunden zechend und feiernd in der Stadt herum. Im Dezember tötete er den ehemaligen Ordnungshüter Mike Meagher, konnte sich aber vierzehn Jahre lang der Festnahme entziehen. Mittlerweile hatte er sich auf einer Ranch in Kalifornien niedergelassen, wo er 1894 festgenommen wurde – möglicherweise, weil er im Mendocino County einen Mann getötet hatte.

Im Jahr darauf mußte er sich wegen des Mordes an Meagher vor Gericht verantworten, doch die Geschworenen konnten sich auf keinen Schuldspruch einigen, und beim anschließenden Verfahren wurde er freigesprochen. Als er nach Hause zurückkehrte, mußte er feststellen, daß seine Frau sich einen Liebhaber genommen hatte. 1896 wurde Talbot ermordet – vermutlich von seinem Nebenbuhler.

Schießereien: *17. Dezember 1881, Caldwell, Kansas.* Talbot feierte mit Bob Bigtree, Dick Eddleman, Tom Love, Jim Martin, Bob Munson und George Speers am Freitagabend ein wüstes Zechgelage. Die Runde wurde zusehends lauter und ausgelassener, und schließlich bedrohte Talbot, der mittlerweile stockbetrunken war, einen Zeitungsredakteur und den ehemaligen Marshal Mike Meagher.

Am nächsten Morgen beschwerte sich Meagher bei Marshal John Wilson, der Love festnahm, weil er mit seinem Revolver in der Gegend herumgeschossen hatte. Daraufhin bedrängten Talbot und seine Freunde Wilson und zwangen ihn, Love freizulassen. Wilson bat Meagher um Hilfe, doch die Cowboys gingen auf Meagher los und drohten erneut, ihn zu töten.

Um ein Uhr nachmittags nahm Wilson Martin fest und belegte ihn wegen unerlaubten Waffenbesitzes mit einer Geldstrafe. Martin hatte indes kein Geld bei sich, und so begleitete ihn Deputy Marshal Will Fossett zu seiner Unterkunft. Wieder befreiten Talbot, Eddleman, Love und Munson ihren Freund, und Talbot feuerte überdies zwei Schüsse auf Wilson ab. Dann ergriff er, von Wilson und Meagher verfolgt, die Flucht, wandte sich beim Opernhaus um und eröffnete mit seiner *Winchester* das Feuer. Meagher wurde von einer Kugel an der Brust getroffen und starb eine halbe Stunde später.

Mittlerweile rottete sich eine aufgebrachte Menschenmenge zusammen und griff die Cowboys an. Speers, der gerade ein Pferd satteln wollte, wurde getötet. Talbot und seine Freunde konnten aus der Stadt fliehen, doch ein Großteil ihrer Reittiere wurden von Kugeln getroffen. Eine Bürgerwehr verfolgte die fliehenden Cowboys mehrere Meilen weit ins Indian Territory und stellte sie schließlich bei einer Erdbehausung. Die Cowboys verletzten W. E. Campbell, was die Angriffslust der Verfolger merklich dämpfte, und konnten nach Einbruch der Dunkelheit entkommen.

August 1896, Ukiah, Kalifornien. Talbot kehrte an einem Dienstagabend auf seine Ranch in Kalifornien zurück, ohne zu ahnen, daß ihm ein Meuchelmörder auflauerte. Talbot war etwa fünfzehn Meter vom Hoftor entfernt, als der Täter hinterrücks eine Schrotflinte auf ihn abfeuerte. Die Kugeln zerschmetterten Talbots Wirbelsäule

und töteten ihn auf der Stelle. Gerüchteweise hieß es, John Meagher habe seinen von Talbot getöteten Bruder gerächt, aber vermutlich wurde die Tat vom Liebhaber von Talbots Frau begangen.

Quellen: Miller und Snell, *Great Gunfighters of the Kansas Cowtowns,* 361–368; Drago, *Wild, Woolly & Wicked,* 213–216.

Shonsey, Mike

Cowboy und Ranch-Vormann, Revolvermann.

Der von irischen und kanadischen Vorfahren abstammende Mike Shonsey zog aus Ohio in die Weidegebiete von Wyoming. Er heuerte zunächst als einfacher Cowboy an, wurde nach kurzer Zeit Vormann und arbeitete auf etlichen Anwesen in der Gegend. Als der *Johnson County War* ausbrach, schlug Shonsey sich auf die Seite der Rinderbarone und verdingte sich als Revolvermann an die *Wyoming Cattle Growers' Association.* Dabei wurde er einmal in eine Schlägerei mit einem Kleinbauern namens Jack Flagg verwickelt und zog bei zwei Zusammenstößen mit Nate Champion den kürzeren. Schließlich diente er dem Verband der Rinderzüchter als Spitzel und Spion und tötete Nate Champions Zwillingsbruder Dudley. Danach verließ er Wyoming, kehrte aber einige Jahre später zurück und erreichte ein hohes Alter. Er war einer der letzten Überlebenden des *Johnson County War.*

Schießereien: *9. April 1892, KC Ranch, Wyoming.* Shonsey ritt aufgeregt ins Lager der Regulatoren des Rinderzüchterverbandes und behauptete, er habe auf der *KC Ranch* vierzehn Viehdiebe aufgespürt. Der starke Reitertrupp, der daraufhin anrückte, entdeckte jedoch lediglich Nate Champion und Nick Ray sowie zwei arbeitslose Rancharbeiter namens Bill Walker und Ben Jones.

Vor dem Morgengrauen gingen die Regulatoren in Stellung. Shonsey postierte sich mit fünf weiteren Männern in einer Bodensenke hinter der Hütte. Bei Sonnenaufgang kamen Jones und Walker heraus und wurden festgenommen. Als Ray die Hütte verließ, wurde er von den Regulatoren niedergeschossen, doch Champion gab seinem tödlich verletzten Freund und Kompagnon Feuerschutz und zog ihn in die Behausung zurück.

Der Schußwechsel dauerte bis zum Nachmittag, als Jack Flagg zufällig an der Ranch vorbeifuhr. Er wurde unter Beschuß genommen, ließ seinen Wagen im Stich und konnte entkommen. Die Regulatoren beluden den Wagen mit brennbaren Materialien, zündeten ihn an und schoben ihn an die Hütte. Champion stürmte heraus, feuerte mit *Winchester* und Revolver um sich und rannte barfuß zu der Bodensenke. Er hatte sie fast erreicht, als Shonsey und seine fünf Gefährten aus der Deckung das Feuer eröffneten und Champion niederstreckten. Anschließend heftete man dem von achtundzwanzig Kugeln durchsiebten Champion einen Zettel mit der Aufschrift »Rinderdiebe, aufgepaßt!« ans Hemd.

Die Regulatoren zogen anschließend weiter, trafen aber wenig später auf einen großen Trupp aufgebrachter Bürger und Soldaten, denen sie sich nach kurzem Widerstand ergaben.

Mai 1893, bei Lusk, Wyoming. In einem etwa zwanzig Meilen nordöstlich von Lusk gelegenen Rinder-Camp entdeckte Shonsey Dudley Champion, den Zwillingsbruder von Nate. Nach einer kurzen Unterredung zog Shonsey plötzlich den Revolver, schoß Champion nieder und floh aus dem Lager. »Ich kann ihn nicht spannen, ich kann ihn nicht spannen«, stöhnte Champion und starb. Später stellte man fest, daß die Trommel seines Revolvers mit Erde verstopft war, so daß er keinen Schuß hatte abgeben können. Shonsey begab sich unverzüglich nach Lusk, wo er wegen angeblicher Notwehr auf freien Fuß gesetzt wurde, ritt dann nach Cheyenne weiter und bestieg einen Zug in Richtung Süden.

Quellen: Smith, *War on the Powder River,* xiii, 118, 145, 152–153, 162, 186, 189, 191, 201–204, 282–283; Mercer, *Banditti of the Plains,* xlviii, 51–106, 140–141, 179–187.

Shores, Cyrus Wells

(»Doc«)

Geb. 11. November 1844, Hickville, Michigan; gest. 18. Oktober 1934, Gunnison, Colorado. Viehtreiber, Jäger, Trapper, Fuhrunternehmer, Rinderzüchter.

Der in einem Dorf in der Nähe von Detroit, Michigan, geborene Shores verdankte sowohl seinen Tauf- als auch seinen Spitznamen dem Mann, der ihn auf die Welt geholt hatte: Doctor Cyrus Wells. 1866 verließ der junge Mann sein Elternhaus, zog ins Montana Territory und fand in Fort Benson eine Anstellung als Viehtreiber.

Shores arbeitete eine Weile als Jäger und Trapper, kaufte aber bald darauf einen Wagen und transportierte in den folgenden Jahren Eisenbahnschwellen für die *Union Pacific Railroad,* beförderte Güter zu den diversen Bergarbeiterlagern und brachte im Auftrag der Regierung Nachschublieferungen von Fort Hays nach Camp Supply in Oklahoma. 1871 verkaufte er den Wagen, erwarb eine kleine Herde texanischer Rinder, die er über den Chisholm-Trail trieb, und hielt sich die nächsten sieben Jahre als Rinderhändler in Kansas auf.

Doc heiratete 1877, zog drei Jahre später mit seiner Familie nach Gunnison, Colorado, und gründete dort ein Fuhrunternehmen, das die zahllosen Goldgräberlager in der Gegend mit Vorräten versorgte. 1884 wurde Shores zum Sheriff des Gunnison County gewählt. Er hatte dieses Amt acht Jahre lang inne, diente anschließend als Deputy U.S. Marshal, war als Eisenbahndetektiv für die *Denver & Rio Grande Railroad* und wurde 1915 zum Polizeichef von Salt Lake City ernannt.

Shores verkehrte mit Männern wie Wild Bill Hickok, Tom Horn und Jim Clark, und einer der zahllosen Straftäter, die er dingfest machte, war der berüchtigte Menschenfresser Alfred Packer. 1908 starb Shores' Frau, eine Künstlerin und Dichterin. Er heiratete später wieder, zog sich in den Ruhestand nach Gunnison zurück und starb dort im neunzigsten Lebensjahr.

Schießereien: *Oktober 1880, bei Gunnison, Colorado.* Shores war in seiner Hütte und wiegte seinen Sohn, als zwei Rauhbeine namens Jack Smith und Tom Lewis in Gunnison auf offener Straße herumschossen und einen Passanten schwer verletzten. Shores sprang auf, griff zu seiner *Winchester*, ging hinaus und verfolgte die Ganoven. Er lieferte sich einen Schußwechsel mit den beiden Desperados, wurde aber seinerseits von einer fünfzehnköpfigen Posse unter Feuer genommen, die verspätet am Ort des Geschehens eintraf, und kehrte mißmutig nach Gunnison zurück. Smith und Lewis wurden wenig später von der Posse gefaßt.

Dezember 1891, Crested Butte, Colorado. In Crested Butte waren etwa 250 österreichische und italienische Bergmänner, die in den dortigen Kohlegruben arbeiteten, in den Streik getreten. Sheriff Shores trommelte daraufhin zwei Dutzend Deputies zusammen und fuhr mit einem Sonderzug in die Ortschaft, um die Streikenden zur Räson zu bringen. Gegen Mitternacht traf die Posse ein, wurde von 150 aufgebrachten Bergleuten angegriffen und zog sich auf Shores' Kommando hin unter Beschuß zurück.

Die Ordnungshüter gingen hinter dem Bahndamm in Stellung und eröffneten ihrerseits das Feuer. Beim anschließenden Schußwechsel ging es so heiß zu, daß einer von Shores' Männern die Nerven verlor und alle vierzehn Patronen seiner *Winchester* auswarf, ohne einmal abzudrücken. Am Ende waren sechsunddreißig Bergleute von Kugeln getroffen, doch da Shores seinen Männern befohlen hatte, niedrig zu zielen, gab es nur einen Schwerverletzten. Kurz darauf traten die Streikenden den Rückzug an und zerstreuten sich. Auf seiten der Posse war niemand zu Schaden gekommen.

Quelle: Rockwell, *Memoirs of a Lawman*.

Short, Luke L.

Geb. 1854 in Mississippi; gest. 8. September 1893, Geuda Springs, Kansas. Farmer, Cowboy, Rustler, Whiskeyhändler, Militärkundschafter, Meldereiter, Spieler, Saloonbesitzer.

Zwei Jahre nach Luke Shorts Geburt zog seine Familie aus dem heimischen Mississippi auf eine Farm in Texas. Luke war noch ein Teenager, als er das Elternhaus verließ, als Cowboy anheuerte und Rinderherden nach Norden, zu den Verladebahnhöfen in Kansas, trieb. Nach ein paar Jahren hatte er genug vom rauhen Leben und entschied

Der schmucke Luke Short, ein Spieler, der Longhaired Jim Courtright tötete. *(Kansas State Historical Society, Topeka)*

sich für ein angenehmeres und einträglicheres Dasein. 1876 zog er nach Sidney, Nebraska, und schloß sich einer Gruppe von Whiskeyhändlern an, die 125 Meilen nördlich von Sidney einen Handelsposten einrichteten und Schnaps an die Sioux verkauften – ein Verstoß gegen die Bundesgesetze. Short behauptete später, er habe in dieser Zeit alles in allem sechs betrunkene Indianerkrieger getötet.

Bald darauf wurde Short von Soldaten festgenommen, konnte jedoch entfliehen und tauchte zwei Jahre lang unter. 1878 war er für kurze Zeit als Meldereiter und Kundschafter für die US-Army in Nebraska tätig. Danach zog es ihn nach Leadville, Colorado, wo er als Berufsspieler auftrat und in eine Schießerei verwickelt wurde. 1879 zog er nach Dodge City und führte zwei Jahre lang ein ruhiges Dasein als Hauscroupier im *Long Branch Saloon*.

Im Jahr 1881 besuchte Short die aufblühende Stadt Tombstone und wurde Hauscroupier im *Oriental Saloon,* in dem auch Wyatt Earp und Doc Holliday spielten. Die drei wurden bald als »Dodge City Gang« bekannt. In Tombstone tötete Short den Spielerkollegen Charles Storms. Sobald er wieder freikam, kehrte er nach Dodge City und in den *Long Branch Saloon* zurück.

1883 erwarb Short einen Anteil am *Long Branch*, und kurz darauf wurde er in den *Dodge City War* verwickelt. Nach einer Auseinandersetzung mit der reformwilligen Stadtverwaltung lieferte sich Short eine Schießerei mit dem Polizisten und Stadtschreiber L. C. Hartman und wurde umgehend aus der Stadt gejagt. Beide Seiten zogen Anwälte zu Rate, es kam zu einer ganzen Reihe von Klagen und Gegenklagen, und schließlich rekrutierte Short eine Bande befreundeter Revolvermänner – die berühmte »Peace Commission«, der auch Wyatt Earp und Bat Masterson angehörten.

Zu guter Letzt ritten Short und seine Gefährten in Dodge ein, doch es kam zu keinerlei Zusammenstoß, worauf Short die Stadt verließ und seine Streitigkeiten mit

der Verwaltung außergerichtlich beilegte. Danach ließ Short sich als Spieler in Fort Worth nieder, erwarb einen Anteil am *White Elephant Saloon* und legte sich eine Geliebte namens Hettie zu. Zwar wurde das Glücksspiel in der aufstrebenden Rinderstadt bald darauf verboten, doch Short, der in den führenden Kreisen von Fort Worth verkehrte, bot seine Dienste unterderhand weiter an und verdiente dabei ein Vermögen.

Short, ein schmächtiger Mann (er war nur einen Meter achtundsechzig groß und wog ganze fünfundfünfzig Kilogramm), der seit jeher großen Wert auf ein gepflegtes Äußeres legte, trug mit Vorliebe maßgeschneiderte Kleidung; seine rechte Hosentasche zum Beispiel war extra tief geschnitten und mit Leder gefüttert, damit er den Revolver hineinstecken konnte. In Fort Worth lieferte er sich Schießereien mit Charles Wright und Longhaired Jim Courtright, beide Male mit tödlichem Ausgang.

Short erkrankte schließlich an Wasssersucht, und als sein Zustand immer schlechter wurde, begab er sich zu den Mineralquellen von Geuda Springs in Kansas, wo er im September 1893 starb.

Schießereien: *1879, Leadville, Colorado.* Ein Mann namens Brown beschwerte sich bitter über eine Spielschuld, die er bei Short hatte. Nach einem hitzigen Wortwechsel griffen beide Männer zu den Waffen. Short gab den ersten Schuß ab, fügte Brown eine Gesichtsverletzung zu und beendete damit die Auseinandersetzung.

25. Februar 1881, Tombstone, Arizona. Short und ein Spieler namens Charles Storms stritten sich im *Oriental Saloon* zu Tombstone, wo Short als Croupier angestellt war, wegen eines Kartenspiels. Bat Masterson, ein weiterer Croupier des Hauses, mischte sich ein und brachte beide Männer zur Räson. Doch Storms kehrte später wutentbrannt zurück. Nach einem heftigen Wortwechsel griffen beide Spieler zu den Revolvern, und Short ging wie entfesselt auf Storms los und drückte dreimal ab. Eine Kugel brach Storms das Genick, die andere drang in sein Herz, worauf er tot zusammenbrach. Short wurde später von jeder Schuld freigesprochen.

30. April 1883, Dodge City, Kansas. Die reformwillige Stadtverwaltung von Dodge City hatte im *Long Branch Saloon*, der Short und Will Harris gehörte, drei »Sängerinnen« festnehmen lassen. Short, der vor Wut schäumte und finstere Drohungen ausstieß, begegnete an einem Samstagabend vor der unbeleuchteten Gemischtwarenhandlung an der Front Street dem Polizisten und Stadtschreiber L. C. Hartman. »Da ist einer dieser Hundesöhne«, brummte Short seinem Kompagnon zu. »Los, dem geben wir's.«

Short riß den Revolver heraus und gab zwei Schüsse auf Hartman ab, der sich sofort zu Boden warf. Short nahm an, er habe Hartman getötet, und entfernte sich. Doch Hartman, der unverletzt geblieben war, zog seinerseits die Waffe und feuerte einen Schuß auf Short ab, worauf dieser in der Dunkelheit verschwand.

8. Februar 1887, Fort Worth, Texas. Short, der einen dreißigprozentigen Anteil an Jake Johnsons *White Elephant Saloon* erworben hatte, und sein Kompagnon wurden von Longhaired Jim Courtright angesprochen, einem berühmt-berüchtigten Revolvermann, der früher City Marshal von Fort Worth gewesen war und jetzt eine Detektei betrieb und nebenbei einen Schutzgelderpressungsring leitete.

Johnson war bereit, gegen gewisse Sicherheitsgarantien auf Courtrights Forderungen einzugehen, doch Short verwahrte sich gegen derartige Erpressungsversuche. Zwar stieß Short am 7. Februar seinen Anteil an dem Saloon ab, doch der Streit spitzte sich zu, als Courtright ihm am nächsten Tag über Johnson eine Drohung zukommen ließ.

Short, der von Bat Masterson begleitet wurde, begegnete Courtright auf einem Schießstand. Die beiden Männer wechsel-

ten ein paar Worte, worauf Short in seine Jacke griff. Courtright warnte ihn davor, zur Waffe zu greifen. Short erwiderte, er trage seine Schußwaffe nie in der Jacke, doch Courtright zog bereits einen seiner Revolver.

Als Longhaired Jim anlegen wollte, verfing sich der Hammer an Shorts Uhrkette, worauf Short seinerseits den Revolver zog und sechsmal abdrückte. Die erste Kugel traf die Trommel von Courtrights Revolver, die beiden nächsten gingen daneben; die anderen drei trafen Courtrights rechten Daumen, die Schulter und schließlich das Herz. Courtright brach zusammen und war nach wenigen Minuten tot. Short wurde festgenommen, später aber wegen offensichtlicher Notwehr freigesprochen.

23. Dezember 1890, Fort Worth, Texas. Durch einen weiteren Streit beim Glücksspiel wurde Short ein letztes Mal in eine Schießerei verwickelt. Charles Wright, ein einheimischer Saloonbesitzer, feuerte aus Rache hinterrücks mit einer Schrotflinte auf Short. Short wurde am linken Bein getroffen, zog seinen Revolver und schoß auf den Angreifer. Eine der Kugeln zerschmetterte Wrights Handgelenk, ehe er sich in Sicherheit bringen konnte.

Quellen: Cox, *Luke Short and His Era;* Schoenberger, *Gunfighters,* 133–145; Miller und Snell, *Great Gunfighters of the Kansas Cowtowns,* 369–415; Masterson, *Famous Gunfighters,* 7–24.

Slade, Joseph Alfred

(»Jack«)

Geb. 1824 in Carlyle, Illinois; gest. 10. März 1864, Virginia City, Montana. Soldat, Expreßgutaufseher, Rancher.

Der in Illinois aufgewachsene Jack Slade verließ sein Elternhaus in den vierziger Jahren und nahm kurz darauf als Freiwilliger bei der kämpfenden Truppe am Krieg mit Mexiko teil. Nach seiner Entlassung heiratete er und bekam eine Anstellung bei der *Central Overland California and Pike's Peak Express Company*.

1858 wäre Slade, der mittlerweile Sicherheitsbeauftragter eines Expreßgutdienstes war, beinahe von einem Pferdedieb namens Jules Reni getötet worden. Slade genas, trat seinen Dienst wieder an und ermordete Reni ein Jahr später auf brutalste Weise.

Danach verfiel er zusehends dem Alkohol. Er wurde in Wyoming in eine Schießerei verwickelt, zog nach Virginia City, Montana, und versuchte dort eine Ranch aufzubauen. Binnen kurzer Zeit fiel er in der boomenden Bergarbeiterstadt unangenehm auf, und nachdem er wieder einmal in einem Saloon randaliert hatte, schleppten ihn einige Einwohner nach draußen und warfen ein Seil über ein Gerüst für ein Werbeschild. »Mein Gott! Mein Gott!« zeterte Slade. »Muß ich denn so sterben? Ach, mein armes Weib!«

Virginia Slade, die ihren Gatten unbedingt im heimischen Illinois begraben wollte, ließ den Leichnam in einen mit reinem Alkohol gefüllten Sarg betten. Doch bei der Ankunft in Salt Lake City stank die Leiche so erbärmlich, daß man sie am 20. Juli 1864 – über vier Monate nach dem Lynchmord – auf dem Mormonenfriedhof bestatten mußte.

Schießereien: *1858, Julesburg, Colorado.* Jules Reni, ein gebürtiger Kanadier, hatte dem Expreßgutunternehmen, bei dem Jack Slade beschäftigt war, Pferde gestohlen. Im Zuge seiner Ermittlungen begab Slade sich nach Julesburg, wo sich Renis Hauptniederlassung befand. Reni stellte Slade auf offener Straße und feuerte aus nächster Nähe drei Schüsse auf ihn ab. Slade stürzte zu Boden, worauf Reni ihm drei weitere Kugeln in den Leib jagte. Anschließend forderte Reni die Zuschauer auf, Slade zu begraben, doch eine aufgebrachte Menschenmenge jagte den Killer aus der Stadt. Slade, der sich daraufhin mühsam wieder aufrichtete, genas nach längerer Rekonvaleszenz von seinen Verletzungen.

1859, bei Cold Springs, Colorado. Ein Jahr darauf wurde Reni auf Slades Ranch in der Nähe von Cold Springs gefaßt. Slade nahm an, daß Reni einen Anschlag auf in geplant hatte, und ließ ihn an einem Zaunpfahl festbinden. Er nahm ein paar Züge aus einer Whiskeyflasche und fing an, auf Renis Arme und Beine zu schießen. Schließlich rammte er ihm den Revolverlauf in den Mund und drückte ab. Anschließend, so hieß es, habe er ihm beide Ohren abgeschnitten.

1862, Fort Halleck, Wyoming. Slade, der wie üblich betrunken war, geriet in Fort Halleck in eine Schießerei, bei der er beinahe einen Zivilisten tötete. Als Haftbefehl gegen ihn erlassen wurde, flüchtete er aus Montana.

Quellen: Langford, *Vigilante Days and Ways,* 360–376: Nash, *Bloodletters and Badmen,* 506–508.

Slaughter, John Horton

(»Texas John«, »Don Juan«)

Geb. 2. Oktober 1841, Sabine Parish, Louisiana; gest. 15. Februar 1922, Douglas, Arizona. Rancher, Indianerkämpfer, Ordnungshüter, Parlamentarier, Geschäftsmann.

John Slaughter war drei Monate alt, als seine Eltern auf ein vom Staat zugeteiltes Stück Land in der Republik Texas zogen. Er wuchs auf einer Ranch mit Rinderzucht in der Nähe von Lockart auf und kämpfte während des Bürgerkriegs als »Minute Man« der Texas Rangers (der Begriff stammt ursprünglich aus dem amerikanischen Unabhängigkeitskrieg und bezeichnet einen Freiwilligen, der auf Abruf bereitsteht) gegen Indianer – ein Auftrag, den er auch während der Indianerunruhen in den siebziger Jahren übernahm. Später ließ er sich sogar mitten im Apachenland nieder und leitete noch in den neunziger Jahren Strafexpeditionen gegen abtrünnige Indianer.

Nach dem Bürgerkrieg baute sich Slaugh-

Slaughter, John Horton 309

Texas John Slaughter im Jahr 1886, als er zum Sheriff des unruhigen Cochise County in Arizona gewählt wurde. *(Arizona Historical Society)*

ter im Atascosa und im Frio County eine eigene Ranch auf, heiratete 1871 und gründete eine Familie. Slaughter leitete zahlreiche Viehtrecks, und seine Ranch wuchs und gedieh; dennoch beschloß er, nach Arizona umzusiedeln. 1878 jedoch erkrankte seine Frau auf dem Weg in die neue Heimat an Pocken und starb in Tucson.

Während des *Lincoln County War* wagte Slaughter einen Vorstoß nach New Mexico, tötete dort Barney Gallagher und wurde festgenommen. Er kam bald wieder frei und kehrte nach Arizona zurück. 1879 heiratete er wieder, und fünf Jahre darauf erwarb er das rund fünfundzwanzigtausend Hektar große *San Bernardino Grant* mit Weidegründen sowohl in Arizona als auch in Mexiko.

Slaughter baute Dämme und Bewässerungskanäle und beschäftigte schließlich mehr als zwanzig Cowboys; zudem lebten über dreißig Familien auf seiner Ranch, die für die Getreide-, Gemüse-, Obst- und Heuernte zuständig waren. Wenn es Reibereien mit Viehdieben und anderen Desperados gab, wußte Slaughter seine Schußwaffe zu gebrauchen, und 1886 wurde er von seinen Nachbarn im Cochise County, die darauf bauten, daß er das gesetzlose Treiben rund um Tombstone und Galeyville beenden werde, zum Sheriff gewählt. Im gleichen Jahr gründete er ein gemeinsames Unternehmen mit dem erfahrenen Viehtrecker George Lang, dem die an Slaughters San-Bernardino-Besitz angrenzende *Bato Rico Ranch* gehörte. Die beiden Männer lieferten regelmäßig Rindfleisch nach Kalifornien und betrieben in Los Angeles einen Schlachthof. 1890 jedoch kaufte Slaughter Langs Anwesen auf.

In dieser Zeit kümmerte sich Slaughter vor allem um die Befriedung des Cochise County, jagte Kriminelle, trieb Lynchmobs auseinander und wurde 1888 wiedergewählt. 1890 herrschte in der Gegend Ruhe und Ordnung, worauf Slaughter aus dem Dienst ausschied und sich seinen geschäftlichen Interessen widmete. 1895 allerdings wurde er zum Deputy Sheriff ernannt und behielt dieses Amt bis zu seinem Tod.

Nachdem Slaughter den Sheriffstern abgelegt hatte, konzentrierte er sich auf den weiteren Ausbau seiner Ranch sowie eines Fleischmarktes, den er in Charleston betrieb. 1906 errang er einen Sitz in der Territorialversammlung, wandte sich aber nach einer unerquicklichen Legislaturperiode wieder seinen Geschäften zu und erwarb 1910 in Bisbee zwei Fleischereien. Er war einer der Begründer der *Bank of Douglas* und stellte zahlreichen Nachbarn Darlehen zur Verfügung. Mit zunehmendem Wohlstand frönte er immer öfter seiner Leidenschaft für das Kartenspiel; häufig saß er bis zu vierundzwanzig Stunden am Pokertisch und spielte um hohe Einsätze. Im Alter von achtzig Jahren verschied der kleine Rinderbaron friedlich im Schlaf.

Schießereien: *1876, South Spring Ranch, New Mexico.* Beim Viehhüten auf John Chisums Ranch stieß Slaughter auf den betrunkenen Rustler Barney Gallagher.

Gallagher fuchtelte mit einer abgesägten Schrotflinte herum und bedrohte Slaughter. Der kleine Viehzüchter ritt auf Gallagher zu, zog plötzlich den Revolver und jagte dem Rustler eine Kugel in den Oberschenkel. Gallagher stürzte vom Pferd, noch ehe er selbst abdrücken konnte, und sein Begleiter, ein gewisser Boyd, galoppierte davon. Gallagher wurde in einen nahe gelegenen Kaufladen gebracht, wo er gegen Mitternacht starb, nachdem es nicht gelungen war, die Blutung zu stillen.

Um 1880, Mexiko. Slaughter war mit zwei schwarzen Helfern namens John Swain und Old Bat sowie mehreren Cowboys nach Mexiko vorgedrungen, um gestohlenes Vieh zurückzuholen. Als sie die Tiere zur Ranch treiben wollten, tauchten plötzlich *bandidos* auf, worauf sich Slaughters mexikanische *vaqueros* in die Büsche schlugen. Doch Slaughter und die beiden Schwarzen trieben das Vieh in einen ausweglosen Canyon und gingen mit ihren Schrotflinten in Stellung. Die Viehdiebe drangen in die Schlucht ein, gerieten unter Beschuß und ergriffen nach kurzer Zeit die Flucht.

1887, Fairbank, Arizona. Slaughter und die Deputies Burt Alvord und Doc Hall verfolgten Gerónimo Baltiérrez, einen Banditen und Mörder, in Richtung Fairbank und spürten ihn und seine *señorita* etwa anderthalb Meilen vor der Stadt in einem Zelt auf. Die Ordnungshüter umstellten das Zelt und forderten den Outlaw auf herauszukommen. Baltiérrez jedoch schnitt die Seitenwand auf und rannte weg, wurde aber nach wenigen Metern von einem Zaun aufgehalten, worauf Slaughter ihn mit zwei Schüssen aus seiner Schrotflinte tötete.

Mai 1888, Cochise County, Arizona. Drei Mexikaner, die kurz zuvor an einem Zugüberfall teilgenommen hatten, suchten Zuflucht in den Whetstone Mountains und wurden dort von Slaughter, Burt Alvord und Cesario Lucero entdeckt. Die Ordnungshüter griffen die noch unter den Decken liegenden Banditen an, worauf es eine kurze, aber heftige Schießerei gab. Als einer der Outlaws getroffen wurde, ergaben sich die anderen.

7. Juni 1888, Cochise County, Arizona. Slaughter, Deputy Burt Alvord und zwei Mexikaner hatten einen Trupp Banditen zu deren Lager in den Whetstone Mountains verfolgt. Im Morgengrauen forderte Slaughter, der eine Schrotflinte im Arm hatte, die noch schlafenden Outlaws auf, sich zu ergeben, eröffnete dann das Feuer und fügte einem der Gesuchten einen Streifschuß zu. Der Anführer der Banditen, ein gewisser Guadalupe Robles, sprang mit einem Revolver in der Hand auf, worauf Slaughter ihn erschoß. Ein Outlaw namens Manuel wollte aus dem Lager wegrennen. »Burt, da ist noch ein anderer Hundesohn. Erschieß ihn!« rief Slaughter, drückte seinerseits ab und brachte Manuel ins Straucheln. Dann befahl er seinen drei Begleitern, den Flüchtigen zu jagen und zu töten. Die Deputies nahmen die Verfolgung auf, doch Manuel konnte entkommen.

19. September 1898, San Bernardino Ranch, Arizona. Slaughter sah gegen sieben Uhr morgens einen Mann, der sich auf seinem Anwesen herumtrieb, und stellte kurz darauf fest, daß es sich um den wegen Diebstahls gesuchten Peg-Leg Finney handelte. In Begleitung von vier Männern nahm Slaughter die Verfolgung auf und entdeckte Finney, als dieser unter einem etwa eine Meile vom Ranchhaus entfernten Baum schlief. Leise näherten sich die Verfolger dem Schlafenden, und Slaughter nahm Finneys *Winchester* an sich und warf sie weg. In diesem Augenblick setzte Finney sich auf und richtete einen gespannten Revolver auf Slaughter. Der riß sofort die Flinte hoch und feuerte eine Kugel ab, die Finneys rechte Hand durchschlug und in seine Brust eindrang. Gleichzeitig drückten zwei von Slaughters Männern ab, trafen Finney an Kopf und Hüfte und töteten ihn auf der Stelle.

Um 1900, San Bernardino Ranch, Arizona.
Der Spieler Little Bob Stevens veranstaltete
in Tombstone ein Roulettespiel, stahl ein
Pferd und flüchtete in Richtung der San
Bernardino Ranch. Slaughter fing Stevens
ab und erschoß ihn.

1901, Cochise County, Arizona. Ein junger
Mann hatte eine Mutter und ihre beiden
Kinder (ein Sohn, eine Tochter) wegen einer
Beute von dreihundert Dollar umgebracht,
und Slaughter schloß sich der Posse an, die
ihn verfolgte. Der Mörder wurde gestellt,
versuchte sich der Festnahme zu widersetzen und wurde zusammengeschossen.

Quellen: Erwin, *The Southwest of John H. Slaughter, 1841–1922*; Klasner, *My Girlhood Among Outlaws*, 258–259; Harkey, *Mean as Hell*, 95–101; Faulk, *Tombstone*, 176–179.

Smith, Bill

Gest. 1902 im südlichen Arizona. Viehdieb, Eisenbahnräuber.

Smith war Anführer einer Bande von Viehdieben und Eisenbahnräubern, die um die Jahrhundertwende in Utah und Arizona ihr Unwesen trieb. Nach der Gründung der Arizona Rangers im Jahr 1901 kam es zu zwei Zusammenstößen zwischen Smith und der kleinen Polizeitruppe, bei denen die Rangers Bill Maxwell und Dayton Graham niedergeschossen wurden. Graham überlebte die Schießerei und tötete Smith im Jahr 1902.

Schießereien: *Oktober 1901, Black River, Arizona.* Die Smith-Gang hatte in Utah einen Zug der *Union Pacific* überfallen, anschließend eine Herde Pferde gestohlen und war dann zu ihrem Versteck im Quellgebiet des Black River in Arizona gezogen. Dort wurden sie von drei Rangers und einem halben Dutzend Cowboys aufgespürt, die daraufhin beschlossen, daß einer der Rangers Hilfe holen sollte, während die anderen die Hütte im Auge behielten.

In der Abenddämmerung kamen Bill Smith und sein Bruder aus der Hütte, worauf sie von den Rangers Carlos Tefio und Bill Maxwell unter Beschuß genommen wurden. Der Bandenführer rannte in die Hütte, doch sein Bruder ging auf die Ordnungshüter zu, schleifte seine Flinte hinter sich her und tat so, als wolle er sich ergeben. Plötzlich riß er die Waffe hoch und jagte Tefio eine Kugel in den Bauch. Der tödlich verletzte Ranger drückte seine *Winchester* ab, bis das Magazin leer war, traf eines der Bandenmitglieder am Bein und ein anderes am Fuß.

Als Tefio wegtorkelte, feuerte Bill Smith mit einem Gewehr auf Maxwell, schoß zunächst ein Loch in dessen Hut und jagte ihm dann eine tödliche Kugel ins Auge. Anschließend flüchteten die Outlaws im Schutz der Dunkelheit.

1901, Douglas, Arizona. Smith war in Mexiko untergetaucht, wagte sich aber gelegentlich nach Douglas, um das dortige Nachtleben zu genießen. Eines Abends wurde er vor einem Geschäft von dem Polizisten Tom Vaughn aus Douglas und dem Arizona Ranger Dayton Graham angesprochen. Die Ordnungshüter fragten den Fremden, wer er sei und was er wolle, worauf Smith wortlos einen Revolver zog und das Feuer eröffnete. Beide Männer wurden schwer verletzt – Vaughn war am Hals getroffen, Graham am Arm und am rechten Lungenflügel –, und Smith konnte mühelos entkommen.

1902, im südlichen Arizona. Nachdem Graham wieder genesen war, verfolgte er Smith hartnäckig. Er suchte sämtliche Spielhöllen von Südarizona nach ihm ab und entdeckte den Outlaw eines Abends am Monte-Tisch. Smith sprang auf, griff zu seinem Revolver, doch Graham jagte ihm eine Kugel in den Kopf und zwei weitere in den Bauch. Später stellte man fest, daß Smith eiserne Sägeblätter in seine Jacke eingenäht hatte.

Quellen: Breihan, *Great Lawmen of the West*, 83–85; Hunt, *Cap Mossman*, 149, 152–156, 170–174.

Smith, Jack

Gest. um 1890 in Cripple Creek, Colorado.
Sträfling und gedungener Revolvermann.

Smith war ein Desperado, der 1880 in Colorado zu einer Zuchthausstrafe verurteilt wurde. Kurz nach seiner Entlassung schlug er in White Pine einen ehemaligen Ordnungshüter mit dem Revolver nieder und flüchtete dann nach Cripple Creek. Dort hetzte er wider die Obrigkeit und war einer der Rädelsführer im sogenannten *Bull Hill War,* einem blutigen Aufruhr, bei dem mehrere Menschen ums Leben kamen und etliche Minen zerstört wurden. Im Verlauf dieser Unruhen wurde Smith vom Marshal von Cripple Creek erschossen.

Schießereien: *Oktober 1880, Gunnison, Colorado.* Smith und Tom Lewis ritten Ende Oktober aus dem Bergarbeiter-Camp White Pine und fingen an, sich zu betrinken. Unterwegs begegneten sie zwei Ordnungshütern, die einen Fälscher eskortierten. Ohne ersichtlichen Grund hielten sie die beiden Männer mit der Waffe in Schach, befreiten den Gefangenen und ritten dann nach Gunnison, wo sie auf offener Straße herumschossen. Nachdem sie einen Passanten verletzt hatten, galoppierten Smith und Lewis aus der Stadt, verfolgt von fast zwanzig Männern, die sie erst nach einer wilden Jagd abschütteln konnten. Doch tags darauf wurden sie in Lake City festgenommen.

Um 1890, Cripple Creek. Nachdem einer seiner Männer festgenommen worden war, marschierte Smith zum Gefängnis von Cripple Creek und fing an, die Schlösser an den Zellen zu zerschießen. Der City Marshal stürmte zum Ort des Geschehens, eröffnete das Feuer und verletzte Smith tödlich.

Quelle: Rockwell, *Memoirs of a Lawman,* 15–21.

Smith, Thomas J.

(»Bear River Tom«)

Geb. 1830 in New York City, New York; gest. 2. November 1870 bei Abilene, Kansas. Eisenbahnangestellter, Ordnungshüter.

Der von irischen Vorfahren abstammende und im katholischen Glauben erzogene Smith diente angeblich in New York bei der Polizei. 1867 arbeitete er bei der *Union Pacific Railroad* in Nebraska und im Jahr darauf, wiederum in Diensten der Eisenbahn, in Wyoming, wo er in den *Bear River Riot* verwickelt wurde. Danach war er Marshal in mehreren Städten, die den immer weiter gen Westen vordringenden Schienenstrang entlang aus dem Boden schossen, und wurde im Juni 1870 zum Polizeichef von Abilene in Kansas ernannt.

Smith wurde unter anderem dadurch berühmt, daß er sich manchmal selbst in gefährlichen Situationen weigerte, eine Schußwaffe zu tragen. Einmal ging er zum Beispiel auf einen kräftigen Kerl namens Wyoming Frank zu, der einen Revolver auf ihn gerichtet hatte, gab ihm eine Ohrfeige, ergriff die Waffe und schlug ihn mit ihr nieder. Bereits im November 1870 aber wurde Smith brutal ermordet, als er eine Verhaftung vornehmen wollte. Er wurde unter großer Anteilnahme der Bevölkerung bestattet.

Schießereien: *1868, Bear River City, Wyoming.* Ein junger Freund von Smith war zu Unrecht ins Gefängnis geworfen worden, worauf Smith mehrere Kollegen, allesamt Eisenbahnarbeiter, zusammentrommelte, die sich vor dem örtlichen Kittchen einfanden. Trotz heftigen Widerstands von seiten der Stadtbewohner drangen die Eisenbahner in das Gefängnis ein und befreiten ihren Kollegen. Smith wurde schwer verletzt, quittierte anschließend den Dienst bei der Eisenbahn und wurde Ordnungshüter.

2. November 1870, bei Abilene, Kansas. Am 23. Oktober hatte der Heimstätten-Farmer

Smith, Tom 313

Bear River Tom Smith, der später so brutal ermordete Marshal von Abilene, Kansas. *(Kansas State Historical Society, Topeka)*

Andrew McConnell seinen Nachbarn John Shea erschossen. Daraufhin wurde gegen McConnell Haftbefehl erlassen, und Smith und ein Deputy namens J. H. McDonald ritten zu der kleinen, etwa zehn Meilen außerhalb von Abilene gelegenen Erdbehausung des Farmers, wo sie von McConnell und dessen Freund Moses Miles empfangen wurden.

Als Smith den Haftbefehl vorlas, jagte McConnell ihm eine Kugel in die Brust. Smith erwiderte umgehend das Feuer und verletzte McConnell. Anschließend rangen die beiden Männer miteinander, während sich Miles und McDonald aufeinander schossen. Miles wurde getroffen, feuerte jedoch weiter und jagte McDonald schließlich vom Anwesen. Dann wandte er sich Smith zu und schlug ihn nieder. Hinterher schleppten McConnell und Miles den besinnungslosen Ordnungshüter mehrere Meter von der Erdbehausung weg, worauf Miles zu einer Axt griff und auf Smith einschlug, bis dessen Kopf beinahe vom Körper getrennt war.

Quellen: Miller und Snell, *Great Gunfighters of the Kansas Cowtowns*, 415–419; Streeter, *Prairie Trails & Cow Towns*, 75–80; Drago, *Wild, Woolly & Wicked*, 56–71.

Smith, Tom

Geb. in Texas; gest. im Sommer 1893 bei Gainesville, Texas. Ordnungshüter, Range-Detektiv.

Tom Smith, ein gebürtiger Texaner, war in seinem Heimatstaat sowie in Oklahoma als Ordnungshüter tätig und diente eine Zeitlang als Deputy U. S. Marshal. Ende der achtziger Jahre wurde er von der *Wyoming Cattle Growers' Association* als Range-Detektiv angestellt und ging im Auftrag der Rinderbarone rücksichtslos gegen die Heimstättensiedler und kleinen Rancher in der Gegend vor. Einmal tötete er einen dieser Rustler und wurde wegen Mordes angeklagt, kam aber dank der politischen Beziehungen des Rinderzüchterverbandes zu hohen Amtspersonen (darunter auch der Gouverneur und die beiden Senatoren des Staates) wieder frei.

Im Frühjahr 1892 wurde Smith nach Texas geschickt, wo er Revolvermänner für den großen Entscheidungskampf um die Herrschaft im Johnson County, Wyoming, anwerben sollte. Er bot eine stattliche Besoldung: fünf Dollar pro Tag plus Spesen, eine Unfallversicherungssumme von dreitausend Dollar und eine Prämie von fünfzig Dollar pro Revolvermann für jeden erschossenen oder gehängten Gegner. Smith heuerte in und um Paris, Texas, sechsundzwanzig Männer an und zog mit ihnen gen Norden. Als die vereinten Streitkräfte – Frank Canton hatte unterdessen ebenso viele Revolvermänner angeheuert – unter dem Oberbefehl von Major Frank Wolcott zur großen Strafexpedition ausrückten, hatte Smith das Kommando über die Texaner inne.

Mittlerweile waren dreihunderttausend Dollar in einen »Vernichtungsfonds« geflossen, und die Regulatoren erhielten eine

314   Smith, Tom

Liste mit den Namen von siebzig Störenfrieden, die sie töten sollten. Das Vorhaben scheiterte jedoch, als die Regulatoren in Buffalo festgenommen wurden. Zwar ließ man wieder Beziehungen spielen, so daß letztlich alle Regulatoren freikamen, doch der Großteil verließ Wyoming auf schnellstem Wege. Smith kehrte nach Texas zurück, wo er kurz darauf getötet wurde.

Schießereien: *1. November 1891, am Powder River, Wyoming.* Nate Champion, nach Ansicht des Rinderzüchterverbandes einer der dreistesten und aufrührerischsten Rustler, wohnte gemeinsam mit Ross Gilbertson in einer kleinen Blockhütte am Powder River. Vier Detektive des Rinderzüchterverbandes – Smith, Frank Canton, Joe Elliott und Fred Coates –, die den Auftrag hatten, Champion zu liquidieren, fanden sich vor dem Morgengrauen vor der Hütte ein. Als sie beratschlagten, wie sie weiter vorgehen sollten, ließ einer von ihnen den Revolver fallen, und da alle sechs Kammern der Trommel geladen waren, löste sich prompt ein Schuß.

Die vier Männer verloren die Nerven und stürmten die Hütte. Einer forderte den im Bett liegenden Champion auf, sich zu ergeben, und schoß dann auf ihn. Champion fuhr hoch und erwiderte das Feuer. Er traf einen der Angreifer am Arm und einen weiteren in Höhe der Rippen, worauf die vier Detektive die Flucht ergriffen. Sie ließen Kleidungsstücke, Pferde und eine Flinte zurück, die Canton von Smith geschenkt bekommen hatte. Elliott wurde kurz darauf festgenommen, doch als Gilbertson, der einzige Augenzeuge, verschwand, wurde die Anklage gegen ihn fallengelassen.

9. April 1892, KC Ranch, Wyoming. Die Regulatoren, alles in allem über fünfzig Mann stark, rückten zu einem Überraschungsangriff auf Buffalo vor, die Bastion der gegnerischen Partei, wo sie Sheriff Red Angus und andere Rädelsführer der Heimstättensiedler hängen wollten. In der Gegend des Hole-in-the-Wall teilte ihnen einer der Detektive mit, daß Nate Champion und Nick Ray, zwei Männer, die ganz oben auf ihrer Todesliste standen, die nahe gelegene *KC Ranch* gepachtet hätten. Der Trupp beschloß, einen kleinen Umweg zu machen und zunächst Champion zu liquidieren.

Vor Tagesanbruch verteilten sich die Regulatoren rund um das Ranchhaus – nachdem man ihnen befohlen hatte, ihre Revolver mit höchstens fünf Patronen zu laden. Im Morgengrauen kam Ben Jones, einer der beiden Trapper, die bei Champion übernachtet hatten, heraus, um Wasser zu holen. Er wurde leise überwältigt, desgleichen Bill Walker, der andere Trapper, der eine halbe Stunde später aus der Tür trat. Kurz darauf verließ Ray, nichts Böses ahnend, die Hütte und wurde von einer Salve niedergestreckt. Doch Champion stellte sich unter die Tür, gab ihm Feuerschutz, stürmte dann heraus und zog seinen sterbenden Gefährten in die Behausung zurück. Nachdem einige Regulatoren von Champions gutgezielten Schüssen getroffen worden waren, verstrichen mehrere Stunden, ohne daß man einen Frontalangriff wagte.

Gegen 15 Uhr ritt Jack Flagg, der ebenfalls auf der Todesliste stand und von seinem Stiefsohn auf einem Vorratswagen begleitet wurde, an der *KC Ranch* vorbei. Als er beschossen wurde, schnitt Flagg eines der Zugpferde los, ließ seinen Stiefsohn aufsitzen und galoppierte, von mehreren Regulatoren vergebens verfolgt, davon.

Den Regulatoren war bewußt, daß Flagg sofort Alarm schlagen würde, weshalb sie Champion auf dem schnellsten Wege erledigen wollten. Sie beluden Flaggs Wagen mit brennbarem Material, setzten Champions Hütte in Flammen und trieben ihn heraus. Champion wurde von achtundzwanzig Kugeln getroffen, und anschließend heftete man einen Zettel mit der Aufschrift »Rinderdiebe, aufgepaßt« an seine Hemdbrust. Doch durch Nate Champions zähen Widerstand hatten die Regulatoren wertvolle Zeit verloren, so daß ihr eigentliches Vorhaben scheiterte.

Sommer 1893, bei Gainesville, Texas. Smith kehrte unmittelbar nach seiner Haftentlassung nach Texas zurück, wo er binnen kürzester Zeit erneut in eine Auseinandersetzung geriet. Kurz nach der Abfahrt in Gainesville, Texas, wo er einen Zug nach Guthrie, Oklahoma, bestiegen hatte, bekam er Streit mit einem Schwarzen. Beide Männer zogen die Waffen, und Smith wurde erschossen.

Quellen: Mercer, *Banditti of the Plains,* xxix, 21–73, 122–132; Canton, *Frontier Trails,* 88–106; Smith, *War on the Powder River,* 189, 192, 201, 213.

Sontag, John

Gest. 13. September 1892, Sampson's Flats, Kalifornien. Bergmann, Eisenbahnräuber.
John Sontag und sein Bruder George besaßen Anfang der neunziger Jahre in der Nähe von Visalia in Kalifornien eine Quarzmine. 1891 zogen sie nach Osten und überfielen in Minnesota und Wisconsin Eisenbahnzüge. Wenige Monate später kehrten sie nach Kalifornien zurück und überfielen in Collis Station, einem kleinen Eisenbahnhaltepunkt, einen Zug.
Daraufhin machten Detektive von *Wells, Fargo* und Ermittler der *Pinkerton National Detective Agency* Jagd auf die Sontags und faßten schließlich George. John und sein Komplize Chris Evans konnten die Verfolger neun Monate lang immer wieder abschütteln und verletzten dabei insgesamt sieben Possemitglieder, ehe sie im September 1892 endgültig gestellt wurden. Nach einem langen Feuergefecht wurden die beiden Outlaws, die zuvor zwei Ordnungshüter getötet hatten, niedergeschossen und festgenommen. John erlag seinen Verletzungen, und als sein in *Folsom Prison* einsitzender Bruder davon erfuhr, lief er Amok und wurde von den Wachen getötet.

Schießereien: Januar 1892, bei Visalia, Kalifornien. Die Gebrüder Sontag wurden verdächtigt, in Collis Station einen Zug überfallen zu haben, worauf eine Posse auszog, um sie dingfest zu machen. Die Sontags widersetzten sich der Festnahme, eröffneten das Feuer und verletzten zwei Deputies. Anschließend konnten John und George entkommen.

Januar 1892, San Joaquin Valley, Kalifornien. Einige Tage nachdem sie sich den Fluchtweg freigeschossen hatten, wurden die Brüder Sontag, denen sich mittlerweile Chris Evans, ein Meisterschütze, angeschlossen hatte, von einer Posse in ihrem Scheunenversteck aufgespürt. George wurde gefaßt, doch John und Evans töteten einen Deputy und konnten erneut entkommen.

13. September 1892, Sampson's Flats, Kalifornien. Als eine Posse das Versteck von John Sontag und Chris Evans entdeckte, eröffneten die beiden das Feuer und töteten zwei Verfolger, darunter den ehemaligen Texas Ranger V. C. Wilson. Die Posse bekam kurz darauf Verstärkung, und damit begann die eigentliche »Schlacht von Sampson's Flat«, die schließlich acht Stunden dauern sollte. Den ganzen Tag über kämpften sich Sontag und Evans von Baum zu Baum vor und versuchten verzweifelt, ihren Verfolgern zu entkommen. Am Ende wurden beide niedergeschossen. John Sontag starb noch in der gleichen Nacht, Evans überlebte und wurde zu einer lebenslangen Zuchthausstrafe verurteilt.

Quellen: Conger, *Texas Rangers;* Horan und Sann, *Pictorial History of the Wild West,* 151–152.

Soto, Juan

(»The Human Wildcat«)

Gest. 1871 im Sausalito Valley, Kalifornien. Bandit.
Juan Soto, ein großer, häßlicher Mann teils indianischer, teils mexikanischer Abstammung, war ein berüchtigter kaliforni-

scher Raubmörder. Nach einem Raubüberfall im Alameda County wurde er von Sheriff Harry Morse gnadenlos gejagt. Mehrere Monate später wurde Soto von Morse gestellt und bei einer wilden Schießerei getötet.

Schießereien: *10. Januar 1871, Sunol, Kalifornien.* Soto und zwei mexikanische Komplizen begaben sich in das Geschäft des ehemaligen Abgeordneten Thomas Scott. Kurz darauf fielen Schüsse, und der kaufmännische Angestelle Otto Ludovici wurde von Soto und dessen Begleitern getötet. Anschließend raubten sie den Laden aus und feuerten mehrere Kugeln auf die hinter dem Geschäft gelegenen Wohnräume der Familie Scott ab. Als die Scotts durch die Hintertür flüchteten, ritten Soto und seine Helfershelfer weg.

1871, Sausalito Valley, Kalifornien. Sheriff Harry Morse verfolgte Soto mit einer Posse in eine wilde, Picachos genannte Berglandschaft in den Panoche Mountains, etwa fünfzig Meilen von Gilroy im Sausalito Valley. Dort teilte sich der Trupp in Zweiergruppen auf. Morse und ein Deputy namens Winchell stießen auf eine Adobehütte, drangen ein und entdeckten Soto inmitten einer Runde alles andere als freundlich wirkender Männer und Frauen.

Morse zog sofort den Revolver, forderte Soto auf, sich zu ergeben, und befahl Winchell, dem Outlaw Handschellen anzulegen. Doch als die Mexikaner die Waffen zogen, suchte Winchell sein Heil in der Flucht, worauf ein Mann und eine Frau Morse an den Armen ergriffen.

Soto sprang auf und zog einen Revolver. Morse riß sich los und schoß ihm ein Loch in den Hut. Soto stürmte ins Freie, und Morse folgte ihm, mußte sich aber zu Boden werfen, als der Outlaw vier Schüsse auf ihn abgab. Morse erwiderte das Feuer, traf Sotos Revolver und rannte zu seinem Pferd, um seinen im Sattelfutteral steckenden *Henry*-Stutzen zu ergreifen.

Soto stürmte in die Hütte zurück, steckte sich einen Revolver in den Gürtel,

ergriff zwei weitere, kam wieder heraus und rannte zum erstbesten Pferd. Als das Tier scheute, flüchtete Soto zu Fuß in die Berge. Morse traf ihn aus einer Entfernung von 150 Metern an der Schulter, worauf Soto aufschrie, kehrtmachte und auf den Ordnungshüter zurannte. Wieder feuerte Morse mit dem Henry-Stutzen und streckte Soto mit einem Kopfschuß nieder.

Quelle: Shinn, *Pacific Coast Outlaws*, 12, 38, 55–56, 67–75.

Spradley, A. John

Geb. 8. März 1853, Simpson County, Mississippi; gest. 1840 in Nacogdoches, Texas. Farmer, Arbeiter, Ordnungshüter, Saloonbesitzer.

A. J. Spradley, das älteste von neun Kindern eines Farmerehepaares aus Mississippi, verließ 1871 nach einer Schießerei sein Elternhaus und flüchtete nach Texas. Er arbeitete ein Jahr lang auf der Farm eines Onkels in Nacogdoches und trat dann eine Stelle in einer Fabrik an. 1880 wurde er zum Deputy Sheriff im Nacogdoches County ernannt, und ein Jahr später übernahm er das verwaiste Sheriffsamt.

Spradley blieb dreißig Jahre lang Sheriff und diente vier Jahre als Deputy U. S. Marshal. Im Umgang mit Kriminellen konnte er ebenso rücksichtslos wie durchtrieben sein – einmal trug er sogar eine eiserne Panzerweste unter dem Hemd. Er erschoß drei Männer und wäre seinerseits zweimal fast erschossen worden. Nachdem er wieder einmal knapp dem Tod entronnen war, verkaufte er seinen Anteil an einem Saloon in Nacogdoches, der ihm eine willkommene Nebeneinnahme beschert hatte, und wurde ein leidenschaftlicher Anhänger der Anti-Alkohol-Bewegung. Nach seinem Abschied aus dem Polizeidienst bewirtschaftete Spradley eine Farm und nahm bis zu seinem Tod im Jahr 1940 aktiv am politischen Geschehen teil.

Schießereien: *1871, Simpson County, Mississippi.* Der achtzehnjährige Spradley hatte unlängst einen einheimischen Jugendlichen namens Jack Hayes verprügelt, und als er und sein Bruder Bill im Haus eines Freundes von Hayes und dessen Bruder Bill zur Rede gestellt wurden, flammte der Streit erneut auf. Die Spradleys wollten sich nach einem kurzen Wortwechsel entfernen, doch die Gebrüder Hayes zogen plötzlich zwei *Derringer* und eröffneten das Feuer. Bill Spradley, der eine Hüftverletzung und einen Streifschuß am Kopf erlitt, ging zu Boden, worauf A. J. Spradley einen alten Perkussionsrevolver zückte und beide Widersacher niederstreckte. Die Hayes-Brüder starben, und Spradley flüchtete noch in der gleichen Nacht in Richtung Texas.

Sommer 1884, Nacogdoches, Texas. Spradley hatte eines Sonnabends einen randalierenden Zecher namens Bill Rogers festgenommen und wollte ihn gerade ins Gefängnis bringen, wurde aber von Bills betrunkenem Bruder Whig aufgehalten. Spradley wies Whig darauf hin, daß auch er festgenommen werde, wenn er Unruhe stifte. »Nein, John«, erwiderte Whig, »du wirst Bill nicht ins Gefängnis werfen, nicht jetzt und heute.« Dann griff er zu seinem Revolver.

Spradley ließ seinen Gefangenen los, zog seinen Revolver und versetzte: »Laß das sein, Whig, sonst töte ich dich.« Plötzlich hatte Bill ebenfalls eine Waffe in der Hand und drückte zweimal ab, als Spradley sich zu ihm umdrehte. Eine der Kugeln traf den Ordnungshüter am Oberkörper und trat am Rücken wieder aus. Spradley torkelte ein paar Schritte weiter, brach zusammen und wurde in ein Hotel gebracht. Zunächst meinte man, er werde sterben. Doch dann zog man ein Seidentuch durch den Schußkanal und reinigte die Wunde – ein probates Heilmittel. Spradley genas von seiner Verletzung und trat nach einiger Zeit wieder den Dienst an.

Um 1887, Nacogdoches, Texas. Spradley hatte sich an einem Sonntagmorgen zum Fleischmarkt begeben, wo er von einem jungen Mann angepöbelt wurde, der aus politischen Gründen einen Groll gegen ihn hegte. Der Mann zog eine Schußwaffe und feuerte auf Spradley. Spradley, der von der Kugel am Kopf gestreift wurde, stürzte sich auf den Angreifer. Nach einer kurzen Rangelei konnte der junge Mann entkommen, wurde aber auf der Straße festgenommen und später zu einer Zuchthausstrafe verurteilt.

16. Juli 1893, Logansport, Louisiana. Zwei Jahre zuvor hatte Spradley in Logansport einen Saloonbesitzer namens Joel Goodwin festgenommen, nachdem dieser einen ehemaligen Angestellten getötet hatte. Goodwin wurde zwar wegen Notwehr freigesprochen, hatte Spradley aber noch immer nicht verziehen. Als er erfuhr, daß der Ordnungshüter per Zug durch die Stadt kommen werde, beschloß er, ihn zu töten. Spradley indessen war vorgewarnt und hatte neben seinem Revolver auch eine Schrotflinte bei sich.

Goodwin war hinter einem Baum in der Nähe des Bahnhofs in Stellung gegangen, und als der Zug einfuhr, schwenkte er seine *Winchester* und forderte Spradley zum Kampf. Spradley, der im Gepäckwagen saß, reagierte nicht. Als Goodwin ihn entdeckte, feuerte er eine Kugel durchs Fenster, die dicht neben dem Kopf des Ordnungshüters einschlug. Daraufhin drückte Spradley die Schrotflinte ab und jagte Goodwin vierzehn Kugeln in die Brust. Er war auf der Stelle tot, worauf seine Frau wie von Sinnen auf Spradley schoß. Der Zug fuhr an, ehe jemand verletzt wurde, mußte aber noch einmal umkehren, da der Lokomotivführer vergessen hatte, die Post mitzunehmen.

Quellen: Fuller, *Texas Sheriff;* Johnson und Greer, »The Legend of Joel F. Goodwin«, *Interstate Progress.*

Standard, Jess

Geb. 13. Dezember 1854 in Texas; gest. 19. März 1935, Tuscola, Texas. Cowboy, Revolvermann, Zimmermann, Farmer.

Standard, der in den siebziger Jahren als Cowboy bei Pink Higgins arbeitete, wurde in die blutige Horrell-Higgins-Fehde im texanischen Lampasas County verwickelt. Später verließ er mit seiner größer werdenden Familie die Gegend um Lampasas und lebte fortan als Farmer und Zimmermann in der Nähe von Tuscola, Texas.

Schießereien: *26. März 1877, bei Lampasas, Texas.* Die Higgins-Partei überfiel Mart und Sam Horrell, als diese zum Gericht in Lampasas reiten wollten. Beide Männer wurden von der ersten Salve getroffen, und Sam stürzte zu Boden. Mart sprang von seinem Pferd und stürmte, wild um sich schießend, auf die Angreifer zu, worauf sich Higgins' Männer schleunigst zurückzogen.

Jess Standard, der unversehens das Lasso gegen eine *Winchester* eintauschen mußte, als er für den Rancher Pink Higgins ritt. *(Sammlung des Autors)*

14. Juni 1877, Lampasas, Texas. Bei einem Zusammenstoß auf offener Straße kam es in Lampasas zu einer kurzen, heftigen Schießerei zwischen der Higgins- und der Horrell-Partei. Frank Mitchell wurde dabei getötet, Bill Wren verletzt. Auf Horrellscher Seite kam niemand zu Schaden.

Juli 1877, Lampasas County, Texas. Standard und dreizehn weitere Männer zogen unter Führung von Pink Higgins zur Horrellschen Ranch. Sie nagelten die Horrells im Ranchhaus und in der danebenstehenden Schlafbaracke fest, gerieten aber ihrerseits unter so heftigen Beschuß, daß sie keinen Sturmangriff wagten. Als nach zweitägiger Belagerung ihre Munition knapp wurde, kehrten sie zu Higgins' Ranch zurück.

Quellen: Webb, *Texas Rangers*, 334–339; Gillett, *Six Years with the Texas Rangers*, 73–80; Interview mit Mrs. Jessie Standard O'Neal vom 26. April 1973.

Starr, Henry

(»The Bearcat«)

Geb. 2. Dezember 1873, Fort Gibson, Indian Territory; gest. 22. Februar 1921, Harrison, Arkansas. Cowboy, Pferdedieb, Bank- und Eisenbahnräuber, Sträfling, Filmschauspieler und -produzent.

Henry Starr, der indianisches Blut in den Adern hatte und ein angeheirateter Verwandter von Belle Starr war, arbeitete eine Zeitlang als Cowboy in Oklahoma und verlegte sich dann auf Pferdediebstähle sowie Bank- und Eisenbahnüberfälle. 1894 wurde Starr wegen Mordes an Floyd Wilson zum Tod durch den Strang verurteilt. Doch während des Berufungsverfahrens entwaffnete er einen Mithäftling namens Cherokee Bill, der einen Ausbruchsversuch unternahm, und wurde wegen seines mutigen Einsatzes begnadigt. Als er später in Colorado (von 1909 bis 1913) und in Oklahoma (von 1915 bis 1919) einsaß, kam er wegen guter Führung ebenfalls zweimal vorzeitig frei.

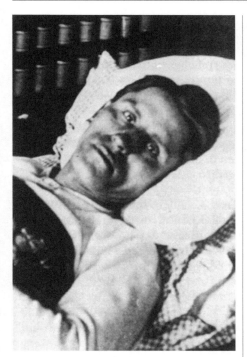

Henry Starr im Jahr 1915, nachdem bei einem zweifachen Banküberfall in Stroud, Oklahoma, sein rechtes Bein von einer Kugel zerschmettert wurde. *(Western History Collections, University of Oklahoma Library)*

In den neunziger Jahren heiratete er eine Lehrerin, und 1920 vermählte er sich erneut, doch ein Mustergatte war er nie. Als er einmal längere Zeit auf freiem Fuß war, produzierte er einen in Oklahoma gedrehten Western, in dem er auch als Schauspieler auftrat. Doch er raubte weiterhin Banken aus und wurde 1921 bei einem versuchten Überfall tödlich verletzt.

Schießereien: *14. Dezember 1892, Lenapah, Oklahoma.* Der Ordnungshüter Floyd Wilson begegnete in Lenapah auf offener Straße dem mutmaßlichen Räuber Henry Starr (Starr war im Juli an einem Raubüberfall auf einen Agenten der *Missouri Pacific* beteiligt gewesen). Wilson schwang sich aus dem Sattel, zog die *Winchester* aus dem Futteral und rief: »Hände hoch! Ich habe einen Haftbefehl gegen dich.« Starr, der ebenfalls eine *Winchester* im Arm hatte, versetzte: »Nimm du die Hände hoch!« Wilson gab einen Schuß ab, verfehlte Starr und mußte dann feststellen, daß sein Gewehr eine Ladehemmung hatte. Blitzschnell erwiderte Starr das Feuer, und Wilson ging zu Boden. Der verletzte Ordnungshüter zog seinen Revolver, doch Starr gab zwei weitere Schüsse auf ihn ab, jagte ihm dann aus nächster Nähe eine Kugel ins Herz und setzte durch das Mündungsfeuer Wilsons Kleidung in Brand. Dann stieg Starr, dessen Pferd bei der Schießerei durchgegangen war, auf das Tier des Ordnungshüters und ritt weg.

20. Januar 1893, bei Bartlesville, Oklahoma. Starr, Bitter Creek Newcomb und Jesse Jackson wurden in der Nähe von Bartlesville von den Ordnungshütern Ike Rogers und Rufe Cannon entdeckt. Es kam zu einer Verfolgungsjagd, in deren Verlauf beide Seiten rund hundert Schüsse abgaben. Jackson, der von Cannon an der Seite und am rechten Arm getroffen wurde, ergab sich, doch Starr und Newcomb konnten entkommen.

5. Juni 1893, Bentonville, Arkansas. Um 14 Uhr 30 erbeuteten Starr und seine vier Komplizen in der Bank von Bentonville elftausend Dollar, doch bevor sie sich absetzen konnten, wurden sie von Ordnungshütern und Einwohnern der Stadt unter Beschuß genommen. Link Cumplin wurde mehrmals getroffen und mußte von seinen Gefährten aufs Pferd gesetzt werden. Dann schossen sich die Banditen den Fluchtweg frei und verletzten dabei mehrere Bürger.

27. März 1915, Stroud, Oklahoma. Starr unternahm mit sechs Helfershelfern einen gewagten Raubüberfall auf die beiden Banken von Stroud. Um neun Uhr morgens schlugen die Banditen in beiden Geldinstituten gleichzeitig zu, und bereits wenige Minuten später jagten sie stadtauswärts, gedeckt durch Geiseln, die sie als menschliche Schutzschilde vor sich hielten. Starr

schoß auf einen mit einer Schrotflinte bewehrten Bürger, doch dann nahm der siebzehnjährige Paul Curry die Gang mit seinem Gewehr unter Feuer, zerschmetterte
mit einer gutgezielten Kugel Starrs linkes
Bein und traf Louis Estes am Hals. Beide
Räuber wurden festgenommen.

18. Februar 1921, Harrison, Arkansas. Starr
und drei Komplizen fuhren mit einem
Automobil zur *People's National Bank* in
Harrison und wollten sie überfallen. Doch
der frühere Bankpräsident W. J. Meyers
hatte in weiser Voraussicht eine Hintertür
in den Tresorraum einbauen lassen und bewahrte dort eine geladene Schrotflinte auf.
Während Starr das Geld zusammenraffte,
ergriff Meyers die Flinte und eröffnete aus
dem Tresorraum das Feuer. Starr wurde
umgerissen, worauf seine Komplizen zum
Wagen rannten und ihren Anführer im
Stich ließen. Starr, der durch den Schuß
gelähmt worden war, starb vier Tage später
und wurde in Dewey, Oklahoma, beerdigt.

Quellen: Adelsbach, »Henry Starr«, *Guns of the
Gunfighters,* 169–172, 221–222; Drago, *Road Agents
and Train Robbers,* 197–198, 208, 215; Shirley, *Heck
Thomas,* 157–158; Graves, *Oklahoma Outlaws,* 127–
128.

Stiles, William Larkin

Gest. im Januar 1908 in Nevada. Ordnungshüter, Eisenbahnräuber.

Bill Stiles war ein junger Revolvermann
(Gerüchten zufolge soll er als Zwölfjähriger seinen Vater getötet haben), der es um
die Jahrhundertwende im Südwesten der
USA zu zweifelhaftem Ruhm brachte. Er
stand zunächst dem Ordnungshüter Jeff
Milton zur Seite und wurde dann von Burt
Alvord, dem Marshal von Wilcox, Arizona,
engagiert. Kurz darauf gründeten die beiden Ordnungshüter gemeinsam mit Three-
Fingered Jack Dunlap, George und Louis
Owens, Bravo Juan Yoas und Bob Brown
eine Eisenbahnräuberbande.

Stiles und Alvord wurden schließlich
entlarvt und in den folgenden Jahren mehrmals gestellt, konnten aber immer wieder
entkommen. 1904 wurde Alvord festgenommen, doch Stiles floh außer Landes,
hielt sich kurz in China auf und kehrte dann
in die Vereinigten Staaten zurück. Stiles
wurde getötet, als er unter dem Namen
»William Larkin« in Nevada als Deputy
Sheriff diente.

Schießereien: *8. April 1900, Tombstone,
Arizona.* Stiles, der aufgrund eines Ge-
ständnisses kurz zuvor auf freien Fuß gekommen war, betrat gegen Mittag das
Gerichtsgebäude des Cochise County und
fragte den Aufseher George Bravin, ob er
Burt Alvord und die anderen Mitglieder
seiner Gang besuchen dürfe. Nachdem er
mit Alvord gesprochen hatte, wurde Stiles
von Bravin aus der Zelle geleitet, worauf
Stiles einen Revolver zog und die Schlüssel verlangte. Bravin weigerte sich, und bei
der anschließenden Rangelei schoß Stiles
ihm ins Bein und ließ danach sämtliche
Häftlinge frei.
17. Februar 1904, Nigger Head Gap, Mexiko.
Stiles und Alvord, die sich in Mexiko versteckten, wurden von zwei Arizona Rangers gestellt, die die Grenze überschritten
und die Outlaws am Nigger Head Gap aufgespürt hatten. Die Banditen versuchten
sich den Fluchtweg freizuschießen, wurden aber beide verletzt. Alvord, der zweimal getroffen worden war, stellte sich, doch
Stiles entkam mit einer Kugel im Arm.

Januar 1908, Nevada. Stiles sollte als Deputy
Sheriff einen Mann festnehmen, machte
leichtfertig von der Schußwaffe Gebrauch
und tötete ihn. Als Stiles kurz darauf zum
Tatort, dem Haus des Opfers, zurückritt,
griff dessen zwölfjähriger Sohn zu einer
Schrotflinte, feuerte beide Läufe ab und
tötete Stiles, noch ehe dieser absitzen konnte.

Quellen: Erwin, *John H. Slaughter,* 232–236, 242,
246–247; Haley, *Jeff Milton,* 271, 302–312, 316–317,
343.

Stilwell, Frank

Geb. um 1857 im Grenzgebiet zwischen Kansas und Missouri; gest. 20. März 1882, Tucson, Arizona. Rinderdieb, Postkutschenräuber, Ordnungshüter, Geschäftsmann, Revolvermann, Bergmann, Fuhrmann.

Frank Stilwell, der jüngere Bruder des bekannten Anwaltes und ehemaligen Militärkundschafters S. E. (»Comanch Jack«) Stilwell, kam 1878 nach Arizona und arbeitete als Bergmann und Fuhrmann in dem im Mohave County gelegenen Bergarbeiterlager Signal Camp. Bald darauf zog es ihn ins wilde Tombstone, wo er sich dem von N. H. Clanton in Südarizona organisierten Rinderschieber-Ring anschloß.

Stilwell gelang es, zum Deputy Sheriff des Cochise County ernannt zu werden, dessen Verwaltungssitz Tombstone war. Er war in der südlich von Tombstone gelegenen Kupferminenstadt Bisbee stationiert, kümmerte sich dort aber vor allem um sein wirtschaftliches Wohlergehen – er besaß mit dem in Tombstone wohnhaften Pete Spence einen Mietstall und verübte zusammen mit Spence Postkutschenüberfälle.

Nachdem zwei Banditen die zwischen Tombstone und Bisbee verkehrende Postkutsche ausgeraubt und dreitausend Dollar erbeutet hatten, wurden Spence und Stilwell verhaftet. Sie wurden schließlich freigesprochen, aber kurz darauf von Wyatt Earp, der dadurch Stimmen für die bevorstehende Wahl zum County Sheriff gewinnen wollte, erneut festgenommen. Beide wurden wieder entlassen, waren aber fortan nicht mehr gut auf die Earps zu sprechen. Nach der Schießerei am *O. K. Corral* wurden sie offenbar von dem verbitterten Ike Clanton angeheuert, um Rache an den Earps zu üben. Diese wiederum wußten nach den Anschlägen auf Virgil und Morgan Earp, nach wem sie Ausschau halten mußten. Schließlich wurde der siebenundzwanzigjährige Frank Stilwell, nach wie vor Deputy Sheriff, von Wyatt Earp und vier anderen Männern niedergeschossen.

Schießereien: *28. Dezember 1881, Tombstone, Arizona.* Als Virgil Earp um halb zwölf Uhr nachts die Straße überqueren wollte, wurden aus der Dunkelheit mehrere Schrotflintenschüsse auf ihn abgegeben. Earp überlebte zwar, erlitt aber schwere Verletzungen an Arm und Seite. Frank Stilwell war einer der fünf Tatverdächtigen.

18. März 1882, Tombstone, Arizona. Morgan Earp spielte gerade Billard, als er um 22 Uhr 50 hinterrücks niedergeschossen wurde. Die Kugel drang durch seinen Körper und traf einen der umstehenden Gäste am Bein. Ein weiteres Geschoß schlug knapp neben Wyatt Earp, der das Spiel verfolgte, in die Wand. Morgan starb eine halbe Stunde später. Auch diesmal galt Frank Stilwell als einer der Hauptverdächtigen.

20. März 1882, Tucson, Arizona. Stilwell wollte möglicherweise aus Tombstone fliehen, hielt sich aber vielleicht auch aufgrund einer gerichtlichen Vorladung in Zusammenhang mit dem Postkutschenüberfall von Bisbee in Tucson auf, als er von mehreren Parteigängern der Earps gestellt wurde. Der Rächertrupp hatte Virgil Earp und dessen Frau in einen Zug nach Kalifornien gesetzt und durchsuchte anschließend die anderen Waggons nach Stilwell.

Stilwell und Ike Clanton waren am Bahnhof. Sobald sie die Earps entdeckten, trennten sie sich; Clanton begab sich zu seinem Hotel, und Stilwell verschwand in der Dunkelheit. Wyatt und Warren Earp, Doc Holliday, Sherman McMasters und Turkey Creek Johnson nahmen die Verfolgung auf, und fünf Minuten später fielen mehrere Schüsse.

Die Schmauchspuren an Stilwells linkem Handteller deuteten darauf hin, daß er sich möglicherweise noch zur Wehr gesetzt und nach den Läufen der Schrotflinten gegriffen hatte, als er bereits gestellt und vermutlich auch verletzt worden war. Eine Schrotladung hatte sein rechtes Bein weggerissen. Eine Kugel war in den linken Arm eingedrungen, hatte die Brust durchschla-

gen und war im rechten Arm steckengeblieben; eine weitere Kugel, die wahrscheinlich abgefeuert worden war, als er
bereits am Boden kniete, hatte den linken
Oberschenkel durchschlagen und war in
den Unterschenkel eingedrungen. Eine
letzte Schrotladung mit insgesamt acht
Kugeln hatte seine Brust zerfetzt. Als man
die übel zugerichtete Leiche fand, war Stilwells Gesicht, wie es hieß, »vor Schmerz
oder Furcht verzerrt«.

Quellen: Jahns, *Frontier World of Doc Holliday;*
Waters, *Earp Brothers of Tombstone;* Breakenridge,
Helldorado.

Stinson, Joe

*Geb. 1838 in Litchfield, Maine; gest. 6. Sep-
tember 1902, Los Ángeles, Kalifornien.* Bergmann, Soldat, Saloonbesitzer.

Stinson zog in den fünfziger Jahren zu
den Goldfeldern von Kalifornien. Während des Bürgerkrieges rückte er mit der
California Column in New Mexico ein und
blieb dort, als wieder Frieden einkehrte.
Einmal mehr begab er sich vergebens auf
die Suche nach Gold, konnte aber immerhin eine kleine Rücklage bilden, die es ihm
ermöglichte, in der boomenden Stadt Elizabethtown einen Saloon zu eröffnen.

1871 tötete Stinson den Revolvermann
Wall Henderson, und bald darauf eröffnete
er in Santa Fe einen Saloon. Dort wurde er
in vier weitere Schießereien verwickelt, bei
denen niemand getötet wurde. 1890 war er
so schwer vom Alkohol gezeichnet, daß
man seinem Antrag stattgab und ihm eine
Veteranenrente von zehn Dollar im Monat
bewilligte. 1895 wurde er als Invalide in die
kalifornische Niederlassung des *National
Home for Disabled Soldiers* in der Nähe von
Los Angeles aufgenommen, wo er 1902
starb.

Schießereien: *Oktober 1871, Elizabethtown,
New Mexico.* Ein stadtbekannter Rowdy
namens Wall Henderson drohte in betrun-

kenem Zustand, Stinsons Saloon niederzubrennen, worauf Stinson wutentbrannt
zu seinem *Navy Colt* griff und abdrückte.
Henderson, der gerade zur Waffe greifen
wollte, stürzte tödlich getroffen zu Boden.

1876, Santa Fe, New Mexico. Stinson verbrachte den Nachmittag in seinem Saloon
in Santa Fe und trank mit einem alten
Freund, einem gewissen Van C. Smith.
Nachdem man gehörig dem Alkohol zugesprochen hatte, kam es zu einem Streit,
worauf beide Männer davonstürmten, um
ihre Waffen zu holen. Als Stinson aus
seiner Unterkunft trat, sah er Smith, der
mit einer Flinte bewaffnet die Plaza überquerte. Stinson eröffnete sofort mit seinem
Revolver das Feuer, traf mehrmals das
große Kriegerdenkmal auf der Plaza und
verletzte Smith an Hand und Unterarm.
Als Smith sich an das Denkmal sinken ließ,
warf Stinson die Waffe weg und kehrte in
seinen Saloon zurück.

Um 1879, Santa Fe, New Mexico. Bei einer
Auseinandersetzung mit einem gewissen
Jack Davis griff Stinson wutentbrannt zur
Waffe. Beide Männer feuerten mehrere
Schüsse aufeinander ab, ohne daß jemand
zu Schaden kam.

Um 1882, Santa Fe, New Mexico. Stinson,
streitlüstern wie eh und je, geriet einmal
mehr in eine Auseinandersetzung mit
einem alten Freund, diesmal mit Charlie
Henry. Wütend zog Stinson den Revolver,
drückte ab und traf Henry. Wie sich herausstellte, war die Verletzung nicht schwer,
so daß Stinson wegen seines Wutaus-
bruches nicht zur Rechenschaft gezogen
wurde.

24. Juni 1886, Santa Fe, New Mexico. Stinson
hatte sich die ganze Nacht lang mit seinem
Freund Reddy McCann betrunken. Gegen
halb fünf Uhr morgens bekam er einen
Wutanfall und warf McCann aus seinem
Saloon. Der kehrte wenig später zurück,
worauf die beiden lauthals miteinander
stritten. Zu guter Letzt zog Stinson einen

Revolver und feuerte aus nächster Nähe auf McCanns Gesicht. McCann brach blutüberströmt zusammen, überlebte aber wie durch ein Wunder und genas von seiner Verletzung. Die Kugel hatte lediglich seine Nasenwurzel weggerissen und keinen weiteren Schaden angerichtet.

Quelle: Holben »Badman Saloonkeeper«, *Pioneer West*, Februar 1972, S. 14–18.

Stockton, Port

Geb. 1854 im Erath County, Texas; gest. 26. September 1881, Farmington, New Mexico. Cowboy, Spieler, Ordnungshüter, Rustler.

Port Stockton, Sohn eines texanischen Ranchers, und sein älterer Bruder Ike zeigten schon in jungen Jahren, was für wilde Burschen sie waren. Mit siebzehn griff Port einen Mann an und wurde wegen versuchten Mordes angeklagt, doch Ike verhalf ihm zur Flucht. Port zog nach Dodge City und siedelte 1874 ins Lincoln County, New Mexico, um, wo Ike einen Saloon besaß. Ike war inzwischen Familienvater, und auch Port heiratete bald darauf die Tochter eines Baptistenpredigers, eine gewisse Irma. Bereits zwei Jahre darauf aber zogen die Brüder nach Colorado weiter und ließen sich in Trinidad nieder.

Im Oktober 1876 geriet Port in Cimarron, New Mexico, in eine Schießerei, worauf Ike ihn im Morgengrauen aus dem Gefängnis befreien mußte. Zwei Monate später gab es in Trinidad eine weitere Schießerei, so daß die Stocktons eilends nach Anima City, Colorado, umsiedelten. Port betätigte sich eine Zeitlang als Spieler und wurde dann zum City Marshal ernannt. Nachdem er aber einen schwarzen Barbier verfolgt und beschossen hatte, weil der ihn beim Rasieren geschnitten hatte, wurde er aus der Stadt gejagt. Danach war er Marshal in Rico, Colorado, wurde aber nach kurzer Zeit von seiner Vergangenheit eingeholt und mußte den Dienst quittieren.

Anschließend zog Port mit seiner Frau und den beiden kleinen Töchtern in eine Hütte am Stadtrand von Farmington, New Mexico, und ließ sich dort mit zwei Gaunern namens Harge Eskridge und James Garret ein. Man nahm allgemein an, daß die drei Vieh stahlen. Der Unmut gegen sie nahm zu, als sie bei einer Silvesterfeier des Hauses verwiesen wurden, prompt zurückkehrten und wild im Saal herumschossen. Port wurde bei einer weiteren Auseinandersetzung getötet, und Ike schwor Rache.

Als kurz darauf die Viehdiebstähle in der Gegend überhandnahmen und mehrere Bürger beschossen wurden, erließ Gouverneur Lew Wallace Haftbefehl gegen Ike Stockton. Ike wurde im Dezember in Durango auf offener Straße gestellt, erlitt einen Beinschuß und starb nach der Amputation.

Schießereien: *Oktober 1876, Cimarron, New Mexico.* Der leicht aufbrausende Port Stockton geriet in Lamberts Saloon in Cimarron mit einem gewissen Juan Gonzales, einem Mexikaner, in Streit. Port zog schließlich den Revolver und erschoß Gonzales, der, wie man feststellte, unbewaffnet war. Port wurde festgenommen, doch kurz darauf traf sein Bruder Ike ein und verhalf ihm zur Flucht.

Dezember 1876, Trinidad, Colorado. Port Stockton saß nachmittags in einem Saloon – der Bar des *St. James Hotel* in Trinidad – am Kartentisch und bekam prompt Streit mit einem Mitspieler. In seiner Wut tötete er den unbewaffneten Mann und flüchtete, wurde aber nach kurzer Zeit von einer Posse gefaßt. Wieder kam ihm sein Bruder zu Hilfe und befreite ihn.

10. Januar 1881, Farmington, New Mexico. Alf Graves, ein Rancher aus Farmington, der zuvor eine Auseinandersetzung mit Port Stockton gehabt hatte, ritt in Begleitung von Frank Coe und mehreren anderen Freunden an Stocktons Hütte vorbei. Stockton ergriff eine *Winchester,* trat vor die Hütte und schrie Graves zu, er solle zurückkommen und mit ihm reden. Graves wendete sein Pferd, doch nach einem kurzen Wortwechsel zog er den Revolver und eröffnete das Feuer. Stockton brach, von fünf Kugeln getroffen, zusammen.

Daraufhin kam Irma Stockton herausgerannt, riß Ports Waffe an sich und drückte wie von Sinnen zweimal ab. Graves feuerte ein letztes Mal. Die Kugel schlug in eine hölzerne Radspeiche. Von mehreren Holzsplittern am Gesicht und an den Augen getroffen, stellte sie das Feuer ein.

Quellen: Coe, *Frontier Fighter,* 108, 168–170, 186–189, 192–194; Holben, »The Vengeance Vendetta of the Stockton Terror«, *Frontier West,* August 1973, S. 26–29, 50–51.

Stoudenmire, Dallas

Geb. 11. Dezember 1845, Aberfoil, Alabama; gest. 18. September 1882, El Paso, Texas. Soldat, Farmer, Zimmermann, Stellmacher, Geschäftsmann.

Dallas Stoudenmire, Sproß einer großen Farmersfamilie aus den Südstaaten, meldete sich 1862 zur konföderierten Armee und diente, obwohl mehrfach verwundet, bis zum Ende des Bürgerkriegs. Anschließend ließ er sich mehrere Jahre lang auf einer Farm in der Nähe von Columbus, Texas, nieder und trat schließlich der B-Kompanie der Texas Rangers bei.

Nachdem er zwei Jahre lang gegen Indianer gekämpft hatte, kehrte er ins Zivilleben zurück und arbeitete als Zimmermann und Stellmacher in Alleyton, Texas. Zudem besaß er im Oldham County eine Schafzucht und im Llano County ein Handelsgüterunternehmen. 1881 wurde er City Marshal in der wüsten Boomtown El Paso.

Stoudenmire, ein großer, schlaksiger Mann, der seine beiden Revolver stets unauffällig in den ledergefütterten Hosentaschen unter dem Frack aufbewahrte (er hatte zudem eine kurzläufige Waffe im Hosenbund versteckt), ging in El Paso

unentwegt auf Streife. Bereits wenige Tage nach seiner Ernennung zum Marshal hatte er zwei blutige Schießereien hinter sich. Damit schuf er sich zwar viele Feinde, die Stadtväter jedoch waren von dem neuen Ordnungshüter begeistert. Aber Stoudenmire war Alkoholiker, und seine Angewohnheit, in betrunkenem Zustand wild auf der Straße herumzuschießen – oftmals mitten in der Nacht – und seine Frau zu verprügeln, schadete seinem Ruf. Nachdem er wegen exzessiven Trinkens wiederholt nicht zum Dienst erschienen war, wurde er von den Stadtvätern, die ihn durch Deputy Jim Gillett ersetzen wollten, verwarnt. Stoudenmire trat nach etwas mehr als einjähriger Amtszeit zurück und bewirtschaftete anschließend das *Globe Restaurant,* das ihm sein Schwager vermacht hatte.

Im Juli 1882 wurde Stoudenmire zum Deputy U. S. Marshal ernannt, geriet aber wegen seiner Trinkerei erneut in Schwierigkeiten. Noch im gleichen Sommer weilte er zur »Kur« in den Thermalbädern in der Nähe von Las Vegas, New Mexico. Mittlerweile aber zitterte er so stark, daß Freunde die Hotelanmeldung für ihn unterschreiben mußten. Kurz darauf wurde er in alkoholisiertem Zustand in El Paso in eine Saloonschlägerei verwickelt und bei der folgenden wilden Schießerei getötet.

Schießereien: *1876, Colorado County, Texas.* Bei einem Ritt durch die Prärie begegnete Stoudenmire einem Kerl, mit dem er schon seit mehreren Monaten zerstritten war. Die beiden zügelten ihre Pferde, saßen ab und riefen sich von weitem Schimpfworte zu. Dann zogen sie ihre Revolver, gaben mehrere harmlose Schüsse ab und gingen aufeinander zu. Stoudenmire traf seinen Widersacher zuerst. Dann begab er sich zu ihm und sah eiskalt zu, als dieser starb.

1877, Alleyton, Texas. Stoudenmire geriet bei einem großen Fest in eine Auseinandersetzung, die binnen kürzester Zeit zu einer Schießerei ausartete. Er verletzte mehrere

Widersacher, wurde dann aber seinerseits getroffen, gefesselt und unter Bewachung gestellt. Als der Wächter einschlief, befreite sich Stoudenmire und ergriff die Flucht.

1878, bei Alleyton, Texas. Stoudenmire und mehrere Freunde begegneten einem Reitertrupp unter Führung der Gebrüder Sparks, die südlich von Eagle Lake, Texas, eine Ranch besaßen. Es kam zu einem Streit um eine Rinderherde, die beide Seiten für sich in Anspruch nahmen, worauf eine wilde Schießerei ausbrach. Als sich der Pulverdampf verzogen hatte, waren Benton Duke und sein Sohn »Little Duke« – beides Sparks-Leute – tot und einer der Sparks-Brüder schwer verletzt.

14. April 1881, El Paso, Texas. Vier Tage nach Stoudenmires Ernennung zum City Marshal von El Paso kam es wegen eines kurz zuvor begangenen Mordes an zwei Mexikanern zu heftigen Zusammenstößen zwischen Latinos und Anglos. Als Stoudenmire zu fortgeschrittener Stunde beim Abendbrot im *Globe Restaurant* saß, wurde der Konstabler Gus Krempkau von John Hale und George Campbell angesprochen, zwei stadtbekannten Säufern und Unruhestiftern, die Krempkau für einen Mexikanerfreund hielten. Nach einem kurzen Wortwechsel schoß Hale auf Krempkau.

Als dieser getroffen zurücktorkelte, zog Stoudenmire beide Revolver, rannte auf die Straße und feuerte auf Hale. Die Kugel ging weit vorbei und traf einen Mexikaner, der gerade davonlaufen wollte, am Rücken. Der Mann starb am nächsten Tag.

Hale ging hinter einer Adobesäule in Deckung, doch als er einen Moment lang nach Stoudenmire Ausschau hielt, jagte dieser ihm eine Kugel in den Kopf.

Campbell, der Stoudenmire kurz zuvor noch gedroht hatte, verlor allen Mut. Er trat auf die Straße, wedelte mit dem Revolver herum und rief: »Gentlemen, in diesem Kampf habe ich nichts verloren.« Doch der tödlich getroffene Krempkau hatte mittlerweile seinen Revolver gezogen und feuerte alle sechs Kugeln auf Campbell ab.

Der erste Schuß zerschmetterte sein rechtes Handgelenk. Als er den heruntergefallenen Revolver mit der Linken ergreifen wollte, traf Krempkau seinen Fuß. In diesem Augenblick drehte sich Stoudenmire zu Campbell um und jagte ihm eine Kugel in den Bauch. Campbell preßte die Hand an den Leib und stöhnte: »Du großer Mistkerl, du hast mich umgebracht.« Er wurde weggetragen und starb am nächsten Tag.

17. April 1881, El Paso, Texas. Stoudenmires Feinde hatten den trunksüchtigen Bill Johnson, einen früheren Marshal von El Paso, zu einem Anschlag auf den neuen Ordnungshüter angestiftet. Als Stoudenmire in Begleitung seines Freundes und Schwagers Doc Cummings auf Streife durch die Stadt ging, feuerte Bill Johnson, der auf einem Haufen Ziegelsteine stand, plötzlich eine Schrotflinte auf den Marshal ab. Stoudenmire und Cummings zogen die Revolver und jagten Johnson acht Kugeln in den Leib – der letzte Schuß riß dem tot zusammensinkenden Mann die Hoden ab. In diesem Augenblick eröffneten weitere Widersacher von der anderen Straßenseite aus das Feuer, ergriffen aber schleunigst die Flucht, als Stoudenmire trotz einer Fersenverletzung zum Angriff überging.

16. Dezember 1881, El Paso, Texas. Joe King, ein Gauner aus El Paso, wollte Stoudenmire aus dem Hinterhalt ermorden. Er legte sich hinter einem Abfallhaufen in der Nähe von Stoudenmires Pension auf die Lauer, und als der Ordnungshüter gegen drei Uhr Morgens nach Hause kam, eröffnete er das Feuer. Stoudenmire blieb unverletzt, wurde aber von dem unmittelbar neben seinem Gesicht aufflammenden Mündungsfeuer vorübergehend geblendet. Dann zog er beide Revolver und gab mehrere Schüsse ab, worauf King in der Dunkelheit verschwand.

29. Juli 1882, El Paso, Texas. William Page, einst ein Deputy von Stoudenmire, geriet im *Acme Saloon* zu El Paso mit Billy Bell in Streit. Stoudenmire zog Page weg, worauf sich die beiden den ganzen Abend lang in Doyles *Concert Hall* betranken. Gegen Mitternacht kehrten sie in den *Acme Saloon* zurück, worauf es prompt wieder zum Streit kam. Wütend zog Stoudenmire einen Revolver, doch als er abdrückte, schlug Page die Waffe nach oben. Daraufhin zückte Stoudenmire den zweiten Revolver, aber ehe er feuern konnte, gebot ihm Jim Gillett, sein Nachfolger im Amt des City Marshal, mit angelegter Schrotflinte Einhalt. Anschließend brachte Gillett Page und Stoudenmire ins Gefängnis.

18. September 1882, El Paso, Texas. Stoudenmire lag seit längerer Zeit mit den Gebrüdern Manning aus El Paso in Fehde. Als die Streitigkeiten von neuem ausbrachen, versuchten Freunde zwischen den verfeindeten Parteien zu vermitteln. Gegen 17 Uhr 30 trafen sich Stoudenmire und Doc Manning im Saloon der Mannings, worauf Jim Manning sich auf die Suche nach seinem Bruder Frank begab. Doch Stoudenmire ging streitlüstern auf Doc zu und knurrte: »Ein paar verlogene Mistkerle, die fortwährend Unruhe stiften wollen, haben Lügen über beide Seiten verbreitet.«

»Dallas«, erwiderte Doc, »du hast dich nicht an die vereinbarten Bedingungen gehalten.«

»Wer so was behauptet, ist ein verdammter Lügner«, versetzte Stoudenmire.

Daraufhin ging J. W. Jones, der Mitinhaber des Saloons dazwischen und trennte die beiden Streithähne. Die aber zogen ihre Revolver, und Manning gab über Jones' Schulter hinweg den ersten Schuß ab. Die Kugel traf Stoudenmires Arm und drang in die Brust ein, worauf er seinen Revolver fallen ließ und zur Tür torkelte. Doc verfolgte ihn und drückte ein weiteres Mal ab. Das Geschoß blieb in einem Bündel Papiere und Fotos stecken, das Stoudenmire in der Brusttasche seines Hemdes aufbewahrte.

Als die beiden Männer vor der Tür miteinander rangen, zog Stoudenmire den kleinen Revolver aus dem Hosenbund und schoß Manning in den Arm, worauf der seine Waffe fallen ließ. Manning fiel dem viel größeren Stoudenmire sofort in den Arm und rangelte mit ihm, so daß auch dieser die Waffe nicht mehr einsetzen konnte.

Als die beiden laut fluchend auf dem Gehsteig miteinander kämpften, kam Jim Manning mit gezogenem 45er zurückgerannt und feuerte auf Stoudenmire. Der erste Schuß prallte vom Ladenschild eines benachbarten Friseusalons ab. Die zweite Kugel jedoch drang hinter dem linken Ohr in Stoudenmires Schädel, worauf der Revolvermann einmal laut aufstöhnte und tot zusammenbrach.

Doc Manning ergriff Stoudenmires kurzläufigen Revolver, hockte sich rittlings auf den Toten und schlug so lange auf die Leiche ein, bis er von Marshal Jim Gillett weggezogen wurde.

Quellen: Metz, *Dallas Stoudenmire;* Sonnichsen, *Pass of the North,* 219–220, 223–225, 229, 234, 238, 240, 242–243, 245–246.

Strawhim, Samuel

Geb. 1841 oder 1842 in Illinois; gest. 27. September 1869, Hays City, Kansas. Fuhrmann.

Strawhim, über dessen Herkunft wenig bekannt ist, tauchte Ende der sechziger Jahre in Kansas auf und geriet dort mit dem Gesetz in Konflikt. Ein Vigilanten-Komitee forderte ihn auf, Hays City zu verlassen, doch er harrte aus und lieferte sich einen Schußwechsel mit dem Anführer der Bürgerwehr. Einige Wochen später wurde er von Sheriff Wild Bill Hickok erschossen.

Schießereien: *23. Juli 1869, Hays City, Kansas.* Ein Vigilanten-Komitee unter Führung von A. B. Webster hatte Strawhim und Joe Weiss – zwei aus Illinois stammende Fuhrleute und beides Rabauken –

befohlen, Hays City zu verlassen. Gegen drei Uhr nachmittags betraten Strawhim und Weiss das Postamt, in dem Webster als Sekretär arbeitete. Die beiden beschimpften Webster, schlugen ihn und drohten, ihn zu töten. Dann zog Weiss, ein ehemaliger Sträfling, einen Revolver, doch Webster griff ebenfalls zur Waffe und eröffnete das Feuer. Weiss erlitt einen tödlichen Bauchschuß, und Strawhim ergriff daraufhin die Flucht.

27. September 1869, Hays City, Kansas. Strawhim und mehrere befreundete Rabauken betranken sich am Abend des 26. September und stifteten Unruhe. Als sie gegen ein Uhr morgens anfingen, einen Saloon zu Kleinholz zu zerschlagen, begab sich Wild Bill Hickok, der neu gewählte Sheriff der Stadt, mit Deputy Pete Lanihan zum Ort des Geschehens, um für Ruhe zu sorgen. Es kam zu einem wilden Handgemenge mit den Rowdys und ihrem Anführer Strawhim. Schließlich zog Hickok einen Revolver und eröffnete das Feuer. Strawhim wurde am Kopf getroffen und war auf der Stelle tot.

Quelle: Miller und Snell, *Great Gunfighters of the Kansas Cowtowns,* 121–122.

Sutton, William E.

Geb. 20. Oktober 1846, Fayette County, Texas; gest. 11. März 1874, Indianola, Texas. Ordnungshüter, Rancher, Soldat.

Der aus Südtexas stammende Bill Sutton diente in der Armee der Südstaaten und zog nach dem Bürgerkrieg mit seiner Familie nach Clinton im texanischen DeWitt County. Dort kam es zu Spannungen mit dem Taylor-Clan, die schließlich zur Sutton-Taylor-Fehde führten, einem der berühmt-berüchtigten texanischen Weidekriege. Der Texas Ranger Lee Hall war der Meinung, die Fehde habe einige Jahrzehnte zuvor in Carolina und Georgia be-

gonnen, doch Ende der sechziger Jahre brach der Zwist in Texas von neuem aus.

Suttons Regulatoren-Truppe zählte zeitweise bis zu zweihundert Mann, darunter getreue Gefolgsleute wie der Rinderzüchter Shanghai Pierce, der Indianerkämpfer Old Joe Tumlinson und der ebenso streitbare wie umstrittene Ordnungshüter Jack Helm. Auf seiten der Taylors standen die Gebrüder Clements und ihr aus Osttexas stammender Cousin, der mörderische John Wesley Hardin.

Im Laufe dieser Auseinandersetzung, die auch die Texas Rangers nicht beenden konnten, kam es über mehrere Jahre hinweg zu einer ganzen Reihe von Schießereien und gegenseitigen Anschlägen. Schließlich zog Sutton mit seinen nächsten Angehörigen nach Victoria. Doch Jim Taylor, der Sutton nach wie vor unerbittlich verfolgte, spürte ihn 1874 in Indianola auf und tötete ihn. Danach ging die blutige Fehde weiter, bis anderthalb Jahre später auch Taylor ums Leben kam.

Schießereien: *25. März 1868, Bastrop, Texas.* Sutton, der durch Schiebung und Mauschelei zum Deputy Sheriff ernannt worden war, verfolgte mit einer in Clinton aufgestellten Posse eine Bande Pferdediebe. In Bastrop wurden die Rustler von der Posse gestellt, worauf es auf offener Straße zu einer Schießerei kam, bei der Charley Taylor getötet und James Sharp gefangengenommen wurde. Sharp wurde auf dem Rückweg nach Clinton bei einem »Fluchtversuch« erschossen.

24. Dezember 1868, Clinton, Texas. Sutton begegnete in Clinton Buck Taylor und dessen Freund Dick Chisholm, worauf prompt ein Streit ausbrach. Taylor und Sutton, der von etlichen Freunden und Verwandten unterstützt wurde, griffen zu den Waffen. Als sich der Pulverdampf verzogen hatte, lagen Taylor und Chisholm tödlich getroffen am Boden. Nach dieser Schießerei brach die Fehde zwischen den verfeindeten Rancher-Clans in voller Schärfe aus.

26. August 1870, DeWitt County, Texas. Henry Kelly, der mit den Taylors verschwägert war, und sein Bruder William stifteten in der kleinen Gemeinde Sweet Home Unruhe. Kurz darauf warteten frühmorgens drei Männer – Doc White, John Meador und Jack Helm, ein Captain der Texas State Police – vor Henry Kellys Farmhaus und wollten ihn festnehmen. Kelly stellte sich, worauf der Trupp, zu dem nun auch Bill Sutton dazukam, sich auf den Weg zu William Kellys Haus begab.

Nach etwa einer Viertelmeile fielen zwei Schüsse. Daraufhin stieß William Kelly zu dem Trupp, doch mittlerweile eilte auch Henry Kellys Frau Amanda, die sich Sorgen um ihren Mann machte, zum Ort des Geschehens. Sie sah gerade noch, wie es zu einer allgemeinen Rangelei kam, in deren Verlauf ihr Gatte aus dem Sattel geschossen wurde. Als das Feuer eingestellt wurde, waren beide Kellys tot. Jack Helm wurde daraufhin von der texanischen Staatspolizei entlassen, obwohl er schwor, daß die beiden Brüder einen Fluchtversuch unternommen hätten.

1. April 1873, Cuero, Texas. »Ich werde meine Hände im Blut des alten Bill Sutton waschen«, hatte Jim Taylor seiner Mutter versprochen, nachdem sein Vater vom Sutton-Clan getötet worden war. Als Taylor und einige Freunde Sutton in *Bank's Saloon & Billiard Parlor* in Cuero entdeckten, schritten sie sofort zur Tat und griffen den Anführer der gegnerischen Partei an. Sutton wurde schwer verletzt, genas aber wieder und gab den Befehl, die Feindseligkeiten fortzusetzen.

16. Juni 1873, bei Clinton, Texas. Sutton, der in Begleitung von Doc White, Horace French, John Meador und Ad Patterson mit einem leichten Kutschwagen in Richtung Clinton fuhr, wurde von einem Trupp Männer des Taylor-Clans überfallen. Die Angreifer töteten Frenchs Pferd und verletzten Meador am Bein, ehe sie in die Flucht geschlagen wurden.

Dezember 1873, Cuero, Texas. Als Sutton und mehrere Freunde Clinton verließen, stießen sie auf einen großen Trupp Revolvermänner des Taylor-Clans. Es kam zu einer wilden Verfolgungsjagd bis nach Cuero, wo Sutton und seine Gefolgsleute sich im *Gulf Hotel* verschanzten und ihren Gegnern einen anderthalb Tage dauernden Schußwechsel lieferten. Dann traf Suttons Verstärkung ein, die wiederum die Taylors belagerte, bis sich die aufgebrachten Bürger von Cuero erhoben und ein Ende der Feindseligkeiten erzwangen.

11. März 1874, Indianola, Texas. Sutton hatte sich mit seiner jungen Frau und seinem Kind an Bord eines Dampfschiffes nach New Orleans begeben, als er von Jim und Bill Taylor gestellt wurde. Jim eröffnete sofort das Feuer und streckte Sutton unter den Augen seiner entsetzten Frau durch Schüsse in Kopf und Herz nieder. Gleichzeitig jagte Bill Taylor Suttons Begleiter Gabe Slaughter eine tödliche Kugel in den Kopf.

Quellen: Webb, *Texas Rangers*, 222, 233–238; Sutton, *Sutton-Taylor Feud*, 28–40, 45, 48–52; Webb, *The Handbook of Texas*, II, 693–694; Sonnichsen, *I'll Die Before I'll Run*, 50–52, 54, 57, 60, 61, 63, 66, 67, 72–75, 77–78, 82.

Taylor, Bill

Farmer, Revolvermann, Pferdedieb, Rustler, Ordnungshüter.

Bill Taylor, Sohn des texanischen Farmers Pitkin Taylor, wurde durch den Tod seines Vaters, der im Sommer 1872 niedergeschossen wurde, in die blutige Sutton-Taylor-Fehde verwickelt. Als Pitkin Taylor sechs Monate später seinen Verletzungen erlag, legten Bill und sein Bruder Jim ein Rachegelübde ab. Nach zwei erfolglosen Anschlägen auf Bill Sutton, den Anführer der Gegenpartei, kam es zu einer Reihe blutiger Überfälle, Belagerungen und Schießereien auf offener Straße.

Jim, der sich in kurzer Zeit zum Anführer seines Clans aufschwang, wurde zwar der bekanntere der Taylor-Brüder, aber auch Bill war an etlichen Überfällen und Morden beteiligt. Im März 1874 lösten die Brüder schließlich ihren Schwur ein, als sie Sutton in Indianola töteten. Bill wurde später festgenommen und in Indianola ins Gefängnis geworfen. Er hatte indesssen Glück: Am 15. September wurde die texanische Golfküste von einem verheerenden Sturm heimgesucht, der auch in Indianola schwere Verwüstungen anrichtete, und im allgemeinen Chaos konnte Bill entkommen – zuvor allerdings rettete er unter heroischem Einsatz mehrere Menschen vor den tobenden Fluten. Im darauffolgenden Dezember wurde Jim Taylor getötet, und bald danach endete der Kampf.

Bill Taylor brachte es 1877 erneut zu zweifelhaftem Ruhm, als er im Gefängnis von Austin eingesperrt wurde, wo seinerzeit auch Wes Hardin, Mannen Clements, Johnny Ringo und mehrere Mitglieder der Sam-Bass-Gang einsaßen. Ein Jahr später wurde Taylor von Texas Rangers in Cuero wegen Pferdediebstahls, Körperverletzung und Betrugs festgenommen – die drohende Haftstrafe allerdings blieb ihm erspart. 1881 war er in Auseinandersetzungen im Kimble County verwickelt, doch kurz darauf verließ er Texas und zog ins Indian Territory. Verwandte behaupteten, er sei dort Ordnungshüter geworden und von einem Kriminellen in Ausübung seines Dienstes getötet worden.

Schießereien: *1. April 1873, Cuero, Texas.* Bill begleitete seinen Bruder Jim und mehrere Freunde auf der Suche nach Bill Sutton in einen Saloon in Cuero. Kaum war der Gesuchte entdeckt, pfiff ein Kugelhagel durch das Lokal und den Billardsalon. Sutton wurde schwer verletzt, doch er überlebte. Als die Taylors ihm im Sommer einen Hinterhalt legten, kam er unbeschadet davon.

11. März 1874, Indianola, Texas. Auf einen Hinweis von Wes Hardin hin ritten die Taylor-Brüder nach Indianola und begaben sich an Bord eines Dampfschiffes, das sich gerade zum Ablegen anschickte. An Deck trafen sie Bill Sutton, Gabe Slaughter sowie Suttons Frau und sein Kind an. Entsetzt mußte Mrs. Sutton mit ansehen, wie Jim ihren Mann tötete und Bill Gabe Slaughter eine Kugel in den Kopf jagte. Die Taylors konnten anschließend entkommen, doch Bill wurde später in Indianola inhaftiert.

Quellen: Webb, *The Handbook of Texas*, II, 693–694; Sonnichsen, *I'll Die Before I'll Run*, 65, 66, 76–78, 83, 86, 90–91, 94, 95; Sutton, *Sutton-Taylor Feud*, 45, 49, 52–54, 63–66, 69–70.

Taylor, Hays

Gest. 23. August 1869, DeWitt County, Texas. Cowboy.

Hays Taylor, ein Sproß der im DeWitt County, Texas, ansässigen Farmersfamilie Taylor, beteiligte sich ungeachtet seiner Jugend an der blutigen Sutton-Taylor-Fehde. 1867 töteten er und sein Bruder Doboy zwei Soldaten und brachten dadurch die Obrigkeit gegen sich auf. Da zahlreiche Mitglieder des Sutton-Clans als Ordnungshüter tätig waren, konnten sie nach derartigen Vorfällen legal gegen die Taylors vorgehen. Hays wurde schließlich bei einem Überfall in der Nähe der Ranch seines Vaters getötet.

Schießereien: *November 1867, Mason, Texas.* Hays und Doboy Taylor gerieten in Mason in eine Rauferei mit Soldaten aus dem nahe gelegenen Fort Mason. Ein Rekrut schlug Hays nieder, worauf dieser seelenruhig wieder aufstand und seinen Widersacher erschoß. Bei dem anschließenden Feuergefecht wurde ein Sergeant tödlich verletzt. Die beiden Taylor-Brüder flohen daraufhin aus der Stadt.

23. August 1869, DeWitt County, Texas. Hays und sein Bruder Doboy gerieten in der Nähe des väterlichen Anwesens in einen

Hinterhalt, den ihnen eine Suttonsche Posse unter Führung von Jack Helm gelegt hatte. Doboy, der gerade abgesessen war, als die Regulatoren im morgendlichen Dämmerlicht das Feuer eröffneten, konnte sich den Fluchtweg freischießen. Hays jedoch ging zum Angriff über, als er sah, daß sein Vater in der Falle saß. Er verletzte fünf Regulatoren, ehe er zusammengeschossen wurde.

Quellen: Webb, *The Handbook of Texas*, II, 693; Sonnichsen, *I'll Die Before I'll Run*, 39–41, 47, 53; Sutton, *Sutton-Taylor Feud*, 14–20, 22.

Taylor, Jim

Geb. 1852 in Texas; gest. 27. Dezember 1875, Clinton, Texas. Farmer, Revolvermann.

Jim Taylor war ein weiterer Sproß der streitbaren Farmersfamilie aus dem De-Witt County, die mit dem Sutton-Clan in die blutigste Fehde in der Geschichte des States Texas verstrickt war. Die Sutton-Taylor-Fehde, die Ende der sechziger Jahre ausgebrochen war, erreichte einen neuerlichen Höhepunkt, als Jims Vater Pitkin Taylor im Sommer 1872 von Suttonschen Meuchelmördern mit einer bimmelnden Kuhglocke aus dem Haus gelockt und auf seinem Maisfeld niedergeschossen wurde. Sechs Monate später erlag er seinen Verletzungen.

Beim Begräbnis des Vaters schworen Jim, sein Bruder Bill und etliche andere Familienmitglieder Rache. In den nächsten zwei Monaten unternahm Jim zwei Anschläge auf Bill Sutton und tötete drei von dessen Männern, darunter auch den gemeingefährlichen Jack Helm. Am Tag nach Helms Tod griff ein Taylorscher Reitertrupp die Ranch von Suttons Gefolgsmann Joe Tumlinson an, mußte aber, nachdem eine Posse angerückt war, einen Waffenstillstand schließen.

Im darauffolgenden Dezember wurde Wiley Pridgen, ein Verbündeter der Taylors, in Thomaston getötet, worauf die

Feindseligkeiten von neuem ausbrachen. Unmittelbar danach belagerten die Taylors einen Tag und eine Nacht lang einen Suttonschen Trupp, der sich in Cuero verschanzt hatte, gerieten aber ihrerseits in Bedrängnis, als Joe Tumlinson mit weiteren Revolvermännern angeritten kam.

Wenige Monate später gelang es Jim und Bill Taylor, den verhaßten Bill Sutton und einen Freund zu töten. Zur Vergeltung wurden Scrap Taylor, Jim White und Kute Tuggle am 20. Juni 1874 vom Sutton-Clan in Clinton gelyncht. Nach einigen weiteren Vorkommnissen – erwähnenswert sind in diesem Zusammenhang vor allem Bills Flucht aus dem Gefängnis in Indianola sowie der Mord an Rube Brown, dem Marshal von Cuero und neuen Anführer des Sutton-Clans – erreichte die Fehde Ende 1875 mit Jim Taylors Tod ihren letzten traurigen Höhepunkt. Drei Jahre lang hatte er als Anführer des Taylor-Clans unerbittlich Rache geübt, und als er umkam, endete das lange Ringen.

Schießereien: *1. April 1873, Cuero, Texas.* Taylor, der geschworen hatte, Bill Sutton zu töten, entdeckte den Gesuchten in *Bank's Saloon & Billiard Parlor,* worauf er mit mehreren Gefährten schießend in das Lokal stürmte. Wenige Augenblicke später ergriff der Trupp die Flucht. Bill Sutton war lebensgefährlich verletzt, genas aber wieder; er überlebte auch einen weiteren Anschlag, den Jim Taylor im darauffolgenden Juni auf ihn verübte.

Juni 1873, DeWitt County, Texas. Taylor und mehrere Freunde kämmten die Gegend nach Männern des Sutton-Clans ab. Als sie Jim Cox und einen Gefährten entdeckten, eröffneten sie sofort das Feuer und töteten die beiden.

Juli 1873, Albuquerque, Texas. Taylor und John Wesley Hardin befanden sich in einer Hufschmiede, als Jack Helm, einer der blutrünstigen Anführer des Sutton-Clans, in Begleitung von sechs Männern die Straße entlangkam. Helm schlenderte auf die

Schmiede zu, doch Hardin ergriff eine Flinte und jagte ihm eine Schrotladung in die Brust. Taylor riß den Revolver heraus und feuerte sämtliche sechs Kugeln auf den Kopf des Sterbenden ab, worauf Taylors sechs Begleiter unverzüglich den Rückzug antraten.

11. März 1874, Indianola, Texas. Taylor hatte von Wes Hardin erfahren, daß Bill Sutton und seine Familie Indianola am 11. März an Bord eines Dampfschiffes verlassen wollten. Jim und sein Bruder Bill galoppierten zum Kai und stürmten kurz vor dem Ablegen auf den Dampfer. Auf dem Oberdeck standen Bill Sutton, seine Frau und sein Kind sowie Gabriel Slaughter, ein Freund der Familie. Die Taylors eröffneten sofort das Feuer; Jim tötete Bill Sutton durch zwei Schüsse in Kopf und Herz, Bill Taylor jagte Slaughter eine tödliche Kugel in den Kopf. Anschließend ergriffen beide Brüder die Flucht.

27. Dezember 1875, Clinton, Texas. Jim Taylor und einige seiner Freunde waren nach Clinton geritten und hatten ihre Pferde mit Martin King zurückgelassen. Plötzlich eröffnete eine Posse der Suttons das Feuer. Offenbar hatte der verräterische King unterdessen die Pferde der Taylors freigelassen, so daß Jim und zwei Männer aus seiner Gruppe plötzlich von ihren Freunden und Tieren abgeschnitten waren. Die drei Männer rannten durch Kings Haus und versuchten, sich den Weg zu einer Blockhütte in einem Obstgarten in der Nähe freizuschießen. Kit Hunter, ein Anhänger der Sutton-Partei, versperrte ihnen den Weg; Jim kniete nieder und schoß ihm den Hut vom Kopf. Hunter traf Jim am Arm; dieser versuchte davonzurennen, aber schweres Feuer warf ihn und seine beiden Kameraden zu Boden – alle drei Männer waren sofort tot.

Quellen: Webb: *The Handbook of Texas*, II, 693–694; Sonnichsen, *I'll Die Before I'll Run*, 63–66, 70, 73, 76–79, 86, 93–94, 112; Sutton, *Sutton-Taylor Feud*, 37–61, 67–68.

Taylor, Phillip

(*»Doboy«*)

Gest. im November 1871, Kerrville, Texas. Outlaw, Cowboy.

Phillip Taylor, stets »Doboy« genannt, war ein Sohn von Creed Taylor, einem alten Kämpfer aus der Zeit der texanischen Revolution. Creed und seine Brüder Pitkin, William, Josiah und Rufus waren die ältere Generation des großen Farmer-Clans aus dem DeWitt County, der mit dem Sutton-Clan eine der blutigsten Fehden der texanischen Geschichte austrug. An den zahlreichen Morden und Schießereien, die sich von den späten sechziger bis Mitte der siebziger Jahre ereigneten, waren vor allem die Söhne beteiligt. Phillip wurde nach dem Bürgerkrieg von den Bütteln der »Reconstruction«, der verhaßten, von den siegreichen Nordstaaten eingesetzten Obrigkeit, gesucht. (Seine Vermählung wurde deswegen zu Pferd in der offenen Prärie vollzogen, damit man jederzeit fliehen konnte; die Flitterwochen verbrachten die Brautleute im Versteck der Taylor-Gang.) Doboy Taylor, der an den ersten Schießereien der Sutton-Taylor-Fehde beteiligt war, wurde 1871 getötet.

Schießereien: *November 1867, Mason, Texas.* Doboy und sein Bruder Hays hatten eine Auseinandersetzung mit Soldaten aus dem benachbarten Fort Mason. Beide Seiten griffen zu den Waffen. Die Taylors erschossen zwei Soldaten und flüchteten anschließend. Durch diese Tat geriet der Taylor-Clan mit dem Gesetz in Konflikt, so daß die Sutton-Partei – die viele Ordnungshüter in ihren Reihen hatte – ein ums andere Mal einen Vorwand fand, unter Mißbrauch ihrer rechtlichen Befugnisse gegen die Taylors vorzugehen.

23. August 1869, DeWitt County, Texas. Jack Helm, einer der Anführer der Suttonschen Regulatoren, lag mit mehreren Männern in der Nähe von Creed Taylors Ranch im Hinterhalt. Als Doboy und sein Bruder

332 Tewksbury, Edwin

Hays in die Falle ritten, eröffnete die Posse das Feuer. Doboy wurde am Arm verletzt, Hays nach verzweifelter Gegenwehr erschossen.

7. September 1869, bei Pennington, Texas. Doboy und zwei Freunde namens Kelleson und Cook, die sich in William Connors Haus am Neches River aufhielten, wurden im Morgengrauen von einer Posse angegriffen. Kelleson wurde sofort getötet, doch Doboy und Cook gingen in Deckung und setzten sich heftig zur Wehr. Als ihre Munition ausging, ergaben sie sich, konnten aber in der Abenddämmerung entkommen.

November 1871, Kerrville, Texas. Ein gewisser Sim Holstein hatte Doboy eine Arbeitsstelle vor der Nase weggeschnappt, weshalb Taylor sich eines Nachmittags zu Holsteins Hotel begab, ihn auf die Straße rief und bedrohte. Dann zog er einen Revolver und drückte ab, worauf Holstein auf ein niedriges Tor stieg und sich auf seinen Widersacher hechtete.

Holstein entwand Doboy die Waffe und schoß ihn nieder. Doboy kam wieder auf die Beine, wurde erneut niedergestreckt, erhob sich wieder und wurde ein drittes Mal getroffen. Wieder stand er auf und torkelte, um Hilfe rufend, davon, doch Holstein feuerte eine weitere Kugel auf ihn ab, die ihn endgültig zu Boden streckte. Doboy starb sechs Stunden später, um 23 Uhr, unter wüsten Flüchen auf Holstein.

Quellen: Webb, *The Handbook of Texas*, II, 693, Sonnichsen, *I'll Die Before I'll Run*, 39–41, 47–49, 53; Sutton, *Sutton-Taylor Feud*, 14–18, 22–23.

Tewksbury, Edwin

Gest. 4. April 1904, Globe, Arizona. Rancher, Ordnungshüter.

Ed Tewksburys Familie zog 1880 ins Pleasant Valley in Arizona. Oberhaupt des Clans war John D. Tewksbury, ein unsteter Mensch, dessen Frau, eine Indianerin, ihm drei Söhne schenkte – Edwin, James und

John jr. Nach ihrem Tod heiratete er eine Witwe aus Globe, mit der er zwei weitere Söhne zeugte.

Die Neuankömmlinge wurden von ihren Nachbarn, der Rancherfamilie Graham, angefeindet, und als die Tewksburys 1887 mit der Aufzucht von Schafen anfingen, brach eine blutige Fehde aus. Edwin war an mehreren Auseinandersetzungen beteiligt, und er war vermutlich einer der Männer, die den Anführer der Gegenpartei töteten. Nach einer langen Gerichtsverhandlung und zwei anderthalbjährigen Gefängnisaufenthalten wurde er 1896 von jeglicher Schuld freigesprochen. Bis zu seinem Tod im Jahr 1904 diente er als Konstabler in Globe und als Deputy Sheriff im Gila County.

Schießereien: *1887, Pleasant Valley, Arizona.* Die Tewksburys wurden vom gegnerischen Graham-Clan in einem versteckten Lager aufgespürt, worauf sich mehrere Cowboys bei Nacht anschlichen. Ed, der auf Wache stand, sah einen der Gegner im Mondlicht und stieß einen Warnruf aus. Jim Tewksbury verletzte den Mann tödlich und vereitelte dadurch den Angriff.

2. September 1887, Pleasant Valley, Arizona. Ed hatte gefrühstückt und reparierte gerade seinen Patronengurt, als John Tewksbury und Bill Jacobs in der Nähe des Lagers getötet wurden. Die überlebenden Mitglieder des Clans verschanzten sich in einer Hütte, in der sie den ganzen Tag über belagert wurden. Im Laufe der Nacht konnten sie sich wegschleichen, mußten allerdings ihre Toten zurücklassen. Als die Cowboys feststellten, daß die Tewksburys entkommen waren, warfen sie die beiden Leichen den Schweinen zum Fraß vor.

2. August 1892, bei Tempe, Arizona. Mehrere Jahre nach dem vermeintlichen Ende der Fehde wurde John Graham, der einst eine Belohnung auf jeden toten Schafzüchter ausgesetzt hatte, überfallen und tödlich verletzt, als er mit einer Ladung Getreide von seiner Ranch nach Tempe fuhr. Er starb am nächsten Morgen, doch zuvor sagte er aus, Ed Tewksbury und John Rhodes hätten auf ihn geschossen. Beide kamen in Haft, wurden aber vor Gericht freigesprochen.

Quellen: Forrest, *Arizona's Dark and Bloody Ground;* Raine, *Famous Sheriffs and Western Outlaws,* 226–235; Coolidge, *Fighting Men of the West,* 123–132; Drago, *Great Range Wars,* 98–146, 291–293.

Tewksbury, Jim

Gest. 4. Dezember 1888, Globe, Arizona. Rancher.

Jim Tewksbury, teils irischer, teils indianischer Abstammung, war ein streitbarer Sproß der Rancher-Familie, die Ende der achtziger Jahre eine blutige Fehde mit den Rinderzüchtern des Pleasant Valley austrug, den sogenannten *Pleasant Valley War.*

1887 legten sich die Tewksburys, die auf ihrer Ranch in der Nähe von Globe sieben Jahre lang Rinder gezüchtet hatten, eine Schafherde zu. Sofort gab es Reibereien mit den Cowboys der riesigen *Hash Knife Ranch* und einer Familie namens Graham. (Es gab immer wieder Gerüchte, wonach Graham den Konflikt geschürt haben soll, weil er sich mit einer der Frauen der Tewksburys eingelassen habe.)

Nachdem ein Schäferhund der Tewksburys getötet worden war, fingen die zahlenmäßig unterlegenen Schafzüchter an, ihre Gegner aus dem Hinterhalt zu beschießen. Daraufhin boten die Grahams eine Belohnung von hundert Dollar für jeden toten Schäfer; auf den Kopf von John Tewksbury sen. wurden eintausend Dollar ausgesetzt. John und sein Sohn John jr. wurden schließlich getötet, doch Jim und die anderen Gefolgsleute der Familie nahmen blutige Rache. Jim starb 1888 im Haus seiner Schwester an Schwindsucht.

Schießereien: *10. August 1887, Pleasant Valley, Arizona.* Acht Cowboys unter Führung des Hash-Knife-Mannes Tom Tucker ritten zu Jim Tewksburys Hütte und suchten Streit. Tewksbury kam an die Tür, und nach einem kurzen Wortwechsel fielen Schüsse. Jim und seine Freunde feuerten eine Salve ab, die Hampton Blevins und John Paine auf der Stelle tötete. Tucker, Bob Gillespie und Bob Carrington wurden verletzt. Tucker, der noch mehrere Schüsse auf Tewksbury und dessen Gefährten abgeben konnte, überlebte das Gefecht und wurde Ordnungshüter in Santa Fe.

1887, Pleasant Valley, Arizona. Die zahlenmäßig unterlegenen Tewksburys waren ständig unterwegs und trieben ihre Herden von einem geheimen Berglager zum nächsten. In einer mondhellen Nacht wollten sich mehrere Cowboys an eines der Schäfer-Camps anschleichen. Ed Tewksbury, der gerade Wache hatte, entdeckte einen der Männer, worauf Jim ihm mit einem Schuß das Bein brach. Die anderen Angreifer bekamen es mit der Angst zu tun, rührten sich nicht mehr von der Stelle und ließen ihren Kameraden verbluten.

2. September 1887, Pleasant Valley, Arizona. John Tewksbury und Bill Jacobs standen nach dem Frühstück auf, wollten die Pferde zusammentreiben und gerieten prompt in einen Hinterhalt. Der Cowboy Andy Blevins eröffnete das Feuer, tötete beide Männer und verjagte Mrs. Tewksbury, die zu ihrem niedergeschossenen Gatten eilen wollte. Den ganzen Tag über lieferten sich beide Seiten gelegentliche Schußwechsel, doch nach Einbruch der Dunkelheit konnten die Tewksburys entkommen. Die wütenden Cowboys ließen daraufhin zu, daß sich die Schweine an den Leichen von Jacobs und John Tewksbury gütlich taten.

16. September 1887, Pleasant Valley, Arizona. Zwei Wochen später wurden die Tewksburys, die etwas unterhalb von Johns Haus am Cherry Creek lagerten, im Morgengrauen von mehreren bewaffneten Cowboys angegriffen. Jim Tewksbury und Jim Roberts, die noch unter ihren Decken lagen, eröffneten sofort das Feuer, verletzten Harry Middleton tödlich, trafen Joe Underwood an beiden Beinen und schlugen die übrigen Angreifer in die Flucht.

Quellen: Forrest, *Arizona's Dark and Bloody Ground*; Raine, *Famous Sheriffs and Western Outlaws*, 226–235; Coolidge, *Fighting Men of the West*, 123–132; Drago, *Great Range Wars*, 98–146, 291–293.

Thomas, Henry Andrew

(»Heck«)

Geb. 6. Januar 1850, Oxford, Georgia; gest. 11. August 1912, Lawton, Oklahoma. Soldat, Eisenbahnwachmann, Detektiv, Ordnungshüter.

Wenn es nach dem Wunsch seiner Eltern gegangen wäre, wäre Heck Thomas Methodistenpfarrer geworden, doch der ungestüme Junge lief während des Bürgerkrieges von zu Hause weg und diente als Meldegänger in Stonewall Jacksons Brigade. 1871 heiratete Thomas eine Pfarrerstochter aus Atlanta, gründete eine Familie und zog bald darauf nach Texas, wo er als Wachmann bei der Eisenbahn arbeitete. 1879 wurde er zum Chefagenten der *Texas Express Company* in Fort Worth ernannt, wo er bei Longhaired Jim Courtright, dem Polizeichef und Marshal der Stadt, in die Lehre ging.

Mit fünfunddreißig Jahren kündigte Thomas bei der Expreßgutfirma, kandidierte für den vakanten Posten des Polizeichefs und wurde nach seiner knappen Wahlniederlage von der *Forth Worth Detective Association* angestellt. Kurz darauf spürte er zwei langgesuchte Straftäter auf und wurde wenig später zum Deputy U. S. Marshal ernannt.

Anschließend zog Thomas mit Frau und Kindern nach Fort Smith, Arkansas, von wo aus er das Indian Territory nach Outlaws durchkämmte und sie der Gerichtsbarkeit des für seine drakonischen Strafen berüchtigten »Hanging Judge« Isaac Parker überstellte.

Heck Thomas, ein Ordnungshüter, der ausschließlich für Recht und Gesetz eintrat. (*Western History Collections, University of Oklahoma Library*)

Keine zwei Jahre später hatte Thomas' Frau genug vom Leben als Pioniersfrau im allgemeinen, insbesondere aber von ihrem Mann, der oftmals lange aus dem Haus war und überdies einen gefährlichen Beruf ausübte (in dieser Zeit wurden im Indian Territory fünfzehn Ordnungshüter getötet); sie kehrte mit ihren vier Kindern nach Georgia zurück und ließ sich scheiden. 1888 lernte Thomas bei einem Genesungsurlaub in Tulsa die Lehrerin und Pfarrerstochter

Mattie Mowbray kennen, heiratete sie drei Jahre später und gründete ein zweites Mal eine Familie.

Thomas war mittlerweile in Oklahoma stationiert, wo er unerbittlich Jagd auf die Daltons und die Doolin-Gang machte. 1893 bekam Thomas den Auftrag, gemeinsam mit Bill Tilghman im »Hell's Half Acre« aufzuräumen, dem Sündenbabel Perry, einer wilden Boomtown mit einhundertundzehn Saloons und fünfundzwanzigtausend aufbegehrenden Einwohnern. Innerhalb von drei Jahren, von 1893 bis 1896, nahm Thomas über dreihundert Straftäter fest, worauf man ihn neben Tilghman und Chris Madsen als einen der »Three Guardsmen«, der drei Hüter des Staates Oklahoma, bezeichnete. Thomas war später sieben Jahre lang als Polizeichef in Lawton tätig, verlor aber sein Amt, als er zusehends gebrechlicher wurde. Er starb drei Jahre später im Alter von zweiundsechzig Jahren.

Schießereien: *18. März 1878, Hutchins, Texas.* Um 22 Uhr überfiel die Sam-Bass-Gang einen Zug, in dem Thomas als Wachmann mitfuhr. Die Banditen benutzten mehrere Unbeteiligte als menschliche Schutzschilde, so daß Thomas nicht auf sie schießen konnte. Die Outlaws wiederum durchsiebten den Expreßwaggon mit Kugeln. Thomas, der am Hals getroffen wurde und einen Streifschuß an der Stirn erlitt, versteckte die Geldbündel, alles in allem zweiundzwanzigtausend Dollar, im Ofen. Sobald die Outlaws die Waggontür aufgebrochen hatten, raubten sie den Safe aus und ritten guter Dinge davon. Sie hatten mehrere Säcke voller Papierschnipsel und achtundneunzig Dollar in kleinen Scheinen erbeutet.

6. September 1885, bei Dexter, Texas. Thomas und der Deputy U. S. Marshal Jim Taylor kämmten seit geraumer Zeit das Cooke County und die umliegenden Gebiete nach den beiden Mördern Pink und Jim Lee ab, auf deren Kopf eine hohe Belohnung ausgesetzt war. Nach zwei Monate langer Su-che entdeckten die Ordnungshüter die beiden Brüder bei Sonnenaufgang in der Nähe von Dexter, als sie gerade einen Weidezaun durchschnitten und vom Indian Territory aus in ihr nahe gelegenes Versteck überwechseln wollten. Als die Lees nur mehr etwa fünfundsiebzig Meter entfernt waren, standen die Kopfgeldjäger auf, legten die Flinten auf die Outlaws an und forderten sie auf, sich zu ergeben.

Die Lees griffen zu den Waffen, worauf ihre Verfolger das Feuer eröffneten. Pink wurde am Kopf getroffen und brach blutüberströmt zusammen. Jim Lee gab drei Schüsse ab, dann wurde er an der Kehle getroffen und brach zusammen. Die Ordnungshüter requirierten einen Wagen, luden die beiden Leichen auf und brachten sie nach Gainesville, dem Verwaltungssitz des County.

1886, östliches Indian Territory. Thomas unternahm mit seiner Frau eine Kutschfahrt. An einem malerischen Flüßchen schirrte er die Pferde ab, führte sie zur Tränke und wollte gerade mit seiner Frau einen Berg besteigen und die Aussicht genießen, als er ein Halbblut entdeckte, das ihre Pferde stehlen wollte. Thomas verletzte den Dieb, legte ihm Handschellen an und brachte ihn im Kutschwagen nach Fort Smith.

27. Juni 1888, Snake Creek, Indian Territory. Thomas und drei Possemitglieder namens Burrell Cox, Hank Childers und Jim Wallace suchten nach einer Gang, die kurz zuvor einen Zug ausgeraubt hatte. Die Ordnungshüter entdeckten die Outlaws bei einer illegalen Schnapsbrennerei am Snake Creek, doch als Thomas sie aufforderte, sich zu ergeben, eröffnete ihr Anführer, ein Schwarzbrenner namens Aaron Purdy, das Feuer. Thomas wurde zweimal getroffen: Eine Kugel brach sein rechtes Handgelenk, die andere riß eine zwanzig Zentimeter lange Wunde in seine linke Seite. Als Thomas aus dem Sattel stürzte, schossen seine drei Begleiter Purdy nieder, worauf die anderen Outlaws sofort die Waffen streckten.

1889, bei Tablequah, Oklahoma. Thomas unternahm mit seinen Kollegen L. P. (»Bones«) Isbel und Dave Rusk sowie einem Deputy namens Salmon einen Versuch, den Indianer Ned Christie festzunehmen. Bei Tagesanbruch rückte die Posse aus Christies Huf- und Waffenschmiede vor, die in einer dicht bewaldeten Gegend etwa fünfzehn Meilen südöstlich von Tablequah lag. Als die Hunde anschlugen, eröffnete Christie vom Speicher seiner Hütte aus das Feuer. Thomas, der hinter der Schmiede in Deckung ging, steckte das aus rohen Baumstämmen bestehende Gebäude in Brand. In diesem Augenblick zerschmetterte eine von Christie abgefeuerte Gewehrkugel Isbels Schulter, worauf Thomas losrannte und seinen Gefährten aus der Schußlinie zog. Bald darauf griffen die Flammen auf das Wohnhaus über, und Christies Frau und Sohn rannten auf den Wald zu. Rusk und Salmon nahmen sie unter Beschuß und trafen Hüfte und Lunge des Jungen.

Als seine Familie im Schutz der Bäume verschwand, stürmte Christie heraus. Thomas feuerte einen Gewehrschuß ab, der den Indianer an der Nase traf und sein rechtes Auge blendete. Christie flüchtete jedoch in den Wald und konnte entkommen, während sich die Ordnungshüter um den schwerverletzten Isbel kümmerten.

26. Januar 1890, Oklahoma. Thomas stellte einen gewissen Jim July, der wegen Raubes angeklagt, auf Kaution freigelassen worden war und prompt das Weite gesucht hatte. July versuchte sich der Festnahme zu widersetzen und wurde von Thomas erschossen.

29. November 1892, Orlando, Oklahoma. Thomas, Chris Madsen und Tom Hueston hatten sich nach Orlando begeben, um den Straftäter Ol Yantis festzunehmen, der auf der in der Nähe der Stadt gelegenen Farm seiner Schwester Zuflucht gesucht hatte. Im Morgengrauen entdeckten sie Yantis, als dieser aus dem Haus kam, um das Vieh zu füttern. Als er aufgefordert wurde, sich zu ergeben, schoß Yantis mit dem Revolver, den er vorsichtshalber bei sich hatte, auf Thomas. Während Thomas hinter einer Steinmauer in Deckung ging, streckten seine beiden Gefährten den Outlaw nieder.

Juli 1895, bei Bartlesville, Oklahoma. Thomas und zwei Osage-Scouts namens Spotted Dog Eater und Howling Wolf hatten Little Bill Raidlers Spur zu einer Höhle in der Nähe von Bartlesville verfolgt. Raidler eröffnete das Feuer, als er die Verfolger anrücken sah. Daraufhin holte Thomas seine 45-90er *Winchester* heraus, erwiderte das Feuer und zerschmetterte Raidlers Hand. Der schlug sich daraufhin in die Büsche.

Die kleine Posse suchte den Flüchtigen, fand aber nur zwei zerfetzte Finger, die Raidler eigenhändig amputiert hatte. Einige Wochen später wurde Raidler von Bill Tilghman und zwei weiteren Ordnungshütern verletzt und festgenommen.

25. August 1896, Lawson, Oklahoma. Thomas hatte herausgefunden, daß Bill Doolins sich mit seiner Familie auf der Farm seines Schwiegervaters in der Nähe von Lawson versteckte. Doolin, der mit der einen Hand sein Pferd am Zaumzeug führte und in der anderen eine *Winchester* hielt, kam langsam einen mondbeschienenen Feldweg entlang, zu dessen beiden Seiten Ordnungshüter in Stellung gegangen waren. Thomas forderte ihn auf, sich zu ergeben, doch Doolin eröffnete das Feuer. Als ihm eine Kugel die *Winchester* aus der Hand riß, zog er einen Revolver und feuerte weiter. Daraufhin mähten ihn Thomas und Bill Dunn mit ihren Schrotflinten nieder. Seine Leiche wies einundzwanzig Einschüsse auf.

November 1896, bei Sapulpa, Oklahoma. Thomas, sein Sohn Albert und zwei der Dunn-Brüder stießen zwanzig Meilen westlich von Sapulpa auf das Lager von Dynamite Dick Clifton und zwei Komplizen. Nach einem kurzen, hitzigen Gefecht konnten sich die Outlaws absetzen, ließen aber ihr Gepäck und ein Pferd zurück.

Quellen: Shirley, *Heck Thomas;* Croy, *Trigger Marshal;* Drago, *Road Agents and Train Robbers*, 182, 194, 199, 209–217.

Thompson, Ben

Geb. 11. November 1842, Knottingley, England; gest. 11. März 1884, San Antonio, Texas.
Drucker, Spieler, Saloonwirt, Sträfling, Soldat, Ordnungshüter.

Ben Thompson war das älteste Kind eines britischen Marineoffiziers, der 1851 mit seiner Familie nach Austin, Texas, auswanderte, wo nahe Verwandte lebten. Ben besuchte etwa bis zum fünfzehnten Lebensjahr die Schule und arbeitete anschließend zwei Jahre lang als Drucker bei einer Zeitung in Austin. Nachdem er sich im jugendlichen Ungestüm auf zwei Schießereien eingelassen hatte, ging Ben 1860 nach New Orleans, arbeitete dort als Buchbinder, wurde in eine, möglicherweise auch in zwei Gewalttaten verwickelt und kehrte kurz darauf nach Austin zurück.

Bei Ausbruch des Bürgerkrieges meldete sich Ben zur konföderierten Armee und diente bis zur Kapitulation des Südens in Texas, New Mexico und Louisiana. Voll und ganz verschrieb er sich dem Soldatenleben indes nicht. Er beteiligte sich an Glücksspielen um hohe Einsätze, wobei es auch einmal nach einer Meinungsverschiedenheit mit seinen Mitspielern zu einem Schußwechsel kam. Ben erlitt eine Beinverletzung, als beim Whiskeyschmuggeln sein Pferd stürzte und auf ihn fiel, und im Genesungsurlaub heiratete er Catherine Moore, die Tochter einer begüterten Familie aus Austin. Zudem gab es Gerüchte – zu Unrecht allerdings –, wonach er im Streit einen Offizier und zwei Soldaten erschossen habe.

Kurz nach dem Bürgerkrieg wurde Ben in Austin wegen einer weiteren Schießerei inhaftiert. Er bestach zwei Wärter und flüchtete gemeinsam mit ihnen sowie fünf weiteren Männern nach Mexiko, wo er sich von den Streitkräften des Kaisers Maximi-

Der tödliche Ben Thompson, ein Spieler, Texas Ranger und Revolvermann, der an vierzehn Schießereien beteiligt war. *(Western History Collections, University of Oklahoma Library)*

lian anwerben ließ. Ben Thompson, der in Matamores zum Offizier ernannt wurde, kämpfte wacker, widmete sich so oft wie möglich dem Glücksspiel und flüchtete nach Maximilians Hinrichtung durch die Juaristen nach Mexiko.

Ben widmete sich weiterhin dem Spiel, erwarb einen Anteil an einem Saloon, verhalf seinem Bruder nach einem Tötungsdelikt zur Flucht und geriet einmal mehr in eine Schießerei, diesmal mit seinem Schwager. Als Ben einem Friedensrichter in Austin mit dem Tod drohte, wurde er zu einer vierjährigen Zuchthausstrafe verurteilt. Er verbüßte zwei Jahre und wurde 1870 entlassen, im gleichen Jahr, in dem in Texas die Zeit der »Reconstruction« endete, der verhaßten Zwangsverwaltung durch die im Bürgerkrieg siegreichen Nordstaaten.

Im Jahr darauf begab sich Thompson nach Kansas und eröffnete in der wilden Rinderstadt Abilene den *Bull's Head Sa-*

loon. Sein Kompagnon war Phil Coe, ein alter Freund aus Texas. Das Lokal florierte, so daß er im Sommer seine Frau und seinen kleinen Sohn nachkommen ließ. Als Ben sie in Kansas abholte, überschlug sich der Kutschwagen; Ben brach sich das Bein, sein Sohn erlitt eine Fußquetschung, und Mrs. Thompsons Arm wurde so schwer verletzt, daß man ihn amputieren mußte. Drei Monate lang mußte die Familie das Bett hüten, und danach verkaufte Ben seinen Anteil am *Bull's Head* und kehrte nach Texas zurück.

Dort hielt es ihn nicht lange. Vom Reichtum der Rinderstädte in Kansas angelockt, ließ er sich 1873 in Ellsworth nieder, das rund um den neuen Schienenstrang der transkontinentalen Eisenbahn aus dem Boden geschossen war und in diesem Sommer eine vielversprechende Stadt war. Sein Bruder Billy traf ein paar Tage später ein, und am 11. Juni wurden die beiden mit einer Geldstrafe belegt, weil sie auf offener Straße ihre Waffen abgefeuert hatten.

In den folgenden Monaten kam es zu ernsthaften Auseinandersetzungen, vor allem nachdem Billy im Rausch Sheriff C. B. Whitney getötet hatte. In Ellsworth wurde man über die Thompsons immer ungehaltener, so daß Ben, nachdem er Billy zur Flucht verholfen hatte, die Stadt verließ, und über Kansas City, St. Louis und New Orleans nach Austin zurückkehrte. Er spielte, wurde in eine weitere Schießerei verwickelt, sorgte dafür, daß Billy in Ellsworth freigesprochen wurde und begab sich 1878 mit diesem nach Dodge City. Dort tyrannisierte er den ehemaligen Schauspieler Eddie Foy und traf sich mit seinem Freund Bat Masterson, den er bald darauf bitten sollte, seinem Bruder Billy nach einer Schießerei in Nebraska das Leben zu retten.

Im Jahr darauf begab sich Ben Thompson in die boomende Stadt Leadville. In Colorado wurde er von der *Atchison, Topeka & Santa Fe Railroad* angeheuert und nahm so am *Grand Canyon War* mit der *Denver & Rio Grande Railroad* teil – einer blutigen, von beiden Eisenbahngesellschaften mit Privatarmeen ausgetragenen Auseinandersetzung um das Wegerecht über die Rocky Mountains und nach New Mexico. Ben wurde schließlich festgenommen, verdiente aber fünftausend Dollar Honorar, mit dem er in Austin mehrere Spielhöllen eröffnete.

Nach seiner Rückkehr nach Austin wurde er in eine Reihe kleinerer Auseinandersetzungen verwickelt. Außerdem schloß er sich einem Freiwilligentrupp an, der eine der letzten Strafexpeditionen gegen die Comanchen in Texas unternahm. 1879 unterlag er bei der Wahl zum Amt des City Marshal von Austin, kandidierte aber 1881 erneut und gewann diesmal.

Thompson bewährte sich zwar als Ordnungshüter, legte das Amt aber 1882 nieder, nachdem er Jack Harris in *Harris' Variety Theatre* in San Antonio getötet hatte. Nach seinem Rücktritt verfiel er zusehends dem Alkohol, hatte immer weniger Glück im Spiel und wurde wiederholt in kleinere Reibereien verwickelt.

1884 wurden Ben und sein Freund King Fisher im *Variety Theatre* zu San Antonio getötet. Ben wurde außer von seiner Frau und den Kindern auch von zahlreichen Waisen betrauert, die er großzügig unterstützt hatte.

Schießereien: *Oktober 1858, Austin, Texas.* Ben hatte Streit mit einem anderen Halbwüchsigen, einem Schwarzen namens Joe Smith, rannte nach Hause und kehrte mit einer einläufigen Schrotflinte zurück. Als Smith sich umdrehte und die Flucht ergriff, drückte Thompson ab und jagte dem Neger eine Ladung Vogeldunst in den Rücken. Er wurde zu sechs Tagen Haft, einer Geldstrafe von einhundert Dollar und zur Übernahme der Verfahrenskosten verurteilt. Gouverneur Hardin R. Runnels erließ Ben aufgrund seines Alters die Strafe und verfügte, daß er nur die Gerichtskosten zu tragen habe.

1859, Austin, Texas. Ben zog mit mehreren anderen Jungen in der Nähe von Austin auf Gänsejagd. Am Colorado River teilte sich die Gruppe auf und ging zu beiden Seiten des Flusses in Stellung. Als ein Gänseschwarm auftauchte, schossen die Jungs am anderen Ufer zu früh und verscheuchten das Wild. Beide Seiten beschimpften einander und nahmen sich dann mit ihren Schrotflinten unter Beschuß. Schließlich einigten sich Thompson und der Anführer auf der anderen Seite zu einem Duell. Die beiden Jungen stellten sich vierzig Schritte voneinander entfernt auf und eröffneten mit ihren Schrotflinten das Feuer. Beide erlitten Verletzungen, doch Thompsons Widersacher wurde so schwer getroffen, daß ihn Freunde nach Hause tragen mußten.

1860, bei Austin, Texas. Ein Trupp Indianer hatte sich bis in die unmittelbare Umgebung von Austin vorgewagt und fünf Kinder entführt. Ben schloß sich dem Verfolgertrupp an, der dem Trupp im Bergland einen Hinterhalt legte. Als die Indianer in die Falle ritten, eröffnete Ben das Feuer und schoß den Anführer des marodierenden Trupps vom Pferd. Nur ein Indianer konnte dem anschließenden Kugelhagel entgehen. Die fünf Kinder allerdings wurden befreit.

1860, New Orleans, Louisiana. Ben, der als Lehrling in Samuel W. Slaters Buchbinderei in New Orleans arbeitete, überraschte einen Kunden beim Diebstahl. Er griff zur Schußwaffe und verletzte den Mann. Ben wurde in Gewahrsam genommen, vor Gericht gestellt und freigesprochen.

1864, Laredo, Texas. Thompson diente in Colonel Rip Fords Regiment, fand den Dienst an der Grenze aber langweilig und organisierte in seiner Freizeit eine Monte-Runde. Eines Abends spielten er und sein Bruder Billy, der ebenfalls unter Ford diente, mit einer Gruppe Mexikaner, die zunächst ihren Sold und dann ihre Handfeuerwaffen an die Gringos verloren. Als die Mexikaner gegen zwei Uhr morgens aufsässig wurden, flüsterte Ben seinem Bruder zu, er solle seine Waffen holen. Kurz darauf tauchte Lieutenant Martin

Gonzales auf, erklärte das Spiel für beendet und forderte Ben auf, ihm seine Waffen auszuhändigen. Ben weigerte sich, worauf Gonzales zur Waffe griff und einer der Spieler, ein gewisser Miguel Zertuche, Ben den Revolver auf die Brust setzte und abdrückte. Die Waffe ging jedoch nicht los. Thompson wiederum jagte Zertuche eine Kugel in den Kopf, drehte sich um und streckte Gonzales mit einem Schuß in die Brust nieder. Ben stürzte daraufhin zur Tür und hechtete draußen in ein Wasserbecken. Als er wieder auftauchte, stieß er auf Billy; die Brüder trennten sich und konnten im Schutz der Dunkelheit den aufgebrachten Mexikanern entkommen.

1865, Austin, Texas. Ben und einige Gefährten lieferten sich südlich von Austin eine Schießerei mit Besatzungstruppen. Zwei oder drei Soldaten wurden getötet, und Ben wurde festgenommen und ins Gefängnis geworfen.

1866, Matamoros, Mexiko. Ben, der am frühen Abend kein Glück beim Spiel gehabt hatte, begab sich zu einer Tanzveranstaltung. Dort geriet er wegen einer *señorita* mit einem mexikanischen Polizisten in Streit. Der Mexikaner zog ein Messer und griff Ben an. Thompson wich aus, schlug den Ordnungshüter mit seinem Revolver nieder und feuerte vier Kugeln auf ihn ab. Als Bens Einheit zu fortgeschrittener Stunde in die Stadt einrückte, gab es keinerlei Vorwürfe wegen der tödlichen Schüsse.

1867, Austin, Texas. Kurz nach seiner Rückkehr nach Texas mischte sich Ben Thompson in eine politische Auseinandersetzung zwischen Richter Julius Schuetze und fünf anderen Männern ein. Als die fünf wutentbrannt ihre Messer zückten und den Richter erstechen wollten, zog Ben den Revolver und jagte die Messerhelden in die Flucht.

2. September 1868, Austin, Texas. Fünf Jahre zuvor hatte Ben eine Auseinandersetzung mit seinem Schwager James Moore gehabt, weil dieser sämtliche eisernen Küchengeräte aus dem Besitz von Bens Mutter an eine örtliche Kanonengießerei verkauft hatte. Ben, der auf Urlaub war, hatte Moore wutentbrannt zur Rede gestellt und mehrere Schüsse auf dessen Füße und über seinen Kopf hinweg abgefeuert.

Seither hatten die beiden Männer Vorbehalte gegeneinander, und als Moore Thompsons Frau schlug, stellte der Revolvermann seinen Schwager ein weiteres Mal zur Rede. Dann schoß er auf ihn und fügte ihm eine leichte Verletzung an der Seite zu. Ben behauptete später, er habe Moore nicht verwunden, sondern lediglich erschrecken und demütigen wollen. Er stellte sich anschließend der Obrigkeit, stritt sich aber prompt mit dem Friedensrichter und drohte, ihn zu töten. Ben wurde schließlich zu einer zweijährigen Zuchthausstrafe verurteilt.

15. August 1873, Ellsworth, Kansas. Ben hielt bei einem Monte-Spiel in Joe Brennans Saloon die Bank und beteiligte sich zusammen mit einem Spieler namens John Sterling – dieser hatte versprochen, seinen Gewinn mit ihm zu teilen – gleichzeitig am Spiel. Sterling, der heftig dem Alkohol zusprach, gewann eine hohe Summe und verließ den Saloon.

Gegen drei Uhr nachmittags entdeckte Thompson Sterling in einem benachbarten Saloon, wo er mit Happy Jack Morco, einem Ortspolizisten, zechte. Es kam zu einem wütenden Wortwechsel, worauf Sterling Thompson einen Faustschlag ins Gesicht versetzte. Dann zog Morco den Revolver und jagte den unbewaffneten Thompson in die Flucht.

Ben kehrte in Brennans Saloon zurück, wo bald darauf Morco und Sterling einfielen und lauthals schrien: »Holt eure Waffen, ihr verdammten texanischen Hundesöhne, und kämpft!« Da Thompson und seine Freunde den städtischen Vorschriften entsprechend unbewaffnet waren, begab Ben sich in sein Hotel und holte seine *Winchester* und den Revolver. Auf der Straße traf er auf seinen Bruder Billy, der sich eine Schrotflinte besorgt hatte.

Billy war so betrunken, daß er kaum gerade gehen konnte. Ben wollte ihn gerade zur Vorsicht ermahnen, als Billy abdrückte und beinahe Major Seth Mabry und Captain Eugene Millett eine Schrotladung verpaßt hätte. Ben nahm ihm die Waffe ab und gab sie einem Passanten. Dann trat er auf die Straße und rief: »He da, ihr verdammten Hundesöhne, wenn ihr mit uns kämpfen wollt – hier sind wir!«

In diesem Augenblick griffen Sheriff C. B. Whitney und ein ehemaliger Ordnungshüter namens John DeLong ein und versuchten die Gebrüder Thompson zu beruhigen. »Kommt schon«, sagte der unbewaffnete Whitney, »gehen wir zu Brennan und trinken einen.« Billy hatte inzwischen seine Schrotflinte zurückbekommen, und als die vier Männer zu dem Lokal gingen, redeten Ben und Whitney ihm erneut gut zu, er solle ihnen die Waffe aushändigen.

In diesem Moment rief jemand: »Paß auf, Ben!«, worauf Thompson herumfuhr und sah, wie Morco und Sterling mit gezogenen Revolvern auf ihn zukamen. Ben riß das Gewehr hoch und schoß auf Morco, traf aber lediglich den Türstock, hinter dem Morco in Deckung gegangen war. Ehe er einen zweiten Schuß abgeben konnte, stöhnte hinter ihm jemand auf; Ben drehte sich um und sah, wie Whitney, von Billy getroffen, zu Boden ging. »Mein Gott, Billy«, schrie Ben, »du hast gerade deinen besten Freund erschossen!«

Ben sah zu, daß sein Bruder schleunigst aus der Stadt wegkam, und begab sich dann in sein Hotel. Als die Ordnungshüter auch nach einer Stunde noch nicht gegen Thompson vorzugehen wagten, begab sich Bürgermeister James Miller persönlich zu dem Revolvermann und forderte ihn auf, seine Waffe auszuhändigen. Als Thompson sich weigerte, stürmte Miller aus dem Haus und entließ die gesamte Polizeitruppe der Stadt. Erst nachdem Deputy Sheriff Ed Hogue Morco dazu überredet hatte, ihm seine Waffen zu übergeben, ließ sich auch Thompson in Gewahrsam nehmen.

Am nächsten Morgen mußte er sich wegen der Schüsse auf Morco vor Gericht verantworten. Da aber Happy Jack nicht zur Aussage erschien, wurde Thompson auf freien Fuß gesetzt.

25. Dezember 1876, Austin, Texas. Mark Wilson, Inhaber eines Varietétheaters in Austin, hatte einen gewissen James Burditt wegen Randalierens des Hauses verweisen lassen. Burditt, der Billy Thompson im Herbst ein Pferd zur Verfügung gestellt und ihm zur Flucht vor den Texas Rangers verholfen hatte, drohte Wilson daraufhin in Bens Namen.

Als Gerüchte aufkamen, wonach Ben Thompson am Heiligen Abend Unruhe stiften wollte, legte Wilson ein Waffenarsenal hinter dem Tresen bereit und bat um Polizeischutz. Prompt gingen im Publikum Feuerwerkskörper los, worauf Wilson einen Polizisten namens Allen aufforderte, den im Lokal weilenden Burditt festzunehmen.

Ben versuchte zu vermitteln, doch Wilson entgegnete: »Wer ist hier der Herr im Haus, Mister Thompson? Kümmern Sie sich um Ihre Angelegenheiten, und ich kümmere mich um meine.« Es kam zu einem hitzigen Wortwechsel, in dessen Verlauf Ben Thompson nach Wilson schlug, statt dessen aber Allen traf und ihm mit seinem Ring eine Rißwunde im Gesicht zufügte. Allen versetzte Ben einen Schubs, worauf dieser zurückwich.

Mittlerweile war Wilson hinter den Tresen gerannt und hatte eine Schrotflinte ergriffen; Barkeeper Charles Mathews bewaffnete sich mit einem Gewehr. Wilson legte auf Thompson an und brüllte: »Geht mir aus dem Weg!«

Die Zuschauer stoben auseinander, und einer rief: »Aufgepaßt, gleich gibt es eine Schießerei!« Als Wilson abdrückte, versetzte ihm jemand einen Stoß, so daß die Schrotladung über Bens Kopf hinwegging.

Inzwischen hatte Thompson seinen Revolver in der Hand. Er feuerte dreimal, traf Wilson mit jedem Schuß und tötete ihn auf der Stelle. Während Thompson mit Wilson beschäftigt war, feuerte Mathews das Gewehr auf ihn ab und fügte ihm einen Streifschuß an der Hüfte zu. Ben schoß zurück und verletzte Mathews schwer; die Kugel traf ihn am Mund, schlug mehrere Zähne aus und blieb im Hals stecken. Ben stellte sich anschließend der Obrigkeit und wurde bei der Gerichtsverhandlung im Mai freigesprochen.

1880, Austin, Texas. Ben Thompson, der sich gern etwas stutzerhaft kleidete, erregte mit seinem Zylinderhut, den Handschuhen und dem Rohrstock Aufsehen bei einigen betrunkenen Männern aus dem San Saba County, die auf Besuch in Austin weilten. Als er auf der Straße angehalten wurde und feststellte, daß man ihn für einen Stenz hielt, gab er sich als kranken Gast aus dem Osten aus, der aus gesundheitlichen Gründen nach Texas gekommen war.

Nach einigen mehr oder weniger derben Scherzen schlugen die Männer Thompson zweimal den Hut vom Kopf. Daraufhin packte Thompson die Wut; er zog den Revolver und knurrte: »Was denkt ihr euch eigentlich dabei, ihr verfluchtes, feiges Gesindel? Benimmt man sich so gegenüber einem Fremden, einem kranken Mann zumal? Ich bin Ben Thompson, und ich nehme es mit einem Dutzend verfluchter Schwächlinge eures Schlages auf.«

Der Mann, den Ben angesprochen hatte, zog seine Waffe, ging hinter dem Stützpfosten einer Markise in Deckung und gab einen Schuß auf Thompson ab. Ben erwiderte das Feuer, traf den Betrunkenen am Ohr und fügte ihm, als er die Flucht ergreifen wollte, einen Streifschuß an der Seite zu. Ben wurde wegen Körperverletzung festgenommen, vor Gericht aber für unschuldig befunden.

11. Juli 1882, San Antonio, Texas. Ben Thompson und Jack Harris waren miteinander verfeindet, seit es 1880 beim Glücksspiel zu einer Auseinandersetzung gekommen war. Harris, ein Seemann und Abenteurer, war mit William Walkers Truppe in Nicaragua gewesen, hatte als Polizist in San

Antonio gedient und bewirtschaftete jetzt mit seinen Geschäftspartnern Joe Foster und Billy Simms den *Vaudeville Theatre & Gambling Saloon,* den berüchtigtsten Nachtclub von San Antonio.

Ben betrat das Theater am Nachmittag des 11. Juli, sah, daß Harris nicht da war, stieß eine wüste Drohung aus und ging wieder. Er kehrte später zurück, nahm an der Bar einen Drink zu sich und wollte das Lokal gerade wieder verlassen, als Harris, der von einem Angestellten alarmiert worden war, durch eine andere Tür eintrat. Vor dem Gebäude hielt Thompson kurz inne und wechselte ein paar Worte mit Simms, einem alten Bekannten.

Mittlerweile hatte Harris eine Schrotflinte ergriffen, hielt sie mit der gelähmten rechten Hand fest und schlich hinter die Türjalousien unmittelbar neben Thompson. Mehrere Gäste, die das Unheil kommen sahen, stürmten ins Freie und riefen. »Jack hat seine Flinte in der Hand.«

Thompson spähte ins Lokal und fragte: »Was hast du mit der Flinte vor?«

»Komm schon«, erwiderte Harris, »ich bin bereit für dich.«

Harris hob die Waffe, worauf Ben zog und durch die Jalousien schoß. Die Kugel prallte ab und traf Harris' rechten Lungenflügel. Harris torkelte zurück, und Ben trat in das Lokal und feuerte einen zweiten Schuß ab, verfehlte seinen Widersacher jedoch. Danach schleppte sich Harris in den ersten Stock, brach im Flur zusammen und wurde nach Hause getragen, wo er noch in der gleichen Nacht starb.

Ben stellte sich und legte sein Amt als Marshal von San Antonio nieder. Er wurde schließlich freigesprochen und bei der Rückkehr nach Austin von seinen Anhängern im Triumphzug in die Stadt geleitet.

11. März 1884, San Antonio, Texas. Ben Thompson traf sich an diesem Tag mit King Fisher, dem Deputy Sheriff von Uvalde, der geschäftlich in Austin zu tun hatte. Die beiden Männer nahmen mehrere Drinks zu sich, und danach beschloß Ben, Fisher mit dem Zug bis San Antonio zu begleiten, wo Ben sich ein Stück ansehen wollte, das tags darauf in Austin aufgeführt werden sollte. Während der Bahnfahrt tranken die beiden weiter und gebärdeten sich ziemlich rüpelhaft.

Thompson und Fisher besuchten die Aufführung und begaben sich hinterher, gegen 22 Uhr 30, ins *Variety Theatre,* in dem Ben knapp zwei Jahre zuvor Jack Harris erschossen hatte. Besorgt gesellten sich Billy Simms, Joe Foster und ein Rausschmeißer namens Jacob Coy zu Thompson und Fisher, die von ihrer Loge aus die Varieté-Aufführung verfolgten. Die Männer tranken gemeinsam eine Runde, doch als man auf Harris' Tod zu sprechen kam, stand Fisher nervös auf und wollte Thompson zum Aufbruch überreden. Mittlerweile aber war es zu einem heftigen Wortwechsel zwischen Foster und Thompson gekommen, worauf Coy Thompson aufforderte, er solle sich anständig benehmen. Ben hingegen versetzte Foster eine Ohrfeige und rammte ihm seinen Revolver in den Mund. Coy ergriff die Trommel der Waffe, und Foster rangelte mit Thompson.

Im nächsten Augenblick fielen Schüsse. Coy erlitt eine Fleischwunde, Foster wurde am Bein getroffen (und starb nach der Amputation); Thompson und Fisher aber lagen tot am Boden, von dreizehn beziehungsweise neun Kugeln durchsiebt. King hatte seinen Revolver überhaupt nicht gezogen, und Ben hatte nur einen Schuß abgegeben, als Coy nach seiner Waffe griff (diese Kugel hatte vermutlich auch Foster getroffen).

Wahrscheinlich waren auch der Varieté-Darsteller Harry Tremaine, der Spieler Canada Bill und ein Barkeeper namens McLaughlin an der Schießerei beteiligt, nachdem sie von Foster und Simms alarmiert und in der Nachbarloge postiert worden waren. Thompson und Fisher, an deren Gesichtern man Schmauchspuren feststellte, waren hauptsächlich durch Schrot- und Gewehrkugeln niedergestreckt worden.

Quellen: Streeter, *Ben Thompson*; Paine, *Texas Ben Thompson*; Miller und Snell, *Great Gunfighters of the Kansas Cowtowns*, 73, 131, 280, 444–448; Schoenberger, *Gunfighters*, xvi, 24, 81, 82, 85, 99, 113, 125, 147–170, 197; Masterson, *Famous Gunfighters*, 24–35; Raymond, *Captain Lee Hall of Texas*; Horan, *Authentic Wild West*, 123–154.

Thompson, William

(»Texas Billy«)

Geb. um 1845 in Knottingley, England; gest. um 1888, Laredo, Texas [?]. Soldat, Spieler, Outlaw.

Billy Thompson kam als kleiner Junge nach Austin, Texas, und verkaufte dort mit seinem älteren Bruder Ben die Fische, die der Vater fing, wenn er nicht gerade seiner anderen Leidenschaft, dem Alkohol, frönte. Während des Bürgerkrieges meldete sich Billy zum zweiten Regiment der Texas Mounted Rifles, einer berittenen Schützenbrigade – den berühmten »Horse Marines« –, nahm an den Kämpfen in Louisiana teil und wurde mit Ben zum Dienst an der Grenze abgestellt, wo die Brüder diverse Monte-Runden organisierten. 1868 tötete Billy einen Soldaten und flüchtete mit Bens Hilfe ins gesetzlose Indian Territory.

Vier Jahre später war Billy Hauscroupier im *Bull's Head Saloon* in Abilene, Kansas, an dem Ben Thompson beteiligt war. Im nächsten Jahr zog Billy mit Ben nach Ellsworth und ließ sich dort mit einer Prostituierten namens Emma Williams ein, die sich bald darauf Wild Bill Hickok zuwendete. Danach hatte er eine Romanze mit Molly Brennan, die später bei einer Schießerei zwischen Bat Masterson und Sergeant King getötet wurde. Im Juni 1873 feuerten Ben und Billy Thompson in Ellsworth auf offener Straße ihre Revolver ab und wurden tags darauf mit einer Geldstrafe belegt. Zwei Monate später geriet Billy ernsthaft in Schwierigkeiten, als er in volltrunkenem Zustand versehentlich Sheriff C. B. Whitney erschoß. Nachdem ihm Freunde zur Flucht aus der Stadt verholfen

Texas Billy Thompson in Ellsworth, Kansas. Das Foto entstand 1872, ein Jahr bevor er Sheriff C. B. Whitney tötete. *(Western History Collections, University of Oklahoma Library)*

hatten, saß er ab, legte sich auf den blanken Prärieboden und schlief seinen Rausch aus. In der gleichen Nacht kehrte er nach Ellsworth zurück, traf sich heimlich mit Ben, versteckte sich vier, fünf Tage lang in der näheren Umgebung und schlug sich dann nach Buena Vista, Colorado, durch, wo er mit Unterstützung der örtlichen Halbwelt zum Bürgermeister gewählt wurde. Der Gouverneur von Kansas setzte fünfhundert Dollar Belohnung für seine Ergreifung aus, doch erst drei Jahre später, nach seiner Rückkehr nach Texas, wurde er von Texas Rangers festgenommen und nach Kansas ausgeliefert. Dort wurde er des Mordes an Sheriff Whitney angeklagt und schließlich freigesprochen.

Billy kehrte nach Austin zurück, begleitete Ben nach Dodge City und zog dann nach Nebraska weiter, wo er bei einer Schießerei in Ogallala verletzt wurde. Bat Masterson rettete ihn vor der feindseligen Bürgerschaft dieser Stadt, worauf Thompson sich wieder nach Texas begab.

Billy, ansonsten nach wie vor ein harter Trinker, war an dem Abend, an dem sein Bruder Ben und King Fisher getötet wurden, ausnahmsweise nüchtern. Er weilte zufällig in San Antonio und rannte, als die tödlichen Schüsse fielen, sofort zu dem nur drei Häuser entfernten Tatort. Doch war er unbewaffnet, so daß ihm nichts anderes übrigblieb, als in ohnmächtiger Trauer durch die nächtlichen Straßen zu streifen.

Über Billys weiteres Leben ist nur wenig bekannt. 1882 versteckte er sich mehrere Monate lang in El Paso, nachdem er in Corpus Christi wegen Mordes angeklagt worden war. Gerüchten zufolge soll er um 1888 in Laredo getötet worden sein.

Schießereien: *2. September 1868, Austin, Texas.* Billy und ein Sergeant der US-Army, ein gewisser William Burke, begaben sich zu einem übel beleumundeten Hause. Beim Anblick dreier Soldaten, die im Hof ihren Rausch ausschliefen, schlug Billy vor, die Männer auszuziehen und ihre Kleidung zu verstecken. Burke, in seiner Soldatenehre gekränkt, verwahrte sich dagegen. Zu fortgeschrittener Nachtstunde fiel er über den schlafenden Thompson her und drohte, ihn nackt aus dem Haus zu jagen. Billy griff zu seinem Revolver, schoß auf Burke und verletzte ihn tödlich – er starb am nächsten Tag. Billy floh ins Hügelland westlich von Austin und schüttelte dort mehrere Suchtrupps ab. Sein Bruder Ben spürte ihn schließlich auf und verhalf ihm zur Flucht aus dem Staat.

15. August 1873, Ellsworth, Kansas. Gegen drei Uhr nachmittags hatte es beim Kartenspiel einen Streit zwischen Ben, dem Spieler John Sterling und dem Polizisten Happy Jack Morco gegeben, der schließlich zu einer Schlägerei ausgeartet war. Sterling und Morco, beide bewaffnet, beschimpften den unbewaffneten Ben Thompson und forderten ihn zum Kampf. Ben stürmte auf sein Hotelzimmer, holte seine Waffen und begab sich auf die Straße, wo er seinem jüngeren Bruder begegnete.

Der bereits schwer betrunkene Billy besorgte sich eine Schrotflinte und begleitete seinen Bruder. Ben wollte seinen Bruder gerade zur Vorsicht mahnen, als sich ein Schuß aus dessen doppelläufiger Flinte losging. Die Kugeln bohrten sich in den hölzernen Gehsteig und hätten beinahe zwei Passanten getroffen.

Billy gab die Flinte einem Freund, doch in diesem Augenblick ertönte ein Warnruf, worauf die Brüder zum Angriff übergingen. Dann tauchte Sheriff C. B. Whitney auf; er war unbewaffnet und überredete die Thompson-Brüder dazu, ihn in einen Saloon zu begleiten und zur Beruhigung ein Glas mit ihm zu trinken. Wieder baten Ben und Sheriff Whitney Billy, er solle die Flinte hergeben, doch als sie danach greifen wollten, riß er sie kurzerhand weg.

Sie betraten gerade den Saloon, als Sterling und Morco auftauchten. Der Polizist rief: »Was, zum Teufel, macht ihr da?«, worauf Ben hinausstürmte und einen Schuß auf Morco abgab, der in einen Hauseingang zurückwich. Whitney begab sich ebenfalls auf die Straße und schrie: »Nicht schießen!«, als der hinter ihm herlaufende Billy Thompson blindlings den zweiten Lauf seiner Schrotflinte abfeuerte.

»Mein Gott, Billy, du hast mich erschossen«, stieß Whitney aus und brach tödlich verletzt zusammen.

»Mein Gott, Billy«, schrie Ben, »du hast deinen besten Freund erschossen!«

Billy murmelte etwas Unverständliches, worauf Whitney laut einer Zeugenaussage erwiderte: »Er hat es nicht absichtlich getan, es war ein Versehen. Sagt meiner Familie Bescheid.«

Cad Pierce und Neil Cain, zwei Texaner, die an dem folgenschweren Monte-Spiel am Nachmittag teilgenommen hatten, steckten Billy Geld und einen Revolver zu und setzten ihn auf ein Pferd. Ben wiederum sagte: »Um Himmels willen, verlaß die Stadt. Du hast Whitney erschossen, unseren besten Freund.«

»Da mache ich mir gar nichts draus«, versetzte Billy. »Ich hätte auch geschossen, wenn's Jesus Christus persönlich gewesen wäre.« Zu guter Letzt ritt er, lauthals vor sich hinfluchend, aus der Stadt und kehrte nach Texas zurück.

26. Oktober 1876, bei Austin, Texas. Billy versteckte sich auf der dreizehn Meilen nordöstlich von Austin gelegenen Ranch seines Bekannten Neil Cain. Thompson saß gerade müßig auf dem Viehgatter, und Cain trieb mit mehreren Cowboys eine Herde gestohlener Rinder zusammen, als zehn Texas Rangers unter Führung von Captain J. C. Sparks anrückten. Cain und etliche andere Männer entkamen, doch Thompson leistete Widerstand und wurde ebenso wie ein gewisser Eb Stewart in Gewahrsam genommen.

Billy, der wegen Viehdiebstahls angeklagt wurde, flüchtete aus dem Gefängnis in Austin, wurde aber kurz darauf wieder gefaßt. Als er angeblich neue Fluchtpläne schmiedete, lieferte man ihn nach Kansas aus, wo er sich wegen des Todes von Sheriff Whitney vor Gericht verantworten mußte.

26. Juni 1880, Ogallala, Nebraska. Billy bekam in der Rinderstadt Ogallala in Nebraska Streit mit seinem texanischen Landsmann Jim Tucker. Beide griffen zu den Waffen, und Billy wurde von fünf Kugeln getroffen. Keine der Verletzungen war tödlich, doch es gab Hinweise, daß die Stadtbewohner Billy zu lynchen gedachten, sobald er wieder auf den Beinen stehen konnte. Ben überredete seinen Freund Ben Masterson dazu, Dodge City zu verlassen und sich zu Billys Rettung nach Ogallala zu begeben, wo ihn niemand kannte. Masterson zettelte zur Ablenkung eine Schießerei an und schaffte Billy dann mit Hilfe von dessen Krankenpfleger heimlich vom Hotel zum Bahnhof. Mitte Juli rollten Masterson und der mittlerweile wieder völlig genesene Billy Thompson auf einem Wagen in Dodge City ein.

Quellen: Streeter, *Ben Thompson*; Miller und Snell, *Great Gunfighters of the Kansas Cowtowns*, 280,

444–448; Schoenberger, *Gunfighters*, 147–170, 197; Metz, *Dallas Stoudenmire*, 122.

Tilghman, William Matthew jr.

Geb. 4. Juli 1854, Fort Dodge, Iowa; gest. 1. November 1924, Cromwell, Oklahoma. Farmer, Büffeljäger, Militärkundschafter, Ordnungshüter, Rancher, Saloonbesitzer, Senator, Geschäftsmann.

Bill Tilghman zog 1856 mit seiner Familie auf eine Farm in der Nähe von Atchison, Kansas. Mit sechzehn Jahren ging er auf die Büffeljagd und machte sich bald einen Namen unter den Männern des Westens. Tilghman wurde Militärkundschafter und war in Fort Dodge, Kansas, stationiert, bis er 1877 zum Deputy Sheriff im Ford County ernannt wurde.

Tilghman wurde 1878 zweimal wegen Diebstahls festgenommen, doch noch im gleichen Jahr heiratete er, gründete eine Familie und bewirtschaftete in der Nähe von Dodge City eine Viehzucht. Im Lauf der Jahre betrieb er zudem zwei Saloons in Dodge und wurde 1884 zum City Marshal ernannt. Freunde schenkten Tilghman, der sein Amt zwei Jahre lang anstandslos versah, einen einzigartigen, aus zwei goldenen Zwanzig-Dollar-Münzen gefertigten Stern. Ende der achtziger Jahre wurde er in Kansas in zwei sogenannte *County Wars* verwickelt, Auseinandersetzungen um den Sitz der Bezirksverwaltung, bei denen jeweils Menschen zu Tode kamen.

1889 nahm Tilghman am *Oklahoma Land Rush* teil, einem Wettrennen zum Zwecke der Landnahme in einem bislang für Weiße gesperrten Gebiet im nördlichen Oklahoma, und erwarb in der Nähe von Guthrie ein Stück Land. Er war eine Zeitlang City Marshal von Perry, wurde 1892 zum Deputy U.S. Marshal ernannt und zog mit seiner Familie auf ein Gestüt in der Nähe von Chandler. Zudem diente er eine Weile als Sheriff im Lincoln County sowie als Polizeichef von Oklahoma City.

In den folgenden zwanzig Jahren war

Tilghman wesentlich an der Bekämpfung des Outlaw-Unwesens in Oklahoma beteiligt, und 1910 wurde er in den Senat des Staates gewählt. Inzwischen hatte Tilghman ein zweites Mal eine Familie gegründet – 1903 hatte er nach dem Tod seiner Frau, die ihm vier Kinder geschenkt hatte, wieder geheiratet und drei weitere Sprößlinge gezeugt. 1911 schied er aus dem Parlament aus und wurde Leiter der Polizei von Oklahoma City. Er leitete die Produktion eines Filmes mit dem Titel *The Passing of Oklahoma Outlaws*, der 1915 für die Öffentlichkeit freigegeben und von Tilghman mehrere Jahre lang vorgeführt wurde.

Im August 1924 wurde Tilghman, der inzwischen in den Ruhestand getreten war, von den Bürgern von Cromwell, einer boomenden Ölstadt in Oklahoma, überredet, das Amt des City Marshal zu übernehmen. Wenige Monate darauf wurde er von einem betrunkenen Prohibitionsbeamten auf offener Straße niedergeschossen.

Bill Tilghman im Jahr 1912, als er die Stadtpolizei von Oklahoma City befehligte. *(Western History Collections, University of Oklahoma Library)*

Schießereien: *25. Juni 1874, Petrie, Indian Territory.* Tilghman und mehrere andere Büffeljäger lagerten in der Nähe von Petrie, als dort am 25. Juni einer ihrer Kollegen, ein gewisser Pat Congers, von einem unter dem Namen Blue Throat bekannten einheimischen Desperado in einem Saloon getötet wurde. Noch in der gleichen Nacht ritten Tilghman und ein Begleiter namens Hurricane Bill in die Stadt, um die Leiche abzuholen. Prompt kam es zu einem Schußwechsel mit Blue Throat und mehreren Gefährten, die sich noch immer in dem Lokal aufhielten. Eine der Kugeln traf die Lampe, so daß die beiden Büffeljäger Congers' Leiche im Schutz der Dunkelheit suchen konnten. Sie fanden sie hinter dem Tresen, trugen sie zu den Pferden und brachten sie aus der Stadt. Am nächsten Tag richteten sie für ihren toten Gefährten ein anständiges Begräbnis aus.

16. Oktober 1884, Dodge City, Kansas. Ein Trupp randalierender Cowboys lärmte an einem Werktag abends um zehn Uhr in Dodge City herum. Marshal Tilghman stellte die Zecher zur Rede, als sie sich hoch zu Pferd in der Nähe der Mautbrücke über den Arkansas River versammelten. Binnen kürzester Zeit kam es zu einer Schießerei, bei der Tilghman zunächst den Revolver abfeuerte, bis die Munition verbraucht war, und dann die *Winchester* einsetzte. Die Cowboys leisteten kurz Widerstand und sprengten, nachdem sie zwei letzte Schüsse abgefeuert hatten, aus der Stadt.

4. Juli 1888, Farmer City, Kansas. Farmer City war ein Weiler, der genau zwischen Leoti und Coronado lag, zwei Städten, die erbittert um den Verwaltungssitz des Wichita County stritten, was wiederum zu großen Spannungen zwischen den Bewohnern der drei Gemeinden führte.

Am 4. Juli begab sich Ed Prather, ein als streitlüstern bekannter Saloonbesitzer aus Farmer City, nach Leoti, betrank sich dort und fing an, mit seiner Waffe in der Gegend herumzuschießen. Tilghman, der seinen vierunddreißigsten Geburtstag feierte (sein Vater wurde am gleichen Tag neunundsechzig), wurde gebeten, Prather in die Schranken zu weisen, worauf dieser nach Farmer City zurückkehrte und wüste Drohungen gegen Tilghman ausstieß.

Gegen 19 Uhr betrat Tilghman, der möglicherweise getrunken hatte, provozierend Prathers Saloon, wo er binnen kürzester Zeit Streit mit dem stark alkoholisierten Besitzer bekam. Als Prather die Hand auf den Revolvergriff legte, riß Tilghman seinen Revolver heraus, forderte den Wirt auf, die Waffe loszulassen, und drückte im nächsten Augenblick ab. Die Kugel drang in Prathers linke Brust ein und trat am Rücken wieder aus. Prather blieb wie erstarrt stehen, und Tilghman forderte ihn erneut auf, die Hand von der Waffe zu nehmen. Dann jagte er ihm eine weitere Kugel in den Kopf, worauf Prather tödlich getroffen zusammenbrach.

14. Januar 1889, Cimarron, Kansas. Als der Streit um den Verwaltungssitz des Gray County ausbrach, verdingte sich Tilghman auf seiten der Stadt Ingalls. An einem Samstagmorgen gegen 11 Uhr 30 traf ein Dutzend Revolvermänner auf einem Wagen in Cimarron ein, um die dort gelagerten Akten des County zu beschlagnahmen. Tilghman und seine Mitstreiter sprangen vom Fuhrwerk und begaben sich in das Gerichtsgebäude, doch die Bewohner von Cimarron, die sich ebenfalls Hoffnungen auf den Verwaltungssitz machten, durchschauten das Vorhaben und eröffneten das Feuer.

Die zahlenmäßig unterlegenen Männer aus Ingalls leisteten kurz Widerstand und ergriffen dann die Flucht. Tilghman stürzte dabei in einen tiefen Bewässerungskanal und verstauchte sich den Knöchel, so daß man ihm auf den Wagen helfen mußte, ehe dieser in Richtung Ingalls davonrollte. Drei Revolvermänner aus Ingalls hatte man im Gerichtsgebäude zu Cimarron zurücklassen müssen, wo sie sich einen Tag lang verschanzten, sich dann ergaben und

schließlich wieder auf freien Fuß kamen. Bei der Schießerei wurden zwei Revolvermänner aus Ingalls sowie vier Bürger aus Cimarron verletzt, einer davon tödlich.

1894, bei Pawnee, Oklahoma. Tilghman und der Ordnungshüter Steve Burke waren hinter Jennie (»Little Britches«) Stevens und Cattle Annie McDougal her, zwei halbwüchsigen Weggefährtinnen der Doolin-Gang. Die beiden Mädchen ergriffen die Flucht, als sie von den Ordnungshütern auf einer Farm in der Nähe von Pawnee entdeckt wurden, worauf Tilghman die Verfolgung von Little Britches aufnahm, während Burke Cattle Annie überwältigte. Little Britches drehte sich im Sattel um und feuerte mit einer *Winchester* auf Tilghman. Als ihm die Kugeln um die Ohren pfiffen, zügelte Tilghman sein Pferd und tötete das andere Tier mit einem gezielten Gewehrschuß. Anschließend versuchte die Räuberbraut den Revolver zu ziehen, warf ihrem Verfolger Erde ins Gesicht und biß und kratzte ihn, bis er sie schließlich gefügig machen konnte.

6. September, bei Elgin, Kansas. Tilghman spürte auf Sam Moores achtzehn Meilen südlich von Elgin gelegener Ranch Little Bill Raidler auf, ein Mitglied der Doolin-Bande. Der mit einem Gewehr bewaffnete Tilghman und zwei Deputies namens W. C. Smith und Cyrus Longbone versteckten sich bei Einbruch der Dämmerung auf dem Anwesen. Als Raidler zum Abendessen angeritten kam, forderte Tilghman ihn auf, sich zu ergeben. Der Outlaw zog den Revolver und drückte aufs Geratewohl ab, worauf Tilghman ihm mit einem Schuß das rechte Handgelenk brach, so daß die Waffe davonflog. Raidler wollte sich zur Flucht wenden, doch Smith streckte ihn mit der Schrotflinte nieder. Der Outlaw gab zwei weitere, ungezielte Schüsse ab und verlor die Besinnung. Tilghman pflegte Raidler gesund und sorgte später dafür, daß er auf Bewährung freikam. Der frühere Outlaw besserte sich, heiratete und führte fortan ein ehrliches Leben.

1. November 1924, Cromwell, Oklahoma. Der siebzigjährige Marshal von Cromwell war wiederholt mit Wiley Lynn zusammengestoßen, einem zwielichtigen Prohibitionsbeamten, der auf die Einhaltung des Alkoholverbotes in dieser bommenden Ölstadt achten sollte. Tilghman saß eines Abends in Murphys Restaurant, als draußen ein Schuß fiel. Er stürmte auf die Straße, wo Lynn, offensichtlich betrunken, mit einer Pistole herumfuchtelte. Ein Passant entwand Lynn die Waffe, worauf Tilghman ihn zum Gefängnis bringen wollte. Plötzlich zog Lynn eine kleine Automatik und eröffnete das Feuer. Der Marshal brach zusammen und war eine Viertelstunde später tot.

Quellen: Tilghman, *Marshal of the Last Frontier;* Miller, *Bill Tilghman;* Miller und Snell, *Great Gunfighters of the Kansas Cowtowns,* 213, 222–223, 234, 296, 307, 330, 412, 420–437; Horan und Sann, *Pictorial History of the Wild West,* 167–172; Ray, *Wily Women of the West,* 31–32; Masterson, *Famous Gunfighters,* 42–53; Drago, *Road Agents and Train Robbers,* 182, 194, 197, 209–217, 227; Shirley, *Six-gun and Silver Star,* 17–18, 77–79, 142–147, 157, 161, 169–170, 179–190, 196, 203, 208–209, 214–215.

Tovey, Mike

Gest. 15. Juni 1893, Amador County, Kalifornien. Expreßbote.

Tovey stand achtundzwanzig Jahre lang als Begleitschutzmann in Diensten von *Wells, Fargo,* geriet mehrmals in Gefahr und war an mindestens zwei Schießereien mit tödlichem Ausgang beteiligt. Er kam 1893 bei einem Postkutschenüberfall ums Leben.

Schießereien: *5. September 1880, East Walker River Bridge, Nevada.* Die Wegelagerer Milton Sharp und Bill Jones wollten an der Holzbrücke über den östlichen Quellfluß des Walker River zwei Postkutschen auf einen Streich überfallen. Sie hielten zuerst die gen Süden fahrende Kutsche von Carson City nach Bodie an, erbeuteten dreitausend Dollar und warteten dann im Mondschein auf die entgegenkommende Postkutsche. Die zweite, von Tovey bewachte Kutsche begegnete der ersten, fuhr aber weiter, da man nicht annahm, daß in der gleichen Nacht ein zweiter Überfall verübt werden würde. An der Brücke angekommen, sprang Tovey ab, ohne seine Schrotflinte mitzunehmen, und inspizierte die ausgeraubte Geldkiste, welche die Räuber mitten auf der Straße liegengelassen hatten.

Plötzlich schoß einer der im Hinterhalt lauernden Outlaws auf Tovey, verfehlte ihn, aber tötete eins der Pferde. Der Fahrer warf Tovey die abgesägte Schrotflinte zu, der drückte ab und tötete Jones, der gerade aus dem Versteck kam. Dann wandte er sich Sharp zu, doch der gab seinerseits einen Schuß ab, der Toveys rechten Arm zerschmetterte, und verschwand dann in der Dunkelheit. Toveys Wunde blutete so heftig, daß eine Verfolgung der Täter unmöglich war.

15. Juni 1893, Amador County, Kalifornien. Tovey fuhr als Begleitschutzmann auf der Postkutsche von Ione nach Jackson mit, als diese überfallen wurde. Tovey, der wie üblich heftige Gegenwehr leistete, wurde bei der Schießerei tödlich verletzt.

Quelle: Drago, *Road Agents and Train Robbers,* 68–70, 223.

Towerly, William

Geb. um 1870; gest. 1887 bei Atoka, Indian Territory. Pferdedieb.

Towerly brachte es zu einem kurzen, zweifelhaften Ruf als Revolvermann, als er 1887 binnen weniger Wochen zwei Ordnungshüter tötete. Beim zweiten Zusammenstoß wurde auch er erschossen.

Schießereien: *29. November 1887, Cherokee Nation, Indian Territory.* Towerly und sein Komplize, der Pferdedieb Dave Smith, lagerten gemeinsam mit Smiths Schwager

Lee Dixon und dessen Frau am Arkansas River. An einem Sonntagmorgen näherten sich die Ordnungshüter Frank Dalton (dessen Brüder später berühmte Bankräuber werden sollten) und James Cole dem Lager, um den per Haftbefehl gesuchten Smith festzunehmen.

Smith eröffnete sofort das Feuer, streckte Dalton mit einem Schuß in die Brust nieder und nahm dann gemeinsam mit Dixon Cole unter Beschuß. Towerly rannte zu dem stöhnenden Dalton, jagte ihm die letzte Kugel aus seiner *Winchester* in den Mund, lud nach und tötete den Ordnungshüter mit einem Kopfschuß. Inzwischen hatte Cole, der von Smith an der Seite getroffen worden war, Towerlys drei Begleiter tödlich verletzt, worauf der jugendliche Pferdedieb kurzerhand die Flucht ergriff.

Dezember 1887, bei Atoka, Indian Territory. Towerly war zu seinen Eltern und seiner Schwester geflüchtet, die in einer Hütte am Boggy River unweit von Atoka wohnten. Dort spürten ihn die Ordnungshüter Ed Stokley und Bill Moody auf und legten sich auf die Lauer. Als Towerly im Morgengrauen aus dem Haus kam, rief Stokley: »Hände hoch!«, doch Towerly griff zum Revolver und wurde von den gleichzeitig feuernden Ordnungshütern am Bein und an der rechten Schulter getroffen.

Towerly ließ die Waffe fallen und ging zu Boden. Doch als Stokley auf ihn zugerannt kam, ergriff er den Revolver mit der linken Hand und jagte dem Ordnungshüter eine Kugel in den Unterleib und eine zweite ins Herz. Dann feuerte er vier weitere Schüsse auf den toten Ordnungshüter ab, warf seinem Vater die Waffe zu und schrie: »Lad nach, und wirf sie zurück, damit ich den anderen gottverfluchten Marshal auch noch umlegen kann!« Mittlerweile hatten sich Towerlys Mutter und Schwester auf Moody gestürzt, ihn in die Hütte gezerrt und die Tür verriegelt. Doch Moody schüttelte die beiden kreischenden Frauen ab, sprang aus dem Fenster und erschoß Towerly.

Quelle: Shirley, *Heck Thomas.*

Tracy, Harry

Geb. 1874 in Pittsville, Wisconsin; gest. 5. August 1902 bei Davenport, Washington. Holzfäller, Räuber.

Tracey, ursprünglich als Harry Severns in Wisconsin geboren und aufgewachsen, änderte später seinen Namen, damit seiner Familie keine Nachteile aus seinem Lebenswandel enstanden. Er zog nach Westen, wurde aber bald darauf in Utah wegen eines Einbruchs festgenommen.

1897 brachen Tracy und Dave Lant aus dem Gefängnis aus und flüchteten zum »Wild Bunch« ins Brown's Hole, ein gottverlassenes Tal, das sich durch Colorado, Utah und Wyoming erstreckt. 1898 tötete Tracy Valentine Hoyt, konnte nach seiner Festnahme aus dem Gefängnis entkommen, wurde erneut ergriffen und brach ein weiteres Mal aus.

Er flüchtete nach Oregon, wo er 1899 Dave Merrills Schwester heiratete. Nachdem der Schwager eine Reihe von Laden- und Banküberfällen begangen hatte, wurden Tracy und Merrill festgenommen und zu einer Zuchthausstrafe im *Oregon State Penitentiary* verurteilt, konnten sich aber 1902 den Fluchtweg freischießen. Während der anschließenden Verfolgungsjagd wurde Merrill von Tracy heimtückisch ermordet. Den ganzen Sommer über trieb Tracy im Nordwesten der Vereinigten Staaten sein Unwesen, bis er im August 1902 gestellt und erschossen wurde.

Schießereien: *1. März 1898, Brown's Hole, Colorado.* Tracy und zwei Komplizen namens Dave Lant und Swede Johnson wurden in Brown's Hole von einer Posse unter Führung von Valentine Hoyt gestellt. Als Hoyt zu Fuß auf die Gruppe zuging, forderte Tracy ihn auf, stehenzubleiben, und schoß ihm eine Kugel ins Herz. Die Posse zog sich daraufhin zurück, faßte einen Outlaw namens Jack Bennett, hängte ihn und nahm dann die Verfolgung wieder auf, bis sich Tracy und seine Spießgesellen ergaben.

9. Juni 1902, Salem, Oregon. Tracy, der mit seinen Mithäftlingen im *Oregon State Penitentiary* zum Appell angetreten war, ergriff plötzlich ein in einer Kiste liegendes Gewehr und jagte dem Aufseher Frank B. Ferrell eine Kugel in die Kehle. Ferrell brach tot zusammen, worauf Tracy den Wärter Frank Girard ins Visier nahm. Ein Sträfling namens Frank Ingram fiel Tracy in den Arm, rang mit ihm und wurde niedergeschossen.

Tracy und Dave Merrill rannten ins Freie, wo Merrill eine Leiter fand und sie an die Zuchthausmauer lehnte. Tracy, der ihm unterdessen Feuerschutz gab, verletzte die Wärter Duncan Ross und B. F. Tiffany. Die beiden Sträflinge kletterten auf die Mauerkrone, wo Tracy den Aufseher S. R. T. Jones tötete. Dann benutzten sie Ross und Tiffany als menschliche Schutzschilde und überquerten eine etwa vierzig Meter weit entfernte Brücke über einen Bach. Dort eröffnete Tracy erneut das Feuer und tötete Tiffany. Ross ließ sich zu Boden fallen und stellte sich tot, worauf Tracy und Merrill in die umliegenden Wälder flüchteten.

Um den 1. Juli 1902, Lewis County, Washington. Merrill und Tracy, die sich in den Wäldern des Lewis County herumtrieben, bekamen eines Tages Streit und beschlossen, die Unstimmigkeiten durch ein Duell aus der Welt zu schaffen. Laut Absprache wollten sie sich Rücken an Rücken aufstellen, zehn Schritte auseinandergehen, sich umdrehen und das Feuer eröffnen. Tracy jedoch brachte die Waffe vorzeitig in Anschlag und tötete seinen Schwager durch einen Schuß in den Rücken.

3. Juli 1902, Bothell, Washington. Bei Bothell in der Nähe von Seattle überfiel Tracy während eines nachmittäglichen Regengusses eine fünfköpfige Posse. Er sprang hinter einem Baumstumpf auf und eröffnete mit seiner 30-30er Flinte aus nächster Nähe das Feuer. Deputy Sheriff L. J. Nelson torkelte nach einem Streifschuß im Gesicht in einen Graben. Ein Deputy namens Raymond wurde zweimal getroffen und fiel im Sterben auf ein Possemitglied namens Anderson. Der Zeitungsreporter Louis B. Sefrit, der sich einen kurzen Schußwechsel mit Tracy lieferte, wurde leicht verletzt. Dann nahm sich Tracy Deputy Sheriff Jack Williams vor, jagte ihm drei Kugeln in den Bauch und verschwand im Wald. Einige Stunden später zwang er die Bewohner eines nahe gelegenen Hauses dazu, ihm Unterschlupf zu gewähren. Noch in der gleichen Nacht wurde Tracy dort von einer Posse unter Führung von Sheriff Edward Cudihee gestellt, konnte aber ein weiteres Mal entkommen, nachdem er erneut zwei Deputies getötet hatte.

5. August 1902, bei Davenport, Washington. Tracy wurde von Ordnungshütern in seinem Versteck auf der *Eddy Ranch* in der Nähe von Davenport aufgespürt. Von einer Posse aus der Scheune gejagt, rannte er unter schwerem Beschuß hinter einen Felsbrocken und feuerte auf die Verfolger. Da er in die Sonne blicken mußte, beschloß er, die Stellung zu wechseln und sich zu einem Felsblock in einem Gerstenfeld durchzuschlagen. Er rannte auf den Feldrain zu, als ihn eine Kugel dicht unter dem rechten Knie traf und Schien- und Wadenbein durchschlug.

Tracy, der heftig blutete, schleppte sich etwa fünfundsiebzig Meter tief in das Gerstenfeld hinein und feuerte gelegentlich auf die Ordnungshüter. Die Posse wiederum jagte Salve um Salve in das Feld, wobei Tracy von einer weiteren Kugel am rechten Oberschenkel getroffen wurde. Als er keinen Ausweg mehr sah, setzte er sich gegen 17 Uhr 30 den Revolver an den Kopf und beging Selbstmord. Die Ordnungshüter waren mittlerweile aus Erfahrung so mißtrauisch geworden, daß sie bis zum nächsten Morgen warteten, ehe sie vorsichtig das Feld durchkämmten und Tracys Leiche fanden.

Quellen: Horan, *Authentic Wild West,* 255–286; Horan und Sann, *Pictorial History of the Wild West,* 97, 153, 202–203, 243–245.

Tucker, Tom

Gest. in Texas. Cowboy, Ordnungshüter.

Tom Tucker war Cowboy von Beruf und wurde wiederholt in große Weidekriege im Südwesten der Vereinigten Staaten verwickelt. Während des *Pleasant Valley War* in Arizona kämpfte er als Angestellter der riesigen *Hash Knife Ranch* gegen die Schafzüchter, bis er bei einer Schießerei beinahe getötet worden wäre. Nach seiner Genesung zog er nach New Mexico, heuerte bei Oliver Lee an und geriet dadurch in dessen Fehden mit den Ranchern der Gegend. Tucker diente eine Zeitlang als Hilfssheriff in Santa Fe und zog dann nach Texas, wo er schließlich starb.

Schießereien: *10. August 1887, Pleasant Valley, Arizona.* Im Pleasant Valley war ein erbitterter Weidekrieg zwischen Rinderbaronen und Schafzüchtern ausgebrochen. Als sich die Auseinandersetzung immer mehr zuspitzte, zogen sieben Cowboys unter Führung von Tucker zur Hütte des Schafhalters Jim Tewksbury. Tewksbury, dem ein halbes Dutzend Revolvermänner in der Behausung den Rücken deckte, sprach kurz mit seinem Widersacher, dann fielen Schüsse. Vier von Tuckers Gefährten wurden niedergestreckt: Hampton Blevins und John Paine waren tot, Bob Gillespie hatte eine Verletzung an der rechten Hüfte, und Bob Carrington war am rechten Arm und am rechten Bein getroffen. Tucker war von einer Kugel, die unter seinem linken Arm eindrang und aus der anderen Achselhöhle wieder austrat, aus dem Sattel geschleudert worden. Er zog sein Gewehr unter dem gestürzten Pferd hervor und nahm die Hütte unter Beschuß, während sich seine Männer, soweit sie noch lebten, zurückzogen. Als sein Pferd aufsprang, klammerte er sich an den Steigbügel und ließ sich außer Reichweite der feindlichen Flinten schleifen.

Von Schmeißfliegen geplagt, die seine schwärenden Wunden umschwirrten, schleppte er sich den ganzen Nachmittag lang dahin. Er verlor die Besinnung, wurde mitten in der Nacht von einem kalten Regenguß geweckt und torkelte schließlich zu Bob Sigsbys Hütte. Sigsby desinfizierte die Wunde mit Kreosot, und Tucker genas nach einiger Zeit wieder.

Mitte August 1888, White Sands Desert, New Mexico. Oliver Lee, Tucker und zwei weitere Männer stellten Walter Good, den mutmaßlichen Mörder von Lees bestem Freund, in der White-Sands-Wüste. Good wurde mit zwei Kopfschüssen getötet; seinen Leichnam ließ man in der Wüste verwesen.

August 1888, bei Las Cruces, New Mexico. Zwei Wochen später begegneten Lee, Tuc-ker und drei weitere Cowboys in der Nähe von Las Cruces John Good und fünf Begleitern, die kurz zuvor den Leichnam von Goods Sohn gefunden hatten. Beide Seiten nahmen einander aus großer Entfernung mit Gewehren unter Beschuß und verfeuerten über einhundert Kugeln, ohne daß jemand zu Schaden kam. Lediglich drei Pferde wurden getroffen.

1889, Silver City, New Mexico. Tucker wurde in Silver City in eine Schießerei verwickelt, bei der er einen Weißen tötete und mehrere Chinesen tödlich verletzte. Er wurde vor Gericht gestellt und wegen nachgewiesener Notwehr freigesprochen.

1908, bei Sacramento Sinks, New Mexico. Tucker und drei weitere Ordnungshüter hatten Dee Harkey beim Aufspüren einer Outlaw-Bande unter Führung von Jim Nite geholfen. Die anschließende Schießerei bestritt hauptsächlich Dee Harkey. Tucker half lediglich bei der Festnahme der Gesuchten, nachdem diese die Waffen gestreckt hatten.

Quellen: Sonnichsen, *Tularosa*, 40, 44–45, 49–51, 81, 141, 156, 172, 177; Harkey, *Mean as Hell*, 124–128; Raine, *Famous Sheriffs and Western Outlaws*, 226–230; Drago, *Great Range Wars*, 97, 108–111, 292; Gibson, *Colonel Albert Jennings Fountain*, 214, 216–217, 224, 246, 249, 289.

Turner, Ben

Gest. im Dezember 1873, Lincoln County, New Mexico. Cowboy, Revolvermann.

Turner war als Cowboy bei den Gebrüdern Horrell angestellt, als in Lampasas, Texas, die berühmt-berüchtigte Horrell-Higgins-Fehde ausbrach. Er war an der Schießerei in Lampasas beteiligt, bei der drei Staatspolizisten getötet wurden, und er half bei einem Gefängnisausbruch in Georgetown. Anschließend zog er im Gefolge der Horrells nach New Mexico, wo es bald darauf zu neuen Auseinandersetzungen kam. Kurz nachdem Ben Horrell in Lincoln getötet worden war, kam auch Turner bei einer Schießerei ums Leben.

Schießereien: *19. März 1873, Lampasas, Texas.* Die Gebrüder Horrell und ihre Cowboys hatten beschlossen, Clint Barker vor dem Zugriff der verhaßten texanischen Staatspolizei zu schützen. Mart, Tom und Sam Horrell sowie Barkley, Turner und etwa ein halbes Dutzend weitere Rauhbeine ritten nach Lampasas, begaben sich in Jerry Scotts Saloon und warteten auf die Ordnungshüter. Sobald die vier Polizisten durch die Schwingtür kamen, fielen Schüsse. Bei dem Feuergefecht wurden Mart und Tom Horrell verletzt und drei Ordnungshüter getötet.

März 1873, Georgetown, Texas. Mart Horrell und Jerry Scott waren kurz darauf festgenommen und in Georgetown ins Gefängnis geworfen worden. Daraufhin ritten die anderen Mitglieder des Horrell-Clans in die Stadt, drangen in das Gefängnis ein, befreiten die Häftlinge und schossen sich den Fluchtweg aus der Stadt frei.

Dezember 1873, Lincoln County, New Mexico. Nach Ben Horrells Tod übten seine Brüder und Freunde blutige Rache an den mexikanischen Einwohnern der Stadt. Kurz nach der schlimmsten Tat, dem Überfall auf eine mexikanische Hochzeitsgesellschaft, wurde Turner von einer Gruppe aufgebrachter Stadtbewohner gestellt und erschossen.

Quellen: Gillett, *Six Years with the Texas Rangers,* 74–76; Rasch, »The Horrell War«, *NMHR;* Webb, *Texas Rangers,* 334–339; Askins, *Texans, Guns & History,* 151–160.

Tyler, Jesse

Gest. 16. Mai 1900 bei Thompson, Utah. Ordnungshüter.

Jesse Tyler war um die Jahrhundertwende Ordnungshüter in Utah und nahm unter anderem an der Jagd auf Butch Cassidys »Wild Bunch« teil. Als Sheriff des Grand County ging er energisch gegen das Rustler-Unwesen vor, wurde aber einmal von der Frau eines Pferdediebes angezeigt, weil er gestohlene Tiere aus ihrem Corral weggetrieben hatte. Er wurde im Jahr 1900 von Outlaws getötet, als er eine Posse anführte.

Schießereien: *Februar 1899, San Raffael Valley, Utah.* Tyler und eine fünf Mann starke Posse trieben bereits seit mehreren Tagen gestohlene Pferde zusammen, als sie ein verdächtiges Lagerfeuer bemerkten. Sie schlichen sich im Morgengrauen an und forderten den ersten Mann, der ihnen vor die Flinte kam, auf, sich zu ergeben – in diesem Fall war es ein Halbblut. Der Mann erschrak kurz, ging in Deckung und wurde von der Posse vergebens unter Beschuß genommen. Einer der Outlaws drohte der Posse, worauf eine wilde Schießerei ausbrach. Nach zweistündigem Feuergefecht mußten sich die Ordnungshüter zurückziehen, weil ihnen die Munition ausging.

16. Mai 1900, bei Thompson, Utah. Tyler führte seit drei Wochen eine Posse an, die sich auf die Spur von Viehdieben geheftet hatte. In den Book Mountains, etwa vierzig Meilen von Thompson entfernt, teilte sich die Posse auf. Tyler und Deputy Sam Jenkins ritten auf ein Lagerfeuer zu. Sie saßen ab und ließen ihre Gewehre in den Sattelfutteralen, da sie ein Indianerlager vor sich wähnten. Statt dessen stießen sie auf eine Bande von Viehdieben unter Führung von Harvey Logan. »Hallo, Jungs«, rief Tyler, dann wandten sich die Ordnungshüter zur Flucht. Logan jagte beiden eine Kugel in den Rücken, worauf die anderen Possemitglieder die Flucht ergriffen. Erst zwei Tage später wurden Tylers und Jenkins' Leichen geborgen.

Quelle: Baker, *Wild Bunch*, 86–89, 104, 135–136, 145–147.

Vásquez, Tiburcio

Geb. um 1838 in Kalifornien; gest. 19. März 1875, San Jose, Kalifornien. Pferde- und Rinderdieb, Sträfling, Postkutschenräuber, Bandit.

Vásquez, ein Halbblut (die Mutter war Indianerin), wuchs in Kalifornien auf und geriet bereits in jungen Jahren auf die schiefe Bahn. Er stahl Pferde, brachte fremdes Vieh in seinen Besitz und verpraßte das unrechtmäßig erworbene Geld in Monterey, wo er sich zumeist aufhielt, wenn er nicht auf Diebestour ging. 1857 wurde er festgenommen und wegen Rinderdiebstahls zu einer fünfjährigen Haftstrafe in San Quentin verurteilt. (Zwei Jahre zuvor war er nach einer tödlichen Messerstecherei in Monterey mit Mühe und Not einer Mordanklage entgangen.) 1859 brach Vásquez aus, wurde aber zwei Monate darauf wegen mehrerer Eigentumsdelikte erneut verhaftet und kam erst am 13. August 1863 wieder auf freien Fuß. Bald darauf wurde er wegen bewaffneten Raubüberfalls ein weiteres Mal nach San Quentin geschickt, und diesmal saß er bis zum 4. Juni 1870 hinter Gittern.

Danach raubte Vásquez Postkutschen und abgelegene Kaufmannsläden aus; auch wurde er verdächtigt, einen italienischen Schlachter überfallen und getötet zu haben. Als er 1873 bei einem Überfall drei Menschen ermordete, wurde vom Staat eine Belohnung von achttausend Dollar für seine Ergreifung ausgesetzt, worauf eine verbissene Jagd nach ihm begann. Ein Jahr später wurde er schließlich gefaßt und, da man wollte, daß die Vollstreckung möglichst reibungslos vonstatten gehe, 1875 im Santa Clara County gehängt.

Schießereien: *um 1856, Livermore Valley, Kalifornien.* Vásquez, der sich für einen unwiderstehlichen Liebhaber hielt, entführte die Tochter eines mexikanischen Ranchers aus dem Livermore Valley. Der Rancher nahm sofort zu Pferd die Verfolgung auf, und als er das Paar einholte, kam es zu einer Schießerei. Nachdem Vásquez' rechter Arm von einer Kugel zerschmettert worden war, gab er seinem Pferd die Sporen, ließ seine *enamorada* schmählich im Stich und brachte sich in Sicherheit.

Sommer 1872, beim Arroyo Cantua, Kalifornien. Vásquez und zwei Komplizen namens Francisco Barcenas und García Rodríguez hatten einige Stunden zuvor eine Postkutsche überfallen und auf der Flucht einen wohlhabenden Reisenden ausgeraubt. Auf dem Weg zu ihrem Versteck im Arroyo Cantua wurden sie von Sheriff Harry Morse aus dem Alameda County, dem Sheriff des San Benito County und dem Konstabler von Santa Cruz gestellt. Es kam zu einem erbitterten Feuergefecht, bei dem Rodríguez schwer verletzt, Vásquez an der Brust getroffen und Barcenas von dem Konstabler getötet wurde. Vásquez und Rodríguez konnten die Verfolger zunächst abschütteln, doch Rodríguez wurde zwei Tage später gefaßt und starb kurz darauf. Vásquez konnte in die Berge entkommen und genas nach einiger Zeit von seiner Verletzung.

26. August 1873, Tres Pinos, Kalifornien. Vásquez und sechs Komplizen wollten Andrew Snyders Kaufladen überfallen. Während Tiburcio mit zwei Helfershelfern Schmiere stand, betraten die anderen vier das Gebäude und raubten das Geschäft aus.

Als der Schäfer William Redford auf den Laden zukam, verlor Vásquez die Nerven und schoß ihn nieder, worauf ihn die beiden anderen Outlaws erledigten. Auf die Schüsse hin kamen zwei Fuhrleute angerannt. Vásquez schlug den einen mit seinem Revolver nieder und jagte dem anderen, einem gewissen James Riley, eine Kugel ins Herz.

In diesem Augenblick trat ein Mann auf die Veranda des etwa fünfundsiebzig Meter entfernten Hotels, verschwand aber sofort wieder in dem Gebäude, als Vásquez das Gewehr herausholte und auf ihn anlegte. Vásquez drückte ab, verfehlte sein eigentliches Ziel und traf statt dessen einen alten Mann namens Davidson, der mit seiner Frau in dem Hotel saß. Nachdem Vásquez' Stellvertreter José Chavez noch einen Jungen bewußtlos geschlagen hatte, verließ die Bande die Stadt.

Dezember 1874, Los Angeles County, Kalifornien. Vásquez, der sich im Adobehaus von Greek George Allen im Alison Canyon versteckte, wurde von einer Posse gestellt. Als die Verfolger das Gebäude stürmten, versuchte ihnen Allens Frau den Weg zu versperren, während Vásquez aus dem hinteren Fenster sprang und zu seinem Pferd laufen wollte. Ein Deputy namens Johnson feuerte auf den Fliehenden, verfehlte ihn aber, worauf George Beers, ein Journalist, Vásquez mit einer Schrotladung niederstreckte.

Quelle: Drago, *Road Agents and Train Robbers*, 30–38, 220.

Wait, Frederick T.

(»Dash Wait(e)«)

Geb. 1853 im Indian Territory; gest. 24. September 1895, Indian Territory. Cowboy, Revolvermann, Steuereintreiber.

Wait, in dessen Adern Cherokee-Blut floß, heiratete eine Indianerin und ließ sich im Lincoln County, New Mexico, nieder. Kurz vor dem Ausbruch des *Lincoln County*

War wurde er von dem englischen Rancher John Tunstall angestellt. Bei den anschließenden blutigen Auseinandersetzungen gehörte er zum Gefolge von Billy the Kid, mit dem er später auch in den texanischen Panhandle zog. Dort wurde er einmal von einer Posse gestellt, als er alleine unterwegs war, und er konnte sich nur durch das geheime Notzeichen der Freimaurer vor dem Lynchtod retten. Als Billy the Kid und Tom O'Folliard wieder nach New Mexico zogen, kehrte er zum Volk der Cherokee ins Indian Territory zurück, wo er als Steuereintreiber diente. Er starb 1895 im Alter von zweiundvierzig Jahren.

Schießereien: *1. April 1878, Lincoln, New Mexico.* Wait begleitete Billy the Kid, Henry Brown, John Middleton und John French, die Sheriff William Brady in Lincoln einen Hinterhalt legen wollten. Als Brady und vier weitere Ordnungshüter die Straße entlangkamen, erhoben sich die fünf Angreifer hinter einer Adobemauer und eröffneten das Feuer. Brady und Deputy George Hindman wurden tödlich getroffen, doch die anderen drei Ordnungshüter konnten in Deckung gehen.

Kurz darauf rannten Wait und Billy the Kid zu den beiden Toten, um deren Flinten zu erbeuten, doch Deputy Bill Matthews, der bei der Schießerei verletzt worden war, sah sie und eröffnete das Feuer. Billy the Kid und Wait wurden von Kugeln gestreift und zogen sich schleunigst in den Schutz der Mauer zurück. Anschließend saßen die fünf Attentäter auf und ritten aus der Stadt.

4. April 1878, Blazer's Mill, New Mexico. Wait war einer der Regulatoren, die auf dem Gelände von Blazer's Mill mit Buckshot Roberts zusammenstießen. Als sich Roberts und drei Regulatoren eine Schießerei lieferten, feuerten Wait und seine Gefährten etliche Kugeln auf Roberts ab und begaben sich dann schleunigst aus der Schußlinie. Nachdem Dick Brewer, der Anführer der Regulatoren, getötet worden war, zogen Wait und die anderen ab und überließen den tödlich getroffenen Roberts seinem Schicksal.

Quellen: Keleher, *Violence in Lincoln County,* 109, 112–113, 128, 184, 253, 260–261, 263–264, 266, 276–278; Rickards, *Blazer's Mill;* Hunt, *Tragic Days of Billy the Kid,* 38, 50–53, 113, 132–133, 138–139; Fulton, *Lincoln County War,* 83, 110, 113–115, 126, 130–131, 137, 140, 158, 192, 201, 234, 333.

Walker, Joe

Geb. um 1850 in Texas; gest. im Mai 1898 bei Thompson, Utah. Cowboy, Arbeiter, Rustler, Räuber.

Joe Walker war noch ein Kind, als sein Vater, ein Texas Ranger, verstarb und die Mutter den Besitz der Familie ihrem Bruder, einem Dr. Whitmore, überließ, der ihn treuhänderisch verwalten sollte. Um 1870 legte Whitmore die Walkersche Herde mit seiner eigenen zusammen und zog auf eine Ranch im nördlichen Arizona, wo er kurz darauf bei einem Indianerüberfall ums Leben kam. Seine Witwe verkaufte das Anwesen und siedelte mit den Söhnen George und Tobe ins Carbon County in Utah um, wo die Whitmores eine bekannte Bankiers- und Rancherfamilie wurden.

Als Walkers Mutter starb, begab Joe sich nach Utah, um mit den Whitmores über die Aufteilung des gemeinsamen Besitzes zu verhandeln. Die aber wollten von einer Verwandtschaft nichts wissen und wiesen jeglichen Besitzanspruch zurück. Walker heuerte bei Ranchern in der Gegend an, fand Arbeit in einer Sägemühle in Huntington und stellte den Whitmores fortan nach.

Nach einer Schießerei im Jahr 1895 schloß er sich den Outlaws im nahe gelegenen Robbers Roost an und begann, Rinder und Pferde zu stehlen – häufig trieb er dabei das Vieh der Whitmores weg. Bei einem dieser Raubzüge bekam er Streit mit einem Komplizen namens C. L. (»Gunplay«) Maxwell, der daraufhin Walkers Aufenthaltsort an die Obrigkeit verriet. Nach einer langen Verfolgungsjagd und

einer anschließenden Belagerung konnte Walker mit knapper Not entkommen. Als Butch Cassidys »Wild Bunch« am 21. April 1897 bei einem Überfall auf das Bergarbeiterlager Castle Gate die Lohngelder raubte, durchschnitt Walker die Telegraphenleitungen. Er unterstützte die Bande auch anderweitig.

Etwa ein Jahr später wurde Walker nach einem weiteren Raubzug, bei dem er erneut Whitmoresches Vieh gestohlen hatte, von einer neun Mann starken Posse in Utah gejagt. Walker, der mit einem durchziehenden Cowboy namens Johnny Herring in der Nähe der Stadt Thompson lagerte, legte den Revolver vor dem Schlafengehen neben sich. Doch über Nacht umstellte die Posse das Lager, und als Walker im Morgengrauen auffuhr, eröffneten die Ordnungshüter das Feuer. Walker und Herring, den die Posse für Butch Cassidy hielt, wurden von Kugeln durchsiebt und starben unter ihren Decken.

Schießereien: *Sommer 1895, Price, Utah.* Walker zog auf einer Zechtour den Revolver, schoß wild in der Stadt herum und richtete erheblichen Sachschaden an. Als er schließlich wegritt, erstatteten die Betroffenen Anzeige, worauf er von der Obrigkeit gesucht wurde.

1896, in der Gegend von Robbers Roost, Utah. Walker, der in Richtung Robbers Roost ritt, wurde auf der Landstraße in der Nähe von Granite von fünf Kopfgeldjägern abgefangen. Walker winkte ihnen zu, sie sollten verschwinden, und eröffnete das Feuer, als sie trotzdem näher rückten. Es kam zu einer wilden Verfolgungsjagd, doch Walker, der einen sicheren Vorsprung hatte, konnte die Posse nach fünfzehn Meilen abschütteln und zum Robbers Roost entkommen.

1897, am Mexican Bend des San Rafael River, Utah. Walker und C. L. Maxwell stahlen mehrere Pferde von der Whitmore-Ranch und versteckten sie in einem Corral bei einer abgelegenen Hütte in der Nähe des

San Rafael River. Dort bekamen die beiden Viehdiebe Streit, worauf Maxwell erbost das Lager verließ und den Whitmores mitteilte, wo sich ihre Pferde befanden.

Die Sheriffs C. W. Allred und Azariah Tuttle nahmen sofort die Verfolgung auf, überraschten Walker am Flußufer und schnitten ihm den Weg zu der Hütte ab. Walker watete durch den Fluß in einen Canyon, kletterte eine steile Bergwand empor und zog auf halber Höhe den Revolver. Die beiden Ordnungshüter ritten hinter ihm her und nahmen ihn unter Beschuß. Walker erwiderte das Feuer, traf Tuttle am Bein und schoß ihn vom Pferd, worauf die Ordnungshüter hinter einigen Felsbrocken Schutz suchten. Sie forderten Walker auf, sich zu ergeben, und als er sich weigerte, ritt Allred los, um Hilfe zu holen, und trieb die gestohlenen Pferde weg. Walker gab mehrere Schüsse auf ihn ab, mußte aber in Deckung gehen, als Tuttle ihn mit dem Gewehr unter Feuer nahm.

Zwei Stunden lang konnte Tuttle ihn dort mit gutgezielten Schüssen in Schach halten, doch als die Sonne höher stieg, mußte der durch den Blutverlust geschwächte Ordnungshüter um Gnade bitten. Walker erklärte sich bereit, ihm etwas Wasser zu bringen, wenn er seine Waffen wegwerfe. Walker stieg daraufhin zu Tuttles Stellung am Fuß der Felswand herab, hob die Schußwaffen des Ordnungshüters auf und brachte ihm einen Eimer Wasser. Dann kletterte er aus der Schlucht, fand nach etwa zwei Meilen Fußmarsch ein herrenloses Pferd und konnte entkommen.

Quelle: Baker, *Wild Bunch*, 48, 50. 64–82, 110, 174, 204.

Watson, Jack

Gest. 1890 in Price, Utah. Soldat, Cowboy, Ordnungshüter.

Jack Watson diente während des Bürgerkrieges bei der konföderierten Armee und wurde bei einem Gefecht am Spann verletzt, so daß er sein Leben lang hinkte.

Nach dem Krieg heuerte er als Cowboy an, meldete sich zu den Texas Rangers und spürte im Auftrag texanischer Rancher gelegentlich Rustler auf. Nachdem er 1884 in Montrose, Colorado, eine Schießerei angezettelt hatte, wurde eine Belohnung von sechshundert Dollar für seine Ergreifung ausgesetzt.

Später stach Watson in Crystal, einem Bergarbeiterlager im Gunnison County, einen Mann nieder und wurde von Sheriff C. W. Shores, mit dem Watson einst als Cowboy zusammengearbeitet hatte, festgenommen. Watson wurde freigesprochen, ließ sich von Shore als Deputy einschwören und diente getreulich bis zu seinem Tod. Er wurde 1890 in Utah erschossen.

Schießereien: *um 1880, Texas.* Watson war von einer Gruppe texanischer Rinderzüchter angestellt worden, um einem Pferdedieb das Handwerk zu legen. Der Rustler bereitete gerade sein Frühstück zu, er als von Watson nach fast einwöchiger Suche aufgespürt wurde. Watson tötete den Dieb und verzehrte anschließend dessen Essen.

7. Februar 1884, Montrose, Colorado. Watson wurde in Montrose wegen Trunkenheit festgenommen und tags darauf vom Richter der Stadt zu einer Geldstrafe von fünfundachtzig Dollar verurteilt – sein gesamtes Vermögen. Wütend marschierte er zu seinem Pferd und begab sich auf die Suche nach dem örtlichen Marshal und dem Richter. Er entdeckte sie auf der Main Street, eröffnete das Feuer, traf den Ordnungshüter am Arm und verletzte den Rechtsverweser an der Seite. Danach ritt Watson aus der Stadt, betrank sich erneut, sprengte ein weiteres Mal die Straße entlang und lieferte einen Schußwechsel mit der Bürgerschaft, ehe er endgültig davongaloppierte.

1890, Price, Utah. Im Laufe eines verdeckten Einsatzes in Price schuf Watson sich zahlreiche Feinde, die schließlich einen Revolvermann namens Ward engagierten, der ihn töten sollte. Ward versteckte sich hinter einem Heuwagen dem Saloon gegenüber, den der Ordnungshüter, ein schwerer Trinker, stets aufsuchte. Als der angeheiterte Watson auf die Straße torkelte, wurde er von Ward niedergeschossen. Watson, der seine Waffe an der Theke abgegeben hatte, wollte zu dem Saloon zurückkriechen, doch Ward tötete ihn mit einer weiteren Kugel.

Quelle: Rockwell, *Memoirs of a Lawman*, 213–232.

Webb, John Joshua

(»*Samuel King*«)

Geb. 13. Februar 1847, Iowa; gest. 22. April 1882, Winslow, Arkansas. Büffeljäger, Landvermesser, Fuhrmann, Ordnungshüter, Sträfling.

Der aus Iowa stammende Webb kam um das Jahr 1871 in den Westen, wo er sich als Büffeljäger und Landvermesser in Colorado durchschlug. Später zog er nach Deadwood, dann nach Cheyenne und schließlich nach Dodge City, wo er Ende der siebziger Jahre als Polizist tätig war. Auch verdingte er sich als Revolvermann bei der Eisenbahn, als die *Atchison, Topeka & Santa Fe Railroad* mit der *Denver & Rio Grande Railroad* um das Wegerecht durch den Grand Canyon des Arkansas River stritt. 1878 nahm er den Eisenbahnräuber Dave Rudabaugh fest, der später in New Mexico einer seiner besten Freunde werden sollte.

Zwei Jahre danach wurde Webb zum City Marshal von Las Vegas ernannt und war nebenbei Mitglied der berüchtigten »Dodge City Gang«. Oberhaupt dieser Diebes- und Schwindlerbande war der Friedensrichter und amtliche Leichenbeschauer Hoodoo Brown (Hyman Neill), ein eigenwilliger Rechtsgelehrter, der bei Beschlüssen und Urteilsverkündigungen mit einer *Winchester* auf den Richtertisch hämmerte. Die Bande löste sich auf und zerstreute sich in alle Winde, nachdem

Webb, der ihr Schutz vor dem Gesetz gewährt hatte, im März 1880 wegen Mordes festgenommen worden war. Am 9. April wurde Webb für schuldig befunden und zum Tod durch den Strang verurteilt. Am 30. April versuchte Dave Rudabaugh vergebens, ihn aus dem Bezirksgefängnis zu befreien.

Im Berufungsverfahren wurde Webbs Urteil in eine lebenslange Zuchthausstrafe umgewandelt. Am 19. September 1881 unternahm er mit Dave Rudabaugh, der mittlerweile im gleichen Gefängnis einsaß, einen gescheiterten Fluchtversuch, doch am 3. Dezember 1881 gelang ihnen der Ausbruch. Sie flohen zunächst nach Texas, dann nach Mexiko, wo Rudabaugh ums Leben kam. Webb kehrte nach Kansas zurück und nannte sich »Samuel King« (King war der Mädchenname seiner Mutter). Später arbeitete er in Kansas und Nebraska als Fuhrmann bei *J. D. Scott & Co.* Er starb 1882 in Arkansas an den Pocken.

Schießereien: *2. März 1880, Las Vegas, New Mexico.* Webb legte sich im Saloon von Goodlet und Robinson mit Michael Kelliher an. Der Streit wurde zusehends hitziger, und schließlich zog Webb die Waffe und erschoß Kelliher. Webb wurde ohne Rücksicht auf sein Amt als City Marshal wegen Mordes angeklagt und verurteilt.

19. September 1881, Las Vegas, New Mexico. Webb unternahm mit Thomas Duffy, H. S. Wilson und Dave Rudabaugh, der einen Revolver besorgt hatte, einen Ausbruchsversuch. Als Duffy beim Schußwechsel mit einem Wärter getötet wurde, ergaben sich die anderen drei Häftlinge. Zwei Monate darauf gruben Webb, Rudabaugh und fünf andere Sträflinge mit einem Messer, einem Pickel und einer Eisenstange einen Tunnel und konnten entkommen.

Quellen: Miller und Snell, *Great Gunfighters of the Kansas Cowtowns*, 26, 188, 206, 211–213, 215–218, 222, 279, 322–323; Keleher, *Violence in Lincoln County*, 282, 286, 297–299, 303; Stanley, *Desperadoes of New Mexico*, 153–165.

Weightman, George

(»Red Buck«)

Geb. in Texas; gest. 14. Februar 1896, Arapaho, Oklahoma. Pferdedieb, Bank- und Eisenbahnräuber, Sträfling.

Der aus Texas stammende Weightman zog in den achtziger Jahren nach Oklahoma und wurde dort 1889 von Heck Thomas wegen Pferdediebstahls festgenommen. Nach einer dreijährigen Zuchthausstrafe schloß er sich Bill Doolins Bankräuberbande an.

Als er nach einer Festnahme mit zwei anderen Häftlingen ins Gefängnis überstellt werden sollte, unternahm er einen tollkühnen Fluchtversuch aus einem fahrenden Zug. Zwar wurden seine beiden Gefährten getötet, doch Weightman sprang im Kugelhagel aus dem Fenster und konnte entkommen.

Nach etlichen Meinungsverschiedenheiten mit Bill Doolin wurde Weightman aus der Bande ausgestoßen. Er gründete daraufhin seine eigene Gang, wurde aber wenig später von Ordnungshütern gestellt und getötet.

Schießereien: *1. September 1893, Ingalls, Oklahoma.* Bil Doolin, Red Buck Weightman und fünf andere Outlaws wollten sich in Ingalls, einer kleinen Stadt, in deren Nähe Doolin einst auf einer Ranch gearbeitet hatte, eine Rast gönnen. Während die Outlaws in einem Saloon zechten und zockten, rückte eine starke Posse in die Stadt ein. Als Bitter Creek Newcomb hinausging und auf sein Pferd stieg, geriet er unter Beschuß, doch Arkansas Tom Jones (der sich wegen seiner Erkrankung ins *City Hotel* zurückgezogen hatte) erschoß von einem Fenster im ersten Stock aus einen Ordnungshüter, so daß Newcomb entkommen konnte.

Daraufhin brach eine wilde Schießerei aus, in deren Verlauf die Outlaws zu einem nahe gelegenen Mietstall durchbrechen konnten. Sie saßen auf und sprengten durch die beiden Tore ins Freie. Red Buck,

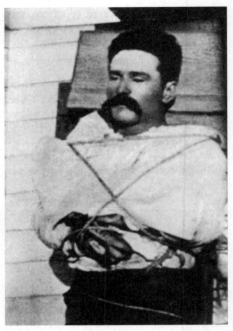

Red Buck Weightman, nachdem er 1896 bei einer Schießerei mit einer Posse getötet worden war. *(Western History Collections, University of Oklahoma Library)*

Bill Dalton und Tulsa Jack Blake jagten durch den vorderen Ausgang auf die Straße und deckten die Posse mit einem Kugelhagel ein. Daltons Pferd wurde gefällt, doch er erschoß einen Ordnungshüter, durchschnitt einen Zaun, der ihnen den Fluchtweg versperrte, und saß hinter Doolin auf. Mit Ausnahme von Arkansas Tom Jones – er wurde festgenommen – konnte die ganze Bande entkommen.

3. April 1895, bei Dover, Oklahoma. Kurz nach dem Überfall auf einen Zug in unmittelbarer Nähe von Dover wurde die Doolin-Gang von einer Posse überrascht. Tulsa Jack Blake kam ums Leben, doch die übrigen Bandenmitglieder konnten sich den Fluchtweg freischießen. Bei der anschließenden wilden Verfolgungsjagd wurde Weightmans Pferd getötet, worauf er hinter Bitter Creek Newcomb aufsaß und mit ihm davonritt, bis die Posse abgeschüttelt war.

Als die Outlaws an einer Farm vorbeikamen, sprang Red Buck in den Viehpferch und stahl kurzerhand ein Pferd. Der Besitzer des Tieres, ein alter Prediger, kam aus dem Haus und wollte ihm Einhalt gebieten, doch Weightman ermordete ihn kaltblütig. Daraufhin beriet sich Bill Doolin, den diese Tat anwiderte, mit seinem Stellvertreter Bill Dalton, warf Weightman dann seinen Anteil an der letzten Beute zu und erklärte ihm, daß er ab sofort allein zurechtkommen müsse. Anschließend ritt Doolin mit seiner Bande weiter.

Dezember 1895, Nordtexas. Red Buck und seine Bande wurden von Texas Rangers in einem Schuppen überrascht. Weightman wurde zwar verletzt, doch die Outlaws konnten sich den Fluchtweg freischießen.

14. Februar 1896, Arapaho, Oklahoma. Red Buck Weightman wurde von Ordnungshütern in einem Versteck aufgespürt und nach heftiger Gegenwehr im Eingang zu seiner Erdbehausung erschossen.

Quellen: Drago, *Road Agents and Train Robbers,* 201, 207, 209; Shirley, *Six-gun and Silver Star,* 61, 91–93, 126, 145–146, 152, 181, 190.

Wells, Samuel

(*»Charlie Pitts«*)

Gest. 21. September 1876 bei Madelia, Minnesota. Bank- und Eisenbahnräuber.

Sam Wells, der sich für gewöhnlich »Charlie Pitts« nannte, war als Mitglied der James-Younger-Gang an zahlreichen Überfällen und Schießereien der Bande beteiligt, ohne daß sich mit letzter Gewißheit feststellen ließe, an welchen. Man weiß lediglich, daß er an dem Eisenbahnüberfall in Rocky Cut, Missouri, teilnahm, denn hinterher verstieß er seine bisherige Geliebte Lillian Beamer und heiratete eine andere, worauf ihn Miss Beamer an die Obrigkeit verriet. Er war auch bei dem

mißglückten Überfall auf die *First National Bank* in Northfield, Minnesota, dabei und wurde bei der anschließenden Verfolgungsjagd erschossen.

Schießereien: *7. September 1876, Northfield, Minnesota.* Wells ritt mit der James-Younger-Gang nach Northfield und ging mit Jesse James und Bob Younger in die örtliche Bank, während sich fünf weitere Räuber in der Stadt verteilten und Wache standen. Als der Kassierer Joseph L. Heywood sich weigerte, den Safe zu öffnen (der bereits aufgeschlossen war), schlug Wells ihn mit der Pistole und brachte ihm eine Rißwunde am Hals bei. Dann feuerte er auf den Kassierer und fügte ihm einen Streifschuß am Kopf zu, worauf der Schalterbeamte A. E. Bunker einen Fluchtversuch unternahm.

Bunker stürzte aus der Tür und raffte sich wieder auf, doch Wells verfolgte ihn und jagte ihm eine Kugel in die Schulter. In diesem Augenblick eröffneten die Bürger der Stadt das Feuer, so daß Bunker entkommen konnte. Die Outlaws erschossen daraufhin Heywood und suchten das Weite. Als sich die Gang den Fluchtweg aus der Stadt freischoß, wurden zwei Banditen – Clell Miller und William Stiles – und zwei Bürger getötet.

21. September, bei Madelia, Minnesota. Nach dem Überfall von Northfield wimmelte es in der Gegend von Suchtrupps, und da die drei Younger-Brüder überdies verletzt waren, gestaltete sich die Flucht der Bande zunehmend schwieriger. Nachdem Jesse James vorgeschlagen hatte, man solle den schwerverletzten Bob Younger töten, trennte sich die Gang. Während sich die James-Brüder nach Missouri durchschlugen, harrte Wells bei den Youngers aus.

Mehrmals konnten die vier Männer Suchtrupps abschütteln, doch zwei Wochen nach dem Überfall wurden sie in der Ortschaft Madelia entdeckt, als sie Lebensmittel kaufen wollten. Sofort wurde eine Posse aufgestellt, die die ganze Gegend abkämmte. Schließlich wurden die Outlaws von fünf Ordnungshütern in einem Dikkicht in der Nähe des Watonwan River aufgespürt.

Die Bande ließ die Verfolger etwa fünfzig Meter vorrücken und eröffnete dann aus knapp zehn Metern Entfernung das Feuer. Drei Ordnungshüter – W. W. Murphy, G. A. Bradford und S. J. Severson – wurden leicht verletzt, doch die Posse wich nicht zurück und nahm ihrerseits die Outlaws unter Beschuß. Wells, von fünf Kugeln an der Brust getroffen, war auf der Stelle tot. Die von zahlreichen Schüssen verletzten Younger-Brüder ergaben sich und wurden in Gewahrsam genommen. Später fand man bei Wells den *Derringer* des Bankangestellten A. E. Bunker, den dieser vergeblich zu ziehen versucht hatte.

Quellen: Breihan, *Younger Brothers,* 169–181; Horan, *Desperate Men,* 107–122, 126; Settle, *Jesse James Was His Name,* 89, 93, 94; Drago, *Road Agents and Train Robbers,* 131, 149, 156–166.

Wheeler, Harry Cornwall

Geb. 23. Juli 1875, Jacksonville, Florida; gest. 17. Dezember 1925, Bisbee, Arizona. Soldat, Ordnungshüter, Arbeiter.

Wheeler, der Sohn eines Armeeoffiziers, hatte zahlreiche Ämter im Dienste der Allgemeinheit inne. Als meisterhafter Schütze sowohl mit dem Gewehr als auch mit dem Revolver meldete er sich 1903 zu den Arizona Rangers, wurde zwei Jahre später Nachfolger von Captain Thomas Rynning und behielt das Kommando bis zur Auflösung dieser Polizeitruppe im Jahr 1909. Später wurde er zum Sheriff des Cochise County gewählt, und 1917 leitete er eine Polizeiaktion gegen die streikenden Bergarbeiter in den Kupferminen von Bisbee – die sogenannte Bisbee-Deportation, bei der nahezu 1200 streikende Arbeiter samt ihren Sympathisanten gewaltsam aus der Gegend gebracht wurden.

Wheeler nahm am Ersten Weltkrieg teil und brachte es bis zum Captain. Nach seiner Rückkehr aus den Schützengräben Frankreichs kandidierte er für das Amt des Sheriffs im Cochise County, unterlag aber bei der Wahl und schlug sich bis zu seinem Tod im Jahr 1925 mit Gelegenheitsarbeiten durch.

Schießereien: *22. Oktober 1904, Tucson, Arizona.* Wheeler, seinerzeit Sergeant der Arizona Rangers, überraschte im *Palace Saloon* zu Tucson einen gewissen Bostwick, der gerade die Gäste ausrauben wollte. Als Wheeler durch die Schwingtür stürmte, kam es zu einem kurzen Schußwechsel. Bostwick, der seine Opfer an der Wand hatte antreten lassen, feuerte auf den Ordnungshüter, verfehlte ihn aber ebenso wie der »Wachposten« auf der anderen Straßenseite, der anschließend die Flucht ergriff. Bostwick erlitt zunächst einen Streifschuß am Kopf, dann wurde er von Wheeler an der Brust getroffen und tödlich verletzt.

28. Februar 1907, Benson, Arizona. Ein Bergarbeiter namens J. A. Tracy pöbelte im Morgengrauen D. W. Silverton und dessen Begleiterin an, die sich gerade zum Bahnhof begeben und mit dem Zug nach El Paso fahren wollten. Tracy, der in die Frau vernarrt war, bedrohte Silverton mit einer Pistole, worauf Wheeler auf die drei zurannte und Tracy aufforderte, die Waffe fallen zu lassen.

Tracy jedoch drehte sich um und schoß Wheeler in den Oberschenkel und in den Fuß. Wheeler drückte fünfmal ab und jagte Tracy vier Kugeln in den Leib. Daraufhin reichten die beiden Männer einander die Hand und wünschten sich eine rasche Genesung. Tracy indes starb noch im Zug nach Tucson.

Quellen: Coolidge, *Fighting Men of the West,* 283–299; Wagoner, *Arizona Territory,* 391–395; Hunt, *Cap Mossman,* 226.

Whitney, Chauncey Belden

(»Cap«)

Geb. *1842; gest. 18. August 1873, Ellsworth, Kansas.* Indianerkämpfer, Ordnungshüter.

Whitney war einer der ersten Siedler, die sich in Ellsworth niederließen, als 1867 rund um die neue Eisenbahnendstation eine Stadt aus dem Boden schoß. Er war überdies der erste Konstabler der Stadt, baute das erste Gefängnis und diente im Laufe der Jahre als City Marshal, Deputy Sheriff und County Sheriff. Zweimal unternahm er von Ellsworth aus Vorstöße ins feindliche Indianerland. 1868 nahm Whitney mit fünfzig weiteren *scouts* an der Schlacht um Beecher's Island teil, im Jahr darauf wurde er zum First Lieutenant einer Milizkompanie ernannt, die zum Schutz vor Indianerüberfällen ein Blockhaus in der Nähe von Ellsworth besetzt hielt. Sheriff Whitney war einunddreißig Jahre alt, als er von Billy Thompson in Ellsworth auf offener Straße getötet wurde.

C. B. Whitney, ein Indianerkämpfer und Ordnungshüter, der 1873 von Billy Thompson in Ellsworth, Kansas, niedergeschossen wurde. *(Kansas State Historical Society, Topeka)*

Schießerei: *15. August 1873, Ellsworth, Kansas.* Whitney und der ehemalige Polizist John DeLong standen vor einem Restaurant in Ellsworth, als sie die beiden Thompson-Brüder sahen, die wegen einer Schrotflinte miteinander haderten. Billy und Ben Thompson hatten sich bewaffnet, nachdem sie von Happy Jack Morco und John Sterling nach einem Streit beim Glücksspiel zum Kampf aufgefordert worden waren. Billy war so betrunken, daß er gerade die Schrotflinte auf den Gehsteig abgefeuert hatte, obwohl ihn Ben Thompson noch kurz zuvor zur Vorsicht ermahnt hatte.

Whitney und DeLong, die beide unbewaffnet waren, begaben sich zu den Thompsons, erkundigten sich nach der Ursache ihres Unmuts und versuchten sie zu beruhigen. »Jungs, regt euch nicht auf«, sagte Whitney. »Ich werde alles in meiner Macht Stehende tun, um euch zu schützen. Ihr wißt doch, daß John und ich eure Freunde sind.« Dann lud er die Brüder auf einen Drink ein. Als die vier Männer zu einem Saloon gingen, redeten Ben Thompson und Whitney Billy ein weiteres Mal gut zu und baten ihn, die Schrotflinte herzugeben. Billy weigerte sich einmal mehr. In diesem Augenblick kamen Morco und Sterling mit gezogenen Revolvern angerannt. Ben gab einen Schuß auf sie ab, worauf Whitney zu ihm ging und »Nicht schießen!« rief. Billy, der ein paar Schritte hinter ihm stand, riß die Schrotflinte hoch, drückte ab und traf Whitney. Der Ordnungshüter strauchelte und keuchte: »Mein Gott, Billy, du hast mich erschossen!«

Dann brach Whitney zusammen und bat, man möge seine Frau holen. Freunde trugen ihn zu seinem Haus, wo er von Ärzten untersucht wurde. Die Schrotkugeln hatten ihn am Arm, an der Schulter und der Brust getroffen, sie hatten seine Lunge durchlöchert und steckten in der

Wirbelsäule. Whitney quälte sich noch drei Tage lang, dann starb er und wurde nach Freimaurerbrauch bestattet.

Quelle: Miller und Snell, *Great Gunfighters of the Kansas Cowtowns*, 78, 437–448.

Wren, William R.

Rancher, Ordnungshüter.

Bill Wren, ein Rinderzüchter aus dem Lampasas County in Texas, war ein Nachbar des Ranchers Pink Higgins, der in den siebziger Jahren in eine blutige Fehde mit den Gebrüdern Horrell verstrickt war. Wren stellte sich auf Higgins' Seite und wurde Higgins' oberster Truppenführer. Nachdem er 1877 bei einer Schießerei auf offener Straße schwer verwundet worden war, unterzeichnete er auf Drängen des Texas-Rangers-Majors John B. Jones ein Waffenstillstandsabkommen. Später wurde er County Sheriff und gebrauchte die Waffe nur mehr in Ausübung seines Dienstes.

Schießereien: *26. März 1877, bei Lampasas, Texas.* Wren und mehrere andere Parteigänger von Higgins überfielen Mart und Sam Horrell. Sam wurde vom Pferd geschossen, worauf Mart, obwohl ebenfalls getroffen, aus dem Sattel sprang und die Angreifer so entschlossen attackierte, daß sie die Flucht ergriffen.

14. Juni 1877, Lampasas, Texas. Um 22 Uhr begegneten Pink Higgins, Bill Wren sowie Higgins' Schwager Frank und Bob Mitchell auf dem Marktplatz von Lampasas sieben Gefolgsleuten der Horrells. Als die Schießerei ausbrach, rannte Wren zu einem eine Querstraße weiter nördlich gelegenen Wagenpark und versuchte, von dort aus zu seinem Pferd zu gelangen, wurde aber von einer Kugel am Gesäß getroffen. Wren schleppte sich eine Treppe hinauf und verschanzte sich an einem Fenster im ersten Stock.

Gegen Mittag verließ Higgins die Stadt und kehrte mit Verstärkung zurück, doch um ein Uhr nachmittags konnten die Bürger die verfeindeten Parteien überreden, das Feuer einzustellen. Mit Frank Mitchell, der tot in einer Seitenstraße lag, und dem verletzten Wren hatte der Higgins-Clan zwei Verluste zu beklagen. Auf seiten der Horrells kam niemand zu Schaden.

Juli 1877, Lampasas County, Texas. Pink Higgins wollte mit seinen Anhängern einen Großangriff auf die Horrell-Ranch unternehmen. Die fünfzehn Revolvermänner gingen in Stellung, eröffneten das Feuer und verletzten zwei Gefolgsleute der Horrells. Die anderen wurden in den Ranchgebäuden festgenagelt, hielten die Angreifer aber mit heftigem Abwehrfeuer auf Distanz. Als seinen Männern nach achtundvierzigstündiger Belagerung die Munition ausging, blies Pink Higgins zum Rückzug.

Quellen: Webb, *Texas Rangers*, 334–339; Gillett, *Six Years with the Texas Rangers*, 73–80; Sonnichsen, *I'll Die Before I'll Run*, 134–135, 137–144.

Wyatt, Nathaniel Ellsworth

(»Zip«, »Wild Charlie«, »Dick Yeager«)

Geb. 1863 in Indiana; gest. 7. September 1895, Enid, Oklahoma. Farmarbeiter, Räuber.

Der als Sohn eines Farmers in Indiana geborene Wyatt zog 1889 mit Eltern und Bruder nach Oklahoma. Nach dem Tod seines Bruders Nim (»Six-Shooter Jack«) in Texline, Texas, geriet Zip Wyatt auf die schiefe Bahn. Er war an mehreren Schießereien mit tödlichem Ausgang beteiligt, überfiel Geschäfte, Postämter und Eisenbahnzüge, flüchtete schließlich nach Indiana, wurde aber von Chris Madsen aufgespürt und festgenommen. Nachdem er aus dem Gefängnis von Guthrie ausgebrochen war, wurde er 1895 von einer Posse überrascht und erschossen.

Schießereien: *3. Juni 1891, Mulhall, Oklahoma.* Wyatt sprengte mit seinem Pferd die Straße entlang, feuerte seinen Revolver ab und hatte einen Heidenspaß. Mehrere Bürger, die sein Treiben ganz und gar nicht lustig fanden, gaben einige Schüsse auf ihn ab. Wyatt erwiderte das Feuer, verletzte zwei Männer und galoppierte aus der Stadt.

29. März 1894, Todd, Oklahoma. Wyatt überfiel mit zwei Komplizen ein Geschäft im Blaine County, das einem gewissen E. H. Townsend gehörte. Townsend versuchte, die Tür zu verriegeln, wurde aber am linken Handgelenk getroffen. Anschließend schlug er mit der Vorlegestange den erstbesten Outlaw nieder, worauf ihn die beiden anderen vor den Augen seiner entsetzten Frau und der Kinder erschossen.

April 1894, Dewey County, Oklahoma. Bei einem seiner Überfälle traf Wyatt auf den Bezirkskämmerer Fred Hoffman. Zip, der wie üblich keine Gnade kannte, tötete Hoffman kaltblütig.

9. Mai 1894, Whorton (Perry), Oklahoma. Wyatt und mehrere andere Desperados überfielen einen Zug nach Santa Fe. Als Wyatt sah, daß der Bahnhofsvorsteher per Telegraph einen Notruf absenden wollte, erschoß er ihn.

4. Juli 1894, Pryor's Grove, Kansas. Wyatt war nach Kansas geflüchtet, beging dort einen Diebstahl und wurde von Sheriff Andrew Balfour verfolgt. Als Balfour den Outlaw in Pryor's Grove aufspürte, rief er ihm zu: »Zip, ich habe einen Haftbefehl gegen dich.« Zip Wyatt fuhr herum und eröffnete das Feuer. Balfour wurde getroffen und starb wenige Minuten später.

Juli 1895, zwischen Okeene und Watonga, Oklahoma. Am 12. Juni hatten Wyatt (der sich damals »Dick Yeager« nannte) und Ike Black einen Gemischtwarenladen und das Postamt in Oxley überfallen. Als sie danach in Begleitung von Blacks Frau sowie einer gewissen Jennie Freeman auf einer Weide im Hügelland zwischen Okeene und Watonga lagerten, wurden sie von Clay McGrath, dem Sheriff des Wood County, und den Possemitgliedern Hadwinger, J. K. Runnels und Marion Hildreth gestellt. Bei dem anschließenden Feuergefecht, das, von einem heftigen Sturm unterbrochen, den ganzen Tag über andauerte, wurde Wyatt am linken Arm und Black an der linken Seite getroffen. Daraufhin ließen die beiden Outlaws ihre Frauen im Stich, flüchteten in einen Canyon und brachten sich in Sicherheit.

1. August 1895, bei Cantonment, Oklahoma. Wyatt und Black hatten ihre Pferde in einem Wäldchen am North Canadian River in der Nähe von Cantonment angehobbelt, etwa fünfzig Meilen südwestlich von Enid. Eine achtköpfige Posse unter Führung von Deputy Sam Campbell spürte sie auf und eröffnete das Feuer. Black wurde durch einen Kopfschuß getötet, Wyatt an der Brust getroffen. Er erwiderte das Feuer und verletzte einen von Campbells Männern, ehe ihm eine weitere Kugel die *Winchester* aus der Hand schlug. Er riß die Waffe wieder an sich, nahm die Posse unter schweren Beschuß und konnte schließlich zu Fuß entkommen.

3. August 1895, Skeleton Creek, Oklahoma. Wyatt, der von mehreren Posses gejagt wurde, hatte sich in einem Maisfeld in der Nähe des Skeleton Creek versteckt und war eingeschlafen. Ein großer Verfolgertrupp spürte ihn auf, näherte sich leise und ging in Stellung. Ad Poak und Tom Smith, die ihn fast gleichzeitig entdeckten, schossen mit ihren Flinten auf ihn, zerschmetterten sein Becken und jagten ihm eine Kugel in den Bauch. Wenige Augenblicke später rief Wyatt: »Nicht mehr schießen. Ich bin schwer getroffen.« Er wurde entwaffnet und nach Enid gebracht, wo er eine Woche später seinen Verletzungen erlag.

Quellen: Croy, *Trigger Marshal,* 81–88; Shirley, *Sixgun and Silver Star,* 125–126, 148, 150, 173–179.

Younger, James

Geb. 15. Januar 1848, Lee's Summit, Missouri;
gest. 19. Oktober 1902, St. Paul, Minnesota.
Farmer, Soldat, Bank- und Eisenbahnräuber, Grabsteinhändler, Versicherungsvertreter.

Jim Younger, auf den Tag genau vier
Jahre nach seinem Bruder Cole geboren,
schloß sich wie dieser Quantrill's Raiders
an, einer Partisaneneinheit der Südstaaten,
weil er auf diese Weise seinen kurz zuvor
ermordeten Vater zu rächen hoffte. Jim ritt
bis zum Ende des Bürgerkrieges in Quantrills Trupp, der raubend und plündernd
durch das feindliche Hinterland zog. Er
war auch dabei, als Quantrills zusammen-
geschrumpfter Haufen in der Nähe von
Smiley, Kentucky, gestellt wurde. Quantrill
wurde bei diesem letzten Gefecht tödlich
verletzt. Jim Younger wurde ins Militärge-
fängnis von Alton, Illinois, eingeliefert und
Ende 1865 entlassen.

Jim kehrte nach Missouri zurück und
half bei der Bewirtschaftung der heimischen Farm. Kurz darauf aber raubte er gemeinsam mit Jesse und Frank James sowie
seinem Bruder Cole Banken aus und war
im Laufe der nächsten Jahre an zahlreichen
Überfällen beteiligt. Auch an der blutigen
Schießerei von 1874, bei der John Younger und zwei Pinkerton-Detektive getötet
wurden, nahm er teil. Zwei Jahre später
wurde er mit seinen Brüdern Cole und Bob
nach dem verhängnisvollen Banküberfall
von Northfield, Minnesota, von einer
Posse gestellt und gefaßt.

Bob starb im Zuchthaus, doch Jim und
Cole kamen 1901 auf Bewährung frei, als
in Minnesota ein neues Gesetz verabschie-
det wurde, wonach Lebenslängliche, die
bereits viele Jahre ihrer Strafe verbüßt
hatten, entlassen werden konnten. Durch
diese Begnadigung aufgrund des sogenannten *Deming Act* erlangten sie allerdings nicht ihre bürgerlichen Ehrenrechte
zurück, und sie mußten sich weiterhin in
Minnesota aufhalten.

Cole und Jim verkauften im Auftrag der

P. N. Peterson Granite Company Grabsteine,
und Jim verliebte sich in eine Zeitungs-
reporterin namens Alice J. Miller. Heiraten
jedoch durfte er von Rechts wegen nicht,
und überdies ging es gesundheitlich zusehends mit ihm bergab, wie seine aus-
gezehrte Gestalt bewies. Als er sich als Versicherungsvertreter betätigen wollte und
erfuhr, daß die von einem ehemaligen
Sträfling ausgestellten Policen ungültig
waren, verließ ihn endgültig der Mut. Er
begab sich ins *Reardon Hotel* in St. Paul, besorgte sich einen Revolver und beging
Selbstmord. Er wurde in der Familiengruft
in Lee's Summit, Missouri, zur letzten
Ruhe gebettet.

Schießereien: *21. März 1868, Russellville,*
Kentucky. Jim und sieben weitere Mitglieder der James-Younger-Gang überfielen
die *Southern Bank of Kentucky* in Russellville. Es kam zu einer Schießerei, bei der
Bankdirektor Nimrod Long leicht verletzt
wurde, ehe die Bande aus der Stadt galoppierte.

3. Juni 1871, Corydon, Iowa. Jim und sechs
weitere Bewaffnete wollten das Büro des
Bezirkskämmerers überfallen, doch der
Beamte erklärte, bei ihm gebe es nichts zu
holen, und verwies die Banditen auf die
nahe gelegene *Obocock Brothers Bank*. Die
Gang begab sich umgehend zu der Bank,
raubte sie aus und ritt aus der Stadt. Kurz
darauf wurden die Outlaws von einer Posse
eingeholt, konnten aber nach einer Schießerei flüchten, ohne daß jemand zu Schaden kam.

29. April 1872, Columbia, Kentucky. Jim, Cole
und Bob Younger sowie die beiden James-
Brüder überfielen die *Deposit Bank* in Columbia und erbeuteten rund fünfzehnhundert Dollar. Das Bankpersonal leistete
zunächst Widerstand, worauf die Banditen
das Feuer eröffneten, den Kassierer R. A. C.
Martin mit einem Kopfschuß töteten und
einen weiteren Mann an der Hand verletzten. Anschließend schoß sich die Bande den
Fluchtweg aus der Stadt frei.

16. März 1874, Monegaw Springs, Missouri. Nach einem Zugüberfall versteckten sich Jim und John Younger im Haus eines Freundes in Monegaw Springs. Dort wurden sie von den Pinkerton-Detektiven Louis J. Lull und John Boyle aufgespürt, die daraufhin mit Deputy Sheriff Ed Daniels die ganze Gegend nach den Gesuchten abkämmten. Die Younger-Brüder erfuhren nach kurzer Zeit von diesem Treiben, bewaffneten sich und nahmen ihrerseits die Verfolgung auf.

Gegen 14 Uhr 30 stellten die Youngers die drei Ordnungshüter auf der Chalk Level Road. Jim zog zwei Revolver, und John legte mit einer Schrotflinte auf die überraschten Männer an und forderte sie auf, die Waffen wegzuwerfen. Jim saß ab und wollte gerade die Waffen einsammeln, als Lull plötzlich einen Revolver aus der Hosentasche zog und John eine Kugel in den Hals jagte. John wiederum feuerte seine Schrotflinte ab und verletzte den Detektiv tödlich. Daniels konnte einen Schuß abgeben, der Jim am Oberschenkel traf, dann richteten die Younger-Brüder die Waffen auf ihn und streckten ihn nieder.

Boyle konnte fliehen, doch seine beiden Begleiter kamen ums Leben. John Younger brach kurz darauf zusammen und starb an Ort und Stelle. Jim, der nur leicht verletzt war, sorgte dafür, daß Freunde sich um seinen toten Bruder kümmerten, und verließ dann die Gegend. Cole und Bob, die zu dieser Zeit in Mississippi weilten, erfuhren erst mehrere Wochen später durch einen Zeitungsbericht von der Schießerei. Sie reisten sofort nach Arkansas und trafen sich dort wenig später mit Jim.

21. September 1874, nahe der Bezirksgrenze zwischen dem Clay und dem Ray County, Missouri. Flourney Yancey sollte im Auftrag des St. Louis Police Department die James-Younger-Gang aufspüren. Wochenlang durchkämmte er vergebens die Gegend, doch am Morgen des 21. September stieß er in der Nähe der Grenze zwischen dem Clay und dem Ray County auf zwei verdächtige Personen und stellte fest, daß

es sich um Jesse James und Jim Younger handelte. Yancey berichtete später, daß die drei Männer genau drei Schüsse aufeinander abgefeuert hätten und er Jesse James getroffen zu haben meinte. Doch die beiden Outlaws flohen und konnten auch von Suchtrupps nicht aufgespürt werden.

7. September 1876, Northfield, Minnesota. Als die acht Mitglieder der James-Younger-Gang nach Northfield ritten, um die *First National Bank* auszurauben, bezog Jim Younger an der in die Innenstadt führenden Brücke Stellung. Sobald dort Schüsse fielen, nahm er die Zügel zwischen die Zähne, gab seinem Pferd die Sporen und feuerte beidhändig um sich. Die Bande konnte sich schließlich den Fluchtweg aus der Stadt freikämpfen, wurde aber entsetzlich zusammengeschossen und ließ zwei Tote auf den Straßen von Northfield zurück.

Binnen kürzester Zeit streiften zahlreiche Suchtrupps durch die Gegend, und die James-Brüder setzten sich ab, nachdem sie keinen anderen Ausweg mehr sahen. Jim, Cole und Bob Younger sowie Samuel Wells schleppten sich weiter, fortwährend von Posses bedrängt, von ihren Verletzungen gepeinigt, ständig von Hunger geplagt und verzweifelt auf der Suche nach einem Unterschlupf in einer Gegend, in der sie sich nicht auskannten. Zwei Wochen dauerte diese alptraumhafte Flucht, bis sich die Gejagten am 21. September nach einem letzten Gefecht mit einem Verfolgertrupp ergaben.

Wells war tot, Bob dreimal getroffen, Cole elfmal und Jim fünfmal. Eine der Kugeln hatte Jims Unterkiefer zerschmettert und war dicht unterhalb des Gehirns steckengeblieben. Er konnte nur mehr flüssige Nahrung zu sich nehmen und litt unter so heftigen Schmerzen, daß er einen Gefängnisarzt bat, die Kugel herauszuholen. Der Arzt nahm die Operation in mehreren Schritten im Abstand von zwei Tagen in Angriff und konnte das Geschoß schließlich entfernen. Nach Jims Tod erwarb die *Minnesota Historical Society* seinen Kieferkochen und stellte ihn öffentlich zur Schau.

366 Younger, John

Quellen: Breihan, *Younger Brothers;* Croy, *Last of the Great Outlaws;* Horan, *Desperate Men,* 10, 100, 109–123, 171; Settle, *Jesse James Was His Name,* 23, 60–62, 68, 69, 73, 80–84, 92–97, 162–163, 181, 225; Drago, *Road Agents and Train Robbers,* 128, 131–166, 175, 226.

Younger, John

Geb. 1851 in Lee's Summit, Missouri; gest. 16. März 1874, Monegaw Springs, Missouri. Farmer, kaufmännischer Angestellter, Eisenbahnräuber.

John Younger war eines von vierzehn Kindern eines Landbesitzers und Politikers aus Missouri. Er half seinem Vater bei der Farmarbeit, doch nachdem dieser von den Jayhawkers (dem Nordstaaten-Pendant zu den Quantrill's Raiders) getötet worden war, wurde er zusehends verbitterter und launischer. Mit fünfzehn Jahren tötete er zum erstenmal einen Mann, wurde aber wegen Notwehr freigesprochen. Zwei Jahre später jedoch wurde er von einer Posse, die den Aufenthaltsort von Cole und Jim Younger erfahren wollte, in seiner eigenen Scheune abwechselnd aufgehängt und zusammengeschlagen.

Nach dem Tod der Mutter im Jahr 1870 wurde John noch aufbrausender und mürrischer. Er zog zu Jim, Cole und einer Schwester nach Texas und arbeitete eine Zeitlang in einem Kaufmannsladen in Dallas. Bald darauf geriet er in Schwierigkeiten, und nachdem er den Sheriff des Dallas County niedergeschossen hatte, verließ er Texas. Er kehrte nach Missouri zurück, kurierte eine Verletzung aus und zog im Juni 1871 nach Kalifornien. Bald darauf trat er die Rückreise an und wurde auf der Eisenbahnfahrt durch Colorado in eine Schießerei verwickelt. Er sprang vom Zug, schlug sich nach Denver durch und schloß sich einem Planwagentreck nach Kansas an. Zu guter Letzt erreichte er das Haus seines Onkels Dr. L. W. Twyman in Blue Mills, Missouri, und versuchte dort unterzutauchen.

Möglicherweise ritt John in dieser Zeit gelegentlich mit der James-Younger-Gang; insbesondere wurde er verdächtigt, am 31. Januar 1874 bei einem Eisenbahnüberfall in Gads Hill mitgewirkt zu haben. Ein paar Wochen später lieferten sich John und Jim Younger in der Nähe von Monegaw Springs, Missouri, eine Schießerei mit Ordnungshütern. John streckte zwei Männer nieder, wurde aber seinerseits tödlich verletzt. Er wurde zunächst in der Nähe des Tatorts begraben, später überführte man seine sterblichen Überreste in die Familiengruft in Lee's Summit, Missouri.

Schießereien: *Januar 1866, Independence, Missouri.* John geriet mit einem Mann namens Gillcreas in Streit, worauf dieser den fünfzehnjährigen Younger mit einem toten Fisch schlug und wütend wegging, um seine Schleuder zu holen. Als er mit der Waffe in der Hand zurückkehrte, holte John einen Revolver von seinem Wagen, drückte ab und verletzte Gillcreas tödlich. Tags darauf wurde Younger von der Leichenschaukommission wegen erwiesener Notwehr von jeder Schuld freigesprochen.

Januar 1871, Dallas, Texas. John befand sich in der Gesellschaft von Thompson McDaniels, als er von C. W. Nichols, dem Sheriff des Dallas County, und Deputy John McMahan angesprochen wurde, die ihn wegen einer harmlosen Schießerei mit einem gewissen Russell festnehmen wollten. Younger weigerte sich mitzukommen, und als die beiden Ordnungshüter sich seiner bemächtigen wollten, fielen Schüsse.

In diesem Moment kam ein Bruder von Russell mit einer Schrotflinte angerannt, drückte ab und traf John am Arm. Daraufhin verletzte McDaniels Sheriff Nichols, und Younger tötete den anderen Ordnungshüter. Anschließend stiegen McDaniels und Younger auf ihre Pferde und ritten zum Haus eines Freundes, wo John seine Verletzung behandeln ließ. Dann flohen beide nach Missouri, wo sie im Haus eines gemeinsamen Freundes in der Nähe der Ortschaft Chalk Level Zuflucht fanden.

1871, bei Denver, Colorado. Während der Eisenbahnfahrt von Kalifornien nach Missouri legte sich der händelsüchtige John Younger mit Mitreisenden an. Bei dem anschließenden Schußwechsel kam zwar niemand zu Schaden, doch John wußte, daß er sich keiner polizeilichen Untersuchung stellen durfte. Daher sprang er vom Zug ab und schlug sich zu Fuß nach Denver durch.

16. März 1874, Monegaw Springs, Missouri. Nach dem Eisenbahnüberfall von Gads Hill zogen sich John und sein Bruder Jim ins Haus ihres Freundes Theodorick Snuffer in Monegaw Springs zurück. Pinkerton-Detektive entdeckten ihren Aufenthaltsort und beschlossen, sie festzunehmen. Daraufhin erkundeten die Detektive Louis J. Lull und John Boyle, die sich als Rinderkäufer ausgaben, in Begleitung von Deputy Sheriff Ed Daniels die nähere Umgebung. Als sie zu Snuffers Haus kamen und sich »nach dem Weg erkundigen« wollten, versteckten sich die Younger-Brüder und folgten ihnen, sobald sie wieder wegritten. Nach kurzer Zeit holten sie die Detektive auf der Chalk Level Road ein. John legte seine Schrotflinte an, Jim zog zwei Revolver, dann wurden die Ordnungshüter aufgefordert, ihre Waffen wegzuwerfen. Nachdem man die »Rinderkäufer« ausgefragt hatte, saß Jim ab und wollte deren Waffen einsammeln.

Plötzlich griff Lull in die Gesäßtasche, zog einen dort versteckten Revolver heraus und jagte John eine Kugel in die Kehle. John feuerte beide Läufe der Schrotflinte auf Lull ab, worauf das Pferd des Detektivs durchging und im Wald verschwand. Lull brach zusammen und starb tags darauf in einem nahe gelegenen Haus. Daniels schoß Jim in den Oberschenkel, doch John zog seinen Revolver und feuerte auf den Deputy. Dann sank John zu Boden und starb wenig später.

Quellen: Breihan, *Younger Brother*, 4–5, 33, 59–64, 121–131; Drago, *Road Agents and Train Robbers*, 128, 139, 143–144, 152, 155–157, 175.

Younger, Robert

Geb. im Oktober 1853, Lee's Summit, Missouri; gest. 16. September 1889, Stillwater, Minnesota. Farmer, Bank- und Eisenbahnräuber, Sträfling.

Bob war der Benjamin der aus Missouri stammenden Younger-Brüder, die gemeinsam mit Frank und Jesse James auf Raubzug gingen. Bob und sein Bruder John waren zu jung, um am Bürgerkrieg teilzunehmen, doch als Jim und Cole, die beiden Älteren, auf Bankraub gingen, schlossen sich die beiden Kleinen an. Es gibt so gut wie keine zuverlässigen Hinweise darauf, an welchen Überfällen Bob teilnahm. Man weiß lediglich, daß er stets kühlen Kopf bewahrte, nie die Ruhe verlor und keinerlei Reue ob seines Outlaw-Daseins empfand.

Bob wurde gemeinsam mit seinen Brüdern nach einer zweiwöchigen Verfolgungsjagd im Anschluß an den verhängnisvollen Banküberfall von Northfield gefaßt. Die Justizbehörden des Staates Minnesota boten den Brüdern an, sie im Falle eines Schuldeingeständnisses nur zu einer lebenslangen Freiheitsstrafe zu verurteilen; die Youngers, denen andernfalls der Galgen drohte, ließen sich darauf ein. Als Bob in Northfield ans Bett gefesselt war und darauf wartete, daß man ihm den Prozeß machte, gab er einem Zeitungsreporter ein Interview, in dem er ohne jede Reue erklärte: »Wir sind rauhe Männer und an rauhe Umgangsformen gewöhnt.«

Bob war ein mustergültiger Häftling. Er widmete sich mehrere Jahre lang dem Studium der Medizin, erkrankte dann aber an Tuberkulose und starb 1889. Er wurde in der Familiengruft in Lee's Summit, Missouri, beigesetzt.

Schießereien: *29. April 1872, Columbia, Kentucky.* Bob ritt mit vier weiteren Mitgliedern der James-Younger-Gang zu einem Überfall auf die *Deposit Bank* von Columbia. Zwei Räuber blieben draußen bei den Pferden, die drei anderen gingen in die Bank. Als sie dort auf Widerstand stießen,

368   Younger, Thomas Coleman

kam es zu einer Schießerei, bei der der Kassierer R. A. C. Martin getötet und Richter James Garnett an der Hand getroffen wurde. Anschließend stürmten die Banditen auf die Straße, sprangen auf ihre Pferde und preschten davon.

7. September 1876, Northfield, Minnesota. Die James-Younger-Gang ritt mit acht Mann in Northfield ein, um die *First National Bank* zu überfallen. Jesse James, Bob Younger und Samuel Wells betraten die Schalterhalle und verlangten von den Bankangestellten Joseph Lee Heywood, F. J. Wilcox und A. E. Bunker die Herausgabe des Geldes. Als die Geldfuchser sich weigerten, setzten ihnen die Outlaws tüchtig zu. Aber plötzlich stürmte Bunker nach draußen. Wells verletzte ihn, worauf auch die drei Banditen hinaus zu ihren Gefährten liefen. Beim Verlassen der Bank drehte sich einer von ihnen um, legte auf Heywood an und erschoß ihn kaltblütig.

Auf der Straße wurden sie von aufgebrachten Bürgern unter Beschuß genommen, wobei Clell Miller von einer Schrotladung im Gesicht getroffen wurde. Als Jesse und Bob hinter ihren Reittieren Schutz suchten, tötete ein Kaufmann namens A. E. Manning Youngers Pferd mit einem Kopfschuß, worauf Bob ihn unter Feuer nahm.

Dann wurden Miller und Bill Chadwell vom Pferd geschossen. Als sie tödlich getroffen auf die Straße stürzten, sah sich Bob nach einer besseren Deckung um. Ohne das Feuer auf Manning einzustellen, rannte er zu einem in der Nähe stehenden Haus mit einer Außentreppe. Dort aber, an einem Fenster im ersten Stock, war der Medizinstudent Henry Wheeler mit einem Karabiner in Stellung gegangen. Wheeler, der kurz zuvor Miller getötet hatte, feuerte eine Kugel ab, die Youngers rechten Arm vom Handgelenk bis zum Ellbogen durchschlug, doch Bob wechselte sofort die Schußhand und feuerte wie wild weiter. Dann kam Cole vorbeigaloppiert, hob ihn auf sein Pferd und sprengte aus der Stadt.

21. September 1876, bei Madelia, Minnesota. Die nächsten Tage waren der reinste Alptraum. Die Outlaws kannten sich in der Gegend nicht aus, mußten aber fortwährend Verfolgertrupps ausweichen, die sich auf ihre Fersen geheftet hatten. Jesse und Frank James zogen nach einer Weile allein weiter, doch Samuel Wells, Cole und Jim blieben bei ihrem vom Blutverlust geschwächten Bruder Bob. Schließlich wurden die vier entkräfteten Männer von einer sechsköpfigen Posse in einem Sumpfdickicht in der Nähe von Madelia aufgespürt. Es kam zu einer wilden Schießerei, bei der drei der Verfolger verletzt wurden. Doch die Flucht war vorbei – Wells war tot, Bob an der Brust verletzt, Jim war fünfmal und Cole elfmal getroffen.

Bob stand mit erhobenen Händen auf und rief: »Außer mir kann hier keiner mehr stehen.« Ein weiterer Schuß fiel, und Bob wurde an der Wange gestreift. Dann aber stellte die Posse das Feuer ein und nahm die Younger-Brüder gefangen.

Quellen: Breihan, *Younger Brothers;* Croy, *Last of the Great Outlaws;* Horan, *Desperate Men,* 10, 100, 104–129; Settle, *Jesse James Was His Name,* 23, 69, 80–84, 89, 92–97, 162, 181; Drago, *Road Agents and Train Robbers,* 128, 134, 142–166, 174–175.

Younger, Thomas Coleman

Geb. 15. Januar 1844, Lee's Summit, Missouri; gest. 21. Februar 1916, Lee's Summit, Missouri. Farmer, Soldat, Bank- und Eisenbahnräuber, Sträfling, Grabsteinhändler, Versicherungsvertreter, Schauspieler, Vortragsreisender.

Cole Younger, das siebte von insgesamt vierzehn Kindern, wuchs auf der Farm seines Vaters in der Nähe von Lee's Summit in Missouri auf. Younger senior war zwar Sklavenbesitzer, stand aber politisch der Union nahe. Doch während der Grenzstreitigkeiten zwischen Kansas und Missouri drangen aus Kansas kommende Jayhawkers ein und überfielen das Anwesen der Youngers. Cole schloß sich daraufhin den in Missouri aufgestellten »Bushwhackers« des ehemaligen Schullehrers William Clark Quantrill an, und als sein Vater 1862 bei einem weiteren Überfall getötet wurde, meldete er sich zu den regulären Truppen der Konföderation. Mit achtzehn Jahren wurde er zum First Lieutenant einer Kompanie von Upton B. Hays' Missouri-Regiment ernannt. Er nahm aber weiterhin an Partisaneneinsätzen teil und erlebte so das blutige Massaker von Quantrill's Raiders in Lawrence, Kansas, mit. Ende 1863 war Cole Younger in Texas und Louisiana stationiert und lernte in der Nähe von Dallas die sechzehnjährige Myra Belle Shirley kennen, die später unter dem Namen Belle Starr berühmt werden sollte und stets behauptete, Cole Younger habe ihre Tochter Pearl gezeugt. Cole reiste in militärischem Auftrag nach Colorado, Mexiko und Kalifornien, wo er gerade Truppen anwarb, als der Krieg zu Ende ging. Er besuchte einen Onkel in Los Angeles und zog dann nach Hause, wo er in der gleichen Woche eintraf wie sein Bruder Jim. Kurz darauf, im Januar 1866, begegnete Cole einem Nachbarn, der ebenfalls unter Quantrill gedient hatte: Frank James. Frank machte Cole Younger mit seinem Bruder Jesse bekannt, einem weiteren Kämpfer aus Quantrills Einheit. Ein paar Wochen später überfiel eine von ihm und Frank James geführte Bande eine Bank in Liberty, Missouri. Anschließend kehrte er mit einigen Angehörigen nach Texas und Louisiana zurück und genoß dort den zwar unrechtmäßig, aber immerhin leicht erworbenen Reichtum. Wieder in Missouri, gründeten er und seine Brüder gemeinsam mit den James-Brüdern eine Bande, die jahrelang ihr Unwesen treiben sollte.

Der draufgängerische und rücksichtslose Jesse James wurde der unumstrittene Anführer der »Boys«, doch Cole, der mit Jesse nicht allzu gut auskam, unternahm auch mehrere Überfälle unter eigener Regie. Da man nach einiger Zeit jeden Bank-, Eisenbahn- oder Postkutschenüberfall der James-Younger-Gang zuschrieb, läßt sich heute so gut wie nicht mehr feststellen, an welchen Raubzügen Cole tatsächlich beteiligt war. Fest steht jedoch, daß Cole, Jim und Bob Younger bis zu ihrer Festnahme im Jahr 1876 an etlichen tollkühnen, aber erfolgreichen Unternehmungen der Bande mitwirkten. Jahrelang trieben sie ihr Unwesen in Missouri und den angrenzenden Staaten, um anschließend immer wieder im heimischen Umfeld unterzutauchen. Wenn der Druck von seiten der Obrigkeit zu groß wurde, verließen die Younger-Brüder Missouri und begaben sich für gewöhnlich nach Texas, mindestens einmal aber auch nach Kalifornien. Nach dem Fiasko von Northfield wurden Cole, Bob und Jim bei mehreren Schußwechseln mit Verfolgertrupps verletzt und zwei Wochen später festgenommen. Man warf die drei Brüder auf einen Wagen und karrte sie in die nächste Stadt, wo Cole trotz seiner elf Schußverletzungen aufstand und sich, sehr zu deren Erstaunen, mit einer eleganten Verbeugung vor den anwesenden Damen verneigte. Cole und seine Brüder bekannten sich schuldig, entgingen so dem Galgen und wurden zu einer lebenslangen Haftstrafe verurteilt.

Bob starb im Zuchthaus, doch Cole und Jim kamen 1901 auf Bewährung frei. Im Jahr darauf beging Jim Selbstmord; Cole wurde 1903 endgültig begnadigt. Er war kurze Zeit – und ohne großen Erfolg – als Grabsteinhändler und Versicherungsvertreter tätig, obwohl er als ehemaliger Sträfling keine rechtsgültigen Verträge abschließen durfte. Später trat er gemeinsam mit Frank James in einer Wildwest-Show auf und zog als Vortragsreisender durch das Land, berichtete von seinen Abenteuern und warnte vor dem Fluch des Verbrechens. Er kehrte schließlich nach Lee's Summit zurück, wo er 1916 im Alter von zweiundsiebzig Jahren starb.

Schießereien: 10. November 1861, bei Independence, Missouri. Quantrills Männer lieferten sich in der Nähe von Independence ein Scharmützel mit Truppen der Bundesarmee. Bei diesem Gefecht tötete Cole

Younger zum erstenmal in seinem Leben einen Menschen, als er einen Soldaten der Nordstaaten aus etwa siebzig Metern Entfernung mit einem Revolverschuß niederstreckte.

25. Dezember 1862, Kansas City, Missouri. Younger hatte gehört, daß sich die Männer, die seinen Vater getötet hatten, über Weihnachten in Kansas City aufhielten. Daraufhin suchten Cole und fünf seiner Männer – Abe Cunningham, Fletcher Taylor, Zach Traber, George Todd und George Clayton – am ersten Weihnachtsfeiertag sämtliche Lokale der Stadt ab. Gegen Mitternacht betraten sie einen Saloon an der Main Street und lieferten sich nach kurzer Zeit eine Schießerei mit einem am Kartentisch sitzenden Mann. Cole erschoß den Spieler und flüchtete mit seinen Männern aus dem Lokal.

13. Februar 1866, Liberty, Missouri. Cole Younger und Frank James ritten mit zehn weiteren Männern nach Liberty, wo sie die örtliche Bank überfallen wollten. (Ein Novum in der Geschichte der Vereinigten Staaten, wo sich bis dahin nur ein Banküberfall ereignet hatte, als im Oktober 1864, im Bürgerkrieg also, konföderierte Soldaten eine Bank in St. Albans, Vermont, ausraubten.) Die Desperados trafen sich am Marktplatz, und um 8 Uhr 55 betraten zwei Mann die Bank. Dort fanden sie lediglich den Kassierer Greenup Bird und dessen Sohn vor. Greenup, der mit vorgehaltener Waffe bedroht wurde, stopfte rund siebenundfünfzigtausend Dollar in zwei Getreidesäcke. Dann sprangen die Banditen auf ihre Pferde und jagten, unter gellenden Schreien – sie stießen den »Rebel Yell« aus, den Kriegsruf der alten Südstaatenarmee – und wild um sich schießend, aus der Stadt. Ein Student namens George Wymore, der sich mit einem Freund auf dem Weg zum William Jewell College befand, wurde tödlich getroffen.

21. März 1868, Russellville, Kentucky. Die James-Brüder sowie Cole und Jim Younger, Oliver und George Shepherd, John Jarrette und Jim White ritten vor die *Southern Bank of Kentucky* in Russellville, worauf Jesse sich mit mehreren Männern in den Schalterraum begab, während die anderen auf ihren Pferden warteten. Kurz darauf fielen in der Bank Schüsse, und als die Outlaws mit ihrer Beute zurückkehrten, stürzte Bankdirektor Nimrod Long, der bereits von einer Kugel am Kopf gestreift worden war, auf die Straße und rief laut um Hilfe. Die Räuber gaben mehrere Schüsse auf ihn ab, ohne ihn zu treffen, und sprengten aus der Stadt.

7. Dezember 1869, Gallatin, Missouri. Um zwölf Uhr mittags überfiel Cole Younger gemeinsam mit Jesse und Frank James sowie mehreren anderen Helfershelfern die *Daviess County Savings Bank*. Als Jesse den Bankinhaber John Sheets erschoß, griffen die Bewohner der Stadt zu den Waffen und rannten zu der Bank. Bei der anschließenden Schießerei scheute Jesses Pferd und ging durch, doch er saß hinter Frank auf und schoß sich ebenso wie die übrige Bande den Fluchtweg frei.

29. April 1872, Columbia, Kansas. Cole und vier weitere Banditen ritten nach Columbia und zügelten vor der *Deposit Bank* ihre Pferde. Als sich drei Mann in das Gebäude begaben, um die Bank auszurauben, stieß Richter James Garnett einen Warnruf aus, worauf einer der Räuber auf ihn schoß und ihn an der Hand verletzte. Der Kassierer R. A. C. Martin wollte zu einem in der Schublade liegenden Revolver greifen, doch die Banditen jagten ihm eine 45er Kugel in den Kopf. Dann rafften sie 1500 Dollar zusammen, stopften sie in einen Getreidesack und galoppierten gemeinsam mit ihren Gefährten aus der Stadt.

7. September 1876, Northfield, Minnesota. Eigentlich hatte die James-Younger-Gang einige Tage zuvor einen Banküberfall in Mankato, Minnesota, geplant, war aber durch eine verdächtige Menschenansammlung abgeschreckt worden – wie sich später herausstellte, handelte es sich lediglich um Neugierige, die Bauarbeiten auf einem unmittelbar neben der Bank gelegenen Grundstück zusahen. Auf Bill Chadwells Vorschlag hin beschlossen sie, statt dessen die *First National Bank* in Northfield zu überfallen. Die acht Banditen zogen ihre aus Leinen gefertigten Staubmäntel an, um ihre Waffen zu verbergen, und ritten in die Stadt. Drei Outlaws saßen ab und betraten mit einem Getreidesack in der Hand die Bank, doch der Kassierer Joseph L. Heywood widersetzte sich ihren Forderungen, worauf ihm ein Mitglied der Bande die Kehle durchschnitt und ihn anschließend erschoß.

Cole, der vor der Bank aufpaßte, daß niemand zu nahe kam, verlor die Nerven, als er die Schüsse hörte, und tötete einen Passanten namens Nicholas Gustavson. Daraufhin rotteten sich die aufgebrachten Bürger der Stadt zusammen und töteten Clell Miller und William Stiles. Bob Younger wurde am Ellbogen getroffen und verlor sein Pferd, doch Cole zog ihn auf sein Tier und schoß sich gemeinsam mit den anderen Überlebenden den Fluchtweg aus der Stadt frei.

Binnen kürzester Zeit waren sämtliche Ordnungshüter des Staates alarmiert, und zahlreiche Suchtrupps durchstreiften die Gegend. Nachdem sie einige Tage lang ständig auf der Flucht gewesen waren, verlangte Jesse, daß sie Bob Younger, der wegen seiner Verletzung nur mehr langsam vorankam, zurücklassen sollten. Cole weigerte sich entschieden, worauf Jesse und Frank ihrer Wege gingen und sich schließlich nach Missouri durchschlugen. Cole, Jim und Bob Younger sowie Samuel Wells schleppten sich mühselig weiter und lieferten sich mehrere Feuergefechte mit Verfolgertrupps. Nach zweiwöchiger Jagd war Cole elfmal, Jim fünfmal und Bob viermal angeschossen worden. Als am 21. September Samuel Wells von einer Posse getötet wurde, ergaben sich die Younger-Brüder.

Quellen: Croy, *Last of the Great Outlaws;* Breihan, *Younger Brothers;* Younger, *Story of Cole Younger by Himself;* Drago, *Road Agents and Train Robbers,* 128, 131–168, 173–176.

Bibliographie

Bücher

Adams, Ramon F. *A Fitting Death for Billy the Kid.* Norman: University of Oklahoma Press, 1960.
- *Burs Under the Saddle. A Second Look at Books and Histories of the West.* Norman: University of Oklahoma Press, 1964.
- *More Burs Under the Saddle: Books and Histories of the West.* Norman: University of Oklahoma Press, 1978.
- *Six Guns and Saddle Leather: A Bibliography of Books and Pamphlets on Western Outlaws and Gunmen.* Rev. enl. ed. Norman: University of Oklahoma Press, 1969.
Anderson, Frank W. *Bill Miner: Train Robber.* Calgary, Alta., Canada: Frontiers Unlimited, undatiert.
Archambeau, Ernest R., ed. *Old Tascosa' 1885–1888.* Canyon, Texas: Panhandle Plains Historical Society, 1966.
Ashbaugh, Don. *Nevada's Turbulent Yesterday.* Los Angeles: Westernlore Press, 1963.
Askins, Charles. *Texans: Guns and History.* New York: Winchester Press, 1970.
Axford, Joseph Mack. *Around Western Campfires.* New York: Pageant Press, 1964.
Baker, Pearl. *The Wild Bunch at Robbers Roost.* New York: Abelard-Schuman, Ltd., 1965.
Ballert, Marion, with Breihan, Carl W. *Billy the Kid: A Date with Destiny.* Seattle: Superior Publishing Company, 1970.
Bard, Floyd C. *Horse Wrangler. Sixty Years in the Saddle in Wyoming and Montana.* Norman: University of Oklahoma Press, 1960.
Bartholomew, Ed. *Black Jack Ketchum: Last of the Hold-Up Kings.* Houston: Frontier Press of Texas, 1955.
- *Cullen Baker: Premier Texas Gunfighter.*

Houston: Frontier Press of Texas, 1954.
- *Henry Plummer: Montana Outlaw Boss.* Ruidoso, N. Mex.: Frontier Book Co., 1960.
- *Jesse Evans: A Texas Hideburner.* Houston: Frontier Press of Texas, 1955.
- *Wild Bill Longley: A Texas Hard-Case.* Houston: Frontier Press of Texas, 1953.
- *Wyatt Earp: The Man and the Myth.* Toyahvale, Texas: Frontier Book Company, 1964.
- *Wyatt Earp: The Untold Story.* Toyahvale, Texas: Frontier Book Company, 1963.
Bennett, Edwin Lewis. *Boom Town Boy in Old Creede Colorado.* Chicago: Sage Books, 1966.
Blankenship, Russell. *And There Were Men.* New York: Alfred A. Knopf, 1942.
Boorstin, Daniel J. *The Americans.* Vol. 2, *The National Experience.* New York: Random House, Inc., 1965.
Boyer, Glenn G. *Suppressed Murder of Wyatt Earp.* San Antonio: The Naylor Company, 1967.
Breakenridge, William M. *Helldorado.* Boston: Houghton Mifflin Company, 1928.
Breihan, Carl W. *Great Gunfighters of the West.* San Antonio: The Naylor Company, 1962.
- *Great Lawmen of the West.* New York: Bonanza Books, 1963.
- *Younger Brothers.* San Antonio: The Naylor Company, 1961.
Brophy, Frank Cullen. *Arizona Sketch Book. Fifty Historical Sketches.* Phoenix, Ariz.: Ampco Press, Arizona-Messenger Printing Co., 1952.
Brown, Dee. *Trail Driving Days.* New York: Bonanza Books, 1952.
Brown, Mark H. *The Plainsmen of the Yellowstone.* New York: G. P. Putnam's Sons, 1961.

Brown, Robert L. *An Empire of Silver: A History of the San Juan Silver Rush*. Caldwell, Idaho: Caxton Printers, Ltd., 1965.

Burroughs. John Rolfe. *Where the Old West Stayed Young*. New York: William Morrow and Co., 1962.

Burton, Jeff. *Black Jack Christian, Outlaw*. Santa Fe, N. Mex.: The Press of the Territorian, 1967.

– *Dynamite and Six-Shooters*. Santa Fe, N. Mex.: Palomino Press, 1970.

Canton, Frank M. *The Autobiography of Frank M. Canton*. Norman: University of Oklahoma Press, 1954.

Castleman, Harvey N. *Sam Bass. The Train Robber*. Girard, Kans.: Haldeman-Julius Publications, 1944.

Chrisman, Harry E. *The Ladder of Rivers*. Denver: Sage Books, 1962

Clark, O. S. *Clay Allison of the Washita*. Attica, Ind.: G. M. Williams, 1920.

Cleland, Robert Glass. *The Cattle on a Thousand Hills. Southern California, 1850–1870*. San Marino, Calif.: Huntington Library, 1941.

Coe, George W. *Frontier Fighter*. Albuquerque: University of New Mexico Press, 1934.

Coe, Wilbur. *Ranch on the Ruidoso. The Story of a Pioneer Family in New Mexico, 1871–1968*. New York: Alfred A. Knopf, 1968.

Collins, Dabney Otis. *The Hanging of Bad Jack Slade*. Denver, Colo.: Golden Ball Press, 1963.

Conger, Roger N. *Texas Rangers: Sesquicentennial Anniversary, 1823–1973*. Fort Worth: Heritage Publications, Inc., 1973.

Coolidge, Dane. *Fighting Men of the West*. New York: E. P. Dutton & Co., Inc., 1932.

Cox, William R. *Luke Short and His Era*. Garden City, N. Y.: Doubleday and Company, Inc., 1961.

Crichton, Kyle S. *Law and Order, Ltd.. The Rousing Life of Elfego Baca of New Mexico*. Glorieta, N. Mex.: Rio Grande Press, Inc., 1928.

Croy, Homer. *Jesse James Was My Neighbor*. New York: Duell, Sloan and Pearce, 1949.

– *Last of the Great Outlaws*. New York: Duell, Sloan and Pearce, 1956.

– *Trigger Marshal. The Story of Chris Madsen*. New York: Duell, Sloan and Pearce, 1958.

Cunningham, Eugene. *Triggernometry: A Gallery of Gunfighters*. New York: Press of the Pioneers, Inc., 1934.

Dalton, Emmett, and Jungmeyer, Jack. *When the Daltons Rode*. Garden City, N. Y.: Doubleday, Doran and Co., Inc., 1931.

Delony, Lewis S. *40 Years a Peace Officer*. [Im Selbstverlag erschienen, wahrscheinlich in Abilene, Texas, ca. 1937.]

Douglas, C. L. *Famous Texas Feuds*. Dallas, Texas: Turner Company, 1936.

Drago, Harry Sinclair. *The Great Range Wars*. New York: Dodd, Mead & Company, 1970.

– *Outlaws on Horseback*. New York: Dodd, Mead & Company, 1964.

– *Road Agents and Train Robbers*. New York: Dodd, Mead & Company, 1973.

– *Wild, Woolly & Wicked*. New York: Clarkson N. Potter, Inc., 1960.

Dunlop, Richard. *Doctors of the American Frontier*. Garden City, N. Y.: Doubleday and Company, 1965.

Dykstra, Robert R. *The Cattle Towns*. New York: Atheneum, 1970.

Elman, Robert. *Badmen of the West*. Secaucus, N. J.: Ridge Press, Inc., 1974.

Erwin, Allen A. *The Southwest of John H. Slaughter, 1841–1922*. Glendale, Calif.: Arthur H. Clark Company, 1965.

Faulk, Odie B. *The Geronimo Campaign*. New York: Oxford University Press, 1969.

– *Tombstone: Myth and Reality*. New York: Oxford University Press, 1972.

Fiedler, Mildred. *Wild Bill and Deadwood*. New York: Bonanza Books, 1965.

Fisher, O. C., with Dykes, J. C. *King Fisher: His Life and Times*. Norman: University of Oklahoma Press, 1966.

Forrest, Earle R. *Arizona's Dark and Bloody Ground*. Caldwell, Idaho: Caxton Printers, Ltd., 1953.

Frink, Maurice. *Cow Country Cavalcade*. Denver, Colo.: Old West Publishing Company, Fred A. Rosenstock, 1954.

Fuller, Henry C. *A Texas Sheriff*. Nacogdoches, Texas: Baker Printing Co., 1931.

Fulton, Maurice Garland. *History of the Lincoln County War*. Ed. Robert N. Mullin. Tucson: University of Arizona Press, 1968.

– *Roswell in Its Early Years*. Roswell, N. Mex.: Hall-Poorbaugh Press, Inc., 1963.

Gard, Wayne. *Frontier Justice*. Norman: University of Oklahoma Press, 1949.

– *Sam Bass*. Boston: Houghton Mifflin Co., 1936.

Garrett, Pat F. *The Authentic Life of Billy, the Kid*. Norman: University of Oklahoma Press, 1954.

Gaylord, Chic. *Handgunner's Guide: Including the Art of the Quick-Draw and Combat Shooting*. New York: Hastings House, Publishers, 1960.

Gillett, James Buchanan. *Six Years with the Texas Rangers*. New Haven: Yale University Press, 1925.

Gibson, A. M. *The Life and Death of Colonel Albert Jennings Fountain*. Norman: University of Oklahoma Press, 1965.

Graves, Richard S. *Oklahoma Outlaws*. Fort Davis, Texas: Frontier Book Co., 1968.

Greenwood, Robert. *The California Outlaw, Tiburcio Vásquez*. Los Gatos, Calif.: Talisman Press, 1960.

Gregg, Andrew K. *New Mexico in the Nineteenth Century: A Pictorial History*. Albuquerque: University of New Mexico Press, 1968.

Haley, J. Evetts. *Jeff Milton: A Good Man with a Gun*. Norman: University of Oklahoma Press, 1948.

Hamlin, Lloyd, and Hamlin, Rose. *Hamlin's Tombstone Picture Gallery*. Glendale, Calif.: Western Americana Press of Glendale, 1960.

Hamlin, William Lee. *The True Story of*

Billy the Kid. Caldwell, Idaho: Caxton Printers, Ltd., 1959.

Hanes, Colonel Bailey C. *Bill Doolin, Outlaw O. T.* Norman: University of Oklahoma Press, 1968.

Hardin, John Wesley. *The Life of John Wesley Hardin*. Seguin, Texas: Smith and Moore, 1896.

Harkey, Dee. *Mean as Hell*. New York: Signet Book Edition, 1948.

Hayes, Jess G. *Boots and Bullets: The Life and Times of John W. Wentworth*. Tucson, Ariz.: University of Arizona Press, 1968.

Hendricks, George D. *The Bad Man of the West*. San Antonio: Naylor Company, 1942.

Hening, H. B. ed. *George Curry, 1861–1947: An Autobiography*. Albuquerque, N. Mex.: University of New Mexico Press, 1958.

Hertzog, Peter. *A Dictionary of New Mexico Desperadoes*. Santa Fe, N. Mex.: Press of the Territorian, 1965.

Hogan, Ray. *The Life and Death of Johnny Ringo*. New York: New American Library, Inc., 1963.

Hollon, W. Eugene. *Frontier Violence: Another Look*. New York: Oxford University Press, 1974.

Hoover, H. A. *Early Days in the Mogollons*. El Paso, Texas: Western Press, 1958.

Horan, James D. *Across the Cimarron*. New York: Crown Publishers, Inc., 1956.

– *Desperate Men*. New York: Bonanza Books, 1949.

– *The Wild Bunch*. New York: New American Library, 1958.

–, and Sann, Paul. *Pictorial History of the Wild West*. New York: Crown Publishers, Inc., 1954.

Horn, Tom. *Life of Tom Horn: A Vindication*. Denver: Louthan Company, 1904.

House, Boyce. *Cowtown Colonist*. San Antonio: Naylor Company, 1946.

Hubbs, Barney. *Robert Clay Allison, Gentleman Gunfighter, 1840–1887*. Pecos, Texas: unveröffentlicht, 1966.

Hungerford, Edward. *Wells Fargo: Advancing the American Frontier*. New York: Random House, 1949.

376 Bibliographie

Hunt, Frazier. *Cap Mossman: Last of the Great Cowmen*. New York: Hastings House, 1951.

– *The Tragic Days of Billy the Kid*. Caldwell, Idaho: Caxton Printers, Ltd., 1959.

Hutchinson, W. H. *A Bar Cross Man. The Life & Personal Writings of Eugene Manlove Rhodes*. Norman: University of Oklahoma Press, 1956.

–, and Mullin, R. N. *Whiskey Jim and a Kid Named Billie*. Clarendon, Texas: Clarendon Press, 1967.

Jackson, Joseph Henry. *Anybody's Gold: The Story of California's Mining Towns*. New York: Appleton-Century Company, Inc., 1941.

– *Bad Company*. New York: Harcourt, Brace and Company, 1949.

Jahns, Pat. *The Frontier World of Doc Holliday*. New York: Hastings House, Publishers, 1957.

James, Jesse, Jr. *Jesse James, My Father*. Independence, Mo.: Sentinel Publishing Company. 1899.

Jeffrey, John Mason. *Adobe and Iron*. La Jolla, Calif.: Prospect Avenue Press, 1969.

Jennings, N. A. *A Texas Ranger*. Dallas: Southwest Press, 1930.

Keithley, Ralph. *Bucky O'Neill. He Stayed with 'Em While He Lasted*. Caldwell, Idaho: The Caxton Printers, Ltd., 1949.

Keleher, William A. *The Fabulous Frontier: Twelve New Mexico Items*. Santa Fe, N. Mex.: The Rydal Press, 1945.

– *Violence in Lincoln County, 1869–81*. Albuquerque: University of New Mexico Printing Plant, 1957.

Kemp, Ben W., with Dykes, J. C. *Cow Dust and Saddle Leather*. Norman: University of Oklahoma Press, 1968.

Klasner, Lily. *My Girlhood Among Outlaws*. Tucson: University of Arizona Press, 1972.

Knight, Oliver. *Fort Worth. Outpost on the Trinity*. Norman: University of Oklahoma Press, 1953.

Lake, Stuart N. *Wyatt Earp: Frontier Marshal*. Boston: Houghton Mifflin Company, 1931.

Langford, Nathaniel Pitt. *Vigilante Days and Ways*. Missoula, Mont.: University of Montana Press, 1957.

Lefors, Joe. *Wyoming Peace Officer*. Laramie, Wyo.: Laramie Printing Company, 1953.

Liggett, William, Sr. *My Seventy-Five Years Along the Mexican Border*. New York: Exposition Press, 1964.

Looney, Ralph. *Haunted Highways*. New York: Hastings House, Publishers, 1968.

Lyon, Peter. *The Wild, Wild West*. New York: Funk & Wagnalls, 1969.

McCarty, John L. *Maverick Town: The Story of Old Tascosa*. Norman: University of Oklahoma Press, 1946.

McKennon, C. H. *Iron Men: A Saga of the Deputy United States Marshals Who Rode the Indian Territory*. Garden City, N. Y.: Doubleday and Company, Inc., 1967.

McNeal, Thomas Allen. *When Kansas Was Young*. New York: Macmillan Company, 1922.

Martin, Douglas D. *Tombstone's Epitaph*. Albuquerque, N. Mex.: University of New Mexico Press, 1951.

Martin, Jack. *Border Boss*. San Antonio: Naylor Company, 1942.

Masterson, W. B. *Famous Gunfighters of the Western Frontier*. Fort Davis, Texas: Frontier Book Company, 1968.

Mercer, A. S. *The Banditti of the Plains*. Norman: University of Oklahoma Press, 1954.

Metz, Leon C. *Dallas Stoudenmire: El Paso Marshal*. Austin: Pemberton Press, 1969.

– *John Selman: Texas Gunfighter*. New York: Hastings House, Publishers, 1966.

– *Pat Garrett: The Story of a Western Lawman*. Norman: University of Oklahoma Press, 1974.

Middagh, John. *Frontier Newspaper: The El Paso Times*. El Paso: Texas Western College Press, 1958.

Miller, Floyd. *Bill Tilghman. Marshal of the Last Frontier*. New York: Doubleday and Company, Inc., 1968.

Miller, Joseph. *Arizona: The Last Frontier.* New York: Hastings House, 1956.

Miller, Nyle H., and Snell, Joseph W. *Great Gunfighters of the Kansas Cowtowns, 1867–1886.* Lincoln: University of Nebraska Press, 1963.

– *Why the West Was Wild.* Topeka: Kansas State Historical Society, 1963.

Monaghan, Jay. *Last of the Bad Men.* New York: Bobbs-Merrill Company, 1946.

Mullin, Robert N. *The Boyhood of Billy the Kid.* El Paso: Texas Western Press, 1967.

Myers, John Myers. *Doc Holliday.* Boston: Little, Brown & Company, Inc., 1955.

– *The Last Chance: Tombstone's Early Years.* New York: E. P. Dutton & Company, Inc., 1950.

Myers, S. D. ed. *Pioneer Surveyor, Frontier Lawyer: The Personal Narrative of O. W. Williams, 1877–1902.* El Paso: Texas Western College Press, 1966.

Nash, Jay Robert. *Bloodletters and Badmen.* New York: M. Evans and Company, Inc., 1973.

Nordyke, Lewis. *John Wesley Hardin: Texas Gunman.* New York: William Morrow & Company, 1957.

Nunn, W. C. *Texas Under the Carpetbaggers.* Austin: University of Texas Press, 1962.

O'Connor, Richard. *Bat Masterson.* New York: Doubleday and Company, Inc., 1957.

– *Pat Garrett.* New York: Ace Books, Inc., 1960.

– *Wild Bill Hickok.* New York: Ace Books, Inc., 1959.

Pace, Dick. *Golden Gulch: The Story of Montana's Fabulous Alder Gulch.* Butte, Mont.: unveröffentlicht, 1962.

Paine, Lauran. *Texas Ben Thompson.* Los Angeles: Westernlore Press, 1966.

– *Tom Horn, Man of the West.* Barre, Mass.: Barre Publishing Company, 1963.

Parsons, John E. *The Peacemaker and Its Rivals: An Account of the Single Action Colt.* New York: William Morrow and Company, 1950.

Peavy, Charles D. *Charles A. Siringo, a Texas Picaro.* Austin, Texas: Steck-Vaughn Company, 1967.

Pence, Mary Lou, and Homsher, Lola M. *The Ghost Towns of Wyoming.* New York: Hastings House, 1956.

Poe, John William. *The Death of Billy the Kid.* Boston and New York: Houghton Mifflin Company, 1933.

Pointer, Larry. *In Search of Butch Cassidy.* Norman: University of Oklahoma Press, 1977.

Polk, Stella Gipson. *Mason and Mason County: A History.* Austin: Pemberton Press. 1966.

Preece, Harold. *The Dalton Gang: End of an Outlaw Era.* New York: Hastings House, 1963.

– *Lone Star Man. Ira Aten.* New York: Hastings House, Publishers, 1960.

Raine, William MacLeod. *Famous Sheriffs and Western Outlaws.* Garden City, N. Y.: Garden City Publishing Company, Inc., 1903.

Rascoe, Jesse Ed. *Some Western Treasures.* Cisco, Texas: Frontier Book Company, 1964.

Ray, G. B. *Murder at the Corners.* San Antonio, Texas: The Naylor Company, 1957.

Ray, Grace Ernestine. *Wily Women of the West.* San Antonio: The Naylor Company, 1972.

Raymond, Dora Neill. *Captain Lee Hall of Texas.* Norman: University of Oklahoma Press, 1940.

Rennert, Vincent Paul. *Western Outlaws.* New York: Crowell-Collier Press, 1968.

Rickards, Colin. *"Buckskin Frank" Leslie: Gunman of Tombstone.* El Paso, Texas: Western College Press, 1964.

– *The Gunfight at Blazer's Mill.* El Paso: Texas Western Press, 1974.

– *Mysterious Dave Mather.* Santa Fe, N. Mex.: Press of the Territorian, 1968.

Ridings, Sam P. *The Chisholm Trail.* Guthrie, Okla.: Co-Operative Publishing Company, 1936.

Robertson, Frank C., and Harris, Beth

Kay. *Soapy Smith, King of the Frontier Con Men*. New York: Hastings House, Publishers, 1961.

Rosa, Joseph G. *Alias Jack McCall: A Pardon or Death?* Kansas City, Mo.: Kansas City Posse of the Westerners, 1967.

– *The Gunfighter: Man or Myth?* Norman: University of Oklahoma Press, 1969.

– *They Called Him Wild Bill: The Life and Adventures of James Butler Hickok.* 2nd ed. Norman: University of Oklahoma Press, 1964.

Schaefer, Jack. *Heroes Without Glory: Some Good Men of the Old West.* Boston: Houghton Mifflin Company, 1965.

Schoenberger, Dale T. *The Gunfighters.* Caldwell, Idaho: Caxton Printers, Ltd., 1971.

Schultz, Vernon B. *Southwestern Town: The Story of Willcox, Arizona.* Tucson: University of Arizona Press, 1964.

Scobee, Barry. *Old Fort Davis.* San Antonio, Texas: Naylor Company, 1947.

Settle, William A., Jr. *Jesse James Was His Name.* Columbia, Mo.: University of Missouri Press, 1966.

Sheller, Roscoe. *Ben Snipes: Northwest Cattle King.* Portland, Oreg.: Binsford & Mort, 1957.

Sherman, James E., and Sherman, Barbara H. *Ghost Towns of Arizona.* Norman: University of Oklahoma Press, 1969.

Shinkle, James D. *Fifty Years of Roswell History, 1867–1917.* Roswell, N. Mex.: Hall-Poorbaugh Press, Inc., 1964.

Shinn, Charles Howard. *Graphic Description of Pacific Coast Outlaws.* Los Angeles: Westernlore Press, 1958.

Shirley, Glenn. *Buckskin and Spurs: A Gallery of Frontier Rogues and Heroes.* New York: Hastings House, 1958.

– *Heck Thomas, Frontier Marshal.* Philadelphia: Chilton Company, 1962.

– *Henry Starr, Last of the Real Badmen.* New York: David McKay Company, Inc., 1965.

– *Shotgun for Hire. The Story of "Deacon" Jim Miller, Killer of Pat Garrett.* Norman: University of Oklahoma Press, 1970.

– *Six-Gun and Silver Star.* Albuquerque: University of New Mexico Press, 1955.

Sims, Judge Orland L. *Gun-Toters I Have Known.* Austin: Encino Press, 1967.

Sinise, Jerry. *Pink Higgins. The Reluctant Gunfighter.* Quanah, Texas: Nortex Press, 1974.

Siringo, Charles. *A Texas Cowboy.* Lincoln: University of Nebraska Press, 1950.

Sloane, Howard N., and Sloane, Lucille L. *A Pictorial History of American Mining.* New York: Crown Publishers, Inc., 1970.

Smith, Helena Huntington. *The War on the Powder River.* Lincoln: University of Nebraska Press, 1966.

Smith, Wallace. *Prodigal Sons: The Adventures of Christopher Evans and John Sontag.* Boston: Christopher Publishing House, 1951.

Sonnichsen, C. L. *I'll Die Before I'll Run.* New York: The Devin-Adair Company, 1962.

– *Pass of the North.* El Paso: Texas Western Press, 1968.

– *Ten Texas Feuds.* Albuquerque: University of New Mexico Press, 1957.

– *Tularosa.* New York: The Devin-Adair Company, 1960.

Sprague, Marshall. *Money Mountain: The Story of Cripple Creek Gold.* Boston: Little, Brown and Company, 1953.

Stanley, F. *Clay Allison.* Denver: World Press, Inc., 1956.

– *Dave Rudabaugh: Border Ruffian.* Denver: World Press, Inc., 1961.

– *Desperadoes of New Mexico.* Denver: World Press, Inc., 1953.

– *The Grant That Maxwell Bought.* Denver: World Press, Inc., 1952.

– *Jim Courtright: Two Gun Marshal of Fort Worth.* Denver: World Press, Inc., 1957.

– *No More Tears for Black Jack Ketchum.* Denver: World Press, Inc., 1958.

– *The Private War of Ike Stockton.* Denver: World Press, Inc., 1959.

Steen, Ralph W., ed. *The Texas News: A Miscellany of Texas History in Newspaper Style.* Austin: Steck Company, 1955.

Streeter, Floyd B. *Ben Thompson, Man with a Gun.* New York: Frederick Fell, Inc., 1957.
– *Prairie Trails and Cow Towns.* Caldwell, Idaho: Caxton Printers, Ltd., 1971.
Sutton, Robert C., Jr. *The Sutton-Taylor Feud.* Quanah, Texas: Nortex Press, 1974.
Swallow, Alan, ed. *The Wild Bunch.* Denver: Sage Books, 1966.
Thompson, Mary, et al. *Clayton: the Friendly Town of Union County, New Mexico.* Denver: Monitor Publishing Company, 1962.
Thrapp, Dan L. *Al Sieber: Chief of Scouts.* Norman: University of Oklahoma Press, 1964.
Tilghman, Zoe A. *Marshall of the Last Frontier.* Glendale, Calif.: Arthur H. Clark Co., 1949.
Tombstone Map and Guide. Tombstone: Devere Publications, 1969.
Trachtman, Paul, and the editors of Time-Life Books. *The Gunfighters.* New York: Time-Life Books, 1974.
Vestal, Stanley. *Dodge City: Queen of Cowtowns.* New York: Bantam Books, Inc., 1957.
Wagoner, Jay J. *Arizona Territory, 1863–1912.* Tucson: University of Arizona Press, 1970.
Waller, Brown. *Last of the Great Western Train Robbers.* South Brunswick, N. Y.: A. S. Barnes and Company, 1968.
Warner, Matt. *The Last of the Bandit Raiders.* New York: Bonanza Books, 1940.
Waters, Frank. *The Earp Brothers of Tombstone.* London: Neville Spearman, Ltd., 1962.
Webb, Walter P., ed. *The Handbook of Texas.* 2 vols. Austin: Texas State Historical Society, 1952.
– *The Texas Rangers.* Austin: University of Texas Press, 1935.
Wellman, Paul I. *A Dynasty of Western Outlaws.* Garden City, N. Y.: Doubleday and Company, Inc., 1961.
Wharton, Clarence Ray. *L'Archevêque.* Houston: Anson Jones Press, 1941.

Yost, Nellie Snyder. *Medicine Lodge.* Chicago: Sage Books, 1970.
Younger, Coleman. *The Story of Cole Younger, by Himself.* Chicago: Henneberry Company, 1903.

Artikel

Adelsbach, Lee. "Henry Starr," *Guns and Ammo Guide to the Gunfighters,* 1975.
Cheney, Louise. "Longhair Jim Courtright, Fast Gun of Fort Worth," *Real West,* Fall, 1973.
Forrest, Earle R. "The Killing of Ed Masterson, Deputy Marshal of Old Dodge City," *Brand Book of the Los Angeles Westerners,* 1949.
Good, Clyde. "Ned Christie," *Guns and Ammo Guide to the Gunfighters,* 1975.
Griswold, John. "The Outlaw Wore a Sheriff's Star," *Frontier West,* February, 1972.
Holben, Richard E. "Badman Saloonkeeper," *Pioneer West,* February, 1972.
– "The Vengeance Vendetta of the Stockton Terror," *Frontier West,* August, 1973.
Johnson, Jay, and Greer, Maxine. "The Legend of Joel F. Goodwin," *Interstate Progress,* Logansport, La., January 23, 1974.
Kellner, Larry. "William Milton Breakenridge: Deadliest Two-Gun Deputy of Arizona," *Arizoniana* 2 (Winter, 1961).
Kelsey, Harry E., Jr. "Clay Allison: Western Gunman," *Brand Book of the Denver Westerners,* 1957.
Koop, W. E. "Billy the Kid: The Trail of a Kansas Legend," *Trail Guide* 9 (September, 1964).
Kutz, Jack. "Elfego Baca, Lawman," *Great West,* April, 1973.
Penn, Chris. "A Note on Bartholomew Masterson," *Tally Book of the English Westerners Society,* April, 1967.
Rasch, Philip J. "The Horrell War," *New Mexico Historical Review* 30 (July, 1956).
– "A Note On Henry Newton Brown," *The Los Angeles Westerners Brand Book* 5 (1953).

- "The Story of Jesse Evans," *Panhandle Plains Historical Review 33* (1960).
Roberts, Gary L. "The West's Gunmen: I, The Historiography of the Frontier Heroes," *American West* 8 (January, 1971): 10–15, 64.
- "The West's Gunmen: II, Recent Historiography of Those Controversial Heroes," *American West* 8 (March, 1971): 18–23, 61–62.
Sonnichsen, C. L. "Tombstone in Fiction," *Journal of Arizona History* 9 (Summer, 1968): 58–76.
- "The Wyatt Earp Syndrome," *American West* 7 (May, 1970): 26–28, 60–62.
Spangenberger, Phil. "Thomas H. Rynning," *Guns and Ammo Guide to Guns of the Gunfighters,* 1975.

Streeter, Floyd Benjamin. "Tragedies of a Cow Town," *The Aerend: A Kansas Quarterly* 5 (Spring and Summer, 1934).

Verschiedenes

Arizona Daily Citizen (Tucson), 1882.
Arizona Daily Star (Tucson), 1881.
Interview mit Mrs. Jessie Standard O'-Neal, 26. April 1973.
Lindsey, Seldon T. "The Story of My Life." Unveröffentl. Manuskript, Carthage, Texas.
O'Neal, Bill. Persönliche Unterlagen, Carthage, Texas.
Tombstone Epitaph, 1880–82.
Tombstone Nugget, 1881.

kontra●punkt macht verwegene Bücher

Anne Seagraves

Töchter des Westens

Flintenweiber, Cowgirls, Farmersfrauen – die starken Frauen des Wilden Westens

191 Seiten,
53 sw-Abbildungen,
gebunden,
ISBN 3-0350-2010-8

Amerikas Westen wurde nicht allein von schießwütigen Barbaren, arbeitsamen Farmern, listenreichen Händlern und religiösen Sonderlingen erobert – auch Frauen zog es in den »Wilden Westen«, wenngleich vorerst kraß in der Minderzahl. Die meisten von ihnen waren verheiratet (viele wurden Witwen ...), doch auch verzweifelte Unverheiratete waren nicht selten: Weniger Abenteuerlust als nackte Verzweiflung und Not hatte sie in die Prärie getrieben.

Doch bald mußten viele Männer verstört feststellen, daß ihnen keine unterwürfigen, hilflosen Weiber zur Seite standen, sondern selbständige und selbstbewußte Frauen, die mit jeder Situation selbst zurecht kamen.

kontra●punkt/oesch verlag
Jungholzstraße 28, CH-8050 Zürich
Telefax 0041-1/305 70 66
E-Mail: info@kontrapunkt-buch.ch
www.kontrapunkt-buch.ch

Bitte verlangen Sie unser aktuelles Verlagsprogramm
direkt beim Verlag

Alle Bücher von kontra●punkt erhalten Sie
in Ihrer Buchhandlung

kontra●punkt macht verwegene Bücher

Marnie Walsh

Grasherz

Roman

192 Seiten, Broschur
ISBN 3-0350-2000-2

Am Flußufer geht ein Schiff vor Anker. Gewiß haben die Mandan die Zerstörungswut der Weißen in vielfältiger Form kennengelernt. Doch das Schiff trägt eine neue Todesart: Die Pocken sind an Bord. Mit dem Ausbruch der verheerenden Seuche geht ein großes Sterben einher. Und ein großes Morden.

Marnie Walsh schrieb keine »Kurzware« – wer in ihren drei Romanen und ihren wenigen Gedichten die übliche Indianer-Romantik erwartet, wird enttäuscht. Es fehlt durchwegs die gängige Folklore. Vielmehr vermitteln sie uns, in spannende Handlungen eingebettet, ein ungeschminktes Bild indianischer (Frauen-)Wirklichkeit: Entwurzelung, Trunksucht, Verzweiflung, Krankheit und Tod.

kontra●punkt/oesch verlag

Jungholzstraße 28, CH-8050 Zürich
Telefax 0041-1/305 70 66
E-Mail: info@kontrapunkt-buch.ch
www.kontrapunkt-buch.ch

Bitte verlangen Sie unser aktuelles Verlagsprogramm direkt beim Verlag

Alle Bücher von kontra●punkt erhalten Sie in Ihrer Buchhandlung

kontra•punkt macht verwegene Bücher

Michael Schulte

Krumm gelaufen!

Genies, Dilettanten, Versager – die schönsten mißlungenen Verbrechen

279 Seiten,
18 sw-Abbildungen,
Leseband, gebunden,
mit Schutzumschlag
ISBN 3-0350-2004-3

Michael Schulte greift exemplarische »Musterverbrechen« aus der unendlichen Kartei des amerikanischen Verbrechens auf und verfolgt sie akribisch. Feierabendlektüre, Betthupferl oder gar lehrreich-authentische Lehrstücke für angehende Kriminelle oder Kommissare? Jedenfalls ein Lesevergnügen, mit Vorteil im Lehnstuhl am knisternden Kaminfeuer zu genießen.

kontra•punkt / oesch verlag
Jungholzstraße 28, CH-8050 Zürich
Telefax 0041-1/305 70 66
E-Mail: info@kontrapunkt-buch.ch
www.kontrapunkt-buch.ch

Bitte verlangen Sie unser aktuelles Verlagsprogramm
direkt beim Verlag

Alle Bücher von kontra•punkt erhalten Sie
in Ihrer Buchhandlung